KB129496

코리안 미러클 2

도전과 비상

나남
nanam

'육성으로 듣는 경제기적' 2기 편찬위원회

편찬위원

이헌재 편찬위원장, 前 경제부총리
김준경 한국개발연구원(KDI) 원장
진 념 前 경제부총리, 現 한국개발연구원(KDI) 국제정책대학원 교수
강봉균 前 재정경제부 장관, 現 건전재정포럼 대표
윤대희 前 국무조정실장, 現 가천대 석좌교수
김호식 前 해양수산부 장관
박병원 前 재정경제부 제1차관, 現 전국은행연합회장
임영록 前 재정경제부 제2차관, 現 KB 금융지주회장
고일동 한국개발연구원(KDI) 선임연구위원

자문위원

강경식 (안정화정책)   前 경제부총리, 現 국가경영전략연구원 이사장
사공일 (금융자율화)   前 재무부 장관, 現 세계경제연구원 이사장
이규성 (금융산업 재편) 前 재무부 장관, 재정경제부 장관
문희갑 (재정개혁)   前 대구시장, 現 (사)푸른대구가꾸기시민모임 이사장
서영택 (세제개혁)   前 건설부 장관, 국세청장
김기환 (개방정책)   前 대외경제협력담당 특별대사, 現 서울파이낸셜포럼회장

집필진

이계민 前 한국경제신문 주필
이현락 前 동아일보 주필, 現 세종대 석좌교수
김강정 前 목포 MBC 사장
홍은주 前 MBC 논설주간, 現 한양사이버대 교수

연구진행

조병구 한국개발연구원(KDI) 경제정보센터 소장
심재학 한국개발연구원(KDI) 경제교육실장
안선경 한국개발연구원(KDI) 전문연구원

코리안 미러클 2

도전과 비상

육성으로 듣는 경제기적 편찬위원회

이계민·이현락·김강정·홍은주 집필

나남
nanam

지난 반세기 동안에 이룬 한국의 경제발전은 '코리안 미러클'이라는 한마디로 정의할 수 있다. 많은 국가들이 자국의 발전경험을 전파하는 지식공유사업(KSP)을 전개하고 있지만, 개도국들이 가장 전수받고 싶어하는 경험은 바로 한국의 경제발전이다. 변변한 부존자원도 없이 전후의 잿더미 속에서 글로벌 경제 강국 10위권으로 부상한 한국의 경제발전 경험은 세계 경제사에서 그 유례를 찾기 힘들기 때문이다.

재경회와 KDI는 이 같은 기적의 경제발전 과정을 더욱 구체적으로 기록하기 위해 지난 2011년 '육성으로 듣는 경제기적 편찬위원회'를 발족시켰다. 한국의 고도성장 과정에서 경제정책을 입안하고 실행했던 최고위 정책결정자들의 육성 증언을 최대한 생생히 기록하는 것이 그 목적이었다.

오랜 숙고의 과정을 거쳐 편찬위원회는 지난 2013년 2월 경제개발 초기(1960~1970년)의 고도성장 과정을 담은 '육성으로 듣는 경제기적' I 권인 《코리안 미러클》을 발간했고, 이번에 시리즈 II권인 《코리안 미러클 II: 도전과 비상》을 선보인다.

이 책 《코리안 미러클 II: 도전과 비상》은 정치, 사회적 대격변기인 1980년대에 한국 경제가 어떻게 만성적 부채의존 체질과 물가폭등 등 각종 위협요인을 극복할 수 있었는지를 자세히 다룬다. 당시 우리의 경제가 직면한 위기의 본질은 무엇이며, 어떻게 1980년대 후반기 '건국 이래 최대호황'을 구가하며 한 차원 높은 경제적 진화를 이루었는지 그 도전과 응전의 과정이 생생하게 담겨졌다. 또 당시 원로들이 나침반 하나 없이 한국경제호(號)를 항해하는 과정에서 벌어진 진지한 성찰과 고민, 실패와 성공, 치열한 정책토론 등이 진솔하게 묘사되어 있다.

한국 경제의 성장을 다룬 책은 무수히 많지만 여러 고위 정책입안자들로부터 당시 상황에 대한 회고와 정책결정 과정의 이면까지 동시에 직접 들을 수 있는 책은 흔치 않다. 이 책이 우리 국민들에게 경제개발 과정에 대한 이해를 높이는 것은 물론 국내 정책입안자, 나아가 우리의 경제발전경험을 배우려는 신흥·개발도상국에 유용한 지침서로 활용되기를 희망한다.

바쁘신데도 불구하고 기록으로 남겨야 한다는 사명감을 가지고 인터뷰에 응해 주신 여러 원로님과 관련 정보를 수집 및 분석하며 인터뷰를 진행한 필진, 책의 주제 선정과 책의 구성 방향을 함께 고찰하여 주신 편찬위원과 자문위원께 진심으로 감사드린다. 특히 본 기록사업을 실무적으로 진행해 준 KDI 관계자 여러분들께도 고마운 뜻을 전한다.

2014년 3월
'육성으로 듣는 경제기적' 2기 편찬위원장
이 헌재

6

《코리안 미러클》로 이름 붙여진 '육성으로 듣는 경제기적' I 권이 발간된 지 꼭 1년 만에 II권을 내놓게 됐다.

이 책의 기획의도는 I 권에서 자세히 기술돼 있기 때문에 반복하는 것은 불필요하다고 본다. 다만 요약해 보면 한국 경제기적 60년을 만들었던 분들의 경험을 생생한 육성으로 녹음하여 '한국 경제정책 디지털 아카이브'를 만들고, 그 증언 내용을 재구성해 일반 독자들도 편하게 접할 수 있는 책으로 만들어 낸다는 것이었다.

지난 2013년 2월 출간된 I 권은 그 대상 시기가 해방직후인 1945년에서 출발해 60년대와 70년대를 아우르는 이른바 '개발연대'의 경제정책을 망라한 것이었으나, 이번 II권은 그 후속 시기인 1980년대와 90년대의 경제정책을 짚어본 것이다.

1980년대와 90년대는 정치적으로나 경제적으로 확연히 다른 단층적 변화가 이뤄진 시기다. 정치적으로는 박정희 시대가 막을 내리면서 직선제 개헌으로 대변되는 민주화의 열기가 뜨거워지기 시작했고, 경제적으로는 종래의 양적 성장시대를 벗어나 안정·자율·개방을 정책 지향점으로 하는 질적 성장에 눈을 돌렸기 때문에 그 역사적 의미가 대단히 큰 시기였다.

그러나 우리 경제에서 또 다른 경제사적 의미와 시대구분이 가능한 1997년 말의 외환위기 이후는 이 책의 대상에서 제외시켰다. 그 발생원인과 처방에 대한 역사적 인식에 다양한 이견이 상존하는 데다 자칫 또 다른 논쟁을 불러올 소지가 크다는 점에서 그에 관한 증언은 제외하는 것이 좋다는 것이 편집진들의 공통된 의견이었다.

이 책은 정책입안자들의 '증언'을 중심으로 편집하도록 돼 있기 때문에 전체적인 정책의 입안과 전개과정이 완전하게 구성되지 못하고 단편적으로 구성된 측면이 없지 않다. 또한 시간과 예산 등 여러 가지 물리적 제약조건으로 인해 핵심 정책입안 원로들의 충분한 증언을 청취하지 못한 측면도 없지 않다. 그런 부문에 대해 필자들이 많은 자료들을 참고해 보완설명을 곁들이려 노력했으나 여전히 부족함을 느끼고, 이 점에 대해서는 독자들의 양해를 구하고 싶다.

특히 Ⅰ권 기획의 글에서 밝혔듯이 사회적 정치적 논란이 많았던 일부 사항에 대해서는 정책당사자로서의 자의적 해석이 다소 포함되더라도 가능한 한 원래의 증언에 충실하게 구성하기로 했다. 기획의도가 역사관이나 가치해석에 무게중점을 둔 것이 아니라 '생생한 증언을 통한 한국 경제사의 재구성'이기 때문이다. 폭풍노도처럼 몰아닥친 변화의 시대를 어떤 관점에서 보고 어떤 정책적 견해를 따를 것인가는 오롯이 독자 제현의 몫이다.

Ⅱ권 구성에서 가장 아쉬웠던 것은 안정·자율·개방 정책 추진의 핵심 당국자이자 전도사라 할 수 있는 5공 정부의 경제수석비서관이었던 김재익 박사의 직접적인 증언을 담을 수 없었다는 점이다. 1983년 10월 북한의 미얀마 아웅산 테러로 순직했기 때문이다. 다만 그의 정책 지향점과 실천적 의지는 이 책에서도 많은 사람들의 증언을 통해 충분히 확인할 수 있다.

또 다른 아쉬움은 '한국 경제기적'의 밑거름 역할을 한 '새마을 운동'과 '중화학공업 육성 정책' 등이 실리지 못한 점이다. 당초 Ⅱ권에서 다루기로 하고 섭외와 집필에 나섰지만 충분한 증언을 확보하지 못한 데다 그 주제 자체가 Ⅱ권의 한 모퉁이에 여러 주제 가운데 하나로 취급되기에는 너무도 중요한 사안이라는 의견이 많아 별도의 독자적인 후속작업으로 이어가기로 했다. 따라서 새마을 운동, 중화학공업 육성, 국민복지제도 도입 등 한국 경제사의 큰 역사적 사실들에 대해서는 향후 단독 주제의 증언록을 발간해가기로 했음을 밝혀 둔다.

무척이나 바쁘신 가운데에서도 선선히 인터뷰에 응해 주시고, 좋은 말씀을 많이 해주신 원로들께 깊이 감사드리면서 아울러 많은 격려와 조언을 아끼지 않으신 편찬위원 및 자문위원, 그리고 KDI 연구진께도 감사 인사를 올린다.

2014년 3월
집필진 일동

육성으로 듣는 경제기적 Ⅱ

코리안 미러클 2
도전과 비상

차 례

서장 1980년대, 격동기의 경제기록

3 금융위기의
파고波高를 넘다

4 건전재정,
초석을 깔다

ADB (Asian Development Bank) : 아시아개발은행

AFDF (African Development Fund) : 아프리카개발기금

AMF (Asian Monetary Fund) : 아시아통화기금

ASEAN (Association of South-East Asian Nations) : 동남아시아국가연합

ASEM (Asia-Europe Meeting) : 아시아유럽정상회의

BIS (Bank for International Settlements) : 국제결제은행

CD (Certificate of Deposit) : 양도성예금증서

CIA (Central Intelligence Agency) : 미국중앙정보국

CP (Commercial Paper) : 기업어음

EC (European Community) : 유럽공동체

EPB (Economy Planning Board) : 경제기획원

FIU (Korea Financial Intelligence Unit) : 금융정보분석원

FTA (Free Trade Agreement) : 자유무역협정

GATT (General Agreement on Tariffs and Trade) : 관세와 무역에 관한 일반협정

GDP (Gross Domestic Product) : 국내총생산

GNI (Gross National Income) : 국민총소득

GNP (Gross National Product) : 국민총생산

IBRD (International Bank for Reconstruction and Development) : 국제부흥개발은행

  *흔히 세계은행(World Bank)이라고 하는데, 실제로 세계은행은 IBRD와 국제개발협회
  (IDA), 국제금융공사(IFC), 국제투자보증기구(MIGA), 국제투자분쟁해결본부(ICSID)
  등을 통틀어 '세계은행그룹'(World Bank Group)이라고 부름.

IDB (Inter-American Development Bank) : 남미개발은행

IDRC (International Development Research Center) : 캐나다국제개발연구센터

IECOK (International Economic Consultative Organization for Korea) : 대한국제경제협의체

IIE (Institute for International Economics) : 국제경제연구소

IMF (International Monetary Fund) : 국제통화기금

IR (Investor Relation) : 투자설명회

ITC (International Trade Commission) : 미국국제무역위원회

KDI (Korea Development Institute) : 한국개발연구원

KIET (Korea Institute for Industrial Economics and Trade) : 산업연구원

KIST (Korea Institute of Science and Technology) : 한국과학기술연구원

KOTRA (Korea Trade-Investment Promotion Agency) : 대한무역투자진흥공사

MFA (Multi-Fiber Textile Arrangement) : 다자간섬유협정

MOF (Ministry of Finance) : 재무부

OECD (Organization for Economic Cooperation and Development) : 경제협력개발기구

OMB (Office of Management and Budget) : 미국예산관리국

OPEC (Organization of Petroleum Exporting Countries) : 석유수출국기구

QE (Quantitative Easing) : 양적완화

RP (Repurchase Agreement) : 환매조건부 채권

SDR (Special Drawing Rights) : 특별인출권

SOC (Social Overhead Capital) : 사회간접자본

TPP (Trans-Pacific Partnership) : 환태평양경제동반자협정

TPRC (Trade Policy Research Center) : 영국무역정책연구소

UR (Uruguay Round) : 우루과이 라운드

USAID (United States Agency for International Development) : 미국국제개발처

USOM (United States Operations Mission) : 미국대외원조처

USTR (Office of the United State Trade Representative) : 미국무역대표부

VAT (Value Added Tax) : 부가가치세

WTO (World Trade Organization) : 세계무역기구

ZBB (Zero-Based Budgeting) : 제로베이스 예산제도

1980년대, 격동기의 경제기록

고도성장의 시대 :
경공업에서 중화학공업까지

장기적 고도성장을 이루다

1960년대 초부터 시작되어 1978년 무렵까지 한국의 개발연대(開發年代)는 전 세계 경제사에서 유례없는 '장기 고도성장'의 시기로 특징지을 수 있다.

한국은 유엔의 개발연대 선언이 시작된 이래 가장 뒤처져 있다가 가장 빨리 개도국 그룹의 선두로 앞서나간 주자였다. 본격 경제개발이 시작된 1966년과 1970년 사이에는 전 세계 59개 개발도상국 가운데 경제 성장률 1위, 수출 신장률 1위라는 기록을 세웠다. 1970년 이후에도 대내적으로는 정치적 어려움이 가중되고 대외적으로는 세계적 경기하락과 석유파동으로 인한 물가고(物價高), 외환위기 등을 겪었지만 어려움을 극복하면서 1978년까지 20년 가까운 기간 동안 연평균 8.9%라는 고도성장의 신화를 이어나갔다.

높은 경제성장을 한두 해 혹은 몇 년 정도 짧게 경험한 국가는 적지 않지만 한국처럼 수십 년 동안 장기적으로 두 자리 안팎의 높은 성장률을 보여준 국가는 전 세계 역사상 유례가 없다. 한국이 열심히 벤치마킹 하려고 했던 인도와 필리핀 등은 훨씬 앞선 시기에 그럴듯한 경제종합개발계획을 세우기는 했지만 현실적 여건 등을 이유로 실제로는 이를 거의 집행하지 못했다는 점에 비춰볼 때 한국의 성공은 경제사적으로 다른 개발도상국과 분명히 차별화되는 사건이다.

'코리안 미러클'의 출발선

고도경제성장의 출발점은 당시 부흥부(경제기획 기능)와 재무부(예산국 기능), 내무부(조사통계 기능)의 각 핵심기능을 결합하여 막 출범한 경제기획원(EPB: Economy Planning Board)이 주축이 된 제1차 경제개발 5개년계획이었다.[1] 5·16을 통해 집권한 박정희 정부는 그전 민주당 정부하에서 만들어진 경제개발계획을 수정·보완하여 전문을 발표했고, 2월 15일에는 "한국경제의 자립달성 기반구축을 위한 제1차 경제개발 5개년계획을 본격 추진한다"고 공식 천명했다.[2]

당시 발표된 제1차 경제개발 계획의 주요 내용을 보면 농업과 에너지, 수출증대 문제에 초점이 맞춰져 있었다. ① 농업생산력 확대를 통한 농업발전과 농가소득 증진, ② 전력과 석탄 등 핵심 에너지원 확보, ③ 기간산업과 사회간접자본의 확충, ④ 고용증대, ⑤ 국토의 적정개발과 보전, ⑥ 수출증대를 통한 국제수지 개선 등이 그것이다. 비료와 시멘트 공장 등 본격적인 공업발전을 위한 기초를 다지는 산업도 포함되어 있었다.

제1차 경제개발 5개년계획의 초기성과는 힘겨운 노력에 비해 다소 기대에 미치지 못했다. 정치적으로는 군사정부가 혁명정권에 대해 불신을 가졌던 미국과 외교 갈등을 빚었고, 경제적으로는 본격개발에 필요한 재원이 현저하게 부족했기 때문이다. 저축률이 극도로 낮아 금융시장이 제대로 기능하지 못하고 재정의 절반 이상을 미국의 무상원조에 기대는 형편에서 경제발전을 위한 투융자 자금의 자체적 조달이 불가능했던 것이다.

●

1 제1차 경제개발 5개년계획은 1962년 1월 발표되었다.
2 이 과정과 관련한 자세한 내용은 전편인 《코리안 미러클》(나남, 2013)을 참조.

한국 경제가 본격적으로 고도성장 궤도에 올라선 것은 제 2차 경제개발 5개년계획 기간(1966~1971) 동안이다. 성장의 핵심동력은 독일과 일본, 미국 등으로부터 도입한 대규모 차관이었다. 당시 경제정책의 사령탑이었던 장기영(張基榮, 1916~1977) 경제부총리는 "부채도 자산이다. 빚을 얻더라도 그걸로 돈을 벌어 얼른 갚으면 된다"고 외치며 적극적으로 외자도입을 독려했다.[3] 쏟아져 들어오는 대규모 차관과 외자를 통해 공업화, 산업화가 급격하게 추진되는 동시에 외자도입에 따른 각종 부작용과 정경유착 의혹으로 '외채망국론' 논쟁이 거세졌던 시점이기도 했다.

제 3차 경제개발 5개년계획 기간(1972~1976) 동안에 있었던 가장 큰 사건은 경부고속도로와 포항종합제철의 완공이었다. 대일(對日) 청구권 자금의 일부 및 재정과 예산의 집중투입을 통해 우리나라 경제사에서 가장 상징적인 두 가지 '명품 프로젝트'가 1970년대 초반에 완성된 것이다.

포항종합제철의 완공으로 '산업의 쌀'이라는 철강이 연간 100만 톤이 넘게 생산되면서 다른 중화학공업의 발전을 유인하는 계기가 된다. 또 경부고속도로 완공을 계기로 다른 고속도로와 지방도로들이 속속 건설되기 시작해 철도 위주였던 수송이 고속도로 중심으로 전환된다. 물류와 수송의 일일생활권이 완성된 것이다.

정부는 이 과정에서 경제개발계획의 수립과 관련법 제정, 예산·외국자본의 유치 등 경제발전에 소요되는 자금의 동원 및 운영, 거의 모든 경제시책의 종합조정 등에서 주도적 기능을 수행했다. 철저한 정부주도 계획경제 시대였던 동시에[4] 수출에 온갖 역량을 집중했던 시기이기도 했다. 이 때문에 상품수출은 1962년 이후 연평균 41.3%씩 증가했고 1971년에는 당초 목표의 갑절이 넘는 13억 5천만 달러를 돌파했다.

---

3 이때 외자도입 관계법령이 새로 만들어지거나 보완되었고 1967년에는 외국인 투자 진흥을 담당하는 투자진흥관, 1968년에는 도입된 외자의 사후관리를 위한 외자관리관이 신설되기도 했다.

4 이 부분에 대한 설명은 전편인 《코리안 미러클》(나남, 2013)에 자세히 기술되어 있다.

부채 의존형 경제의 한계와 '8·3조치'

그러나 눈부신 고도성장의 그늘에는 후유증이 따르기 마련이다. 부채와 차입을 통한 성장전략이 장기화되면서 기업과 금융부실로 이어지고 성장위주의 통화, 재정정책이 인플레이션을 불러와 한국 경제에 점차 부담이 되기 시작했다. 특히 1970년 초가 되자 그때까지 계속 모범생 소리를 듣던 한국 경제가 안팎에서 크게 어려움에 처하게 되었다. 이 때문에 제3차 경제개발 5개년계획을 수립할 당시 사상 처음으로 '안정'이라는 단어가 등장했다.[5] 당시 정부는 팽창재정을 억제하기 위하여 적극적인 예산긴축을 시도하기도 했다.[6]

그러다가 1971년 하반기에 이르자 이상징후가 나타나기 시작했다. 산업생산과 건축, 출하 등 주요 경제활동지표가 전반적으로 둔화되면서 빨간불이 켜지기 시작한 것이다. 뒤돌아볼 틈도 없이 성장 일변도로 숨 가쁘게 달려왔던 한국 경제가 일정한 한계점에 도달했음을 알리는 첫 내부 신호였다.

당시 한국 경제가 가진 구조적 문제는 '부채 의존형 성장'이라는 점이었다. 국내저축과 투자재원의 부족을 메우기 위해 외자를 들여왔고 외자로 공장을 만들고 수출을 해서 큰 성공을 거두었지만 이 방식이 오랫동안 계속되자 기업들의 부채비율이 지나치게 높아졌던 것이다. 또 기업의 부실로 인해 파급된 은행의 부실채권 문제가 정부의 만성적인 골칫거리로 등장했다.

단기 상업차관을 들여와 공장을 짓고 고리 사채(私債)를 빌려 운영자금으로 써가며 수출하던 내부적 문제에 더해 1971년에는 대외적으로도 여러 가지 악재가 겹쳤다. 미국의 달러 방위조치, 국제통화 불안 및 국제적 신보호주의 무역경향 등 대외환경이 급변하면서 한국 경제가 급격히 악화되기 시작했다.[7]

기업들이 한꺼번에 도산할 위기에 처하자 정부는 1972년 8월, 부실기업을 정리하는 한편 기업의 사채를 동결하고 일정한 거치기간을 둔 후 장기저리로 갚을 수 있도록 '경제의 안정과 성장에 관한 대통령의 긴급명령', 이른바

---

5 '안정 속 성장'이라는 개념이 도입되었다.

6 제3차 경제개발 5개년계획을 수립한 사람은 김학렬 부총리로 당시 정부는 국방부, 교육부 등의 예산확대를 억제했다. 무소불위이던 국방부 예산에 제동이 걸린 것이다.

7 경제기획원, 1972, 《경제백서》, 태완선 부총리 서문.

'8·3 긴급조치'를 단행한다. 개인의 사유재산권을 제한하고 기업에 특혜를 준 초(超)헌법적 조치였다.[8]

이에 대한 비판을 잠재우고 8·3 조치의 원인이 되었던 기업들의 부실한 재무구조를 개선하기 위하여 정부는 주식시장 육성을 위한 각종 법안과 조치를 마련하여 추진하기 시작했다. 기업들을 주식시장에 상장시키기 위해「기업공개촉진법」[9] 등 일련의 조치를 추진하고 이익을 내는 우량기업들을 우회적으로 압박해 증권시장에 상장시킨다. 주식회사와 상장기업이라는 개념에 익숙지 않았던 기업들은 그 후에도 오랫동안 "기업공개를 하라는 것은 국가에 회사를 빼앗기는 것"으로 생각해 기업공개에 저항했다. 하지만 기업주의 권한을 최대한 보장하는 추가조치 등을 통해 점차 주식공개가 활성화되고 기업들의 재무구조가 개선되며 자본시장이 발전하는 계기가 되었다.

그러나 이 같은 특단의 대책에도 불구하고 잠깐 개선되는 듯했던 기업들의 부채구조는 1973년 경기침체의 영향으로 1974년 중반에 다시 8·3 조치 이전 수준으로 악화되었으며 두고두고 한국 경제를 괴롭히는 요인이 되었다.[10]

'닉슨 독트린'과 중화학공업의 추진

박정희 정부는 1970년대 초반 중화학공업 정책을 국가적 과제로 중점 추진하였다. 경제발달사 측면에서 보면 후발 개발도상국이 선진국을 따라잡기 위한 정책(catch-up policy) 차원에서 경공업에서 중화학공업으로 구조전환을 시도하는 것이 자연스러운 과정이다. 그러나 한국의 중화학공업 발달은 '안보상황의 악화'라는 정치적 동기가 결정적 추진동력이 된 것이 특징이다.

1969년 7월 25일, 미국 닉슨 대통령은 괌(Guam)에서 '닉슨 독트린'을 전격적으로 선언했다. '닉슨 독트린'은 한마디로 "이제부터는 우리가 군사적으로 도울 수 없으니 아시아 각 나라들은 스스로 알아서 군사문제에 대처하라"는

●

8   당시 대통령의 재가를 얻은 김정렴 비서실장의 지시로 극비리에 이 작업을 주도한 사람은 청와대 비서관이었던 김용환(후일 재무장관)이었다.

9   이 법안은 1972년 12월 국회의결을 거쳐 1973년 1월 5일 발표되었다.

10 〈매일경제〉, 1976. 8. 3.

내용이었다. 닉슨은 이듬해 2월 국회에 보낸 외교교서에서 "미국은 향후에도 환태평양 국가의 일원으로서 아시아 지역의 안보에 일정한 역할을 계속하겠지만 아주 특별한 상황11 이외에는 아시아 국가의 정치문제에 직접적이고 군사적인 개입은 하지 않겠다"는 입장을 분명히 했다. 베트남전 개입으로 인해 발생한 미국 내의 정치적 여론악화, 국제사회에서의 비판 때문에 아시아 지역 안보에 대해 세계경찰로서의 역할을 포기한다고 대내외적으로 선언한 것이다.

이 선언으로 가장 불안해진 나라가 당시 비상한 남북대치 상황에 있던 한국이었다. 박정희 정부는 '닉슨 독트린'으로 야기된 당시의 불안한 안보상황을 1971년 자체적 무기산업 육성을 통해 정면 돌파하기로 했다. 중화학공업은 '평화시에는 산업, 전시에는 무기공장'이 될 수 있다는 점에서 반드시 추진해야 할 국가적 과제로 생각한 것이다.

그러나 경공업의 기반을 잡는 것은 비교적 쉽게 성공했지만 중화학공업은 본격적인 발전의 시동을 거는 데 어려움이 컸다. 무엇보다 기업들이 중화학공업에 대규모 투자자금을 '올인'(all in)하는 것을 내켜하지 않았다. 비료나 생필품과 달리 중화학공업은 엄청난 초기 투자자금이 필요한 데다 당장 돈이 되지도 않았다. 투자한 자본을 회수할 수 있는 기간도 길었기 때문에 그룹 전체가 도산할 위험을 감수하면서까지 대규모 투자를 하는 것은 망설일 수밖에 없었다.

투자할 거액의 재원을 마련하는 것도 여의치 않았다. 기업들이 안심하고 장기투자를 할 수 있는 주식시장이나 장기채권 시장, 장기설비금융 시장 등 장기자본시장 자체가 아예 존재하지 않던 시절이었다. 국민들은 예금보다는 높은 이자를 받을 수 있는 사채시장을 더 선호했고 그나마 은행에 맡기는 돈도 언제든 빼내갈 수 있도록 단기성 예금이 대부분이었다.

어쩔 수 없이 정부가 또 나섰다. 당시 중화학공업 정책은 기본적으로 정부가 몇몇 대기업들을 선정해 철강과 조선, 자동차 등 각 부문을 맡기는 대신 재정과 금융을 총동원해 지원하는 방식이었다.12 중화학공업에 필요한 장기적 재

---

11 강대국의 핵에 의한 위협의 경우 등을 예로 들었다.
12 기업들을 설득하는 역할은 김학렬 경제부총리가 주로 맡았으나 조선업 등은 대통령이 직접 나서기도 하였다.

정투융자 재원을 조달하는 방법을 고민하다가 1974년 국민들의 단기예금을 정부가 장기로 빌릴 수 있도록 채널링 하는 '국민투자기금'을 만들기도 했다. '국민투자기금'과 같은 한시적 조치 외에 좀더 구조적이고 체계적으로 장기시설자금 시장을 조성하고 육성해야 할 필요성과 고민이 깊어진 시기이기도 했다.

한국 경제 쓰나미

1차와 2차 석유파동

1970년대 한국 경제가 결정적 타격을 입고 기업부실이 다시 악화된 최대 외부 요인은 중동산유국 연합체인 석유수출국기구(OPEC: Organization of Petroleum Exporting Countries)가 주도해 발생한 1차와 2차 석유파동(oil shock)이었다.

1차 석유파동은 1973년 10월 무렵 발생했다. 당시 한국은 중화학공업이 본격적으로 확장되고 석유의존도가 갈수록 높아지던 시점이었던 터라 아무 예고 없이 닥친 석유파동은 거의 날벼락이나 다름없었다. 경기침체가 깊어지고 원유가격 현실화로 물가가 폭등해 국민들의 생활고와 실업고통이 심각해지자 정부는 1974년 초 '국민생활의 안정을 위한 대통령 긴급조치' 이른바 '1·14 조치'를 선포했다. 1·14 조치에는 ① 저소득층에 대한 각종세금 면제, 대중교통 요금인상 억제를 위한 통행세 감면 등 세금인하 조치를 포함해 ② 영세민 취로대책비와 중소상공인 지원자금 등 각종 금융지원 조치, ③ 임금체불과 부당해고에 대한 가중처벌 등 영세, 저소득층 서민을 위한 전방위 조치가 담겨 있었다. 외환보유고가 바닥을 드러내 얼마 남지 않게 되자 김용환 재무장관이 출장가방 하나를 들고 급히 미국으로 가서 주병국 주미 재무관과 함께 매일 이 은행 저 은행을 돌며 달러를 구하기 위해 애쓰던 시절이었다.[13]

1차 석유파동으로 인한 어려움은 1970년 중반 들어 중동 해외건설 진출을 통한 오일달러의 유입으로 고비를 넘기고 이어서 고도성장을 재개했다. 그러나 이 과정에서 한국 경제의 내부에 잠재되어 있던 문제점들이 점차 드러

---

13 당초 몇천만 달러 정도 예상했던 자금조달이 2억 달러 조달이라는 큰 성공으로 이어졌다.

나기 시작했다.

1970년대 말에 가까워지자 한국 경제가 구조적으로 쉽지 않은 어떤 전환점에 도달했다는 것은 누구의 눈으로 봐도 명확해졌다. 잿더미에서 시작했던 한국 경제였지만 20여 년간의 압축 고도성장을 거듭한 끝에는 결국 '프리미엄 경제'로 상징되는 과열경제의 후유증을 겪기 시작한 것이다.

우선 해외건설 등 해외자금의 대량유입으로 인한 물가폭등이 계속되었고 고임금구조가 정착되었다. 저임금 노동력을 바탕으로 급속한 산업발전을 이루었던 한국 경제였지만 일정 시점이 지나면서 임금은 오른 반면 추가적인 저임금 노동력이 공급되지 않아 경제성장이 둔화되는 루이스의 전환점(Lewis turning point)에 분명히 이르게 되었다.

자산축적에 성공한 사람들이 부동산 투기로 몰려들어 1978년 서울지역 땅값은 그 전해에 비해 무려 135.7%나 올랐다. 일부 부유층들은 땅과 아파트 등을 계속 매매하면서 거액의 불로소득을 벌어들였다. '복부인'(福婦人)이라는 희한한 용어가 뉴스에 등장한 것도 이 무렵이었다. 기업들도 기술개발이나 생산성 향상을 위해 고민하기보다는 공장을 짓는다는 명분으로 손쉽게 불로소득을 얻을 수 있는 부동산 투기에 열을 올렸다.

만성적 인플레이션과 부동산 투기는 땅이나 집을 가지지 못한 서민들에게 훨씬 더 가혹하게 다가왔다. 정부가 부동산 투기를 잡으려고 동분서주했지만 하루가 멀다 하고 오르는 땅값, 집값을 잡기는 쉽지 않았다.

20년 가까운 긴 세월 동안 정부가 주도하는 불균형 성장이 계속되다 보니 자원배분의 왜곡으로 인한 적지 않은 후유증이 나타났다. 부문별 성장격차가 크게 벌어졌으며, 원자재와 핵심부품 모두를 수입에 의존하다 보니 수출 채산성이 떨어지기 시작해 수출이 늘어날수록 대외채무가 늘어나고 외자조달의 어려움이 계속되는 역설적 상황이 발생했다.

정부가 중화학공업을 한꺼번에 추진한 데 따른 후유증도 나타났다. 1970년대 초부터 은행이 대출했거나 지급 보증한 대형 중화학공업 기업들 가운데 상당수가 부실화되거나 도산하였는데 이것이 부메랑이 되어 은행권의 부실채권으로 돌아오기 시작한 것이다.

이런 가운데 1978년 12월 발생하여 1980년 중반까지 오랫동안 계속된 2차 석유파동은 한국 경제를 급속도로 악화시키는 결정적 트리거(trigger) 역할을 했다.[14] 내부적으로 여러 가지 악재가 누적되던 시점이라 외부에서 닥친 충격은 한국 경제를 근본부터 뒤흔들었다.

수입원유의 가격급등은 고사하고 원유물량 자체를 확보하는 것도 절체절명인 상황이었다. 혹한의 겨울날씨에 우리나라의 1979년 말 기름 재고량은 겨우 1주일 치에 불과했다. 1977년 말 신설된 동력자원부는 부족한 산업용 원유수요를 확보하기 위해 여러 중동 산유국에 애걸하다시피 물량을 부탁하러 다녔다.

공급 측면에서 쇼크가 발생한 터라 도매물가는 폭등하는데 경기는 계속 악화되는 전형적인 스태그플레이션(stagflation) 상황이 계속되었다. 특히 그동안 한국 경제를 지탱했던 가발과 섬유, 신발, 합판 등 경공업이 입은 타격은 심각했다. 경쟁력 약화와 후발개도국의 추격 때문에 가뜩이나 어렵던 경공업은 석유파동과 경기침체까지 겹치자 극히 어려운 상황에 몰리게 되었다. 저임금 노동자들 사이에 실업과 해고의 불안이 퍼져나갔고 집값 및 전셋값 폭등, 천정부지로 오르는 고물가 때문에 서민들의 고통은 갈수록 심해졌다. 누구의 눈으로 봐도 한국 경제가 더 이상 기존의 경제성장 전략을 지속하기 쉽지 않은 '변곡점'(變曲點)에 도달했다는 사실이 뚜렷해지고 있었다.

대학가 시위와 금지가요

'고도 압축성장', '개발연대'로 상징되는 경제가 1970년대 후반에 접어들면서 점차 도전받는 가운데 정치적 측면에서 구시대를 몰락시킨 또 다른 세력은 역설적으로 개발연대의 수혜를 가장 많이 받았다고 볼 수 있는 신중산층의 대학생들이었다.[15]

개발도상국에서 흔히 볼 수 있는 가부장적 리더(patriarchical leader)였던 박정희 대통령은 5·16을 통해 집권하자마자 어떻게 해서든 국민들이 배고

---

14 당시 배럴당 15달러 정도였던 원유가격이 1979년 후반부터 한꺼번에 30달러를 넘어서 경제 전반에 큰 충격을 주었다.

15 이와 관련한 흥미 있는 논의는 여러 책에서 나타난다 (이완범, 2006, 《박정희와 한강의 기적》, 선인출판사, 17쪽 : 조희연, 2007, 《박정희와 개발독재시대》, 역사비평사, 217쪽).

품과 가난에서 벗어나게 하기 위해 엄청난 집념을 보였다. 20여 년에 걸친 고도성장과 산업화 추진의 결과 도시산업 분야의 고소득 관리직으로 상징되는 신중산층이 크게 늘어났다.[16] 자녀들을 대학 이상의 고등교육을 시킬 수 있을 정도의 경제력을 갖춘 이 신중산층이 증가하면서 1980년 대학생 수는 40만 3천 명으로 급증했다.[17]

울산공업단지의 뿌연 매연을 바라보며 "공해라도 좋으니 배불리 먹을 수만 있으면 좋겠다"고 탄식할 만큼 가난한 어린 시절을 지낸 신중산층 세대는 경이로운 고속 경제성장의 혜택을 누리면서 군사력을 앞세운 효율지상주의와 국가주의적 통합 이데올로기를 별 불만 없이 답습했다. "빵 없는 민주화가 무슨 의미가 있나?"는 정치적 설득논리도 이들에게는 자연스럽게 받아들여졌다.

그러나 이들이 부지런히 일하고 저축하고 돈을 벌어 대학에 보낸 자녀들은 '서구적 가치관'으로 지적(知的) 세례를 받은 전혀 다른 세대였다. 교육과 책을 통해 민주주의와 자유주의적 신념을 접하고 서구적 개인주의에 익숙해진 이들은 아버지 세대와는 달리 국가에 의해 강요된 정치적 통합 이데올로기에 강하게 반발했다.

가사가 조금만 이상해도 금지가요로 지정하는가 하면 장발이나 미니스커트를 금지하는 등 낡은 문화적 가치관을 기성세대가 지나치게 강요한 것도 시대를 불문하고 자유주의적 유전자와 DNA를 가질 수밖에 없는 젊은 대학생들의 감수성과 반발심을 자극했던 요소였다. 김민기가 작곡하고 양희은이 부른 〈아침이슬〉이 당시 대표적인 금지가요였다. 별 뜻 없는 가사라도 조금만 이상하면 금지곡으로 간주되어 1년 동안 수백 곡이 금지가요로 지정되기도 했다.[18]

작용에 대한 반작용의 법칙이 사회학에도 적용되는 것인지 문화적, 정치적 억압은 그만큼의 반발을 불러왔다. 대학생들의 시위가 캠퍼스를 벗어나기 시작한 것이다. 대학생들은 여당에 정치적 대립각을 세운 야당이나 노동자들과 외부적으로 연대하기 시작했고 점차 정치세력을 형성하기 시작했다.

●

16 1960년대 초반에는 이 같은 신중산층이 3.4%에 불과했으나 1980년에는 6.3%로 증가했다 (조희연, 2007, 《박정희와 개발독재시대》, 역사비평사).
17 대학생 수는 1960년에는 10만 6천 명이었으나 1980년에는 40만 3천 명으로 4배가량 증가했다 (위의 책).
18 위의 책.

시대의 종언과 정치격동

10·26과 12·12 사태 발발

1979년 10월 26일 한밤중에 몇 발의 총성이 울려 퍼졌다. 이 총성은 그때까지의 대한민국 정치지형을 단숨에 바꿔 버렸다. 박정희 대통령이 서거하는 충격적 사건이 발생한 것이다. 누구도 예상하지 못했던 유신체제의 급작스런 붕괴였다. 20여 년 가까이 대한민국의 정치, 경제, 사회, 문화를 지배했던 거대권력이 갑자기 사라지자 힘의 진공상태가 발생했다.

경제발전과 개발의 우선순위를 정하고 재정과 금융 등 모든 동원 가능한 자원을 특정분야에 쏟아붓는 불균형 고속성장의 시대, 모든 것을 국가가 주도하는 압축성장의 시대, 한국 경제사에서 가장 역동적이고 강렬하고 동시에 가장 모순적인 에포크(epoch)를 형성했던 '개발연대'가 20여 년을 통치한 정치 지도자의 사망과 함께 갑작스럽게 종언(終焉)을 고한 것이다.

사람이나 시대(時代)나 그 끝은 고통스러울 수밖에 없는 것인가? 20여 년이라는 긴 시간 동안 한국사회와 정치, 경제 심지어 정신과 문화까지 지배했던 '개발연대'의 종언은 몹시 어려웠다. 조용한 각성과 깨달음의 유연한 확산, 순조로운 연착륙과는 거리가 멀었다. 1979년 말에서 1980년 초에 이르는 시공간은 말 그대로 혼돈의 소용돌이였다. 한국정치와 사회, 경제는 예고 없이 거대한 변화 속에 내던져진 것이다.

1979년 10·26 사태 직후 정치적 혼란상태에서 대통령 권한대행을 맡게 된 사람은 최규하(崔圭夏) 국무총리였다. 그는 11월 10일 특별담화를 통해 "국민여론을 수렴하여 빠른 시일 내에 헌법을 개정하고 총선거를 실시하겠다"고 발표했다. 이어 12월 6일 통일주체국민회의에서 제10대 대통령으로 당선된 후 개헌논의를 금지했던 긴급조치 제9호를 해제했다. 국민들 사이에 헌법을 개정하여 민주적 새 정부가 들어설 것이라는 설렘과 정치적 기대가 커졌다. 차기 대권을 노린 정치권의 3김, 즉 김영삼(金泳三), 김대중(金大中), 김종필(金鍾泌)은 각자의 세력을 규합하면서 발 빠르게 움직이기 시작했다.

그러나 민주화에 대한 기대도 잠깐, 12월 12일 밤, 진공상태나 다름없었던

| 박정희 대통령 국장(1979. 11. 3)
1979년 10월 26일 갑작스럽게 서거한 박정희 대통령을 기리는 국장(國葬)이 서울 종로의 중앙청에서
치러졌다. 이날 박 대통령의 명복을 비는 불교, 기독교, 천주교의 종교의식이 거행되었는데
사진은 천주교 미사의 모습이다. 영정 뒤편에 김수환 추기경이 영결미사를 집전하고 있다.

권력의 향배를 결정적으로 바꾼 군사쿠데타 사건이 발생했다. 10·26 사태 직후 온 나라가 급박하게 돌아가는 상황에서 합동수사본부장을 맡고 있던 전두환(全斗煥) 보안사령관과 정승화 육군참모총장 사이에는 막후에서 첨예한 갈등과 권력투쟁이 계속되고 있었다. 때마침 정승화 계엄사령관이 10·26 당시 김재규를 비호했다는 의혹이 불거지자 전두환, 노태우(盧泰愚) 등 신군부가 육사출신의 비밀 사조직인 하나회 세력을 결집해 계엄사령관인 정승화 육군 참모총장을 전격 체포한 것이다. 신군부의 정권장악에 걸림돌이 될 것으로 판단된 정병주 특전사령관, 장태완 수도경비사령부 사령관 등도 함께 체포되었다. 최규하 대통령의 재가를 받지 않고 군 내부에서 비밀리에 발생한 권력장악 쿠데타였다.

이 사건을 주도한 전두환 소장은 군부권력을 장악하고 명실공히 정치실세로 전면에 등장한다. 12·12 사태를 계기로 한국의 정치지형은 그전과는 완전히 다른 양상으로 돌변했다.

정치·경제 위기상황과 '1·12 안정화 조치'

정치위기와 함께 경제도 위기상황에 휘말렸다. 10·26이라는 초유의 국가비상사태와 12·12 사태라는 정치적 혼란으로 국제금융시장의 분위기가 급속히 얼어붙고 한국의 장래에 대한 신뢰도 추락한 것이다. 여기에 2차 석유파동으로 인한 여파가 장기화되면서 국제수지가 악화일로를 걷고 있었다. 한국 경제에 대한 국제금융시장의 믿음이 급속히 하락하면서 중장기 외화자금 조달은 생각도 못하고 겨우 단기자금 조달이나 IMF 신용인출로 근근이 국제수지를 메워가는 실정이었다.

국제금융기관들의 불안감을 잠재우기 위한 국가 투자설명회(IR: Investor Relation)가 재무부 국제금융국의 지상과제로 떨어졌다. 대규모 사절단을 끌고 뉴욕, 런던, 도쿄 등 국제금융시장을 돌아다닐 만한 여유도 시간도 없던 다급한 시점이라 재무부 국제금융국은 차관보와 국장, 사무관에 이르기까지 밤낮없이 국제통화기금(IMF: International Monetary Fund), 세계은행(World Bank) 등 국제금융기관들의 도움을 받아가며 외환위기 진화에 나섰다. 또한 한국에 들어와 있는 외국 금융기관장들을 초청하여 정책설명회를 계속했다. "정치적 혼란에도 불구하고 한국의 경제정책 기조에는 아무 변화가 없다. 한국은 시장경제를 바탕으로 하는 자본주의 체제이며 모든 책임은 정부가 진다. 이 내용을 당신들 본사에 꼭 전달해 달라"고 당부했다.

외환위기로 다급한 상황에서 1980년 1월에는 경제위기 상황을 극복하기 위해 이한빈 경제부총리가 이끄는 경제팀이 '1·12 경제조치'를 발표했다. 급격히 악화되는 국제수지 방어와 수출증진, 고용증대에 주목적을 둔 이 조치에는 급격한 금리인상과 원화 평가절하(환율인상) 조치가 포함되어 있었다. 대출금리가 25%로 무려 5%포인트나 인상되었다.[19] 수출금리는 연 9%에서 당분간 12%로 인상하고 그 후에 15%로 올리기로 했다. 6억 달러 정도의 국제수지 개선을 목표로 환율은 달러당 484원에서 580원으로 인상되었다.[20]

---

19 기준금리를 18.6%에서 24%로 5% 이상 급격히 올렸다.

20 당시 환율인상으로 수출이 3억 달러 늘고, 수입이 3억 달러가 줄어들 것으로 추정됐다(〈매일경제〉, 1980. 1. 16).

급격한 금리상승으로 기업투자가 위축되고 환율인상으로 수입가 상승과 외채상환 부담 증가가 우려되는 조치였지만 급격히 악화되는 국제수지의 현실 앞에 선택의 폭은 별로 넓지 않았다. 수출증가를 통한 국제수지 방어와 외환위기의 차단, 고용증가에 최우선 정책목표를 두고 나온 조치였기 때문에 당시 언론은 '고육지책', '모험적 시도'라고 평가했다. [21]

그러나 누적된 내부 모순에 더해 장기화된 2차 석유파동의 여파로 어려움을 겪던 경제는 환율과 금리인상 등 '1·12 경제조치'에도 불구하고 좋아지지 않았다. 국제수지는 별로 개선되지 않은 채 통화량의 흡수나 예금 측면에서도 기대했던 것만큼 효과가 나타나지 않았다. 1980년 중반이 되자 공급부문의 물가급등(supply shock)으로 도매물가만 40% 가까이 올랐고 경제는 정책당국이 예상했던 것보다 훨씬 빠른 속도로 악화되었다.

국보위 (國保委) 의 시대

최루탄과 꽃가루

1980년 초 들면서 정치상황도 더 크게 악화됐다. 신군부 타도와 민주화를 외치는 학원가의 시위사태가 절정으로 치달았다. 학내 문제를 이유로 3월 신학기부터 시작된 대학가 시위가 민주화 요구로 이어지면서 5월 들어 가두시위로 격화된 것이다. 다음은 당시 대학가의 시위를 묘사한 신문 사회면의 글이다.

"교내에서 시국에 대한 성토와 시위를 벌이던 대학생들이 시내 중심가로 뛰쳐나와 가두시위를 벌였다. 14일 하오 4시 30분쯤 서울대 농대·수의대·아주공대·오산공전·수원공전 등 5개 대학 학생 1,500여 명은 세차게 내리는 비를 맞으며 100~150여 명씩 스크럼을 짜고 수원시 중심가 전역을 뛰어다니며 '계엄철폐' 구호를 외쳤다…." [22]

21 〈경향신문〉, 1980. 1. 14.
22 〈경인일보〉, 1980. 5. 15.

대학가에는 탱크가 진주하고 최루탄과 꽃가루가 뒤섞여 비산(飛散)했다. 시민들은 따가운 눈을 손으로 비비며 불안한 표정으로 거리를 종종걸음 쳤다.

일련의 대학가와 노동계 소요사태에 대해 전두환·노태우·정호용 등 하나회가 중심이 된 신군부는 비상계엄과 군대를 앞세운 무력통치로 정면 대응했다. 대학생들이 가두로 진출하고 소요사태가 전국적으로 확산 조짐을 보이자 신군부는 5월 17일 24시를 기해 지역 비상계엄을 전국 비상계엄으로 확대하고 대학가에 휴교령을 선포했다. 다음날인 5월 18일 광주에서 대규모 민주화운동이 발생했다.

5·17 계엄을 계기로 '계엄 당국과 행정부 간의 긴밀한 협조'를 한다는 명분으로 '국가보위비상대책위원회'(이하 약칭 '국보위')의 설치가 결의되고 5월 31일에는 최규하 대통령을 의장으로, 전두환을 상임위원회 위원장으로 하는 '국보위'가 정식 발족되었다. 신군부 주도세력이 '국보위'를 설치하고 국정 전 분야를 장악하는 일련의 절차는 전광석화처럼 이루어졌다.

국보위의 중화학공업 투자조정

물가급등과 부동산 투기, 실업과 노동분규, 외환위기까지 겹쳐 경제가 급격히 악화되고 있었지만 신군부는 이 같은 문제들을 거시적이고 종합적으로 해결할 만한 능력이 없었다. 이들은 자신들의 대(對)국민 정통성을 확보하고 정치적 소요사태를 막는 데 힘을 쏟느라 일반 경제정책은 각 부처가 알아서 하도록 내버려 두었다.

국보위가 가장 신경을 쓴 부분은 유신체제와의 분명한 결별이었다. 국보위가 작심하고 덤벼든 대표적 경제업무가 유신체제를 상징한다고 할 수 있는 중화학 투자의 조정이었다. 그러나 중화학공업 구조조정은 처음부터 끝까지 난항이었다. 하나같이 대규모 부채를 지고 있는 데다 업종의 향후 전망에 대한 예측과 기대가 다르고 복잡한 이해관계가 얽혀 있어 각 기업들 간에 한 치의 양보도 없었다. 헌법이 개인의 사유재산권을 보장하는 자본주의 시장경제를 표방하고 있는 터라 형식적으로나마 기업주의 동의를 얻어내야 하는데 기업주들이 호락호락 동의해 줄 리가 없었던 것이다.

게다가 국보위 내에서도 "중화학공업은 필요하다. 일부는 정리하더라도 가능성이 있는 기업은 부채를 출자전환하고 이자부담을 줄여서 어떻게든 살려야 한다"는 쪽과 "국제 경쟁력이 없는 공룡기업들은 차제에 아예 싹 다 정리하고 가야 한다"는 쪽의 의견이 엇갈려 합의점을 찾기 쉽지 않았다.

당시까지만 해도 만고불변의 진리(?)처럼 받아들여졌던 '비교우위론'에 따라 "한국은 자동차 산업에 비교우위가 없으니 이 기회에 아예 접어야 한다"는 의견이 강력하게 제기되어 자동차 산업을 미국의 제너럴 모터스(GM)에 넘기는 방안이 구체적으로 추진된 일까지 있었다. GM 측의 거부로 무산된 것이 지금 관점에서 보면 그나마 큰 다행이었다. 당시 중화학공업에 대한 국보위의 분위기가 어떠했는지 짐작되는 사건이다.

국보위는 초법적 조치로 압박했으나 수십 년 동안 산전수전을 다 겪은 기업인들의 저항도 만만치는 않았다. 중화학공업 투자조정 문제는 결국 큰 효과를 보지 못한 채 시간만 끌다가 흐지부지되고 말았다.

당시 국보위가 추진했던 또 한 가지 이슈는 부가가치세 폐지 문제였다. 1974년부터 본격 추진된 부가가치세는 "판매자와 수요자 간 거래에 대한 이중점검으로 투명세제를 정착시키고, 단일과세로 누더기 세제를 한꺼번에 털어내며 안정된 세수를 확보하는 등 근대 세정을 확립할 수 있다"는 논리로 도입되어 1977년부터 시행되었으나, 이전과는 전혀 다른 새로운 과세체제에 대한 납세저항과 물가상승, 역진적 성격으로 오랫동안 논란에 휘말려 있었다. 이 때문에 국보위는 '없애야 할 세금'으로 부가세를 지목했으나 세제 실무자들이 회의에 출석하여 "세금은 신설하는 것보다 없애는 것이 훨씬 경제에 악영향을 준다"고 강하게 주장하여 다행히 살아남았다.

숙정과 해직의 칼날

1980년 중순, 관가와 공기업, 금융계는 숨죽인 채 서슬 퍼런 군부정권의 풍향에 안테나를 세우고 있었다. 대대적인 숙정(肅正)이 곧 있을 것이라는 흉흉한 소문이 돌았다. 아니나 다를까, 6월 15일부터 숙정의 태풍이 시작되었다. 국보위 사회정화 분과위의 주도로 실시된 '공직자 숙정' 작업이었다.

5·17 계엄을 통해 권력을 다진 군사정권이 대국민 민심확보를 위해 동원한 카드가 이른바 '사회정화'였다. 삼청교육대와 비리 공직자 추방, 금융계 숙정 등 일련의 '사회정화' 작업이 동시에 추진된 것이다.

'중단 없는 사정(司正)', '투명사회 건설' 등의 명분을 내세운 사정태풍으로 장관 1명, 차관 6명, 도지사 3명을 비롯한 2급 이상 고위 공무원 243명이 강제로 퇴진했고 9월 말까지 정부, 공기업에서만 8,800명이 넘는 사람들이 해직(解職)되었다.

숙정 회오리는 금융권도 예외가 아니었다. 한국은행에서 35명이 해직당했고, 1980년 7월에는 은행과 보험·증권사 임직원 431명이 쫓겨났다. 9월까지 은행과 국영금융기관 임원들이 40%가량 쫓겨났다. 해직사유는 '비리'였다. 이들은 자신들이 무슨 비리를 저질렀는지 구체적인 설명도 듣지 못한 채 일방적으로 통보를 받았다.

당시 숙정의 기준은 무엇이었을까? 각 기관의 개인 인사자료에 누구누구의 친척이고 누구누구의 부탁으로 그 자리에 있었는지가 기록되어 있었는데 이같은 인사자료가 1차적 판단의 기준이라고 했다. 그러나 실제로는 숙정인원에 대해 각 기관별로 할당이 내려졌다는 소문이 파다했다. 비리의 내용이 구체적이지 않고 절차가 투명하지 않다 보니 당연히 투서와 '비밀제보'도 난무했다. 국보위의 담당자가 써 올리는 명단이 곧 살생부(殺生簿)가 되기도 했다. 국보위가 일방적으로 명단을 작성해서 재무부에 보내면 재무부 담당자가 당사자들을 불러 일방적으로 통보했다. 각 금융기관들은 억울하다며 항변하는 사람들로 가득했다.

"이게 말이 됩니까? 내가 무슨 비리를 저질렀다는 겁니까? 분명히 밝혀 주시오."

"우리가 선정한 것이 아니라 위에서 명단이 내려온 거라서…"

"승복할 수 없습니다."

"이의를 제기하면 당사자를 구속하고 해당 기관장과 공무원을 문책한다는데…?"

비정한 숙정의 칼날 아래서도 신군부와 줄이 닿는 사람들은 떠난 사람들이 남긴 빈자리로 승진했다. 금융권에는 새로운 실세들이 속속 등장했다.

미국의 묵시적 승인

대대적 숙정작업을 통해 국보위는 자신들이 국민들로부터 정권창출의 정당성에 대해 상당한 민심확보와 지지기반을 확보했다고 확신하게 된다. 그리고 1980년 8월, 전두환의 신군부는 가장 껄끄러운 문제를 해결한 것으로 알려졌다. 바로 미국으로부터 '암묵적 승인'을 받은 것이었다. 12·12 사태로 사실상 모든 정권을 장악했던 전두환의 신군부가 무려 8개월이나 참고(?) 기다렸던 것은 미국이 적극적 지지까지는 몰라도 적어도 반대는 하지 않는다는 사인이 필요했기 때문이었다.

그해 8월 신문을 보면 신군부의 무력장악에 당혹해 하면서도 신군부의 성격과 의도를 파악하기 위해 사태를 지켜보고 있던 미국이 전두환의 신군부를 지지한다는 묵시적 사인을 보냈다는 기사들이 눈에 띈다.

> "전두환 국보위 상임위원장은 최근 그가 주도한 일련의 숙정작업으로 국민의 광범한 지지를 획득하고 있음을 지적, 미국은 전 장군을 지지할 것이라고 한 고위 미군관리가 밝혔다. 신원을 밝히기를 거부한 이 관리는 한국민의 광범한 지지를 받고 한국의 안보가 유지된다면 미국은 이를 한국민의 뜻으로 받아들여 전 장군을 지지할 것이라고 말했다."[23]

이 시기 이후 한국의 일반인들에게는 "미국이 신군부로부터 핵개발 포기 등 몇 가지 약속을 받고 대신 지지 사인을 보냈다"는 인식이 광범위하게 확산되었다. 그전까지는 민주화 운동에서 보이지 않던 반미 움직임이 본격화된 것도 이 무렵부터였다.

1982년에 발생한 부산미문화원 방화사건도 이 같은 "미국이 반민주 독재 군부 정권을 승인해 줬다"라는 반미 정서가 대학생들 사이에 광범위하게 퍼진 결과였다. 미국은 결코 전두환 군부정권을 지지한 적이 없다고 부인했지만 〈뉴욕타임스〉(*New York Times*)는 부산미문화원 방화사건에 대해 "서울의 정당한 신호"라는 사설을 통해 미 정부의 외교정책을 비판했다.[24]

---

23 "시대의 창에 비친 격동 반세기: 12·12 군사반란에서 5공화국 출범까지", 〈경인일보〉, 2010. 5. 11.

32

미국의 묵시적인 'Go' 사인을 받아 마지막 걸림돌까지 없어지자 신군부는 속
도전으로 정권창출에 나섰다. 1980년 8월 16일 최규하 대통령이 신군부의 압
력으로 사임했고, 곧이어 8월 27일 장충체육관에서 개최된 제2대 통일주체국
민회의에서 전두환 국보위의장이 군복을 벗고 민간인 신분으로 제11대 대통
령에 당선됐다. 그리고 그해 10월 27일에 대통령에게 비상조치권과 국회해산
권 등 강력한 권한을 부여하는 새 헌법이 공포됐다. 제5공화국의 탄생이었다.

5공화국의 특징은 한마디로 대통령에게 '비상(非常)한 권한'이 집중되었다
는 점이다. 대통령의 말 한마디에 바로 특별법이 생겨날 정도로 강력한 권위
적 정부였다.

신군부와 제5공화국의 경제정책

신군부의 경제정책: '안정·자율·개방' 드라이브

1978년 9월, 한국에 노벨상 수상자인 하이에크(F. A. von Hayek) 교수가 방
한했다. 오스트리아 태생의 영국 경제학자이면서 시카고 대학에서 가르쳤던
하이에크는 밀턴 프리드먼(Milton Friedman) 등과 함께 '시장의 신(神)'을 믿
는 사도(使徒)였고 신자유주의 시장경제 최고 이론가 가운데 한 사람이었다.

방한한 하이에크는 강연을 통해 열렬하게 설파했다.

"지식이 분산되어 있는 시장에서의 자유경쟁은 자원의 효율적 활용과 분배라는
최선의 결과를 도출할 수 있다."

12·12 사태를 통해 집권한 신군부는 과거 유신정권과의 적극적 차별화를
시도하고 한국 경제를 되살려 자신들의 정통성을 주장하기 위한 극적인 정책

24 〈뉴욕타임스〉의 사설에 대해 글라이스틴(William H. Gleysteen, Jr.) 전 주한 미국대사는 독자투고
   를 통하여 "경솔하게 유포된 오보이며 황당무계한 내용을 담고 있다"고 주장하였다(〈매일경제〉,
   1982. 5. 11).

처방을 구하고 있었다. 그런 신군부에게 당시 새롭게 등장한 하이에크 류의 '자율과 민영화, 자유경쟁 이론'은 신선하고 미래지향적 화두로 비쳐졌다.

1980년 8월에 대통령으로 취임한 전두환은 '시장경제 도입을 통한 안정화, 자율화, 개방화'란 경제구호를 전면에 내세우고, 방법론으로 '급진적 속도전'을 선택했다. 이에 따라 경제운용과 조세, 금융, 물가정책에 이르기까지 수십 년간 정부주도였던 경제 시스템이 하루아침에 시장경제 이데올로기와 체계로 치환(置換)됐다. 중화학공업 투자 중지, 수출금융 축소, 수입자유화, 예산동결, 추곡수매가 동결 등 급격한 '안정화 조치'가 제 5 공화국 초기에 속속 추진됐다.

이 같은 정책전환의 뒤에는 전두환 대통령의 국보위 상임위원장 시절 그의 경제과외를 맡았다가 나중에 경제수석으로 오게 된 김재익25이 있었다. 대통령은 김재익 수석에게 "경제는 당신이 대통령이야"라고 할 정도로 그를 신임했다. 미국의 스탠퍼드 대학에서 경제학 박사학위를 받은 학자출신 관료였던 김재익은 5공 직전 EPB의 기획국장이었다.

EPB 내의 한직 국장이었던 김재익이 어떻게 신군부의 최고 권력자 전두환 상임위원장과 조우하게 되었을까? 당시 김재익에 관해 쓰인 책26에 따르면 전두환 위원장이 경제문제에 지대한 관심을 나타내면서 여러 전문가들로부터 경제과외를 받았던 것이 인연이 되었다고 한다. 처음에는 재무관료 출신인 박봉환(후일 동력자원부 장관)이 전두환 위원장의 경제과외를 맡았으나 그가 재무차관으로 승진하자, 김재익 당시 EPB 기획국장(후일 제 5 공화국 초대 경제수석)이 대신 천거되었다. 김재익 국장은 당시 연희동에 있었던 전두환 상임위원장의 집에 가서 매일 경제강의를 했다. 그러다가 1980년 9월, 전두환 대통령으로부터 경제수석으로 오라는 부름을 받으면서 자신이 기획국장 시절 구상

25 김재익(金在益, 1938~1983): 한국은행 재직 중 미국으로 유학, 1973년 미국 스탠퍼드대에서 경제학 박사학위를 취득하였다. 1976년 EPB 기획국장과 경제협력차관보를 거쳐 국가보위비상대책위원회 경과분과 위원장 등을 역임하고 제 5공화국 출범과 함께 전두환 대통령의 경제수석비서관으로 발탁되어 절대적 신임 속에서 안정화 시책을 5공화국 경제정책 기조로 뿌리내리게 하는 데 결정적 역할을 했다. 1983년 10월 9일 전두환 대통령을 수행하여 버마를 방문했다가 아웅산 테러로 순직하였다.
26 이장규, 2008, 《경제는 당신이 대통령이야》, 올림.

했던 갖가지 경제정책의 아이디어와 철학을 한국 경제에 적용할 수 있는 기회를 갖게 된다.

김재익의 행보에 대해 당시 모든 사람들이 호의적이었던 것은 아니다. 김재익은 신군부에 대해 비판적인 지인들로부터 "왜 정통성 없는 독재정권을 돕느냐?"는 말을 들었다고 한다. 차분히 자신의 비전을 제시하여 대통령을 설득시키는 그의 재능과 인품을 아끼던 선배, 동료들과 부하직원들까지도 독재정권을 돕는 그의 행보에 대해 애석해 했다.

김재익 수석은 그러나 주변의 많은 오해에도 불구하고 전두환 대통령을 도와 제5공화국 경제의 틀을 짜고 실무적으로 추진하는 데 일체의 망설임을 보이지 않았다. 그 이유는 무엇일까? 그는 경제학 박사를 받기 이전에 대학에서 정치학을 전공했다. 자신이 믿는 경제적 이상(理想)을 실현하기 위해서는 강력한 정치적 힘이 필요하다는 현실적 인식을 했을 것이다.

그렇다면 평생을 경제와는 거의 담쌓고 살았던 군출신 전두환 대통령은 왜 열심히 경제과외를 받고 학자출신 관료에 불과한 김재익 수석에게 "경제는 당신이 대통령이야" 하는 소리까지 해가면서 그를 강력히 밀어주었던 것일까?

여러 가지 이유가 있겠지만 가장 큰 이유 가운데 하나는 쿠데타로 권력을 장악했다는 태생적 한계 때문이었던 것으로 알려져 있다. 선명한 '개혁의 간판'을 국민들에게 보이고 어떻게 해서든 물가를 잡아 어려운 경제난국을 해결해야만 국민들로부터 비로소 정치적 정통성을 부여받을 수 있다고 판단했던 것이다. 전 대통령은 그 생각의 연장선상에서 열심히 경제과외를 받았고 김재익에게 경제개혁의 총대를 맡긴 것이다.[27]

경제개혁을 통해 정통성을 확보하려는 군부정권과 자신의 경제적 이상을 실현하기 위해서는 강력한 정치적 힘이 필요하다고 생각했던 김재익의 현실적 인식이 결합해 제5공화국의 유례없이 강력하고 초법적인 경제정책으로 구체화되었다. "자율과 경쟁을 통해 자원의 분배효율을 높이고 경제를 활성화시킨다"는 자유시장경제 이론이 한국 경제에 이식된 사건이었다.

그런데 제5공화국은 이념적 정체성으로는 '자율'을 주장했지만 역설적이게

27 앞의 책.

도 그 자율을 확보하는 방식과 행동양식은 지극히 '비자율'적 방식을 선택했다. 마이너스 성장이 불러온 실업과 생계불안 때문에 생존권을 주장하며 노동자들이 일으킨 파업이나 시위에 대해서는 분배의 문제나 노사협상 차원이 아닌 사회질서 유지 차원에서 철저히 공권력으로 대처했다. 대통령의 말이 법보다도 더 강력한 무게를 갖고 아래로 전달되었다. 시장경제를 표방했지만 시장으로부터의 목소리는 별로 듣지 않았다.

다만 박정희 정부 때 강하게 추진된 두발과 교복에 대한 무차별 단속은 이무렵 해제되었고 통금도 풀렸다. 캄캄했던 서울의 밤이 다시 밝아졌던 시기이기도 했다.

"물가는 히틀러의 양아들입니다"

1980년대 초반에 신군부에 의해 추진된 안정화 정책의 핵심은 금융 및 재정 긴축을 통한 철저한 물가안정에 있었다.

1980년 초 한국 경제를 좀먹는 가장 큰 병폐 가운데 하나가 오랫동안 계속되어 만성적 체질로 굳어진 인플레이션이었다는 점은 이론의 여지가 없다. 일제 강점기부터 전쟁물자 조달을 위해 통화를 남발하고 만주통화까지 돌아다니는 바람에 치솟기 시작한 인플레이션은 6·25 전쟁을 거치면서 유엔군에 대한 대출과 전시(戰時) 통화증발로 더욱 굳어졌다. 두 차례의 통화개혁에도 불구하고 잡히지 않았다. 1960년대에서 1970년대에 이르는 고속성장 기간 동안에도 '부채가 곧 성장'이라는 맹목적 신념이 있었던 만큼 통화증발은 계속 이어졌다.

통화팽창으로 인한 인플레이션 외에 공급 측면에서의 외부충격도 물가고를 부채질했다. 1974년 1차 석유파동으로 모든 원자재 가격이 상승한 이래로 두 자릿수가 훨씬 넘는 물가고가 만성적 체질이 되었다. 부동산 투기로 집값과 전셋값이 하늘 높은 줄 모르고 상승했다. 서민과 노동자들은 살인적으로 치솟는 물가 때문에 못살겠다면서 물가상승률만큼 임금도 함께 올려 달라고 노동쟁의에 들어갔다.

이 때문에 물가를 낮추는 데 최우선 순위를 두고 노력해야 한다는 위기감이 거시정책을 맡았던 경제관료들 사이에 확산되었다. 예를 들어 전두환 상임위원장의 첫 경제과외를 맡았던 재무관료 출신 박봉환 장관은 "인플레는 히틀러의 양아들", "자본주의를 붕괴시키기 위해서는 (인플레를 발생시켜) 그 나라의 통화가치를 타락시켜라" 하는 식의 비유를 통해 물가안정이 얼마나 중요한지 전두환 상임위원장에게 각인시켰다고 한다.[28]

박봉환의 뒤를 이어 과외선생이 된 EPB의 김재익 국장 역시 물가를 잡지 못하면 절대로 경제를 살릴 수 없다는 위기감을 전두환 국보위 상임위원장에게 심어 주었다. 이 때문에 전두환 대통령은 '물가상승은 절대악(絶對惡)'이라는 강한 신념이 생겨났고, 1980년 새 정부 출범당시 "물가를 한 자릿수로 잡겠다"고 공언하기에 이른다. 이 때문에 전두환 대통령 취임 이후 모든 정책은 물가를 잡기 위한 시책에 정책의 최우선 순위가 두어졌다.

전두환 대통령의 물가안정에 대한 의지를 보여주는 에피소드가 있다.

"1980년 극심한 정치혼란과 경기침체의 후유증으로 경제성장률이 2% 이하로 떨어질 것으로 우려되자 5공의 첫 부총리 겸 경제기획원 장관이었던 신병현 부총리가 '9·16 경기부양 조치'를 들고 대통령에게 설명했다. 그러자 전 대통령은 경기부양이라는 말 자체에 알레르기 반응을 보였다. '경기부양 = 통화량 증가 = 물가상승'을 연상한 것이다. 그제서야 '아차!' 싶었던 신 부총리가 '이는 어디까지나 마이너스 경제성장을 면하기 위한 제한적 부양조치일 뿐이며 물가안정에 최우선을 두는 정책기조는 변하지 않는다'고 강조하자 그제서야 전 대통령의 얼굴이 풀렸다."[29]

군출신인 전두환 대통령은 복잡한 논리나 생각을 싫어했다. 일단 '물가안정'이라는 목표를 정하자 군인답게 뒤도 돌아보지 않고 강력한 안정화 정책을 밀고 나갔다. 갑작스럽고 지나친 통화긴축 때문에 돈가뭄에 시달린 기업들이 죽는다고 아우성치고 전문가들이 경직된 경제정책에 우려의 목소리를 냈으며 정치인들이 표를 잃는다고 걱정했지만 요지부동이었다.

28 이장규, 2008, 《경제는 당신이 대통령이야》, 올림, 45쪽.
29 위의 책.

전 대통령의 뒤에는 김재익 경제수석이 있었다. 그는 가까운 사람들에게 입버릇처럼 "(물가안정을 위해) 대통령도 양심 먹고 나도 양심 먹고 돈을 풀지 않기로 했다"고 되뇌었다고 한다. 30

그러나 긴축 국면이 장기화되자 경제가 극도의 스트레스에 빠졌다. 국제적 고금리와 2차 석유파동이라는 공급 측면의 쇼크가 경제에 큰 주름살을 주고 있는 상황에서 갑자기 금리인상을 통한 통화긴축과 재정긴축 등 강력한 안정화 조치가 취해진 것이 화근이었다. 부채비율이 높은 기업들은 급격한 금리상승과 자금난 때문에 도산하거나 어려움에 빠졌고 기업이 흔들리자 실업이 확산되었다. 1980년 중반 무렵 경제성장률은 연초 예상했던 4~5%는 커녕 큰 폭의 마이너스 가능성이 점쳐졌다. 재무부 이승윤 장관은 "현재의 물가상승은 고금리와 석유파동이라는 외부적 충격, 공급 측면에 의한 것이다. 그런데 총수요 관리로 지나친 긴축을 하는 것은 맞지 않는 정책처방이다. 이렇게 가다가는 경제가 거덜 날 것이 뻔하니 긴축을 완화해야 한다"며 강한 우려를 나타냈다. 여당인 민주정의당까지 나서 "이러다 1970년대 중반 부가가치세 도입 때처럼 선거를 망친다"면서 대통령에게 건의할 정도였다. 강력한 긴축정책을 통해 물가를 반드시 잡겠다고 마음을 굳힌 대통령이었지만 속절없이 무너지는 경제 앞에서는 금리인하 등 경제활성화 조치를 받아들일 수밖에 없었다.

그러나 금리정책은 시장에서 제대로 기능할 때까지 '외부적 지체현상(time lag)'을 낳는다. 31 뒤늦게 경제활성화 조치를 취했지만 결국 1980년 한국 경제는 사상최초로 마이너스 5.7% 성장이라는 급락을 기록했다. 32 수십 년 동안 10% 안팎의 고도성장을 하던 끝에 갑자기 마이너스 성장으로 돌아서자 기업과 개인 등 경제주체들이 받은 충격은 이루 말할 수 없었다.

●

30 남덕우 외, 2003, 《80년대 경제개혁과 김재익 수석》, 삼성경제연구소.

31 통화정책은 시장에서의 외부 지체현상이 더 길고 재정정책은 국회통과 등의 절차 때문에 내부 지체현상이 더 긴 것으로 알려져 있다.

32 이후 새롭게 작성된 신계정에 의해 마이너스 1.5% 경제성장으로 조정되었다.

시장 자율과 개방의 시대

1980년대 초반 제5공화국이 추진한 경제조치 가운데 또 다른 중심축은 '자율과 개방'이었다. 산업과 경제 전 분야에 걸쳐 시장 자율이 급속도로 추진되었다. 제조업과 광업, 서비스업 등 산업 전반에서 각종 정부규제가 철폐되는 것은 물론 정부지원으로 추진되던 사업들이 대폭 정리되고 투자의 우선순위를 정부가 정해 주던 관행도 사라졌다. 인허가를 받아야만 설립이 되던 기업들은 신고나 등록만 하면 설립되는 것으로 대폭 자유화되었다.

"기업들이 온실 속에서만 살아서는 영원히 국제경쟁력을 획득할 수 없다. 국내시장을 더 이상 보호해서는 안 된다"는 선언이 나오고, 수입개방이야말로 반드시 추진해야 할 최우선 국정과제가 되었다. "개방을 통해 외국에서 들어온 상품들과 치열한 경쟁을 하도록 해야 기업들이 경쟁력이 생기고 결과적으로 물가도 하락한다"는 논리가 언론을 통해 매일처럼 전파되었다.

시장경제와 수입개방의 전도사였던 김재익 경제수석은 자신의 논리를 설파하는 데 언론을 많이 활용했다. 그는 어느 날 언론인들과의 간담회 자리에서 이런 비유를 했다. "목사님이 절벽에서 떨어질 위기에 처했습니다. 간신히 나무뿌리 하나를 잡아 매달려 있는데 그 나무뿌리는 곧 뽑힐 것처럼 불안했습니다. 신심이 깊은 목사님이 살려 달라고 기도하자 하느님이 기도에 응답했습니다. '그 뿌리를 놓아라. 그러면 내가 너를 받아줄 것이다.' 그러나 목사님은 불안해서 도저히 그 뿌리를 놓을 수가 없었습니다. 한국 경제가 바로 이 목사님과 같습니다. 손을 놓으라고 신이 그러는데도 한사코 놓지 않고 곧 뽑힐지 모르는 뿌리에 언제까지고 매달려 있는 것입니다."

금융시장 자율화와 대형화, 국제화

실물시장과 수출시장에 불어닥친 자율과 경쟁의 바람은 금융계도 예외가 아니었다. 금융시장 개혁에서는 은행 민영화와 함께 대형화, 금융시장 자율화, 국제시장 개방 등이 최우선 추진과제로 떠올랐다.

"은행을 자율화시키지 않고서는 금융산업 발전을 기대할 수 없기 때문에 시중 은행 민영화와 함께 내부경영 자율화를 추진하기로 했습니다. 이제부터라도 은행을 매력 있는 산업으로 육성하겠습니다. 또한 금융자율화와 동시에 금융의 국제화, 은행 대형화를 적극적으로 추진하겠습니다.

오는 1983년까지는 지속적 증자를 통해 은행자본금을 1천억 원으로 늘리고 예대마진을 정상화시켜 은행수지를 개선하겠습니다. 은행의 상업성을 무시하고는 금융산업이 발전될 수 없는 만큼 경영수지 적정화를 꾀하겠습니다."[33]

1970년대 중반부터 미국과 유럽 등 선진국 금융시장이 눈부시게 빠른 속도로 '금융 빅뱅'을 추진하고 있었기 때문에 재무부 내에서도 금융시장 개방과 자율화의 필요성을 인식하고 있었다. 당시 선진국에서 금융은 단순히 실물경제를 보조하는 역할이 아니라 높은 부가가치를 지닌 독자적 산업으로 성장하고 있었다. 눈부시게 진화하는 선진국 금융시장을 지켜보던 사람들 사이에 부러움이 일었다. "우리도 하루빨리 금융시장을 선진화하고 국제화해서 이들 (선진국들)의 모델과 제도를 따라가야 한다"는 생각이 금융정책을 하는 공무원이나 금융기관, 학계에 확산되었다. 금융시장의 구조적 변화(restructuring)를 일으키고 적극적 규제해제와 제도개선을 통해 금융산업을 선진화하며 외국 기업이나 금융기관들이 한국 경제에 직접투자를 할 수 있는 유인책과 시스템을 마련하는 것이 큰 과제로 등장했다.

먼저 은행의 상업성을 확대하고 민영화하기 위해 재무부와 한국은행, 은행감독원 등에 의한 경직된 은행규제를 최소화하고 독자적 경영체제를 갖추도록 하는 방안이 추진되었다.

"그동안 은행이 지나치게 공익성을 추구한 결과 상업성이 거의 무시된 점을 감안해 우선 첫 단계 조치로 인사나 예산 등 내부경영을 자율에 맡기기로 했습니다. 또 재무부나 한국은행, 은행감독원으로부터 규제받아온 각종 경영체제를 탈피시키겠습니다. 각행의 경영실적과 상관없이 획일적으로 통제된 직제나 정원, 예산, 결산, 인사관리, 보수체계를 은행 자율에 맡길 것입니다."[34]

---

33 "市銀의 商業은행 기능 살리겠다", 이승윤 장관 인터뷰, 〈매일경제〉 1980. 12. 5.

한편 본격적인 금융선진화와 국제화의 길로 접어들기 위해 국내 금융기관들의 자본규모를 1천억 원 규모로 대폭 확대하고 선진국과 합작한 국내은행이 설립되어 국내영업을 허용하는 문제도 추진되었다. 기업들이 안심하고 장기 투자자금을 조달할 수 있는 시장의 육성과 예금의 장기화 방안이 검토됐고 금리가 제 기능을 할 수 있도록 하는 제도개선도 시급하다고 봤다. 사채시장의 고금리와 제도금융권의 낮은 정책금리가 공존하고 업권별로 제각기 금리가 다른 후진적 분할시장(fragmented market)을 통합하여 금리정책과 통화정책을 효율화하는 것도 중요과제로 떠올랐던 시기였다.

그러나 이승윤 장관이 이끄는 재무부가 검토하고 추진하던 금융시장 개혁과 국제화, 금융기관 민영화와 자율화는 어디까지나 "경제에 미치는 충격을 줄여가면서 추진하는 점진적 방식"이었다.

그런데 당시 실세인 김재익 경제수석은 물론, 그와 뜻을 같이하는 EPB 개혁파들의 생각은 전혀 달랐다. 대통령을 설득하여 한시라도 빨리 자신의 자유시장경제 철학을 한국 경제에 이식하고 싶어 했던 김재익 수석은 은행 민영화와 금융시장 자율화, 국제화와 개방화 등 모든 것을 한꺼번에 전면적으로 추진하고 변화시키는 급진적 방식을 선호했다.

이 때문에 금융개혁과 금융기관 민영화, 안정화 시책 등 일련의 금융정책을 둘러싸고 김재익 수석을 중심으로 한 EPB 개혁추진파들과 재무부(MOF: Ministry of Finance) 간에 1980년대 초 '안정화와 금리인하 논쟁'에 이어 '금융자율화 속도논쟁' 등이 벌어지게 된다.

---

34 앞의 기사.

상황인식과 정책논쟁

금단의 고통인가, 오버킬인가?

1980년 초반에 추진된 '안정화' 정책은 오랜 관성을 하루아침에 뒤집는 급진적 방향전환이었다. 모든 정책보조금이 한꺼번에 사라지고 재정긴축, 통화긴축, 고금리가 계속되자 그 후유증이 모든 경제주체들에게 가혹하게 다가왔다. 기업과 상인들이 돈가뭄에 아우성쳤고 줄도산이 이어졌다. 생필품 값과 부동산 가격은 천정부지로 오르는데 임금만 올리지 말라니 노동계의 반발이 극렬했다.

이 상황을 김재익 수석과 EPB 개혁파들은 '약을 끊기 위한 금단의 고통'으로 보았다. 단기적으로는 힘들겠지만 한 번만 이겨내면 모든 것이 다 한꺼번에 자연스럽게 치유되고 정상화되는 과정으로 생각했던 것이다. "통화증발을 통한 과거의 성장방식은 일종의 '중독상태'이다. 이걸 끊을 때는 고통이 따르기 마련이며 이 고비만 넘기면 된다"면서 안정화와 자율화의 속도를 높였다.

그러나 재무부는 당시 경제상황에 대한 인식이나, 긴축의 속도에 대해 완전히 의견을 달리했다. 가뜩이나 어려운 경제에 대한 '오버킬'(overkill)이라고 본 것이다. "최근의(1980년의) 물가폭등은 수요 측면에서 일어난 것이 아니라 국제적 고금리와 석유파동, 농산물 냉해라는 공급 측면에 의해 벌어진 것이다. 공급사이드에서 생겨난 인플레(cost push inflation)를 총수요 억제를 통한 지나친 긴축으로 몰아가는 것은 잘못이다"라고 주장했다.

상황인식 자체가 '금단의 고통'과 '오버킬'로 전혀 다르다 보니 해법도 다를 수밖에 없었다. 재무부는 긴축 스트레스를 줄이고 적정 경제성장을 이루기 위해 금리를 인하해야 한다고 계속 주장했으나, 김재익 경제수석 등은 이승윤 재무장관과 그 뒤를 이은 나웅배 장관의 지속적 금리인하 요구를 반대했다. 이 때문에 금리인하를 둘러싸고 수없이 많은 논쟁이 오갔다.

경기부진과 긴축정책으로 거시지표가 급격히 악화되고 경기가 빠르게 악화되자 1980년 6월부터 11월까지 세 차례에 걸쳐 금리를 25%에서 20%로 내리는 등의 경제활성화 조치가 취해졌으나 이미 뒤늦은 조치였다. 1980년 말 한국 경제 성적표를 보면 도매물가 상승률이 38.9%였고 경제성장률은 -5.7%(신계정에 의한 조정에 따르면 -1.5%)를 기록했으며, 국제수지는 53억 달러 적자라는 최악의 사태를 나타냈다. 기업들의 도산과 투자감소로 1979년 3.8%였던 실업률이 1980년 말에는 5.2%로 급등했다.

사상 최악의 성적표와 마이너스 성장에 놀란 정부는 1981년 들어 세 차례에 걸쳐 금리를 17%까지 추가로 내렸고 1982년 3월에는 14%까지 인하했다.

그러다 EPB 출신인 강경식 장관이 재무장관으로 취임하자마자 3일 만에 4%포인트의 급격한 추가 금리인하가 이루어졌다(14%에서 10%로 인하). 한국은행이 "금리인하는 필요하지만 지나친 냉온탕식 인상이나 인하는 경제에 충격을 주기 때문에 몇 차례에 걸쳐 점진적으로 내리는 것이 좋겠다"고 건의했으나 받아들여지지 않았다.

금융시장 자율화-민영화 논쟁

'금융시장 자율화와 민영화'를 둘러싸고도 EPB 개혁파들과 재무부 사이에 상당한 정책논쟁이 있었다. 당시 김재익 수석은 "경쟁시장의 '보이지 않는 손'이 예정된 조화를 만들어낸다. 따라서 모든 금융규제를 한꺼번에 풀고 은행을 모두 민영화하고 금융시장을 개방해야 한다"고 주장했다. "시장은 블랙박스와 같다. 그 안에서 벌어지는 일에 대해 정부가 관여할 필요가 없다. 그 과정에서 약간의 부작용이 있다고 하더라도 결과적으로 시장의 힘이 작동하여 질서를 만들어낸다"고 강조했다.

그러나 재무부는 "시장기능에 맡기려면 우선 '시장'이 있어야 하는데 우리 경제에는 정부 통제하에 있는 은행과 사채시장만 있을 뿐 시장다운 금융시장이 제대로 없다. 그러니 우선 금융시장부터 만들어 나가면서 자율화를 추진하자"고 주장했다.

은행 민영화에 대해서도 김재익 수석은 장기신용은행의 예를 들어가며 금융산업의 효율화와 발전을 위해 은행이 하루빨리 민영화되어야 주장했으나 재무부는 "은행 민영화를 하려면 그 전제조건으로 ① 정책금융을 재정에서 가져가야 하고, ② 조속한 기업 구조조정을 통해 금융권 부실채권을 먼저 정리해 주어야 한다"는 생각을 가지고 있었다.

> "현실적으로 힘겨운 과제이기는 하지만 정책금융을 단계적으로 축소조정해서 여신운용의 자율적인 폭을 넓혀갈 생각입니다. 일시에 정책금융을 대폭 축소하거나 중지하면 부작용이 클 것으로 우려되기 때문에 연차계획을 세워 축소시키고 새로운 정책금융 신설을 중지하며 유사한 내용은 통합하며 정책자금과 일반자금과의 금리격차를 좁혀 나가겠습니다. 저금리 정책자금은 앞으로 산업은행 등 특수은행에서만 전담하게 될 것입니다."[35]

또한 ① 자율책임 경영제가 확립돼야 하고, ② 은행주식을 사들인 지배주주(기업주)들이 은행대출을 독점하지 않도록 하는 '금융독점 방지대책'을 세우는 등의 선제조치가 필요하다고 주장했다. 따라서 전면적 민영화보다는 1981년에 1개 은행 정도를 민영화하여 경과를 지켜본 후 전면 민영화를 추진하겠다는 생각이었다.

그러나 대세는 이미 대통령의 지근거리에 있고 영향력이 큰 김재익 수석의 주장으로 기울고 있었다. 국보위 시절 한국은행 독립문제에서는 박봉환 장관의 설득에 의해 재무부의 손을 들어 주었던 전두환 대통령은 은행 민영화와 정책금융 축소, 금리자율화 등 다른 이슈에 대해서는 김재익 수석의 주장에 힘을 실어 주었다. '점진적 자율화'를 주장하던 이승윤 장관이 물러나고 뒤를 이은 나웅배 장관 역시 1982년 중반 고위권력층이 연루된 '이철희-장영자 부부 어음사기 사건'이 터지면서 6개월 정도의 짧은 임기를 끝으로 재무장관직에서 물러났다.

그러자 김재익 수석과 뜻을 같이하던 EPB 출신 강경식 재무차관이 재무장관으로 취임하면서 금융시장 민영화와 자율화가 급속도로 추진되었다.

1981년 이후 7개 은행이 민영화되었고 1982년과 1983년 사이에 두 개의 시중은행과 12개의 투자금융회사, 58개의 상호신용금고, 한 개의 투자신탁회사 등 수많은 금융기관 설립이 허용된다.

●
35 앞의 기사.

44

강 장관은 이 과정에서 예상되는 재무부 실무진들의 반대를 막기 위해 차관 - 차관보 - 핵심 국장 - 핵심 과장은 물론이고 비밀리에 추진한 일련의 작업36을 위해 관계 공무원들을 EPB에서 데려다 썼다.

금융시장의 건전성을 유지하는 3대 축은 '자유-책임-감독'이다. 책임과 감독 시스템은 아직 제대로 작동하지 못하는 상태에서 금융시장 자유화부터 빠르게 진행되다 보니 무더기로 금융기관이 많이 생겨났지만, 동시에 '탐욕적 시장'과 '시장실패의 덫'이 이곳저곳에 뿌려졌다. 은행은 민영화된 이후에도 여전히 정부와 정치권에 예속되어 있었다. 은행주식이 민간에 팔렸지만 여전히 정부가 은행장 및 임원 인사권을 쥐고 있었고 정책금융 기능을 수행하고 있었으며 부실채권의 무게에 짓눌려 있었다. 37

한편 금융시장 개방화가 본격화되자 환율 변동성 등 시장위험과 신용위험 등 위험관리에 미숙한 신생 금융기관들은 단기 핫머니(hot money)나 하이에나 같은 속성을 지닌 국제금융자본의 공격에 노출되기 시작했다.

'6·28 조치'와 법인세 인하 논쟁

1981년 6월에 물러난 나웅배 장관의 후임으로 재무장관에 취임한 강경식 장관은 취임 후 불과 3일 만에 전격적으로 금리 및 법인세율 인하 조치, 이른바 '6·28 조치'를 발표했다. 당시 언론에 발표된 6·28 조치의 주요 내용은 다음과 같았다.

"정부는 6월 28일 금리의 큰 폭 인하와 기업의 세 부담 경감을 주요 내용으로 하는 획기적 경기활성화 대책을 발표했다. 이번 조치는 기업의 재무구조를 근본적으로 개선하며 자금공급을 확대해 침체된 경기를 되살리는 데 목적이 있다. 주요 내용은 은행금리를 4%포인트 내리는 것이다. 38 동시에 현재 공개법인

---

36 6·28 조치(법인세 인하 및 은행 민영화)와 금융실명제 등을 말한다.
37 은행장에 대한 정부의 인사권은 1993년에 폐지되었으나 정치권의 간섭은 그 이후로도 계속됐다.
38 대출금리는 현행 14%에서 10%로, 1년 만기 정기예금 금리는 12.6%에서 8%로 내리는 것으로 되어 있었다.

33%, 비공개법인 38%로 되어 있는 법인세율을 일률적으로 20%로 낮추며 자동차와 18인치 미만 칼라 TV에 적용하고 있는 특소세 탄력세율도 28%를 연말까지 연장하기로 하였다."39

금리가 4%포인트나 한꺼번에 내려간 것도 놀랄 일이었지만 그보다 사람들을 더 깜짝 놀라게 한 것은 33%나 되던 기업의 법인세율을 20%로 전격 내린다는 내용이었다. 이렇게 엄청난 일이 벌어지는데도 재무부 세제실은 발표 직전까지 이 내용을 전혀 몰랐다. 재무부 실무자들이 반대할까 봐 담당관까지 EPB에서 데려와 추진한 비밀작업 가운데 하나였기 때문이다.

전격적인 법인세 인하에 놀란 당시 민정당이 개최한 공청회에서 조세 전문가들은 "지나친 법인세율 인하는 세수 결함을 초래하고 세제의 재원조달 기능을 악화시켜 재정적자를 초래할 우려가 있다"고 우려를 나타냈다.40 일부 언론은 "금리의 급격한 인하는 봉급생활자와 근로자를 희생시켜 기업에 특혜성 조치를 주었으며 통화인플레를 유발하고 기업 구조조정을 늦추는 역효과가 있다"는 취지의 사설을 쓰기도 했다.

'급진적 금융실명제' vs '단계적 금융실명제'

그러나 '6·28 금리·법인세 인하조치'는 사실 바로 며칠 후인 7월 3일에 있을 경천동지(驚天動地)할 발표를 위한 서막이었다. '7·3 조치', 더 정확한 명칭은 '금융실명거래와 금융자산소득에 대한 종합과세의 실시방침'이 곧이어 발표된 것이다. 기업이나 경제에 큰 충격을 줄 만한 조치를 취하기 전에 시장충격을 완충하기 위해 선제적으로 내놓은 '금리인하와 법인세 인하조치'가 6·28이었던 셈이다. 발표된 금융실명제의 내용을 요약해 보면 다음과 같다.

---

39 기업투자 수요가 늘어나고 생산활동이 활발해져서 자금수요가 증가할 것에 대비해 현재 25%로 되어 있는 총통화목표 증가율에 구애받지 않고 통화공급을 확대해 신축적으로 운영할 계획이라는 통화정책 완화 내용도 포함되어 있었다.

40 〈매일경제〉, 1982. 8. 10.

- 1년 뒤인 1983년 7월 1일부터 은행이나 단자회사 등 예금거래는 물론이고 증권투자까지 모든 금융거래에 대해 실명제를 전면적으로 실시한다.
- 금융소득도 종합 과세한다.
- 실명이 아닌 3천만 원 이상의 금융자산에 대해서는 과징금 5%를 납부해야 자금출처조사를 면제해 준다.[41]

이철희-장영자 사건으로 온 나라가 떠들썩한 상황 직후, 비밀리에 작업을 거쳐서 나온 금융실명제는 1961년에 제정된 「예금·적금 등의 비밀보장에 관한 법률」과는 상반된 내용이었다. 1960년대 초는 경제성장에 필요한 투자재원 자체가 절대부족인 시절이었다. 사채시장이 비대해서 기업들이 일상적으로 고금리 사채에 의존하다 보니 일반 서민들도 고금리 사채놀이만 할 뿐 금리가 낮은 은행을 외면했다. 이런 상황에서 어떻게든 저축을 늘리기 위해 애쓰다 보니 실명과 비실명예금을 구분할 여유가 없었다. 그래서 1961년 제정된 것이 「예금·적금 등의 비밀보장에 관한 법률」이고 이는 비실명 금융거래를 사실상 보장하는 내용이었다.

장기영 경제부총리 시절 '금리 현실화' 조치를 통해 은행 예금금리를 대폭 높이자 조금씩 예금이 늘어나기 시작했다. 정부는 이때도 저축장려를 위해서는 고금리뿐 아니라 은행저축에 대한 비밀보장이 중요하다고 봤기 때문에 예·적금 비밀보장을 법으로 보장했다. 1972년 '8·3 조치 사채동결' 조치 때도 이 조치를 추진했던 김용환 장관의 생각은 "사채를 자진신고 받기 위한 핵심은 자금출처를 묻지 않는 것"이었다.

이 때문에 사채시장과 금융기관에는 출처가 불분명한 비자금과 음성적 자금들이 떠돌아다녔다. 은행예금이라고 하더라도 사채전주가 은행에 돈을 넣어 놓고 구체적으로 누구에게 대출하라고 지정하던 시절이었다. 그런데 1982년 5월 '이철희-장영자' 거액어음 사기사건이 터지자, 정부가 "금융실명제를

---

41 금융실명제를 추진했던 강경식 재무장관은 원래 비실명 금융자산에 대해 예외 없이 자금출처 조사를 하고 이른바 도강세(渡江稅)를 물려야 한다고 주장했으나 재무부 세제 실무자의 반대에 부딪혀 완화했다고 한다 (이장규, 2008, 《경제는 당신이 대통령이야》, 올림).

실시하여 거액의 지하자금을 양성화함으로써 경제정의를 실현한다"고 전격 선언한 것이다. 전두환 대통령 입장에서는 대통령 친인척이 관련된 사건이 벌어진 마당이라 민심을 수습할 특단의 정책이 필요한 시점이었다.

금융거래 관행을 뿌리부터 뒤집는 핵폭탄급의 발표에 시장은 난리가 났다. 금융기관에 가·차명으로 돈을 맡긴 예금자들과 기업인들은 정책의 진의를 알기 위해 동분서주했고 증권시장도 요동쳤다.

재무부 세제 쪽에서도 난리가 났다. 원래 재무부 세제국 실무자들이야말로 어떻게 하면 "음지의 돈을 양지로 끌어내 세금을 걸을 수 있을까?"를 밤낮으로 고민하는 사람들이라 음지의 돈에 대해 경제적 유인을 주어 점진적으로 양성화하는 '단계적 금융실명제'를 당시 구체적으로 검토하고 있었다. 1단계에서는 모든 금융거래를 실명으로 '유도'하고, 2단계에서는 실명화된 금융거래에서 나오는 이자와 배당소득에 대해 분리과세 혜택을 주며 이것이 어느 정도 정착되면, 3단계에서 실명과 비실명 예금 간 세율의 차등폭을 늘리고, 마지막 4단계에서 종합과세를 전면 실시한다는 것이다. 42

나웅배 재무장관이 퇴임 직전 발표한 세제개편에도 무기명 예금에 대한 징벌적 차등과세가 포함되어 있었다. "무기명 예금 이자소득에 기명예금보다 10% 포인트 더 과세한다"는 내용이었다. 일반 예금계좌의 돈에는 세금경감 혜택을 주고 가·차명 계좌에는 경제적 불이익을 주어서 차명으로 유도한다는 조치였다. 세제 실무자들은 숨어있는 어둠의 돈을 끌어내는 데는 '햇볕작전', 즉 금전적 인센티브를 주는 방식이 더 효율적이라고 봤던 것이다.

그런데 비밀리에 추진되어 갑자기 발표된 금융실명제는 "일거에 모든 가·차명 계좌를 없애겠다"는 내용을 담고 있었다. 화폐개혁 하듯 금융실명제를 발표하자 난리가 났다. 그러나 서슬 퍼런 군부정권하에서 경제계의 반대는 당연히 허용되지 않았다. 전면적 금융실명제 실시에 가장 충격적이었을 전경련은 "실명제에 찬성한다"는 짧은 논평을 내놓는 데 그쳤다.

그러나 국가경제의 판 자체를 완전히 바꾸는 혁명적 내용인데도 구체적 검토가 부족했던 만큼 은행에서 뭉칫돈이 빠져나가고 금값이 폭등하는가 하면

●
42 "사채몰이 금융대작전 기대와 우려: '7·3 조치' 경제부 기자 좌담", 〈동아일보〉, 1982. 7. 5.

부동산 매매가 늘어나는 현상이 발생했다. 정부 내 실무부처에서도 현실적으로 비실명 예금을 적발할 수 있는 전산이나 행정시스템이 갖춰지지 않았다고 난색을 표시했다.

이곳저곳에서 반대 목소리가 나오자 정치권이 이례적으로 재빠르게 움직였다. 7월 15일 권익현 민정당 사무총장이 "금융실명제를 보완할 필요가 있다"고 운을 뗀 것을 시작으로 8월 18일에는 당이 마련한 '7·3 조치에 대한 보완책'을 발표했다. 다음은 당시 언론의 보도내용이다.

> "이번 보완책은 내년부터 신규예금에 대해 실명화를 한다는 것을 제외하고는 나머지는 7·3 조치 이전의 상태로 돌아간 것과 큰 차이가 없다. 당초의 7·3 조치의 큰 줄기였던 재산소득에의 중과를 위한 종합과세나 가명예금에 대한 자금출처 조사 등은 완전히 백지화된 것이다."[43]

논란의 태풍에 휩싸인 금융실명제는 그해 말 형식적으로는 법으로 통과되었지만 실시시기를 못 박지 않아 결국 형해화(形骸化)되고 말았다. 먼 훗날인 1993년 김영삼 대통령 시절 '대통령 긴급명령'으로 도입되기까지 장기표류에 들어간 것이다.

진정한 의미의 금융실명제가 우리 경제에 완전히 정착된 것은 1993년 긴급명령이 도입된 이후로도 오랜 시간이 지나 등장한 컴퓨터 및 전산시스템의 급속한 발달과 맥을 같이한다. 금융전산망의 발전과 신용카드 사용 등으로 모든 거래가 백일하에 드러나고, 금융정보분석원(FIU: Korea Financial Intelligence Unit)의 설립으로 수상한 현금거래가 포착되면서 씨줄 날줄로 금융거래 인프라가 구축되자 비로소 진정한 금융실명제가 정착한 것이다.

부실채권 정리 선후논쟁

'은행 민영화 논쟁'을 촉발시킨 핵심에는 '기업부실 문제'가 있었다. 기업에 거액의 저리 정책자금을 빌려주고 보증을 선 주체는 은행이기 때문에 해당

---

43 〈동아일보〉, 1982. 8. 18.

기업이 부실화되면 그 부담은 고스란히 은행부실로 되돌아왔다. 당시 기업들의 부채비율은 보통 1,000％ 안팎을 훨씬 넘었다. 1982년 이철희-장영자 사건이 파문을 일으킨 근저에도 부실기업이 있었다. 높은 부채비율과 이자부담으로 부실이 내부로 곪아 들어가면서 지푸라기라도 잡으려는 기업들의 절박한 허점을 노리고 고위층 친척을 팔아 대형 어음사기를 치는 사건이 발생한 것이다.

한 개 기업의 부실 규모가 지급 보증한 은행의 자본금 규모를 훨씬 넘어설 정도였으니 부실기업 문제는 곧 금융권의 부실채권 정리와 구조조정 문제로 연결되는 사안이었다. 이 때문에 이승윤 장관이 은행 민영화를 추진하면서 "신속하게 부실기업 정리부터 해 줘야 은행 민영화가 가능하다"고 선(先) 부실 정리, 후(後) 민영화를 주장했으나 받아들여지지 않은 채 1981년부터 은행 민영화가 전격 추진되었고 기업부실 정리는 계속 해를 넘겼다.

1983년 10월 아웅산 테러가 발생하고 난 후 취임한 김만제 재무장관과 사공일 경제수석에게 맡겨진 큰 과제 가운데 하나가 부실기업 정리였다. 새 경제팀은 "기업 구조조정과 금융권 부실채권 정리가 선결조건"이라는 데 견해를 같이했으나 당시에는 아직 법과 제도가 미비해 신속한 후속조치가 이뤄지지 못했다. 1985년에 가서야 더욱 체계적인 부실기업 정리와 산업합리화를 위해 「조세감면규제법」이 개정되었다. 개정된 법에는 기업 통폐합을 할 때 수반되는 양도세, 취득세, 등록세의 면제 등 각종 조세감면 혜택은 물론 은행부실의 원활한 정리를 위해 필요한 경우 한은(韓銀) 특융이 포함되었다.

그러나 이때 역시 정책의 지체현상이 나타나 이미 실기한 상태였다. 법이 통과되는 데 시간이 오래 걸렸을 뿐만 아니라 법이 통과되었다고 부실채권이 하루아침에 정리되기에는 이미 부실의 규모가 너무나 커졌던 것이다.

"금융기관의 부실채권은 줄잡아 4조 원이 넘으리라는 추정이다. 10조 원에 가깝다는 견해도 있다. 실제로 5개 시중은행이 1985년 결산을 하면서 처리한 대손충당금이 1984년보다 590억 원이 많은 1,256억 원에 이르고, 기업의 빚보증을 섰다가 대신 물어준 액수가 884억 원이나 되며 누적총액이 작년 말 현재 5,649억 원에 이른다. 지급보증 규모가 큰 외환은행과 국책은행의 지급보증 대

지급금까지 감안하면 부실채권이 경제운용과 금융경영에 주는 압박이 얼마나
큰지 쉽게 짐작이 간다."44

덩치가 지나치게 커진 기업부실은 한 건 한 건이 대형 금융위기로 연결될
가능성을 지닌 뇌관이나 다름없었다. '국제그룹 해체사건'에서 보는 것처럼 부
실기업을 처리할 때마다 감당해야 하는 정치적 무게도 엄청났다.45

결국「조세감면법」통과에도 불구하고 해외건설 및 중화학공업, 종합상사,
해운업 등 수많은 부실기업 처리문제는 제대로 정리되지 못한 채 제6공화국
으로 넘어갔고 은행은 계속 부실채권의 무게에 허덕였다. 1988년 국제결제은
행(BIS)이 은행의 자기자본 비율을 8% 이상으로 높이라는 국제규준을 발표했
을 때 우리 은행들의 평균 자기자본 비율은 5%도 채 안 되는 수준이었다.

30년의 시간을 거슬러 올라가는
경제사의 여정

정치적 격변기에 풍요의 시대를 열다

1980년대에서 1990년대 초에 이르는 기간은 우리나라의 정치, 경제사에서 대
전환을 이룬 시기이다.

우선 정치적으로 1980년을 전후한 시점에서 1990년 초에 이르는 기간 엄청
난 변화가 발생했다. 한밤중에 울려 퍼진 몇 발의 총성과 함께 1979년 10월
26일 유신시대가 갑자기 막을 내렸다. 20여 년 가깝게 지속된 박정희 대통령
체제의 갑작스런 종언으로 생겨난 권력의 공백을 채운 주체는 1979년 12·12

---

44 〈동아일보〉, 1986. 2. 26.
45 신발산업에서 시작해 섬유, 상선, 제지, 증권, 철강 등의 분야로 사업을 확장한 국제그룹이 부실정리를
이유로 해체되자 재계에는 "양정모 회장이 전두환 정부에 밉보여 그룹이 해체됐다. 총선 때 국제그룹
의 협조가 부족했고 전 대통령이 주최한 만찬에 양 회장이 늦게 참석해서 밉보였다"는 등의 소문이 무
성했다. 1993년 7월 헌법재판소는 "전두환 정부가 국제그룹 해체를 지시한 것은 기업활동의 자유를
침해한 것으로 위헌"이라고 판결했다.

사태를 통해서 등장한 전두환의 신군부였다. 그리고 제5공화국이 지속된 1981년 3월에서 1988년 2월까지, 군부권력은 절정에 달했다.

대통령의 지시 한마디면 그 누구도 이의를 달 수 없었던 엄혹한 군부통치를 단숨에 종식시킨 것은 1987년 '6·29 선언'이었다. 1987년 4월의 '4·13 호헌 조치'[46]에 이어 '박종철 고문치사 사건'이 잇달아 발생하자 그동안 산발적으로 일어나던 시위가 6월의 대규모 민주항쟁으로 발전했다. 6월 26일 거행된 국민 평화대행진에는 시민들이 나서 '호헌 철폐, 민주헌법 쟁취, 독재 타도'를 목소리 높여 외쳤다. 백만 명가량의 시위대가 길거리로 쏟아졌다.

무력으로는 도저히 수습할 수 없는 도도한 시대의 흐름에 군사정부는 결국 대통령 직선제 실시와 평화적 정부 이양, 정치사범의 석방 등을 골자로 하는 '6·29 선언'을 발표했다. 이 시기를 기점으로 대한민국의 정치는 힘과 의사결정의 중심축이 군에서 민간으로 완전히 이동하는 대전환의 프로세스를 밟게 된다.

정치적 격변이 계속된 1980년대를 거치면서도 한국 경제는 여러 가지 내적 모순과 석유파동으로 야기된 외적 충격을 치료하면서 꾸준히 장기 성장기반을 다져갔다.

해방 이후 만성적으로 우리 경제를 괴롭혔던 물가가 1983년 무렵부터 안정세로 돌아섰고 재정도 점차 건전해졌다. 1980년 마이너스 성장으로 큰 충격을 주었던 경제성장도 이후 점차 회복세를 보이기 시작해 1986년에서 1988년까지는 저유가, 저금리, 원화약세(원화의 저평가)의 이른바 '3저 효과'에 힘입어 사상최고의 호황을 이어갔다. 금리는 낮았지만 자산축적 효과 때문에 1988년 우리나라의 가계저축률은 24.7%로 사상 최고점을 찍었다. 그동안 만성적 저축부족으로 외자에 의존해 경제발전을 했던 한국 경제와 금융시장에 갑자기 돈이 남아돌기 시작한 것이다. 결핍에만 익숙했던 우리나라 경제에 갑자기 '돈과 풍요의 시대'가 다가왔다.

자율화, 개방화 등 시장경쟁 촉진 조치와 함께 시장을 감시하는 공정거래

---

46 1987년 4월 13일 전두환 대통령은 대통령 직선제 개헌과 민주화 요구를 정식으로 거부하고 사회 혼란을 구실로 대통령 간선제의 헌법을 고수한다는 담화문을 발표했다.

위원회가 1981년 4월 발족했다. ① 기업 간의 공정경쟁을 촉진하며, ② 소비자 주권을 확립하고, ③ 중소기업의 경쟁기반을 확보하고, ④ 경제력 집중을 억제하는 등 4가지 주요업무로 출발한 공정거래위원회는 처음에는 EPB에 소속되어 있었으나 1994년 12월 독립해 공정거래위원회 및 공정거래위원회 사무처 조직이 되었다. 공정거래위원회의 출범과 함께 시장에 더욱 구체적이고 명시적인 규율이 생겨난다.

1961년으로부터 약 30년이 경과한 1990년까지의 경제발전 내용을 종합해 보면 실질 GNP는 113배 증가했고[47] 국민 1인당 GNP는 82달러에서 5,569억 달러로 68배 급증했다. 수출은 무려 1,500배 이상 늘어났고[48] 예산규모는 480배 늘었다.[49]

국민 삶의 질과 생활 인프라도 급속히 개선되었다. 1961년 4% 안팎에 불과했던 도로 포장률은 1990년에는 71.5%로 높아졌고, 황금보다도 귀하게 여겨졌던 전화의 보급률은 0.4%에서 36%로 증가했다. 상수도 보급률 역시 17.3%에서 77.8%로 늘어났으며, 의료보장 수혜율도 100%에 달했다.

경제주역들의 난세영웅전을 펼치며

몇몇 거시 통계로 요약되는 경제발전의 큰 흐름 밑바닥에는 그 흐름을 만들어내기 위한 여러 사람의 뼈를 깎는 노력이 있었다.

어지러울 정도로 급격한 정치적 격동의 시기에 한국 경제는 정치적 위기에 대체 어떻게 반응했을까? 그리고 1979년 말에서 1990년대 초까지 시대별로 형태를 달리해서 닥쳤던 온갖 경제위기와 도전은 어떤 정책결정을 통해 수습되고 꾸준한 경제발전으로 이어진 것일까?

다음에 이어지는 글들은 1980년을 전후한 격동기부터 1990년대 초반에 이르기까지 10여 년 동안 경제정책과 금융시장, 세제와 수출, 예산 등 각 분야에서 밤잠을 설치며 대책을 마련하느라 동분서주했던 여러 경제 주역들로부

●

47 21억 달러에서 2,379억 달러로 증가.
48 4,100만 달러에서 650억 달러로 증가.
49 570억 원에서 27조 4,560억 원으로 증가.

터 들어보는 직접 증언이다. 동일한 시대상황, 동일한 사건에 대해 이들의 주장은 서로 다르다. 정치적으로나 경제적으로 한 치 앞을 내다보기 어려운 시기였기에 상황에 대한 인식이 제각기 달랐고 당연히 해법도 상당한 차이가 있었다. 여러 가지 제시된 해법 가운데 대통령이 최종선택을 하여 결정을 내렸으나 정책논쟁의 과정에서 나온 이론과 실증적 증거는 귀중한 사료로 남게 되었다.

"국가의 불행은 시인의 행복"이라고 했던 중국 당(唐)나라의 시성(詩聖) 두보(杜甫, 712~770)의 말처럼, 복잡하고 어려운 경제위기야말로 다양한 상황인식과 해법을 불러내고 그 자체로 정책의 다양성을 만들어내 경제토양을 풍요롭게 하는 계기가 되었을 것이다.

난마(亂麻)처럼 얽혀 있던 당시의 복잡한 경제상황에서 제기되었던 여러 가지 정책논쟁과 쟁점에 대해 당시 주역들은 각자의 시각에서 바라본 상황인식과 해법에 대해 자세히 증언하고 있다. 그 생각과 의견, 논리를 직접 들어본 후 '그때 만약 나였다면 상황을 어떻게 보고 어떤 선택을 했을 것인가?'를 반추해 보는 것도 후학들에게는 배움의 깊이와 사고의 지평을 넓히는 좋은 기회가 될 것이다.

30여 년의 긴 시간을 거슬러 올라가는 경제사 여정은 이제부터 시작이다.

1

'민간주도 시장경제'의 기틀을 짜다

4 · 17
경제안정화
종합시책

강경식 전 부총리는 1936년 경북 풍기에서 태어나 부산고와 서울대 법대를 졸업하고
미국 시라큐스대학에서 행정학 석사학위를, 세종대에서 명예 박사학위를 받았다.
1961년 재무부 국고국 사무관을 시작으로 경제기획원 물가정책국장, 기획국장, 예산국장,
기획차관보를 거쳤다. 1982년 재무부 장관, 1983년 대통령 비서실장, 그리고 12대,
14대, 15대 국회의원을 거쳐 1997년 경제부총리 겸 재정경제원장관을 역임했다.
그는 옳다고 믿는 정책에 대해서는 강한 추진력으로 집요하게 밀어붙이는 스타일로
정평이 난 인물이다.

강 경 식

'안정·자율·개방'···
경제 선진화 향한 새 패러다임

TF 결성 "경제난국의 근원적 처방 찾아라"

1979년 4월 17일 정부가 발표한 '경제안정화 종합시책'은 경제운용 체제를 종래의 정부주도형에서 민간주도형으로 전환하는 계기를 마련했다는 점에서 획기적이다. 1962년 경제개발계획 착수 이래 지속해온 '보호·육성·통제' 위주의 경제정책 기조를 '개방·경쟁·자율' 지향으로 180도 전환함으로써 민간주도 시장경제 체제의 기틀을 놓았다.

'4·17 경제안정화 종합시책'의 기본 정신은 물가안정과 경쟁촉진을 통한 경제능률 향상으로 요약된다. 이를 위해 통화 및 재정 긴축을 기조화하는 한편 정부 보호와 통제를 철폐하여 기업투자와 금융운용, 가격결정 등 경제활동을 자율화하고 수입을 개방하는 내용을 핵심 대책으로 담고 있다. 시장기능을 활성화하여 경제 전반의 활력을 높이자는 발상에 기초한 것이며 그때까지 일관해온 정부주도의 통제경제 노선에 거스르는 대담한 혁신이었다.

'안정화 시책'은 1970년대 후반에 집중적으로 나타난 성장우선 정책의 후유증에 대한 문제의식에서 태동했다. 만성적인 통화팽창과 인플레이션, 투기의 만연, 민생 불안, 임금 물가의 악순환, 통제 확산으로 인한 자원배분의 왜곡 등 부작용이 뒤엉켜 표출되는 상황이었다. 당시 경제기획원 기획차관보로 막 승진한 강경식(전 경제부총리)은 이것이 경제 활력을 잠식할 것이라는 인식 아래 소수의 관료그룹을 이끌고 해법 찾기에 착수한다.

시작은 작고 과정은 외로웠으나 이들 소수 그룹의 집념은 통제경제의 거대한 물줄기를 뒤바꾸는 획기적 결과를 만들어냈다. '안정화 시책'은 5공화국 경제정책의 기조로 자리 잡아 안정기반 구축과 재정·금융개혁, 세제개편, 시장개방, 경쟁촉진, 공정거래제도 확립, 민간자율 확대로 전개되어 오늘의 시장경제 체제를 굳히는 기반이 됐다.

시책의 방향과 내용이 혁신적이었던 만큼 성안에서 전개에 이르는 과정은 갈등과 반발, 좌절이 중첩된 우여곡절의 연속이었다. 이런 난관을 극복하고

| 이현락 세종대 석좌교수(왼쪽)가 강경식 前 경제부총리(오른쪽) 인터뷰를 진행하였다.

개혁을 일궈낸 것은 시장경제에 대한 개혁그룹의 강한 신념과 실천의지, 강건한 결속이 있었기 때문이다. 시책이 햇빛을 보도록 계기를 마련한 신현확 당시 경제부총리와 이를 5공화국 경제정책의 기조로 이어지도록 조정한 김재익 청와대 경제수석의 역할은 결정적이었다. 정책을 수용하고 밀어 준 전두환 대통령의 결단을 빼놓을 수 없다. 일을 일궈낸 핵심고리는 신현확-강경식-김재익 라인이다. 시책을 주도한 강 전 부총리는 험난한 고비를 넘겨온 일련의 과정을 "국운(國運)이 좋았다"는 한마디로 압축한다.

그러나 운으로만 돌릴 일은 아니다. 개혁그룹의 강한 사명감과 혁신적 발상, 집요한 실천의지, 정교하고 조직적인 추진전략이 있었기에 운을 살릴 수 있었을 것이다. 발상에서 성안, 전개로 이어지는 '안정화 시책'의 일련의 과정은 매우 교훈적이다. 특히 성안에서 전개에 이르는 과정은 기존 시스템을 구조적으로 바꾸는 일이 얼마나 어려운가, 혁신은 왜 어렵고 어떻게 해야 하는가를 잘 보여준다. 시책의 성격과 배경, 기본 내용, 성안 및 전개과정, 성과와 의의를 강경식 전 부총리로부터 듣는다.

이현락 당시 경제기획원 기획차관보로 '안정화 시책'을 구상해서 만들고 정착시키는 일을 주도하셨습니다. '안정화 시책'은 그 이름이 시책의 본질적 성격이나 중요성을 함축하고 있다고 보기 어려워요.

강경식 1979년에 처음 시책을 만들 때 '안정화 시책'이라는 그런 이름 자체가 없었어요. 시책을 성안하고 발표하기 전에 원래 '신경제정책'이라고 이름을 붙였어요. 종래와는 다른, 완전히 새로운 경제정책이라는 것을 분명하게 나타내고, 또 당시 신현확 경제부총리가 연상되기도 해서 '신경제정책'이라는 이름을 붙였었지요. 하지만 '신경제정책'에 흔쾌하게 동조하지 않는 사람들이 많았습니다. 이들 중 일부는 '신경제정책'이라는 이름을 못마땅해 했습니다. 그래서 중요한 것은 정책 내용이지 이름이 뭐가 중요하냐, 이런 생각으로 반대의견을 받아들여 '안정화 시책'이라는 이름으로 발표했고, 그 이름으로 굳어진 것입니다. 사실 '안정화 시책'이라는 이름은 당초에 붙였던 '신경제정책'보다시책의 뜻을 제대로 담아내지 못한다고 지금도 생각합니다. 경제운용에서 물가안정을 강조하는 정책은 수없이 되풀이되어 왔어요. 그런 면에서 '4·17 안정화 시책'이 과거의 안정화 정책과 특별히 뭐가 다르냐, 이런 생각을 하기 쉬운데 과거의 정책과는 완전히 다른 차원의 정책입니다. 물가안정에 역점을 둔다는 뜻도 있지만 경제운용의 기조와 체제, 지향을 전환하는 것이 핵심입니다. 정책운용의 기조를 종래의 성장 우선에서 물가안정 우선으로 전환하여 안정 바탕 위에서 성장을 추구하고, 정부주도를 민간주도로 전환하여 자율적 시장경제 체제를 확립하며, 국내산업 보호정책을 버리고 개방을 통해 경쟁 체제를 구축한다는 것이 핵심 내용입니다.

이현락 강 부총리 회고록[1]에서는 '4·17 안정화 시책'을 '안정·자율·개방'이라는 3개의 키워드(keyword)로 표현했습니다. 시책의 핵심 내용과 지향을 압축한 말이라고 생각합니다. 종래의 정책은 그렇지 않았다는 암시도 줍니다. 키워드의 기본 지향은 무엇입니까?

1 강경식, 2010, 《국가가 해야 할 일, 하지 말아야 할 일》, 김영사.

강경식 '안정화 시책'의 가장 큰 특징은 우리 경제가 이른바 중진국 트랩에 빠지지 않고 지속적으로 성장할 수 있도록 경제정책의 기조를 바꾼 것입니다. 경제가 발전하는 과정에서 어느 단계까지는 쭉 발전하다가 중진국이라고 할까 이런 단계에 이르렀을 때 대부분의 나라들이 거기서 더 나아가지 못하고 후퇴하거나 제자리걸음을 하는 경우가 많습니다. 우리보다도 앞서 갔던 나라들, 예를 들면 아르헨티나를 비롯한 여러 나라들이 그런 경우입니다. 이런 현상을 보통 '중진국 함정'이라든가 '과거 성공의 함정'이라고 얘기하지요. 경제발전이 어느 단계에 이르면 종래 성공을 가져온 발전정책이라 해도 이것을 근본적으로 바꿔야 하는데 그러지 못해 생긴 현상입니다. 기득권 세력의 저항이라든가, '성공한 정책을 왜 바꾸느냐'는 반대론에 부딪쳐 정책전환을 하지 못하고 결국 다시 과거로 되돌아가는 것이지요.

'안정화 시책'을 성안할 때 우리는 선진경제로 진입하는 데 성공한 독일과 일본, 실패를 한 아르헨티나의 정책 사례를 심층적으로 연구해서 무엇을 어떻게 해야 하는지 생각했습니다. 독일과 일본은 어려운 길을 가다가 어떻게 선진경제로 전환하는 데 성공했는가, 아르헨티나는 왜 실패했는지 검토하고 그 교훈을 바탕으로 시책을 마련한 것입니다. 당시 박정희 대통령에게 '안정화 시책'을 보고할 때 그런 예를 들어 설명했고 성공한 나라로부터 배워야 한다고 강조했습니다. 성공한 나라의 경우 발전단계에 따라 정책을 구조적으로 달리했거든요. '안정화 시책'은 이런 성격을 지녔어요. 정책 패러다임을 바꾼 겁니다.

이현락 '안정화 시책' 수립에 착수하게 된 특별한 계기가 있었습니까? 당시 경제상황을 감안한 것인가요?

강경식 내가 EPB 예산국장으로 있다가 1977년 12월 인사에서 기획차관보로 승진했어요. 보통 새해 예산안이 국회를 통과하고 난 다음에 인사를 합니다. 그때 기획차관보가 해야 할 가장 중요한 업무가 박 대통령 연두순시 때 그해 경제운용계획을 보고하는 것입니다. 그래서 발령을 받고 연두보고 자료를 점검했더니 이미 준비가 다 끝나 있어요. EPB가 〈1978년 경제운용계획〉을 보고하고 이어서 KDI[2]가 〈한국 경제 15년 장기전망〉[3]이란 특별보고를 하기로 돼 있었어요. KDI가 준비한 특별보고 슬라이드를 보았더니 다소 낙관적인 전망이 아닌가 싶었습니다. 1977년 당시 상황을 보면 더욱 그랬어요. 통화가 팽창하고 인플레와 투기가 극성을 부리는 상태였습니다. 내가 가졌던 의문은 이런 문제를 그대로 두고도 KDI 전망이 실현될 수 있는가 하는 것이었습니다. 당면 문제를 어떻게 수습할 것인가, 우리 경제의 문제는 무엇이며 그것을 어떻게 해결할 것인가, 어떤 정책수단이 필요한가에 대해 좀더 심층적인 분석이 필요하다고 느꼈습니다.

하지만 크게 손을 대기에는 시일이 촉박해서 무엇인가 대책이 필요하다는 내용을 한 컷 추가해 보고를 마쳤지요.

1970년대 후반, 특히 1977~1978년에는 고도성장 정책의 부작용이 집중적으로 나타났다. 1974년 1차 석유파동으로 국가부도 위기에 몰렸다가 중동지역 건설 진출에 힘입어 1976년부터 외환부족 문제가 해결되고 호경기를 맞는다. 해외건설 달러 유입과 중화학공업 지원 등 정책자금 방출로 총통화 증가율이 연간 40%에 이를 정도로 시중에 돈이 풀려 인플레이션 압력으로 작용했다. 주택 내구소비재 수요가 폭발적으로 늘면서 인플레이션이 기승을 부리고 물자 품귀에 암거래가 성행하고 상품 투기, 부동산 투기가 만연하는 상태였다. 1978년의 경우 냉장고와 세탁기 출하량이 2년 사이에 4배 이상, 승용차는 3배 이상 급증했다. 특히 1977년 7월 1일 시행에 들어간 부가가치세 제도는 불에 기름을 붓는 격으로 인플레이션을 부채질했다. 1978년에는

●
2 한국개발연구원(KDI: Korea Development Institute): 1971년 3월 경제 발전과 경제에 대한 국민의 이해 증진, 국제화를 위한 전문인력 양성 등을 통해 국가의 경제정책 수립과 경제발전에 이바지할 것을 목적으로 설립됐다. 주요 사업으로는 국민경제 발전에 관한 조사·연구, 중장기 경제 예측 및 계획에 관한 기초연구와 정책안 발안, 정부 연구용역의 수탁, 연구결과의 출판 및 발표 등이 있다.
3 KDI, 1977. 12, 〈장기경제사회발전 : 1977~1991년 답신보고서〉. 이 보고서는 우리 경제가 고도성장을 지속하여 1977년 이후 15년간 연평균 10.1%의 GNP 실질 성장을 이룩하고 1인당 경상 GNP는 1976년 757달러에서 1991년에는 7,731달러로 뛰어 하위 선진국권에 진입할 것으로 전망했다. 한국은행 국민소득 실적 통계(2005년 기준)에 따르면 1인당 국민총소득(GNI: Gross National Income)은 1976년 825달러에서 1991년 7,276달러로 증가했다.

서울의 주택가격이 한 해 2~3배 폭등하기도 했다. 제조업 임금은 연 30% 이상 올라 소비자물가지수 상승률을 2~3배 앞질렀다. 노임상승률이 수출단가 상승률을 앞질러 수출 채산성, 나아가 수출 경쟁력을 계속 잠식해가는 상황이었다.

이현락 '안정화 시책'은 그런 의문이 발단이 됐다는 말씀인가요? 그 후 어떻게 하셨습니까?

강경식 보통 1월초 연두보고를 마치면 푹 쉽니다. 하지만 의문이 워낙 강했던 터여서 연두보고가 끝나자마자 당면 문제를 점검하는 작업에 들어갔습니다. EPB 기획국을 중심으로 상공부, 농수산부 등 관계부처의 핵심 과장들과 KDI 박사들로 태스크포스(TF: Task Force)를 만들어 검토하도록 했습니다. 연구에 집중할 수 있도록 한국과학기술연구원(KIST: Korea Institute of Science and Technology) 영빈관을 빌려 합숙하면서 작업하도록 했어요. 이들에게 주문했던 것은 '이제까지 해오던 정책을 다 잊어버리고 우리 경제가 현재 어떤 상황에 있는가를 짚어보고 무엇을 어떻게 고쳐야 하는지, 원점에서 대책방안을 만들라'는 것이었어요. 그러니까 안정화 시책은 내가 만든 것이 아니에요. 방안을 만들도록 주문한 것입니다. TF 활동은 난상토론을 하는 식으로 진행됐어요. 나도 주문해 놓고 시간 날 때마다 찾아가서 토론에 참여했지요. 토론은 종래 5개년계획을 짤 때도 늘 해온 터라 활발하게 이뤄졌어요.
　그렇게 토론하는 과정에서 확인한 것은 우리 경제가 전환기에 놓였다는 것이었습니다. 이런 것입니다.

"그때까지 우리 경제는 모든 것이 모자란 부족한 경제였다, 예를 들면 사회간접자본(SOC: Social Overhead Capital)이 모자라고 모든 물자가 부족해서, 길을 뚫고 어떤 공장이든 지으면 되는 경제였다. 건설하고 증산하는 쪽으로 가면 그것이 우리 경제의 필요에 그대로 맞아 들어가는 경제였다, 하지만 이제는 그런 부족경제에서 벗어나는 단계에 이르렀다, 공급능력이 부족한 게 아니고 수요만 있으면 뭐든지 만들어서 공급할 수 있는 능력을 갖춘 경제가 됐다."

그래서 1978년 3월 23일 대한상공회의소가 주최한 모임에 초청연사로 나가 그해 경제운용계획을 설명하면서 "우리 경제는 전환기에 있다, 이제까지의 경제운용 방식을 근본부터 바꿔야 한다"고 말했어요. 그때 언급했던 대로 시책의 이름을 '전환기의 정책'이라고 했더라면 '안정화 시책'보다 나았을 겁니다.

이현락 우리 경제가 결핍의 경제에서 벗어나 전환기에 접어들었다는 진단을 내렸으니 그에 따른 정책방향이라든가 대책방안을 제시했겠지요?

강경식 당시 TF의 작업 결론은 한마디로 우리 경제를 그때까지 해왔던 방식으로 더 이상 끌고 가서는 안 된다는 것이었습니다. '부족'의 경제를 벗어나 수요만 있으면 공급을 할 수 있는 단계에 이르렀기 때문에 경제정책을 그때까지 해온 것과는 다른, 어떻게 보면 거의 180도 다른 방식으로 접근해야 한다는 것입니다.

요약하면, 성장에서 안정으로, 보호 육성에서 개방과 경쟁으로, 민간 경제활동 분야에 대한 정부의 개입이나 관여를 없애고 기업의 투자나 가격 결정 등은 기업이 스스로 하도록 해야 한다는 것입니다. 그렇게 해야 품질이 개선되고 해외수출도 늘릴 수 있고 기술도 개발돼서 기술경쟁력이 지속적으로 올라가게 되고 경제가 제대로 성장 발전할 수 있다고 판단한 겁니다.

강 전 부총리가 부연 설명한 대책방향은 이렇다. '우선 성장과 건설을 위주로 해온 정책을 물가안정을 위주로 전환해야 한다. 물건을 만들기만 하면 팔리고 인플레이션 이득에 매달리는 경제로는 품질 향상이나 기술 개발을 통한 경쟁력이 안 생긴다, 그러니 물가안정을 이뤄야 하며 나아가 경제 전체의 안정을 이루려면 정책의 역점을 공급관리에서 수요관리로 전환해서 총수요 관리를 해야 한다. 따라서 통화관리부터 시작해야 한다.

산업에 대한 정부개입과 보호를 줄여 민간자율을 확대하고, 경쟁이 촉진되도록 수입을 개방해야 한다. 그때까지는 전략산업 육성을 위해 중화학공업 건설을 비롯해 사업 선정부터 모든 것을 정부가 주도해 정했다. 사업이 결정되면 건설자금과 운영자금을 대주고, 세금을 깎아 주고, 시설재 도입에 대해

관세를 감면하고, 생산 제품이 팔릴 수 있도록 수입을 막아 국내시장을 확보하는 식으로 산업을 육성했다. 어느 단계까지는 이런 보호정책이 필요하지만, 이를 계속해서는 산업의 독자 생존이 불가능하다.

따라서 종래와는 반대로 경쟁을 촉진시켜야 하고 그러기 위해 수입을 개방해야 한다. 시장을 열면 국내경쟁을 촉진할 뿐 아니라 물자공급이 늘어 물가안정에 기여하는 효과가 있다. 우리 경제는 국제수지 균형을 이뤄 외환 여력이 생겼으므로 수입개방으로 가야 한다.

특정산업에 대한 세금감면과 금융자금 지원 등 특혜를 철폐해야 한다. 특정 산업에 금융자금을 몰아주는 바람에 가전제품의 경우 수요가 몰리는데도 자금조달이 어려워 생산을 늘리지 못하는 상황이었다. 정책자금을 정부가 주도적으로 배정하는 방식을 없애고, 금융을 자율화하고 금리도 자율화해야 경쟁이 촉진된다.

이현락 당시 주곡자급을 목표로 실시한 쌀 증산정책, 고미가(高米價) 정책의 부작용도 나타나고 있었지요. 식량정책에 대한 논의도 있었지요?

강경식 물론 있었지요. 경제 현실과는 동떨어진 정책을 지속했으니까요. 쌀 증산을 촉진하기 위해 농민들에게서는 비싸게 수매한 쌀을 쌀값 안정을 위해 시중에는 그보다 싸게 공급하는 2중곡가제도를 지속한 결과, 재정적자가 쌓이고 이것이 통화증발로 나타나 인플레를 자극하는 상황이었어요. 문제는 통일벼 보급으로 쌀 생산이 늘고 재고가 쌓이는데도 증산정책을 지속했던 겁니다. 소득이 늘면 식품수요가 다양화돼서 쌀 소비는 급속히 줄어듭니다. 일본의 예도 그렇고 우리도 이미 그런 현상이 나타나고 있었어요. 쌀이 남아돌아 재고 보관비용 때문에 재정적자가 가중되고 쌀 소비는 오히려 줄어드는 추세이니 증산정책도 바꿔야 하는 상황이었어요.

그리고 국민생활 안정과 노임안정을 위해 무엇보다 중요한 것이 식료품 가격 안정이었어요. 당시 임금이 계속 올라가는데 그 주요 원인이 식료품값 상승이에요. 식료품 값 상승이 노임 상승으로 이어지고 이것이 제품 값에 전가돼서 가계 부담을 늘고 다시 노임 상승을 부르는 악순환 고리를 단절하지 않으면 안 되겠다, 식품가격을 안정시켜야 한다고 생각했지요.

우리나라는 국토가 좁아 식료품을 전부 자급할 수는 없으니까 국제적으로 비교우위가 있는 품목은 국내 생산을 지원하고 비교우위가 없는 것은 국산보다 저렴한 값으로 수입해서 먹는 쪽으로 나가야 한다, 그래서 농산물도 수입개방을 해야 한다는 결론이 나온 것입니다.

박 대통령 '통치성역'에도 문제 집중제기

이현락 '안정화 시책'이 모토로 내세운 '안정·자율·개방'의 의미가 분명해집니다. 성장위주에서 안정위주로, 정부주도에서 민간자율로, 국내시장 보호에서 수입개방으로 정책을 전환해야 한다는 것이니까 그때까지 추구한 정책 운용 노선과 정면으로 배치됩니다. 이 내용을 어떻게 시책으로 묶어 추진하셨습니까?

강경식 TF의 작업결과를 정리해서 〈한국 경제의 당면 문제와 대책〉4이라는 제목의 보고서를 만들었습니다. 부제를 '전환기의 과제'로 달았어요. 이것을 당시 남덕우 경제부총리에게 보고했습니다. 1978년 3월 말경이었어요. 이 보고가 '안정화 시책' 추진의 출발입니다. 보고서의 요지는 경제운영의 발상을 완전히 전환해야 한다는 것입니다. 물가안정 민간자율과 함께 핵심 대책으로 수입자유화, 농업정책 전환, 금융자율화, 이렇게 3가지를 제시했어요. 이 3가지 정책은 당시에는 논의하는 것조차 금기시되던 것이지만 과감하게 제기했어요.

물가의 경우 1978년, 그해 안정 목표를 10%로 잡았지만 행정적으로 지수는 안정시킬 수 있을지 몰라도 실제로는 지키기가 불가능한 상황이었어요. 다른 부문도 마찬가지고요. 그래서 종래의 성장정책으로는 더 이상 성장을 지속하는 것이 불가능하다는 점을 들어 물가안정을 대책으로 제시했어요.

4 물자 공급부족과 통화증발에 따른 초과수요, 임금 상승에 의한 원가압력을 물가상승의 주요 요인으로 진단하고 수입확대(수입자유화)와 농업정책 재검토(미곡증산목표 조정), 금융자율화(금리조정), 고급 및 기능인력 공급확대를 주요 대책으로 제시했다.

66

정부주도로 해왔던 경제운용의 상당 부분을 민간기업 자율로 돌리고, 정부가 정책적으로 추진한 중화학 투자를 재고(再考)하고 이를 뒷받침하기 위한 정책금융 지원과 세제지원을 줄이고 국내시장을 보호한다고 수입을 막은 것도 열어야 한다는 방안도 제시했지요.

하지만 당시에는 이것이 '안정화 시책'으로 발전할 것이란 생각을 못했고 그런 명칭을 염두에 두고 보고서를 마련한 것도 아니었어요. 당면 경제문제 해결을 위한 대책으로 보고서를 낸 것입니다.

당시 경제운용에 대해 의문을 가진 사람들이 우리 말고도 있었을 것입니다. 다만 내가 한 일은 경제운용 방식에 대해 의문을 가지고 무엇인가 해야 되겠다 생각한 것, 관련정책 담당자들과 전문가들로 팀을 만들어서 이에 대해 연구 검토를 하게 한 것입니다. 거기에서 나온 결과물은 그 팀에서 토론을 통해 얻어진 것이지요. 물론 그 토론에 나도 참여했습니다. 부문 부문으로 보면 다 아는 것들인데 그것들을 취합해서 우리 경제가 전환기에 있음을 밝힌 것, 정책 패러다임을 바꾸어야 한다는 시각에서 대책을 체계적으로 정리한 것, 정리된 정책안을 들고 다니면서 세일즈한 것, 이것이 내가 한 일입니다.

이현락 그때 TF에 참여한 간부들은 관련부처 기획담당 과장들 아니겠습니까? KDI 박사를 포함해서 몇 명이나 참여했습니까?

강경식 핵심 참여자는 7, 8명 정도로 기억합니다. EPB, 상공부, 농수산부 과장들과 KDI 박사들, 낮에는 각자 부서 일도 해야 하니까 왔다 갔다 하고, 저녁에 모여서 토론하는 식으로 팀이 운영됐어요. 그때그때 필요에 따라 다른 관계자들도 참여했습니다. EPB에서는 기획국에서 주도했어요. 이형구 기획관과 박유광 과장이 맡아서 했습니다. 필요한 경우 예산부서라든가 관련 부서에서 참여했지요. 재무부에서는 참여하지 않았고요.

이현락 TF의 작업 결과를 토대로 작성해서 남 부총리에게 보고한 〈한국 경제의 당면 문제와 대책: 전환기의 과제〉보고서가 '안정화 시책' 수립의 기초가 됐다는 말씀이지요?

강경식 남 부총리에게 보고한 내용이 뒤에 '안정화 시책'으로 발전합니다. 하지만 이 시책이 '안정·자율·개방'이라는 용어로 정리된 것은 훨씬 이후입니다. 초기 단계에는 경제운용에 대한 문제의식에서 출발해서 정책기조를 근본적으로 바꿔야 한다는 결론을 얻었고 그걸 정리하여 보고했던 겁니다. '안정화 시책'이 시행되고 난 후에 '안정·자율·개방'이라고 요약 정리된 것입니다.

'자율·경쟁 촉진'에 초점을 둔 구조개혁

안정화 정책이 새로운 것은 아니다. 1962년 제1차 경제개발 5개년계획 착수 이후 여러 차례 안정화 내지 긴축이라는 이름의 정책이 시행되었다. 1963년부터 미국 원조기관인 미국대외원조처(USOM: United States Operations Mission)와 매년 재정안정 계획을 협의해서 통화와 외환을 운용했고 스탠드바이 협정(stand-by agreement)[5]에 따라 IMF와도 협의했다. 장기영 부총리 때인 1965년에 금리 현실화를 단행했고, 김학렬 부총리 때인 1969년 11월에는 '안정화 기반을 위한 종합대책'을 발표하고 통화긴축, 신규차관 억제시책을 폈다. '안정기조로의 전환'이란 표현도 따랐다. 1972년부터 시작된 제3차 경제개발 5개년계획은 '성장·안정·균형'을 기조로 내세웠다. 남덕우 부총리 때도 1974년 1차 석유파동에 따른 외환위기를 맞아 강력한 긴축을 실시했다.

이현락 '4·17 안정화 시책'은 그에 앞서 실시된 안정화 정책들과 비교되지요?

강경식 본질적으로 달라요. 종래의 시책은 정부주도의 고도성장 정책을 추진하는 과정에서 생긴 물가상승을 억제하기 위한 대책입니다. '4·17 안정화 시책'은 물가안정을 정책 우선으로 한다는 점에서 같은 '안정화'란 표현을 붙였지만 의미는 완전히 다릅니다. 기업자율과 경쟁촉진을 축(軸)으로, 정책을

---

5 IMF 가맹국이 일시적인 국제수지 악화로 재원이 필요할 경우 일정 한도 안에서 별도 협의 없이 IMF 자금을 인출 사용할 수 있도록 하는 협정.

구조적으로 전환한다는 점에서 근본적으로 다르지요.

1960년대에 USOM과 협의했던 재정안정 계획은 당시 미국 원조자금에 의존한 재정운용과 관련한 것이지요. 5·16 때 빈곤퇴치를 혁명공약으로 내걸었던 군사정부는 이듬해인 1962년 제1차 경제개발 5개년계획에 착수하는데 그때 개발전략은 수출주도의 대외 지향적 전략이 아니라 수입대체를 통한 대내 지향적 개발전략입니다. 당시 세계적으로 유행한 후진국 개발이론은 수입대체산업 육성에 초점을 둔 것입니다. 인도, 파키스탄, 남미 할 것 없이 모두 이 이론을 따랐지요. 우리나라도 이 전략에 따라 수입대체산업 육성에 필요한 내자를 동원한다고 통화개혁을 하지만 이렇다 할 성과를 거두지 못하고 재정에서 돈을 풀어 쓰니까 재정인플레가 일어납니다. 더욱이 1963년에는 흉작이 겹쳐 걷잡을 수없는 인플레가 일어나요. 그래서 원조자금으로 재정을 지원해 주던 미국 측과 재정안정 계획을 협의했던 것입니다. 그러니까 구조적 문제와는 별개이고 물가안정 쪽에 맞춘 안정계획이지요.

이현락 역대 경제부총리들의 안정정책은 어떠했습니까?

강경식 경제가 어려워지자 1964년 장기영 부총리가 취임합니다. 장 부총리는 금리와 환율을 현실화하는 정책을 취합니다만, 획기적인 것은 개발정책 기조를 수입대체에서 수출주도로 전환한 것입니다. 수입대체 정책이 통하지 않게 되자 현실적 필요에 따라 어쩔 수 없이 수출로 방향을 전환한 것입니다. 돈이 없으니 외자를 들여다 공장을 짓고, 제품을 만들어 수출을 해서 경제성장을 해가는 방식이지요. 이 전략으로 성공한 나라가 한국과 대만이지요. 후에는 후진국 개발전략이 모두 수출주도형으로 바뀌게 됩니다.

장 부총리 때 전략을 바꾸고 나서 공장건설은 물론 운영에 필요한 자금도 차관으로 조달하도록 합니다. 공장설비용 시설재를 차관으로 도입하게 하고 건설과 운영에 필요한 국내 자금이 모자랄 경우 물자나 양곡을 차관으로 들여다 국내에서 팔아 쓰도록 하고 아예 현금차관을 들여오도록 하기도 했지요. 1960년대 세계경제 호황으로 수출이 잘되자 기업들이 이런 차관을 앞다퉈 들여와 공장을 많이 건설했습니다.

1960년대 후반에 세계경제가 불경기에 접어들면서 이렇게 공장을 세운 많은 기업들이 부실화됩니다. 그때 차관(借款) 망국론이 나오고 부실기업 문제 때문에 나라가 망한다고 했습니다. 이런 부실기업들을 정리하려면 어떻게 해야 하느냐, 결국 짓던 공장의 규모를 줄이고 여기저기 건설하려던 사업들을 줄이지 않고는 안 된다고 해서 청와대에 부실기업 정리 담당 수석비서관까지 두었지요. 그래서 예산에 책정되어 집행중인 건설사업들까지 줄이는 초강도 재정긴축 정책을 폈던 것이 김학렬 부총리 때의 안정화 시책입니다.

남덕우 부총리 때의 긴축은 1차 석유파동에 따른 외환위기와 인플레를 극복하기 위한 대책이었습니다. 기름값 폭등으로 엄청난 인플레가 몰려오고 외환보유고가 달려 한국 경제가 파산하는 것 아니냐고 할 정도로 어려웠어요. 그래서 수입을 줄이기 위해 관세를 크게 올리고 재정긴축을 하고 소비 억제책으로 보석 사치품을 포함해서 특별소비세율을 크게 올리는 식으로 긴축을 폈지요.

세 분 부총리 때의 안정화 시책은 당면 경제문제를 해결하기 위해 물가안정에 주안을 둔 것입니다. 3차 경제개발 5개년계획에서 '성장·안정·균형'을 표방한 것도 그런 차원이지요. 경제운영의 패러다임을 바꾸는 것과는 다르지요. 4·17 안정화 시책은 물가안정 그 자체보다 안정을 위한 기반을 구축하고 경제운용 시스템을 정부주도에서 민간주도로 바꿔 제대로 된 시장경제로 가자는 것입니다. 정부의 사전 간섭과 규제를 풀고 자율에 맡겨 경쟁을 시키고 사후 감독하는 방식으로 시스템 자체를 바꾸자는 것이니까.

거듭된 건의 EPB 담장에 갇혀 … "포기는 없다"

이현락 '4·17 안정화 시책'은 경제운용의 기조를 바꾼 것이란 점에서 종래의 안정정책과는 완전히 다르다는 말씀입니다. 정책기조를 정반대로 바꾸자는 것이니 시책이 확정되기까지의 과정에서 어려움이 많았겠지요?

강경식 정책 발상이 종래와는 완전히 다를 뿐 아니라 제도 자체를 구조적으로 바꾸는 것이니까 어려움이 컸습니다. 그때까지 성공을 가져온 정책을 근본에서 바꾸자는 것이 핵심이니까 그럴 수밖에 없지요. 정부가 선택과 집중

방식으로 자원을 몰아 지원해서 전략산업을 육성하고 그래서 고도성장을 이뤘는데 그렇게 성공한 성장정책을 '이제는 아니다, 바꿔야 한다, 중화학공업도 축소하고 양곡정책도 바꾸고 수입도 개방해야 한다'고 했으니까요. 당시 중화학공업화 정책은 말할 것도 없고, 주곡자급을 위한 식량 증산정책이나 농촌주택 개량사업 같은 것은 성역에 속했어요. 시비하는 것 자체가 금기로 되어 있었습니다. 박 대통령이나 경제각료들로서는 '성공한 정책을 왜 바꿔야 하나?'라는 생각을 가지고 있었으니까, 바꾸자는 소리를 용납할 수 없었지요. 그런 상황이었으니 정책이 확정되기까지 어려움이 컸고 곡절이 많을 수밖에 없었습니다.

이현락 경제정책의 기조를 바꿔야 한다는 내용의 〈한국 경제의 당면 문제와 대책: 전환기의 과제〉를 남덕우 부총리에게 보고한 것이 1978년 3월말 경입니다. 남 부총리는 어떤 반응을 보였습니까?

강경식 청와대에 보고해서 시행하도록 하겠다고 하셨지요. 하지만 그 후에 아무런 진전이 없었어요. 그렇다고 어떻게 됐느냐고 채근할 수는 없지요. 마냥 기다릴 수도 없고, 그래서 그 후 몇 차례에 걸쳐 보고서의 이름을 바꾸고 초점을 달리해서 보고했어요. 채근하는 뜻에서 그랬던 것입니다. 첫 보고서를 낸 후 한 달 만인 4월 들어 〈통화안정을 위한 당면 재정금융 정책〉이라는 보고서를 올렸어요. '통화가 급증하고 있으니 물가안정을 위해서 서둘러 긴축을 해야 한다, 세출을 줄이고 금리를 조정하고 양곡 방출가격과 공공요금을 올려야 한다'는 내용을 담았어요. 남 부총리께서는 이 보고서에 대해서도 별다른 지시나 언급이 없으셨어요. 그래서 6월 들어 〈물가안정 2개년계획〉을 보고했지요. '물가안정뿐 아니라 장기적 성장기반 구축이 시급하다, 물자공급을 확대하고 초과수요를 줄이고 땅값을 안정시켜야 한다'는 내용입니다. 이 보고서에 대해서도 특별한 지시는 없으셨습니다.

이현락 그렇다면 남 부총리는 첫 보고서인 〈한국 경제의 당면 문제와 대책: 전환기의 과제〉를 청와대 쪽에 적극적으로 개진하지 않았던 것 같군요? 보고 내용에 대해 EPB 내부에서는 어떤 반응이었습니까?

강경식 단정적으로 말하기는 어렵지만 남 부총리께서 청와대에 보고를 안 하셨던 것 아닌가 싶습니다. 그분 성품상 밑에서 보고하면 정면에서 뭐라 안 하십니다. 보고하니까 그냥 들으신 거예요. 왜 그러셨을까 생각해 보면 우선 박 대통령께서 그때까지 해온 것을 굉장히 만족스럽게 생각하시고, 다른 나라에서 보면 한국이 경제개발의 모델케이스처럼 돼 있는데 '그게 잘못됐다. 고쳐야 된다' 하는 내용의 보고를 대통령께 하기 쉽지 않았을 겁니다. 게다가 그해 12월 총선거가 있어서 선거를 앞둔 시점에서 정책전환 문제들을 들고 나서는 것 자체가 적절하지 않다고 판단하셨을 수도 있지요.

그런 이유뿐 아니라 그때까지 해온 방식으로도 안정을 유지하면서 경제문제를 풀어갈 수 있는 길이 얼마든지 있다고 생각하신 것 같아요. 그해 8월 8일에 부동산 대책(8·8 대책)[6]을 발표하고 토지거래 허가제 도입까지 검토한다고 밝혔어요. 이 대책을 발표하자 걷잡을 수 없이 극심하던 부동산 투기가 금방 진정됐어요. 그러니까 '총통화 줄이는 방법 아니고도 이런 행정적 조치로도 부동산 투기를 진정시킬 수 있는 길이 있다'고 생각하셨을 겁니다.

〈한국 경제의 당면 문제와 대책: 전환기의 과제〉에 대해 EPB 내부에서도 일사불란하게 의견이 모아지지는 않았어요. 서석준 차관을 비롯해서 상당수의 간부들이 내심으로는 반대하는 쪽이었어요.

이현락 남 부총리는 여러 차례 정책 보고를 했어도 반응이 없고 EPB 간부들은 냉담하고, 그래서 어떻게 하셨습니까?

강경식 보고서를 들고 밖으로 세일즈에 나섰어요. 청와대 경제수석을 비롯해 관계 장관들을 찾아가 직접 설명하고 다녔습니다. 보고서 내용에 대한 공감대를 만들어 보자는 뜻에서였지요. 먼저 청와대 이희일 경제수석에게 내용을

---

6 1978년 8월 8일 발표한 '부동산 투기억제 및 지가안정을 위한 종합대책'. 토지거래 허가제 및 신고제 도입 검토, 기준지가 고시 대상지역 확대, 양도소득세 인상, 공한지세 대상 확대, 부동산소개업소 허가제 전환 등을 골자로 한다.

설명했고 이어 김용환 재무부 장관, 최각규 상공부 장관을 찾아갔어요. 하지만 이분들은 그저 "알았다"고만 할 뿐이에요. 사실 이들이 전환기 과제 내용에 대해 설사 공감했더라도 부총리가 문제를 제기하지 않는데 먼저 나설 수는 없 일이지요. 아무런 진전이 없어요. 그해 8월경에는 관계 장관들을 찾아다니는 일을 중단했어요. 그렇다고 그대로 주저앉을 수는 없었지요.

이현락 그 후 어떻게 하셨습니까?

강경식 만약에 대비해서 대통령 보고용 자료를 만들었어요. 미리 가늠할 수 없는 일이었지만 이듬해 대통령 연두순시 때 대통령에게 직접 보고할 기회가 주어질 경우에 대비해서 준비에 들어갔습니다. 연두순시 특별보고용 슬라이드를 만드는 작업에 착수한 겁니다. 〈한국 경제의 당면 문제와 대책: 전환기의 과제〉 내용을 슬라이드 형태로 바꾸는 작업이지요. 이 작업을 당시 한이헌 경제조사과장에게 맡겼어요. 제목은 〈80년대를 향한 새 전략〉으로 정했습니다.

대통령에게 보고할 기회가 생길지 알 수 없었지만 그때 쓸 요량으로 슬라이드 제작에 온갖 정성을 다 쏟았습니다. 국제경제연구원 등에 부탁해서 독일, 일본, 대만, 인도, 아르헨티나의 자료를 모으고 이를 성공사례와 실패사례로 구분해서 정리했지요. 이들 국가가 전환기를 맞아 무엇을 어떻게 했는지, 또는 하지 않았는지를 간추려 제시하고 우리가 왜 정책을 전환해야 하는지를 잘 알 수 있도록 했습니다. 그리고 해야 할 과제에 대해서 무엇을 어떻게 해야 하는가를 예를 들어가며 알기 쉽게 만들었습니다.

실무진이 준비한 원고를 읽고 토론해서 고치고, 고친 것을 다시 토론해서 다듬는 작업을 거듭했지요. 당시 총괄사무관으로 실제 작업을 맡았던 최종찬 전 건설교통부 장관의 회고에 따르면 슬라이드를 완성하기까지 내가 24차례나 원고를 고쳤다고 합니다. 그렇게 정성 들여 다듬은 슬라이드가 사장(死藏)되지 않고 이듬해인 1979년 연두순시 때 박 대통령에게 보고됐고 '안정화시책'을 공론화하는 데 결정적 역할을 하게 됩니다.

소련 경제 실상에 충격 … 시장경제만이 살길

이현락 끈질기고 집요하십니다. 남 부총리에게 세 차례나 보고하고 청와대 경제수석과 관계 장관들을 찾아다니며 설명하고, 반응을 안 보이자 이번에는 기약도 없이 대통령 보고용 슬라이드를 만들었으니 이런 집요함은 어떤 신념에서 나온 것인가요?

강경식 그해, 그러니까 1978년 9월에 세계보건기구(WHO: World Health Organization) 총회가 소련 카자흐스탄 수도인 알마아타에서 열렸습니다. 이 총회에 한국에서는 신현확 보건사회부 장관을 단장으로 대표단 6명이 참석했어요. 신 장관의 요청으로 나도 대표단의 일원으로 2주 동안 소련을 방문하게 되었습니다. 소련에 우리나라 현직 장관이 입국한 것은 그때가 처음이었어요. 당시 소련은 1980년 모스크바 올림픽을 앞두고 그때까지 폐쇄사회에서 지내온 국민과 공무원 등 사회 전반에 걸친 개방훈련의 필요성을 인식하고 온갖 국제회의를 유치했어요. 국제적 행사들을 통해 외국인 맞이를 미리 경험하게 하려는 것이지요.

그때 모스크바와 알마아타, 타슈켄트 등지를 여행하면서 사회주의 계획경제의 문제와 참담한 실상을 눈으로 보고 체험했어요. 방문에 앞서 〈뉴욕타임스〉 모스크바 특파원이 체험을 토대로 쓴 《더 러시안》(*The Russian*)이라는, 당시 미국에서 베스트셀러였던 책을 읽었는데 실제로 가서 보니까 사람들의 일상생활이 책에 써 있는 것보다 더 어려워요.

계획경제의 현실은 정말 충격적이었어요. 더욱 가슴을 답답하게 한 것은 소련사회에서 볼 수 있는 현상이 그 정도는 덜하지만 우리나라에서도 볼 수 있다는 사실이었습니다. 우리 경제가 소련 경제처럼 되는 것이 아닌가 하는 생각을 떨칠 수 없었습니다. 이것을 막아야 한다고 생각했어요.

2주 머무는 동안 회의 참석하고 근처 관광을 하는 스케줄 외에는 아무것도 할 일이 없어요. 저녁에 어디 술 한잔 하러 갈 데도 없어요. 그러니 호텔 방에서 신현확 장관과 보내는 시간이 많았습니다. 그분도 경제 전문가여서 주로 경제, 소련 경제와 우리 경제에 관해 그분과 논의할 기회가 많았지요.

그런 과정에서 그해 3월부터 보고하고 설명하고 다녔던 시책 내용을 소상하게 설명하게 됐어요. 거기에 대해 토론도 하고 소련 경제가 왜 그렇게 됐느냐, 뭐가 문제냐, 약점이 뭐냐에 대해 많은 얘기를 나눴어요. 한국 경제의 문제와 대책에 대해 적극 공감하면서도 "소련 경제도 강점은 있다. 국민들의 경제생활은 엉망이지만 대신에 국가적 프로젝트에는 집중 투자를 할 수 있다. 군사 대국이 됐고 우주 분야에 앞선 것 등은 그 결과다"라고 했던 코멘트가 기억납니다.

이현락 소련여행에서 보고 느낀 계획경제에 견주어 당시 우리 경제의 실상을 어떻게 보셨습니까?

강경식 소련에서 돌아와 보니 물자가 모자라서 뒷거래와 사재기, 투기, 부조리가 더욱 심해지고 있었어요. 예를 들면 시멘트를 출고가격으로 한 트럭 사서 팔면 떼돈 번다고 했어요. 고시가격과 실제가격에 차이가 크기 때문이지요. 물가지수에는 정부가 통제하는 고시가격이 잡히니까 지수로는 물가가 안정된 것처럼 보입니다. 하지만 실제 거래가격은 이보다 훨씬 높아요. 계획경제에서 나타나는 현상입니다. 우리나라 경제에서 볼 수 있는 소련의 계획경제적 징후를 서둘러 없애야 하겠다고 다짐했습니다. 소련여행을 통해서 사회주의 계획경제와 시장경제의 차이를 뼛속 깊이 실감했으니까요.

소련에서는 사람보다 물자가 더 귀한 대접을 받고 있었어요. 시장경제에서는 물건이 사람을 기다리지만 계획경제는 사람이 물건을 기다립니다. 시장경제에서는 온갖 군데 물건을 쌓아놓고 사람이 찾아오기를 기다리지요. 반대로 계획경제에서는 물자가 부족해서 사람들이 물건을 사기 위해 줄을 서요. 계획경제와 시장경제의 차이는 물건과 사람 중 무엇을 더 소중히 여기는가에 달려 있음을 깨달았습니다. 그래서 소련에 다녀온 뒤 '우리나라 경제에서 나타나는 계획경제적 징후를 없애야겠다'고 결심하게 된 겁니다.

1970년대 후반 우리 경제는 사실상 거의 전 분야가 정부 규제와 통제에 얽매여 있었다. 성장 일변도 정책의 부작용이 도처에서 불거지면서 이를 억제하기 위한 행정 통제가 거의 전면적으로 확산되는 형국이었다. 물가를 잡기 위해 각종 공산품 가격과 대중음식 값을 통제하자 함량을 줄이거나 제품 규격을 바꿔 규제를 피해가는 현상이 일반화되고 물자 품귀가 심해지는 가운데 웃돈 거래와 사재기, 편법 행위와 실물투기가 성행했다. 이를 억제하기 위해 행정지도와 위생검사, 세무 행정력을 동원한 대대적 단속을 벌여 통제가 통제를 부르는 악순환을 거듭했다. 대부분의 주요 공산품 가격과 대중음식 값, 서비스 요금은 정부가 결정했고 제조업체와 대리점, 도매상, 서비스 업소, 부동산 중개업소가 모두 규제와 단속의 대상이었다. 통제의 확산으로 정상적인 시장 메커니즘은 사실상 마비된 상태여서 거래질서 혼란은 물론 자원배분이 왜곡되는 결과를 빚고 있었다.

특정 산업부문에서는 정부가 보호·육성을 이유로 사업을 배분하고, 금융·조세·외자 특혜를 몰아주고 나아가 가격정책을 통해 이윤까지 배분하는 식으로 통제하기도 했다. 지원과 특혜에 매달려온 기업들의 투자부실이 속출하고, 정책자금으로 부동산 투기를 일삼는 경우도 비일비재했다. 중화학공업 등 정책사업 투자 편중7으로 경공업 생필품 공급이 달리고 값이 치솟아 민생안정을 해치는 상황이었다.

이현락 우리 경제에 나타나는 계획경제적 징후를 없애야겠다는 결심은 그동안 준비한 시책을 성사시켜야 한다는 결의 아니겠습니까? 결의를 어떻게 펼치셨습니까?

강경식 행동을 했습니다. '직업공무원으로 1급인 차관보까지 되었으니 언제 그만둬도 아쉬울 것이 없다, 일체 다른 생각 안 하고 어떤 희생을 치르더라도 우리 경제가 계획경제처럼 되는 일은 없도록 하는 일에 올인하겠다' 이렇게 다짐을 했어요. 집사람도 적극 지지를 했지요. 이후 시책 실현을 위해 앞뒤 안 가리고 몸을 던져 밀고 나갔습니다. 시책에 반대하는 사람들과는 싸우다시피 했어요. EPB 안에서도 상관인 서석준 차관이 회의석상에서 가격 규

---

7 1976~1978년의 경우 제조업 투자 중 경공업 비중이 17.5~25.8%인 데 비해 중화학공업 비중은 74.2~ 82.5%였다 (경제기획원, 1979. 1. 11, 《우리 경제의 당면 과제와 대책》).

제를 없애자는 시책에 대해 우려하는 발언을 했을 때 그 자리에서 정면으로 반박하곤 했습니다. 그런 행동은 관료사회는 말할 것 없고 어떤 조직사회에서도 있을 수 없는 일이죠. EPB 녹실(綠室)[8]에서 경제 장관들이 비공식으로 모여 현안 문제를 논의할 때도 뒤에 배석했다가 어떤 장관이 시책방향에 반하는 발언을 하면 바로 일어나서 반박하기도 했어요. 그야말로 아주 버르장머리 없는 짓을 골라가면서 거침없이 했습니다. 미운털이 박혔는지도 모른 채 확신에 차서 반대하는 사람 누구와도 싸우는 식이었습니다. 훗날 박 대통령께서 '안정화 시책'을 받아들인 뒤에도 가끔 불만을 드러내셨지만 그런 때에도 개의치 않고 밀고 나갔습니다.

신현확 부총리 취임 ⋯ 박 대통령에 대책 보고

이현락 기약 없이 준비한 〈80년대를 향한 새 전략〉 슬라이드는 어떻게 대통령에게 보고할 수 있었습니까?

강경식 그해, 그러니까 1978년 12월에 개각이 단행돼서 남덕우 부총리가 청와대 경제특보로 옮겨가고 신현확 보건사회부 장관이 경제부총리로 오셨어요. 이 개각으로 '안정화 시책'은 햇빛을 보게 됩니다. 신 부총리 부임 후 가장 먼저 이듬해 대통령 연두순시에 보고할 내용에 관한 회의를 했어요. KDI를 비롯한 유관 연구기관의 장들도 배석했지요. 이 자리에서 정책기조 전환을 근간으로 하는 〈1979년 경제운용계획〉과 함께 그동안 준비해 두었던 〈80년대를 향한 새 전략〉 슬라이드를 보고했어요. 신 부총리는 "잘되었다, 그대로 하자"고 한마디로 결정을 내리시더군요. 통상 보고를 마치면 참석자들의 의견을 묻고 토론한 뒤 결정했는데 너무나 간단하게 결말이 나니까 참석자들이 어리둥절했지요. 소련여행을 하면서 경제정책 과제와 방향에 대해 깊게 토론했다는 사실을 알 턱이 없었으니까요. 회의가 끝난 뒤 정재석 국제경제연구원 원장이 나가면서 "아담 스미스가 다시 살아 나온 것 같구먼" 하고 웃으면서 코멘트를 하더군요.

---

8 일명 그린룸. 부총리실 부속 회의실을 지칭함.

그날 신 부총리 결정으로 우리가 그렇게 들고 다니며 노력했어도 실무선에서 한 발짝도 못 나가던 정책기조 전환, 다시 말해 '안정화 시책' 방안을 드디어 대통령에게 보고할 기회를 맞게 된 것입니다. 연말에 개각하는 바람에 이듬해 초도순시에서 박 대통령에게 보고할 수 있었던 거지요. 개각이 없었다면 사장됐을 수도 있는 것이고 또 개각에서 신 부총리가 아닌 다른 사람이 경제부총리가 되었더라면 어떻게 됐을지 알 수 없는 일이지요. 그러니까 어떤 시기에, 어떤 자리에, 어떤 사람이 앉느냐 하는 것이 결정적으로 중요하다는 생각을 했어요. 신 부총리의 부임은 아주 결정적이었지요.

이현락 〈80년대를 향한 새 전략〉슬라이드 보고는 어떻게 진행됐습니까? 박 대통령의 반응은 어떠했습니까? 당시 경제상황이 문제라는 것을 대통령도 잘 알고 있었을 텐데요.

강경식 1979년 박 대통령 연두순시는 1월 11일에 있었어요. 기획차관보인 내가 대통령 앞에서 브리핑했습니다. 먼저 그해 경제운용계획을 보고했어요. 정책기조 전환을 염두에 두고 작성한 것이지요. 운용계획을 쭉 브리핑하면서 매달 시행할 월별 시행계획까지 함께 보고했어요. '1월에 무엇을 하고, 2월 말까지는 몇 개 품목의 가격 통제를 풀고…' 하는 식이지요. 시행계획까지 곁들인 것은 대통령 앞에서 그렇게 보고해야 관계부처가 따라올 것이라고 판단했기 때문이지요. 이어 특별보고로 〈80년대를 향한 새 전략〉슬라이드를 돌렸습니다.

보고가 끝나자 박 대통령께서는 내용에 대해서는 가타부타 언급이 없이 지시사항을 말씀하세요. "낙농가들이 원하는 대로 우유 값을 올려 주라"고 하시는 겁니다. 우유 값을 올려 주면 분유 값이 따라 올라가지요. 보고할 때 분유 값을 낮출 수 있도록 외국산을 수입해야 한다고 강조했는데 오히려 우유 값을 올려 주라고 지시하시는 거예요. '박 대통령께서 우리가 보고한 내용을 제대로 이해하지 못하시는구나'라고 생각했지요. 경제에 관한 복잡한 내용을 단 한 번의 보고로 어떻게 다 이해하겠어요.

이현락 대통령 보고에서 분유 수입을 열어야 한다고 강조한 특별한 이유가 있었습니까?

강경식 다른 농산물 수입에 대해서도 보고했지요. 분유 수입을 거론한 것은 나름대로 이유가 있었습니다. 우리는 보고 내용을 준비하면서 식료품 가격과 농산물 가격 안정에 특히 중점을 뒀어요. 생계비 안정과 임금 안정, 경쟁력 제고라는 당면 목표 때문이기도 하지만 그것이 빈곤 해결의 선결조건이라는 믿음이 있어서 그랬던 것입니다. 특히 분유는 빈곤 세습을 방지하기 위한 대책의 하나로 특별히 관심을 쏟았던 품목이었어요. 가난의 대물림을 방지하려면 첫째로 아이들이 신체 건강하게 자라도록 해야 하고, 둘째로 교육기회를 열어 주고, 셋째로는 사회적 신분상승을 막는 장애요인을 제거해야 한다고 생각했어요. 3가지 요인 중에서 가장 중요한 것은 아이들이 튼튼하게 자라도록 하는 것입니다. 영양가 높은 음식을 먹도록 해야지요. 요즘 영양부족으로 삐쩍 마른 북한 아이들을 보면 제대로 먹이는 것이 얼마나 중요한지 알 수 있지요. 그때만 해도 단백질 결핍으로 머리가 빨간 아이들이 있었어요. 돈 있는 집에서 먹이는 생우유는 못 먹이더라도 영세민 가정에서는 분유를 값싸게 먹일 수 있게 해야겠다는 생각에서 분유를 들여와야 한다고 했던 겁니다. 당시 국내 분유 값이 워낙 비싸 영세민들은 분유를 먹일 수 없었어요. 가격이 국제가격의 7~8배에 이르렀으니까. 각종 영양을 고루 갖추고도 국제적으로 가장 값이 싼 과일이 바나나인데 이 또한 수입을 막아 국내산 바나나 값이 국제시세에 비해 엄청나게 비쌌어요.

식료품 가격과 노임을 안정시키고 경쟁력을 제고하기 위한 방책으로 국내 자급이 안 되고 국제경쟁력이 없는 농축산물은 수입을 개방해야 한다고 브리핑했지요. 돼지와 닭은 우리나 미국이나 같은 농후사료를 먹여 조건이 같으니까 국내사육을 하고, 소는 넓은 목초지에서 방목하는 나라와는 가격경쟁을 할 수 없으니 쇠고기는 수입을 터서 싼 값으로 공급할 수 있게 해야지요. 농작물도 땅이 좁아 전부 자급할 수 없으니 자급이 불가능한 품목을 선별해서 수입을 개방해야 한다고 보고했습니다.

서독·일본의 성패 교훈 담은 〈80년대를 향한 새 전략〉

당시 슬라이드 제작 총괄사무관으로 박 대통령 연두순시 자리에 참석했던 최종찬 전 건설교통부 장관은 보고 내용에 대해 박 대통령이 냉랭한 반응을 보여 회의장 분위기가 몹시 써늘했다고 회고한다.

이날 보고한 〈80년대를 향한 새 전략〉은 우리 경제가 경제운용 기조의 전환을 요구하는 단계에 이르렀음을 지적하고 과거 서독과 일본이 선택한 전환기 정책에서 배워야 할 교훈을 적시하면서 1980년대 고소득, 고도산업사회를 이루기 위한 기본 전략을 제시하는 내용으로 꾸며졌다.

서독에서 배울 점으로 안정기반에서의 고도성장, 개방체제에 의한 경쟁촉진, 시장기능의 확대를 꼽았고, 배우지 말아야 할 일본의 과오로 미곡가격 지지정책으로 인한 재정의 경직화, 농수산물 수입억제로 인한 식품가격 앙등, 사회개발투자 지연, 금리의 인위적 통제, 자금공급의 대기업 편중을 지적했다.

이어서 제시한 기본전략의 골자는 다음과 같다.

첫째, 산업 선택을 전환해야 한다. 중화학공업은 국산화 위주에서 비교우위를 기준으로 선택하고 정부주도 직접지원에서 민간주도 간접지원으로 전환하여 경쟁을 촉진한다. 농업정책은 농산물 가격지지에서 생산성 향상 지원으로 전환하고 농외소득을 증대시킨다. 중소기업과 서비스업의 생산성 향상을 위해 구조개선을 촉진한다.

둘째, 사회개발을 확대하여 경제사회의 2중 구조를 해소한다. 중점분야의 집중개발 대신 부문 간 조화를 추구한다. 식품비, 주거비, 교육비 등 도시근로자의 생계비를 안정시켜 중산층을 육성한다. 도시교통, 상하수도, 전화, 의료 등 생활편익 시설을 확대한다.

셋째, 경제운용을 능률화하여 시장기능을 활성화한다. 건전재정을 확립하고 정부기업을 민영화하고 금융시장을 개선한다. 물가 직접규제를 지양하고 수입을 자유화해야 한다.

한마디로 일본의 과오를 따르지 말고 서독의 전략 노선으로 가야 한다는 것을 강조하는 내용이다. 그때까지 우리 정책은 일본형 개발방식을 추구한 것이 사실이고 그에 따른 부작용 역시 일본의 경우와 다르지 않았다. 요컨대 기존의 노선에 배치되는 전략을 제시한 것이다.

이날 슬라이드 보고에 앞서 진행된 당면정책 보고에서도 EPB는 기존 방향에 반하는 대책들을 제시했다. '중화학공업 투자를 조정하고 경공업 투자를 늘려 생필품 소비재 공급능력을 확대한다. 가격 규제를 완화하여 시장기능을 살린다. 바나나, 분유, 쇠고기 등 국내 생산이 불가능하거나 경쟁력이 없는 농수산 식품은 수입을 개방한다. 시장 진입을 막는 인허가 등 규제를 완화한다. 금리를 포함하여 금융제도를 개선한다'는 것 등이 그렇다. 종래의 정책 기조에 정면으로 배치되는 내용들이다.

이현락 보고 방향과는 정반대로 우유 가격을 올려 주라고 지시했으니 박 대통령은 EPB의 정책방향에 대해 부정적으로 생각한 것 아닌가요? 보고 후 어떻게 됐습니까?

강경식 우리가 보고한 내용을 대통령이 이해하지 못하신다, 우리 메시지가 전혀 전달이 안됐다고 생각했고 곧 그것이 사실임이 점점 분명해졌어요. 다른 부처 연두보고를 받는 자리에서 우리의 보고 내용을 못마땅하게 생각해 하시는 말씀이 계속 보도되는 겁니다. 그러나 이에 개의치 않고 〈80년대를 향한 새 전략〉슬라이드를 대량 복제해서 서울뿐 아니라 지방에도 될 수 있는 한 많이 배포했습니다. 대통령에게 보고한 것은 사실이니까, 그걸 명분으로 삼았지요. 시군 단위까지 배포했어요. 언론사 간부, 논설위원, 교수 등 여론 주도층에 대해서는 집중적으로 설명하는 기회를 만들었습니다. EPB 간부들이 알음알음으로 교수 모임이나 언론사 논설위원 등 간부들과 자리를 만들고 슬라이드 내용을 담은 자료를 돌리고 의견을 듣고 토론하는 식으로 했지요. 그렇게 하니까 경제운용 방식에 문제가 있다는 논설 칼럼이 신문에 연이어 나오게 되었고 '전환기 과제'가 공론화됩니다. '이대로 가서는 안 된다, 바꿔야 한다'는 여론이 무성해지자 박 대통령께서는 "이때까지 경제에 대해서는 자신이 있었는데 이제 뭐가 뭔지 모르겠다"고 말씀하셨다는 얘기가 들려오기도 했어요.

경제 패러다임 전환의 고비를 넘다

대통령의 잇단 불만 토로에 공론화로 대응

이현락 정책기조 전환문제가 공론화되면서 박 대통령 마음이 움직였나요?

강경식 박 대통령은 다른 부처 연두보고를 받는 자리에서 계속 EPB 보고 내용에 대해 부정적 발언을 하십니다. 외무부 보고 자리에서는 "요새 공무원들 중에는 수출을 하지 말자고 정신 나간 소리를 하는 사람들이 있다"고 말했다는 보도가 나와요. 우리가 보고한 내용 중에 종합상사의 DA 수출[9]에 관한 것이 있었어요. 신용장 없이 물건을 싣고 가서 미국 창고에 풀어놓고 그것을 담보로 미국 금융기관에서 돈을 빌려 한국 본사로 보내요. 그 돈으로 부동산을 매입합니다. 미국과의 이자 차액으로 이득을 보면서 부동산 투기도 하는 것이지요. 이렇게 되면 연불수출 지원금융은 수출을 지원하기는커녕 수출을 해치는 결과가 됩니다. '수출을 빙자해서 금리차 챙기고 땅투기 해서 돈 버는 것이 무슨 수출이냐, 수출지원책을 부동산 투기나 다른 용도로 악용하는 것을 막아야 한다, 그래야 진짜 수출이 늘어난다'고 한 것을 두고 일반수출 지원을 위한 금융을 없애야 한다는 주장으로 이해한 것입니다.

박 대통령의 불만스런 코멘트는 연이어 나옵니다. 가격 통제를 풀고 시장 기능에 맡기자는 EPB 주장에 대해 "물가를 안정시키지 말고 올리자는 정신 나간 사람들이 있다"고 하세요. 통제를 풀면 가격이 오를 테니까 당장 나타나는 현상만 보면 맞는 말이지요. 그러나 가격을 통제하면 가격이 안정되는 것처럼 보이지만 그 가격으로는 물건을 살 수가 없어요. 수요자는 높은 가격을 지불해야 할 뿐만 아니라 사재기 등 가수요까지 생겨 투기와 부조리가 만연하게 됩니다. 당시 현실이 그랬어요. 규제가격으로 거래가 안 된다면 그런 물가안정은 '물가지수 안정'일 뿐이지요. 이런 상황을 바로잡으려면 가격에

---

9 Document against Acceptance. 수출업자가 물품을 실어 보내고 일정 기간 후 대금을 받는 외상 수출 방식. 수입업자는 당장 결제할 돈이 없어도 수입을 할 수 있다.

대한 행정규제를 풀어 상승요인과 상승기대를 없애야 합니다. 이런 주장도 통하지 않은 겁니다.

그해 상공부는 연두순시에서 〈10대 전략산업 육성계획〉을 보고했습니다. 중화학공업 투자를 확대하겠다는 내용이에요. 중화학 부문에 과잉·중복투자가 많고 경제성이 없어 축소 조정해야 한다는 EPB의 시책방향과는 정반대 내용이었지요. 상공부 보고를 받은 자리에서 박 대통령은 "그동안 경제에 관한 보고를 들으면서 우울했는데 오늘 오랜만에 속 시원한 보고를 들었다. 아주 만족스럽다"고 칭찬하셨어요. EPB의 시책 내용에 대해 얼마나 조목조목 불만스러우면 그러셨겠어요.

후에 들은 애기로는 박 대통령께서 진해 해군사관학교 졸업식에 참석하신 뒤 예고 없이 창원공단에 들러 브리핑을 받았답니다. 귀경 후 곧장 중화학공업 담당인 오원철 청와대 경제 제2수석비서관에게 "중화학 중복투자에 대해 검토해서 보고하라"고 지시하셨대요. 이 공장, 저 공장의 설비나 생산품이 비슷하다는 것을 아시고 EPB가 지적한 중화학공업 중복투자 문제가 '아, 이런 애기였구나'하고 인식하신 결과가 아닌가 짐작했습니다.

이현락 대통령이 EPB 보고 내용에 대해 그토록 불만을 토로했으니 각 경제부처가 그 시책에 대해 냉담했을 것 아닙니까? 상공부는 정반대 보고를 했고 농수산부, 재무부, 내무부 이런 부처들도 EPB 방침을 안 따랐겠지요?

강경식 그뿐 아니지요. EPB 소관마저도 연두보고에서 보고한 대로 시행하는 데 어려움이 많았어요. 물가는 EPB 소관이어서 1979년 1월말까지 행정규제에서 해제할 품목 수를 부총리 기자회견 때 발표했습니다. 구체적 품목을 선정해서 대통령 재가를 받기 위해 시행안을 청와대에 올렸어요. 그런데 1월 말이 다 되어가는데도 청와대에서는 아무런 소식이 없어요. 이렇게 되자 신현확 부총리는 사퇴를 두고 심각한 고민을 하십니다. 나와 단 둘이 있는 자리에서 "부총리 그만둬야 할까 봐" 하시면서 괴로운 심정을 토로해요. 가격규제를 풀겠다고 발표하고 이에 대한 결재를 올렸는데도 아무런 반응이 없는 것은 대통령이 부총리 정책에 대한 불신을 표시하는 것이 아닌가, 비록 부총리로 임명받은 지 한 달 반밖에 안됐지만 사표를 내야 하는 것 아니냐는 말씀이지요. 그렇게 고심하는 가운데 다행히 1월 말일에야 대통령 재가가 났다는 연락을 받았어요. 부총리가 기자회견으로 공언한 가격규제 해제조치를 겨우 이행하게 된 것입니다.

이런 일도 있었습니다. 그때 박 대통령 역점사업으로 농촌주택 개량사업10을 대대적으로 벌이고 있었어요. 1979년 사업목표가 7만 5천 호였어요. 신 부총리는 이것을 3만 호로 줄이자고 건의했어요. 도시 주택과 도로, 산업시설 건설로 시멘트 수요가 폭발적으로 늘어 당장 이것을 해결해야 했기 때문이지요. 게다가 앞으로 도시화가 진행되면 농촌에 빈 집이 많이 생길 텐데 그곳에 무슨 집을 짓느냐는 것이 우리 생각이었어요. 사업을 줄이자는 건의를 받자마자 박 대통령은 'No' 했어요. 다시 건의하자 '농촌주택 사업은 내 통치철학'이라고 하십니다. 더 이상 말하지 말라는 뜻이지요. 그런데도 신 부총리는 다시 가서 건의했고 결국 3만 5천 호로 규모가 줄었어요.

이런 사실들을 보면 관계부처가 저항했다기보다 박 대통령 스스로 EPB의 정책방향을 탐탁지 않게 생각했기 때문에 시책 추진에 차질이 생겼다고 봅니다. 그때는 1978년 말 개각으로 남덕우 부총리께서 대통령 경제특보로 가 계셨고 서석준 경제기획원 차관이 경제 제1수석으로 옮겨가 있었어요. 대통령이 그러시니 다른 부처들이 따라오겠습니까. 그렇지 않아도 하기 싫은 것인데. 박 대통령으로서는 정부주도로 경제를 운용해서 성공했다고 생각하고 외국에서도 한국의 경제 발전을 높이 평가하는 마당에 그것을 '잘못됐다, 고쳐야 된다'고 하니까 '정신 나간 소리 아니냐' 그럴 것 아닙니까. 대통령부터 그러시고 청와대가 다 그런데 무엇이 되겠어요. 이렇다 할 진전을 이뤄내기 어려울 수밖에 없었지요.

---

10 박정희 대통령이 수출확대, 중화학공업 건설과 함께 집념으로 추진했던 역점사업의 하나. 대대적 사업 진행으로 시멘트 등 건축자재 난을 유발하기도 했다.

'EPB 궐석' 검증회의 … 신 부총리 사퇴 고심

이현락 하지만 박 대통령이 결국 EPB의 시책을 받아들이지 않았습니까?

강경식 연두보고를 한 그해, 그러니까 1979년 3월 15일, EPB의 시책에 대해 타당성을 가리는 회의가 청와대에서 있었습니다. EPB 간부는 물론 신 부총리까지도 참석하지 않은 가운데 이를 테면 EPB의 시책에 대한 궐석 재판이 열린 셈이지요. 그날 출근해서 부총리 방에 갔더니 신 부총리께서 "지금 청와대에서 대통령 주재로 회의하고 있다는 보고를 방금 들었다"고 하세요. 무슨 회의냐고 물었더니 "우리 경제에 무엇이 문제냐는 것에 대해서 보고받는 회의"라는 말씀이에요. EPB 간부는 물론 신 부총리도 그날 아침까지 그런 회의가 열린다는 사실을 전혀 모르고 있었어요.

회의가 끝난 뒤 알게 되었지만 신병현 한국은행 총재, 김만제 KDI 원장, 장덕진 경제과학심의회의 상임위원, 이렇게 세 사람이 한국 경제의 문제점과 대책방향에 대해 보고했답니다. 박 대통령은 한국은행과 KDI에는 '우리 경제를 어떻게 보느냐, 뭘 어떻게 해야 하느냐'에 대해서 보고하라고 하고 경제과학심의회의에는 학계의 의견을 조사해서 보고하라고 특명을 내려서 그날 보고받은 것입니다. 특명을 내리면서 부총리나 EPB 실무진한테는 극비로 하라고 함구령을 내리셨대요. 그러니까 EPB 모르게, 안정화 시책에 대한 의견을 종합해서 듣기 위해 마련한 회의였던 것이지요. 그날 세 기관이 보고한 내용이 연초에 EPB에서 보고한 경제운영계획 방향과 크게 다른 점이 없어서 그나마 다행이었어요.

이현락 박 대통령이 세 기관의 보고 내용에 수긍했던가요?

강경식 세 기관이 보고하고 보름이 지난 3월 31일 청와대에서 박 대통령 주재로 다시 회의가 열렸어요. 이때는 한국은행과 KDI, 경제과학심의회의 등 세 기관 외에 EPB도 함께 참석하게 됩니다. 이날 회의에는 신현확 부총리, 남덕우 대통령 경제특보, 서석준 경제 제1수석비서관을 비롯해서 EPB 간부들도 참석했어요. 세 기관은 보름 전에 보고한 내용을 그대로 다시 보고했습니다. 마치 처음으로 보고하는 것처럼 회의는 진행됐어요. 보고가 끝난 뒤 박 대통령은 "세 기관 보고서를 EPB가 종합 정리해서 발표하라"고 지시했습니다. EPB가 연두보고 때 보고한 시책방향에 대해 비로소 정식 결재를 하신 셈입니다.

그날 회의가 끝나자마자 대통령 지시에 따라 세 기관의 보고서를 종합 정리하는 작업을 서둘러 진행했어요. 인근 호텔방을 빌려 밤을 새워가며 작업했어요. EPB 기획국을 비롯해서 KDI 박사들, 관련부처 국장, 과장, 사무관까지 참여했습니다. 정책 전환에 성공한 나라와 실패한 나라의 사례를 집중적으로 다시 점검하고 정책과제 하나하나에 대해서도 난상토론을 벌이면서 대책방향을 다듬었습니다. 김만제 KDI 원장은 처음부터 끝까지 함께 참여했고 관심이 있으면 누구든지 토론에 참여할 수 있었어요. 이렇게 토론하는 과정에서 참여자들은 내용을 깊이 이해하게 됐고 모두 안정화 시책의 열성적 전도사가 됐습니다.

정리된 내용을 4월 17일 기자회견을 열어 '경제안정화를 위한 종합시책'이라는 이름으로 발표했습니다. EPB의 정책이던 '안정화 시책'이 정부 정책으로 확정된 것입니다. 1978년 3월 〈한국 경제의 당면 문제와 대책: 전환기의 과제〉 작업을 시작한 이후 13개월간 우여곡절을 겪은 끝에 새로운 정책이 빛을 본 것이지요. 그렇게 될 수 있었던 것은 연두보고 끝난 뒤 〈80년대를 향한 새 전략〉 슬라이드를 대량으로 복제해서 뿌리고 공론화해서 공감대를 넓게 형성한 결과라고 생각해요.

'경제안정화를 위한 종합시책'은 1979년 4월 17일 신현확 부총리 기자회견을 통해 발표됐다. 신 부총리는 회견 서두에서 "박 대통령이 집념을 불태워온 중화학공업 건설, 수출확대 촉진, 농촌주택 개량사업 등을 조정해서라도" "30년 인플레를 단절하는 대전기를 마련하는 결의와 각오를 표명한다"고 천명하여 시책의 성격과 의미, 무게와 강도를 내비쳤다. 특히 "재정, 금융, 투자 등 핵심적인 시책 내용은 물론 정책의 기조까지 전반적으로 재점검 내지 조정한다"고 밝혀 경제운용 기조의 변화를 강조했다.

이날 발표에서 신 부총리는 안정기반 구축과 자율성 제고, 시장기능 활성화, 경제운용 방식의 구조적 개선 등을 시책의 기본 방향으로 제시하고 이에 따른 중점시책 방향과 그 내용을 종합적으로 밝혀 경제운영 기조의 전환을 분명히 했다.

'경제안정화를 위한 종합시책' 기본 기조

- 경제개발 속도를 조정하여 물가안정의 기틀을 확고히 잡는다.
- 성장, 수출, 투자 등 각종 시책을 경제안정화에 맞춰 신축 운용한다.
- 안정기반 구축을 위해 제도 및 경제운용 방식을 구조적으로 개선한다.
- 경제활동 자율화와 시장기능 제고로 자원의 최적 배분을 조장한다.
- 민생 위주로 정책을 전환하여 '발전과 민생의 조화'를 기한다.

'경제안정화를 위한 종합시책' 주요 추진 내용

- 1979년 성장률을 11%에서 9% 수준으로 낮추고 통화긴축 등 진정책을 편다.
- 재정긴축을 위해 농촌주택 개량사업 등을 축소하고 양곡기금 운용을 개선한다.
- 중화학공업은 선별 추진해 경쟁력을 확보하고 무리한 투자사업을 조정한다.
- 정책금융 운영을 개선하고 금리기능을 포함한 금융제도 개편방안을 마련한다.
- 독과점 규제 품목을 대폭 축소해 물자 유통을 원활히 하고 생산을 촉진한다.
- 생필품산업 신증설 규제를 정비하고 원료수입 제한을 풀어 경쟁을 촉진한다.
- 식료품, 생필품 수입을 늘리고 국내가격이 높은 소비재는 수입을 자유화한다.
- 생산재에 편중(80%)된 설비투자 비중을 줄이고 소비재 산업 투자를 늘린다.
- 부동산 투기 억제시책을 일관성 있게 실시해 건전한 국민경제 풍토를 조성한다.

이현락 '안정화 시책'이 정부 정책으로 확정되었으니 정책 시행에 동력이 붙었겠지요. 시행과정은 어떠했습니까?

강경식 진전이 안돼요. 박 대통령께서 '안정화 시책'이 만족스러워서 받아들인 것이 아니었어요. 다들 그렇다고 하니까 어쩔 수 없이 받아들인 겁니다. 대통령께서 '이제는 정말 그렇게 해야 되겠다'는 확신이 섰으면 달라졌겠지요. 그게 아니기 때문에 발표를 했어도 시행과정에 들어가서는 제대로 진전이 안돼요.

　그 당시에는 매년 한 차례, 파리에서 세계은행 주관으로 IECOK[11] 회의가 열렸어요. 한국에 경제협력을 많이 하는 나라 대표들에게 한국 경제상황과 정책에 대해 설명하고 질의 답변하는 모임입니다. 이 회의의 한국 대표는 부총리이고 경제상황에 대한 설명과 질의에 대한 답변은 주로 기획차관보가 담당했습니다. 나는 부총리를 따라서 회의에 참석하게 되어 있었어요. 파리 회의만 참석한다면 1주일만 자리를 비우면 되지만 부총리는 그에 앞서 1주일간 핀란드를 공식 방문하기로 되어 있었습니다. 나는 당연히 부총리를 수행해야 했지만 당시 '안정화 시책'에 대한 각 부처의 반발이 워낙 드세어서 2주간이나 부총리와 기획차관보가 함께 자리를 비우는 것이 어쩐지 불안해요. 그래서 파리 회의에만 참석하기로 했어요. 그런데 회의가 열린 지 사흘째 되던 날 한이헌 과장한테서 국제전화가 왔어요. 연불수출금융 지원제도를 청와대 주도로 원래대로 환원시켰다는 보고예요. 신 부총리와 내가 파리에 가 있는 동안 남덕우 경제특보가 청와대에서 지원제도 환원을 위한 관계부처 회의를 주재해서 종전 지원제도로 복귀시킨 것입니다. 제도를 개선해서 시행에 들어간 지 한 달 만에, 그것도 부총리가 자리를 비운 사이에 환원시켰으니 정말 뜻밖이었지

11　대한국제경제협의체(IECOK: International Economic Consultative Organization for Korea): 한국 경제개발에 필요한 차관 제공을 목적으로 설립한 선진국 협의기구. 세계은행 주도로 1966년 파리에서 발족되어 한국 외자조달의 창구 역할을 했다. IECOK는 1984년 서울에서 열린 13차 총회를 끝으로 해체됐다. 미국, 영국, 독일, 프랑스, 일본 등 10개 국가와 세계은행을 비롯한 7개 국제기구가 회원으로 참여했다. 한국에서는 경제부총리가 이끄는 대표단이 매년 총회에 참석, 경제상황과 정책을 설명하고 협력을 요청하였다.

요. 내가 한 과장에게 "청와대 회의에 EPB에서는 아무도 안 갔나?" 물었어요. 차관, 국장 등 주요 간부 다 참석했다는 겁니다. 신 부총리는 보고에 대해서 아무런 말씀 없이 그냥 듣기만 했습니다.

이현락 청와대 회의에서 EPB 간부들은 의견을 내지 않았나요? 당시 김재익 기획국장은 시장경제 신봉자 중의 신봉자이니 이의를 제기했을 것 같은데요.

강경식 누구도, 아무런 소리 안 했어요. 김재익 국장은 남덕우 특보와 각별한 관계로 해서, 안정화 시책에 대해서는 아주 곤혹스러운 입장이었어요. 본인은 '안정화 시책'이 필요하다고 생각하지만 중간에 끼어서 굉장히 곤혹스러워 했었습니다. 남 특보께서도 안정·자율·개방을 적극 주장하게 되지만 박 대통령이 못마땅해 한 그때만 해도 그러지 않았습니다. '안정화 시책' 성안 당시만 해도 남 특보는 매우 소극적이었어요. 그러니 김 국장은 그 입장을 안 따를 수도 없고, 그렇지만 자신은 '안정화 시책'을 적극 지지하는 입장이어서 중간에서 매우 괴로웠을 것입니다.

　어쨌든 신 부총리가 귀국하기까지는 며칠 상관인데 그 며칠을 기다리지 않고 정책을 뒤집은 처사는 그때에는 납득하기 매우 어려웠어요. 지금 생각해 보면 박 대통령께서 그렇게 하는 것이 옳다고 생각했기 때문에 그리한 것 아니었나 여겨집니다.

이현락 그때 재계에서도 긴축정책에 아주 심하게 반발했지요. 통화를 늘려야 한다면서 '마셜의 k'를 들고 나와 통화량 논쟁을 벌이기도 했지요.

강경식 이런 얘기입니다. '안정화 시책'의 첫 번째가 통화량을 줄이는 긴축정책 아닙니까. 연간 40%가 넘는 총통화 증가는 안 된다, 줄여야 한다 해서 긴축을 하지요. 금융긴축으로 기업들이 어려움을 겪게 되자 돈을 더 풀라고 들고 나와 통화량 논쟁까지 벌어진 거예요. 거기에 앞장섰던 분이 정주영 전경련 회장과 최종현 선경그룹(현 SK그룹) 회장입니다. 최종현 회장은 시카고 대학에서 수학한 분이지요. 재계가 통화증발 주장을 뒷받침하는 근거로 들고 나온 것이 '마셜의 k'입니다. '마셜의 k'가 대만이나 다른 나라에 비해 작다면서 이것이 커지도록 통화 공급을 더 늘려야 할 판에 긴축해서 줄인다니 말이 되느냐, 이런 식으로 정주영 회장과 전경련이 합세해서 들고 일어나 시끄러웠어요. '마셜의 k'는 경상 GNP에 대한 통화량의 비율을 말하지요. 이것이 커지도록 통화 공급을 늘리라는 주장이에요.

그래서 김만제 KDI 원장에게 부탁해서 경제동향보고 때 특별보고를 통해 논박했지요. '우리나라 마셜의 k가 대만에 비해 작은 것은 사실이다. 그러나 이를 크게 하는 길은 분자인 통화량을 늘리기보다는 분모인 경상 GNP 크기를 줄이는 길, 다시 말해 물가를 안정시키는 쪽이어야 한다. 물가안정을 위해서는 통화량을 늘려서는 안 된다'는 요지로 설명했지요. 하지만 당장은 그리 큰 효과는 없었어요. 그래서 남미와 대만의 실례를 들어 설명했습니다. 통화량을 크게 늘린 남미의 경우 통화량 증가로 물가가 올라가게 되었고 그 결과 분모인 경상 GNP가 분자인 통화량보다 훨씬 더 커져서 k가 오히려 작아졌어요. 반면 통화량을 크게 늘리지 않은 대만의 경우에는 물가가 안정된 결과 분모인 경상 GNP와의 비율은 오히려 더 커지는 결과가 되었지요. 사리가 이렇게 분명해지면서 통화량을 늘려야 '마셜의 k'가 커진다는 주장은 슬그머니 사라지게 되었지요. 긴축에 이어 농업, 중화학 투자조정 등에 대해서도 월간 경제동향보고 회의 때 특별보고 형식을 빌려서 추진동력을 얻는 노력을 계속했어요.

이현락 1980년대 초, 우연한 기회에 주한 일본 외교관과 자리를 함께한 적이 있어요. 그분이 일본을 닮아서는 안 되는 것 3가지를 꼽아서 얘기해요. 고미가 정책과 고비용 교육정책, 고비용 주택정책을 따라해서는 안 된다는 것입니다. 그 당시 우리나라 상황을 보고 느낀 바가 있어서 그런 얘기를 한 것 같았어요.

강경식 사실 닮지 말라는 것은 제일 닮기 쉬운 것입니다. 그 나라가 그렇게 한 것에는 다 이유가 있어요. 사람들이 그렇게 하는 것을 좋아하니까 그렇게 된 것입니다. 우리도 똑같아요. 특히 정치적으로 해결하려 들면 그렇게 닮게 돼 있는 것입니다. 닮지 말라는 것처럼 안 닮기 어려운 게 없어요. 잘하는 것을 배우는 것보다 닮지 말라는 것을 닮지 않기가 몇 배 더 어려운 것 같아요. 반면교사로 삼아 따라하지 않기가 훨씬 더 어려운 것 같아요.

신군부 등장에 반대세력 재결집 시책에 제동

'안정화 시책'에 대해 박 대통령이 못마땅한 반응을 보이고 시책 시행을 둘러싸고 EPB와 각 부처, 재계가 갈등을 빚는 가운데 그해 10·26 사태가 일어난다. 시책 확정 이후 6개월 동안 대통령의 불만으로 시행은 지지부진하고 EPB는 빗발치는 반발에 대응하여 시책을 방어하는 데 힘을 쏟아야 했다. 시책을 확정만 했을 뿐 사실상 진척이 없는 가운데 사건이 일어난 것이다.

이현락 1979년 4월 17일, 시책 발표 6개월 만에 10·26이 일어나지요. '안정화 시책'이 흔들리지 않았습니까?

강경식 10·26 이전에 2차 석유파동이 닥쳐옵니다. 세계적으로 기름 값이 폭등하면서 국제수지가 나빠지고 국내 물가가 크게 올라 경제가 굉장히 어려운 상황으로 몰립니다. '안정화 시책'과 개혁을 추진하기 어려운 상황이 빚어진 것이지요. 언론인 이장규 씨가 쓴 책12에 이런 얘기가 나옵니다. 만약에 10·26이 안 났다면 그해 연말에 개각을 해서 신현확 부총리가 물러났을 것이라는 얘기입니다. 김용환 전 재무장관을 부총리로 내정했다는 박 대통령의 언질이 있었다는 겁니다. 박 대통령 스스로 '안정화 시책'을 못마땅하게 생각하는 데다 반대자들은 '백면서생들이 경제 다 죽인다'고 집요하게 물고 늘어지는 상황이었으니까 부총리를 경질해서 시책을 전면적으로 되돌렸을 가능성은 얼마든지 있을 수 있었어요.
　이런 가운데 10·26 사태가 벌어져요. 10·26 직후에는 '안정화 시책'에 반대하는 소리는 오히려 크게 수그러듭니다. 신현확 부총리가 총리로 자리를

---

12 이장규, 2008, 《경제는 당신이 대통령이야》, 올림, 89쪽.

| 박 대통령 시해 현장의 김재규(1979.11)
1979년 10월 26일 저녁 서울 종로구 궁정동
중앙정보부 안가에서 김재규 중앙정보부장이
권총으로 박정희 대통령을 시해하는 이른바
10·26 사태가 벌어진다. 사진에서 김재규가
현장검증을 받으며 박 대통령에게 권총을
발사하는 장면을 재연하고 있다.

옮겨 앉으면서 국정운영의 중심이 되는 형국이 된 것도 영향을 미쳤겠지요.[13]
그때까지 반대하던 쪽의 소리는 잠잠해졌어요. 각 부처의 반발이 가장 적었던
때가 10·26 이후입니다. 그러나 '안정화 시책'에서 추구하는 정책들이 제대
로 추진된 것은 5공화국 때입니다. 1980년 신군부가 들어선 이후 5공화국의
정책기조로 자리 잡기까지 여러 고비를 겪게 되지요.

1980년 5월 국가보위비상대책위원회[14]가 발족하면서 고비가 닥칩니다. 신
군부 실세들은 정권 창출의 정당성 확보를 염두에 둔 인기영합 정책을 잇달

●
13 1979년 10·26 사태 이후 그해 12월 개각으로 신현확 부총리가 국무총리(1979. 12~1980. 5)가 되고
   후임으로 이한빈 부총리(1979. 12~1980. 5)가 취임했고 그다음으로 김원기 부총리가 자리를 이었다.
14 10·26 이후 권력의 전면에 등장한 신군부가 1980년 5월 31일 설치한 임시행정기구. 비상계엄하의
   대통령 자문 및 보좌를 명분으로 설치했으나 위원회 산하 상임위원회에 13개 분과위원회를 두고 실질
   적인 내각 기능을 했다. 위원회는 각료 10명과 군 요직자 14명 등 24명으로 구성됐고 의장은 최규하
   대통령, 상임위원장은 실세인 전두환 보안사령관 겸 중앙정보부장이 맡았다. 1980년 10월 27일 국가
   보위 입법회의로 개편되어 1981년 4월 11대 국회 개원 때까지 존속하며 입법권을 행사했다. 전두환 상
   임위원장은 1980년 8월 통일주체국민회의에서 대통령으로 선출됐고 개정 헌법에 따른 간접선거로 이
   듬해 2월 임기 7년의 대통령으로 재선됐다.

아 발표합니다. 과외 금지부터 시작해서 불량배들을 잡아 삼청교육대 보내고 통금해제를 하고, 이런 정책들이 연이어 나옵니다.

경제문제에 대해서도 국보위에서 관여하면서 '안정화 시책'에 제동을 걸게 됩니다. 신현확 총리가 물러나면서 '안정화 시책'을 둘러싸고 다시 시끄러워져요. 시책에 반대하는 부처 관료들과 재계 인사들이 신군부 실세에 접근해서 '안정화 시책'을 다시 흔들어요. 전두환 대통령도 자연 흔들리게 됩니다. 그때 전 대통령은 경제공부에 열중하고 있었어요. 박봉환 동력자원부 장관, 김재익 박사, 김기환 박사, 차수명 상공부 차관보, 유갑수 의원, 이렇게 여러 사람한테 경제교육을 받았어요. 이들은 정책 성향으로 보면 두 갈래로 나뉘지요. '안정화 시책'이 우리 경제가 나아갈 방향이라는 쪽과 '안정화 시책' 방향으로 가면 경제가 걷잡을 수 없는 어려움에 빠지게 된다는 완전히 상반되는 시각이지요.

그러니까 전 대통령은 '안정화 시책'에 대해 일사불란하게 교육받은 것이 아니에요. 이쪽 얘기를 들어 보면 그것이 맞는 것 같고 저쪽 얘기를 들으면 그쪽으로 기우는 식으로 흔들렸던 거예요.

이현락 경제를 잘 모르는 신군부 실세들이 제동을 걸고, 정치·사회적 불안이 가중되는 가운데 2차 석유파동이 겹쳤으니 '안정화 시책'은 원점에서 혼돈에 빠진 셈이군요. 경제위기 극복이 시급했겠지요? 경제정책 운용의 실무 책임자로 어떤 대책을 폈습니까?

강경식 1979년 하반기부터 2차 석유파동이 본격적으로 닥쳐 경제상황이 극도로 악화되면서 '안정화 시책'을 펴기 어려워졌지요. 1차 석유파동 때와는 달리 전 세계가 모두 긴축으로 가는 바람에 세계경제는 극심한 불황국면으로 접어듭니다. 수출은 안 되고, 국제수지는 악화되고, 물가는 치솟는 데다 심한 흉작까지 겹쳐 1980년에는 성장이 마이너스로 후퇴합니다. 우리가 바라는 것과 정반대 상황이 벌어졌지요. 그때 경제상황은 1974년 1차 석유파동 때와는 비교가 안 될 정도로 나빴어요. 1차 석유파동 때는 정부가 튼튼히 버티고 있었지만 1979년 10·26 이후에는 정부도 불안정한 상태였으니까요. 경제난국을 극복하는 일이 시급했지요. 그렇지만 '안정화 시책' 기조를 지키는 데 최선을 다했습니다.

먼저 1980년 1월 12일 금리와 환율을 동시에 대폭 인상하고 강력한 긴축정책을 함께 폈습니다. 그때까지 EPB는 금리인상을, 재무부는 환율 현실화를 주장하면서 팽팽하게 맞서왔어요. EPB는 환율인상으로 수출을 지원하게 되면 진정한 경쟁력이 생길 수 없다고 보고 수출증대를 위한 환율정책 활용에 반대했지요. 그러면서 저축증대와 가용자금 배분의 합리화를 위해 물가 상승폭 이상으로 금리를 높여 정(正)의 실질금리를 보장하는 것이 시급하다고 주장했어요. 이에 반해 재무부는 실질금리 보장은 EPB가 물가를 안정시키면 될 일이라고 하면서 그동안의 인플레를 반영하여 환율부터 서둘러 현실화해야 한다고 맞서 왔어요. 두 주장을 다 수용하자는 김만제 KDI 원장의 제안을 받아들여 금리와 환율을 동시 인상한 겁니다. 1980년 초반은 정치 공백기여서 정책의 미세조정을 통한 경제운용은 할 수 없었지요. 유가, 금리, 환율 등 경제운용의 기본인 거시정책 변수를 중심축으로 경제운용을 해서 '안정화 시책'의 긴축기조를 유지할 수 있었던 겁니다.

1980년 '1·12 경제조치'에서 금리는 정기예금(1년) 연 18.6%에서 24%로, 일반대출 18.5%에서 24.5%로 대폭 인상했다. 환율은 달러당 484원에서 580원으로 19.8% 올리고 복수통화바스켓 제도[15]를 도입해 유동화했다. 환율은 1974년 12월 21.5% 올린 이후 5년 만에 인상한 것이다. 금리와 환율 동시 인상에 이어 국제 원유가 상승에 따른 영향을 반영하여 1월 29일 석유류 가격을 한꺼번에 59.4% 인상했다. 이 해에는 본격적인 석유파동이 닥친 데다 강력한 긴축과 유가 인상의 여파로 도매물가가 42% 폭등했고 실질 경제성장률은 마이너스 1.9%로 경제개발계획 착수 이래 처음으로 부(負)의 성장을 기록했다.

---

15 한국과 교역량이 많은 몇 개 국가의 통화를 하나의 그룹(바스켓)에 넣어 거래량에 비례한 가중치를 정하고 여기에 물가상승률과 각 통화의 국제금융시장 환율을 감안해 원화환율을 결정하는 방식. 고정환율제에서 변동환율제로 가는 과도기적 환율제도로, 한국은 1980년 2월 27일부터 1990년까지 이 환율제도를 채택했다.

이헌락 1974년 1차 석유파동 때 외환위기가 닥쳐 큰 어려움을 겪었지요. 그러나 1979년 2차 석유파동 때는 10·26 이후 정치적 불안까지 겹친 상황인데도 외환위기는 없었어요.

강경식 그렇습니다. 1980년에 정치 경제 사회적으로 유례없이 어려운 상황이 겹쳤지만 외환위기를 겪지 않고 경제난국을 넘길 수 있었어요. IMF와의 스탠드바이 협정을 맺고 있었던 것도 한몫을 했지만 무엇보다 우리 경제에 대한 해외 신인도가 유지됐기 때문이지요. 유가를 대폭 인상하고 금리와 환율을 크게 조정한 과감한 정책대응이 해외 신인도 유지에 큰 몫을 했다고 봅니다. 경제운용에 대한 평가, 문제 해결능력에 대한 신뢰가 뒷받침돼서 우리 경제가 흔들리지 않고 갈 수 있었다고 봅니다.

　당시 모든 것이 불확실한 상황에서 IMF[16]와 세계은행을 비롯해서 외국 금융기관 인사들이 방한하면 내 방에 먼저 들르곤 했어요. 경제운용의 실무 책임자인 기획차관보 자리를 그대로 지키고 있으니까 그럴 수밖에 없지요. 박대통령 시절에는 기획차관보는 1년만 하면 차관으로 승진하는 것이 관례처럼 되어 있었어요. 그런데 나는 격변기를 지내면서 4년 동안 그 자리를 지켰어요. 이들에게 우리 정책방향을 설명하면 처음에는 반신반의했어요. 하지만 정치 사회적 불안 속에서도 기름 값을 60%나 올리고 금리와 환율도 대폭 조정하니까 '아, 한국 정부는 한다면 하는구나' 하고 믿게 됐어요. 한국은 어려운 상황에서도 경제정책만은 제대로 한다는 평가를 받게 되었지요.

　10·26 사태로 정치적 불안이 고조되는 데다 석유파동이 겹쳐 자칫 외환위기가 닥칠 우려가 있는 상황이어서 외국 투자자들의 동요를 막는 것이 시급했다. 10·26 사태가 벌어지자 신현확 부총리는 강경식 차관보의 건의로 비

16　국제통화기금(IMF: International Monetary Fund): 1944년 체결된 브레턴우즈 협정에 따라 1945년에 설립돼 1947년 3월부터 국제부흥개발은행(IBRD: International Bank for Reconstruction and Development)과 함께 업무를 개시한 국제금융기구. 세계무역의 안정된 확대를 통해 가맹국들의 고용증대, 소득증가, 생산자원 개발에 기여하는 것이 목적이며 외환시세 안정, 외환제한 철폐, 자금 공여 등의 기능을 수행한다. 회원국의 국제수지가 일시적으로 악화됐을 경우는 필요한 외화자금을 공여하며, 우리나라도 1997년 외환위기 극복 때 큰 도움을 받았다.

상사태에 관한 성명서를 국문과 영문으로 발표, '안정화 시책'의 기조에 따라 경제를 운용해나간다는 방침을 확고히 했다. 이어 11월 7일 주한 외국 기업인들을 세종문화회관으로 초청하여 우리 정부의 경제정책 방향을 다시 밝혔다. 주한 외국 기업인들의 불안을 해소하기 위한 것이었다.

신 부총리는 연설을 통해 "안정화 시책을 그대로 밀고 나간다. 수입자유화를 포함한 개방정책도 그대로 추진한다. 외국인이 기업활동을 하기 좋도록 환경을 개선하겠다"고 강조했다.

김재익 수석 역할 결정적 … 안정화 시책 정확화

이현락 1980년 5월 국보위 발족으로 정책 환경이 크게 달라졌지요? 어떻게 대응하셨습니까?

강경식 주요 정책업무가 다 국보위로 집중됐어요. 1980년 신군부가 들어서면서 김재익 박사(EPB 기획국장)와 김기환 박사(경제부총리 자문관), 나, 이렇게 셋이 가장 걱정한 것은 우리나라가 버마(현 미얀마)처럼 되지 않을까 하는 것이었어요.[17] 버마처럼 군부가 나서서 폐쇄적 통제정책을 실시하여 경제를 망쳐버리지 않을까 걱정한 것입니다. 그때 김재익 박사는 EPB에서 KDI로 자리를 옮기려고 짐을 싸 놓고 있다가 국보위 위원으로 오라는 지시를 받은 상태였어요. 우리 셋은 한국 경제가 버마식으로 가는 것은 막아야 한다고 의견을 모으고 경제가 잘되려면 시장경제를 정착시켜야 한다는 점을 기회 있을 때마다 설득하기로 했습니다. 시장경제 체제가 뿌리내리게 되면 그 바탕 위에서 정치 민주화도 훨씬 손쉽게 이뤄질 수 있다고 보았어요. 이런 생각에서 그때 우리는 신군부의 경제정책이 시장경제를 활성화하는 방향으로 가도록 최선을 다하기로 의견을 모았어요. 다만 그렇게 하는 것이 정치 민주화를 앞당기는

---

17 버마에서 1962년 쿠데타로 집권한 군부 네윈 정권은 26년간에 걸쳐 국수주의적이고 폐쇄적인 사회주의 통제경제를 운용하여 경제를 파탄으로 몰아넣었다. '버마식 사회주의'를 표방한 군부정권은 산업 국유화, 외국자본 배척, 통상거부 등 고립주의를 지속하고 경제활동에 개입하여 자원 부국인 이 나라를 최빈국의 하나로 전락시켰다.

길이라는 사실은 일절 내색하지 않기로 약속했습니다. 자칫 '안정화 시책'을 추진하기 어려워질 수도 있기 때문이지요. '안정화 시책'을 설득할 때 수출증대, 경쟁력 제고 등 순전히 경제논리만을 강조하기로 했었습니다. 김재익 박사는 그 후 청와대 경제수석으로 발탁되고 나는 여전히 기획차관보로서 '안정화 시책'의 과제들을 기회 있을 때마다 하나하나 실천해갔습니다.

이현락 김재익 박사는 국보위 경제과학분과위원회 위원장을 거쳐 1980년 9월 청와대 경제수석으로 발탁돼서 전두환 정부의 경제정책을 주도하게 됩니다. '안정화 시책'을 굳힐 수 있는 기회가 온 것이지요. 하지만 '안정화 시책'에 부정적인 신군부 실세들도 청와대에 진을 치지 않았습니까? 결국 박 대통령 때 확정된 '안정화 시책'은 시행 초기 단계에서 제동이 걸린 채 정책으로 살아남느냐 무산되느냐의 갈림길에 놓인 셈입니다.

강경식 김재익 수석은 '안정화 시책'이 5공화국 경제정책의 기조로 채택되도록 길을 여는 데 결정적 역할을 합니다. 하지만 그 길이 무척 험난했어요. 5공화국 들어서서도 경제정책 방향을 놓고 크게 논란이 벌어집니다. '안정화 시책'을 못마땅해 하던 관료들과 재계 사람들이 신군부 실세들을 설득합니다. "우리 경제의 현실을 모르는 백면서생들이 외국 신문이나 잡지, 책을 보고 하는 소리다, 하자는 대로 따라했다가는 우리 경제 망한다"고 겁을 준 겁니다. 이들은 곧장 전 대통령에게 이들 관료들과 재계가 우려하는 소리를 전하면서 '안정화 시책'에 반대하고 나섭니다. 안정화에 반대하는 쪽에서 집요하게 설득하니까 전 대통령의 생각도 흔들리게 됩니다. 이쪽 얘기를 들으면 이것이 맞는 것 같고 저쪽 얘기를 들어 보면 그런 것 같고, 그런 상태였어요. 재무부 출신인 박봉환 동자부 장관이 얘기를 해서 김재익 수석이 보고한 재무부 관련 정책이 몇 번 뒤집히기도 했으니까요.

　김재익 수석은 전 대통령 지근거리에 자리 잡고 있었지만 고립무원 상태였어요. 청와대 수석비서관끼리 회의를 할 때 보면 신군부 실세 수석들이 김 수석을 집중적으로 공격해요. 김 수석은 참으로 곤혹스런 입장이었어요. 이 실세들은 그 후 1982년 내가 재무장관으로 금융실명제를 추진할 때도 반대에 앞장서 압력을 가하지요. 그때도 반대세력이 실세들에게 붙어 경제 망친다고 설득했던 겁니다.

이현락 '안정화 시책'이 흔들리는 상황에서 어떻게 하셨습니까?

강경식 상황이 이러하지만 이런 논란 과정에서 내가 할 수 있는 역할은 사실상 이렇다 할 것이 없었어요. 1980년은 제5차 경제개발 5개년계획 작성을 본격적으로 준비해야 할 때였어요. 그래서 5차계획을 '안정화 시책' 방향에 따라 만들고 주요 정책 내용을 다 반영해야 하겠다고 생각했습니다. '안정화 시책'을 5차계획 총량계획뿐만 아니라 부문계획에 이르기까지 일관성 있게 반영하기로 하고 여기에 온갖 정성과 노력을 쏟았습니다.

　계획 작성에 앞서 우리나라도 5개년계획 작성을 졸업할 때가 곧 올 것으로 생각해 제2차 세계대전 후 5개년계획을 실시했던 유럽의 여러 나라를 둘러보았어요. 김만제 KDI 원장, 사공일 부원장과 함께 네덜란드, 독일, 프랑스, 스페인 등 서구의 여러 나라를 방문해서 이들이 과거 계획을 어떻게 했고 현재는 국가 경제적 과제들에 대해 어떻게 하고 있는지에 대해 관계 전문가들과 관료들을 만나 알아보고 토론하는 기회를 가졌습니다. 당시 가장 큰 골칫거리였던 중화학 관련 과잉투자에 따른 부실문제를 어떻게 처리하는지 알아보기도 했어요. 5차계획을 수립할 때 관련 기관과 전문가들을 광범위하게 참여시킨 가운데 문제의식 공유에 역점을 두는 유도계획(indicative plan) 방식으로 작성했습니다. 이것은 유럽 여러 나라의 경험을 5차계획에서 구현한 것입니다.

이현락 전두환 대통령은 결국 '안정화 시책' 쪽에 기울지요. 경제를 잘 모르는 상태에서 좌고우면하다가 어떻게 안정화를 택했습니까?

강경식 제5차 5개년계획을 보고받는 과정에서 더 이상 흔들리지 않게 됩니다. 5차계획은 1982년부터 시행됩니다. 그러니까 1980년에 계획안을 만들고 1981년에는 대통령 보고와 내용 보완 작업을 마무리해서 계획을 확정 공표하게 되어 있었어요. 박정희 대통령 때는 5개년계획안 작성을 마치면 대통령은 통상 한 차례 보고를 받는 것으로 계획을 확정했어요. 전두환 대통령은 경제에 관심이 많았어요. 1981년 4월, 기획차관보인 내가 총량계획에 대해 보고한 것을 시작으로 그해 10월까지 10차례에 걸쳐, 각 부문계획에 이르기까지 자세히 보고를 받았어요. 보고받을 때는 늘 오전시간 전부를 할애했어요. 전 대통령은 그간의 공부로 경제에 관한 이해가 이미 상당수준에 이르러 보고를 받고는 의견뿐 아니라 평소 생각한 것에 대해서 자세히 얘기하고 관련되는 지시를 하곤 했습니다. 그 지시에 따라 계획에 반영할 것은 곧바로 조정했지요. 이렇게 여러 차례 깊이 있는 보고를 받으면서 '안정화 시책' 방향에 대해 확신을 가지게 됐고 거기에 바탕을 둔 5개년계획이 곧바로 5공화국의 경제정책이 된 것입니다.

5개년계획에 대해 소상한 보고를 하게 된 것은 전두환 대통령의 경제에 대한 관심이 컸기 때문이기도 하지만 김재익 수석의 건의도 큰 몫을 했습니다. 김 수석은 '안정화 시책'에 대한 확신을 심어 주기 위해 5개년계획안 보고를 경제교육의 기회로 삼은 것입니다. 대통령이 소상히 보고받으니까 대통령 보고에 앞서 청와대 비서실장이 주재하는 수석비서관회의에서도 5개년계획에 대해 설명하게 됐어요. 이런 과정을 거치면서 '안정화 시책'을 둘러싸고 벌어졌던 논란은 슬그머니 사라져 버립니다. 이후 '안정화 시책'은 5공화국의 확고한 경제정책 기조로 흔들림 없이 자리 잡게 됩니다.

전 대통령의 집념 … '30년 인플레 단절' 성공

이현락 이제 '안정화 시책'의 전개과정에 대해 듣겠습니다. '안정·자율·개방'이라는 경제운용 기조에 따라 실시된 정책에 관한 얘기입니다. 먼저 물가안정을 위한 정책은 1982년 5차계획 시작에 앞서 1980년부터 본격적으로 실시되지요? 그 진행 상황은 어떠했습니까?

강경식 5공화국의 경제정책은 '안정화 시책'을 근간으로 흔들림이 없었어요. 특히 물가안정을 이루겠다는 전 대통령의 집념은 대단했습니다. 우리나라 역대 대통령 중에 이분만큼 물가안정의 필요성에 대해 확신을 가지고 전력투구

| 이현락 세종대 석좌교수

한 분은 없어요. 물가안정은 경제정책의 최우선 과제였을 뿐 아니라 국정운영의 최우선 순위에 있었습니다. 총선거를 앞둔 시점인데도 추곡수매가를 동결했을 뿐 아니라 기업의 임금도 올리지 못하도록 종용했어요. 물가가 안정되면 실질임금이 올라가게 돼서 더 도움이 된다는 논리였지요. 노동계와 농민들 사이에 난리가 났지요. 그러나 흔들림 없이 밀고 나갔습니다. 정부 세출예산도 동결했습니다. 선거를 앞둔 정치인들의 반발이 거셀 수밖에 없지요. 그렇지만 흔들리지 않고 예산동결을 관철합니다. 말하기는 쉬워도 실제로 시행하기는 거의 불가능한 것들입니다. 그때 EPB에서는 국민을 대상으로 경제교육을 대대적으로 실시했습니다. 임금과 추곡수매가를 올리면 겉으로는 이득인 것 같지만 물가가 올라가게 되면 실질적으로 손해를 보게 되므로 물가안정을 위한 고통을 감내해야 한다고 설명했어요. 불만을 잠재우는 일이 교육을 통한 이해로 될 수 있는 것은 아니지요. 당하는 입장에선 순순히 받아들이기 어려운 정책들이지만 온갖 반발에도 불구하고 그대로 밀어붙인 것입니다.

1982년에는 물가안정 목표를 10%로 정하고 이를 연두보고에서 브리핑하면서도 자신이 없었어요. 하지만 전 대통령은 1981년 물가상승률을 그 전해의 절반수준으로 안정시켰으니 1982년에도 이것이 가능한 일이 아니냐면서 한 자리 숫자로 물가를 안정시키라고 지시했어요.

이현락 대외 경제사정도 물가안정에 유리하게 작용했지요?

강경식 1980년에 폭등했던 물가가 1981년에 상승률이 절반 이하로 안정된 것은 내외 경제상황이 호전된 데 따른 것이기도 해요. 1981년에 접어들면서 원유가가 크게 떨어지면서 수입 물가가 하락합니다. 세계경제도 회복세로 돌아서 수출이 늘고 국제수지도 크게 개선되고 국제금리도 하락하기 시작했지요. 여기에 더해 1980년 극심한 흉작을 보였던 국내 농작물 생산도 정상화되어 물가가 그렇게 안정될 수 있었지요. 그렇지만 '한 자리 숫자' 안정은 사실 불가능하다고 EPB 실무자들은 생각했어요. 그러나 1982년 들어서도 해외 경제상황이 계속 호전되고 노임동결, 재정긴축, 금리 하향조정의 효과가 나타나면서 안팎이 맞아 떨어져 그해 물가 상승률이 아무도 예상하지 못한 7% 수준까지 안정됐어요.

| 강경식 前 경제부총리

이후 물가는 지속적으로 안정세를 보여 꿈에 그리던 3% 안정을 이룩하게 됩니다. 물가 안정에 힘입어 수출은 지속적으로 늘어나고 국제수지도 흑자로 돌아서고 10% 수준의 고도성장을 지속하게 됩니다. 일본, 독일 경제와 같은 고도성장, 물가안정, 국제수지 흑자를 달성해서 이른바 '세 마리 토끼를 한꺼번에 잡는 경제'가 된 것입니다. 우리가 오랫동안 염원하던 꿈이 이루어지게 된 것이지요. 1979년 4월 '안정화 시책'을 발표하면서 "30년 인플레를 단절한다"고 했을 때 사람들은 코웃음을 쳤지요. 그 후 10년도 안되어 3% 수준의 물가안정은 당연한 것이라는 인식이 널리 자리를 잡게 됩니다.

1979년 4월 '안정화 시책'을 발표하면서 신현확 부총리는 "30년 인플레를 단절하는 대전기를 마련한다"는 결의와 각오를 밝혔다. 시책 발표 이듬해인 1980년에는 석유파동으로 경제성장률이 마이너스로 후퇴하면서 물가가 42% 폭등했으나 강력한 안정화 시책에 힘입어 물가상승률이 1981년 20%, 1982년 7%로 낮아졌고 성장률도 플러스로 회복됐다. 5차계획이 시작된 1982년부터는 한 자릿수 물가가 유지되는 가운데 연평균 10%대의 고도성장을 기록하였다. 이런 성장을 이룬 데는 1986년 이후에 나타난 '3저 효과'[18]도 가세했다.

---

18 1986~1988년에 나타난 저달러, 저유가, 저금리의 이른바 '3저 현상'이 우리 경제에 미친 성장 효과. 1985년 9월 뉴욕 플라자 호텔에서 열린 선진 5개국 재무장관회담의 합의(플라자 합의)에 따라 일본 엔화와 서독 마르크화가 크게 절상되고 우리나라 원화는 절상 폭이 상대적으로 적어 수출경쟁력이 강화됐다. 같은 기간 국제 유가가 폭락하고 국제금리도 떨어져 경제성장을 촉진하는 작용을 했다.

이현락 물가안정이 우리 경제에 미친 구조적 영향은 어떻게 평가하십니까?

강경식 경제가 정상화되고 체질이 강화되는 바탕을 이뤘다고 봅니다. 우리 경제가 종래와 다른 모습으로 탈바꿈하게 된 데는 물가안정이 큰 효과를 냈습니다. 노력 없이 얻는 인플레 이득(windfall profit)의 소지가 사라지고 기여와 보상이 비례하는 체제가 자리를 잡아 기업활동을 포함한 경제 전반의 활동이 정상화되고 내실이 다져졌다고 봅니다. 기업들은 인플레 이득의 기회가 사라지고 경쟁이 불가피한 상황에 몰리면서 기술개발과 품질개선에 주력하게 되고 경쟁 체질을 다지게 된 것입니다. 종래 인플레 경제에서 돈 가진 일부 사람들이 공짜 이득을 챙기고 다수 국민은 피해를 보던 현상이 없어져 사회가 안정되고 기강이 바로잡히는 데도 기여했지요. 우리가 물가안정에 그토록 집착했던 것은 특혜와 편법을 방지하고 기여한 만큼 보상이 이뤄지는 체제를 만들려는 것이었어요. 물가안정은 이렇게 해서 오늘의 발전을 가져오는 바탕을 이룬 것이지요.

'자율' 토대 놓은 세제개혁 … 민간 R & D 지원제도 도입

이현락 '안정화 시책'은 1982년에 시작된 제5차 경제개발 5개년계획에 반영돼서 5공 경제정책의 기조로 자리 잡습니다. 이 계획에 반영되어 실시된 대표적 정책들은 어떻습니까? 안정·자율·개방을 위한 제도개혁이라든가, 시스템 도입에 관한 애기입니다. 먼저 세제개혁을 꼽을 수 있나요?

강경식 그렇습니다. 세제개혁은 '안정화 시책' 방향에 따른 정책입니다. 시책을 준비하는 과정에서 문제를 근본적으로 해결하기 위해서는 시스템을 전환하는 방법으로 접근해야 한다는 결론을 얻었어요. 그러니까 '안정화 시책'은 개별 대책이 아니라 정책 패러다임의 전환, 시스템 전환을 그 내용으로 하지요. 세제개혁도 그런 방향에서 추진했습니다.

　세제개혁은 재무부 장관으로 있으면서 단행했어요. 먼저 1982년에 내국세를 대폭 개혁했습니다. 전반적으로 세율을 낮추는 작업이었지요. 소득세와 법인세의 세율도 낮췄지만 엄청나게 높은 특별소비세 세율을 확 낮췄습니다. 1974년 1차 석유파동이 닥치면서 소비 억제책으로 사치성 소비재에 대해 관세와 특별소비세를 엄청나게 높인 데다 품목별로 세율을 달리하여 세율체계가 엉망인 상태였어요. 부가가치세에 더해 특별소비세를 부과하고 품목별로 세율을 달리 적용하는 것은 인위적, 행정적으로 경제활동을 왜곡시키는 결과를 빚게 되지요. 세율을 높였지만 실제로는 탈세가 성행해서 세수에는 별로 도움이 안 되고 경제활동만 왜곡시킨 것이에요. 이런 왜곡을 시스템으로 바로잡아야 하겠다는 판단에서 특별소비세를 없애려고 했지만 반대가 심했어요. 그래서 다 없애지는 못하고 세율을 확 낮췄어요. "부자들이 쓰는 사치품 세율을 낮추는 세제개혁을 한다"고 욕을 많이 먹으면서도 눈 딱 감고 밀고 나갔어요.

이현락 '안정화 시책'에는 개별산업 특혜성 지원을 없애야 한다는 내용이 포함되어 있지요?

강경식 그때 역점을 두어 실행한 것이 전략산업에 대한 세제지원을 없앤 것입니다. 그때까지 중화학공업 육성한다고 전략산업, 예를 들면 철강·조선·기계·항공 산업 등에 대해서는 내국세를 감면하고, 건설자재와 물자를 들여올 때 관세를 감면하고, 저금리 특혜자금을 지원했어요. 그렇게 하니까 일반기업과 중소기업들은 자금을 끌어 쓸 수 없고 오히려 상대적으로 높은 세금을 부담하게 되지요. 이것은 아니다 해서 전략산업에 대한 개별산업 지원은 다 없앴다고 했어요. 큰 반발이 있었지만 그대로 밀고 나가 몇 개만 남겨 놓고 거의 다 없앴습니다. 개별산업에 대한 지원을 없앤 것은 정부개입의 소지를 없애고 민간자율의 기반을 넓혔다는 의미를 지닙니다. 기업들이 정부의 특혜나 간섭이 없이 자기 책임하에 자율적으로 기업활동을 하고 결과에 책임을 지도록 한다는 '안정화 시책' 방향을 구현하는 것이지요.

이렇게 하면서 민간기업의 연구개발 투자와 인력개발 비용에 대한 세제지원 제도를 처음으로 도입했습니다. 연구개발과 인력개발 직업훈련에 쓰는 돈에 대해서는 업종과 기업 규모를 가리지 않고 모두 세제혜택을 주는 것으로 바꿨어요. 돈을 지출하지 않더라도 적립하는 경우에도 혜택을 주게 했어요. 그렇지 않아도 경쟁상황에 몰린 기업들이 이를 계기로 연구개발에 눈을 돌려 품질개선 기술개발에 힘을 쏟게 됩니다. 그 결과 민간기업의 연구개발 투자가 획기적으로 증가해서 오늘에 이르고 있습니다. 이런 세제개혁에 대해 제대로 평가하는 것 같지 않아요. 하지만 이것이 우리 경제나 우리 기업들이 기술을 축적하고 경쟁력을 증진하는 데 결정적으로 기여했다고 생각합니다. 큰 보람으로 여기고 있어요.

이현락 기업 연구개발 투자에 대한 세제지원 제도 도입에 큰 보람을 느낀다는 말씀입니다. 그 효과는 어떠합니까?

강경식 이 제도 도입을 계기로 연구개발(R&D) 투자금액도 늘고 연구소 숫자가 급격히 늘어납니다. 그전에는 몇몇 정부기관 외에 민간기업 연구소는 사실상 없었어요. 그때까지만 해도 연구개발에 대해 기업들은 관심이 없었어요. 1980년대 초만 해도 우리나라 총 연구개발 투자는 GDP의 0.5% 수준이었고 민간부문 연구개발 투자는 이 중의 3분의 1 정도밖에 되지 않았습니다. 그러던 것이 2011년에는 GDP의 4% 수준으로 커졌고 민간부문 연구개발 투자가 이 중 4분의 3을 점할 정도로 크게 신장합니다.

현재 웬만한 부품공업은 일본 수준에 이르렀고, 부품을 만들어 일본에 수출하는 중소기업들도 적지 않습니다. 그러니까 중소기업을 특별히 지원한다고 보호하기보다는 오히려 경쟁시키면서 경쟁력을 키우도록 제도로 뒷받침하는 것이 중요하다고 봅니다. 중소기업을 지원한다고 내건 대책은 종류로 친다면 우리나라가 세계 제1일 겁니다. 그렇다고 효과가 있었느냐, 그렇지 않아요. 효과 없는 개별정책을 펼 것이 아니라 경쟁력을 키우는 시스템으로 길을 열어 줘야 합니다. 지난 30년간 시행한 이 제도로 인해 우리나라 산업의 기술수준이 엄청나게 올라갈 수 있었다고 생각해요. 그런데 어느 야당의원이 경제민주화를 말하면서 이걸 없애야 한다고 주장하고 나와요. 딱하고 한심한 일입니다.

'개방경제'로 전환 이룬 관세개혁 … 관세 개편작업도 개방

이현락 그때 단행한 관세제도 개혁은 세제 합리화라는 목적도 있지만 역시 수입개방을 겨냥한 것이지요? 그 방식이 독특하고 효과가 획기적이라는 평가도 있었습니다.

강경식 관세제도 개편은 국내시장 개방을 겨냥한 시스템 전환입니다. 수입자유화의 물꼬를 트고 국내 경쟁을 촉진시키기 위한 제도적 기반을 마련하자는 것입니다. 관세제도 개편으로 지지부진하던 수입자유화 문제가 일거에 해결됩니다. 당시 상공부에서는 매년 수입자유화 계획을 만들어서 발표했어요. 하지만 실질적으로는 뚜렷한 진전이 없었어요. 그래서 1983년 김기환 KDI 원장이 상공부 차관으로 가서 자유화를 챙기는 작업을 했고, 나는 재무장관으로 1982년 내국세 개혁에 이어 1983년 들어 관세개혁을 했습니다. 세율체계를 합리화하고 국내시장 개방을 진전시키는 데 역점을 두었습니다.

당시 상공부는 '기별 공고'라고 해서 수입자유화, 수입금지, 수입제한 품목을 기별로 지정해서 공고했어요. 하지만 자유화 품목으로 넣어도 소용이 없어요. 높은 관세율 장벽을 그대로 두니까 자유화 품목으로 지정해도 물건이 들어오지 못하지요. 그때 관세율을 보면, 국산이 되는 품목은 100%가 넘는 게 부지기수에요. 국내시장 보호를 위해 그렇게 높여 놓은 것이에요. 반면에 국내에서 전혀 안 나오는 품목은 제로(zero) 관세로 들여와요. 원유가 그랬어요. 관세율이 제로부터 몇백 퍼센트까지, 그야말로 누더기 꼴이에요. 그래서 그때 KDI 양수길 박사는 관세율을 단일화하자는 보고서를 내기도 했어요. 관세수입을 수입총액으로 나누면 7~8%가 되는데, 이 8%를 균일 관세율로 정해서 모든 품목에 일률적으로 적용하자는 의견이지요.

어떻든 복잡한 세율체계를 정비하기로 하고 우선 '최고 관세율을 20%, 최저 관세율 5%'를 지침으로 개혁했습니다. 5년을 계획기간으로 잡아 관세율이 20%가 넘는 품목은 5년 뒤에는 20%로 내리고, 제로 품목을 포함하여 5% 미만인 품목은 5%로 올리도록 바꾸기로 했습니다. 종래 관세제도를 개편할 때는 개별 품목의 세율을 조정해서 곧바로 적용하는 식으로 했어요. 이에 비해 1983년에는 세율체계를 단순화하고, 5년 기간을 정해 연차로 관세율을 조정하는 방식을 택한 것이 특징입니다. 관세율 인하 예시제입니다.

이현락 시장개방을 겨냥한 관세 개편이라면 업계의 반발이 있었을 법한데 어떤 방식으로 개편작업을 했습니까?

강경식 그전에는 관세를 고친다고 하면 업계의 이해가 얽혀 잡음이 늘 따랐습니다. 개정작업이 끝난 뒤에는 참여했던 관리들이 검찰에 불려가는 일이 종종 있었어요. 이런 일이 있어서는 안 되겠다고 해서 개편작업을 완전히 개방했습니다. 그때 무역협회장으로 계시던 신병현 전 부총리께 부탁해서 개편작업을 맡으시게 하고 100개 작업반을 만들어 관세율 책정 실무작업을 맡도록 했습니다. 각 작업반에 관세율 조정 품목을 할당하고 작업반은 물품을 쓰는 사람과 물품을 만드는 사람, 그리고 이해관계가 없는 제3자, 이렇게 구성했어요. 당시 이진설 재무부 제2차관보가 이 아이디어를 냈어요. 이렇게 했더니 작업이 끝난 뒤 일절 잡음이 없어요. 국회에서도 개편안에 대해 별로 말이 없어요. 이해당사자들끼리 실무작업 때 자율적으로 다 결정했으니까 로비하는 사람이 없었던 거지요.

5년간의 관세율을 예시하자 관련 기업들의 노력이 집중돼서 효과가 크게 나타났어요. 20% 넘던 품목별 관세율이 5년 기간이 끝나기 전에 20% 미만으로 다 내렸어요. 물품 제조업자들이 관세율 인하를 예견하고 미리 살아남기 위한 노력을 집중한 결과, 예정보다 빠르게 관세율이 내려간 것이지요. 이렇게 되니까 자유화 품목으로 지정되고도 관세율이 높아 사실상 막혀 있던 품목의 수입이 실질적으로 개방되고, 개방을 통한 경쟁효과가 나타나게 된 것입니다.

관세제도를 이렇게 획기적으로 개혁하지 않았다면 개방정책은 시끄럽기만 하고 실제로는 이렇다 할 진전 없이 말로만 그쳤을 것입니다. '안정화 시책'이 지향하는 대외개방이 실현된 것은 관세제도의 전면 개혁을 통해서 가능했던 것입니다. 시스템이 왜 중요한가 하는 이유가 바로 여기에 있습니다. 당시 관세제도 개편방법은 세계 어디에도 그런 예가 없었을 것이에요. 우리가 그런

선제적 개방정책을 안 했더라면 아마 미국 등 해외로부터 수입개방 압력을 엄청나게 받았을 것이에요. 외부 압력에 밀려 시장개방을 했더라면 큰 혼란과 도산 등 부작용을 겪었을 것입니다. 더욱이 산업별 지원방식을 그대로 둔 상태에서라면 아마 경제가 크게 흔들렸을 겁니다.

'관치' 족쇄 벗겨라 … 거센 저항에 금융개혁 답보

이현락 '안정화 시책'에서 시급히 해결해야 할 현안과제로 제기했던 것이 금융개혁인데 당시 금융개혁을 서두른 배경과 구체적 개혁 방향은 어떤 것이었습니까?

강경식 금융개혁은 '안정화 시책'에서뿐 아니라 한국은행, 경제과학심의회의, KDI는 물론 학계에서도 기회 있을 때마다 한결같이 필요성을 제기했던 문제입니다. 무엇보다 금융산업 발전이 실물경제 발전에 크게 뒤지는 것이 문제였어요. 실물경제는 규모가 커지고 내용이 다양해지는데 금융이 제구실을 못하고 경제발전의 걸림돌이 되고 있었어요. 은행의 자금능력이 달리다 보니 정부가 자금운용에 간섭하는 관치(官治)금융이 들어서고 이것이 다시 금융산업 발전을 막는 악순환이 이어지는 겁니다. 관치가 어느 정도였느냐 하면, 임원 인사는 물론이고 자금배분 예산 직제 정원, 심지어 근무평정 기준까지 정부가 일일이 간여하고 업무규정과 심사제도도 획일화해서 자율경영을 할 수가 없었어요. 이런 시시콜콜한 간섭은 은행경영을 안일화, 소극화하고 창의적 경영을 억압하지요. 금융발전을 결정적으로 저해하는 겁니다.

　우리는 이런 금융을 개혁하지 않고는 우리 경제에 장래는 없다, 고통이 따르더라도 금융을 시급히 개혁해야 한다는 결론에 이르렀어요. 그러나 개혁안은 1980년 1월 환율인상과 함께 금리를 동시에 인상한 것을 제외하고는 재무부의 반대로 당시에는 진척을 보지 못했어요.

　'안정화 시책'이 지향하는 금융개혁 방향은 이렇다. 첫째, 저축증대와 자원배분이 합리적으로 이뤄질 수 있도록 금리를 자율화한다. 둘째, 정책금융을 정비해서 자금운용의 자율성을 높이면서 중화학공업 지원체계를 개편한다. 셋째, 은행장에게 최대한의 경영권을 부여하고 책임지도록 하는 자율경영체제를 구축한다. 경영자율화와 관련해서는 관치를 폐지하고 자율권을 주되 사후 감독을 강화한다는 것이다. 시중은행 민영화와 유상증자를 통한 은행 대형화, 금융시장의 다원화, 금융통화위원회의 위상 제고 등도 개혁안에 담았었다.

이현락 '안정화 시책'에 담긴 금융개혁 방안에 대해 재무부는 왜 그토록 반대했나요? 논리가 있었겠지요?

강경식 명시적으로 반대한다고는 하지 않고 '점진적으로 추진한다, 필요 시 검토한다, 단계적으로 추진한다'는 말로 피해가요. 재무부의 논리는 이런 겁니다. 금융자율화에 대해서는 시중은행이 공적 기능을 수행하는 만큼 허용하기 어렵고 자율화하면 과당경쟁을 유발해서 수익기반 약화를 초래할 우려가 있다는 겁니다. 은행 민영화에 대해서는 대주주의 은행 지배로 금융의 공공성이 저해될 가능성이 있고 수요가 지속될 정책자금 지원에 차질을 빚을 우려가 있다는 것입니다. 은행이 정책금융뿐 아니라 일반금융도 전략산업에 투입해서 경제개발을 뒷받침하므로 자율화는 받아들일 수 없다는 거지요.
  재무부의 생각이 이렇게 다른 것은 '안정화 시책'의 필요성과 불가피성에 대한 인식의 차이에서 나온 겁니다. 경제운용을 시장경제 체제로 전환하자는 것이 '안정화 시책'입니다. 관치금융을 지속하는 상황에서 시장경제가 가능한가요? 말이 안 되지요. 결국 재무부의 논리는 시장경제 체제로의 전환 자체를 반대하는 것이란 점이 문제의 핵심이지요. 중화학 건설과 같은 정부주도 산업정책은 더 이상 해서는 안 된다는 것이 '안정화 시책'의 주요 내용입니다. 그렇다면 이를 뒷받침해온 정책금융도 축소하는 것이 마땅하지요. 금융자율화 정책을 추진한다고 해서 모든 것을 하루아침에 바꾸자는 것이 아니라는 것은 누구나 아는 사실 아닙니까? 정책 자체를 반대하는 것이 문제인 거지요. 은행을 민영화하면 대주주 지배로 문제가 있다는 주장은 법적 장치와 감독 강화로 얼마든지 대처할 수 있는 문제입니다. 정부의 전략산업 정책이 없어졌는데도 한국 경제는 계속 발전해서 오늘에 이르렀어요. 정부주도 경제운용이 오늘까지 이어졌다면 어떻게 되었을까 생각해 보면 결과는 자명하지요.

안정화 시책 추진을 본격화하다

재무부에 EPB 진용 포진 ⋯ 금융 자율화 추진

금융자율화를 두고 재무부와의 갈등이 심해지자 1982년 초 EPB와 재무부 사이에 고위간부 대규모 교환인사까지 단행했다. 갈등의 근본 원인이 '안정화 시책'에 대한 인식 차이, '미래' 지향인가, '현실' 중시인가의 입장 차이에 있다고 보고 자리를 바꿔 역지사지(易地思之)를 하면 이견과 대립이 해소될 것으로 기대한 것이다. EPB에서 강경식 기획차관보가 재무부 차관으로 승진한 것을 비롯해서 이진설 공정거래실장이 제2차관보로, 이형구 기획국장이 이재국장으로 옮기고, 재무부에서 정인용 차관이 경제기획원 차관으로, 하동선 제2차관보가 기획차관보로, 정영의 기획관리실장이 공정거래실 상임위원으로 옮겼다.

　교환인사라고 하지만 금융개혁을 강하게 밀고 나가기 위한 EPB의 재무부 장악이라는 해석이 유력했다. 하지만 교환인사는 별 소용이 없었다. EPB에서 옮겨온 간부들을 재무부에서는 '점령군'이라고 부르는 등 역지사지의 효과는 없고 갈등의 골만 깊어지고 금융자율화를 둘러싼 대립은 지속됐다.

　그해 6월 개각에서 강경식 차관이 재무부 장관으로 승진하고는 재무차관에 김흥기 전매청장, 제1차관보에 이형구 이재국장, 이재국장에 강현욱 사우디 대사관 경협관 등 EPB 출신을 임명하고 이규성 제1차관보를 전매청장으로 승진 전보했다. 재무부의 격한 반발을 무릅쓰고 EPB 출신들이 재무부 요직을 장악함으로써 금융개혁을 밀어붙이기 위한 진용을 갖춘 것이었다.

이현락 1982년 6월 재무부 장관으로 취임하고 금융개혁을 본격적으로 추진하셨지요. 어떤 정책들을 폈고 그 과정은 어떠했습니까?

강경식 먼저 제2금융권 진입을 개방해서 단자회사와 상호신용금고 설립을 허용했어요. 이철희-장영자 사건19 같은 일이 다시 일어나지 않도록 지하경제를 끌어내는 길을 열고 제2금융권에라도 경쟁체제를 도입하려는 생각에서였습니다. 이와 함께 은행의 업무 다양화, 자율경영 확대와 경영 건전화, 예금자 보호를 주요 내용으로 은행법을 개정했어요. 역시 금융자율화 대책으로 제일은행, 서울신탁은행, 조흥은행의 정부보유 주식을 매각해서 민영화를 했습니다.

하지만 관치의 관행은 쉽게 사라지지 않았어요. 1982년 말 은행법 개정 때 재무장관의 임원 선임 승인권과 파면권을 폐지하고 이듬해 봄 주총을 앞두고 민영 은행장들과 회동한 자리에서 임원 선임은 은행장 책임하에 결정하라고 분명히 했어요. 그런데도 한 은행장은 주총에 앞서 임원 후보 3명의 명단을 들고 장관실로 찾아온 겁니다. 명단을 보지도 않고 돌려보냈지요. 또 다른 은행장은 신규임원 인사에 관한 서류봉투를 내가 출타한 사이에 책상에 놓고 갔어요. 돌려보내라고 지시했더니 총무과장은 그동안 은행임원 인사는 청와대와 협의해왔다면서 대통령의 허락을 받아야 한다고 해요. 전 대통령에게 임원인사를 은행장에게 일임하겠다고 보고하자 선선히 그렇게 하라고 해요. 총무과장은 청와대 담당자와 협의하기 위해 문서로 남기는 것이 좋겠다고 해서 다시 대통령 결재를 받아 건네줬지요.

이렇게 인사자율화 조치는 확실하게 추진했지만 내가 재무장관에서 물러나고 몇 년 뒤 신문에 '은행임원 인사권을 행장에게 돌려줬다'는 기사가 난 것을 봤어요. 인사권이 재무부로 되돌아왔다는 얘기지요. 관치의 틀을 깨기가 어렵다는 말입니다. 관치는 은행 임원들이 면책의 수단으로 오히려 선호하는 측면도 있었어요.

장관으로 있으면서 특히 역점을 두어 추진했던 것이 금융감독체계 개편입니다. 정부 안에 금융감독기구를 설치하고 여기서 은행뿐 아니라 증권, 보험, 단자 등 제2 금융권을 포함한 모든 금융기관 감독을 수행하는 체제로 바꿔야 한다고 생각했어요. 사전 간섭은 줄이고 사후 감독을 철저히 하는 장치를 만들어 금융자율화를 효과적으로 추진하려는 생각이었지요. 그러려면 금융감독원을 한국은행에서 분리해야 하지요. 이 방안을 적극 추진했어요.

●
19 기업에 돈을 빌려주고 담보조로 2~9배의 약속어음을 받아 이를 사채시장에 유통시킨 대형 어음사기 사건. 1981년 2월부터 1년 남짓한 사이에 7천여억 원의 어음을 받아내 6천 4백억 원을 조성했다. '건국 이래 최대의 금융 사기사건'으로 불린 이 사건으로 굴지의 철강업체인 일신제강과 공영토건이 부도났고 은행장 2명을 비롯, 30여 명이 구속되는 등 큰 파문이 일었다.

110

하지만 한국은행은 집요하게 반대했어요. 이런 가운데 1983년 10월 9일 아웅산 테러 사건[20]이 일어나고 그해 연말 개각으로 내가 청와대 비서실장으로 자리를 옮기면서 감독원 분리는 무산됐습니다.

이현락 당시 금융자율화 조치에 대해 현실 여건이 갖춰지지 않은 가운데 무리하게 추진하여 효과보다 부작용이 컸다는 사후 비판이 나오기도 했습니다. 정부가 은행인사에서 손을 뗐더니 외부 권력이 개입하지 않았느냐는 얘기도 있었습니다.

강경식 금융자율화 조치는 여건이 돼서 하는 것이 아니라 현실을 바꾸기 위해 하는 것입니다. 문제가 없는 정책이 어디 있습니까? 선택의 문제예요. 자율화 정책에 문제가 없다는 얘기가 아니라, 부작용은 그 나름대로 대처해 해결하면 되는 것이지 그걸 핑계로 관치가 옳다고 주장하는 것은 이해할 수 없어요. 은행인사에서 손을 떼지 않았다면 외부 권력 개입이 없었을 것이라고 생각하는 것도 이해하기 어려운 논리예요. 외부 권력 개입은 민영화가 이루어지지 않는 한 언제든지 그 소지가 있지요. 산업부문의 수입 개방 과정에도 문제가 많다고 반대가 컸었지요. 그러나 관세율 인하 5년 예시제를 도입하는 등의 대책으로 별 문제 없이 개방으로 이행하는 데 성공하지 않았습니까. 개혁에 수반되는 부작용은 그것대로 해결해야지 개혁 자체를 반대해서는 안 되지요. 금융개혁을 미루어온 결과가 어떠했습니까? 외환위기를 당하는 빌미를 만들었고 IMF의 요구로 하루아침에 구조개혁을 하는 어려움을 겪었지요.

2013년 터키 원자력 발전소 수주에 실패한 원인도 우리 금융에 있다는 보도가 있었고 창조경제를 지향하는 가운데에서도 금융은 '모방금융'의 단계에 머물러 있다는 얘기가 나오고 있어요. 금융산업의 낙후 원인이 어디에 있을까 생각해 보아야 합니다. 현실 문제 때문에 자율화 등 개혁을 할 수 없다는 주장은 문제해결을 영원히 하지 않겠다는 것과 같은 얘기에요. 문제를 만든

---

20 1983년 10월에 전두환 대통령이 버마를 방문했을 때 북한 공작원들이 자행한 아웅산 묘역 폭발 테러사건. 이 사건으로 서석준 부총리, 김재익 경제수석 등 수행원 17명이 사망하고 14명이 중경상을 입었다.

제도를 그냥 놔두고 그 문제를 어떻게 해결합니까?

이현락 금리정책은 어떠했습니까? 1980년 초 금리・환율 동시인상 이후 금리정책은 '안정화 시책'에 맞춰 실시되었겠지요?

강경식 1980년 초의 금리 대폭인상은 국내저축 증대를 위한 것이었어요. 물가수준에 맞춰 금리를 올려서 플러스 실질금리를 보장하자는 것이지요. 하지만 그해 물가가 워낙 많이 올라 실질금리는 마이너스 상태였고, 이듬해에 이어 1982년 들어 한 자릿수 물가안정이 이뤄지면서 실질금리가 플러스로 돌아섭니다. 실질금리가 이렇게 된 데다 업계의 금리인하 요구도 거세게 일어서 1982년 6월에 금리를 크게 낮췄어요. '6・28 조치'[21]입니다. 그렇게 하고도 실질금리는 플러스가 됐어요. 물가가 안정되고 실질금리가 보장되니 그때부터 국내저축이 획기적으로 늘어나요. 물가가 구조적으로 안정되니 인플레를 기대했던 여러 가지 투기수요와 불로소득의 소지들이 거의 없어지지요.

투기와 불로소득의 기회가 없어지면서 인플레가 지속될 것이라는 고정관념에서 벌여오던 행위들이 문제에 부딪치기 시작합니다. 1982년도에 이철희-장영자 사건을 비롯해서 영동개발진흥사건[22] 등 금융사고가 연이어 일어나고 연쇄부도 사태가 나지요. 은행 돈만 빌리면 그것으로 돈벌이가 되던 상황이 사라지고 실제로 사업에서 이득을 내지 않으면 안 되는 상황이 벌어지면서 생긴 과도기적 현상입니다. 여건과 상황이 달라졌는데도 과거에 하던 돈벌이 방식을 그대로 지속한 행태가 그런 사건들로 터졌던 것이지요.

이런 사건을 겪으면서 인플레 이득으로 돈을 벌던 기업들의 인식이 달라지

21 강경식 재무장관이 취임 나흘 만인 1982년 6월 28일 발표한 '경제활성화 대책'. 대출금리를 연 14%에서 10%로 4%포인트, 예금금리(1년 만기 정기예금)를 연 12.6%에서 8%로 4.6%포인트 내리고 법인세율을 33~38%에서 20%로 대폭 인하했다. 물가 안정세를 반영하고 3년간 지속된 불황과 긴축에 따른 자금난을 타개하기 위한 조치였다.

22 건설 부동산개발 업체인 영동개발진흥이 조흥은행 지점장 등과 짜고 회사어음에 부정으로 은행보증을 받아 이를 사채시장에서 할인하여 자금을 조달한 사건. 1983년 10월 사건이 불거지기까지 3년간 이렇게 조달한 자금이 1,670억 원으로 조흥은행장 등 관련자 26명이 구속됐다. 같은 해 8월에는 콘도 사업체인 명성그룹이 은행창구를 통해 사채를 끌어 쓰다 적발된 대형 금융부정 사건이 있었다.

고 정상적 사업으로 이윤을 추구하는 방향으로 기업활동이 정상화되기 시작했어요. 연구개발투자에 대한 세제지원이 시작되면서 그 투자가 급속하게 늘어난 것은 기업이 기술개발과 품질 향상으로 이윤을 추구하는 쪽으로 방향을 돌렸다는 반증이라고 할 수 있지요. 물가안정이라는 기반이 기업의 체질을 바꾸는 효과를 가져왔다고 보는 겁니다.

국회에서 외면한 「공정거래법」 국보위에서 제정

이현락 시장경제 체제의 기본 틀이라고 하는 「공정거래법」이 신군부의 국보위에서 제정되지요?

강경식 시장경제 체제의 경제헌법으로 일컬어지는 「공정거래법」이 아이러니하게도 1980년 12월말 국보위 입법회의에서 통과되어 제정됐습니다. 「독점규제 및 공정거래에 관한 법률」입니다. 경제운용 시스템을 근본적으로 바꾸고 경제거래의 기본질서 자체를 바로잡자는 것이 '안정화 시책'입니다. 이 시책방향에 따라 거래질서를 바로잡는 장치로 「공정거래법」 제정을 추진한 겁니다.
　「공정거래법」은 경제력 남용을 막고 경쟁을 촉진하는 제도적 장치이지요. 경쟁촉진은 두 가지 아닙니까? 해외로부터 경쟁을 도입하는 것이 그 하나이지요. 수입을 개방해서 국내시장에서 우리 제품과 수입품이 경쟁하도록 하는 것입니다. 다른 하나는 국내시장에서 불공정한 거래행위를 막아 공정한 경쟁이 촉진되도록 질서를 바로잡는 것입니다. 수입 개방과 함께 거래질서를 바로잡기 위해 「독점규제 및 공정거래에 관한 법률」 제정을 추진했지만 국회에서 법안 통과가 번번이 무산됐어요. 이 법이 1980년 말 신군부의 국보위에서 통과되어 제정된 것입니다. 경쟁이 촉진되고 거래질서가 바로잡히고 물가가 안정되니까 기업들은 살아남기 위해 품질개선 노력을 하게 됩니다. 기업의 체질을 강화하는 촉진제가 됐다고 봅니다.
　1981년 4월 1일부터 시행에 들어간 「독점규제 및 공정거래에 관한 법률」은 경제운용에 경쟁원리를 도입하여 경제구조를 경쟁체제로 전환하는 것을 기본 이념으로 하고 있다. 이 법의 시행으로 1976년 3월부터 시행했던 「물가

안정 및 공정거래에 관한 법률」은 폐기됐다. 폐기된 종전의 법률이 독과점 가격 규제에 치중한 데 반해 새「공정거래법」은 독과점 등 경쟁제한의 구조적 요인을 규제하고 가격결정을 시장기능에 맡겨 경쟁촉진적 시장구조를 형성하는 것을 골자로 한다. 경제정책의 기조를 정부주도의 '보호와 규제'에서 경쟁체제로 전환하는 제도적 장치를 마련함으로써 경제체질 강화와 물가의 구조적 안정을 도모한다는 것이다.[23] 경쟁체제 도입을 내용으로 하는 법률 제정은 EPB에 의해 여러 차례 시도됐으나 관계부처와 업계의 반발로 무산된 끝에 국보위 입법회의에서 법제화됐다.

새 법에 따른 공정거래업무는 EPB가 공정거래위원회와 공정거래실을 두고 관장하다가 1990년 4월 공정거래위원회가 별도 조직으로 분리되면서 위원회로 이관되었으며, 위원회는 1994년 12월 중앙행정기관으로 독립하고 1996년 3월 위원장이 차관급에서 장관급으로 격상되어 오늘에 이르고 있다. 법안 내용은 경제여건 변화를 반영하여 여러 차례 개정 보완되었다.

진척 없던 중화학 투자조정, 국보위에서 매듭

'안정화 시책'에서 주요 과제로 제시된 것이 중화학공업 투자조정 문제다. EPB는 '안정화 시책'에 따라 중화학공업 투자조정에 본격 착수하여 발전설비, 중장비, 조선부문의 조정대책을 발표(1979. 5. 25)했으나 계획대로 진행되지 않았다. 이어 업종별 조정대상을 선정 발표(1979. 8)했으나 역시 진척이 없었다. 결국 국보위가 발전설비와 자동차공업의 투자조정을 단행(1980. 8. 19)함으로써 실행에 옮겨졌다.

이현락 안정화 시책과 관련하여 중화학공업 투자조정과 부실기업 정리 등에 대해 듣겠습니다. 중화학공업 투자를 축소해야 한다고 해서 박 대통령의 불만을 샀지요.

---

23 전윤철(EPB 공정거래기획관), "독점규제 공정거래법의 이념", 〈매일경제〉, 1980. 1. 30, 4면.

강경식 부실기업 문제에 대해서는 두 가지로 접근했습니다. 하나는 이미 발생한 부실기업을 어떻게 정리하느냐 하는 것이고, 다른 하나는 부실기업 발생을 어떻게 방지하느냐 하는 것입니다.

'안정화 시책'에 따라 개별산업에 대한 금융 세제 특혜를 없앤 것은 부실 발생을 방지하기 위한 것입니다. 정부개입 소지를 없애고 개방적 경쟁환경을 제도적으로 만들어 기업이 자기 책임으로 사업을 벌이도록 해서 무절제한 투자를 방지하자는 것이에요. 부실기업은 정부의 산업정책에 따른 지원이나 특혜를 믿고 무리하게 투자를 했다가 빚어지는 경우가 많았기 때문이지요.

금융감독체계 개편을 추진했던 것도 '금융자율화를 해서 사전 간섭은 줄이고 감독은 강화한다'는 것이 핵심입니다. 애초에 '안정화 시책'에서 하려고 했던 금융개혁이 바로 이런 것이었습니다. 간섭은 심하게 하고 감독은 허술하게 하는 것을 완전히 바꾸자는 것이지요.

부실기업 대책의 다른 하나는 이미 발생한 것을 정리하는 것입니다. 부실기업 정리로는 1980년 국보위의 중화학공업 투자조정이 있었고, 이어 1980년대 중반에 재무부 주도로 또 한 차례 대규모로 단행됐어요. 1980년 중화학 투자조정은 1979년부터 손을 댔으나 지지부진하다가 신군부 들어서서 마무리된 것입니다. 부실기업 정리는 대체로 10년 주기로 정부가 주도해서 대규모로 단행했습니다. 이런 정부주도의 무더기 부실기업 정리는 없애야 하겠다는 생각에서 1997년 부총리로 취임하자마자 자산관리공사를 만들어 상시 정리를 하도록 체제를 갖췄지요. 물론 IMF 사태 때 한차례 정리가 있었습니다만 그 후로는 무더기 부실기업 정리가 없었습니다.

이현락 1980년 국보위의 중화학공업 중복 과잉투자에 대한 조정은 당시 무리한 조치라는 말들이 있었지요. 당시 상황은 어떠했습니까?

강경식 신군부가 집권하고 부딪친 가장 골치 아픈 문제의 하나가 중화학 투자조정이었습니다. 정부가 전략산업 육성에서 손을 떼고 금융 세제 특혜를 없애는 것으로 더 이상의 부실을 막는다고 해도 이미 이뤄진 엄청난 규모의 부실 투자를 어떻게 처리하느냐 하는 것은 여간 어려운 일이 아니었어요. 엄청난 돈을 퍼부어 시설을 만들었지만 주문이 없어 가동률이 고작 3~4%에 불과했어요. 이것들을 어떻게 하느냐를 놓고 온갖 얘기들이 나돌았습니다. 예를 들면 옥포조선소(대우조선)는 원유 저장시설로 쓰자는 얘기가 나왔고 현대양행(두산중공업)은 뜯어서 팔 데도 없으니 유지 관리비라도 절감하게 아예 폭파해 버리자는 극단적인 얘기까지 나왔어요. 있을 수 없는 일이지만 아무튼 그런 얘기까지 나돌 정도로 문제가 심각했어요.

결국 국보위가 나서 인위적으로 투자조정을 했지요. 정확히 말하면 시장을 구획해 주는 시장조정입니다. 예를 들면 자동차 회사별로 생산할 차종을 정해 주는 것이지요. 인위적으로 조정하는 것이 '안정화 시책'의 기본인 시장경제원칙에 맞지 않지요. 하지만 현실적으로 달리 대안이 없지 않느냐 해서 방법이 불만스럽기는 해도 EPB에서는 그대로 받아들였습니다. 일본의 경우 정부가 업계 사람들을 모아 자율조정을 하도록 유도하는 행정지도 방법을 씁니다. 우리는 건설과정을 정부가 주도한 사정을 고려해야 하므로 이 방식을 쓸 수 없었지요. 현실적으로 인위적 조정이 불가피한 측면이 있었어요.

기술인력 자금 준비 없는 성급한 추진에 문제

중화학공업 부실은 박 대통령의 무리한 육성정책에서 비롯된 것이기는 하나 그 배경에는 산업고도화의 목적과 함께 전력을 증강하여 당시 한반도를 둘러싸고 벌어지는 안보 불안에 대처하려는 목적이 깔려 있었다. 1970년대 전반의 한국 안보상황은 매우 불안하고 위협적이었다. 닉슨 독트린 발표(1969)[24]와 주한 미군 감축(1971), 닉슨 대통령의 중공 방문(1972)과 미-중공 화해, 월남 패망(1975), 청와대 기습사건(1968) 등을 비롯한 북한의 잇단 무력도발 등 급박한 상황이 벌어지면서 자주국방의 필요성이 더욱 절실해진다. 이런 가운데 1972년 10월 유신체제가 시작되고 1973년 1월 중화학공업 육성정책이 선포된다. 북한에서는 1972년 12월 주체사상을 천명한 사회주의 헌법을 채택했다.

●
24 1969년 7월 닉슨 미국 대통령이 발표한 아시아에 대한 새로운 안보정책. 아시아 각국은 강대국의 핵 위협을 제외하고는 침공이나 내란에 대해 스스로 대처해야 하며 미국은 군사적 개입을 하지 않는다고 천명하여 우리나라에 안보 불안을 야기했다.

이현락 박 대통령으로서는 경제논리보다 안보가 우선이라는 생각에서 방위산업과 중화학공업 육성에 집착했을 것으로 보입니다. 경부고속도로와 포항제철, 자동차산업 등 세계은행이 반대한 여러 사업을 추진해서 성공시켰다는 자신감도 있었을 것이고요.

강경식 중화학공업 건설 자체가 잘못됐다는 것이 아니라 준비 없이 한꺼번에 너무 많은 것을 너무 성급하게 추진했다는 것을 지적하는 것입니다. 그러니까 중화학공업을 하지 말자는 것이 아니라 그때까지의 방식으로는 성공할 수 없으니 일단은 멈추고 이미 한 것만이라도 성공시키도록 하자는 것이지요. 우리 경제가 발전하면서 중화학 쪽으로 가야 하는 것은 당연하지만 몸에 좋은 음식도 소화능력을 보면서 먹어야 하듯이, 능력에 맞춰 시장경제적으로 접근해야 한다는 것입니다.

중화학 투자가 부실화된 것은 기술과 인력, 시간, 자금, 실적 등 성공에 필요한 조건을 면밀하게 검토하지 않고 경공업 하듯이 안이하고 성급하게 추진했기 때문입니다. 우리는 무리한 사업은 축소 중단하고 기왕 투자된 것을 살리는 쪽으로 가야 한다고 주장했던 겁니다. 이것을 두고 박 대통령은 '중화학공업 하지 말자고 한다'고 말씀하신 겁니다.

중화학공업은 경공업과는 본질적으로 다르다는 것이 강 전 부총리의 설명이다. 첫째, 기능공이 중화학제품 생산에 필요한 기능을 습득하려면 최소한 7년이 걸린다. 기술은 외국에서 들여온다고 해도 기능을 사올 수는 없다. 건설 이후 최소 7년이 지나야 기능 수준이 갖춰진다는 사실을 간과했다는 것이다.

둘째, 중화학제품은 금액 단위가 커서 모두 외상거래를 하기 때문에 판매금융이 뒷받침되어야 한다. 하지만 국내 저축이 없는 데다 외자를 들여올 형편도 아니어서 외상 판매를 뒷받침할 금융자금을 대줄 능력이 없었고 따라서 물건을 팔 수 없었다는 것이다. 계획 단계에서 공장건설에 들어가는 돈만 생각했지 물건 파는데 들어가는 금융은 생각하지 않았던 것이다. 후에 중화학공업이 자리 잡은 것은 저축이 늘어 판매금융을 대줄 수 있게 되면서 가능해졌다는 것이다.

셋째, 품질과 성능을 실적으로 보여야 하고 신용을 쌓는 데 오랜 기간이 필요하다. 예를 들어 선박용 엔진의 경우, 선박 발주자가 선체와는 별도로 '어느 회사 엔진을 실어라' 하고 지정하게 되어 있어서 엔진 공장을 지었다고 주문받은 선박에 자기 엔진을 그대로 싣는 것이 아니고 발주자의 선택을 받아야 한다. 그때 현대조선에서 엔진 공장을 지었지만 주문이 없었다. 엔진의 크기가 몇 층짜리 건물만 할 정도로 클 뿐 아니라 선박의 가장 핵심인데 한 번도 써 보지 않은 국산 엔진을 누가 주문하느냐는 것이다. 할 수 없이 정부가 나서 국내 발주 선박에 국산 엔진을 얹도록 했고 그렇게 해서 실적이 쌓이고 품질이 입증되면서 엔진이 팔리기 시작했다는 것이다.

이현락 그런 점을 고려하면 결국 국보위의 조정방식이 불가피했다고 보시는군요.

강경식 그렇습니다. 이탈리아와 스페인의 방식도 검토했으나 부실기업의 회생 능력을 키우는 데는 국보위의 시장분할 방식이 최선의 선택이 아닌가 판단했어요. 1980년에 제5차 경제개발 5개년계획을 준비하면서 김만제, 사공일 박사와 함께 유럽 몇 나라를 방문했을 때 중화학공업 부실 문제로 골치를 썩였던 이탈리아와 스페인의 해결방식에 대해 알아보았어요. 이탈리아의 경우 무솔리니 집권시절 제2차 세계대전을 치르면서 군수산업에 엄청나게 투자한 것이 부실화되었다고 해요. 두 나라는 국영기업을 만들어 부실사업을 여기에 몰아넣는 방식을 택했습니다. 집안의 잡동사니를 한방에 쌓아두는 것처럼 한곳에 모아 국가가 책임을 떠맡는 방식이지요.

이에 비해 국보위의 방식은 인위적으로 시장분할을 했지만 경영책임을 기업 자율에 맡기는 방식이기 때문에 기업을 되살리는 데 훨씬 효과적이지요. 우리나라 중화학공업이 자리 잡은 것은 어떻게 보면 이런 방식을 택한 결과가 아닌가 합니다. 만약 이탈리아나 스페인 방식으로 했으면 중화학공업은 공기업 상태에서 아직 벗어나지 못했을 수도 있을 것입니다.

'안정화 시책'을 하면서 선진국의 경우를 살펴보니까 중화학공업은 전쟁을 거치면서 발전했어요. 전쟁에서 쓸 무기를 생산해서 사용하면서 시행착오를 거치고, 온갖 자원을 전쟁과 군수산업에 집중 투입하는 과정을 거치면서 건설되는 겁니다. 전쟁을 통하지 않고 중화학공업을 이룬 나라가 소련이에요. 통제경제를 하니까 자원을 다 그쪽에 투입하는 겁니다. 국민들의 생활수준은 그야말로 바닥이지요. 북한도 비슷하지요. 우리나라는 그 두 가지 중 어느 방식도 할 수가 없지요. 그런 상황에서 그나마 문제를 푸는 방식으로 선택한 것이 구획정리예요.

도전 그리고 남은 과제들

'탈법적 상속 막자' 금융실명제, 파동 끝에 좌절

강 전 부총리가 1982년 재무장관 시절 야심차게 추진했다가 좌절된 정책이 금융실명제다. 온갖 논란을 헤치고, 밀어붙여 어렵사리 법안을 만드는 데는 성공했으나 재계와 여당의 끈질긴 반대에 부딪쳐 국회에서 제동이 걸린 것이다. 당시 실시 여부를 둘러싸고 전국을 뜨겁게 달궜던 논란과 갈등은 가히 '실명제 파동'이라고 할 만큼 격심했다.

이현락 실명제 구상을 발표하신 것이 장관 취임 9일째 되는 날입니다. 때를 기다리셨던 것 같습니다.

강경식 이철희-장영자 사건이 터져 온통 난리가 난 상태에서 전면 개각이 단행되어 재무장관으로 입각했습니다. 1982년 6월 24일 취임하고 7월 3일 금융실명제 구상을 발표했어요. 나는 이철희-장영자 사건으로 빚어진 상황을 금융실명제 도입을 위한 천재일우(千載一遇)의 기회로 보았어요. 사건이 터지자 지하경제 문제가 사회적 이슈로 등장했어요. 그래서 '지금이야말로 지하경제를 없앤다는 명분을 가지고 금융실명제를 할 때'라고 판단하고 서둘러 안을 마련했던 겁니다.

　장관 취임 며칠 만에 안을 내놓은 것이라서 너무 성급한 것 아니냐는 얘기가 있었지요. 하지만 장관이 되었다고 어떻게 그런 안을 하루아침에 만들어 내겠습니까? 1975년 제4차 5개년계획을 준비하는 과정에서 충분히 검토했고 언젠가는 반드시 해야 할 과제의 하나로 입력되어 있었던 겁니다. 당시 이진설 차관보를 비롯한 EPB 출신 재무부 간부들은 이철희-장영자 사건이 터졌을 때 첫마디로 거론한 것이 금융실명제입니다. 이렇게 머릿속에 내적으로 준비가 되어 있어서 장관 취임 후 곧바로 정책안을 내놓을 수 있었던 겁니다.

이현락 금융실명제를 1977년부터 시행된 제4차 5개년계획 수립 당시에 이미 검토했다는 말씀입니다. 어떤 배경에서 검토했습니까?

강경식 1975년 EPB 기획국장으로 제4차 5개년계획을 수립하면서 보건, 교육 부문에 대한 내용을 포함했어요. 의무교육을 중학교까지 확대하고 의료보험을 도입하여 단계적으로 확대하는 내용을 담았습니다. 5차계획에서는 국민연금 도입이 포함됐지요.

이런 정책도 중요하지만 당시 우리가 관심을 둔 것은 좀더 근본적인 복지문제, 다시 말해 부의 불평등과 소득격차 빈부격차 문제를 해결하려면 무엇을 어떻게 해야 하느냐는 것이었어요. 계획을 짜면서 이 문제를 놓고 열띤 토론을 했고 거기서 얻은 결론은 빈곤의 세습화 방지가 최선이라는 것이었습니다. 뒤의 '안정화 시책'도 물론 이런 신념 아래 수립했습니다. 빈곤의 세습화를 방지한다는 것은 가난한 집 아이들이 가난하지 않게 살아갈 수 있는 길을 열어주는 것이지요. 건강과 교육과 기회균등을 보장하면 자기 능력에 따라 빈곤세습이 단절된다고 보고 그런 쪽으로 정책을 추진했던 겁니다.

빈곤의 세습화를 방지하고 빈부격차를 해결하기 위해 반드시 해야 할 일이 부의 탈법적 세습을 막는 것입니다. 상속세법이 있지만 무기명·차명 금융거래가 합법화되어 편법적으로 재산을 넘겨도 이것을 막을 방법이 없었어요. 엄청난 부를 상속하고도 세금을 제대로 내지 않으니 부에 대한 존경심이 생길 리 없고 자본주의 체제에 대한 믿음이 있을 수 없지요. 그런 상황에서 무엇보다 중요한 것이 세금을 제대로 내게 해서 부의 정당성을 확보하는 것이라고 우리는 생각했고 그때 토론에서 나온 대책이 금융실명제입니다. 하지만 그때는 금융실명제를 들고 나올 상황이 아니었지요.

　가난의 대물림을 방지하고 부의 탈법적 세습을 막는 시스템을 만드는 것이 무엇보다 중요하다고 보고 거기에 노력을 쏟았어요. 패자부활이 가능한 시스템을 만들자는 것이지요. 이때 구상했던 것들을 후에 복합적 정책으로 개발해서 '안정화 시책'에 담고 세제개혁 등을 통해 구현했습니다. 다만 금융실명제는 구상으로만 품고 있었던 겁니다.

이현락 금융실명제가 좌절된 배경은 어떤가요?

강경식 실명제 구상을 발표하자 여론은 이것을 충격적으로 받아들이면서도 그 취지에 호의적 반응을 보였어요. 그러더니 시간이 지나면서 부작용을 앞세운 반대론이 커지고 1980년에 '안정화 시책'에 반대했던 쪽이 세를 결집하는 형국이 됩니다. 찬반논란이 거듭되는 가운데 여당인 민정당과 재계가 끈질기게 물고 늘어져 상황을 역전시켰어요. 당정 협의를 거쳐 법안을 국회에 제출하고도 여당이 집요하게 반대하는 겁니다. 총선을 앞두고 정치자금 조달이 어려워질 것을 염려해서 그런 거지요. 여기에 청와대 일부 수석비서관들까지 가세해 반대에 앞장섰고 김준성 부총리도 '문제가 있다'고 입장을 바꿨어요. 국회에서 법안 처리를 앞둔 막판에는 정부 여당에서 전두환 대통령과 김재익 수석, 나 세 사람을 빼고는 모두 반대로 돌아섰어요.

　전 대통령은 막판까지 '정치생명을 걸겠다'며 의지를 보였지만 대세에 밀리고 말아요. 법안은 통과시키되 시행은 5년간 보류하는 것으로 결말이 난 겁니다. 전 대통령은 반대론을 수용하고 나서는 국회에 제출한 법안을 철회하려고 생각했어요. 나는 실명제를 실시하지 않더라도 그렇게 해서는 안 된다고 생각하고 최종 당정협의를 하는 날 아침 일찍 청와대에 들어가 전 대통령께 건의했어요. "당정협의와 국무회의를 거쳐 제출한 법안을 정부 스스로 철회하면 앞으로 정부가 어떤 결정을 하더라도 최종 실행 여부에 대해 국민들의 불신을 받게 된다. 그러니 행정부가 철회하는 것은 안 된다, 국회가 시행을 보류하는 모양새로 해야 한다"는 요지의 말씀을 드렸어요. 그래서 법안 통과, 실시 보류로 결론이 난 겁니다.

당시 나는 신군부 실세들과 맞붙을 정도로 결연한 자세로 밀고 나갔지만 반대 세력에 둘러싸여 고군분투하는 격이었지요. 워낙 강하게 밀고 나가니까 당시 〈동아일보〉에는 내 이름에 빗대어 強硬式(강경식)이라고 표현한 만평이 실리기도 했어요. 그 후 1993년 8월 김영삼 정부에서 대통령 긴급명령으로 실명제를 실시했습니다만 우리가 생각했던 것과는 취지가 달라요. 1993년 도입한 실명제는 부정부패 척결의 수단으로 실시한 것이었고, 이에 앞서 1982년에 추진했던 실명제는 변칙상속을 방지하고 조세정의를 실현하기 위한 세제개혁이 목적이었어요. 지금 생각하면 참으로 아쉬워요. 그때 대통령 긴급명령으로 실명제를 도입했더라면 우리나라가 더 많이 달라졌을 겁니다.

이현락 실명제 논란 과정에서 청와대 실세 수석들의 압력이 거셌지요?

강경식 신군부 실세 수석들입니다. 김재익 경제수석을 압박하다 안 되니까 내게 직접 압력을 넣는 겁니다. 실명제 구상을 발표한 7월 하순 어느 날입니다. 청와대 수석비서관 회의에 참석해 달라는 연락을 받고 갔더니 수석비서관 회의는 아니고 실명제를 철회시키려고 설득하기 위한 비공식 모임이에요.

그런데 허삼수 사정수석이나 김태호 행정수석 등은 실명제 시행에 강한 반론을 제기했습니다. "어떻게 이렇게 말썽 많은 법안을 그냥 추진하려 하느냐"는 것이었지요. 찬성 쪽인 이학봉 민정수석과 김재익 경제수석은 입을 다물고 있고, 공방이 가열되면서 허삼수 수석이 마구 윽박질러요. 참다못해 막말로 맞섰지요. "당신이 오너처럼 얘기하는데 골치 썩일 것 뭐 있냐, 말 잘 듣는 사람으로 재무부 장관 바꾸면 될 것 아니냐, 내가 재무장관으로 있는 한 법안 철회는 못 한다"고 했더니 더 이상 아무 말 안 해요.

그 후 그날 있었던 실세 수석들의 월권적 행동이 전두환 대통령에게 알려집니다. 손진곤 비서관 등 몇몇이 업무보고를 하는 과정에서 전 대통령에게 그간의 일에 대해 보고했어요. 이 일을 계기로 두 허 씨들은 그해 연말에 한 사람은 일본, 한 사람은 미국 이렇게 외유를 가게 됩니다.

이현락 그때 「금융실명제법」을 시행한다고 곧바로 지하경제 자금이 실명화되느냐는 의견도 나왔습니다. 먼저 음성적 자금거래를 추적하고 소득을 파악하는 시스템을 구축해서 여건을 조성해야 한다는 거지요. 지금도 여전히 기업인들의 차명계좌가 발견되어 문제가 되기도 합니다.

강경식 형법이 있어도 범죄는 있기 마련입니다. 실명제는 문제를 해결하기 위해 현실을 바꾸자는 것인데 문제가 없어지기를 기다리자는 논리는 이해할 수 없어요. 음성적 자금거래를 추적하고 소득을 파악하는 시스템으로 실명제 아닌 다른 어떤 것이 있는지 궁금합니다. 실명제 없이도 그렇게 할 수 있는 시스템이 있다면 왜 논의조차 되지 않았는지 알 수 없군요.

'농정개혁'에 극심한 반발 … 농업분야 '공적 1호'로

이현락 농업정책을 놓고는 갈등이 많았지요. 농업부문에서는 '안정화 시책'의 내용이 계획대로 진행됐다고 볼 수 없지요. 역대 정권에서 농업구조 개선과 농촌 살리기에 엄청난 돈을 퍼부었지만 농촌과 농민은 여전히 어려운 상황 아닙니까? 그동안 농촌이 상당한 발전을 이뤘다고 볼 수도 있으나 퍼부은 돈의 규모를 생각하면 그에 상응하는 효과가 있었다고 말하기 어렵지요.

강경식 1979년 '안정화 시책'을 확정하는 과정에서 나는 농수산부와 농업관계자들 사이에 공적(公敵) 1호로 꼽혔어요. 1997년 김영삼 정부에서 경제부총리를 할 때도 농민단체들이 전국적으로 내 이름을 거명하면서 움직인 일이 있어요. 농업부문 개혁에 대한 반발이 극심했다는 얘기지요.

농업에 대한 '안정화 시책'의 논리는 아주 간단해요. '우리나라는 국토가 좁아 농축산물 100% 자급은 불가능하다, 따라서 신선하게 먹어야 하는 채소류와 자급 가능한 것은 국내 생산을 지원하고 애초부터 경쟁력이 없는 것은 수입을 개방하자'는 것입니다. 이런 기준에 따라 품목을 정해서 1979년 초 박대통령에게 〈80년대를 향한 새 전략〉을 보고하면서 뭐는 되고 뭘 안 되고 하는 식으로 제시했습니다. 그러니까 아우성이 났어요. 대통령 보고를 했는데도 시행을 안 해요. 그래서 그해 농수산부 실무자에게 '농산물 가격 안정대'를 설정하자고 제의해서 합의를 봤어요. 기준가격을 정해 놓고 시중가격이 기준의 150% 이상 넘어갈 때는 자동 수입을 하고 80% 밑으로 떨어질 때는 정부에서 사들이기로 제도화하는 것이에요. 기준가격의 80~150%를 가격 안정대로 설정하는 거지요. 이렇게 합의했지만 이것 역시 시행을 안 해요.

쌀도 자급 이후에는 소비가 줄어들 테니 증산을 위한 고미가 정책을 더 이상 해서는 안 된다고 했지만 이런 논리가 받아들여집니까? 값싼 바나나 수입을 막고는 비싼 기름으로 비닐하우스에 난방을 해서 바나나를 재배하도록 하는 식의 정책을 펴는 겁니다. 기름 들여오는 값의 몇 분의 일이면 바나나를 바로 들여올 수 있는데도 그 비싼 기름을 때서 국내 재배를 하는 게 말이 됩니까? 바나나 값만 높아지지요. 경제는 경제논리로 풀어야 합니다.

그동안 농업 지원한다고 얼마나 많은 돈을 들였습니까? 가령 김영삼 정부 시절 우루과이 라운드 협상25때 쌀 수입개방에 합의한 후 몇 년 사이에 무려 57조 원을 농촌에 들였어요. 그 돈을 교육부문에 투자했다면 우리나라가 어떻게 달라졌겠습니까?

이현락 김대중 정부에서도 엄청난 돈을 들였지요. 그런데도 농업과 농민은 자립기반을 제대로 갖추지 못하고 있습니다. 어디에 문제가 있었다고 보시는지요?

강경식 다른 부문과 마찬가지로 농업도 경쟁을 기본으로 해야 합니다. 정부에서 무턱대고 지원한다고 되는 것이 아니에요. 바나나처럼 도저히 안 되는 것은 안 되는 거예요. 가능성이 있는 것은 경쟁력을 갖추도록 뒷받침하되 경쟁을 촉진해서 스스로 생존력을 키우도록 해야 합니다.

그동안 농법도 많이 개발됐고 새로운 방법이 계속 나오고 있어요. 우리나

---

25 우루과이 라운드(UR: Uruguay Round): GATT의 제8차 다자간 무역협상으로 상품그룹 협상과 서비스 협상을 양축으로 진행됐다. UR을 통해 농산물과 섬유류 교역이 GATT체제로 복귀하거나 흡수됐고 서비스, 무역관련 투자조치, 무역관련 지적재산권 등의 의제들도 GATT 다자간 협상의제로 처음 채택됐다. WTO의 설립 합의도 여기서 이루어졌는데 이는 협정수준에 머물러 있던 GATT의 집행력을 강화시키기 위한 조치였다. 1986년 9월 우루과이에서 첫 회합이 열린 이래 여러 차례의 협상을 거쳐 1993년 12월에 모든 협상이 타결돼 1995년부터 발효됐고, 그 결실로 WTO가 출범했다.

라 농업이 상당 부분 비교우위에 따라 재편되고 있어요. 정부가 지원해서 된 것이 아니라 농민들 스스로 살려고 경쟁하는 데서 나온 것이에요. 경제는 경쟁을 기본으로 해야 한다는 거지요.

이현락 영농 규모가 작은 소농의 경우 경쟁력을 갖추기 어렵다는 것이 문제일 텐데요. 우리나라 농민들은 소농 아닌가요?

강경식 우루과이 라운드 협상이 진행될 때 〈월간조선〉에 기고한 적이 있어요. 그 글에서 농업을 위한 정책을 펴지 말고 농민을 위한 정책을 펴라고 썼던 것이 기억납니다. 농업을 위한 것인지, 농민을 위한 것인지, 농촌을 위한 것인지 헷갈려요. 쌀 자급이 이뤄졌는데도 왜 논을 절대농지로 묶어 벼밖에 못 짓게 하느냐, 그 농지를 가장 이로운 용도로 활용할 수 있는 길을 열어 주는 것이 농민을 위한 길이고 농촌과 나라 전체가 종합적으로 균형 발전할 수 있는 길이라고 썼어요.

　우리나라의 농업정책은 농민보다는 넥타이 맨 농업관련 분야 종사자들 이해에 따라서 움직인다고 쓴 기억이 납니다. 그때 알아보니 이들 화이트칼라가 20만 명쯤 됐어요. 농업이 없어지면 생업이 없어지는 사람들이니까 무슨 일이 있어도 농업을 살려야 자기들이 사는 것이지요. 농민들로서는 농업 아니라도 다른 것을 해서 벌어먹을 길만 있으면 굳이 농사만 고집할 이유가 없지요. '농사 안 짓고는 못산다, 농업소득 아니고는 다른 것은 못하겠다' 하는 사람은 없어요. 그러니까 농촌과 농민들이 살 수 있는 취업기회, 농업소득뿐이 아니고 이외의 다른 기회도 줘서 소득만 생기도록 해 주면 되는 것이지 '농민의 소득은 농업에서 나와야 된다'고 하는 것은 아니지요. 이런 것을 조목조목 따져가며 글을 썼어요. '여기에 반론만 제기해라, 그러면 한판 붙자'는 각오로 대비를 하고 있었는데 반론이 없었어요.

이현락 '안정화 시책'에 바탕을 둔 제5차 5개년계획의 기조가 그 후에도 쭉 지속됐다고 보십니까?

강경식 좌파 정권이 들어섰다 어떻다 해도 경제가 흔들리지 않고 발전한 것을 보면 기조가 유지됐다고 볼 수 있지요. '안정화 시책' 수립에 참여했던 EPB 간부들이 그 후 승진해서 정부 경제정책 분야에서 중요한 역할을 담당했으니까요. '안정화 시책'을 수립할 때 기획국 사무관 이상 간부들이 다 참여했어요. 이 사람들이 KDI 박사들, 각 분야 전문가들과 함께 날을 새다시피 며칠씩 집중 토론을 하며 정책과제들을 검토했습니다. 어느 것 하나 그냥 결정하고 넘긴 것이 없어요. 가난의 대물림, 부의 세습, 금융실명제 등 온갖 과제 하나하나를 놓고 난상토론을 거쳐 결론을 냈습니다. 이런 과정을 거치면서 처음에는 달리 생각했던 사람도 '안정화 시책' 방향에 공감하고, 나중에는 전부 종교적이라고 할 정도로 신념을 갖게 되면서 이것을 전파하는 전도사처럼 됐어요. '안정화 시책'에 대한 확신과 신념이 의식 속에 뿌리내린 것입니다. 이렇게 참여했던 간부들이 그 후 정부 경제정책 각 분야 요직을 맡아 실질적 역할을 한 것입니다.

관료주도 특이한 개혁 … 발전 지속의 토대 이뤄

이현락 경제정책의 기조를 정부주도에서 민간주도로 전환해서 시장경제 체제를 굳혔다는 점에서 '안정화 시책'은 획기적이라는 표현이 어울릴 것입니다. 그 획기적 전환이 우리 경제에 어떤 영향을 미쳤는지, 그 성과라든가 의의를 설명해 주시지요.

강경식 여러 가지를 얘기할 수 있지요. 경제개발을 시작한 이래 오랜 숙원이었던 세 마리 토끼를 잡는 경제를 실현한 것이 성과입니다. 고도성장, 물가안정, 국제수지 흑자를 이루는 바탕이 됐다고 생각합니다. 투자 대비 국내저축의 부족(I/S gap)과 수입 수출의 격차(M/X gap) 문제를 해소하는 기틀을 만들었다고 봅니다. '안정화 시책'을 통해 과거 성공의 함정에 빠지지 않고 문제가 더 커지기 전에 정책을 전환하고 시스템을 바꿀 수 있었고 그로 인해서 지속적 경제발전을 가능했다고 평가할 수 있지요.

　국내에서는 우리 경제의 발전을 박 대통령이나 몇몇 기업인들의 공로는 크게 평가하면서도 '안정화 시책'에 대한 평가에는 극히 인색한 것 같습니다. 하지만 해외에서는 훨씬 높게 평가하고 있어요. 세계은행, IMF는 말할 것 없고 미국의 하버드대, 예일대 같은 명문대에서도 '안정화 시책'에 관해 큰 관심을 보였습니다. 이들은 '안정화 시책'이 정부 정책으로 채택되고 실천에 이르는 과정에 대해 많은 질문을 했어요. 언뜻 이해하기 어렵다는 거예요. 개혁은 보통 톱다운(top-down) 방식, 대통령과 같은 정치 지도자들이 앞장서고 관료들은 뒤에서 이에 반대하기 마련인데, 한국에서는 어떻게 관료들이 엄청난 개혁을 먼저 주장하고 나서게 되었는가, 대통령을 비롯한 장관 등 행정부 고위직들이 이를 못마땅하게 생각하고 재계가 반대하는데도 관료들이 앞장서서 어떻게 성공시킬 수 있었는가 하는 것입니다. 더욱이 그때까지 국내외적으로 매우 높은 평가를 받아온 성공적인 정책을 어떻게 180도 전환하는 방향으로 바꿀 수 있었는가, 다른 나라에서는 찾아보기 어렵다는 거예요.

박정희 대통령과 전두환 대통령 재임기간 중 국정운영 우선순위의 첫째는 경제였어요. 그 이후 20년 동안 경제는 뒷전으로 밀렸어요. 노태우, 김영삼, 김대중, 노무현 대통령 때 다 그랬어요. 김대중 대통령 때 IMF 외환위기를 극복한 것을 치적으로 내세우고 있어 경제에 우선을 둔 것 같지만 경제 제일주의가 아닌 점에서는 다를 바 없다고 봐요.

이처럼 국정 우선순위에서 경제가 뒷전으로 밀려났음에도 우리 경제는 경제 제일주의를 내걸었을 때 못지않게, 아니 어쩌면 더 눈부시게 발전했어요. 세계 어느 나라보다 훨씬 더 모범적으로 발전하고 더 성숙한 단계로 올라섰어요. 이것이 어떻게 가능했느냐, 나는 3가지 요인이 이를 가능하게 했다고 봅니다. 개방화 정책의 지속과 자율적 시장경제 체제의 유지, EPB 안정화 신봉자들의 역할이 바로 그 3가지입니다.

이현락 '안정화 시책'이 그 후 지속적 경제발전의 토대를 이뤘다고 본다는 말씀입니다.

강경식 그렇습니다. 지금까지 우리 경제의 발전을 가능하게 한 첫 번째 요인은 개방화 정책입니다. 개방화는 두 가지로 구분됩니다. 하나는 대외개방이고 다른 하나는 대내개방입니다. 1960년대 중반 박정희 대통령 때 수입대체 전략을 수출주도형 개발전략으로 전환한 것이 대외개방이지요. 수출금융지원 제도를 채택해서 누구든지 수출 신용장만 있으면 저리의 수출금융을 이용할 수 있게 기회를 개방했지요. 이것이 수출 열기에 불을 붙여 경제를 비약적으로 발전시키는 원동력이 된 것은 모두 잘 아는 사실입니다. 남북한 경제 격차는 대외개방 정책 채택여부에 따른 결과라고 할 수 있지요. 또 하나의 개방은 대내개방, 즉 국내시장 개방입니다. 전두환 대통령 때 '안정화 시책'에 따른 수입자유화와 관세개혁으로 이루어집니다. 국내시장 개방은 경쟁을 촉진해서 기업체질을 강화시키는 결과를 가져왔습니다. 상품 품질이 개선되고 수출경쟁력이 강화되고 물자 공급능력이 확대됐지요.

우리 경제가 지속적으로 발전할 수 있었던 두 번째 요인은 정부와 기업과의 관계 전환, 다시 말해 민간기업의 자율경영 시스템을 구축한 데에 있습니다. 정부개입의 소지를 대폭 축소하고 투자와 가격 등의 결정을 기업 자율에 맡기고 그 결과에 대한 책임도 기업에 귀속되는 민간주도의 시장경제 원칙을 확고히 한 것이지요. 권한과 책임이 함께 가니까 기업들은 밤잠 안자고 노력하고 죽자 살자 경쟁을 하게 된 것입니다. 종래 정부주도하에서는 '성공하면 내 것, 실패하면 나라 책임' 식이어서 기업들이 겁 없이 사업에 뛰어드는 경우가 많았어요. 중화학공업이 2중, 3중으로 중복 과잉투자된 것이 단적인 사례입니다. 지금은 상상할 수 없는 일이지요.

개방화 추진으로 기업활동이 해외와 연계되는 부분이 커진 데다 자율경영 체제가 잡혀감에 따라 정부나 정치권에서 기업에 간섭할 여지가 크게 줄어들었지요. 기업들이 정치적 영향권에서 벗어나 자유롭게 활동할 수 있는 영역이 커지게 된 것입니다. 자율화 추진과 함께 경제헌법으로 일컬어지는 「독점규제 및 공정거래에 관한 법률」이 1980년에 제정돼서 거래질서의 공정성을 확보하기 위한 장치가 마련됐습니다. 이렇게 해서 시장경제의 틀이 자리 잡은 것이지요. 요컨대 '안정화 시책'으로 민간자율의 시장경제 체제가 확립되고 이것이 바탕이 되어 지속적인 경제발전이 이뤄질 수 있었다고 봅니다. '안정화 시책'을 성안하고 경제운용의 틀로 자리 잡도록 한 것이 EPB 안정화 신봉자들의 역할이지요.

이현락 '안정화 시책'이 정치민주화에는 어떤 영향을 미쳤다고 보십니까?

강경식 정치민주화를 이루는 인프라를 깔았다고 봅니다. 민간자율의 시장경제 체제가 자리를 굳히면서 경제민주화가 진전됐고 이것이 바탕이 돼서 정치민주화가 이뤄질 수 있었다고 생각합니다. 시장경제 체제의 핵심은 기업 자치입니다. 자치는 민주주의의 기본이니까 시장경제 체제는 바로 경제민주화로 이어지지요. 경제민주화에 따라 기업의 자율권이 커지고 민간의 자치의식이 확산된 것이 정치민주화를 이루는 주요 요인이 되었다고 봅니다. 앞서 얘기했듯이 '안정화 시책'을 추진하는 단계에서 우리는 경제민주화가 이뤄지면 정치민주화도 자연스레 이뤄질 것으로 이미 생각했어요.

1987년 대통령 직접선거를 내용으로 하는 6 · 29 선언이 나왔을 때, 나는 "아! 1980년에 '안정화 시책'을 세일즈하면서 우리가 예상했던 대로 이제 정치민주화도 이루어지는구나" 이렇게 생각했어요. 그런데 정치인들은 다른 소리를 냅니다. '이제 정치민주화는 됐고 앞으로 남은 과제는 경제민주화다' 이런 겁니다. 그들이 얘기하는 경제민주화가 뭔가 하면 분배문제, 경제발전 과정에서 희생당한 노동자 농민들한테 그 수혜를 늘려줘야 된다는 것이에요. 콘셉트가 완전히 다른 논리예요.

내가 생각하는 경제민주화는 민간자율, 기업 자치입니다. 바로 시장경제 체제를 굳히는 것입니다. 빈곤의 대물림과 부의 편법적 세습을 방지하는 장치들을 강구하고, 기회균등을 보장하고, 기여에 비례하는 보상 시스템을 만들기 위해 노력한 것은 제대로 된 시장경제를 하기 위한 것이었습니다. 시장경제 원칙과 상치하는 분배가 경제민주화일 수는 없지요.

이현락 민주화와 관련해서, 제 5차 5개년계획을 수립하면서 지방자치제 도입과 관련한 논의도 있었습니까?

강경식 있었어요. 5차 계획안에 넣었다가 시기상조라는 의견이 있어서 최종 계획에서 뺐습니다. '안정화 시책'이 추구하는 것이 안정 · 자율 · 개방 아닙니까? 자율이란 것은 자치를 말하지요. 따라서 기업 자율뿐 아니라 지방자치도 당연한 것 아니냐, 지방이 자기 문제를 해결하도록 하면 지방분산 문제, 균형발전 문제도 자연히 해결될 것이라는 생각으로 지방자치 안을 계획안에 넣고 전 대통령에게 보고했어요. 그랬더니 "남북이 대치하는 상황에서는 시기상조다"라고 코멘트를 하세요.

더 설득할 것이냐 고민하다가 기업 자율도 안 되어 있는 상황에서 지방자치까지 고집할 이유가 없다고 생각하고 지방분권화 안을 접었어요. 자율과 민주화를 언급했다가는 '안정화 시책' 자체를 그르칠 우려가 있다고 보았으니까요. 그런 맥락에서 지방자치 안을 접은 것입니다.

개별 대책보다 정책 시스템 정비 구축에 주력

이현락 경제정책 결정자로서, 또 공직자로서 일관해서 지켜온 원칙은 무엇입니까? 정책을 입안하고 결정할 때 무엇을 어떻게 해야 한다는 내적 기준이 있었겠지요.

강경식 사람들은 추울 때 옆에서 모닥불을 피워 주면 고마워합니다. 그러나 여러 사람을 따뜻하게 하는 햇볕에 대해서는 고마운 줄 모릅니다. 당연히 여기지요. 공직생활을 하면서 모닥불을 피울 것이 아니라 태양 같은 것을 만들어야 한다는 자세로 일했어요. 개별 문제를 해결하기 위한 정책보다 많은 사람들에게 두루 영향을 미치는 정책을 펴야 한다고 생각했지요. 개별 정책보다 더 확실한 것은 시스템입니다. 시스템을 바꾸고 바로잡고 만드는 일에 주력했어요.

'안정화 시책'이 그런 것입니다. 예를 들어 관세율을 단순화해서 지지부진하던 수입자유화 문제를 일거에 해결하고, 복잡다기한 특별소비세를 조정하고 개별산업 지원을 철폐해서 행정개입 소지를 없앤 것이 그런 것입니다. 개별문제 해결에 초점을 맞춘 대책은 공정한 경쟁을 해치고 경제를 왜곡할 우려가 많아요. 문제를 원천적으로 해결하고 기회균등을 보장하려면 시스템을 바꾸고 제도적 기반을 마련해야 합니다. 금융실명제를 추진했던 것도 상속세법을 피해 무기명·차명으로 이뤄지는 부의 변칙적 세습을 차단하는 시스템을 갖추자는 것이었지요.

'안정화 시책'은 '안정·자율·경쟁'을 기조화하는 시스템을 만드는 정책입니다. 발전단계에 맞춰 우리 경제가 더 높은 단계로 발전해 나가도록 기존의 시스템을 다 뜯어고치고 정비하는 내용이지요. 이 시스템을 기반으로 우리 경제가 지속적으로 발전할 수 있었다고 생각합니다. 규제와 단속, 교육, 지원 등을 말하지만 이런 것들로는 근본 문제를 해결할 수 없습니다. 웬만한 문제는 시스템으로 다 해결할 수 있어요.

'안정·자율·개방'은 경제의 기본입니다. 신자유주의니 뭐니 하지만 이름을 어떻게 붙이든 이 기본이 무너지면 경제는 물론이고 사회도 바로 설 수 없습니다. '안정화 시책'을 위해 전력투구한 당시의 관료들은 이런 기본을 만들고 자리 잡도록 나름대로 기여했다고 자부하고 그걸 보람으로 간직하고 있습니다. 경제발전을 얘기할 때 정주영, 이병철 씨를 비롯한 기업인들이 다 한 것처럼 말합니다. 기업인들의 역할이 컸음은 말할 것도 없습니다. 그러나 이들의 성공이 가능했던 것은 정부주도 개발정책의 지원이 있었고, 시장경제 체제가 구축되어 기업 역량을 최대한 발휘할 수 있도록 제도적으로 뒷받침을 했기 때문이라는 것 또한 사실입니다. 관료들의 기여에 대해 우리 사회가 너무 인색하지 않은가 하는 생각이 들기도 합니다.

'안정화 신봉자'들과 개방적인 EPB 문화

이현락 경제가 지속적으로 발전하는 데는 EPB 안정화 신봉자들의 역할이 컸다는 말씀을 하셨습니다. 이들이 관료적 속성과는 다르게 아래로부터 변화를 추진해서 발전의 토대를 만들었다는 것이지요.

강경식 '안정화 시책'은 1970년대 말 당면 경제문제 해결책을 찾는 과정에서 만들어진 것입니다. EPB가 작업을 주도했지만, 앞서 말했듯이 EPB 간부들뿐 아니라 KDI 박사들, 관련 연구기관 연구원들, 관계부처 핵심 간부들, 교수 민간 전문가들, 이렇게 다양한 분야의 많은 사람들이 참여했습니다. 헤아릴 수 없이 많은 토론을 거쳤습니다. 시간을 잊은 채 밤늦도록 모여 아이디어를 내고 치열한 토론을 벌이는 과정에서 안정화 시책에 대한 신념, 나아가

시장경제 체제에 대한 확신과 사명감을 공유하게 됐습니다.

'안정화 시책' 수립에 참여했던 일단의 간부 관료들이 그 후 시행과정에도 참여해서 각종 제도를 만들고 개선하는 일을 주도했어요. 그렇게 해서 시책이 성공하게 된 것입니다. 정책은 만드는 것 못지않게 어떻게 실행하느냐에 따라 성패가 갈립니다. 이들 일단의 그룹이 없었다면 안정화 시책은 성공하기 어려웠을 거예요. 이 사람들이 성장해서 후에 정부에서 중요한 역할을 합니다. 이름을 대면 다 알 만한 사람들이지요. 노태우 대통령부터 노무현 대통령까지 20년 동안 경제가 우선순위에서 밀렸는데도 '안정·자율·개방'의 기조가 크게 흔들리지 않고, 경제가 계속 발전한 것은 이들의 노력 덕분이라고 생각합니다. 하지만 아쉽게도 이제는 이들 전도사들의 대가 끊겨가는 것 같아요.

'안정화 시책'은 EPB 문화의 산물이기도 합니다. 하지만 EPB와 재무부를 통합한 결과, EPB 문화는 점차 사라지게 된 것이 아닌가 생각합니다. [26]

이현락 EPB를 정부조직에서 없앤 것이 잘못이라고 생각하십니까? EPB는 어떤 조직이었다고 생각하십니까?

강경식 나뿐 아니라 EPB에 몸담았던 사람들은 다 그렇게 생각합니다. 경제 전반을 살피면서 문제를 제기하고 해결책을 제시해서 밀고 나가는 조직이 없어진 것을 아쉬워하는 것입니다. 통상 경제부처는 산업별로 업무를 분장하고 있어서 담당하는 산업의 이해관계에서 벗어나기가 쉽지 않습니다. 반면 EPB는 소관 산업이 없었어요. 소관이라면 한국 경제 전체가 소관이었지요. 그러니 생각하는 것부터 다를 수밖에 없지요. 현안 해결에 매달려야 하는 일반 부처와는 달리 장기 과제를 다뤘고 따라서 조직의 성향은 미래 지향적이었지요. 여타 부처와는 달리 이해를 떠나 사전에 문제를 들춰내고 경고하는 역할을 했고 이것을 시정하도록 조직적으로 움직였어요.

EPB는 자유롭고 개방적인 문화가 지배했던 조직입니다. 현재보다 미래를

26 김영삼 정부 시절인 1994년 12월 경제기획원과 재무부가 통합되어 재정경제원이 신설됐고 김대중 정부 때(1998. 2) 재정경제부로, 이명박 정부 때(2008. 2) 기획재정부로 개칭됐다. 재정경제부로 개칭되면서 예산기능에 이어 금융감독 기능이 분리됐고 기획재정부 출범 때 예산처가 다시 흡수됐다.

생각하는 일을 하다 보니 자연스레 토론 문화가 자리를 잡았었습니다. 토론할 때는 직급 구분 없이 하급자라도 거리낌 없이 의견을 개진하고 아니면 '아니다'라고 말하는 분위기였어요, 토론에서는 나도 참여자의 일원이었을 따름이었어요. 이렇게 미래를 내다보면서 현실 문제를 진단하고 해결책을 찾아 추진하는 문화가 몸에 밴 간부들이 '안정화 시책'과 이어지는 5차계획 수립에 참여한 것입니다. 경제가 어려워진 나라들이 문제가 무엇이고 어떻게 해야 하는지를 몰라서 그렇게 된 것이 아니에요. 그 나라에도 경제 전문가도 많고 세계적 명문대학 경제학 박사도 많지요. 사명감을 가지고 행동하는 조직이 없어서 그런 겁니다. 문제를 제기하고 그 해결을 위해 집요하게 노력하고 이를 행동으로 옮기도록 촉구하는 조직이 정부 안에 있어야 합니다. 경제 전체를 조망하면서 신문고 역할을 끊임없이, 끈질기게 하는 정부조직이 있어야 합니다.

이현락 EPB는 경제정책을 조정하고 통합하는 부처였지요. 경제기획원 장관이 경제부총리로서 경제장관회의와 경제장관협의회를 주재했고요. 타 부처와 정책을 놓고 갈등을 빚는 경우가 적지 않았지요.

강경식 EPB는 기존의 잘못된 것을 찾아내서 바꾸려는 성향이 강해서 기득권과 부딪치는 일이 많았어요. 그 한 예가 전자식 전화교환기 도입을 둘러싼 마찰입니다. 1970년대 중반까지만 해도 전화 놓기가 그야말로 하늘에 별 따기와 같았습니다. 시중에서 거래되는 전화와 거래할 수 없는 전화를 백색전화, 청색전화로 구분했어요. 지금으로서는 상상도 못할 일이지요. 이걸 해결하려면 기계식 교환방식을 바꾸는 길밖에는 다른 방법이 없었습니다. 당시에는 아직 디지털 교환기는 실용되기 이전이었어요. 따라서 당시 실용화하고 있던 반전자 교환방식을 서둘러 도입하자는 것이 EPB 주장이었습니다. 이에 대해 업계와 주무부인 체신부가 강력히 반발했습니다. 반발은 집요했어요. 전자식 교환방식으로 전환하는 데에 2년여의 시간이 필요했습니다.

기계식 교환방식에서 전자식 교환방식으로 전환하자 전화 사정은 천지개벽한 것처럼 일거에 해결되었지요. 백만 대가 넘던 전화기 신청 적체가 금방 해결되었고 전화를 신청하면 금방 가설해 줄 수 있게 되었지요. 내가 기획국장이었을 때의 일인데, 김재익 경제기획관이 처음으로 이 문제를 제기했지요. 이 일의 성사를 위해서 EPB가 합심해서 전력투구했지요. 전자식 교환방식의 도입은 우리나라 통신혁명의 시발점이 되었고, 우리나라가 IT 통신 강국으로 부상하는 길을 열게 된 것입니다.

지도자의 신념과 리더십이
개혁의 성패 좌우

경제상황 변화 맞춰 정책 패러다임 전환해야

이현락 '안정화 시책'을 통해 정책기조를 전환하고 각종 제도와 시스템을 개혁했지만 미흡한 점도 있었겠지요. 아쉬운 점은 어떤 것을 들 수 있습니까?

강경식 가장 아쉬운 것은 금융개혁을 계획대로 추진하지 못한 점입니다. '안정화 시책' 방향대로 1980년대에 금융개혁을 했더라면 1997년 외환위기를 당하지 않았을 것입니다. 1997년 3월 경제부총리로 입각한 뒤 8개월 남짓 재임하는 동안 금융개혁을 추진하기 위해 관련법안들을 서둘러 마련해서 국회에 제출했지만 여야는 거들떠보지도 않았어요. 이 법안들이 제때에 만들어져 시행했더라면 상황은 또 달라졌을 겁니다. 이 법안들은 IMF 구제금융을 받는 과정에서 국회에서 통과되고 1998년 들어 이 법에 따라 금융감독체계 개편 등 금융개혁이 실시됐어요. IMF 요구에 따라 개혁이 이뤄진 것입니다.

이현락 '안정화 시책'이 5공화국 경제정책 기조로 확정되기까지 여러 차례 어려운 고비를 겪으면서 시책 주도자로서 느낀 소회는 남다를 것으로 생각됩니다.

강경식 돌이켜 보면 '안정화 시책'의 필요성을 제기하는 것은 그렇다고 해도 반대를 무릅쓰고 이것을 끈질기게 밀고 간 것은 무모하기 짝이 없는 일이었어요. 정책 전환에 성공하게 된 것은 국운이 좋았다고 말할 수 있을까, 분명한 것은 EPB 같이 지켜야 할 관료적 이익이 없는 조직, 오직 국가의 장래를 위해 무엇을 해야 하는가에 대해서 몰두하는 기획관료 집단이 없었더라면 안정화 시책은 만들어지지도 못했을 수 있어요. 1978년 말의 개각, 10·26과 같은 비극, 1980년 봄의 정치 사회 혼란과 같은 안정화 시책과는 아무런 상관이 없어 보이는 일들도 지내고 보니 '안정화 시책'의 성공에 결정적 역할을 했다고 생각합니다. 김재익 박사가 청와대 경제수석으로 가고 내가 기획차관보로 4년 동안 한자리를 지키는 일이 없었더라도 어떻게 되었을지 알 수 없지요. 여러 가지 좋은 일, 나쁜 일 겹치고 생각지 못한 일도 벌어지고 운도 따르고, 그런 우여곡절을 겪은 끝에 일이 된 것이지요.

'안정화 시책'을 성안하고 추진하는 과정에 참여하면서 뼈저리게 느낀 것은 국가든 일반조직이든 최고지도자의 통찰력과 신념, 지도력이 얼마나 중요한가 하는 것이었습니다. EPB와 같은 조직의 소리를 귀담아 듣고 행동할 수 있도록 환경을 만들어 줬다는 점에서 5공화국, 특히 전두환 대통령은 높이 평가해야 마땅해요. 또 개혁은 일회성으로 이루어지는 것이 아니라는 생각도 하게 됐어요. 문제의식을 공유하는 일단의 사람들이 계속 가꾸고 키워가야 개혁이 꽃피우고 열매를 맺을 수 있다는 교훈도 얻었습니다. 이런 것이 이루어지는 현실을 두고 흔히 '국운이 좋다'고 말하는 것 아닌가 생각합니다.

'안정화 시책'을 기조로 한 제5차 경제개발 5개년계획(1982~1986)이 착수된 이래 30년이 흘렀다. 자율적 시장경제가 자리를 잡으면서 한 세대가 지나는 동안 우리나라 경제는 양과 질에서 엄청나게 발전했다. 1인당 소득은 1982년 1,927달러에서 2012년 2만 708달러로 10배 이상 늘었고, 무역 규모는 460억 달러에서 1조 달러를 넘어서 세계 8위로 올라섰다. 한국 경제는 세계가 주목하는 성공사례로 꼽힌다. 그러나 그에 따른 병리현상 또한 두드러지게 나타나고 있다. 특히 2008년 말 뉴욕발 금융위기 이후 세계적 불경기가 몰아치면서 우리 경제는 심각한 침체에 빠져 헤어나지 못하고 있다. 성장률이 2% 대로 주저앉는 가운데 경제력 집중과 양극화, 청년실업, 저출산 고령화가 심화되어 구조적으로 성장 활력을 회복하기 어려운 게 아니냐는 우려도 나오고 있다.

이현락 경제발전 단계에 맞춰 정책 패러다임을 바꾼 것이 '안정화 시책'입니다. 이 시책을 펼친 지 한 세대가 흐른 지금, 변화된 경제상황에 맞춰 정책 전환을 추진해야 하는 단계가 아닌가요?

강경식 맞아요. 지금 바꿔야 하는 단계입니다. 문제가 무엇인지 다들 알지만 행동을 못해요. 뭐 하나를 고치려면 기득권 세력들이 엄청나게 반대하니까 못하는 겁니다. 구미의 여러 나라들이 재정적자가 커지면 거덜이 난다는 걸 몰라서 적자를 키웠나요? 뻔히 알지만 그것을 막으려면 엄청난 고생을 해야 하니까 '내가 왜 앞장서서 그런 고통을 감내해야 해?' 이래서 안 하는 것입니다.

지금 우리는 세계적으로 이제까지 경험하지 못했던 경제질서에 들어가 있어요. 그러니까 종래와는 다른 방식으로 접근해야 해법이 나옵니다. 생각과 방법을 달리해야 합니다. 그러나 그런 얘기 하는 사람이 없어요. 돌을 맞으니까. '안정화 시책'도 그야말로 우여곡절 끝에 운 좋게 채택이 됐지만 온갖 반대를 무릅쓰고 집요하게 물고 늘어져서 기회를 잡을 수 있었던 겁니다. 요새는 그럴 정도로 안 하는 것 같아요.

그런 점에서 EPB를 없앤 것은 아주 잘못한 일이라고 생각해요. 이해관계를 떠나 '뭘 해야 된다'고 집요하게 얘기하는 예전의 EPB 같은 조직이 있어야 합니다. 조선시대엔 사간원(司諫院)도 있었지 않습니까? 기득권 세력의 이해에 반하는 얘기를 하는 것이 조직으로서도 두고두고 얼마나 괴로운가 하는 것은 EPB OB들이 어떻게 지내는가를 보면 압니다. 조직도 그런데 개인이야 오죽합니까? 좋은 평가를 받겠습니까? 나는 그 악역이라는 것을 뻔히 알면서도 마다 않고 했어요. 일을 하면서 늘 생각한 것은 뒤에 후회할 일은 안 해야 하겠다는 것이지요. 그런 생각으로 맡은 일에 충실했고 누가 뭐라고 하든 개의치 않고 소신대로 최선을 다했다고 생각하고 있어요.

이현락 오랜 시간 좋은 말씀해 주셔서 감사합니다.

2

부실정리로 금융자율화 기반 닦다

단계적
자본시장
개방정책의
실현

사공일은 1940년 경북 군위에서 태어나 서울대 상대를 졸업하고 미국 UCLA에서
경제학 석사와 박사학위를 받았다. 1973년 미국 NYU 교수직을 그만두고 KDI에
들어와 재정금융실장, 부원장으로 활동하던 중 경제과학심의회의 연구위원,
부총리 자문관 등을 역임했다. 특히 KDI 재직 중 아시아 9개국 공기업 비교연구 등을
주관, 1980년대 초반 우리나라 공기업 개혁의 밑바탕을 다졌다.
그 후 정부에 들어가서는 청와대 경제수석비서관(1983~87년), 재무부 장관
(1987~88년)으로 부실기업 정리와 금융자율화, 그리고 정부의 전반적인 대외개방
정책 등을 주도했다. 그는 서글서글한 성품에 항상 자신감 넘치는 경제학자로 경제교육
에 앞장서기도 해 '경제스타'란 별명이 붙었다.

증언자

사공일

前 재무부 장관

국정 우선순위 살린 국민경제교육

물가안정은 필수였다

"사공 박사, 한국의 월터 크롱카이트[1]가 안 돼 보겠어요?"

1981년 연말이 가까워오는 시점에 강경식 경제기획원 차관보가 사공일 KDI 연구위원에게 던진 말이다. 결국 이 한마디가 훗날 경제학자의 '스타 탄생'으로 이어지고 새로운 자리로 영전할 때마다 사공일의 프로필에는 경제교육에 앞장선 '경제 스타'라는 소개가 빠지지 않았다.

1983년 10월 15일 청와대 경제수석비서관으로 임명되면서 언론에 보도된 프로필의 일부 내용 간단히 소개해 보면,

"서글서글한 성품에 항상 자신감이 넘치는 젊은 경제학자. 경제교육에 앞장서기도 해 일반인과 친숙해졌다. 이 때문에 경제 스타란 별명을 듣기도." 〈경향신문〉

"어려운 경제이론을 쉽게 설명하는 데 특별한 재질을 갖고 있다. 대인관계가 원만하지만 자부심이 강하고 권위의식도 없지 않다. 비교우위에 입각한 수입 자유화 시책의 주창자." 〈동아일보〉

사공일은 1973년 7월 KDI 수석연구원으로 들어와 제4차 경제개발 5개년계획과 5차계획 수립, 그리고 한국 근대화과정 연구 등 크고 작은 연구프로젝트에 참여하는 한편 아시아 9개국 공기업의 비교 연구를 주관하고 우리나라 공기업 개선책을 연구하여 5공 시절 공기업 개혁의 밑바탕을 제공했다.

10·26 이후 1980년의 마이너스 성장 시기는 물론이고 5공이 정식 출범한 1981년까지도 우리 경제의 어려움은 적지 않았다. 당시 국내 경제사정은 누적된 중화학공업 과잉투자와 2차 석유파동의 여파로 어려움이 컸고, 국제경제사정도 선진국들의 경제가 침체의 늪에서 빠져나오지 못하고 있었기에 어려움이 가중되는 형국이었다. 그런 상황에서 물가안정과 강력한 긴축을 실시

---

1 월터 크롱카이트(Walter Cronkite): 전설적인 미국 CBS의 9시 뉴스 앵커이자 방송기자. 1969년 아폴로 11호의 첫 달착륙 순간을 보도한 것으로 유명하다. 2009년 93세의 나이로 사망하였다.

| 이계민 前 한국경제신문 주필(오른쪽)이 사공일 前 재무부 장관(왼쪽) 인터뷰를 진행하였다.
윤대희 前 국무조정실장(가운데)도 함께 배석하였다.

하자니 그런 정책을 밀고 나가려면 국민들의 이해와 협조가 필수적이었다. 여기에서 대국민 경제교육의 아이디어가 제시됐고, 이는 최고통치권자인 대통령이 나서서 정권의 성패를 좌우하는 중요 시책으로 등장했던 것이다.

경제교육 또는 대국민 홍보정책의 근원을 따지자면 1979년 4·17 안정화 조치로 거슬러 올라간다. 경제정책의 기조를 성장에서 안정·자율·개방으로 바꿔 나가자니 국민들의 이해가 뒷받침되지 않으면 안 되었던 것.

특히 전두환 대통령은 경제교육에 관심을 많이 쏟았다.

1981년 4월 15일 EPB에서 열린 월간 경제동향보고 회의에서 전 대통령은 물가안정을 강조하면서 "아무리 좋은 정책이라 해도 국민과 근로자들의 협조 없이는 성공하기 어렵다. 이런 협조를 얻기 위해 국민들에 대한 경제교육이 필요하기 때문에 정부는 앞으로 국민경제교육을 반복해서 추진하고 각 기관의 협조를 받아 홍보활동도 적극화해야 한다"고 지시했다.

전 대통령은 "상당한 지위에 있는 사람들도 경제를 관념적으로만 알고 실제를 모르는 경우가 많은데 정부 고관들은 물론 근로자, 군인 등 모든 국민들이 경제를 모르면 대외경쟁에서 뒤지게 된다. 근로자들이 한국 경제가 세계 각국과 비교해서 어떤 수준에 있음을 이해하고 정부에 협조해야 한다"고 밝혔다.

이날의 월간 경제동향보고 회의는 5공 헌법에 의해 1981년 3월 3일 제 12대

대통령으로 취임한 이후 처음 열리는 행사였기 때문에 그 의미는 적지 않았고, 그 이후로도 전두환 대통령은 기회가 있을 때마다 경제교육의 중요성을 역설하였다.

전 대통령은 1982년 1월 22일 국회에서 행한 국정연설에서 "전 국민들이 경제상식으로 무장한 경제인이 되어 줄 것을 호소한다"고 강조할 정도였다.

사공일이 경제학자로서는 처음으로 기획·연출·MC를 맡아 1981년 말에 방송됐던 3부작 〈물가의 속사정〉은 바로 이런 취지를 국민들에게 홍보하고 이해시키기 위해 기획된 것이었다. 결과는 대히트였고, 다음해인 1982년 말에도 3부작으로 방송된 〈어려워지는 국제 환경과 우리의 대응〉은 그를 일약 '경제 스타'로 국민들에게 각인시킨 계기가 됐다.

5공 시절의 역사적 비극 버마 '아웅산 테러'는 사공일이 정책에 직접 참여하는 계기가 된다. 김재익 경제수석의 순직으로 그 자리를 이어받아 1983년 10월 15부터 1987년 5월 25일까지 대통령 경제수석비서관, 그리고 1987년 5월 26일부터 1988년 12월 2일까지 5공 마지막 재무장관과 6공 초대 재무장관으로 재임하면서 특히 부실기업 정리와 금융자율화, 대외시장 개방정책 등 자율·개방시대 경제정책의 큰 흐름을 주도했다.

이계민 우리 경제가 고도성장 가도를 숨 가쁘게 달려오면서 많은 부작용도 잉태하였지요. 따라서 정확히는 1970년대 말부터 그 논의가 시작되었지만 1980년대에 들어와 5공화국이 출범하면서 경제정책 기조의 큰 전환이 이뤄집니다. 그 과정은 참으로 드라마틱한 것들이 많지요. 어쨌든 지나고 보면 과거의 양적 성장에서 질적 성장으로의 정책기조 전환이 이뤄진 셈인데 그에 대한 큰 줄거리부터 얘기를 풀어나갔으면 좋겠습니다.

사공일 자율과 개방을 내건 1980년대 경제정책의 각론에 들어가기 전에 우리 경제의 거시적 흐름을 한번 짚어보는 것이 순서일 것 같습니다. 나는 크게 봐서 이렇게 이야기할 수 있다고 봅니다. 한국 경제가 오늘 이 정도의 위치에 오게 된 것, 즉 이미 오래전에 경제협력개발기구(OECD: Organization for Economic Cooperation and Development) 회원국이 되고, 국민소득이 2만 달러

수준을 훨씬 넘어선 것은 바로 개발연대에 닦아놓은 튼튼한 기반이 있었기 때문이라고 말할 수 있을 것입니다. 우리 학계는 물론 많은 외국 학자들까지 동의하는 견해입니다.

그러나 그 기반이 1970년대 중반부터 시작하여 1980년대 초에 이르기까지 그야말로 아주 위태로울 정도로 흔들렸고 그것은 그동안 개발연대를 거치면서 정부주도의 전략을 추진하는 과정에서 불가피하게 쌓여온 구조적 부작용이 누적되었기 때문이었습니다.

그래서 1980년대 새 정부, 다시 말하면 제5공화국 정부가 들어서면서 역점을 두고 추진한 것이 경제안정화 시책이었습니다. 다행히도 흐트러진 경제 기반을 바로잡을 뿐만 아니라 이 기반을 더욱 튼튼히 하기 위해 추진된 안정화 시책이 성공했고 그 결과 개발연대에 이룩한 산업화의 경제적 업적이 크게 빛날 수 있었던 것입니다.

1980년대 중반 이른바 '3저 호황'이 왔을 때 유리한 외부환경의 변화를 충분히 활용할 수 있었습니다. 우리 경제가 세계경제 환경의 어떠한 변화에 잘 대응할 수 있는 준비를 해 두었던 셈이지요.

일부에서는 1980년대 경제정책은 운이 좋아서, 즉 국제유가와 국제금리가 떨어지고, 달러가치가 낮아지는 이른바 3저 호황을 만나서 잘됐지 특별히 잘한 것이 있었느냐고 이야기합니다. 그때마다 나는 이렇게 말합니다.

"물론 한국 경제가 3저 호황의 덕을 봤다. 그런데 대한민국에만 3저 호황이 찾아왔느냐? 라틴아메리카에도 오고 인도네시아에도 왔다. 단지 대한민국은 그것을 잘 활용할 수 있는 준비가 돼 있었기 때문에 잘 활용했고, 다른 나라는 그것을 활용하지 못한 것이다."

근래 들어 그런 이야기가 다시 나오면, 나는 최근 독일 경험을 들어 설명을 해 줍니다. 현재 잘나가는 독일 경제가 잘되는 것은 단순히 유럽 공동통화인 유로 도입의 덕이라고 주장하는 것과 유사한 논리라고 봅니다.

독일은 1970년대 들어 사회민주당 출신인 슈미트(Helmut Schmidt) 총리[2]

---

2 독일 제5대 총리(재임기간: 1974.5.16 ~ 1982.10.1)로 사회민주당 소속. 제6대 총리는 헬무트 콜 (Helmut Kohl)(재임기간: 1982.10.1 ~ 1998.10.27)로 기독민주당 소속.

이래로 너무 후한 사회보장제도를 실시하고, 노동시장이 경직화하여 독일은 한때 "유럽의 병자"라고까지 회자되었습니다. 이러한 독일 경제의 구조적 문제를 해소하기 위해서 사민당의 슈뢰더(Gerhard Schröder) 총리가 2003년에 '아젠다 2010'이라는 개혁 프로그램을 내놓았지요. 이러한 개혁에 힘입어서 유럽통합과 유로 도입에 따른 유리한 여건을 잘 이용할 수 있게 된 것입니다.

　큰 그림으로 한국 경제의 발전사적 측면에서 본다면 1980년대의 자율 개방 정책은 양적 성장의 과실을 토대로 경제를 질적 성장으로 바꿔 선진경제 진입의 발판을 만든 것이라고 평가할 수 있습니다.

이계민　어떤 측면으로는 박정희 시대가 막을 내리는 10·26 사태라든가 이런 정치적 변혁도 사실은 앞서 지적하신 개발연대 정부주도 경제성장의 구조적 병폐에서 기인했다고 얘기하시는 분들도 있습니다.

사공일　심지어 부마(釜馬) 항쟁[3] 등도, 부가가치세 도입과 같은 구체적 조치와 연관짓는 사람들도 있지요. 그러나 중요한 것은 정부주도 개발전략이 지속됨에 따라 자원배분이 크게 왜곡되는 등 지속성장에 한계가 왔다는 것입니다. 우리가 흔히 1960, 70년대, 즉 개발연대의 전략을 정부주도 개발전략이라고 하지 않습니까? 여기서 정부주도가 무슨 뜻이냐 이거예요. 정부가 경제개발을 어떻게 주도했느냐 하는 게 핵심입니다. 가장 중요한 것은 정부가 금융자원을 장악해서 정부가 정한 우선순위에 따라 배분하는 것이 정부주도의 핵심이었던 거예요. 물론 재정자금은 정부의 뜻에 따라 쓰는 것이지만 경제개발 초기에 재정이라는 것이 상당히 빈약하지 않았습니까? 꼭 써야 될 경상경비나 이런 거 빼고 나면 경제개발사업 등에 쓸 만한 큰 여유가 없었어요. 그래서 주로 금융에 의존할 수밖에 없었지요. 정부가 금융을 어떻게 장악했느냐 하는 점을 따져 볼 필요가 있겠지요.

　우선 1961년 5·16이 일어나고 바로 그해 6월 20일에 「금융기관에 대한 임시조치법」[4]을 만들어서 시중은행을 사실상의 공기업으로 만들었거든요.

3　1979년 10월 16일부터 20일까지 부산과 경상남도 마산 지역에서 일어난 반정부 항쟁 사건이다.

그 당시의 우리 금융부문은 은행 위주였지요. 이 은행들을 사실상의 공기업으로 만들어서 정부가 원하는 자금배분을 위한 배급소 역할을 하도록 한 것입니다.

1970년대에 들어와 중화학공업을 하면서부터는 이른바 승자선택식(picking the winner)의 산업정책을 시작했어요. 중화학을 하는 산업뿐 아니라 특정 기업을 선정해 저리의 정책금융을 지원하는 정책이 나오기 시작합니다. 그러다 보니 1970년대 말쯤에는 모든 은행들의 대출 잔액 가운데 50% 이상을 정책금융이 차지했습니다. 뿐만 아니라 1978~1979년 동안의 대출 증가분을 보면 거의 80% 이상이 정책금융인데 그 중의 또 80% 이상이 중화학공업에 돌아갔습니다. 그때 실질금리는 마이너스였습니다. 그러다 보니 어떻게 되었겠습니까? 정부주도로 자원을 배분하는데 중화학공업 쪽에 몰아주니까 경공업 분야에는 돈이 모자라게 되었지요. 또 중화학공업을 누가 했느냐 하면 거의 대기업이란 말이에요. 실질금리가 마이너스인 정책자금이 중화학 부문의 대기업한테 몰리게 되어 중화학 쪽에는 과잉투자가 되고 다른 쪽은 돈이 없어 어려움을 겪을 수밖에 없었지요.

지금도 기억이 생생합니다만, 1980년대 초반에는 창원공단에 가면 기계를 만드는 일부 업체들의 가동률은 12~13%도 안 되었습니다. 반면에 경공업 분야에서는 생필품이고 뭐고 없어서 난리였어요. 그러니까 이러한 금융상의 구조적 문제에다가 산업 간의 구조적 문제가 커지는 상황이 심화된 것입니다.

그다음에 개발연대의 가장 큰 문제는 인플레이션이었습니다. 특히 10·26 사태 이후 1980년에는 이러한 고질적 인플레의 구조적 문제에 3가지 외부요인까지 겹쳐 급격한 물가앙등과 함께 경제의 전반적 위기상황에 직면합니다.

3가지 충격이 뭐냐 하면 첫째는 냉해가 들어서 쌀 생산이 평년작에도 훨씬 미달했어요. 그때 평년작이 내 기억으로는 3,500만 석인데 그해(1980) 수확이 2,800만 석 정도였어요. 그때까지만 해도 GDP 중 쌀이 차지하는 비중이 컸기 때문에 그 자체가 GDP를 까먹을 정도였지요. 그때는 쌀 위주로 농업생

---

4 주요 내용은 금융기관 대주주의 의결권 행사를 총주식 의결권의 10% 이내로 제한하고 대주주 주식의 양도 및 질권 목적 사용을 금지시키는 것 등이다.

산구조가 단순했지요. 두 번째는 제2차 석유파동[5]이 왔지요. 그다음에 세 번째는 박 대통령이 시해당하는 10·26 사태가 벌어진 겁니다.

이렇게 되다 보니까 우리 경제가 경제개발을 시작한 1960년대 초반 이후 처음으로 1980년에 마이너스 성장이 되고 경상수지 적자가 50억 달러를 넘었지요. 그때 50억 달러면 굉장히 컸습니다. 게다가 물가는 그때 도매물가 상승률이 연 40%를 넘고, 소매물가가 38% 위로 올라갔습니다. 이런 상황을 이해하면 5공 정부가 경제정책 방향을 왜 안정화와 정부주도에서 민간주도로 가도록 노력함과 동시에 대외개방을 했는가에 대한 답을 얻을 수 있을 겁니다.

이런 맥락에서 정부주도에서 민간주도의 경제개발 전략 전환의 핵심으로 금융자율화가 추진되었던 것을 이해할 수 있습니다.

이계민 5공 정부의 안정화 시책에 대해 그 당위성과 성과에 대해 부정하는 사람은 거의 없다고 생각합니다. 그러나 요새 와서 일부 구체적 분야, 예컨대 SOC 투자 등에 대해서는 소홀히 했다는 지적도 있는 것 같습니다.

사공일 사실 나도 최근에 어느 라디오 채널에서 5, 6 공화국 경제정책 관련 프로그램을 우연히 청취했습니다. 그 내용 중에서 6 공화국에 들어와 시작된 영종도 신공항(인천공항) 사업 이야기를 하는 과정에서 5공화국 때는 SOC 투자에 소홀했다는 코멘트가 있었습니다. 비단 이 프로그램뿐 아니라 다른 데에서도 유사한 이야기를 하는 경우가 있는 것 또한 사실입니다.

이와 관련, 반드시 짚고 넘어가야 할 부분이 있습니다. 정책의 우선순위에 관한 것입니다. 앞에서 논의한 바와 같이 1980년대 초반의 분명한 정책 우선순위는 물가안정을 통한 경제안정화에 있었습니다. 특히 정부예산을 동결시키는 등의 재정개혁이 강도 높게 진행됐지요. 따라서 경기 진작에 도움이 될 각종 SOC 관련 투자는 제한적으로 이루어질 수밖에 없었지요. 그리고 중요

---

5 1973년 10월 제4차 중동전쟁이 일어나자 아랍 산유국은 석유를 정치적 수단으로 이용하고 또한 석유 가격의 대폭적인 상승(약 4배)을 일으키는 행동을 취하였다. 이것이 제1차 석유파동이다. 이어 1979년 에는 대산유국인 이란에 혁명이 일어나 석유수출이 하루 500만 배럴에서 200만 배럴로 감소하면서 석유의 공급불안과 가격폭등을 초래하고 1980년대 초에는 석유가격이 사상최고(1배럴당 30달러 이상)가 되어 세계경제는 다시 혼란에 빠졌다. 이것을 제2차 석유파동이라고 한다.

한 것은 이러한 정책의 일관된 추진에 따라 안정화 기반이 마련되었기 때문에 그 이후에 여러 가지 SOC 투자가 가능했다는 사실입니다.

앞에서 지적한 대로 정부가 물가안정에 어느 정도 자신감을 갖게 된 것은 1985년도에 들어와서입니다. 그리고 1986년에 비로소 사상초유의 진정한 의미의 경상수지 흑자를 기록하게 됐지요. 그런데 그 이듬해인 1987년에 6·29 선언으로 정치여건의 큰 변화가 일어남에 따라 중장기적 안목에서 경제정책의 새 틀을 짜고 일관되게 진행하는 정부의 기능이 크게 약화되었던 것 또한 사실이었음은 지적해야 할 것입니다.

이계민　1980년대 경제 전반의 경제정책 방향과 당위성 등에 대해 설명해 주셨습니다. 이제 구체적인 정책이나 사건 등을 살펴보았으면 하는데 그에 앞서 우선 청와대 경제수석으로 발탁된 배경이나 참여하시게 된 계기부터 들어보고 넘어갔으면 합니다.

80년대 대대적 공기업 개혁방안 마련

사공일　일부 아는 사람은 있지만 사실은 이렇습니다. 잘 아시겠지만 KDI는 박정희 대통령께서 직접 지시하여 설립되었습니다. 그렇기 때문에 대통령께서 예고 없이 들르시기도 하고 KDI 연구원이 청와대에 들어가 대통령께 직접 보고드리는 경우도 종종 있었지요.

그다음 5공에 들어와 전두환 대통령 시절에도 마찬가지였어요. 1981년으로 기억합니다만, 제가 KDI 재정·금융실장으로서 청와대에 들어가 전두환 대통령께 직접 보고드린 적이 있습니다. 2시간 가까이 보고드렸어요. 나는 그 이전에는 전 대통령과 개인적 관계는 전혀 없었어요. 그 보고를 드리게 된 배경은 이렇습니다.

당시 내가 IDRC [6] 라고 하는 캐나다 연구기관의 위탁을 받아 공기업에 대

6　캐나다국제개발연구센터(IDRC: International Development Research Center): 연구를 통해 개도국 단체들이 사회, 경제, 환경과 관련된 문제를 해결하도록 돕기 위해 캐나다 정부에 의해 설립된 공공기관으로 지원하는 연구와 그 연구로 얻어진 지식을 선진국, 개도국 모두가 공유할 수 있도록 노력하고 있다. 특히 아프리카 지역에 관한 여러 연구과제를 수행하며 이에 관한 보고서 등은 온라인으로 제공한다.

| 신년 업무계획을 보고받는 전두환 대통령(1985.1)

전두환은 1931년 경남 합천에서 태어나 육군사관학교를 졸업했고 미국 페퍼다인 대학에서 정치학 명예 박사학위를
받았다. 12·12 사태와 5·17 비상계엄 등을 주도하였고 국가보위비상대책위원회 상임위원장으로 활동하며
국정장악의 기반을 다졌다. 1981년 3월, 새 헌법(5공 헌법)에 따라 대한민국 제12대 대통령에 당선되었다.
사진은 1985년 1월 전두환 대통령이 주영복 내무장관으로부터 신년 업무계획을 보고받는 모습이다.

한 연구를 총괄했습니다. 미국으로 치면 USAID[7]와 같은 일을 하는 기관인데
IDRC는 후진국을 연구하는 쪽에 돈을 지원하고 연구결과를 공유하는 그런
일도 합니다. 그런데 KDI가 IDRC로부터 공기업과 정부투자기관에 대한 연
구용역 자금지원을 받았어요. 그 당시만 해도 개발도상국의 공기업과 정부투
자기관은 비능률의 대명사이지 않았습니까? 특히 그때 방글라데시나 파키스
탄, 인도 이런 나라 경제는 사회주의적 요소가 많아 이들 공기업을 어떻게 하
면 능률적 조직으로 만드느냐 하는 것이 개발도상국을 발전시키는 데 가장 핵
심요소라고 볼 수 있었던 것이지요.

그래서 IDRC에서 공기업 연구용역을 주면서 한국에만 준 것이 아니라 동남
아 8개 나라에도 용역을 동시에 주었는데 내가 이 아홉 나라의 전체 리서치
코디네이터(research coordinator)가 된 거예요. 말하자면 연구총책이 됐어요.

7 미국국제개발처(USAID: United States Agency for International Development): 대외원조를 담
  당하는 미국의 정부기관.

148

왜 그런 책임자가 필요했느냐 하면 나라마다 공기업이라는 개념과 정의(定義) 자체도 다 다르거든요. 우리나라도 실정법상의 공기업과 통상적인 공기업 개념과는 다른 것이었지요. 그래서 그 공기업의 개념이나 범위 등의 원칙을 먼저 합의하고, 그에 준해 연구해야 하고, 또 연구하는 방법론도 같아야 연구결과를 비교 검토하는 것도 가능하기 때문에 책임자가 필요했던 것입니다. 그걸 내가 맡았지요.

그래서 동남아 출장을 자주 다니고 그랬지요. 그 연구를 하던 1980년 말경인데 하루는 당시 김재익 경제수석이 내가 그 프로젝트를 하는 것을 아니까 전화를 했습니다. 당시에 공기업이었던 한전(한국전력공사)이 흑자를 많이 냈기 때문에 대통령께서 한전 임직원들을 격려하고 다른 공기업의 본보기가 될 수 있도록 특별보너스를 주려고 하니까 그 안을 한번 만들어 보라는 내용의 전화였습니다.

그때 내가 김 수석한테 이렇게 얘기했습니다.

"공기업에 대해 그런 식으로 보너스를 주는 것이 맞지 않습니다. 한전이 로비해서 전기요금만 올리면 이익을 많이 낼 수 있는 것 아닙니까. 반대로 요금을 내려 버리면 또 이익은 내려가고. 그러니까 공기업이라는 것은 그런 가격이나 이익 규모만을 가지고 평가할 수는 없습니다. 그렇기 때문에 공기업의 업적을 따지려면 다른 기준과 방법을 만들어내야 되는데 그것을 만들어서 평가해야 됩니다."

덧붙여서 이런 얘기도 했어요.

"이왕 이렇게 되었으니까 말하지요. 김 수석께서 아주 잘 알고 있듯이 공기업을 궁극적으로 민영화해야 되는데, 그에 앞서 공기업으로 남아 있는 동안 경영효율을 높일 수 있는 방법을 찾는 것이 우리에게 굉장히 큰 문제입니다."

그 당시 우리 제조업 부문의 공기업 비중은 상당히 컸습니다. 그렇기 때문에 이것을 어떻게 효율화하느냐가 경제정책의 큰 과제 가운데 하나라고 강조하면서 "한전 차원에 그치지 말고 지금 우리나라 공기업 전체의 경영효율 제고를 위한 방안을 마련해서 대통령께 한번 보고를 드립시다"라고 제안했습니다.

그 방안의 테두리 안에서 보너스라든가 여러 가지 구체적 평가방안을 마련하자고 했더니 즉각 좋다고 수락했습니다.

이계민 어떻게 진행됐나요?

사공일 그런 일이 있고 얼마 지나지 않아 이듬해인 1981년 1월에 전두환 대통령은 '정부투자기관의 효율성 제고를 위한 경영개선 방안'을 강구하라고 특별지시를 하였고, 그에 따라 1981년 3월에 내가 연구팀장이 되어 KDI에 실무 작업반이 구성돼 활동하기 시작했습니다. 이 보고를 위해 외부 전문가와 정부 고위공직자를 포함하는 실무 팀은 많은 공기업을 방문하는 것은 물론이고 대만 등 해외사례의 현지조사도 여러 차례 했지요.

공기업 경영의 전반에 관한 개혁과 사후관리 등에 대한 연구를 종합적으로 진행하였습니다만, 그 중에서 내가 중요하다고 생각한 것은 인사개혁이었습니다.

당시 공기업이 일반적으로 비능률적이었던 것은 정부가 주인인데다가 고위직으로의 내부 승진이 어려웠기 때문이었어요. 부장에서 아무리 열심히 한다 해도 이사(理事)가 된다는 전망이 없는 경우가 많았지요. 왜냐하면 외부에서 이사가 임명되고 심지어 부장도 외부 기용이 허다했지요. 따라서 이 연구결과에서는 인사 개혁의 중요성이 강조되었습니다. 그리고 각 공기업 자체의 비교평가 제도와 인센티브 제도를 새로 만들어야 함도 강조되었지요.

너무 이야기가 공기업 때문에 길어지는 것 같은데 그때 평가하는 아이디어는 대만에서 얻었어요. 거기서 A, B, C, 3단계로 경영평가를 하더라고요. 우리 공기업의 경영평가단이 지금도 있지만 그때 보고한 내용이 반영되어 존속되고 있지요. 인사제도 개혁과 관련하여 중요한 것은 법으로 본부장(당시 부사장) 이하 간부직은 외부에서 오는 길을 막도록 한 것입니다. 그러나 사장은 정부에서 장관이나 차관을 지낸 분들, 군에서 장성을 지낸 분들이 올 수 있지만 그 밑의 본부장 이하는 법으로 밖에서 못 오도록 만들었어요. 그 법이 아직도 살아 있습니다. 그래서 공기업 개혁 성공사례로 당시 세계은행 보고서에까지 나오고 그랬습니다, 그때 한국이 이 정도로 공기업 개혁을 철저히 했다는 것이 그 내용이지요. 공기업 관계 이야기는 KDI에서 만든《홍릉 숲 속의 경제 브레인들: KDI 설립과 초창기 이야기》[8] 이란 책의 제2부 '고도성장기의 주요 연구실적'에 자세히 실려 있습니다.

이계민 공기업 개혁방안은 언제 마무리됐습니까?

사공일 내가 경제수석으로 간 이야기를 하려다 보니까 얘기가 좀 길어졌는데 그렇게 시작된 연구작업은 1981년 9월에 마무리돼 내가 KDI 연구책임자로서 직접 전두환 대통령에게 보고하게 됐습니다. 그 자리에는 당시 신병현 부총리 겸 경제기획원 장관과 김만제 KDI 원장, 김재익 경제수석, 그리고 김용한[9] 당시 예산실장(전 과학기술처 장관)과 박유광[10] 경제비서관이 배석했었습니다. 원래 1시간 예정으로 잡힌 보고가 대통령의 특별한 관심과 코멘트, 그리고 질문이 많아서 2시간을 넘게 계속되었습니다.

이 특별보고서의 내용을 토대로 EPB가 추진계획을 만들어 집행했습니다. 「정부투자기관설립법」을 포함한 총 33개 법을 개정 혹은 제정하게 되었지요. 이 보고를 통해 전 대통령과의 첫 인연이 맺어졌다고 볼 수 있습니다.

이계민 법률개정이나 후속조치 등이 한꺼번에 이뤄진 겁니까?

사공일 그렇게 쉬운 일이었겠습니까. 상당한 시간이 걸렸지요. 앞서 잠시 언급했습니다만 정부투자기관 인사제도의 개혁에서부터 영업방식의 개선, 그리고 경영실적에 대한 평가 등 많은 것을 새로 해야 하기 때문에 꽤 오래 걸

---

8 2002년 5월, 강봉균 전 재경부 장관이 KDI 원장으로 재임하던 시절 KDI 개원 30주년 기념으로 발간한 책이다. 내용은 부제에서도 알 수 있듯이 KDI 설립과 초창기에 관한 이야기를 엮은 것이다. 정인영 편저, KDI 연우회 간행.

9 김용한 (金容瀚, 1929~1983): 전북 남원 출생. 서울대 상대를 졸업하고 동 대학에서 경제학 석사학위를 취득하였다. 1983년 아웅산 테러 때 과학기술처 차관으로 대통령을 수행했다가 참변을 당해 작고하였다.

10 박유광 (朴有光, 1941~): 서울 출생. 서울대 법대를 졸업하고, 미국 시라큐스 대학에서 행정학 석사학위를 취득했다. EPB 정책조정국장 공정거래실장, 한국고속철도건설공단 이사장 등을 지냈다.

렸습니다. 1983년 12월 정기 국회에서 「정부투자기관관리 기본법」이 제정돼 1984년 3월부터 발효된 것이 마무리라고 볼 수 있겠습니다.[11]

이계민 「정부투자기관관리 기본법」은 앞서 얘기하셨던 인사관리에 상당한 제약을 둔 것과 성과평가 제도를 도입한 것을 법안내용의 핵심으로 보면 될까요?

사공일 그렇습니다. 그러다가 2007년에 관리대상을 정부투자기관뿐만 아니라 정부출자기관 등으로 확대해 「공공기관 운영법」으로 개편했지요.

---

11 「정부투자기관관리 기본법」은 정부투자기관의 경영 합리화와 정부출자의 효율적 관리를 도모할 목적으로 1983년 12월 처음 제정된 이후 1987년 11월, 1997년 8월, 1999년 2월과 5월, 그리고 2000년 1월 12일과 28일 관련법령의 개정으로 일부 조항이 개정되었다. 이 법은 적용범위, 정부투자기관 운영위원회, 경영목표의 설정, 경영실적 등의 보고, 경영실적 평가, 정부투자기관의 조직·임원·운영 등에 관하여 상세한 규정을 두고 있으며, 주요 내용은 다음과 같다.

"이 법의 적용을 받는 정부투자기관은 정부가 납입자본금의 50% 이상을 출자한 기업체이다. 그러나 한국방송공사(KBS), 한국교육방송공사, 한국산업은행, 중소기업은행, 한국수출입은행 및 은행법 제2조 및 제5조의 규정에 의한 금융기관은 이 법의 적용을 받지 않는다. 또한 법은 투자기관의 관리에 관한 사항을 심의·의결하기 위하여 기획예산처에 정부투자기관 운영위원회를 둔다.

정부투자기관의 사장 및 상임이사의 해임건의, 비상임이사의 임면, 감사의 임명제청, 경영공시에 관한 사항, 기타 투자기관의 관리에 관하여 대통령령이 정하는 사항은 운영위원회의 의결을 거쳐야 한다. 위원회는 기획예산처 장관·재정경제부 차관·투자기관의 업무를 주관하는 부의 차관·학식과 경험이 풍부한 자 중에서 대통령이 위촉하는 민간위원 5인으로 구성되는데, 기획예산처 장관이 그 위원장이 되고, 부위원장은 재정경제부 차관이 된다.

투자기관의 사장은 다음 연도의 경영목표를 설정하여 매년 10월 31일까지 기획예산처장관 및 주무부 장관에게 제출해야 한다. 또, 매년 당해연도의 경영실적 보고서 등을 작성하여 다음 연도 3월 20일까지 국회·기획예산처 장관 및 주무부 장관에게 제출하여야 한다. 기획예산처 장관은 투자기관이 제출한 경영실적 보고서 등을 토대로 투자기관의 경영실적을 평가하고, 경영실적이 저조한 투자기관에 대하여는 사장 및 상임이사의 임면권자에게 그 해임을 건의할 수 있다."

「정부투자기관관리 기본법」은 2007년 4월 1일에 「공공기관의 운영에 관한 법률」의 제정으로 폐지되었다.

수입자유화에 반대한 산업연구원의 원장 맡게 된 사연 [12]

이계민 이제 시장개방과 관련된 얘기를 나눠 보면 어떨까요. 우선 당시 상공부와 함께 수입자유화 반대에 앞장섰던 산업연구원장에 임명된 것은 어떤 배경이 있었습니까?

사공일 개방에 대한 증언을 남긴 김기환 대사 이야기와도 연관되어 있지만 5공에 들어와서 수입자유화의 중요성을 많이 강조했지 않습니까? 그 수입자유화를 강조한 것은 그때 정부 판단으로서는 "대외개방을 해야 우리 기업의 경쟁력을 살릴 수 있다", "밖에 나가서 이기려면 먼저 안에서 경쟁해서 이겨야 되지 않느냐"는 논리로 당시 EPB를 중심으로 수입자유화를 강조한 것입니다. 당시(1982년경) 강경식 씨가 재무부 장관이었고, KDI는 김기환 박사가 원장을 맡고 있을 때입니다. 그런데 상공부를 중심으로 수입자유화 시책에 반대하는 견해가 있어 정부 내 의견 대립이 있었습니다. 부처 간에 대립이 생긴 것이지요. 그런데 이 논쟁은 EPB와 함께 수입자유화를 지지하는 KDI 그리고 상공부와 입장을 같이하는 산업연구원이 앞장서 대리전을 치르는 형국이 되었어요.

●
12 수입자유화 논쟁에 관한 배경과 과정은 'KDI 편, 2012, 《대한민국 정책연구의 산실 KDI: KDI 개원 40주년 기념 정책연구 사례집》, 252~255쪽'에 자세히 수록돼 있다. 주요 내용을 발췌해 보면 다음과 같다.
　"수입자유화 논쟁은 1982년 말에 작성된 KDI의 〈산업지원제도 개편 방안〉에서 본격화됐다. 5공 정부가 들어서면서 이른바 안정·자율·개방을 지향하는 정책을 구사하면서 EPB는 1982년 KDI의 주요 연구과제 용역으로 산업지원제도 개편안을 주문하게 된다. KDI는 이 용역결과를 1983년 1월에 EPB에 제출했는데 수많은 제도 개선 방안이 담겨져 있었지만 그 가운데 가장 눈에 띄는 것이 '전면적 수입자유화'를 건의한 대목이다. 그 핵심 내용은 수입의 자유화 및 전반적 관세 인하, 산업 간 실효 보호율 격차 제거, 예시적이고 점진적인 자유화 추진, 유치산업에 대한 시한부 잠정적 보호 허용 등이었다. 이 보고서는 '대외비'로 EPB에 제출됐는데 1983년 2월 중순에 일부 내용이 신문에 보도되기 시작하자 EPB는 1983년 2월 21일 그 보고서 전문을 공개해 버렸다. 여기서 공개적 논쟁이 시작됐다. 그런데 사실은 EPB와 상공부의 물밑 논쟁 준비는 그 이전에 이미 시작됐다는 게 정설이다. 1982년 KDI가 새로운 산업정책 지원제도 연구를 위해 국제세미나를 개최하고 관세정책 개편안에 대한 정책협의회를 개최하는 과정에서 그 방향이 '수입의 자유화 및 산업지원 축소'의 방향으로 나아가자 상공부는 은밀히 산업연구원을 시켜 이에 대한 반대논리, 즉 중요산업에 대한 선별 지원과 국내산업 보호를 강화해 국산화 시책을 추진해야 한다는 것을 골자로 하는 보고서를 만들어 놓고 때를 기다리고 있었다고 한다."

그때 산업연구원장은 박성상13 씨였는데 산업보호론적 입장을 갖고 있었던 분이었지요. 그때 나는 KDI 부원장을 맡고 있었는데 1983년 1월에 산업연구원장으로 가게 되었습니다. 말하자면 수입자유화 반대에 앞장선 산업연구원장직에 시장개방 지지의 KDI 출신인 나를 보낸 것이지요. 그리고 박성상 씨는 수출입은행장으로 전보되었습니다. 물론 김재익 수석이 천거했겠지만 어쨌든 대통령이 관심을 갖고 결단을 내린 인사였습니다. 그 후 산업연구원장으로 보고도 몇 번을 드렸으니까 전 대통령과의 인연이 더 깊어지게 되었다고 할 수 있습니다.

안정화를 위한 대국민 설득

방송 마이크 잡고 고통분담 호소

이계민 다른 계기는 없었나요?

사공일 전 대통령께서 나를 더욱더 가까이에서 알게 되고 평가할 기회가 있었던 것은 바로 경제교육 때문입니다. 앞서 수입자유화 논쟁 이전으로 거슬러 올라가는데 1981년 말쯤으로 기억됩니다. 하루는 당시 강경식 경제기획원 기획차관보가 전화를 했어요. 점심을 같이 하자는 겁니다. 그래서 어느 날 경제기획원 청사 부근 어느 곰탕집에서 만났습니다.

그때 강 차관보가 다짜고짜 나한테 이런 말을 던져요.

"사공 박사, 한국의 월터 크롱카이트가 안 돼 보겠어요?"

그래서 내가 무슨 말이냐고 물으니까, 강 차관보는 경제정책이 제대로 이뤄지려면 국민들에게 우리 경제 실상을 경제 전문가가 직접 나서서 쉬운 말로, 알기 쉽게 설득해야 되는데 아무리 생각해 봐도 사공 박사가 하는 게 좋겠다

---

13 박성상(朴聖相, 1923~2010): 경북 청도 출생. 1942년 조선은행에 입행하면서 금융인으로 첫발을 디딘 뒤 1950년 한국은행 설립 이후 조사1부장, 런던 사무소장, 이사 등으로 일했다. 1980년대에 기업은행장, 수출입은행장 등을 거쳐 한국은행 총재를 역임하였다.

고 생각해서 건네는 이야기라는 것이었어요.

내 대답은 뻔했지요. "방송에 대해서 전혀 모르고, 해본 적도 없는데 어떻게 하느냐"고 했지요. 강 차관보는 "그래도 사공 박사가 제일 적임이라고 생각하니 한번 해보라"고 강권하는 거예요.

그래서 한번 부딪쳐 보기로 했습니다. 1981년이니까 우리 경제가 무척 어려운 때였지요. 1979년의 10·26이란 정치격변까지 겹쳐 국내외적으로 어려운 여건 속에서 고통이 따르는 구조조정과 안정화 등 정부시책을 펴기 위해 무엇보다 중요한 것은 우리 국민 모두가 경제현실을 이해하고 협조하도록 하는 것이었죠.

TV 방송을 통해 국민 각계각층의 협력을 얻어내도록 설득하자는 것이었습니다. 이른바 고통분담(burden sharing)을 하려면 가계는 절약·저축하고, 근로자들은 열심히 일하는 것은 물론이고, 또 노조도 그런 차원에서 임금인상 요구를 좀 자제해 주고, 기업은 생산성 향상을 통해 가격인상 요인을 흡수해야 한다는 것에 대해 범국민적 호응을 얻어내자는 것이었지요.

그때 MBC 직원들과 함께 작업했는데 온갖 상상력을 다 동원해서 직접 기획, 출연, 취재 등 모든 일을 했지요. 보통 어려운 일이 아니었습니다. 우선 일반 국민들이 이해하게끔 내용을 쉽게 만들어야 하고, 거기에다 재미도 있게 구성해야 했어요. 그렇지 않으면 채널을 다른 데로 돌려 버릴 것 아닙니까.

고생도 많이 했습니다. 내가 백화점이나 은행창구, 공장 등 경제현장을 모두 다니면서 직접 인터뷰도 하고, 설명도 곁들이고 온갖 것을 다했습니다. 그때 모두 3편을 만들어서 〈MBC 9시 뉴스〉가 끝나자마자 황금시간대에 〈물가의 속사정〉이란 제목으로 3일 계속해서 방송을 내보냈어요. 그게 1981년 말입니다. 다행히 노력한 보람이 있어 반응이 매우 좋았어요. 당시 MBC 사장이 이진희 씨였는데 "아주 좋았다"는 모니터링 결과를 알려 주었습니다. 그것 때문에 국민훈장모란장도 받았어요. 아마 경제전문가가 직접 나서서 이런 TV 방송 프로그램을 만든 것은 우리나라에서는 처음인 것으로 알고 있습니다.

이계민 그때 스타로 부각된 것인가요?

사공일 아닙니다. 상당히 알려지고 좋은 내용이었다는 평가가 많았지만 결정적인 것은 그다음이에요. 그 다음해인 1982년 11월 내가 KDI 부원장으로 재직하고 있을 때인데 김재익 수석께서 전화를 주셨어요. 오전 11시쯤 됐는데 KDI 원장과 함께 빨리 청와대로 들어오라는 거예요. 대통령께서 점심을 주신다고 부르시니 얼른 들어오라는 겁니다. 당시 원장은 김기환 박사였어요. 함께 들어갔더니만 청와대 소식당에서 자리가 만들어져 전두환 대통령과 김 수석, 그리고 김기환 원장과 나, 그렇게 넷이서 식사를 했습니다.

거기서 전 대통령의 주문사항은 여러 가지가 있었지만 요점은 '내가 알기로는 세계경제가 다 어려운데 우리 국민들은 우리만 어려운 줄 안다. 그러니까 KDI에서 이것을 국민들한테 제대로 알리는 방안을 강구해 보라'는 메시지였어요. 그래서 식사를 끝내고 나오면서 김 수석 방으로 가서 셋이 앉아서 논의했지요.

그 자리에서 내가 이런 얘기를 했습니다.

"김 수석, KDI 연구원들이 보고서를 내고, 강연하고, 신문칼럼을 쓰는 방법으로는 한계가 있어요. 내가 볼 때 가장 효과적인 것은 TV 밖에 없습니다. 내가 지난번에도 해 봤지만 국민들을 이해시키는 데에는 그 방법밖에 없을 것 같아요"

이렇게 얘기했더니만 김 수석이 "맞다"고 말하면서 그 자리에서 추진하자고 결정해 버렸습니다.

김 수석께서 어떻게 추진하면 좋겠느냐고 묻기에 지난번에 MBC와 일을 해봤는데 아주 효율적으로 잘하더라고 얘기하고, MBC와 일을 추진하기 시작했습니다. 그때 강경식 차관보가 MBC 김강정 기자(전 목포 MBC 사장)를 추천하더군요. 그리고 김 기자와 함께 그 이후 아리랑 TV 사장을 지낸 정국록 씨, 그리고 카메라맨 임채헌 씨와 함께 일하게 되었지요. 임채헌 씨는 그 뒤에 버마 아웅산에서 부상을 입은 후에도 취재를 멈추지 않아서 유명해진 분입니다. 당시 MBC의 일류 일꾼들을 뽑아준 것이지요.

그렇게 제작에 착수해서 세계 각국을 돌아다니며 취재와 촬영을 한 것이에요. 노벨상 받은 사람도 밀턴 프리드먼 등 세 사람이나 나오고 좌우간 재미있게 만들려고 온갖 노력을 다했습니다. 미국, 영국, 프랑스, 독일, 일본 등 선진 5개국을 직접 찾아가서 현지의 경제사정을 심층취재하고 한국 경제의 활로를 모색하는 대형기획물이었습니다. 이것도 3편을 만들었습니다. 이런 과정을 거쳐 1982년 12월 하순에 〈어려워지는 국제환경과 우리의 대응〉이란 제목으로 9시 뉴스 직후 3일 연속해서 방영되었습니다.

그 3편이 MBC에서 방송된 후에 항간에 상당한 화제가 됐어요. 물론 전 대통령께서도 직접 보시고 나중에 잘했다고 칭찬해 주셨습니다. 그 방송 이후에 〈어려워지는 국제환경과 우리의 대응〉이란 제목의 출장보고서를 만들어 청와대에 들어가 대통령께 직접 보고드렸습니다. 그런데 보고를 마치자 그 자리에 배석한 김재익 수석에게 이렇게 지시하는 것입니다.

"김 수석, 이 내용은 나 혼자 들어서는 안 되겠어요. 이거 우리나라 주요 지도자들이 다 들어야 돼요. 행정·입법·사법 분야의 지도자와 군·언론·학계·기업 등 모든 분야의 지도급 인사 다수가 모인 자리에서 사공 박사가 강의해 보시오."

그때가 언제냐 하면 1982년 12월 말쯤 됐거든요. 그러니까 김 수석이 이렇게 답했습니다.

"각하, 좋은 아이디어가 있습니다. 며칠 있으면 연초에 상공회의소 신년하례회가 있습니다. 거기에 우리나라 지도자급 인사들은 거의 다 모이게 되니 거기서 강연하면 어떨까요?"

그러니까 전 대통령이 "아, 잘됐다. 그러면 거기에서 강연하도록 하시오." 이렇게 된 거예요. 그러고 나서 김 수석과 함께 나오면서 내가 김 수석에게 이런 얘기를 한 것으로 기억합니다.

"김 수석, 이거 큰일 났습니다. 그렇게 하면 대통령께 욕보이는 일이 될 것 같습니다. 대한민국의 유명 인사들이 정초에 신년인사차 한자리에 모인 자리에서 1시간 동안이나 붙들어 놓고 내 강의를 듣도록 하면 어떻게 되겠습니까."

이렇게 얘기를 하고 내가 다른 아이디어를 냈지요.

"이미 TV에 방영된 것 이외에도 안 쓴 필름이 많고 하니 새로 비디오로 편집해서 길어도 20분이 넘지 않게 간략하면서도 재미있게 만들어 보여주는 방안을 한번 강구해 봅시다."

김 수석도 동의하고 준비에 들어갔는데 그때만 해도 비디오가 대중화되어 있지 않았지요. 신년인사회 장소인 신라호텔 다이너스티홀에 비디오 방영장치가 없는 거예요. 다이너스티홀에 TV 수상기를 될 수 있는 한 많이 달았어요. 모두가 보기 쉽게. 그렇게 해 놓고 나는 MBC 직원들과 함께 밤샘작업을 했지요. 1983년 새해를 맞아 대한상공회의소 신년인사회 자리에서 방영되었습니다.

다행히도 그때 반응이 아주 좋았어요. 일부 신문에는 나를 지칭해 '스타 탄생'이라고 추켜세우는 칼럼도 나오고 그랬습니다.

경제수석 발탁 배경을 설명하다 보니까 여러 사건들이 떠올라 길어졌네요. 다만 내가 지금 이야기하려는 것은 많은 사람들이 바로 앞에 말했던 연초의 '스타 탄생'으로 경제수석에 발탁된 것으로 아는데 그전부터 여러 가지 공적인 일들이 겹쳐 전 대통령과의 인연이 깊어졌다는 것입니다.

고속성장의 그늘, 부실기업 정리

대통령에게 인계받은 경제수석 업무

사공일이 경제수석으로 취임한 것은 1983년 10월 15일이다. 버마 아웅산 테러가 일어난 게 우리 한글날인 10월 9일이었으니 1주일이 채 안된 시점이었다. 당시의 경제상황은 비교적 좋은 흐름을 보였지만 국내경제는 물가안정을 위한 초긴축 상태를 유지하고 있었기 때문에 체감은 그다지 좋은 편은 아니었다. 그러나 강력한 안정화 시책에 따라 1982년에 한 자릿수 물가상승을 달성한 이후 안정기조가 굳어지는 상황이었고 경제성장률이나 실업률 등도 개선되는 추세가 뚜렷했다.

1983년 6월 29일 월간 경제동향보고 회의에서 당시 김준성 부총리의 보고 내용을 보면 당시의 경제상황을 어느 정도 가늠해 볼 수 있다.

"상반기 중 우리 경제는 4년에 걸친 불황에서 탈피, 안정·성장 궤도에 진입했으며 하반기부터는 본격적인 수출증가에 힘입어 회복세가 가속될 것으로 전망된다. 지난 5월까지 건축과 내구소비재를 중심으로 한 내수부문의 호조로 생산과 출하는 크게 증가하고 있다. 이에 따라 제조업 가동률이 80% 수준을 넘고 있으며 생산은 전년 동기 대비 14.4% 증가했다."

그러한 김 부총리 보고내용의 배경에는 부동산 투기를 기반으로 한 주택경기 과열이 자리 잡고 있었다고 생각된다.

1983년 한 해에만 크고 작은 부동산 투기억제 시책이 일곱 차례나 발표된 것만 보아도 충분히 알 수 있는 일이다. 예컨대 부동산중개업 허가제 실시(2. 16)를 비롯해 양도세 중과 특정지역 고시(4. 18), 아파트분양 채권입찰제 시행(5. 1) 민간아파트 분양제도 개선(10. 1), 아파트전매 제한기간 연장(12. 12) 등이 한 달이 멀다하고 발표됐다.

그러니 지수물가가 안정됐다 해서 긴축기조를 늦출 수는 없는 상황. 사공일이 경제수석으로 임명될 때는 전면 개각으로 국무총리에 진의종, 경제부총리에 신병현, 재무장관 김만제, 대통령 비서실장 강경식 등 경제팀에 김재익과 노선을 같이하는 자유주의 개방론자들이 대거 포진했고, 거기에 개방론자인 김기환이 상공차관에 기용돼 오히려 안정·자율·개방 팀의 색깔이 더욱 선명해졌다.

새 경제팀에 의해 1983년 12월 22일에 발표된 제5차 경제사회발전 5개년계획 수정안의 정책기조에서 그러한 정책목표는 뚜렷이 제시됐다. 국내물가 안정이 당초 계획을 훨씬 앞당겨 달성되고, 국제유가 하락 등 세계경제 환경도 호전됨에 따라 5차계획의 목표연도인 1986년의 계획목표를 바꾼 것이다.

당초 계획에서 10% 이내로 잡았던 소비자물가 상승률을 연 1~2% 수준에서 안정시키고, 경제성장률을 7~8% 수준으로 유지하는 한편 국제수지 균형을 달성한다는 목표를 잡았다. 이는 당시로서는 정말 획기적인 일이 아닐 수 없었다. 소비자물가를 1~2%로 안정시킨다는 것뿐만 아니라 경상수지 균형을 이루겠다는 것은 생각하기 어려웠던 것이기 때문이다. 결과적으로 보면 1986년에 경상수지의 흑자다운 흑자를 처음 기록했으니 잘 짜인 계획이었다고 평가할 만하다.

사공일 경제수석 취임 이후 정책과제는 안정을 바탕에 두고 개방과 자율이 중심축으로 등장한 것은 지극히 당연한 흐름이었다. 더불어 세계경제에 금리, 유가, 그리고 달러 등이 하락하는 이른바 3저(三低) 현상으로 우리 경제는 호황 국면을 맞이하게 된다.

여기서 주목할 문제는 민간주도의 자율과 개방을 중시하는 경제질서를 구축하기 위해서는 무엇보다 금융자율화와 금리자유화가 선행되지 않으면 안 되는 과제였다는 점이다. 금융기관에 대해 금융자원 배분을 시장경제 원리에 따라 효율성을 추구하는 형태로 이뤄지게 하고, 아울러 경영을 자율적으로 하도록 맡기려면 그럴 만한 여건을 만들어 주는 것이 선행돼야 하기 때문이다.

고도성장을 이룬 이른바 개발연대를 거치면서 정부의 지시에 의해 금융자원이 배분되고, 은행의 경영시스템이 작동돼 온 것이 사실이다. 그 과정에서 쌓여온 은행의 부실대출과 기업들의 부채누적은 자신들의 책임이라기보다 정부의 책임이 더 컸다고 볼 수 있다.

따라서 이를 정부가 사전에 해결해 주어야 금융기관들의 실질적인 자율경영이 가능한 것이었다. 정부와 기업, 그리고 금융기관들 간의 얽히고설킨 상호 의존관계를 털어내는 것은 쉬운 일이 아니다. 훗날 '5공 비리 수사'라는 명목으로 정치권력의 변화시점에서 '전 정권 청산 푸닥거리'로 등장한 부실기업 정리도 이때 이뤄진 것이었다.

1980년대 초반의 강력한 안정화 정책에 이어 1980년대 중반에 들면서 자율과 개방을 지향하는 경제정책들은 한국 경제의 새로운 지평을 열어가는 도전적 과제들이었다. 3저 호황의 덕이 컸다고는 하지만 그러한 기회를 최대한 활용할 수 있는 지혜 또한 한국의 저력이었음도 부인할 수 없는 사실이다. 한국 경제의 기적을 일궈낸 경제정책의 결정과 추진 과정들은 결코 순탄할 수만은 없었다.

이계민 평소에 전 대통령이 관심을 두고 중용할 인재로 꼽고 있었다는 얘기이기도 하네요?

사공일 산업연구원장직을 1년도 못 채우고 경제수석을 맡게 된 것은 1983년 10월 9일에 아웅산 테러가 터졌기 때문입니다. 거기서 김재익 수석을 포함해서 많은 분들이 희생되셨습니다. 그런데 전 대통령께서는 사건 발생 그다음

| 아웅산 테러 희생자들을 위한 장례식(1983.10.13)
1983년 10월 9일 전두환 대통령과 함께 미얀마에 방문했던 수행원들이 아웅산묘소를 참배하는 도중에
북한 공작원들이 미리 설치한 폭탄이 터져 다수가 사상하는 이른바 아웅산 테러 사건이 발생한다. 전두환 대통령은
차량 정체로 늦게 도착해 화를 면했다. 사진은 아웅산 테러 사건으로 순직한 외교사절단 17명을 위한 장례식 모습이다.

날 귀국하셨는데 귀국 이튿날 나를 청와대로 부르시더라고요. 그때 산업연구
원장을 맡고 있었습니다. 청와대에 들어갔더니만 경제수석을 맡아야 되겠다
고 하시는 거예요.

그렇게 경제수석에 내정되고 나서 그 이튿날인가 경제수석으로 공식 출근
하기에 앞서 주말에 청와대에 나가서 경제비서실 보고를 받고 있었는데, 대
통령께서 본관에서 오찬을 같이 하시겠다고 부르셨어요. 오찬을 하시면서,
전두환 대통령께서, "이봐 사공 수석, 사공 수석은 전임자가 돌아가셨으니
업무 인계해 줄 사람이 없지 않나. 그래서 내가 대신해서 수석이 해야 할 일
들을 인계해 주겠다"고 하면서 여러 가지 중요한 말씀을 해 주셨습니다. 그
중 기억나는 몇 가지만 얘기하지요.

첫째, 경제수석은 대통령을 대신해 나라살림을 해야 하니까 EPB의 예산실
장을 직접 상대해 보고도 받고 지시도 하고 챙겨야 한다는 것을 강조했습니다.

둘째, 경제수석이란 자리는 행정업무도 매우 많고 혼자서 차분히 정책을 구
상할 시간이 적으니 KDI 등 국책연구원을 잘 활용해야 하기 때문에 KDI(당시

원장 김기환 박사는 상공부 차관 임명으로 공석)와 산업연구원14 (본인이 떠나 공석) 원장을 수석과 생각을 같이하는 사람들로 직접 골라서 다음 주내에 천거하도록 하라고 지시했습니다. 그래서 당시 EPB 신병현 부총리와 김만제 재무장관과 상의해서 KDI 원장은 한국은행의 안승철 박사를 천거하게 되었습니다. 그리고 두 분께서 산업연구원은 당신이 잘 아니까 나더러 사람을 지명하라고 해서 국무총리실 국무조정관을 지낸 문희화 박사를 천거하게 되었지요. 참고로 그 이후에도 전 대통령께서는 KDI, 산업연구원, 국토연구원, 에너지연구원 등 경제 관련 주요 국책연구원장과 금융통화위원들의 천거를 경제수석이 책임지고 하도록 했습니다.

셋째는 대통령을 보좌하는 경제수석의 업무처리와 관련하여 여러 가지 말씀을 하셨지요. 그 중에서도 대통령께서 군에서 겪은 참모들의 유형을 예로 들면서 무엇이든 모르면 정직하게 모른다고 하고 즉시 파악해서 보고드리겠다는 유형의 참모가 제일 바람직하다는 점을 강조했지요. 모르면서도 아는 척하고 대충 어림잡아 보고하는 참모가 가장 바람직스럽지 못하다는 점도 강조했습니다.

이계민 청와대에 들어가신 이후의 정책에 대해 얘기해 보죠. 경제수석으로 들어간 것이 1983년 10월 15일이죠. 아웅산 테러가 1983년 10월 9일이었으니까 전 대통령께서 귀국하자마자 불러들인 셈이네요?

사공일 그렇습니다. 경제수석 자리를 한시도 비워놓을 수 없다고 판단하신 것이죠.

이계민 경제수석이니까 청와대에 들어가셔서는 모든 경제정책에 대해 대통

---

14 산업연구원(KIET: Korea Institute for Industrial Economics and Trade): 산업 연구를 전문으로 하는 공공 연구기관으로 1976년 1월 해외경제 연구 전문기관인 중동문제연구소로 출발, 1977년 2월 국제경제연구원으로 확대 개원됐다가 1982년 1월 한국산업경제기술연구원으로, 1984년 8월 산업연구원으로 명칭을 변경, 오늘에 이르고 있다. 국내외 산업·기술 동향을 조사, 연구하여 국가정책 수립에 이바지하고, 기업의 생산성과 국제경쟁력 향상에 기여할 목적으로 설립됐다.

령을 보좌하는 것이 마땅하지요. 일일이 얘기하자면 한이 없을 텐데 우선 두드러지게 나타나는 정책이 금융관련 조치들입니다. 더구나 정부에 들어오시기 전입니다만 5공 초기에 이철희-장영자 사건도 있었고, 그에 따른 후속조치의 일환으로 1982년 말에는 금융실명제 입법 파문, 거기에 「금융기관에 대한 임시조치법」 폐지를 하고, 조금 뒤의 일이긴 하지만 은행 민영화 작업도 광범하게 추진됩니다. 경제일지로 보면 1984년 7월에 대한금융단과 금융단협정이 일괄 폐지되고, 금융기관 책임경영체제 조기정착 방안 등이 발표됩니다. 이런 일련의 금융조치들이 줄을 잇는데 금융자율화에 대한 얘기부터 짚어 보면 좋겠습니다.

사공일 여러 가지 구체적인 방안들이 시행됐습니다. 내가 처음 인터뷰를 시작할 때 큰 그림에서 언급을 했습니다만 금융자율화가 왜 중요한지 다시 요약해 보면 이렇습니다.

개발연대엔 우리 경제가 정부주도로 이뤄졌고, 특히 중화학공업을 육성하면서 여러 가지 구조적 문제가 생기지 않았습니까? 그런데 경제가 비교적 단순하고 내용이 복잡하지 않으며 개방화가 덜 되어 있을 때에는 유능한 관료주도로 탁상에서 주요 시책들을 만들어도 통할 수 있었지요. 우리 경제가 자꾸 커지고 복잡해지고, 또 대외개방 수위가 더 높아지니까 사정이 달라진 것이지요. 예컨대 중화학공업 육성만 해도 처음에 수요 예측이 크게 빗나가게 된 것 아닙니까? 거기에다 1979년에 2차 석유파동이 겹쳐 애로가 가중된 것이지요.

따라서 KDI에서는 제4차 경제개발 5개년계획(1977~1981)을 준비하면서부터 우리 경제를 민간주도 경제로 바꿔야 된다고 계속 강조했습니다. 어쨌든 개발연대를 지나 1980년대에 들어서면서 새 정부가 출범하게 됐는데 이제는 정말 민간의 창의성을 높이는 민간주도 경제로 가야 한다는 것이 큰 방향이었지요.

그러면 민간주도로 가는 것의 핵심은 뭐냐 이거죠. 그 해답이 바로 금융자율화였던 겁니다. 종래와 같이 은행이 자금배급소 역할을 하는 한 민간주도 경제는 이루어질 수 없는 것입니다. 그래서 금융도 하나의 비즈니스로서, 즉 장사를 하는 조직으로 만들려면 자율화시켜 주어야 한다고 판단한 것이지요. 경제운용을 정부주도에서 민간주도로 전환하는 핵심과제로 금융 자율화에 정책 우선순위를 두어야 한다는 것이 나의 소신이었어요.

해운과 해외건설 산업합리화 조치

정부는 1980년 12월 '일반은행 경영자율화 방안' 등 일련의 규제완화 조치를 통해 은행의 진입장벽을 완화하고 업무영역을 확대함으로서 금융시장 기능을 회복하고 경쟁력을 높이고자 하였다.

이 같은 금융자율화 노력의 결과 1981년 이후 7개 은행이 민영화되었고, 1982~1983년 사이에 2개의 시중은행과 12개의 투자금융회사, 58개의 상호 신용금고 및 1개 투자신탁회사가 신설되었다.

또한 금융회사 업무는 점차 확대되어 은행은 신용카드, 환매조건부 채권(RP: Repurchase Agreement) 매매, 양도성예금증서(CD: Certificate of Deposit) 업무 등을 취급할 수 있게 됐고, 투자금융회사 및 증권회사는 팩토링, 기업어음(CP: Commercial Paper), 어음관리계좌 등의 신종상품을 차례로 도입했다.

그러나 1980년대 초반에 민영화된 은행들은 이후에도 정부의 통제를 받음으로써 실질적 자율성을 획득하지 못했다. 오히려 은행경영 자율화를 위한 일련의 조치들은 경영환경을 급작스럽게 변화시켜 이철희-장영자 사건 등 여러 가지 부작용을 낳기도 했다.

1980년대 중반 이후에는 대외교역량이 급증하고, 국가 간 자본거래가 늘어나는 가운데 무역자유화 및 금융시장 개방을 요구하는 선진국의 압력이 높아지기 시작했다.

이계민 자율화의 수단과 방법도 여러 가지가 있을 텐데 어떤 것부터 손을 대기 시작했습니까?

사공일 금융자율화를 하기 위해서 제일 먼저 해야 하는 것이 무엇일까요? 조금 전에 이야기한 「금융기관에 대한 임시조치법」을 폐지해서 적어도 정부가 인위적으로 주주권 행사를 막아 놓은 것을 풀어주고, 그 이외에도 제도적으로 소소한 규제들을 많이 풀기도 했지만 가장 크고 선행돼야 할 조치는 금융기관의 부실채권을 정리해 주는 것이라고 생각했습니다.

정부의 은행 부실채권 정리는 다른 말로 표현하면 부실기업의 정리거든요. 결국 부실기업 정리를 해 줘야 부실채권이 해결되고 금융자율화가 가능하지요. 가장 기본이 되는 전제입니다.

왜냐하면 첫째는 우리 일반 시중은행들이 그동안 완전히 금융자금의 배급소 역할을 했지요. 정부의 지시에 따라서 금융자금을 나눠주다 보니까 대출심사기능이나 이런 것이 미흡했습니다. 정부 지시대로 하니까 심사의 필요성 자체가 큰 의미가 없었지요. 그러다 보니 자원배분의 효율성이라든지 이런 것은 뒷전으로 밀린 것입니다.

거기다가 부실채권의 상당 부분이 정부의 직접 책임이지요. 정부가 이걸 주라고 지시했을 뿐만 아니라, 정책금융을 통해서 직접 대출에 간여했지요. 당시의 실질금리는 마이너스였어요. 기업들이 돈을 빌리면 그 자체가 남는 장사인 셈이지요. 기업들이 빌린 돈을 비효율적으로 쓰고 정부가 지정한 분야에 과잉투자 하게 된 것입니다. 과잉투자로 인해 기업들이 부실해지는 것은 불을 보듯 빤한 이치였고, 석유파동까지 겹치고 하니까 기업들이 어려워진 것입니다. 이것을 어떤 식으로든 정리해 줘야 금융이 제대로 돌아가겠는데 쉽지 않은 과제였지요.

처음에 문제된 것이 해운산업과 해외건설이었습니다. 해운산업은 1967년에 「해운진흥법」[15]이 만들어졌고, 해외건설은 1976년에 「해외건설촉진법」이 만들어져서 금융특혜와 재정지원이 굉장히 많이 이뤄졌습니다. 그렇게 지원해 주다 보니까 그대로 과잉투자가 된 것이에요.

해외건설도 회사가 늘어나는 것뿐 아니라 은행에서 대출을 유난히 많이 해준 것이지요. 해운도 해운입국(海運立國)이라고 해서 선복량(船腹量)은 무지

---

15 해운사업을 진흥시킴으로써 해상운송을 원활하게 하고 국민경제의 발전에 기여할 목적으로 1967년 2월 28일 제정된 법률. 해운진흥종합계획, 해운업의 조성 및 해운진흥기금의 설치, 운영, 관리와 선박담보의 특례, 장려금의 교부, 지정업체의 우대, 해외지사 등의 설치, 해운단체의 육성 등에 관하여 규정하였다. 1984년 8월 「해운산업육성법」(海運産業育成法)과 대체되었다.

무지하게 늘렸거든요. 그러다 석유파동이 생기니까 물동량이 확 줄어 버렸지 않습니까? 그다음에 어떻게 됐느냐 하면 회사들이 어려우니까 우리 회사들끼리 과당경쟁과 덤핑을 하는 거예요. 해운도 그렇고 해외건설도 그랬어요. 1차적으로 해운이 어렵게 되고 다음에 해외건설이 도마 위에 오른 것입니다.

이계민 '해운산업 합리화계획'이 통과된 시기가 1984년 5월 14일로 기록되어 있던데요? 해운회사 63개를 17개 그룹으로 통폐합하는 것이 핵심 내용이지요?

사공일 경제수석으로 들어가서 1984년에 제일 먼저 한 것이 해운산업과 해외건설 일부 합리화 조치입니다. 물론 이러한 일들은 실무부처인 해운항만청과 건설부 그리고 재무부가 주도적으로 했습니다. 당시에 부실채권 정리를 정부가 나서서 하는 것에 대해 말이 많았어요. 당연히 특혜시비가 대부분이죠.
　그런데 기업이 부실해졌다고 모두 부도를 내 버리면 어떻게 되겠어요. 해외건설의 경우 그때 중동에 우리 인력 몇만 명이 나가서 일하지 않았습니까. 또 해운은 우리나라 배가 세계 곳곳의 항구에서 일감을 찾는 상황이었기 때문에 만약에 그런 회사들이 부도가 나면 그 회사들은 물론이고 그 기업들과 거래하는 은행들이 연쇄적으로 부도가 날 수밖에 없어요.
　더구나 그때는 은행들이 외채 빌리는 창구였잖아요. 우리나라가 돈을 빌리기 어려워지는 거예요. 그러면 국가가 부도나는 거나 마찬가지입니다. 일부에서는 그런 일을 공개적으로 하지 않고 은밀히 추진하는 것에 대한 지적이 많았습니다.

이계민 특혜 문제 같은 것이 거론될 수 있었겠네요? 모든 회사를 다 살려 줄 수는 없었을 테니까요.

사공일 그렇다고 공개적으로 할 수도 없는 문제 아닙니까? 공개적으로 하면 얼마나 혼란이 극심하겠어요. 그러다 보니 "이거 전부 정치자금 받고 죽일 기업 죽이고, 특정기업에 부실기업을 헐값에 인수시켜 특혜를 주는 것 아니냐?"는 의문들이 많았죠.

내가 나중에 재무장관이 된 이후에도 5공 청산 과정에서 국회 본회와 재무위, 국정조사, 그리고 부실기업 정리 관련 검찰조사를 거치면서 수없이 답변한 적이 있지요. 부실기업 정리의 불가피성을 잘 설명해서 넘어갔습니다.

어쨌든 금융자율화를 해야 했는데 은행의 부실채권이 많은 상황을 그대로 두고는 금융자율화가 불가능한 것 아닙니까? 그래서 정책당국이나 은행 또는 기업들에게 이렇게 설득했습니다.

"예를 들면 사람이 지게를 지고 있는데 무거운 돌이 지워져 있습니다. 그것 때문에 무거워서 움직이지도 못하는 지경이 된 겁니다. 그런데 빨리 움직이라고 그 사람을 회초리로 때리면 앞으로 가기는커녕 넘어지는 수밖에 없을 것 아닙니까. 이 돌을 누가 지워 놓았느냐 하면 정부가 얹어 놓은 것이지요. 어떤 식으로든 정부가 이것을 들어내 줘야 그 사람이 움직일 수 있고, 잘못할 때는 회초리라도 들 수 있을 것입니다."

말하자면 금리자유화를 통해 은행들이 장사하는 것을 배워야 하는데 그것을 배우려면 정부가 지워 놓은 짐부터 내려주는 것이 필요했던 것입니다. 그게 바로 은행 입장에서 보면 부실채권 정리이고, 기업 입장에서는 부실기업 정리라고 말할 수 있지요.

「조세감면규제법」 개정 통한 부실기업 정리

이계민 어떤 방법들이 동원됐나요?

사공일 정부가 은행 등을 통한 금융지원과 함께 「조세감면규제법」을 1985년에 바꿔서 각종 조세감면을 통해 지원해 주는 방법을 병행하게 됩니다. 그 과정에서 일부에서는 「산업합리화법」을 만들어 부실기업을 처리하자는 주장도 있었으나 결국 기존의 「조세감면규제법」을 개정해서 활용하기로 한 것입니다.

「조세감면규제법」을 개정해 활용하되 산업합리화와 관련하여 좀더 폭넓게 해석해서 부실기업 정리에 활용하자는 것이었습니다. 예컨대 부실기업뿐만 아니라 중소기업이나 사양산업을 도와주는 것도 여기 넣자고 나는 처음부터 강조했습니다. 다만 부실기업 정리는 산업정책심의회를 만들어서 여기에서 산업합리화 업종으로 지정된 업종과 기업에 대해 적용했습니다.

이계민 조세감면 등의 조치로 해결이 가능했습니까?

사공일 조세감면이나 합리화 지원 등의 조치만으로는 충분하지 못하여 한은특융[16]이란 제도를 도입한 것이지요. 그때 특융에 대해 야당에서 많이 따지고 그랬지요. 흥미로운 것은 현재 미국 등에서 통화 공급을 확대하는 이른바 중앙은행의 양적완화(QE: Quantitative Easing)의 일종으로 볼 수 있습니다. 한국이 오래전에 QE를 한 셈입니다. 그때 내 기억으로 한국은행에서 시중은행에 융자하는 금리가 6%인데 특융은 3%를 적용했지 않습니까? 은행들이 그 자금으로 낮은 금리를 적용해 기업지원을 하니까 부실기업을 인수하려고 하는 것입니다. 예를 들어서 경남기업 같은 경우 결국 대우가 인수한 것도 이런 지원이 있으니까 가능했던 겁니다. 그래서 「조세감면규제법」을 개정하고 특융을 해서 부실채권 정리를 했습니다. 결론적으로 말해 부실기업 정리를 금융자율화의 중요한 첫 단계로 생각하고 추진한 것입니다.

당시의 부실기업 정리 과정과 결과를 요약해 보면 다음과 같다.[17]

정부는 좀더 체계적인 산업합리화 지원을 위해 1985년 「조세감면규제법」을 개정하는 한편 종래의 개별 「공업육성법」을 폐지하고 단일 법률체계로 「공업발전법」을 제정하였다.

「조세감면규제법」에서는 산업합리화 업종 또는 기업으로 지정될 경우 기업 통폐합에 따른 양도세·취득세·등록세 면제 등 각종 조세감면 혜택을 받을 수 있도록 지원을 강화하였다. 또 「공업발전법」에서는 산업합리화 업종

---

16 한국은행이 금융기관들을 지원하기 위해 제공하는 특별융자 제도로 「한국은행법」 제 69조에 의거한 일반대출이 아니라 특별법에 따른 대금융기관 특별대출로서 이전에는 '8·3조치'로 불리는 1972년의 「경제의 안정과 성장에 관한 긴급명령」이라는 특별법 71조에 근거하고 있었으나 1982년 4월 3일, 8·3조치가 폐지되면서 한은특융이 법적으로 폐지됐다. 그러던 것을 1985년에 부실채권 정리를 위해 한은특융제도를 부활한 것이다. 이에 따라 한국은행은 대출금의 이자를 연 6%에서 3%로 낮춰 시중은행에 공급하고 시중은행은 연 11.5~13.5%의 이자를 받고 기업에 대출, 그 차익으로 은행의 수지개선을 도모하고 이 수지개선을 바탕으로 부실기업 등 부실채권을 정리할 수 있게 되었다.

17 한국경제 60년사 편찬위원회, 2010, 《한국경제 60년사 Ⅰ》, KDI, 41~42쪽.

으로 지정된 경우 시장진입과 투자에 대한 규제를 적용하였다. 그리고 정부의 일방적 결정을 지양하고 민간기구인 '공업발전심의회'의 광범한 의견수렴을 거치도록 하였다.

「조세감면규제법」에 의한 산업합리화는 동법이 개정된 1985년을 기점으로 나누어 볼 수 있다. 1985년 이전에는 비료공업, 중기계공업, 발전설비제조업, LPG 수입사업 등의 중화학공업과 1980년 초 구조적 불황에 봉착한 해운산업이 합리화 대상이었다. 그리고 1985년 이후에는 발전설비제조업 및 해운산업에 대한 합리화 조치의 보완이 이뤄지고 해외건설업, 석탄산업, 조선산업 등에 대해 업종별 합리화가 추진되었다. 이와 함께 정부는 1986년에 네 차례, 1988년에 한 차례 등 모두 다섯 차례에 걸쳐 총 78개의 부실기업을 정리하였는데 개별 부실기업 정리에서 「조세감면규제법」에 따라 49개 기업을 합리화 기업으로 지정해 정리하고, 8개 기업을 합리화 지정 없이 정리했다. 또 업종별 합리화는 기존의 해운 및 해외건설업의 보완책으로 실시되어 모두 21개 기업이 별도로 정리되었다.

이계민 관련자료들을 확인해 보면 부실기업 정리 기업체 수가 총 78개로 돼 있습니다.

사공일 주로 해운, 건설, 일반 기계 분야의 기업들입니다. 이들 부실기업 정리가 끝난 이후 내 기억으로는 은행감독원이 추계한 것에 따르면 그 이전에 은행의 부실채권 비율이 7~8% 하던 것이 2%대로 확 떨어졌습니다. 그 이후 1990년대에 들어와 다시 크게 올라가게 되었고 금융부실은 환란의 직간접적 원인이 되기도 했지요.

이계민 부실기업 정리에 대해 정말 말들이 많았죠? 거기에 대한 반론들이 있었을 것 아닙니까? 정책 자체에도 논란이 있을 수가 있고 또는 기업별로 반발도 있을 수가 있고, 거기에 대한 얘기들을 들려주십시오.

사공일 그때 국회 재무위원회는 여소야대였어요. 재무위원 29명 중에서 야

| 이계민 前 한국경제신문 주필

당인 평민당, 민주당, 공화당이 17명이고 민정당이 12명이었는데 참 힘들었어요. 그렇지만 나는 초지일관 당시 정부의 부실기업 정리방법 이외에는 다른 뾰족한 수가 없다는 점을 강조했습니다. 야당 의원들도 개인적으로 수긍하는 분들이 많았지요. 그러나 당시에 일부 언론과 정치권에서는 틀림없이 정치자금이 많이 들어왔을 것 아니냐며 의문을 제기했었던 것이 사실입니다.

일부 부실 처리된 회사에서는 "인수하는 기업에 지원해 주는 돈을 우리(부실기업) 한테 도와주었으면 우리도 건실한 회사로 살려 놓았을 텐데 왜 다른 회사에 넘겨 도와주는 거냐?"며 항변하기도 했습니다. 그런데 부실책임이 있는 기업에게 정부가 지원할 수 있습니까? 그래서 제3자 인수방식을 택하게 된 것입니다.

이계민 최근에도 부도난 기업들이 같은 불평을 늘어놓기는 마찬가지입니다. 부실기업 정리 때 경남기업에 관한 재미있는 뒷얘기들이 있다고 들은 적이 있는데요.

사공일 경남기업이 「조세감면규제법」을 고쳐 업종별 산업합리화 조치에 들어가기 직전일 겁니다. 그게 1984년인가 그래요. 그때 경남기업은 사우디에서 크게 사업을 벌였어요. 그런데 중동 산유국의 발주 급감 등 여건 악화로 파산 지경에 이른 겁니다. 외환은행이 경남기업의 주거래은행이었어요. 그런데 외환은행은 우리나라의 외채 도입에 중요한 은행이었으니 문제가 심각해진 것입니다. 경남기업을 부도낼 수는 없는 상황이어서 정부는 사우디 현장에서 경남기업의 사업현장을 잘 아는 건설업체가 경남기업을 인수하고, 그 대신에 정부가 도와주는 방법을 생각하게 된 것입니다. 이것은 「조세감면규제법」이 제정되기 이전의 일입니다.

김만제 재무장관과 내가 현대건설의 정주영 회장님 좀 뵙자고 했죠. 정회장님은 당시 이명박 현대건설 사장과 같이 오셨더라고요. 상황을 설명드리고 현대건설에서 인수할 수 있느냐고 했더니 정주영 회장님은 "우리는 이거 할 수 없다"고 딱 잘라서 거절해요. 들어오기 전에 벌써 이미 여러 가지를 따져 보고 들어오셨겠지요. 그래서 그 다음으로 이튿날 대우그룹의 김우중 회장께 의사를 타진했더니 김우중 회장님은 해보겠다고 해서 대우에 맡기게 된 것입니다. 물론 그다음 절차는 은행과 인수기업들이 여러 가

| 사공일 前 재무부 장관

지 조건에 대해 협상해서 결정하고 추후 「산업합리법」 절차에 따라 정리된 것으로 기억합니다.

그 이후의 부실기업 정리, 즉 산업정책심의회가 만들어진 이후에는 모든 것을 산업정책심의회에서 합의하여 결정하고 추진하는 시스템으로 접근했습니다. 그랬기 때문에 내가 이야기하는 것은 무슨 뒷거래가 있어서 뭐 이렇게 했고 저렇게 했다는 것 등은 내가 아는 한 잘못 알려진 것이라고 장담합니다.

이계민 제일 시끄러웠던 것은 어쨌든 국제그룹 문제 아닙니까?

사공일 국제그룹 전면해체를 공식발표한 것이 1985년 2월입니다. 국제그룹은 하나의 기업부도 케이스로 사후에 부실기업 정리절차에 따라 처리되었던 것으로 기억합니다. 이 국제그룹 케이스는 재무부에서 주도적으로 처리한 것입니다. 완매채라고 기억하시는지 모르겠어요. 완매채는 완전한 채권매매형태를 취하면서도 실질적으로는 환매조건부 거래를 하는 변칙적 거래를 말합니다. 보통 환매조건부 채권을 환매채라고 하지요. 그런데 이에 준해서 '완전한 매매형태를 취한다'라고 해서 완매채라고 이름 붙인 것 같습니다만 어쨌든 변칙거래였어요. 남의 채권을 빌려서 그것을 담보로 자금을 차입하는 겁니다. 채권을 빌리는데 돈(이자)을 주고 또 그것을 담보로 대출을 받아 금

리를 부담하자니 높은 금리를 부담할 수밖에 없어요.

돈줄이 급한 사람들이 변칙적으로 자금을 조달하는 비상수단이었던 셈입니다. 그런 완매채를 제일 많이 활용한 기업이 국제그룹이었을 겁니다. 국제그룹이 그만큼 돈을 많이 빌리고 자금사정이 급박했다는 증거입니다. 그런 완매채를 정부가 규제한다고 하니까 금융시장이 얼어붙고 돈이 돌지 않았던 것이에요. 국제그룹이 부도위기에 몰릴 수밖에 없었지요. 국제그룹은 한때 부채비율이 1,000%에 육박했었습니다.

이게 정치적으로 무슨 미움을 사서 그랬다, 대통령과의 만찬에 늦어 괘씸죄에 걸렸다 등의 얘기들이 많았습니다.

이계민 그런 얘기들이 파다했죠.

사공일 그날 만찬장에 내가 참석했었습니다. 그날 이병철 삼성 회장님, 구자경 LG 회장님, 최종현 선경 회장님, 김우중 대우그룹 회장님 등 재계 리더들이 전부 다 모여 있을 때입니다. 저녁에 청와대 상춘재에서 새마을 성금을 낸 기업총수들을 대통령께서 저녁 대접하는 모임이라고 기억합니다.

통상적으로 비공식 만찬(informal dinner)에는 수석비서관만 배석합니다. 물론 경호실장은 배석합니다. 그날 눈이 좀 많이 왔어요. 다른 분들은 모두 도착했는데 국제그룹 양정모 회장이 눈 때문에 좀 늦게 도착했던 것입니다. 그게 무슨 큰일입니까. 그것 때문에 미움을 사서 국제그룹이 해체됐느니 어쩌니 그러는데 정말 그것은 아닙니다. 그날 내가 거기에 있었기 때문에 자신 있게 말할 수 있어요.

국제그룹 부도처리 문제를 가장 잘 아는 분은 김만제 장관입니다. 그때 김 장관이 청문회 몇 번 하고 그랬지요. 그리고 금융을 아는 사람은 그때 국제 그룹 사정이 어땠는지 다 압니다. 국제그룹은 하나의 부도 케이스예요.

이계민 부실기업 정리를 끝내고 산업정책심의회가 만들어진 것인가요?

사공일 그건 아니지요. 그게 1981년에 만들어졌거든요. 그걸 만들어 가지고 제도적으로 부실기업 정리 등을 다 했습니다.

이계민 「공업발전법」은 언제 만들어졌지요? 개별육성법들이 다 없어지고 「공업발전법」으로 통합이 되는데 경제학자들은 이것 역시 경제발전 과정에서 보면 무척 의미 있는 제도 전환으로 평가하던데요?

사공일 「공업발전법」은 1986년 1월에 만들어져 그해 7월부터 효력을 발생한 법입니다. 「조세감면규제법」 개정과 거의 함께 만들어졌는데 「조세감면규제법」에서는 산업합리화 기업으로 지정될 경우 기업통폐합에 따른 양도세, 취득세, 등록세 면제 등 각종 조세감면 혜택을 주는 것입니다. 「공업발전법」에서는 합리화 업종으로 지정되면 그 산업에 대한 시장진입과 투자에 대한 규제를 적용했습니다. 말하자면 다른 기업들이 더 이상 끼어들지 못하도록 한다든가 투자제한 등의 보호를 해 준 것이지요. 합리화 대상산업의 회생을 지원한다는 것이었습니다.

그러나 다른 한편으로는 기존의 산업정책과 또 다른 차원도 있었습니다. 각 산업별로 육성법이 다 있었잖아요. 「기계공업육성법」이다, 「전자진흥법」이다, 「섬유산업육성법」이다 업종별로 다 있었지요. 이 같은 개별법을 없애고 「공업발전법」이라는 하나의 법률로 통합한 것은 당시에 앞을 내다본 정책이라고 봐요. 왜냐하면 만약 그런 개별법이 계속 그대로 있었다면 그 후에 거의 모든 산업에서 선진국들로부터 보조금을 줬다는 명목으로 상계관세〈countervailing duty〉를 맞거나 무역보복을 당했을 겁니다. 그다음에 우리 스스로도 국제경쟁력을 키울 수가 없었겠지요.

그래서 정책기조를 바꾼 겁니다. 종래의 산업정책은 이른바 승자선택식의 정책이었다고 볼 수 있습니다. 대부분 산업정책이 중화학공업을 도와주기 위해서 하는 것이었기 때문입니다. 1980년대 들어서는 산업정책을 기능별 지원정책〈functional industrial policy〉으로 바꾸자는 것이었어요.

「공업발전법」이 그것입니다. 지금까지는 개별 기업이나 산업을 직접 지원해 주는 정책을 썼는데 이제부터는 기능별, 예컨대 기술개발이나 인력양성, 인프라구축 등 어느 기업 어느 산업이나 발전에 필요한 지원은 치우치지 않고 적극 지원하자는 것이었지요.

이계민 산업발달사 측면에서 보면 큰 전환점 아닌가요? 부실기업 정리나 금융자율화 등도 그렇고.

사공일 그렇지요. 1970년대 경제발전사는 사실 지금의 재벌기업 체제 정착과도 많은 연관이 있어요. 지금까지 내가 얘기한 부실기업 정리 등도 한편으로는 바로 그런 조치 때문에 재벌이 더 빨리 커지지 않았느냐는 비판을 들을 수 있습니다. 그런 측면이 분명히 있는 것은 사실이에요. 부실기업 정리로 인해 재벌 자체의 덩치가 더 커졌지요. 예를 들어 건설의 경우 경남기업이 대우건설에 합쳐지는 식이었으므로 부실기업 정리가 전체 재벌이 커지는 데 어느 정도 요인으로 작용했을 수 있다고 봅니다. 재벌, 특히 대재벌일수록 성장속도가 더 빠르기 때문에 1980년대에 와서 이것도 좀 바꿔야 된다고 생각하게 된 겁니다. 그래서 순환출자도 바꾸려고 하고 여러 가지 법들을 많이 만들었지요. 「공정거래법」에 경제력 집중억제 조항을 만든 것도 그 일환이지요.

재벌 급성장과 「공정거래법」 개정

'경제력 집중' 신조어 만들어낸 사연

이계민 1986년 말에 「공정거래법」을 개정하면서 이른바 경제력 집중억제 조항을 신설했지요. 그 이전까지는 독점금지 정책이라는 본래의 법 목적에 충실했는데 이때부터 재벌에 대한 규제, 즉 경제력 집중억제에 대한 규제틀이 만들어진 것이라고 보면 될까요?

사공일 재벌 문제와 관련해서 내 논문을 나중에 한번 읽어 보고 참고해 보십시오. 〈한국개발연구〉[18] 1980년 봄호에 "경제성장과 경제력 집중"[19]이라는 논문을 실었습니다. 그 논문을 보면 1973년부터 1978년의 6년간 5대 재벌의 경우에는 연평균 성장률이 35.7%, 10대 재벌의 경우에는 30%, 46대 재벌의 경우에는 24%로 성장한 것을 알 수 있습니다. 다시 말해 큰 재벌일수록 더욱 빨리 성장했다는 것을 증명한 논문입니다. 당시 큰 관심을 끌어 그 내용이 〈동아일보〉 1면 머리기사(1980. 4. 5)로 크게 보도됐어요.

아주 많은 시간과 공을 들여 쓴 논문입니다. 요즘 거의 모두가 하는 것처럼 재벌 매출액과 부가가치 개념인 GDP를 비교하는 불합리성을 없애기 위해 각 재벌의 부가가치를 전부 계산했지요. 개별 재벌 소속 회사의 부가가치를 계산해서 부가가치 개념인 GDP와 비교하려니 정말 힘든 작업을 했어요. 모든 재벌 개별 회사의 손익계산서와 대차대조표 등을 다 받아서 이것을 전부 수작업으로 계산해서 분석했습니다.

이계민 요즈음 같이 전산장비도 많이 없을 때 아닙니까?

사공일 그러니까 수작업으로 계산할 수밖에 없었지요. 그때 연구논문을 작성하면서 '경제력 집중'이란 용어를 내가 처음 쓴 것으로 알고 있습니다. 논문에서도 설명했지만 그전에는 보통 경제학에서 산업집중(industrial concentration), 또는 주로 경영학에서 기업집중(business concentration)이라는 말은 써왔지만 경제력 집중(economic power concentration)이라는 말은 없었습니다.

●

18 KDI가 발행하는 계간 학술논문지.

19 이 논문의 서론에는 "본 연구논문의 주 관심사는 한국 경제 전반에 걸친 경제력 집중 혹은 기업집중 현상과 이를 설명할 수 있는 주요인 및 문제점 등을 분석·논의하는 것임을 먼저 밝혀 둔다"고 적혀 있다. 결론 부분의 '평가와 앞으로의 정책 방향' 주요 내용을 옮겨 보면 다음과 같다.

"경제 전반에 걸친 경제력 집중 혹은 기업집중은 보통 다음의 두 가지 일반적 근거에서 소망스럽지 못한 것으로 볼 수 있다. 첫째 이는 민주주의의 원칙적 이상으로 볼 수 있는 상태 즉, 경제력이 국민 대부분에게 골고루 확산되어 있는 상태와 모순되며, 둘째 경제력의 집중은 경쟁의 유효성을 절감하게 된다는 근거에서 소망스럽지 못하다고 보는 것이다. (중략) 전술한 바와 같이 경제력 집중의 심화가 경제개발 초기단계에 불과하였다고 일단 인정하더라도, 동 추세가 지속된다면 머지않아 사회·정치적으로 큰 문제로 부각될 것으로 예견된다. 따라서 적어도 이러한 추세를 완화시키기 위해서 가장 중요한 것은 금융구조의 개편을 통한 특혜 금융시장의 제거와 공정거래 및 독과점 규제를 위한 강력한 제도적 장치의 마련이 동시에 이뤄져야 하겠다고 본다. 또한 기업가 능력(entrepreneurship)의 공급이 늘어날 현 시점에서 기존 대기업에만 계속 의존하는 산업정책은 지양되어야 하겠으며, 동시에 중소기업 육성을 위한 적극적 대책이 마련되어야 할 것이다."

나는 경제력 집중이란 아이디어를 인도의 학자 초드리(Asim Chaudhri)의 저서 *Private Economic Power in India*(인도의 민간 경제력)에서 얻었습니다. 일본의 자이바츠(財閥)에 관심을 가진 학자의 책 제목에서 아이디어를 얻은 겁니다. 보통 산업집중이란 한 산업에 얼마만큼 집중돼 있느냐는 것이죠. 기업집중도 이거 비슷한 것인데 경제력 집중은 모든 산업에 걸친 기업군의 경제적 힘의 집중을 말하는 것이지요. 그래서 이 논문 서론에서 경제력 집중을 설명했고 그 이후에 이 용어가 정부의 정책 집행과 관련하여 널리 쓰이게 됐다고 봅니다. 또 우리 공정거래위원회에서도 경제력 집중이란 용어를 그 이후부터 많이 쓰기 시작했다고 기억합니다. 그 후에 이 논문이 많이 인용(quote) 됐어요.

이계민 1980년 국보위에서「공정거래법」을 제정한 이후에 처음으로 개정된 것이 1986년 말이거든요. 경제수석으로 재임하실 때인데 재벌규제에 초점을 맞춘 이른바 경제력 집중 억제조항을 신설했습니다. 상식적으로 보면 당시에도 재벌들의 반발 내지는 로비 같은 것들이 많았을 것이라는 생각이 듭니다.

사공일 원래 우리나라에는 1975년에 제정된「물가안정과 공정거래에 관한 법률」이 있긴 있었죠. 이 법은 원래「물가안정법」에 공정거래 조항을 신설한 것입니다. 그렇지만 여전히 물가 잡는 쪽에 포커스가 맞춰져 있었습니다.
　법률 제목에 공정거래라는 용어가 들어가 있긴 하지만 그것은 부차적 문제이고 물가안정을 위해서 이 법이 있었던 것이지요. 그러던 것이 1980년 국보위 시절 입법회의에서「독점규제 및 공정거래에 관한 법률」을 만들었지요. 그때부터 정책의 초점이 공정거래(fair trade) 쪽으로 이행된 것입니다. 그러다가 1986년 말에 처음「공정거래법」을 개정하는데 여기에 경제력 집중 억제라는 개념을 도입해서 상호출자나 순환출자 규제 문제를 다루기 시작합니다. 그게 현재에도 논란이 되는 순환출자 규제 문제까지 이어지는 것이지요.

이계민 「공정거래법」의 추진 역사를 보면 과거에도 6~7번을 정부에서 제정하려다 결국은 재벌 로비라든가 이런 것 때문에 못하고 말았거든요. 경제력 집중 억제조항을 신설할 때 당시 관료들은 물론이고 최고통치자인 대통령으로서는 또 다르게 생각할 수도 있는 것 아닙니까? 혹시 그런 것에 대한 대통령의 반응이나 지시 등은 없었나요?

사공일 정부가 중화학공업을 추진할 때 박정희 대통령은 시간은 급한데 시장기능에 따른 성공과 실패의 시행착오 과정을 겪는 대신 실적이 있고 잘하는 기업과 기업인에게 맡기자는 정책기조를 가졌습니다. 다른 사업에서 성공해 본 경험이 있는 기업인에게 맡겨 중화학공업을 육성하자고 생각한 것이지요. 예를 들면 정주영 회장을 불러 조선을 하도록 부탁했지요.

거기다가 중화학공업을 육성할 때는 실질금리가 마이너스였는데 정책금융이 전부 그 그룹들로 돌아가니까 정부의 도움과 함께 특혜를 받게 된 것입니다. 거기다가 그것을 담보로 또 은행 일반대출을 더 받을 수 있는 거예요. 이러다 보니까 앞서 내 논문 분석에서도 증명됐지만 큰 재벌이 자꾸 더 빨리 커지는 거예요. 더 커지는 것도 이런 정부정책 때문이기도 하지만 한편으로는 순환출자라든지 이런 것까지 동원해서 덩치를 키우는 경우도 많았지요. 이런 것부터 좀 막고 그다음에 덩치가 크고 떼거리가 많기 때문에 불공정 경쟁을 하는 일은 차단하자는 것이 바로 「공정거래법」입니다.

전두환 대통령은 국가경제를 안정시키고 지속성장을 이룩해내겠다는 소신이 강했기 때문에 경제전문가로서 모시고 일하기가 편했습니다. 물가안정 정책만 하더라도 당에서나 정치권에서는 무척 반대가 많았습니다. 1985년 총선을 앞두고 있는데 1983년에 1984년 예산을 편성하면서 예산규모를 전년수준으로 동결하고, 공무원 봉급도 동결하고, 또 그해 추곡수매가를 동결하게 되니까 정치권에서는 난리가 났죠. 압력이 많았습니다.

그런데도 전 대통령은 물가안정에 대한 소신이 확고하니까 버텨 주고 경제수석을 100% 믿고 밀어 주었습니다. 김재익 수석도 그때 확고하게 정책 일관성을 유지할 수 있었고, 그다음 내가 들어가서도 변하지 않았습니다. 100% 믿어 주고 100% 지원해 주니까, 일하기가 좋았죠. 경제수석을 4년 가까이 하면서도 그런 점에서 편했다고 할까요. 전 대통령은 수석이 하는 일에 적극적인 도움을 주기 위해 "어이! 내가 해 줘야 될 게 뭐야?" 이렇게 물어보십니다.

그래서 이런 것 좀 해 주시고 국무회의에서 이렇게 해 주십사 하고 말씀드리면 실제 그걸 다 해 주셨어요. 그다음에 이런 로비 같은 것이 들어오면 "그런 거 걱정 말고 소신대로 하시오" 그러시면서 막아 주셨습니다. 정말 정책에 대한 믿음과 우선순위가 확고했어요. 물가안정도 그렇고 수입자유화만 하더라도 반대가 많았는데 최고통치권자가 딱 버텨 주니까, 과감하게 추진할수 있었지요. 「공정거래법」개정도 그런 사례 가운데 하나라고 봅니다.

흔들릴 뻔한 안정화 시책

이계민 1984년도 예산동결에 대해 언급하셨습니다만 다음해인 1985년 총선에서 야당에 크게 지지 않았습니까? 예산동결 논의가 나오면서부터 말들이 많았는데 실제 선거에 패배하고 나니까 경제팀들 책임론이 나오고 그런 것으로 기억합니다. 그때 좀 힘들지 않으셨어요? 특히 정무비서실을 비롯해 여당쪽에서 책임지라는 그런 소리들이 많이 들렸거든요.

사공일 나는 그런 기억은 별로 나지 않습니다. 별로 기억을 못할 정도였으니 아주 심각하지는 않았던 것 같아요. 동결예산인 1984년도 예산은 실제 예산편성이 1983년에 이뤄진 것입니다. 말하자면 김재익 수석 때 한 것입니다. 그에 대한 정치권의 반대는 말할 수 없었지요. 여당인 민주정의당에서는 이러면 선거 망친다고 그랬으니까. 나는 그 후에 새로 들어갔으니까 그런 압력이 좀 덜했던 것 아닌가 싶습니다.

나한테 들어온 압력은 다른 종류의 것이었어요. 사실 1980년 새 정부가 출범하면서 전 대통령이 물가를 한 자릿수로 잡겠다고 그랬잖습니까. 그런데 불가능한 목표라고 해서 비웃는 사람들이 많았어요. 그랬는데 2년 만에, 1982년에 물가가 한 자릿수가 됐을 뿐만 아니라 5% 밑으로 떨어졌거든요. 1980년에는 도매물가와 소매물가가 각각 42%, 38% 이상 올라갔는데 2년만에 3.4%로 5% 밑으로 떨어졌거든요. 그렇게 되니까 사방에서 이때다 하고 모두들 긴축 그만하라는 온갖 정책제의와 건의가 들어오는 것입니다. 이것을 계속 막아내야 되는데 특히 선거 전에는 물론 더 심했던 것은 두말할 필요가 없었지요. 특히 재계에서 "금리 내려 달라", "통화량 풀어 달라" 하는 것을 주장하는 것이지요. 업계대표들이 대통령만 뵈면 그러는 것이지요. 그 때 정책당국자들이 그랬어요. 재계의 3가지 노래가 "금리 내려 달라", " 통화량 풀어 달라", "세금 깎아 달라"라고.

1983년 10월에 청와대에 들어가니까 모두들 경제수석도 바뀌었고 하니 이제 긴축 그만해라, 이제 경제활성화해야 되는 거 아니냐 하는 거예요. 그러나 나는 '물가오름세 심리라는 것이 이게 몇십 년 쌓여온 것인데 완전히 안정됐다고 판단하기는 이르다, 그렇기 때문에 이것을 지금 양보하면 안 되고 절대 안정의 고비를 늦추면 안 된다'고 스스로 다짐했습니다. 사실은 전두환 대통령께서도 하도 여러 군데서 그런 말을 많이 하니까 강력한 안정화 정책에 대해 "이게 진짜 내가 이래도 되나?" 하는 의심을 갖게 되었습니다.

이계민 정책기조가 바뀌었겠네요?

사공일 결론부터 얘기하면 그건 아니었어요. 에피소드를 하나 얘기하자면 내가 처음 수석으로 들어갔을 때 전 대통령은 나에 대한 검증기간(test period)을 가졌던 것 같아요. 새로 왔으니까 내 생각을 이리 찔러 보고 저리 찔러 보고 하시는 겁니다. 그분은 그런 점에서 철저해요. 그래서 검증에 통과해 한번 믿게 되면 100% 믿고 밀어 주십니다.

경제수석으로 들어간 지 얼마 안됐으니까 1983년 말 아니면 1984년 초로 기억합니다만, 뉴욕에서 그때 당시 클레이턴 야이터(Clayton Yeutter) 미국무역대표부[20] 대표, 제임스 베이커(James Baker, Jr.) 미 재무부 장관 등이 참석하는 세계부채정상회의(World Debt Summit)라는 회의에 내가 초청을 받았어요. 원래 경제수석은 대통령 수행이 아니면 해외출장은 잘 못 다니는데 대통령께서 중요한 회의이니까 갔다 오라고 하셔서 간 적이 있습니다.

그런데 내가 미국으로 출장가기 전에 일본의 유명한 기업인이 오셔서 대통

---

20 미국무역대표부(USTR: Office of the United State Trade Representative): 미국의 국제통상 교섭을 담당하는 대통령 직속기관으로 1980년 1월 카터 대통령 때 출범. USTR 외에 상무성, 국무성도 미국의 통상정책을 담당하지만 USTR은 이들 부처와 밀접하게 협의, 대외교섭 창구로 활동한다. 〈1993년 무역장벽 보고서〉에서 한국을 포함한 44개국을 불공정무역국으로 선정, 발표하기도 했다. USTR 대표는 각료급이며 워싱턴, 제네바에 차석대표 각 1명을 두고 있다.

렇게 경기 진작책을 써야 한다고 건의한 겁니다. 그분이 대통령께 뭐라고 했냐 하면 "한국은 이제 경기부양책을 써야 한다. 긴축 그만하고 토목공사 같은 것을 많이 해야 된다. 그렇게 하는 데 필요한 돈은 일본처럼 국채를 발행하면 된다"고 조언했습니다. 국채를 발행해서 그 돈을 가지고 토목공사 등을 통해 경기를 진작시키는 부양책을 쓰는 게 좋겠다는 얘기죠.

그분이 상당한 위치에 있는 사람이니까 그 얘기를 듣고 대통령께서 나를 부르시더니 그런 의견에 대해 어떻게 생각하느냐고 물어요. 그래서 내가 대통령께 이렇게 설명드렸지요.

"일본과 우리는 사정이 다릅니다. 일본은 정부는 가난하지만 국민들은 부자입니다. 그렇기 때문에 정부가 국채를 발행해서 국민들한테 돈을 빌려서 사업을 벌일 수 있습니다. 우리는 사정이 다릅니다. 우리의 국민저축이라는 것이 빤한 데 그렇게 하면 민간인들의 돈이 모자라 투자가 안 됩니다. 그렇기 때문에 그런 정책은 지금 안 됩니다."

이론적으로 크라우딩 아웃(crowding out) 현상을 설명드린 겁니다. 내가 이렇게 쭉 설명을 드렸더니 아무 말씀이 없었습니다. 그래서 충분히 납득하신 것으로 알았습니다. 그리고 나는 미국에 갔죠.

그런데 그동안 어떤 일이 벌어졌느냐 하면 이름은 밝히지 않겠는데 과거에 장관을 지내신 분을 대통령이 불러서 경기부양책과 관련된 의견을 물어본 겁니다. 왜냐하면 그분이 평소에도 경기부양이 필요하다는 비슷한 주장을 했기 때문에 부르신 거예요.

그날 보고에 누가 배석했느냐 하면 EPB 문희갑 예산실장, 그다음에 경제비서실 이석채 비서관이었어요. 그 자리에서 문 실장과 이 비서관이 경기부양 논리를 완전히 제압한 거예요. 긴축을 계속해야 한다는 주장이었죠. 대통령 앞에서 경기부양책에 대한 결론을 내버린 겁니다. 그러니까 전 대통령이 거기서 "아, 이 문제는 경제수석 이야기가 맞다", 이렇게 결론을 내린 겁니다.

그렇게 검증하고 난 다음부터 힘을 실어 주니까, 정책 추진은 물론 힘 있는 사람들의 로비나 이런 것을 이겨낼 수 있었습니다.

전 대통령은 지도자로서의 덕목이 대단합니다. 앞서 얘기한 이른바 '경제수석 검증' 작업을 우선 내가 없는 동안 청와대 집무실 쪽에서 안 하고 아주 비공식적으로 제 3의 장소에서 비밀스럽게 했다고 합니다. 만에 하나 알려져서 수석의 권위가 어떻게 될까 봐. 그렇게 하고 나서도 "너희들 절대 함구하라"고 엄명을 내린 겁니다. 그래서 이석채 비서관은 나중에도 내게 이야기를 안 해 줬습니다. 한참 뒤에 장세동 경호실장이 나한테 얘기를 해 줘서 알았어요.

이계민 그 이후에도 이석채 비서관은 전혀 얘기를 안 했습니까?

사공일 한참 동안 안 했어요. 대통령께서 함구를 당부했으니 그럴 수밖에요. 더구나 그날 얘기가 경제수석이 옳다고 결론이 내려진 마당이라서 사실은 보고할 것도 없었던 셈입니다.

경상수지 흑자시대 도래와 한미 통상마찰

서핑 성공하려면 파도 안에 미리 들어가야

경제기획원이 발간한 자율개방시대의 경제정책에 관한 책《경제기획원 30년 사 Ⅱ》에서는 1986년부터 1988년까지를 '국제수지 흑자 하의 고속성장기'라는 별도의 시대구분을 통해 설명한다.

우선 경제성장률만 보더라도 1986년에 12.9%, 1987년에 13.0%, 1988년에 12.4%를 기록했다. 1989년에는 6.8%로 다시 한 자릿수로 내려앉기는 했지만 1986~1988년 기간 중에는 연평균 12.7%라는 경이적 경제성장률을 보였다. 이른바 3저 호황의 덕이었다.

1980년대 들어 중화학공업에 대한 과잉 중복투자 문제를 해결하기 위한 투자조정과 일부업종에 대한 합리화 노력 등이 이뤄졌으나 내수부족과 미약한 국제경쟁력 때문에 중화학공업은 아직 그 활력을 찾지 못하고 있었다.

그런 가운데 1985년 9월 선진국 간의 '플라자 합의'(Plaza Accord)를 계기로 나타난 3저 현상은 우리 경제에 아주 좋은 기회를 제공했다. 선진국 간의 통화가치 재조정합의 결과로 미국 달러화가 다른 선진국 통화에 비해 급격하게 평가절하되고 국제금리도 급속히 하락함에 따라 우리나라와 같이 외채가 많은 개도국들에는 유리한 여건이 되었다. 이에 더해 1985년 12월 이후에는 국제 원유가격도 급격한 하락세를 보였다. 이러한 상황이 외채규모가 GNP의 약 50% 수준에 이르고, 원유를 전적으로 수입에 의존하던 우리 경제에는 큰 이득을 가져다줄 것은 명백했다.

3저 요인에 힘입어 1980년대 전반까지 낮은 가동률에 어려움을 겪던 중화학공업이 새로운 수출산업으로 등장해 활기를 되찾으면서 1986년에 경상수지 흑자를 기록하기 시작한 이후 그 흑자규모가 늘어나 1987년과 1988년에는 GNP 대비 흑자규모가 8~9% 수준을 차지하기에 이른다. 이러한 고도성장의 결과 실업률은 1985년의 4%에서 1988년에는 2.5%라는 완전고용상태를 보였다.

경상수지 흑자시대를 맞아 시장개방 조치들도 광범하게 이뤄졌다. 수입자유화 예시계획에 따른 관세인하와 수입자유화 품목 확대, 내국인의 해외투자 확대 허용은 물론 외국인의 국내투자도 광범하게 허용하는 조치를 취했다. 특히 경상 외환거래의 자유화 폭 확대를 위해 1988년 11월에는 우리나라가 IMF 14조국에서 IMF 8조국으로 이행하는 절차를 밟았다.

그러나 이 시기 선진국, 특히 미국의 시장개방 압력은 전 방위에서 펼쳐졌다. 특히 원화의 평가절상 압력은 지속적이고 강력한 압박으로 다가왔다. 이러한 개방정책의 흐름은 당시의 국제경제 상황과 변화를 선도적으로 적용한 결과로 볼 수 있다.

1970년대 말 스태그플레이션에 시달려온 선진 각국은 1980년대에 들어 인플레이션 수습을 위한 긴축정책을 견지했다. 이 과정에서 세계경제는 고금리와 달러화 강세를 경험했고, 이러한 고금리와 달러강세는 결과적으로 1980년대 전반기의 선진국 간 무역 불균형 및 보호무역주의 추세의 만연, 개도국의 채무누적 등 세계경제의 구조적 문제점을 야기하는 직접적 원인이 됐다. 1980년대 중반을 거치면서는 선진국 간에 세계경제의 구조적 문제점이 장기적인 경제성장 잠재력을 위축시키고 경제의 안정에도 도움을 주지 못한다는 인식이 확산되기 시작하여 이를 해결하기 위한 정책적 노력을 모색하게 되었다. 1985년 9월 이뤄진 플라자 합의에서의 달러화 약세 유도, 1986년에 집중적으로 이뤄진 선진국들의 공동 금리인하 등은 이러한 선진국들의 정책협조의 결과다.

여기서 눈여겨볼 대목은 이러한 선진국 간 정책협조에서 과거에는 제외되었던 신흥공업국에 대한 통화절상 압력과 시장개방 및 내수확대 요구가 세계경제의 구조적 문제점 해결을 위한 정책협조의 차원에서 강조되기 시작했다는 점이다. 아시아 신흥공업국에 대한 통화가치 절상압력은 이들 국가들에 대한 무역적자가 크게 확대된 미국을 중심으로 1986년 이후 계속되었다. 또한 이 문제는 선진국 정상회담, IMF 총회 등 세계경제의 현안 문제를 논의한 자리에서 계속 거론되었으며, 문제의 성격도 세계경제를 위한 아시아신흥국의 책임과 역할분담론으로 확대되기에 이른다.

이계민 지금까지 물가안정에 관한 시책, 특히 1984년 예산동결 등에 대한 얘기들까지 짚어보았는데 얼마 지나지 않아 저달러·저유가·저금리 등 이른바 3저 호황이라는 국면으로 경제상황이 급변하거든요. 시대 상황을 좀더 진척시켜서 회고해 보면 어떨까 싶습니다.

사공일 1984년까지는 물가가 한 자리 숫자로 떨어져 있으니까 정치권이나 업계에서 계속 긴축완화에 대한 압력이 오는데 나는 좀더 시간이 필요하다고 강조했습니다. 전 대통령도 그걸 밀어 주시고 그렇게 해왔지요.

그런데 1985년 초에 오니까 나 스스로도 생각이 달라지기 시작했어요. 그전까지만 해도 '물가가 한 자릿수로 잡힌 것은 어쩌면 소가 뒷걸음질 치다 쥐 잡는 격이지 진짜 경제상황은 물가안정이 된 건 아니다'라고 생각하는 사람들이 많았고 물가오름세 심리가 완전히 사라지지 않았다고 보았습니다. 그런데 1985년 초쯤에는 물가안정에 대한 자신감이 생겼습니다. 그래서 그때 수석비서관들이 대통령께 연초 업무보고를 할 때 이런 보고를 드렸던 것으로 기억합니다. "물가안정 기반이 조금은 다져졌으니까 이제는 경기 진작 쪽으로 일부 경제정책 기조를 전환하는 게 좋을 듯합니다."

물론 이런 보고를 하게 된 것은 그냥 감(感)으로 한 것만은 아니었어요. 당시에 여러 경로를 통해 정보를 수집해 보니까 국제유가가 많이 떨어질 것이란 전망이 우세했습니다. 그때 미국중앙정보국(CIA: Central Intelligence Agency) 정보는 물론이고 외국의 연구기관들 자료 같은 것을 다 취합해 본 결과였지요. 거기다 국내물가도 안정세를 유지할 것이란 확신이 있어서 정책기조 전환이 필요하다고 생각한 것입니다.

1985년 3월로 기억합니다만 청와대 3층 회의실에서 내가 주재해서 경제기획원, 재무부 등 정부 관련부처는 물론이고 한국은행도 부르고 대한무역투자진흥공사(KOTRA: Korea Trade-Investment Promotion Agency)도 부르고 해서 우리나라 경기를 진단하고 전망하는 회의를 열었습니다. 아주 이례적인 일이었죠.

결론은 정책기조를 바꿔야 한다는 것이었습니다. 내가 그때 이런 표현을 써서 설명했습니다. "저 멀리 깊은 바다에서 파도가 밀려오는데 서핑을 하려면 저 안에 먼저 들어가서 파도를 타고 나올 수 있는 준비를 해야 된다. 지금 세계경제 여건이 좋아질 것으로 예상되고, 우리 경제상황도 조금 나아질 것으로 보이니까 이를 활용할 준비에 미리 나서야 된다."

그러면서 "예를 들어 수출신용장(L/C)이 오고 나서 공장을 지어서 상품을 생산하는 것은 늦으니까 지금부터는 공장 지을 준비, 즉 설비투자를 서둘러야 한다"고 결론 내린 겁니다. 그 결과 여러 가지 조치들이 취해졌습니다. 공장 지을 설비투자 자금 융자도 더해 줄 수 있는 길도 트고, 그다음에 수출 쪽에 인센티브 주는 것도 늘리고 했습니다. 경기회복에 대비한 것이지요.[21]

그랬는데 1985년 9월에 어떤 일이 벌어졌습니까. 플라자 합의가 이뤄졌죠. 그다음에 국제유가가 큰 폭으로 떨어졌는데 처음 내다본 것 이상으로 떨어졌습니다. 저유가, 저달러, 저금리라는 이른바 세계경제의 3저 현상이 벌어진 것입니다. 그러한 좋은 국제경제 여건 변화를 우리가 미리 준비했으니까 다른 나라들보다 훨씬 잘 이용했고, 그로 인해 호황을 누리게 된 것입니다.

1986년 사실상 사상 처음으로 진정한 경상수지 흑자를 기록했어요. 1979년에 약간의 흑자를 기록하긴 했지만 그때는 해외건설 선수금 등이 많이 들어와 그런 것이고, 교역을 바탕으로 한 흑자는 처음이라고 보아야지요.

●

21 1985년 들어 정부의 경기 진작책이 광범하게 실시됐다. 3월과 5월, 7월 등 연이어 수출지원을 위해 기업이 수출신용장(L/C)을 받으면 이를 근거로 자금을 지원해 주는 수출금융의 융자단가를 인상했고, 임시투자세액 공제제도(1985.6.28)를 도입하는가 하면 8월 14일에는 설비투자 확대를 위한 금융 및 세제지원 확대방안(설비자금 지원규모 확대 및 여신관리제도 완화, 지상배당과세 폐지 및 감가상각 내용연수 단축 등)을 만들어 발표하고 시행에 들어갔다. 1985년 3월 4일 발표한 수출금융(생산자금) 융자단가 인상내용을 보면 달러당 660원에서 700원으로 인상했고, 5월 3일에는 1달러당 720원으로, 그리고 7월 15일에는 1달러당 750원으로 각각 올렸다.

운(運)은 준비한 자에게만 따른다

이계민 기회는 똑같이 주어졌는데 잘 이용한 나라도 있고, 그렇지 못한 나라도 많았지요. 한국은 그런 준비가 있었으니 3저 호황을 누렸다는 말씀인가요?

사공일 경제현상은 이해하기가 상당히 어렵기 때문에 나는 쉽게 설명하려고 자주 비유법을 써서 얘기하곤 했습니다. 두 가지 비유를 자주 했는데 하나는 권투에서 챔피언 타이틀을 거머쥘 때 얘기입니다. 어떤 선수가 챔피언 도전권을 가지고 있었는데, 갑자기 유고가 생겨 도전을 못하게 생겼어요. 그다음 랭킹 선수에게 도전권이 주어집니다. 행운의 도전권을 얻은 이 친구가 링에 올라가서 챔피언을 때려눕히고 챔피언 벨트를 거머쥔 것이지요.

그러면 모든 사람들이 그 친구 운이 좋아서 링에 올라가 챔피언이 됐다고 얘기합니다. 물론 링에 올라간 것은 운이 좋아서 올라갔는데 평소에 운동을 게을리하고 도전할 준비가 안 돼 있었다면 챔피언을 때려눕힐 수 있었겠느냐는 겁니다. 올라간 것은 운이 좋은 것이었지만 올라가서 승리한 것은 자기가 평소에 전부 몸을 단련해 놓았기 때문에 그런 것이라고 봅니다. 운이 아니라 챔피언의 자격이 충분했던 것이지요.

그다음에 내가 자주 비유하는 두 번째 이야기는 남아프리카공화국 출신의 유명한 프로골퍼 게리 플레이어(Gary Player)의 일화입니다. 신문칼럼에서도 몇 번 썼는데 게리 플레이어는 키가 아주 작고 신체가 허약해 매우 불리한 조건이었어요. 그럼에도 불구하고 그때 리 트레비노(Lee Trevino)나 아놀드 파머(Arnold Palmer) 같은 쟁쟁한 골퍼들을 제치고 챔피언을 여러 번 차지했습니다. 그런데 그가 챔피언으로 등극할 때 자주 벙커샷을 한 볼이 바로 홀컵에 빨려들어 간다거나 칩샷 한 볼이 홀컵에 들어가는 등 운 좋은 샷들이 많이 나옵니다. 그래서 어느 인터뷰에서 기자가 이렇게 물었어요.

"아, 당신 어떻게 그렇게 운이 좋으냐? 항상 운이 따라서 이기는 것 같다."

그러니까 게리 플레이어가 명답을 합니다.

"그거 연습을 많이 하니까 운이 좋아지던데요."

명언 중의 명언 아닙니까? 연습을 그렇게까지 많이 했으니까 공이 홀 근처에 간 것이고 그러니까 들어간 것이지요. 물론 순전히 운으로 들어가기도 하겠지만 그건 어쩌다 예외적인 경우입니다. 좋은 결과가 자주 나오는 것은 연습 덕택이 분명합니다. 정말 마음에 드는 명답이라서 지금도 내가 자주 인용합니다. 우리가 겪은 3저 호황도 바로 그런 경우라고 봅니다.

이계민 3저 가운데 하나가 저(低)달러 아닙니까? 요즈음 상식으로 보면 달러 값이 떨어지면 한국 원화(貨)는 값이 올라가 수출에 불리한 상황으로 작용하는데 호황 원인이었다는 게 어떤 이유에서죠?

사공일 두 가지로 설명이 가능합니다. 하나는 그때 우리는 주요국의 교역비중을 감안한 복수통화바스켓에 의해 환율을 계산해 고시하는 제도를 갖고 있었습니다. 완전한 달러 페그(dollar peg)는 아니었지만 달러 비중이 아주 큰 바스켓에 의해 환율이 결정됐어요. 더 중요한 것은 솔직히 말해 환율을 계산할 때 정부가 '플러스 알파'를 적용하는 장치를 마련해 두었습니다. 말하자면 정부의 정책의지가 작용할 수 있는 여지를 만들어 놓은 겁니다. 그래서 달러 가치 변동과 같은 방향으로 비슷하게 움직인 것이지요. 미국이 그런 내막을 아니까 우리한테 나중에 원화를 절상하라고 더욱 압력을 넣은 것입니다.

　그다음에 더욱 우리가 유리했던 것은 일본 엔은 크게 절상된 것입니다. 해외에서 일본 제품과 경합하는 우리 수출품목이 많으니까요. 플라자 합의가 주로 일본 엔화를 겨냥한 것이었으니 상대적으로 우리에게는 유리한 것이었지요.

　국제금리 하락과 국제유가 하락, 그리고 이런 달러가치 하락이 우리에게 엄청나게 긍정적인 효과로 나타났습니다.

이계민 당시 국제경제 상황을 보면 선진국들의 보호무역주의가 만연해 수입규제나 반덤핑관세 부과 등의 수입장벽이 높아지고 있던 때 아닙니까?

사공일 미국이 특히 그랬습니다. 당시에 재정적자에 더해 무역적자가 계속 늘어나게 되니까 일방적 반덤핑관세 등 수입규제조치와 함께 교역상대국에 대해 시장개방 압력을 강화하기 시작한 것이지요.

186

개방압력의 서막, 컬러 TV 덤핑 판정

이계민 우리는 대폭적인 대미무역 흑자를 내고 있었죠. 대일무역 적자는 커지는데도. 그래서 미국을 비롯한 일본 이외 나라와의 교역에서 흑자를 내서 주로 일본제품을 사들이는 결과를 가져왔습니다. 그때 얘기 좀 해 주시죠. 특히 한미 무역마찰이 첨예하게 대립됐었는데.

사공일 내가 경제수석으로 부임한 지 얼마 안 되었을 때 처음으로 미국이 한국산 컬러 TV에 대해 반덤핑관세(anti-dumping charge)를 부과하는 판정을 내렸습니다. 그게 1984년 2월입니다. 미국 상무부가 한국산 컬러 TV에 대해 덤핑을 규정하는 최종판정을 내린 것이지요. 대우, 삼성이 주로 반덤핑관세를 맞았어요. 미국과 처음으로 쌍무적 통상문제가 생긴 겁니다. 그런데 이것은 한미 양국관계 측면에서 통상문제를 뛰어넘는 중요한 의미를 가진 것이었어요. 그때까지 한국인들은 일반적으로 미국을 '후덕한 큰형님'(benevolent big brother)으로 보는 시각을 가졌습니다. 한국의 해방과 원조, 그리고 6·25 참전 등을 통한 대미관이라 할까.

그런데 갑자기 이런 미국이 한국에 각종 통상압력을 행사하게 되니까 미국에 대한 기존 시각이 일반인들 사이에서도 조금씩 달라지기 시작했다고 봅니다. 그리고 조금 있다가 앨범에 대한 반덤핑 판정이 또 나오는 거예요. 앨범 제작업체들은 대부분 영세한 중소기업들인데 다 죽게 생겼다고 하니까 주부들이 앨범 사 주기 운동도 하고 그랬어요. 이런 점들이 특히 젊은이들의 반미감정을 싹트게 하는 데 기여했다고 봅니다.

어쨌든 처음 컬러 TV에 대한 반덤핑 판정이 내려지니까 미국 국내사정을 제대로 이해하지 못하고 한국의 몇몇 기업, 특히 대우를 겨냥한 이른바 음모론의 시각에서 이 문제를 보려는 일부 경향도 있었습니다. 심지어 청와대 회의에서마저 그런 시각을 가진 사람들이 발언했습니다. 나는 그 회의에서 이 문제를 그런 식으로 받아들인다면 올바른 대응책이 나오지 않는다는 점을 강조했지요. 미국이란 나라를 잘 이해한다면 이런 음모론이 설득력이 없음을 강조했습니다.

그 이후 처음으로 미국 변호사도 고용해서 썼습니다. 아놀드 앤 포터

(Arnold & Porter) 로펌도 내가 소개해 무역협회에서 한국을 대변하는 변호 업무를 처음으로 하게 되었지요. 그 이후 미국과의 통상마찰은 「통상법 301 조」[22] 적용 문제로 이어집니다. 미국이 「통상법 301조」를 적용해 제일 먼 저 제소한 것이 보험입니다. 또한 지적재산권(intellectual property right)에 대해 미국 정부가 301조를 발동했고, 그다음에 미국 업계가 ITC[23]에 301조 를 발동해 달라고 요청한 것이 담배, 포도주였으며, 그리고 쇠고기였습니 다. 그런데 쇠고기는 우리가 관세와 무역에 관한 일반협정(GATT: General Agreement on Tariffs and Trade)으로 보냈습니다. GATT에서 패널을 구성하 여 심의해서 결정하도록 했고 나머지는 우리가 미국과 협의를 통해 시장개 방을 하게 된 것입니다.

그런 우여곡절을 거쳐서 마침내 1986년 7월에 한미 통상현안 협상에 대한 일괄타결이 이루어져 일단락됩니다.

●

22 1974년 제정된 미국 통상법 중 무역 상대국의 불공정 무역관행의 시정·보복조치를 규정한 법률조항. 대통령이나 업계의 제소에 기초하여 USTR이 조사를 실시, 상대국의 부당·불합리한 무역으로 인해 미 국의 권리가 침해됐다고 판단될 경우 수입제한이나 관세인상 등 보복수단의 행사를 대통령에게 권고할 수 있다. 이 조항에는 불공정 상행위로서 ① 미국상품에 대한 부당한 관세, 기타 수입제한, ② 미국의 통 상을 제한하는 차별정책·행동, ③ 미국과의 경쟁을 방지하기 위한 보조금 지급, ④ 식량, 원자재, 제품 ·반제품과 관련, 미국의 통상에 부담을 지우는 공급제한 등 4가지가 규정되어 있다. 특히 1984년 통상 관세법의 제정으로 301조의 적용범위가 서비스·하이테크·투자에까지 확대되고 대통령이 독자적으로 조사를 개시할 권리와 발동권이 주어지는 등 그 조항이 더욱 강화되면서 미국의 대항조치를 남용케 해 GATT를 사문화하는 결과를 초래했으며, 자유무역질서 보호라는 명분 아래 국가이기주의를 강화시켜 국 제적 마찰을 높이고 있다.

23 미국국제무역위원회(ITC: International Trade Commission): 대외무역이 국내의 생산, 고용, 소비에 미 치는 영향에 관한 모든 요인을 조사하는 미국의 대통령 직속의 준사법적 독립기관으로, USTR와 함께 국 제통상 문제를 담당하는 중요한 기구이다. 1916년에 설치된 미국의 관세위원회가 1974년 「통상법」 성립 과 함께 미국 국제무역위원회로 개칭되고 권한도 강화됐다. ITC는 대통령이 임명한 임기 9년의 위원 6명 과 430여 명의 조사인력으로 구성되며, 수입으로 인한 국내산업 피해의 조사와 판정을 내리고 나아가 「통상법」 상 '불공정 수입의 금지' 절차에 따른 구제조치에서도 중심적 역할을 수행하는 규제위원회다. 즉, ITC는 수입급증으로 인한 국내산업 피해여부의 조사와 판정 그리고 이에 따른 관세인상 등의 피해구 제 조치를 대통령에게 권고하며, 무역과 관세에 관한 연구 및 수입수준 감시 등의 업무를 수행한다.

한편 ITC로부터의 권고가 있을 경우 대통령은 권고받은 날로부터 60일 이내에 모종의 결정을 내리도 록 의무화되어 있다. ITC 요구에 따라 대통령이 취할 수 있는 수입제한 조치는 관세율 인상, 수입할당제 적용, 관세할당제 적용, 과징금 부과, 수입허가서 발급정지, 수출자율규제 체결, 시장질서협정 체결, 산업 조정 지원 등이다. 대통령은 당해 품목에 대해 최장 5년까지 일시적 수입제한 조치를 취할 수 있다.

이계민 당시 한국이 많이 양보했지요. 사실 우리가 너무 안이하게 대처했던 것 아닌가요? 그때 처음 미국이 컬러 TV에 대한 수입규제를 하면서 한국에서는 컬러 TV 방송도 허가하지 않으면서 미국에 TV만 몽땅 팔고 있다고 비난하던 것이 기억납니다만 어쨌든 안이한 대응에 혼쭐이 난 셈입니다.

사공일 미국의 개방압력 가운데 가장 해결하기 어려운 것이 환율문제였어요. 환율문제는 내가 경제수석으로 재직할 때부터 시작돼 재무부 장관 시절까지 계속됐습니다.

당시 우리는 대미교역에서 지속적으로 흑자를 내고 있었지요. 더구나 우리나라 수출의 30% 이상이 미국에 대한 수출이었어요. 한국은 미국의 7대 교역국이었습니다. 한미 양국은 서로 큰 비중의 교역 파트너였지요.

당시 워싱턴 정치권과 행정부에서는 한국을 미국에 대해 수출만 하고 수입은 하지 않는 '제2의 일본'으로 보는 일반적 시각이 있었습니다. 그런 배경을 깔고 미국이 한국에 대해 개방압력을 강하게 행사하기 시작한 것입니다. 더구나 한국이 1986년부터 경상수지 흑자를 내기 시작하니까 시장개방 압력이 더욱 강화되었습니다. 원화절상 압력도 강화된 것입니다.[24]

---

24 1984년부터 시작된 한미 통상마찰은 1986년 7월 21일 한미 통상현안 일괄타결로 일단락됐다. 당시 미국은 1985년 말 지적소유권 보호, 보험시장 개방 등이 이행되지 않으면 「통상법 301조」를 발동하여 관세부과, 수입규제 등의 무역보복 조치를 취할 것이라고 한국 측에 통보했다. 이에 따라 주미 대사와 USTR 간의 워싱턴 협상에서 지적소유권 보호, 담배 및 보험시장 개방 등에 관한 통상협상을 일괄적으로 타결했다. 주요 내용은 다음과 같다.
• 보험시장 개방: 1986년 7월까지 미국 2개사에 화재보험 참여를 허용하고, 1986년 말까지 미국 생명보험회사 1개사의 한국진출을 허용하되 추가진출은 양국협의에 따라 결정한다.
• 저작권 보호: 1987년 7월부터 저작권을 보호하고 1987년 9월에 국제저작권협약에 가입한다. 저작권 보호기간은 30년에서 50년으로 연장한다. 음반저작권도 1987년 9월 음반협약 가입 후 보호한다. 서적의 무단복제에 대하여는 1977년 이후 발생 분부터 소급해서 보호한다.
• 소프트웨어 저작권 보호: 컴퓨터 프로그램보호법을 제정하여 50년간 보호한다. 법 시행 7년 전에 창작된 것도 소급 보호한다.
• 물질특허 보호: 1987년 7월부터 물질특허를 보호하고 보호기간은 공고일로부터 15년간을 원칙으로 하고 3년 연장 가능하다.
• 담배시장 개방 : 1986년 9월 1일부터 국내 판매를 허용할 예정이므로 「통상법 301조」 협상과는 별개로 한다.

올코트 프레싱 나선 미국 '원화절상' 요구

이계민 상품수입이나 서비스시장 개방은 물론이고 원화절상까지 들고 나온 것은 그야말로 전방위 압박인 셈이네요.

사공일 그에 얽힌 뒷얘기를 하나 할까요? 앞서 수석 취임 후에 뉴욕에서 개최된 세계부채정상회의에 참석했다고 했지요. 그 회의에는 미국 재무부 장관인 제임스 베이커도 참석하게 되어 있었습니다. 내가 참석한다는 것을 알고 베이커 장관이 나와 만나자 해서 결국 만났습니다.

베이커 장관과 만나게 된 흥미로운 뒷이야기부터 하지요.

그때 주미 한국대사는 김경원 박사였어요. 미국 재무부에서 한국의 경제수석비서관이 온다고 하니까 김 대사에게 "베이커 장관과 만나도록 해 달라"고 요청한 거예요. 김 대사께서 나한테 연락해서 그런 요청을 했어요. 나는 요청을 거절할 수는 없고 해서 조건을 달아서 만나겠다고 제의토록 했지요. 나는 직접 정책결정을 하는 장관이 아닌 대통령 수석비서관이기 때문에 베이커 장관과 비공식적 면담을 하고 그 내용을 우리 정부에 충분히 전달할 터이니 비공식 면담으로 하자고 한 것입니다. 베이커 장관과 비공식 면담이 이뤄진 것입니다.

베이커 장관은 찰스 달라라(Charles Dallara) 차관보가 배석한다고 해서 나는 기록을 위해 한 사람만 배석토록 하겠다고 하고 당시 주미대사관 김영빈 재무관을 배석시켰지요. 장소는 플라자 호텔이었습니다. 그 호텔 지하의 컨퍼런스 홀에서 세계부채정상회의가 열리고 있었기 때문에 베이커의 연설이 끝나는 시간을 감안해 그 후에 만나기로 약속시간을 잡았지요.

여기서 약간의 해프닝이 있었습니다. 베이커 장관이 연설을 마치고 나서 곧이어서 미국무역대표부(USTR) 야이터 대표가 연설하게 되어 있었어요. 그런데 베이커 장관을 만나려면 바로 나가야 하지만 연단에 앉아 있던 내가 개인적으로 잘 아는 야이터 연설이 있는데 그냥 일어나려니까 좀 미안하더라고요. 그래서 '베이커 장관이 바쁘지만 이 사정을 이해하고 좀 기다려 주겠지' 하고는 야이터 연설이 끝날 때까지 자리를 뜨지 않았습니다.

그랬더니 난리가 났어요. 미국의 베이커 장관이 다른 데로 이동하는 비행기 시간 등을 감안해 약속시간을 잡아놨는데 늦어지니까 미국 관리들이 안달이 난 거죠. 한국의 경제수석비서관이 미국 재무부 장관을 기다리게 한다고 펄펄 뛰기도 하고, 우리 재무관이 뛰어 내려오기도 하고 그랬어요.

내가 올라가서 베이커 장관에게 사실대로 설명했지요. 물론 베이커 장관은 이해했습니다.

비공식 면담이라지만 미국은 내가 예상한 대로 환율문제를 구체적으로 거론했지요. 구체적인 숫자까지 들어가면서 얼마 이상 평가절상을 해야 되고, 이런 식으로 밀어붙이는 것이에요. 그래서 나는 "이것은 재무부 장관 소관이니까 당신들의 주장은 충분히 전달하겠다. 내가 여기서 결정할 문제가 아니니까"라고 말하면서 우리의 경상수지는 미국에 대해서는 흑자폭이 늘어났지만 전체적으로 봐서 만성적자국이라는 점 등 한국 경제에 관한 여러 가지 사실들을 설명하고 면담을 마쳤습니다.

이계민 그게 1986년도인가요?

사공일 아닙니다. 그게 내가 수석이 돼서 얼마 안됐으니까 1984년이 아닌가 싶습니다.

이계민 굉장히 오래전부터 원화절상 압력이 시작되었네요?

사공일 왜냐하면 그때 우리는 전체 경상수지는 적자였지만 대미 무역수지는 흑자를 내고 있었거든요. 이 점을 미국이 항상 강조했던 것입니다.

이계민 언제인지는 정확하지 않지만 프레드 버그스텐(C. Fred Bergsten)이 한국에 와서 강연하는데 원화 평가절상을 해야 한다고 강조했거든요. 그것도 큰 폭으로 해야 한다고 해서 제가 기사를 쓴 기억이 나는데 그 강연이 있고 나서 실제로 원화가치가 큰 폭으로 절상됐습니다.

사공일 그 뒷얘기가 전혀 안 알려졌는데 이렇게 된 것입니다. 그때가 1986년 초반일 겁니다. 경제수석 시절인데 프레드 버그스텐이 서울에 왔어요. 그때 내가 KBS에 출연해 보라고 출연일정까지 잡아 줬어요. 왜 그랬냐 하면 학자인 프레드 버그스텐이 일반 미국인과 워싱턴에서 한국을 보는 시각을 우리 국민들과 특히 우리 정치권과 언론에 진솔하게 알려주길 바란 것입니다. 당시 일반 국민들은 물론이고 우리 정치인들이나 언론인들도 미국 워싱턴의 분위기를 잘 모르고 있었어요. 그리고 당시 나 스스로 적정한 환율절상과 수입 개방의 확대 필요성을 느끼고 있었기 때문이었어요. 당시 원화가 어느 정도 저평가돼 있었기 때문에 환율조정도 필요했고 수입자유화도 확대할 필요가 있다고 생각한 것이지요.

그래야만 기업 구조조정도 이뤄지고 기업체질도 강화될 것이라고 보았습니다. 저환율에 익숙해지면 기업들은 구조조정을 미루게 될 것이기 때문이지요. 그때 기업인들을 만나면 나는 항상 강조했습니다.

"환율 덕만 보려고 하지 마라. 기업 구조조정은 당신들이 해야 될 거 아니냐. 일본은 지금 저렇게 엔고를 겪어도 기업들이 살아남는데 우리는 이래도 못산다고 불평만 해서 되겠느냐."

그런 일들이 있은 후에 일부 환율조정이 이뤄졌습니다.

그러고 나서 1987년 5월에 재무장관으로 갔는데 6월 29일에 6·29 민주화 선언이 있었잖아요. 그리고 이른바 민주화 열풍과 함께 심한 노사분규 사태가 벌어지게 되고 경제의 앞날이 불투명해지는 상황을 맞게 되었지요.

그 와중에도 미국에서는 계속 환율절상 압력을 가해 오는 거예요. 특히 미국은 대만의 환율조정을 이끌어내기 위해 한국을 더욱 압박하지 않을 수 없었을 거예요. 대만은 "한국이 평가절상을 안 하면 우리도 못한다"고 버티는 상황이었어요. 우리로서는 참 난감한 일이었습니다.

통상적으로 매년 9월이면 IMF 총회가 열리지요. 한 해는 미국에서 열리고, 한 해는 미국 이외 지역에서 개최하지요. 그해(1987년)는 미국에서 열리는 해였는데 경제수석 때 만났던 제임스 베이커 재무부 장관이 내가 IMF 총회에 참석하는 것을 아니까 만나자고 요청해 왔어요. 물론 만나기로 약속했지요.

그런데 가만히 생각해 보니까 그대로 그냥 만났다가는 불리할 게 많을 것 같아요. 그래서 베이커 장관을 만나기 전에 미국 워싱턴에 우리 편을 좀 만들어야 되겠다고 생각했습니다.

제일 먼저 국제경제연구소(IIE: Institute for International Economics)로 프레드 버그스텐 소장과 환율전문가인 존 윌리엄스(John Williams) 박사를 만나러 갔어요. 그들에게 한국 경제의 실상을 먼저 이렇게 설명해 주었습니다.

"지금 한국은 민주화 바람 등으로 인해 명목임금이 크게 올라가고 있다. 그리고 물가도 많이 오르고 해서 환율을 조정하지 않고도 원화의 실질 실효 환율이 얼마나 올라갔는지 아느냐. 그런데도 미국은 한국의 어려운 정치·경제여건도 무시하고 원화절상 압력을 강하게 넣고 있다."

그다음 IMF 사람들 만나서도 같은 설명을 해 주었습니다. 다행히 그들 모두가 내 설명이 설득력 있다고 생각하더군요. 말하자면 우리 원군이 생긴 셈이었습니다.

프레드 버그스텐은 실제로 베이커 장관과 아주 친한 사이이고 정책자문도 자주 하는 전문가이지요. 그래서 그에게 베이커 장관에게 그런 내용을 좀 얘기해 달라고 부탁했지요. 버그스텐은 그날 저녁 IMF·세계은행 총회 연회장에서 베이커 장관을 만나 얘기하겠다고 약속했지요. 실제 그날 저녁 연회장에서 버그스텐이 베이커 장관과 서서 얘기하면서 뒤에 서 있는 나에게 손으로 V자를 만들어 보여줬습니다. 얘기했다는 것을 저에게 알려준 것입니다.

나는 워싱턴 인사들을 만나 설명도 함께 했던 것으로 기억합니다. 물론 뒤에 베이커 장관을 만나서도 같은 설명을 했습니다. 그 당시 했던 이야기의 내용은 이런 것이었습니다.

"미국은 우리에게 우방 중의 우방이다. 그런데 이 우방이 어려움을 겪고 있는데 불난 집에 부채질하듯 환율절상과 같은 압력을 행사하는 것이 옳은 것이냐. 좀 기다렸다 해도 되지 않느냐."

다소 감성에 호소한 면도 없지 않았지요. 그러면서 동시에 이런 얘기도 덧붙였지요.

"내가 볼 때 한국 경제는 이러한 어려움에도 대략 6개월 정도 지나면 정상 성장궤도로 돌아올 것으로 본다. 그러니까 그때까지만 기다려 달라."

그런 논리를 펴면서 여러 사람들을 만났었지요. 그리고 베이커 장관을 만났습니다. 그때 김경원 주미대사가 배석했습니다. 김 대사는 베이커 장관을 처음 만나는 것이라고 했습니다. 나는 베이커와는 경제수석 시절에 이어 두 번째였지요. 그날 미국 측에서는 멀포드(David Mulford) 차관이 배석했어요. 멀포드 차관은 강경파로 잘 알려진 사람입니다. 멀포드가 나서서 무조건 원화절상을 강력하게 압박하는 겁니다. 그래서 나는 이렇게 설득했습니다.

"IMF나 IIE에 있는 사람들과 한번 이야기해 봐라, 현재 우리의 노동비용과 물가가 이렇게 많이 올라가서 실질 실효환율이 이미 상당히 절상돼 있다. 그런데다 지금 이 시점에서 한국은 경기가 무척 안 좋다. 경기가 좀 좋아지면 내 스스로 환율을 서서히 조정해야 한다는 생각을 하고 있기 때문에 나한테 좀 맡겨 달라."

미국 재무부 관리 중에서도 차관보인 찰스 달라라는 어느 정도 합리적인 생각을 가지고 있었습니다. 그래서 거듭 이렇게 요청했어요.

"적어도 한 6개월 정도만 기다려 달라. 기다려 주면 노사분규 등이 어느 정도 해결되고 그러면 그때 가서 우리 스스로의 필요에 의해 환율을 조정하게 될 것이다."

미국 재무부가 '좋다'고 확답한 것은 아니지만 그때부터 우리 환율의 절상은 거의 멈췄지요. 그러나 그해 12월경부터 다시 확 오르기 시작합니다.

이계민 왜 6개월도 안 돼 그렇게 빨리 절상이 되었지요?

사공일 미국 측에 내가 6개월 참아 달라고 했잖아요. 그런데 우리 경제는 3개월 정도 지나니까 빠른 성장세로 돌아선 것입니다. 그래서 찰스 달라라 미 차관보가 환율문제 협의차 내한했고 대만 측 불만 등을 고려해서 그동안 미루어진 조정을 한꺼번에 하게 된 것입니다.

1달러 700원이 무너지다

이계민 1987년 얘기시지요?

사공일 1987년 말인가 그래요. 달라라가 오기 전에도 미국의 환율 압력이 여러 경로로 많았어요. 흥미로운 뒷이야기인데 달라라 차관보가 오기 얼마 전입니다. 당시 재무부 차관인 멀포드가 한국에 오겠다는 연락이 왔어요. 원화 절상을 직접 요구하려는 것이 뻔했지요. 그래서 내가 미 재무부 경로를 통해 오지 않도록 설득하려 노력했지요.

"멀포드 차관이 무엇 때문에 왔는지 공항에 내리면 우리 언론이 잘 알 것이고 대서특필될 것이다. 우리 국민들은 나라가 이렇게 어려운데, 우방국이 이래서야 되겠느냐고 생각할 것이다. 한미관계를 위해서라도 지금 오는 것이 바람직하지 않다."

그래도 꾸역꾸역 오겠다는 거예요. 그래서 내가 공식적 편지를 제임스 베이커에게 썼습니다. 여러 가지 상황을 설명하고 때가 좋지 않다고 얘기했죠. 그런데도 아무 답이 없었어요. 그래서 당시 주한 미국대사, 딕시 워커(Richard L. "Dixie" Walker)라는 분께 미 국무장관(George Shultz)한테 편지를 써 달라고 부탁했어요. 물론 멀포드가 한국에 오는 것은 바람직하지 못하다는 내용이죠. 그때 주한 미국대사에게도 이렇게 설명했습니다.

"멀포드의 방한은 미국 국익에도 절대 도움이 안 된다, 지금 한국의 정치 경제상황이 이렇게 어려운데 불난 집에 부채질하면 반미감정만 높아진다."

실제 워커 대사가 슐츠 국무장관한테 편지를 썼습니다. 그런데도 멀포드는 대만 가는 길에 공항에만 들렀다 가겠다고 우겼습니다. 그것은 내한하는 것과 같아 안 된다는 입장을 고집했지요. 결국 멀포드 차관이 한국 오는 것을 막아냈죠. 그 후 노사분규가 어느 정도 진정되면서 시간이 좀 지나서 달라라가 조용히 온 것입니다. 찰스 달라라가 내한한 것은 12월 초였을 겁니다.

당시 재무부의 외환업무는 홍재형 기획관리실장이 맡고 있었지요. 원래는 재무부 제2차관보가 맡았던 업무였는데 외환업무와 대외조정실 업무에 경험이 많기 때문에 홍 실장이 맡도록 했지요. 홍 실장이 주로 달라라와 만나서

| 한미 재무장관 회담(1988. 2. 26)
제임스 베이커 미국 재무부 장관(왼쪽)이 사공일 재무부 장관(오른쪽)과 악수하고 있다. 베이커 장관은
미국 재무부 장관으로는 처음으로 과천청사 재무부 장관실을 방문했다.

환율문제를 협의했습니다.

달라라가 그때 한국의 환율변화25를 꼼꼼히 파악해 와서 몇 원 몇 전이 내렸고 하는 식으로 따지는 겁니다. 그러면서 지금 대만은 이렇게 하고 있는데 한국도 더 이상 미루면 우리가 의회에 변명도 못한다고 미국 사정을 얘기하는 거예요. 그래서 그동안 우리가 못했던 부분까지 감안해서 원화절상을 어느 정도 가파르게 한 겁니다. 이런 사정을 모르는 사람들은 왜 가만히 있다가 느닷없이 환율을 한꺼번에 조정하느냐고 의구심을 갖곤 했지요.

어쨌든 이러한 환율문제를 두고 나는 개인적으로 베이커 장관과 친해졌고, 베이커 장관은 미국 재무부 장관으로는 처음으로 과천청사 1동 401호실26인

●
25 대미 달러환율(기준환율)은 1986년 말 달러당 861.40원에서 점진적으로 내려(평가절상) 1987년 11월에 달러당 800원선이 무너져 1987년 12월 31일 792.20원을 기록했고, 1988년 6월말에 728.30원, 그해 11월에 700원선이 무너져 1988년 12월 31일에 684.60원을 기록하는 급등세를 지속했다. 이후 1989년 6월말의 667.20원을 저점으로 미세한 상승(평가절하) 국면으로 전환됐다.
26 사공일 장관은 성씨(姓氏)가 '사공'(司空)에다 이름이 '일'(壹)이어서 재무부 장관실인 '401'호와 발음이 묘하게 일치한다.

한국 재무부 장관실을 방문했어요. 내가 자기 사무실에 한번 갔으니까 자신도 한번 오겠다고 해서 방문한 겁니다. 베이커 장관과는 지금도 서로 연락하는 사이이고 저희 세계경제연구원에 와서 강연한 적도 있습니다.

이계민 어디에 실린 것인지 정확하지 않은데 장관님 글을 읽다 보니까 미국의 평가절상이 일본은 플라자 합의가 있고 나서 바로 했고, 대만도 미국 압력에 의해서 상당부분 현실화했는데, 우리가 제일 늦었다고 지적한 것을 보았습니다. 원화절상을 미룬 것이 당장은 도움이 되었겠지만 오히려 경쟁력 강화에 마이너스 되는 측면이 있었다는 분석이었습니다. 당시에 같이 해 버렸더라도 기업들이 좀더 자생능력도 길렀을 것이라는 내용의 글을 읽은 기억이 나는데요.

사공일 앞에서도 설명했지만 여러 가지 이유에서 나도 적절한 수준의 환율조정이 필요하다고 봤지요. 특히 우리 경제가 경상수지 흑자기조로 돌아선 이후에는 그랬습니다. 곧 이어진 6·29 조치와 달라진 국내 사정으로 환율조정은 미룰 수밖에 없었습니다.

이계민 결국은 미국의 압력에 굴복했다고 볼 수도 있지만, 경상수지 흑자를 내는 등 한국 경제가 처한 현실에서는 그렇게 하는 것이 당연한 순서라고 볼 수도 있었겠네요.

금융시장 개혁 본격 나서다

6공 재무장관에 유임

사공일은 1983년 10월 15일에 경제수석에 취임해 1987년 5월 26일에 재무부 장관으로 자리를 옮겼으니 정확히 3년 7개월 이상을 청와대에서 보낸 장수 수석비서관이었다.

따라서 재무부 장관으로 자리를 옮겼다고 해서 업무가 생소하거나 새로울 것은 없었다. 다만 당시의 상황에서 보면 처음 맞는 경상수지 흑자시대를 어떻게 잘 활용하느냐가 초미의 관심사였을 것이다.

재무장관에 취임한 사공일은 기업들의 재무구조 개선은 물론 성장과실을 국민과 공유해야 한다는 논리에서 기업공개 촉진과 유상증자 확충 등 자본시장 육성시책을 광범하게 추진했고, 아울러 생명보험시장 개방 등 미국과 합의한 시장개방 내용을 실행에 옮기는 정책을 서둘렀다.

그러나 이즈음 높은 경제성장으로 인한 국민소득의 증가는 물론 경상수지 흑자를 통해 외채구조도 개선되면서 호황을 누리다 보니 자연히 국민들의 욕구는 복지확대에 초점이 맞춰질 수밖에 없었다. 이러한 정책수요에 부응하여 정부 역시 복지증진 대책을 강구하기에 이른다. 물론 이러한 정책발상은 흑자시대라는 경제여건보다 제6차 경제개발 5개년계획이라는 장기 경제발전 플랜의 일환으로 논의되고 구체화된 결과였다.

1987년에서부터 1991년까지를 계획기간으로 하는 6차계획은 1년 이상의 준비기간을 거쳐 1986년 9월 16일에 발표됐다. 정부는 그에 앞서 1986년 9월 1일에 6차계획의 핵심 내용 가운데 하나인 국민복지증진 대책을 발표했다. 의료보험 수혜대상을 전 국민(농어촌 1988년, 도시저소득층 및 자영업자 1989년 실시)으로 확대하고 국민연금제도 및 최저임금 제도를 1988년부터 도입한다는 계획을 발표하고 그해 말에 필요한 입법조치를 마쳤다.

그러던 것이 1987년 6월 29일, 이른바 6·29 선언이 나오면서 민주화의 열풍이 불기 시작해 경제에도 갖가지 파장이 엄습했다.

6·29 선언은 민주정의당(민정당) 노태우 대표가 국민들의 민주화와 직선

| 제13대 노태우 대통령 취임식(1988. 2. 25)

노태우는 1932년 경북 대구에서 태어나 육군사관학교를 졸업하였고, 미국 조지워싱턴 대학에서 법학 명예 박사학위를, 러시아 모스크바 대학에서 정치학 명예 박사학위를 받았다. 12·12 사태와 5·17 비상계엄 확대조치에 참여하며 신군부의 정권획득에 큰 역할을 했다. 체육부 장관. 내무부 장관. 국회의원 등을 거쳐 1988년 제13대 대통령에 취임했다.

제 개헌요구를 받아들여 발표한 특별선언이다. 이에 따라 그해 10월 직선제 개헌안을 만들어 10월 12일 국민투표에서 확정됐고, 그해 12월 16일 대통령 선거에서 노태우 후보가 당선돼 6공 시대를 열어가게 된다.

민주화 선언은 여러 가지 정치적 파장을 불러오기도 했지만 특히 노동조합 설립 자유화와 노동 3권 강화 등을 내용으로 하는 노동관계법의 개정은 그야 말로 노조설립 홍수사태를 가져왔고, 노사분규가 극에 달하는 등 혼돈상황을 빚는다. 해방 후 최대라는 호황국면을 구가하던 경제에 먹구름이 엄습하기 시작한 것은 이때부터라고 보는 게 옳다. 물론 88 서울올림픽을 계기로 한국 의 국제적 위상이 높아지는 등 국가경쟁력 제고라는 차원에서 긍정적 효과도 컸다. 하지만 1988년 들어 주요 국가들의 금리인상 발표가 잇따르고 외국의 시장개방 압력은 더욱 거세지는 형국에 처해 국제경제 환경은 그다지 호의적 이지 못한 방향으로 움직이고 있었다. 그런데도 한국은 흑자시대가 영원할 것처럼 들떠 있었던 것이 문제였다.

노태우 정부는 서울올림픽(1988. 9. 17~10. 2)을 성공리에 마친 직후 여세를 몰아 10월 14일에 '경제의 안정성장과 선진화합경제 추진대책'이라는 이름으로 금융실명제 실시를 비롯해 경제력 집중 완화와 북방 경제협력 등의 시책을 발표했다. 사공일은 그해 12월 5일 전면개각 때 재무부 장관에서 물러났다.

이때까지도 우리 경제는 호시절을 구가했으나, 이후 극심한 노사분규와 임금상승 등으로 기업들의 국제경쟁력 약화는 물론 국내 경기침체의 어두운 그림자가 드리워지기 시작했다. 지금 되돌아보면 "잘나갈 때 조심해야 한다"는 평범한 진리를 역사의 교훈으로 남긴 것이었다고 이해해도 무방할 것이다.

이계민 재무장관으로 취임하신 뒤에 시행된 정책에 대해 짚어보았으면 합니다. 기업공개 촉진, 유상증자 추진 등 직접금융시장의 육성정책을 펴기 위해 많이 노력하셨더라고요. 특별한 계기가 있었던 겁니까.

사공일 그것은 KDI에 있으면서도 자본시장 육성과 기업공개 등에 대해 관심이 많았습니다. 그래서 재무부 장관으로 가서 평소 생각하던 자본시장 육성 관련 시책들을 이것저것 많이 마련했습니다. 그 중에 두 가지만 말씀드리겠습니다. 먼저 주식 시가발행을 위한 조치입니다. 나는 KDI 시절부터 시가발행의 조속한 시행을 주장했습니다. 그것도 완전한 시가발행을 해야 한다고 주장했습니다. 그 이유는 이런 거였습니다.

"기업공개를 촉진해야 우리 성공적 기업들의 성장과실 배분에 국민 모두가 참여할 기회가 생긴다. 특히 성공적 재벌기업들의 경우 국민의 직간접적 도움을 많이 받은 것이 사실이다. 그동안 대기업들에 대해 지원해온 재정자금뿐 아니라 금융자금은 결국 국민 세금으로 충당된 것으로 봐야 한다. 직간접적으로 국민들이 도와준 돈을 가지고 재벌이 성장했으므로 이 성장의 과실을 국민들에게도 돌려줘야 하는데 그 방법은 기업공개를 해서 국민들이 주주로서 참여해 그 과실을 가져가도록 하면 되는 것 아니냐. 그렇게 하면 기업성장에도 도움이 될 뿐만 아니라 소득분배 측면에서도 긍정적 효과가 있다.

그렇기 때문에 이들 기업들이 스스로 기업공개를 해야 하고 그것도 완전한 시가발행이 필요하다. 시가발행을 해야 주식을 공개하는 입장에서 인센티브가 생기고, 기업공개가 늘어난다. 그렇지 않으면 기업공개가 잘 안될 수 있다."

그래서 시가발행을 주장한 겁니다. 기업공개가 많이 이뤄지면 결국 우리 국민들이 주주권을 통해서 배당도 받고, 주가상승에 따른 차익도 챙길 수 있고 해서 대기업의 성장과실을 나눠 가질 수 있다고 생각한 것이지요.

자본시장 개방 5개년계획 스케줄 예시

이계민 유상증자와 기업공개가 상당히 많이 이뤄졌던 것 같아요. 증권시장 자율화와 자본시장 개방 등도 많이 했잖습니까?

사공일 바로 그것이 내가 얘기하려는 두 번째입니다. 기억하시겠지만 1988년 12월에 '자본시장 개방 5개년계획'을 발표했지 않습니까? 내가 장관 그만두고도 그 스케줄에 따라 시장개방이 이뤄졌습니다. 그것도 재미있는 뒷이야기가 있지요. 1988년 베를린에서 열린 IMF · 세계은행 총회에 수행기자단의 일원으로 같이 가지 않았나요?

이계민 베를린에 같이 갔었습니다. 그때 한국에서는 서울올림픽이 열리고 있는 중이었습니다.

사공일 수행기자단은 몰랐지만 내가 베를린 컨벤션 센터 안에서 니콜라스 브래디[27]와 만났습니다. 그것도 브래디가 멀포드와 함께 먼저 만나자고 요청해서 만나게 되었지요. 자본시장 개방과 관련된 것으로 알고 있었습니다. 이미 출발 전에 준비해간 자본시장 개방 5개년계획을 설명할 기회로 생각하고 만났지요. 그러나 이 사실이 공개되면 온갖 추측이 나올 것이 뻔해서 밖에 나가지 않고 컨벤션센터 내 제3의 장소에서 은밀히 만났던 것입니다.

어쨌든 브래디 장관은 알려진 대로 조용하고 남의 말을 경청하는 스타일이어서 가만히 듣는 편이었습니다. 대신 배석한 멀포드 차관이 나서서 자본시장 개방 요구를 거칠게 해대는 거예요. 한마디로 당장 자본시장을 개방해서

---

27 니콜라스 브래디(Nicholas Brady): 부시 행정부가 출범하면서 제임스 베이커의 후임 재무부 장관으로 임명되었다.

미국 투자자들이 한국 증권시장에 투자할 수 있게 하라는 거지요.

나는 그 자리에서 당시 우리 경제의 거시경제적 여건과 자본시장 상황, 특히 금융산업의 실태 등을 소상히 설명하고 나서 자본시장 육성 필요성과 그동안의 추진상황 그리고 앞으로의 추진계획 등을 구체적으로 설명했지요. 그것도 우선순위에 따라 순차적으로 하겠다고 강조했습니다.

예를 들면, 일차적으로 해야 되는 것이 증권산업부터 먼저 튼튼하게 해야 하는 것이라고 설명했습니다. 증권산업에 외국자본의 합작을 허용하고, 그기업의 경영효율화를 기할 수 있도록 한 다음에 전환사채의 주식전환 등 외국인의 주식취득을 일부 허용하고, 그다음 단계에서 외국인 주식투자를 허용해 주는데 그 대신에 우리가 정한 산업부터 하도록 하겠다는 것을 자세히 소개했습니다. 그리고 이런 내용을 바탕으로 5개년계획을 마련해서 순차적으로 추진할 것이라고 했지요. 그랬더니 아니나 다를까 당장 많은 것을 한꺼번에 개방하라고 성화였습니다. 그래서 내가 브래디 장관에게 이렇게 되물었습니다.

"당신이 한국 재무부 장관인 내 입장에 있다면 내가 지금 설명한 것보다도 양국에 도움이 될 수 있는 더 좋은 대안을 갖고 나를 설득해 보라."

이에 듣고만 있던 브래디 장관은 내가 말한 것이 그대로 이행된다는 것을 어떻게 믿느냐고 반문하는 거예요. 내가 설명한 순차적 계획이 어느 정도 설득력은 있으나 그 계획의 실행을 어떻게 보장할 거냐 이거죠. 그것은 우리 정부가 이 계획을 공식적으로 발표하면 되지 않겠느냐고 설득했지요. 실제 그 이후 미진한 부분을 다 보완해서 자본시장 개방 5개년계획을 바로 발표했습니다.

이계민 경제일지에 나와 있는 것을 보면 1988년 12월 2일 발표한 것으로 돼 있습니다. 재무부 발표로 제목은 '자본시장 국제화의 단계적 확대 추진계획'입니다. 주요 내용은 1989년 외국인 투자펀드 확대, 1990년 해외증권 발행 규제완화, 1991년 외국인의 국내증권 직접투자 제한적 허용 및 외국증권사의 국내지점 설치 허용, 1992년 외국인의 국내주식 투자 허용 및 내국인의 해외 증권 투자 허용 등으로 나와 있네요.

사공일 그렇습니다. 그 계획을 발표했고, 그 내용은 여러 명의 재무부 후임 장관[28]들에 의해 그대로 집행됐습니다.

참고로 이러한 정책을 추진하는 데 있어 사전 예시제가 굉장히 좋은 것 같아요. 나는 기회 있을 때마다 중국 정책당국자들에게 주요 시책은 예시제를 통해 실시하라고 권합니다. 그렇게 하는 것이 좋은 이유는 3가지로 요약됩니다.

우선 미리 예시해 놓으면 국내 관련 산업계가 준비할 수 있거든요. 그다음으로는 외국의 수요자들도 충분히 준비할 수 있습니다. 어느 날 갑자기 하는 것이 아니고 예시된 스케줄에 따라 순차적으로 하면 여러 가지 면에서 좋지요. 그다음에 정치적으로 정책추진에 도움이 됩니다. 행정부 입장에서 여러 가지 국내 정치적 어려움이 생기더라도 국제적으로 한번 약속한 것을 뒤집기는 쉽지 않지요. 우리는 금융자율화나 자본시장 개방계획뿐만 아니라 '관세인하 5개년계획'도 사전에 발표를 다 해 놓고 추진하는 예시제를 택했습니다.

이계민 자본시장 개방 등과 관련해서 1988년 11월에 큰 전환점이 기록되지요. 우리나라가 그때까지만 해도 IMF 14조국으로 있다가 그해 11월에 IMF 8조국으로 이행합니다. 너무 성급했던 것 아닌가요? [29]

●

28 제33대인 사공일 장관에 이어 제34대 이규성(1988.12.5~1990.3.18), 제35대 정영의(1990.3.19~1991.5.26), 제36대 이용만(1991.5.27~1993.2.24) 장관이 재임했다.

29 IMF 14조국과 8조국: 전후 과도기에 관한 IMF 협정의 예외규정인 제14조를 적용하고 제2차 세계대전 중에 실시했던 외환관리를 그대로 계속 유지하는 가맹국을 IMF 14조국이라 한다. 제14조 2항에 의하면 전후의 과도기에 가맹국은 IMF 협정문의 타 조문의 규정에도 불구하고 국제적 경상거래를 위한 지급 및 자본이전에 대한 제한을 계속하거나 또는 사정의 변화에 따라 이를 개정할 수 있다. 가맹국은 외환정책을 실시할 때 IMF의 목적을 계속 존중해야 하며 사정이 허락하는 한 신속히 국제결제 및 환율안정을 촉진하게 하는 무역 및 금융상 협정을 다른 가맹국과 체결하도록 가능한 모든 조치를 취해야 한다고 규정되어 있다. 14조국에 해당하는 국가는 대부분이 개발도상국이다.

  8조국은 IMF 협정 8조의 의무를 이행하기로 수락한 IMF 가맹국을 가리킨다. 우리나라도 1988년 11월에 8조국으로 이행하였다. IMF 협정 8조는 모두 5개항으로 되어 있다. 1항과 5항은 선언적 조항으로 1항에 IMF 회원국은 원칙적으로 모두 8조의 규정을 준수해야 함을 규정하고, 5항은 IMF 업무집행에 관한 자국의 제반 경제자료를 제출해야 함을 규정하고 있다. 2항에서는 상품과 운송, 여행, 보험 등의 서비스 무역에 따른 외환지급은 정부 간섭 없이 자유롭게 이루어져야 함을 규정하고, 3항에서는 다른 나라와 특정 통화를 우대하는 차별적 통화협정을 맺거나 외환거래 종류에 따라 서로 다른 환율적용을 금지하며, 4항에서는 자국통화를 보유한 다른 회원국이 경상지급을 위해 자국통화를 매입해 주도록 요청하는 경우 이를 매입할 것을 규정한다.

사공일 그것은 사실 자본시장 개방 계획의 일환으로 추진되었다기보다는 우리 경제가 이미 경상거래의 외환규제를 하지 말아야 할 때가 되었다는 판단에서 추진된 것입니다. 경상수지 흑자를 내고 경제규모와 발전도가 크게 달라졌는데도 계속 개도국으로서의 지위를 누리겠다고 주장하기에는 때가 지났다고 판단한 것이지요. 또 솔직히 그러한 여러 가지 규제를 함으로써 아까도 얘기했지만 기업 구조조정에도 차질이 생기게 되고, 또 경상수지가 조금만 늘었다 줄었다 해도 여러 가지 조치를 쉽게 취할 수 있으니까요. 그래서는 안 되겠다고 판단한 것이죠. 그래서 IMF 8조국으로 가기로 한 것으로 봐야지요.

이계민 5공 정부에서 재무장관을 하시다 6공 정부에서도 재무장관으로 유임되셨지요. 그런데 6공 정부에 와서 한미 통상협상에서 합의한 미국 생명보험사 진출뿐만 아니라, 지방 생명보험사를 신규로 허가하고 은행들도 새로 설립인가를 많이 내줬지요. 그런데 결과적으로는 이들 보험사와 은행들이 모두 부실화되거나 문을 닫았는데 왜 그렇게 시장상황과는 달리 인가를 많이 내줬나요?

사공일 6공에 들어와서 새로운 은행들과 금융기관이 상당수 신설되었습니다. 물론 내가 5공 마지막 재무장관을 맡고 있을 때인 1987년경에도 새로운 지방은행을 만들어야 한다는 주장이 특히 정치권에서 많았습니다. 예를 들면 나에게도 대구에 은행을 새로 만들자는 압력이 많았습니다. 6공에 들어와 결국 대동은행이 설립됐다가 문을 닫았지요.

뒷이야기지만 이런 일도 있었습니다. 어느 누구라고 이름은 밝히기 어렵지만 어쨌든 우리나라 정계의 대단한 분들이 나에게 "사공 장관, 당신 장관 할 때 대구 경북 지역에 뭐든 표 나는 것 하나 해 줘야 될 것 아니냐"고 하면서 은행설립 인가를 주문했어요. 그때 국회 답변을 하는 중간에 잠깐 만나서 들은 얘기입니다. 내가 이렇게 답했던 기억이 나요.

"무엇보다 나는 대한민국 장관이지 어느 지역만을 대표하는 장관이 아니잖습니까. 뿐만 아니라 지금 은행을 인가해 주더라도 대구 경북 지역에 반드시 좋은 결과를 가져온다는 보장이 없습니다. 은행이라는 것이 그렇게 하루아침에 되는 게 아닙니다."

그렇게 반대했어요. 그 이후 은행설립 인가를 한 것은 내가 재무부 장관을 물러난 뒤입니다.[30]

사실 6·29 이후의 6공 때는 경제정책이라든가 중요정책들이 국회에서 많이 결정돼 버렸어요. 왜냐하면 당시 국회가 여소야대였거든요. 그래서 그때 정부부처와 상의 없이 여러 정책들이 많이 법제화됐어요. 예를 들면 직선제를 골간으로 하는 6공 헌법에 최근 주 관심사가 된 헌법 119조 2항의 '경제민주화' 조항 신설도 당시 재무장관인 나도 사전에 몰랐어요. 그때는 많은 게 행정부를 거치지 않고 국회에서 많이 이루어졌어요. 그래서 그때 은행들이 많이 만들어졌고, 지방투신사 설립 등도 많이 인가됐어요.

이계민 이것은 훨씬 그 이전의 얘기 같은데 5공 때도 단자회사나 상호신용금고를 많이 만들어 줬고, 은행에 신상품도 허용해 주지 않았습니까?

사공일 맞습니다. 그건 이렇게 설명할 수 있지요. 사실은 1972년에 사채동결 있었잖아요. 사채동결을 했을 당시의 제도금융권 금리는 마이너스였지요. 따라서 사채시장이 더 커진 것 아닙니까? 그래서 그때 신고한 사채만 해도 통화량의 90%에 이르렀습니다. 그래서 정부는 사채동결을 한 다음에는 이것을 제도금융권으로 끌어들이기로 한 것이죠. 그래서 단자회사 설립해 주고 상호신용금고 해 줬지 않습니까? 그렇게 해 주니까 이 둘은 은행보다는 규제는 적고 금리는 은행보다 높았지요.

또 앞에서 얘기했지만 은행은 부실채권도 있고 하니까 적극적 예금유치를 통한 영업확장이 어려웠어요. 그러다 보니 예금이 제 2금융권으로 많이 몰렸습니다. 은행예금 비중이 자꾸 줄어드는 거예요. 1980년대에 들어와서 일부 상품을 제 2금융권과 경쟁할 수 있도록 허용한 것입니다. 그때 여러 가지 상품이 만들어졌습니다. 우리가 은행의 부실채권 정리를 끝내고, 금융자율화를

---

30 신규은행 설립인가는 1989년 9월 5일에 동화은행(이북 5도민 출자은행)이 설립되었고, 그해 11월 1일에 부산을 본점으로 하는 전국은행인 동남은행이, 11월 7일에 대구를 본점으로 하는 전국은행인 대동은행이, 그리고 1992년 11월 2일에 노총이 주축을 이루는 근로자 은행으로 평화은행이 각각 설립됐다.

해서 당장 금리를 올릴 수 있도록 못해 주니까 그런 방법을 쓴 것입니다.

문제는 6공에 들어와 (제가 재무부를 떠난 이후의 일이지만) 어느 날 이들 금융기관들이 전부 종합금융회사로 전환되어 외자도입도 하고 그랬지요. 외환위기를 불러온 직접적인 주요 원인으로 작용하기도 했지요.

미완의 금융개혁

원점으로 되돌려진 금리자유화

사공일은 1988년 12월 1일에 금리자유화 계획을 발표했다. 그해 12월 5일에 전면개각으로 인해 재무부 장관자리에서 물러났으니 이것이 마지막 작품인 셈이다. 사공일은 이러한 금리자유화 계획을 1987년 장관에 취임하면서부터 구상해 내놓은 것이라고 설명한다. 개각 직전 발표한 것 역시 물러날 것을 알고 미리 발표했다고 술회한다. 금리자유화는 그간 추진한 금융자율화의 완결판이라는 시각에서 못을 박아 놓자는 속내가 있었다는 얘기다. 불행히도 얼마 지나지 않아 금리자유화는 원점으로 되돌아가고 말았지만 그는 금융자율화의 큰 틀을 마무리했다는 데 아직도 자부심을 갖는다.

그는 정부를 떠나서도 왕성한 대외활동을 해왔고 지금도 활발히 움직이고 있다. 1993년에 세계경제연구원(이사장)을 만들어 해외 석학들을 한국에 초청해 국제경제에 관한 강연과 토론을 벌이고 있다. IMF 특별고문, 아시아유럽정상회의(ASEM: Asia-Europe Meeting) 비전그룹 의장, 대외경제통상 대사를 거쳐 이명박 정부에서는 경제특별보좌관 겸 국가경쟁력강화위원장을 역임했다. 또 G20 정상회의 준비위원장을 맡아 2011년 서울회의 유치와 성공적 개최를 주도했다.

이계민 지금까지 1980년대에 장관께서 직접 수립하고 집행했던 정책을 대충 짚어본 것 같습니다. 경제수석과 재무부 장관 하실 때의 큰 정책들을 짚어보았는데 결론 부분으로 이것을 바탕으로 우리 자신은 물론이고, 후발국들에게 교훈으로 남길 만한 점이 무엇인지 말씀해 주시면 좋겠습니다.

사공일 그 이전에 하나 더 얘기할 것이 있는데 이것은 국가 전체의 경영 측면에서 기록되면 좋을 것 같아요. 내가 5공 마지막 재무장관을 지내고 이어서 6공 초대 재무장관으로 유임이 됐잖아요. 그런데 그 배경이 국가 경영의 측면에서 흥미롭다고 생각해서 언급해 두고자 합니다.

1987년 말에 5공의 전두환 대통령과 6공의 노태우 대통령 당선인은 5공 마지막 재무부 장관이었던 나와 당시 최광수 외무부 장관을 6공 첫 행정부에 유임시키기로 합의한 것입니다. 경제정책과 외교 분야 정책은 어느 부처보다 일관성과 연속성이 중요하다고 판단해 그렇게 한 것으로 알고 있습니다. 그런데 실제 조각(組閣)하는 과정에서 지역안배 등 여러 가지 요인을 고려하여 몇 명이 더 유임되었습니다.[31] 어쨌든 이러한 사실은 흥미로운 국정운영의 뒷이야기이고 특히 개발도상국이나 신흥국에게도 시사하는 바가 있다고 봅니다.

이계민 전 대통령과 노태우 대통령과의 업무 인수인계 과정에서 그런 모양이죠?

사공일 훨씬 전이라고 봐요. 나는 6공 조각하기 훨씬 전에 이미 알았습니다.

이계민 6공 정부 첫 재무장관으로서 여러 가지 정책을 폈는데 앞에서 언급한 금리자유화와 관련해서 아쉬운 측면을 좀더 구체적으로 얘기해 보시지요.

사공일 정말 부연설명을 하고 싶은 부분입니다. 앞서 수차 언급했지만 우리가 경제개발 전략을 정부주도에서 민간주도로 가기 위한 핵심과제는 금융자율화, 즉 금융억압을 없애는 것입니다. 또한 금융자율화의 핵심은 금리자유화이지요. 그런데 금리자유화를 위해 꼭 필요한 것이 부실채권 정리였지요.

---

31 노태우 차기 대통령은 취임 전인 1988년 2월 19일 초대 내각명단을 발표했는데 5공 장관에서 그대로 유임된 장관은 최광수(崔侊洙) 외교부 장관, 이상희(李相熙) 내무부 장관, 사공일(司空壹) 재무부 장관, 정해창(丁海昌) 법무부 장관, 조상호(曹相鎬) 체육부 장관, 최동섭(崔同燮) 건설부 장관, 오명(吳明) 체신부 장관 등 7명이었다.

그래서 「조세감면규제법」을 개정하고 한은특융 등을 통해 부실채권을 정리했고, 그 결과 은행의 자본 건전성이 많이 좋아졌습니다. 지금으로 말하면 BIS 비율32이 높아진 거죠. 그다음 정책으로 금리자유화 조치를 생각하게 되었던 겁니다.

재무장관으로 재직하면서 그 준비작업을 꾸준히 했다고 말할 수 있어요. 부실기업 정리가 어느 정도 이뤄졌다 싶어서 노태우 대통령께도 대출금리 자유화 조치를 취해야겠다고 보고했어요.

제 1단계로 대출금리 자유화부터 준비했습니다. 수신 쪽은 아직도 과거의 타성과 경쟁 준비가 미진하다고 판단했기 때문이지요. 수신 쪽은 몇몇 장기예금 이외에는 거의 손을 대지 않고 그 대신 대출 쪽을 먼저 자유화하기로 마음먹었습니다. 대출금리 자유화를 추진하되 이 역시 일종의 우대금리(prime rate)제도를 도입하고 일정한 범위(band) 안에서 신용도에 따라 차등금리를 적용할 수 있도록 한다는 구상이었습니다. 나는 사실 재무장관을 맡으면서 처음부터 궁극적으로 금리자유화를 항상 생각했습니다. 그런데 금리자유화에 대한 반대는 매우 컸습니다.

이계민 왜 금리를 자유화하자는 데 반대하지요?

사공일 반대논리 중 첫째는 하루아침에 금리가 크게 폭등한다는 것이었습니다. 정부도 과거와 같이 금리 결정권을 쥐고 있으면 편리하잖아요. 금리를 자유화시켜 버리면 정책을 수립하고 집행하는 데 불안하고 불투명할 것 아닙니까. 기업 입장에서도 금리가 뛸지 모른다는 걱정이 가장 컸으니까요.

나는 금리자유화 문제를 논의할 때마다 '지금이 적기다'라고 설득하려 노력했어요. 왜 적절한 시기냐를 이렇게 설명했습니다.

첫째, 그동안 문제가 됐던 부실채권 정리가 어느 정도 이뤄져서 부실채권

32 BIS 비율은 국제결제은행(BIS: Bank for International Settlements)이 제시한 은행의 자기자본 비율로, 은행경영의 건전성을 체크하는 지표로 이용된다. 1988년부터 BIS의 은행규제감독위원회(바젤위원회)가 '자기자본 측정과 기준에 관한 국제적 합의'를 제정하여 발표했으며, 1992년 말부터 은행들로 하여금 8% 이상을 유지하도록 권고하고 있다.

비율이 많이 낮아져 은행의 건전성이 그만큼 높아졌다. 이제 은행들에게도 진정한 돈장사를 할 수 있는 길을 열어 줘야 한다. 또한 머지않아 국내외 시장에서 국제경쟁을 해야 할 텐데 장사해 본 경험도 없고, 장사할 줄도 모르는데 어떻게 외국의 은행들과 경쟁이 되겠느냐. 미국 등 외국의 금융상황 등을 고려할 때 지금 금리자유화를 해야 한다.

둘째, 우리의 경상수지도 흑자기조에 들어섰고, 그에 따라 환율도 절상되고 하니까, 외국에서 자금이 더 들어올 여지가 많다. 그것은 금리를 내리게 하는 요인으로 작용할 것이다. 금리가 크게 올라갈 걱정은 안 해도 된다.

그런데도 반대논리는 쉽사리 줄지 않더라고요.

이계민 자본시장이 개방되면 외자유입으로 인해 금리가 하락할 것이란 주장이었네요?

사공일 또 하나의 중요한 요인은 우리 경제의 총저축이 총투자를 초과했다는 점을 들었어요. 우리는 항상 총투자가 총저축을 초과했잖아요. 금리가 높을 수밖에 없었습니다. 그런데 총투자 갭이 뒤바뀌게 되었으니 금리는 떨어지는 쪽으로 가는 게 마땅하지요.

이런 모든 여건을 거시적으로 생각할 때 금리가 내려가면 내려갔지 올라가지는 않는다고 설득하면서 '지금이 타이밍이다'라고 주장했던 것입니다. 그러나 금리자유화 이후 미래에 대한 불확실성 때문에 반대 의견이 여전히 많았지요. 실제 금리자유화에 대한 위험부담은 무시할 수는 없었다고 봐야지요.

그래서 나를 좋아하는 일부 야당의원들마저 "사공 장관, 앞날이 창창한데 왜 이런 위험부담이 있는 것을 하려고 해? 안 하면 편한 거 아니야?"라고 충고하고 그랬어요.

나는 금리자유화도 단계적으로 실시해야 한다고 확신하고 일을 추진했던 것입니다. 언론과 국회 재무위원들에게도 시간 있을 때마다 금리자유화 필요성을 강조하고 다녔지요. 그렇게 마음먹고 오랫동안 준비해서 금리자유화 계획을 12월 1일에 발표하게 되었습니다.

오랜 준비를 거쳐 마련한 금리자유화 조치가 효력이 발생하게 되는 날에 개각이 이뤄졌습니다. 그게 12월 5일입니다. 물론 6공화국 초에 유임된 나는 개각에서 다른 유임 장관들과 함께 물러나게 된다는 것을 미리 짐작하고 있었습니다. 그것 때문에 금리자유화 계획 발표를 서둘렀던 것도 사실입니다. 그런데 제대로 추진되지 못했지요. 훗날 금리자유화가 실패했다는 평가가 많았습니다만 실패했다고는 생각하지 않습니다.

정부를 떠난 이후에 어느 후배 학자가 "1988년 12월 금리자유화는 실패했다"는 말을 하기에 이렇게 얘기해 준 적이 있습니다. 이 점은 꼭 강조하고 싶은 말입니다.

"야, 이 친구야. 힘들여 입안한 정책이 제대로 추진되지 않았는데 어떻게 실패했다고 평가할 수 있나? 정책의 집행이 안 된 것이지 실패가 아니다."[33]

이계민 당시의 기록을 보면 1989년 초의 물가 불안으로 금리가 올라 정부가 다시 금리에 대해 창구지도를 하면서 자유화 계획은 더 이상 추진되지 못한 것으로 나와 있습니다.

사공일 금리자유화에 대한 강한 소신을 가진 장관이 계속해서 이를 추진했다면 일시적인 금리상승이나 불안을 이겨낼 수도 있었을 거라고 나는 믿습니다. 시행도 채 해 보기 전에 새 정책을 포기한 것은 그동안 반대해온 여론을 확인해 준 것이지요.

---

33 당시 금리자유화 조치는 1988년 12월 1일(12월 5일 시행) 형식상 한국은행과 재무부가 각각 발표했다. 이는 은행감독은 한국은행 소관이고 제2금융권 감독권한은 재무부에 있었기 때문이다.

　한은의 주요 금리자유화 내용은 재정자금, 각종 기금대출 및 농수축산 자금을 제외한 모든 대출금리 자유화, 프라임레이트 제도 도입, 예금금리는 2년 이상 만기 정기예금 금리만 자유화, 저축예금·자유저축예금, 가계종합예금 등 단기 예금금리 연 1~2%포인트 인하, 기업자유예금제도 도입 및 기업적금 허용 등이었다. 재무부가 발표한 비은행 금융기관 금리자유화 조치는 투자금융회사·상호신용금고·신용협동기구의 대출금리 자유화, 수신금리는 1~2년 이상 만기 예수금 금리만 자유화, 단기 수신금리는 연 1.0~2.5%포인트 인하하여 은행금리와의 격차 축소, CP·회사채 등 그동안 행정지도로 규제하던 금리도 실질적 자유화하는 등 매우 획기적인 자유화 조치였다.

　그러나 1989년 초반 물가불안으로 금리가 급격히 상승하는 등 부작용이 심화됨에 따라 긴축을 위해 창구지도에 의한 금리규제가 재개됨으로써 실효를 거두지 못했다는 평가를 받는다.

이계민 경제가 아주 좋지 않았지요. 증시가 폭락하고 그랬습니다.

사공일 물론 대내외 경제 사정이 크게 달라진 것은 사실입니다. 그렇다고 금리자유화 계획을 그렇게 쉽게 포기할 이유는 없었다고 봅니다.

이계민 제가 1989년 4월 1일자로 〈한국경제신문〉 재무부 출입기자에서 편집국 증권부장으로 처음 신문의 증권면을 담당하는 데스크를 맡아 내근으로 들어갔습니다. 그날의 종합주가지수가 1,007.77이에요. 사상 처음 종합주가지수가 1,000선을 넘은 기념비적인 날입니다. 그런데 이튿날부터 주가가 미끄러지기 시작하는데 정신이 없었어요. 몇 년 동안은 1,000선을 넘지 못했는데 제가 〈한국경제신문〉의 증권면 제작 담당데스크인 증권부장을 2년 동안 맡으면서 종합주가지수가 1007.77에서 602까지 떨어졌습니다(1990. 9). 거의 반 토막이 난 셈이지요. 오죽하면 증권업계에서 저를 지칭해 '재수 없는 데스크'라고 욕하는 사람도 있었겠습니까.

사공일 이런 모든 것은 거시경제 전반과 연관지어 봐야지요.

이계민 그때 증권사 객장에서 투자자들이 모여 매일 데모하고 그랬습니다. '정부는 뭐하고 있느냐?', '주식시장을 부양시켜라' 하고 난리가 났죠. 주가가 떨어진다고 데모하는 나라는 우리나라밖에 없다는 얘기들이 많았습니다.

사공일 나는 경제수석 때부터 부실채권을 정리한 다음에 금융자율화와 금리자유화, 그다음에 자본시장 개방, 이런 순서가 옳다고 믿고, 그런 순서를 밟아 정책을 추진했다고 생각합니다.

이계민 1980년대는 우리나라 경제정책의 큰 전환점을 이룬 것은 틀림없는 사실입니다. 또 그런 변화에 대응을 잘못했거나 게을리했다면 오늘과 같은 우리 경제의 성장과 발전은 어려웠겠지요. 특히 한국 경제가 양적 성장 단계에서 질적 발전 단계로 도약하는 과정에서 핵심적 역할을 하셨다고 봅니다.

사공일 내가 재무장관 때 재무부를 출입했으니까 잘 아실 거예요. 혹시 기억나십니까? 재무부 간부회의나 조회 등에서 내가 그때 강조했던 얘기 말입니다. 일부 신문에서 그 얘기를 게재해 주고 그랬어요. 내용은 이런 거였어요.

> "우리 정책당국자들은 이걸 알아야 한다. 한국 경제는 축구로 치면 전반전이 끝나고 이제 후반전에 들어와 골대가 바뀌었다. 그런데도 전반전 생각을 하고 공을 차면 자살골 넣는다. 이제 경제정책에 대한 패러다임이 바뀌었다. 그동안 우리는 구조적 인플레이션 하에서 경상수지 적자를 겪어왔다. 당신들의 선배들은 그런 환경에서 정책을 입안하고 집행했다. 여러분들은 이제는 발상의 전환을 해야 한다. 후반전 골대를 바로 봐야 한다. 시장개방도 남의 압력에 의해 못 이겨 할 일이 더 이상 아니다."

변화한 국내외 여건에서 정부가 할 수 있는 일과 해야 할 일을 올바르게 알아야 한다는 점을 강조한 것이지요.

금융규제 완화 아직 멀었다

이계민 추진하신 정책 전반에 대해 부족하지만 개관적이나마 짚어 보았습니다. 이렇게 얘기를 나누다 보면 여러 가지 생각도 있을 것 같아요. 사실 이런 작업이 좀더 일찍 그리고 좀더 광범하게 이뤄졌어야 한다고 생각합니다.

지금도 우리 경제는 매우 어려운 국면에 직면한 것으로 보입니다. 또 내용은 다르겠지만 1980년대 초와 같은 정책의 패러다임 전환이 절실한 것 아닌가 싶습니다. 미국이나 중국 등 세계경제를 좌지우지하는 강대국들의 상황도 좋지 않은 것 같고요. 과거의 경험에 비춰 지금 우리가 무엇을 어떻게 해야 될지, 또 그동안 추진한 정책들이 후발국들에는 어떤 교훈을 주는지 마무리해 주시지요. 특히 현재 우리 경제가 일본의 저성장 전철을 밟는 것 아니냐는 우려들도 많습니다. 과연 우리 경제가 저성장체제를 극복할 방법은 없는가 하는 얘기도 좀 들려주시지요.

사공일 KDI 등에서 연구한 자료를 보면 우리 경제의 잠재성장률이 3.5% 내외로 추계합니다. 1990년대, 2000년 초반까지만 하더라도 잠재성장률은 거의 7% 수준에 이르렀습니다. 그런데 문제는 '잠재성장률이 이렇게 낮아진 것은 어쩔 수 없이 그대로 받아들여야 한다'고 믿는다는 것입니다. 심지어는 일부 학자들까지도 그런 주장을 합니다. 물론 전혀 근거 없는 주장은 아닙니다. 성장잠재력이라는 것은 결국 3가지 요인에 의해 결정되는데, 하나는 노동투입이고, 다른 하나는 자본투입 즉 투자이고, 세 번째는 생산성 향상입니다.

그럼 이 3가지 측면에서 심도 있게 짚어 보지요. 우선 노동 쪽을 보면 인구 고령화가 급속히 진행되고, 거기다 근로시간이 줄어들고 있기 때문에 노동투입을 늘려서 성장잠재력을 끌어올리는 데에는 한계가 있을 것입니다. 단지 우리에게는 교육수준이 남달리 높은 여성인력이 많은데, 이들의 노동시장 참여율은 OECD 평균보다 훨씬 낮습니다. 일본보다도 낮아요. 오늘날과 같은 지식기반 경제시대에는 여성인력의 경쟁력이 있는 분야가 더욱 많아졌기 때문에 여성 경제활동 참여율을 높여 성장잠재력을 끌어올릴 수 있는 여유는 있습니다. 물론 그렇게 하려면 정부와 기업이 많이 뒷받침해야 합니다. 예컨대 보육시설을 확충한다든가, 근로시간의 탄력적 운영이라든가 등 개선의 여지가 많습니다. 그렇게 한다고 하더라도 노동투입을 늘려 잠재성장률을 높이는 데에는 한계가 있는 것이 사실입니다.

다음으로는 투자를 늘리는 것을 검토해야지요. 국내기업의 투자를 늘릴 수 있도록 투자여건 개선이 무엇보다 중요합니다. 외국 기업의 국내유치와 함께 더욱 중요한 것은 우리 기업이 국내에 투자를 늘릴 수 있도록 해야지요. 현대자동차만 하더라도 현재 50% 이상을 해외에서 생산하잖아요? 그것은 근본적으로 국내에 투자하는 것보다 외국이 더 유리하니까 그렇거든요.

현재 우리나라에서 어떤 일이 벌어지고 있습니까? 우리 기업들을 해외로 밀어내게 될 규제와 법률들이 양산되고 있잖아요. 한쪽에서는 일자리를 만들어야 한다면서 다른 한쪽에서는 일자리를 자꾸 없애는 제도들을 만들고 있어요. 우리 기업들이 국내에 투자하지 않고, 거기에다 외국 기업들도 안 들어오면 어떻게 되겠습니까? 성장잠재력은 떨어지고, 일자리는 줄어들게 될 것입니다. 무엇보다 시급한 것이 기업하기 좋은 여건을 만들어 주는 일이라고 생각합니다. 과감히 규제개혁을 해야 합니다. 해야 할 분야들이 너무 많습니다. 특히 서비스 분야에 많지요. 예를 들어 의료산업만 하더라도 과감히 규제개혁을 한다면 고부가가치의 일자리도 많이 생기고 투자도 늘어나서 우리 경제의 성장잠재력도 그만큼 늘어날 것 아닙니까.

다음으로 경제체제 전체의 생산성을 올리는 일이 중요합니다. 총요소 생산성이라고 하지요. 이것을 올릴 수 있는 방법도 아주 많아요. 모든 제도의 업그레이드는 물론이고 사회적 신뢰기반을 튼튼히 하여 사회적 자본을 키우는 것 등을 우선 생각할 수 있지요. KDI 추계를 보면 우리 사회가 OECD 국가 평균만큼 법만 잘 지켜도 성장잠재력이 1%포인트 이상 올라갈 수 있다고 하지요.

마지막으로 아직도 대외개방을 통한 경쟁력 강화 등 우리 경제 전체 시스템의 효율성을 높일 수 있는 분야가 많습니다. 이런 시책들을 중장기적 안목에서 꾸준히 추진한다면 현재 3.5%인 잠재성장률을 5년 이내에 1.5%포인트 정도는 올릴 수 있다고 봐요. 1년에 잠재성장률을 0.3~0.4%포인트씩 올리는 것은 충분히 가능하다고 봅니다. 세계은행 전 부총재 라이프지거 (Danny Leipziger)의 분석에 따르면 우리는 여성인력의 활용만 잘해도 성장률을 1.5%포인트 정도 높일 수 있다는 것이지요.

일부에서는 우리 경제가 이미 성숙됐기 때문에 잠재성장률을 높이는 것이 지극히 어렵다는 점을 강조합니다. 전혀 틀린 얘기는 아닙니다. 그러나 미국과 같이 성숙한 경제가 잘나갈 때 4% 이상 성장한 것은 어떻게 설명하나요? 우리 정부가 해야 할 가장 큰 국정과제는 떨어져 있는 우리 경제의 성장잠재력을 제고하는 데에 그 초점이 맞춰져야 합니다.

이계민 상당히 어려운 과제가 아닌가 싶습니다. 금융산업은 어떻습니까?

사공일 금융산업 분야에도 아직 해야 할 일이 많지요. 지속적인 자율화와 개방화가 필요합니다. 미국과 영국은 2008년 금융위기 이후에 지나칠 정도의 자율화의 부작용을 줄이기 위해 규제를 강화하는 쪽으로 가는 것이 사실입니다. 그러나 우리 금융은 아직도 더 적극적으로 자율화하고 개방해야 할 여지가 남아 있습니다. 미국이 반대쪽으로 가니까 우리도 각종 금융규제를 강화한다면 큰 잘못입니다. 우리는 그동안 미국이나 영국이 잘못 추진하거나 부작용이 있

214

었던 부분을 되풀이하지 않는 쪽으로 보완하면서 우리 금융산업의 효율화는 위한 노력은 계속되어야 합니다. 우리 금융산업은 아직도 굉장히 비효율적인 측면이 많습니다. 우리 금융분야에는 아직도 과거의 금융의 배급소적 정서와 전통이 많이 남아 있습니다. 하루 빨리 제거해야 합니다.

이계민 하루 이틀 된 얘기는 아니지만 은행 민영화 문제는 어떻게 해야 하지요?

사공일 민영화는 지속돼야 합니다. 물론 중소기업 등 취약한 산업을 도와주는 정책금융기관은 필요합니다. 따라서 일부 중소기업 등을 도울 금융기관은 제외하고 우리은행과 같은 시중은행은 민영화를 빨리할 필요가 있다고 봅니다. 문제는 누구에게 팔 것이냐 하는 것입니다. 현실적으로 외국인의 손에 넘어가게 될 것을 우려하는 사람이 많습니다. 그렇다고 대재벌에게 맡길 수밖에 없다는 것은 아닙니다. 금융만을 전업으로 하는 대기업은 바람직하지요. 내가 경제수석으로 일할 때 대기업그룹 총수들이 "우리도 금융업 좀 하게 놔두지 왜 못하게 하느냐"고 합디다. 그럴 때마다 나는 웃으면서 "하십시오. 하시는데 제조업은 다 정리하고 하시지요. 금융 전업 재벌이 나오기까지 시간이 있어야겠지요. 그래서 외국과 손잡고 하는 방법이 있죠"라고 말한 적이 있습니다.

이계민 지금도 대다수 은행의 주요주주가 외국인들 아닙니까. 모든 은행들의 주인이 외국인들로 바뀌면 그것 자체도 큰 문제 아닙니까?

사공일 우리가 잘 연구해 볼 필요가 있다고 봅니다. 한국스탠다드차타드은행 (전 SC 제일은행)을 한번 보십시오. 외국인이 주주라고 해서 우리에게 무슨 피해가 있느냐, 또 국내 정책을 하는데 협조를 안 하는 게 많이 있느냐는 것을 따져 봐야지요.

일부에서는 우리 신용통화정책 시스템의 가장 핵심인 시중은행을 외국 사람들 손에 넘겨준다는 게 말이 되느냐고 합니다. 그럴듯하게 들립니다만 외국인 주주라고 해서 특별히 문제되는 것이 무엇인지 따져 봐야지요. 이들도 결국 국내은행과 같이 국내법에 의해서 각종 규제를 받고 영업합니다. 그런 여건 속에서 우리 시장에서 살아남아야 되고 경쟁해야 됩니다. 외국 금융기관이어서 우리의 통화신용정책 운영에 특별히 문제되는 일이 있을 수 있겠습니까. 민영화는 과감히 추진하는 것이 옳다고 봅니다.

이계민 저희들이 맨 마지막에 항상 드리는 질문인데 우리가 경제발전을 추진하는 과정에서 실시한 정책이 후발국들의 정책에 어떤 메시지를 줄 수 있는지, 그리고 활용하려면 어떤 점을 유의해 추진해야 하는지 등에 대해 간단히 언급해 주시지요. 특히 개방화라든가, 부실기업 정리, 금융자율화 등을 중점적으로 추진해 오셨고, 이런 과제들은 후발국들에게 여전히 해결하지 않으면 안 될 공통된 과제가 아닌가 싶습니다.

사공일 무엇보다 먼저 한국 경제 발전상을 얘기할 때 굉장히 겸손해야 된다는 점을 후배 학자나 관료들에게 늘 강조합니다. 우리가 개발경험을 공유하려 하더라도 낮은 자세로 임해야 합니다. 우선 우리 경험은 당신들과 공유할 것이 많다, 특히 우리의 실패에서부터 얻을 수 있는 교훈이 많다고 보는 입장을 가져야 합니다. 그렇지 않고 우리가 먼저 성공했으니 우리로부터 한수 배우라는 식으로 접근하면 안 됩니다. 그러면서 한국의 성공한 것과 장점도 알려 주어야지요.

우리의 실패와 성공을 통해 얻을 수 있는 여러 가지 유용한 교훈을 구체적으로 논의하는 것은 제쳐두고 한 가지만 강조하고 끝내겠습니다. 경제가 발전하는 과정에서 국내외 경제여건 변화를 감안하여 정부가 해야 할 일과 하지 않아야 할 일을 꾸준히 점검하고 조정하는 일이 중요하다는 점입니다. 한국 경제가 지금까지 성공한 요인 중 무엇보다 중요한 것은 어려운 과정을 지나면서 필요한 자율화와 개방화를 통해 우리 경제의 체제적 효율성을 높일 수 있었던 것이라고 봅니다. 이것은 현재 우리가 당면하는 큰 도전이기도 합니다. 그러나 나는 한국은 위기를 느끼게 되면 필요한 일들을 결국은 해낼 수 있다고 봅니다.

이계민 오랜 시간 좋은 말씀 감사합니다.

"우편마차 아무리 많이 연결해도 기관차가 될 수는 없다"

사공일은 그의 저서34에서 "경제발전은 단순한 경제성장과는 매우 다른 것이다. 경제발전은 경제구조의 변화와 같은 경제의 질적 변화를 수반한다. 경제발전은 지속적인 구조변화의 과정"이라고 지적했다. 구조변화는 혁신을 통해서만 이뤄질 수 있음은 자세한 설명이 필요하지 않을 것이다.

그가 이 책에서 인용한 슘페터(Joseph A. Schumpeter)의 말이 그러한 설명을 대변해 준다.

"우편마차들을 아무리 많이 연결한다고 해도 기관차가 될 수는 없다."

---

34 사공일, 1993, 《세계 속의 한국경제》, 김영사.

3

금융위기의 파고를 넘다

금융시장
개혁으로
안정을
도모하다

이규성은 1939년 충남 논산에서 태어나 서울대 경제학과를 졸업하였고 충남대에서
경제학 명예 박사학위를 받았다. 1960년 고등고시 행정과에 합격한 후 1963년
재무부 세관국 사무관으로 시작하여 오랫동안 관세와 외환시장 관리업무를 주로 해온
국제통이다. 10 · 26 이후 극심한 정치적 혼란상황에서 "한국의 경제는 시장을 기반으로
하는 자본주의이며 민주주의 체제에 변화는 없다"는 메시지를 끊임없이 국제금융시장에
알리는 데 주력했다. 1978년 국제금융국장, 1980년 재무부 재정차관보,
1988년 재무부 장관, 1998년 재정경제부 장관을 지냈다.

증언자

이규성

前 재무부 장관
前 재정경제부 장관

거대한 단층적 변화의 시대

불균형 고속성장의 파열음

1980년 초, 한국 경제는 거대한 단층적 변화(斷層的 變化)에 직면해 있었다. 오랜 불균형 고속성장으로 인한 내부적 모순과 불만이 사회, 정치, 경제 전반에 응축되어 있다가 10·26이라는 비극적 사건을 계기로 단숨에 지표면 위로 대폭발을 시작한 것이다.

국내저축 불모지대였던 1960년대, 정부는 "부채도 자산이다"라면서 외자 도입을 장려해 경제성장을 독려했다. 최소한의 원시적 자본축적조차도 불가능했던 시절에는 외자를 빌려와서 공장을 짓고 외채 이자가 불어나는 속도보다 더 빨리 경제성장을 하는 것만이 유일한 생존의 방식이었기 때문이다. 자원배분을 철저하게 정부가 주도하는 불균형 성장전략은 형태만 다소 바뀌었을 뿐 1970년대에도 일관되게 계속되었다. 재정과 금융을 총동원해 중화학공업과 수출에 올인하는 전략을 택한 것이다.

무리한 상황이 오랫동안 지속되다 보니 자원배분에 심각한 왜곡을 불러왔고 기업부실과 만성적 물가고(物價高) 등 온갖 후유증을 야기했다. 자기 완결적이고 자율적인 재생산 구조의 자연스러운 정립이 아니라 철저히 부채 의존적 구조, 수출이 늘어날수록 대외채무가 더 큰 속도로 늘어나는 악순환이 계속됐다.

1970년 말과 1980년 초가 되자 이 같은 내부모순은 급격한 물가상승과 자산가격 폭등, 노동자 파업이라는 구체적 형태로 표면화됐다. 제 2차 석유파동[1]의 여파로 원자재와 물자가 날개 돋친 듯 올라 계속 품귀현상을 빚었고 특정 부문에서는 인력부족 현상이 심화됐으며, "물가 상승분만큼 임금을 인상하고 노동조건을 개선해 달라"고 요구하는 파업과 시위가 전국적으로 확산되었다.

1980년 5월에는 유례없는 냉해까지 겹쳐 농산물 수확이 사상 최악의 수준으로 떨어졌다. 냉해의 여파로 경기는 위축되고 그렇지 않아도 20%를 훌쩍 넘었던 물가는 한때 40%나 올랐다.

---

1 당시 배럴당 15달러 정도였던 원유가격이 1979년 후반부터 한꺼번에 30달러를 넘어서 경제 전반에 큰 충격을 주었다.

222

| 홍은주 한양사이버대 교수(오른쪽)가 이규성 前 재무부 장관(왼쪽) 인터뷰를 진행하였다.

　동시에 부동산 투기가 극성을 부렸다. 급속한 경제성장으로 돈을 번 일부 부유층들이 땅과 아파트 등을 매매하여 하루에도 수백만 원, 수천만 원씩 불로소득을 챙겼다. 기업들도 기술개발이나 생산성 향상을 위한 고민보다는 공장을 짓는다는 명분으로 손쉽게 불로소득을 얻을 수 있는 부동산 투기에 열을 올렸다. 외자도입과 저임금 노동력이라는 요소투입 증가에 따른 개발연대의 단순한 성장전략이 한계에 달해 1980년 초 본격적으로 요란한 파열음을 내고 있었다. 이 같은 사회적 불안과 동요에 대해 전두환·노태우·정호용 등 하나회가 중심이 된 신군부는 1980년 5월 31일 국가보위비상대책위원회를 발족시키고 계엄과 무력 군사통치로 정면 대응했다.

　1980년 초 한국을 뒤흔든 극도의 정치적 혼란 속에서도 경제관료들은 어떻게든 기존의 경제질서, 금융질서를 새로운 구조로 전환하고 급격한 시장변화가 실물에 주는 충격을 완화할 수 있도록 바쁘게 움직였다. 지각변동을 일으키는 한국 경제의 연착륙을 위해 밤샘을 하면서 동분서주했던 사람들 가운데는 바로 그해 5월에 재정차관보로 승진한 이규성도 포함되어 있었다.

　차관보가 되기 직전 국제금융국장을 지낸 이규성은 10·26 이후 극심한 정치적 혼란상황에서 "한국의 경제는 시장을 기반으로 하는 자본주의이며 민주주의 체제에 변화는 없다"는 메시지를 부지런히 국제금융시장에 알리는 데 주력했다. 갑작스러운 대통령 유고와 신군부가 불러온 정치적 불확실성에 대해 경각심을 가진 국제금융기관들이 한꺼번에 돈을 빼내가지 않도록 부지런히 설명에 나선 것이다.

재정차관보가 된 재무부의 국제통

1960년 대학 3학년 때 고등고시에 합격하고 군에 다녀와 1963년 재무부에 들어온 이규성은 재무부에서 오랫동안 관세와 외환시장 관리업무를 주로 해온 국제통이었다. 재무부 세관국 수습시절 국제수지 불균형을 시정하기 위한 「임시특별관세법」 시행에 참여했던 그는 세관국 수출과장과 관세조정과장을 거쳤다. 수출이 국가의 지상목표였던 시절이었다. 1973년 무렵부터는 외환국 외화자금과장이 되어 외환수급계획을 총괄하였다. 수출에 올인하고 외자확보에 목말라 하던 시절이라 관세와 외환은 동전의 양면이나 다름없었기 때문에 자연스러운 보직이동이었다.

1975년, 이규성은 재무부 금융제도 심의관이 되었다. 재무부 이재국(理財局)이 있었지만 매일매일 금융시장과 씨름하는 상황이라 도저히 중장기적 관점의 판단이나 기획을 할 수 없으니 긴 호흡으로 금융시장 발전방향을 모색해 보라고 만든 직책이 금융심의관이었다. 그가 금융제도 심의관으로 있는 동안 다룬 주요 과제는 설비금융 확충 및 효율화 방안, 근로자 재형저축 등 중장기자금 조달 방안과 금융국제화 방안 등이었다.

1976년 초에서 1978년 중반까지 그는 청와대에서 박정희 대통령 경제 제1비서실 재경담당 비서관으로 일하면서 경제기획원과 재무부의 업무를 담당했다. 각종 경제지표에 대해 실적과 통계를 정례적으로 체크하고 이상징후가 있는지를 살펴 보고하는 것이 그의 일상적 업무였다. 그 자신이 경제전문가나 다름없던 박 대통령은 도로포장과 댐건설, 농어촌 전화사업, 경지정리, 농가개량, 공장건설 등 미시적 이슈부터 수출입과 국제수지, 물가 등 거시지표까지 꼼꼼히 챙겼기 때문에 비서실까지 덩달아 바쁠 수밖에 없던 시절이었다. 특히 중동건설 붐이 시작되면서 효율적인 중동진출 분야 확대방안을 마련하고 부가가치세 정착에 필요한 금전등록기를 보급하는 등의 이슈가 이규성의 청와대 시절 맡았던 주업무 가운데 하나였다.

1978년 6월부터 국제금융국장으로 자리를 옮긴 그는 외화자금 조달, 해외투자유치, 국제금융기구와의 협력확대 등에 힘을 기울였다. IMF·IBRD 등 국제금융기구와 협력을 강화하는 한편 아프리카개발기금(AFDF: African Development Fund)에 가입하고 남미개발은행(IDB: Inter-American Development Bank) 가입을 추진하기 시작했다. 향후 예상되는 자원개발 등 해외투자의 확대에 대비해 투자보장협정을 추진하는 한편 수출입은행의 연불수출 지원기능도 확충했다. 그가 국제금융국장으로 해결을 위해 특히 동분서주했던 문제는 당시 과열양상을 보이던 중동건설 붐이었다. 국내업체들끼리의 과당경쟁으로 부실이 발생하는가 하면 다른 한편으로는 선수금 등 달러의 국내유입으로 시중에 돈이 너무 풀려 국내경기 과열을 부추겼다. 그는 주거래 은행의 현지 주재원이 건설회사 자금을 종합 관리하도록 감독을 강화했다. 외환국 소관 환율관리를 어떻게 가져갈 것인지 고민하다가 1980년 2월에는 정인용(鄭寅用) 국제금융차관보의 주관하에 당시까지의 고정환율제를 복수통화바스켓 환율제로 전환하기도 했다.

고달프기는 했지만 투자보장협정 체결이나 중동건설자금 관리 등은 국제금융국장으로서는 차라리 마음 편한 일상적 업무였다. 그의 마음을 무겁게 짓눌렀던 훨씬 다급한 해결과제는 1979년 10·26 사태 이후 바닥을 모르고 추락하던 국가신용 위기관리였다. 격변하는 한국의 정치상황을 지켜보면서 금방이라도 돈을 빼내가려는 국제금융시장과 금융기관들을 어떻게든 안심시켜야 했다. 한국 경제정책의 불변방침을 국제금융시장에 적극적으로 알리느라 동분서주했지만 그렇다고 국가 IR을 위해 대규모 사절단을 이끌고 해외에 나갈 만한 한가한 형편은 못되었다. IMF 등 국제기구를 총동원해 국가 IR에 활용하는 등 돈이 들지 않는 간접적 방식을 쓸 수밖에 없었다. 또 국내에 진출한 외국 금융기관 책임자들을 초청하여 한국의 입장을 설명하고 그 내용을 각자의 모국 금융기관에 알려 달라고 요청하곤 했다.

국제금융국장으로서 그렇게 동분서주하다 1980년 5월, 이규성은 재무부 행정실무의 최고 책임자의 자리인 재정차관보로 승진한다. 정치 사회적 혼란으로 암운(暗雲)이 갈수록 짙어지고 경제적 어려움이 극심했던 시점이었다.

루이스의 전환기를 맞은 1980년대 초의 한국 경제

홍은주 1980년 초는 제 5공화국으로 정권이 바뀌면서 정치적으로 엄청난 격변기였습니다. 당시 분위기를 어떻게 회고하십니까?

이규성 1980년대 초가 참 어려웠던 시기였습니다. 1979년 10·26 박정희 대통령 시해사건이 발생했고 그 다음해인 1980년의 이른바 '서울의 봄',[2] 그리고 5·18로 이어지는 일련의 정치적 지각변동이 일어났기 때문에 사회적 불안과 혼란이 크게 고조되었던 시기였습니다.

또 경제사적으로도 하나의 큰 구조적 전환기였다고 생각합니다. 우선 외적 변수로는 1974년 제 1차 석유파동에 이어 1979년 이후부터 1980년 초까지 제 2차 석유파동이 진행되어 한국 경제에 큰 충격을 주었습니다. 2차 석유파동의 여파로 1980년에 물가가 크게 올랐습니다. 또 냉해로 인해서 쌀이 흉작이었지요.

홍은주 정치불안에 더해서 물가가 폭등하면 사실 경제 전반이 정상적 상태를 유지하기 어렵지요.

이규성 그렇죠. 석유파동이라는 외적 변수에 더해서 내적으로도 노동시장이 엄청난 변화를 겪게 됩니다. 경제가 장기간 고도성장을 하면서 과거에 농촌지역으로부터 엄청나게 공급됐던 잉여노동력이 줄어들자 오히려 상대적 노동부족 현상을 체감하게 된 것입니다. 물가가 폭등하니까 임금도 같이 올려달라고 전국에서 대규모 노동분규가 분출하고요. 당시 임금도 상당히 많이 올라갔고 임금이 오르니까 다른 상품의 원가가 따라 오르게 됩니다. 이처럼 유가급등에 고임금까지 국내외 여러 악재가 겹치면서 고비용-저효율 경제상황이 벌어진 것입니다. 지금 돌이켜 보니 우리 경제가 1970년 말부터 이른바

---

2 10·26 사태 이후 신군부에 의해 1980년 5월 17일 비상계엄 전국확대 조치가 단행되기 전기까지의 정치적 과도기를 뜻한다. 1968년에 체코슬로바키아에서 있었던 민주화운동을 지칭하는 '프라하의 봄'에 비유한 것이다.

얘기하는 '루이스의 전환점'(Lewis turning point)[3]을 겪었던 것이 아니냐, 그런 생각이 듭니다.

또 한편으로 경기 측면에서는 굉장히 과열된 양상이 나타났습니다. 1970년 중반 이후 중화학 투자가 대폭 확대되고 중동으로부터 해외 건설자금이 들어와서 부동산 투기가 아주 극성을 부렸던 시기이기도 했습니다. 요약해서 얘기한다면 중화학공업에 대한 집중투자를 통해서 산업구조는 급속도로 고도화됐지만 그 반작용으로 경기과열과 함께 부동산 투기가 극성을 부리고, 임금이 오르는가 하면 국제적 석유파동으로 유가급등까지 겹치는 등 여러 가지 불안요소에 정치적 혼란까지 팽배했던 것이 당시 1980년을 전후한 한국의 경제 상황이었습니다.

홍은주 그처럼 어려운 시절에 재무부 실무행정의 최고자리인 재정차관보가 되셨으니 상당히 생각이 복잡하셨을 것이고 비장한 각오가 필요했을 것 같습니다. 한국 경제를 연착륙을 시켜야 하는 의무를 진 자리니까요.

이규성 나만이 아니고 다들 비장했죠. 이 같은 정치적, 경제적 지각변동의 시기에 '어떻게 경제 정책적으로 잘 대응해서 혼란을 줄이고 수습하느냐?' 하는 것이 당시 저를 비롯하여 모두가 밤낮없이 고민했던 화두였습니다. 금융개혁 개편문제, 거시정책안정화 프로그램, 한은 독립, 온갖 어려운 일들이 산적해 있었지만 큰 가닥은 첫째 당시 정치불안과 함께 급속도로 하강국면에서 빠져들어간 경기에 대해 어떻게 정책대응을 할 것인가? 두 번째는 금융산업 구조조정을 어떻게 가져갈 것인가? 세 번째는 정치적 불안상황이 계속되는 가운데 어떻게 하면 국제시장에서 우리의 대외신인도를 유지할 수 있을까? 이런 것들이 당시에 저를 비롯해 재무부 사람들 모두가 고민했던 가장 중요한 이슈가 아니었나, 이렇게 생각합니다.

---

3 개발도상국이 산업화 초기에는 농촌으로부터 주로 값싼 잉여노동력을 확보하지만 일정 수준의 경제성장이 이뤄진 후에는 임금 인상과 저임금 근로자의 공급부족으로 경제성장이 둔화된다는 이론. 1979년에 노벨 경제학상을 수상한 아서 루이스(Arther Lewis)가 제시한 이론이다.

홍은주 정치적 격변의 와중에 한국 경제의 대외신인도 유지는 상당히 중요했을 텐데 구체적으로 어떤 조치를 취하셨는지요?

이규성 내가 차관보가 되기 전에 국제금융국장을 지냈습니다. 그 시절에 외화자금 조달, 연불수출, 해외투자 유치, 국제금융기구 협력 등의 업무를 맡았는데 10·26 사태가 벌어지자 제가 했던 주요업무 가운데 하나가 국제금융시장에 우리나라의 정책에 변화가 없음을 지속적으로 통보하는 것이었습니다. 국제금융시장이 가장 싫어하는 것이 급격한 정책변화와 불확실성입니다. "불행히도 우리나라 대통령에게 유고가 생겼다. 그러나 민주주의라는 국가기본에는 변화 없고 자본주의 경제운용 시스템도 변화가 없다"고 강조했습니다. 또 불확실성이 없으니 계속 투자하고 협력하라고 강조했습니다. 당시는 현금차관이 없이 프로젝트 차관이 대부분이었고 직접투자가 별로 없었기 때문에 직접투자를 주로 권유했지요.

국가 IR의 경우는 주로 뉴욕, 런던 등에 위치한 국제금융기관들을 대상으로 하는데 형편상 따로 방문하지는 못하고 주로 IMF나 아시아개발은행(ADB: Asian Development Bank) 총회에 참석하는 김에 들러서 설명했습니다. 그때의 경험상 깨닫게 된 것은 국내에 중요 문제가 발생하면 가장 먼저 국제금융시장에 문제의 정황을 진정성 있고 구체적으로 설명하는 일이 반드시 선행되어야 한다는 것입니다. 당시 그걸(한국의 국가 IR) 서포트해 주는 기관이 IMF였기 때문에 우리가 IMF를 많이 활용했지요.

홍은주 국제금융시장이 여기에 어떻게 반응했습니까?

이규성 국제금융시장의 속성은 해당국가에 돌발사태가 발생하면 일단 두고보자(wait and see)의 관망세가 됩니다. 아무리 "우리 믿고 투자해도 된다"고 계속 설명해도 다 소용없어요. 사실 그때는 돈을 당장 빼지 않는 것만 해도 다행이고 신규 조달은 꿈도 못 꾸죠. 그래서 10·26 사태 이후 우리가 경제정책의 기본 기조에 변동이 없다는 설명만 열심히 되풀이하면서 시간을 벌었습니다. 10·26 당시에는 외화차입이 꽤 있어서 당장은 문제가 없었지만 시간이 좀 지나 1980년 초에 들면서 외환자금 사정이 크게 악화됩니다. 일본에도 부탁해서 차관을 들여오고 했지만 점점 더 어려워졌습니다. 무역금융 등 단기자금이나 금융기관의 소규모 중장기 자금조달 외에는 일체의 조달이 없어서 외환사정이 어려워지니까 급한 대로 IMF와 스탠드바이 협정을 체결하여 특별인출권(SDR: Special Drawing Rights)[4]을 계속 인출하며 버텼습니다.

내가 국제금융국장을 떠난 후 한참 지나고 정치상황이 어느 정도 안정되기 시작한 1981년 하반기에 이르러서야 본격적으로 국제금융 라인이 움직여 중장기 자금조달을 하러 다녔습니다.

홍은주 양윤세 전 동력자원부 장관에 따르면 1960년대 개발연대 초기에 미국이 우리에게 냉담하게 돌아서서 외자조달이 잘 안되고 절박한 상황이 되자 독일의 아이젠버그 같은 국제 브로커들이 외자조달을 주선하겠다고 많이 왔다는데 1980년에는 그런 사람들이 없었습니까?

이규성 왜 없어요? 내가 1980년 5월에 차관보 되고 나니 외자유치를 해 준다면서 국제 브로커들이 잔뜩 찾아옵니다. 이런저런 소개로 찾아온 사람들을 만나보면 무엇부터 요구하느냐? 우선 우리한테 자기들과 거래한다는 정부의 공식 레터부터 요구해요. 자기네들이 이미 자금조달원을 확보하고 찾아오는 것이 아니라 우리가 정부차원의 레터를 써 주면 그거 가지고 돌아다니면서 돈을 구해 보겠다는 것이지요. 나에게 함께 사진 찍자는 요구도 많았습니다.

홍은주 이 사람들이 실제로 돈을 조달하는 데 힘이 되었나요?

이규성 조달은 무슨… 거의 대부분 그렇지 못했습니다. 정말 큰 국제 브로커들은 중동 오일달러를 좀 들여왔지만[5] 나머지 대부분은 우리나라가 어렵다

---

4 IMF 가맹국의 국제수지가 악화되었을 때 IMF로부터 무담보로 외화를 인출할 수 있는 권리. 1968년 4월 이사회가 SDR 제도 채용을 중심으로 하는 국제통화기금협정 개정안을 채택하고 할당액의 85% 이상에 해당하는 가맹국의 찬성을 얻어 1970년부터 발족시킨 일종의 국제준비통화이다.
5 아드난 카쇼기(Adnan Khashoggi)가 중동 오일달러의 대표적 국제 브로커였다.

고 하니까 여기서 뭐 건질 것 없나 기웃기웃하는 정도예요. 나중에 1997년 외환위기가 발생한 후에도 그런 일들이 수도 없이 많았습니다. 국회의원 통해서도 오는 경우도 많고. 내가 1980년 위기 때 다 겪어 봤기 때문에 1997년 외환위기 때는 시간낭비 없이 딱 잘랐습니다. 그런 사람들 이야기 믿지 말라고 거꾸로 상대방을 설득하곤 했습니다.

홍은주 당시 신군부가 내각을 통제하기 위해 공무원과 금융기관 숙정을 상당히 강도 높게 진행하지 않았습니까? 국보위 사회정화 분과위 주도로 대대적인 숙정작업이 이뤄졌는데6 금융기관에서도 은행, 보험회사, 증권사 등 금융기관 인사 431명이 대거 물러나는 등 금융시장에 사정한파가 불었습니다. 금융기관 숙정작업은 누가 어떻게 진행했습니까? 재무부는 이때 어느 정도나 깊숙이 관여했습니까?

이규성 재무부는 깊숙이 관여하지 않았습니다. 금융기관 숙정은 대부분 보안사에서 직접 진행했기 때문에 사실 우리는 누가 어떤 이유로 조사받았는지 잘 몰랐습니다. 보안사가 조사하고 끝나면 우리한테 자료 통보가 와요. 그러면 그걸 받아서 후속조치를 하는 정도였습니다. 당시의 금융권 숙정작업에 재무부가 직간접으로 간여한 것은 없습니다. 일방적으로 사후통보만 받았어요.

---

6 1980년 6월 15일부터 시작된 공직자 숙정작업은 1980년 9월까지 장관 1명, 차관 6명, 도지사 3명을 비롯한 2급 이상 공무원 243명을 포함해 공무원, 국영기업체, 금융기관, 정부산하단체 등 각급 기관 127개 소속 임직원 8,601명을 강제 사퇴시켰다.

금융개혁 : '8·3 조치'에서 '금융 빅뱅'까지

한국 금융시장의 태동

1980년대 재무부가 직면한 또 다른 큰 과제는 금융시장 개혁이었다. '지시금융', '관치금융' 종식의 명분을 내세워 금융시장에 갑작스러운 민영화, 자율화 바람이 불어닥친 것이다.

우리나라 금융시장이 기본적 형태를 갖추고 발전의 계기를 마련한 것은 역설적으로 1972년 '8·3 조치'라는 충격적인 사채동결 조치와 궤를 같이한다. 1972년 이전까지 한국 경제는 말 그대로 '금융의 불모지'였다.

일반적으로 금융시장은 자금잉여 부문(가계)에서 여유자금을 흡수해서 자금부족 부문(기업)에 공급하는 중개기능을 수행한다. 자산변환 기능7과 정보생산 기능을 통해 가계와 기업 간의 거래비용(transaction cost)8을 낮추고 경제의 효율성을 높이는 역할인 것이다. 그러나 1945년 신생독립국이 된 한국은 국민소득 최빈국 가운데 하나였고 가계저축률이 3% 정도로 극도로 낮아 자금부족 부문만 있을 뿐 자금잉여 부문 자체가 존재하지 않았다. 당연히 장기자금을 마련할 수 있는 자본시장도 사실상 없는 것이나 다름없었다. 주식시장은 있었지만 상장된 기업 수가 거의 없었기 때문에 개점휴업 상태였고 채권시장은 제 2차 경제개발 5개년계획을 수행하기 위한 자금조달 수단으로 도로국채와 산업금융채권, 주택채권, 전력채권 등 일부 특수채와 국채만 발행되었을 뿐9 기업들이 중장기 자금을 마련하기 위해 자기신용으로 발행하는 회사채는 상상도 할 수 없었다. 단기자금 시장 역시 은행 간의 일시적 자금부족을 해결하기 위해 만들어진 콜(call)시장 외에10 기업들을 위한 CP나 RP 등 단기자금 시장은 아예 존재하지 않던 시절이었다.

●
7 변환기능에는 위험변환과 만기변환, 금액변환 등이 있다.
8 금융거래와 관련된 주요 거래비용은 정보획득비용, 감시비용, 거래수수료 등이 있다.
9 이들 특수채가 무더기로 발행되었던 시기는 1968년 무렵이다.
10 콜시장은 1960년 7월에 제도적 기반이 마련되었으나 개별적 점두거래 방식이었고 참여 금융기관은 상업은행으로 제한되어 있었다.

국내저축이 없다 보니 공장을 짓고 기계를 들여오는데 해외에서 돈을 꾸어올 수밖에 없었다. '부채도 자산이다'를 외치며 정부가 주도하여 일본 등 외국에서 시설차관과 현금차관을 들여왔다. 후일 만성적 부실기업을 양산하고 잦은 외환위기를 겪게 되는 한국 경제의 허약한 부채체질이 이때 형성된 것이다. 이자 무서운 줄 모르고 고리사채를 빌려다가 기업을 하다 보니 기업들의 사채 의존도는 갈수록 높아졌다.[11] 차관과 융자를 얻고 고리사채를 얻어 투자하는 과정에서 기업의 재무구조는 요즘 기준으로 보면 도저히 상상할 수 없을 정도로 악화되었다. 부채비율이 수천 퍼센트가 되어도 눈 하나 깜짝하지 않는 분위기였다.

부채를 얻어 부채를 갚는 위태위태한 한국 기업들에게 1960년 말부터 전 세계적 불황이라는 악재가 엄습했다. 더구나 고리사채 이자라도 초기에는 그럭저럭 견딜 만했으나 시간이 갈수록 복리효과가 나타나기 시작하면서 3년이면 빚이 두 배로 늘어나는 악순환이 계속되었다.

기업들의 무더기 도산 위기감이 고조되자 정부는 1972년 8월 3일 '경제의 성장과 안정에 관한 긴급명령', 이른바 '8·3 사채동결 긴급조치'를 내리게 된다. 기업과 개인 사채권자와의 채무관계는 3년 거치 5년 분할상환으로 하고 이자율은 월 1.35%로 제한하는 조치였다. 기업들을 위해 정부가 개인의 재산권을 대가 없이 제한하는 초(超)헌법적 조치가 취해진 것이다.

사채양성화와 단기금융시장의 형성

'8·3조치'가 내려지기 이전부터 재무부 관료들 사이에서는 더 이상 사채시장의 비대를 방치할 수 없으며 어떻게든 제도금융권으로 양성화해야 한다는 인식이 확산되고 있었다. 이에 따라 「사금융 양성화를 위한 3법」, 즉 「단기금융업법」, 「상호신용금고법」, 「신용협동조합법」이 8·3 조치와 비슷한 시기에 제정되었고[12] 1971년 6월에 설립된 우리나라 최초의 단기금융회사인 한

---

11 당시 사채는 최소 600억 원에서 최대 1,800억 원 내외가 될 것으로 추정되었으나 8·3 조치가 내려진 후 실제 신고된 사채는 3,456억 원으로 예상했던 것보다 훨씬 많은 천문학적 액수였다. 당시 통화량의 80%에 해당하는 규모다.

국투자금융주식회사는 1972년 5월부터 어음할인 및 매매업무를 개시했다.[13] 초헌법적인 '8·3 조치'가 있자 당시 재무부 관료들 사이에서는 "개인의 사적 재산권을 제한하는 이 같은 극약처방은 두 번 다시 쓸 수 없다, 차제에 사채시장을 양성화해서 제도적 단기금융시장을 적극 육성해야 한다"는 통렬한 내부적 반성이 일었다. 이에 따라 사채양성화를 위한 3법의 구체적 적용을 서둘렀고 1974년 5월에는 은행 간 자금조절 및 단기자금 조달을 위한 CD 발행이 허용된다. 1977년 2월에는 한국증권금융이 증권회사를 지원하기 위해 그이전에 제도가 만들어져 있던 RP 매입업무를 본격 취급하기 시작하면서 단기금융시장의 발전 속도에 가속이 붙기 시작했다.[14] 사채시장 단속과 함께 은행예금보다 훨씬 높은 금리를 제시하여 사채시장에서 떠도는 자금을 제도권으로 유입하려는 제도적 유인책을 제공한 것이 단기금융시장의 빠른 정착을 촉진한 것이다.

장기자본시장의 육성

동시에 자본시장의 육성을 위한 각종 정책이 등장했다. 기업 재무구조를 근본부터 개선하려면 주식시장 상장을 통한 자기자본 확충이 급선무라고 봤던 정부는 1972년 12월 「기업공개촉진법」을 제정했다. 사채동결 조치로 기업들의 금융비용이 크게 줄어들고 부담이 사라지면서 수출경쟁력이 되살아나 1973년 6월까지의 수출이 사상최고인 75.6%나 늘어났고 경기가 급속도로 회복되기 시작하자 기업 수익성이 크게 높아졌던 것이다. 정부는 수익성이 좋아진 기업들의 상장을 강제적으로 추진했다. 1977년 2월에는 증권관리위원회와 증권감독원이 발족했다. 그동안 별 관심이 없던 일반 투자자들도 주식시장에 눈길을 돌리기 시작했다.

---

12 「상호신용금고법」은 1972년 8월 2일에, 「단기금융업법」과 「신용협동조합법」은 1972년 8월 17일에 제정되었다.

13 한국투자금융주식회사는 이미 설립되어 있었으나 「단기금융업법」이 제정되자 1972년 9월 「단기금융업법」에 의한 최초의 투자금융회사로 전환되었다.

14 1969년 2월 한국은행이 금융기관을 대상으로 RP 매입거래를 한 것이 최초이다.

단기화폐시장과 자본시장이 형태와 윤곽, 제도틀을 갖추기 시작한 것이 1970년대를 관통한 흐름이었다면 금융시장에 근본적 변화의 바람이 불기 시작한 것은 1980년대 초였다.

홍은주 1980년대 초반에 민영화·자율화·개방화로 상징되는 '금융 빅뱅'이 있었습니다. 그런데 1980년대의 금융 빅뱅을 이야기하기 위해서는 그 이전 1960년대와 1970년대 우리 금융시장의 사정과 형편이 어떠했는지를 먼저 이해할 필요가 있어 보입니다.

이규성 금융시장이라는 것을 한마디로 정리하면 저축과 투자를 매개하는 그런 산업 아니겠습니까? 내가 1960년대와 1970년 초반까지는 금융업무를 직접 담당하지는 않았지만 재무부에 근무하면서 느낀 한국 금융시장의 가장 큰 문제는 저축이 투자에 비해서 너무 낮다는 것이었습니다. 국내저축만 가지고 투자하기에는 태부족이어서 경제성장에서 우리가 가진 성장잠재력을 실현(realize) 시킬 수 있는 그런 수준에 한참 못 미쳤다는 것이지요.

그래서 초기 한국금융의 과제는 경제개발계획을 시작하면서 '어떻게 하면 저축을 늘리느냐? 그 저축을 어떻게 투자로 유도하느냐?' 하는 문제가 가장 컸고 그다음에 '외자를 얼마나 적정하게 도입하느냐? 얼마나 효율적으로 도입하느냐?', '어디에 우선순위를 두고 투자해야 하는가?' 하는 문제였습니다. 다시 말하면 내외자 동원의 극대화와 선별적 투자지원의 문제, 그게 1960년대, 1970년대 재무부의 핵심과제였다, 이렇게 봐도 과언이 아닙니다. 그리고 당시에 들여온 외자를 EPB가 주도해서 배분(allocation) 하는 것이었습니다.

금융시장의 구조 측면에서도 당시 한국의 금융이라는 것은 공식 금융시장과 비공식 금융시장, 쉽게 얘기하면 은행을 중심으로 한 금융시장과 계나 사채를 중심으로 하는 사금융 시장, 이 두 가지밖에 없었습니다. 둘 다 단기자금만 제공하는데 그나마도 은행에서는 돈 자체를 구하기가 어려웠기 때문에 기업의 상당부분이 사금융 시장에 의존했습니다. 그런데 사금융의 금리가 너무 높아서 기업의 이자부담이 가중되고 부채가 부채를 낳는 심각한 상태가 되자 그러한 것들을 일괄적으로 정리한 것이 1972년의 '8·3 조치'였습니다.

홍은주 「사금융 양성화를 위한 3법」, 즉 「단기금융업법」, 「상호신용금고법」, 「신용협동조합법」이 제정된 것이 8·3 조치와 거의 비슷한 시기였습니다. 법이 제정되려면 오랫동안 준비해야 하는데 그렇다면 사금융 양성화에 대한 법 제정 준비가 8·3 조치보다 훨씬 전에 이루어졌다고 봐야 합니까?

이규성 그렇습니다. 높은 금리의 사금융으로 인한 폐단이 너무 커지자 우리가(재무부가) 위기의식을 갖고 사채시장의 대안으로 제 2금융권을 만들어야겠다고 8·3 조치 이전부터 준비했던 것입니다. 「사금융 양성화를 위한 3법」 제정 이후 단자회사니 상호신용금고 등이 많이 생겨났는데, 이런 것들이 사금융의 공금융화 차원에서 추진된 것입니다. 한마디로 8·3 조치 이전부터 재무부가 사채자금 양성화를 추진했고 8·3 조치와 동시에 법과 제도가 갖추어지자 돈이 모여들어 시장을 형성하게 된 것이라고 보면 됩니다.

홍은주 1970년대 초반에 단기금융시장이 형성되고 1970년 중반에는 장기자금 조성을 위한 여러 가지 정책이 등장합니다. 1975년에 우리나라의 첫 금융제도 심의관을 지내면서 이런 일을 하셨다고 들었습니다. 구체적으로 어떤 일을 하셨나요?

이규성 그때가 하동선15 이재국장 시절이었는데, 이재국은 매일매일 정신없이 돌아가는 금융시장을 챙기느라 차분히 중장기적으로 기획하는 것이 어려운 형편이었습니다. 그런데 김용환 재무장관 때 금융제도 심의관이 만들어져서 중장기 발전방향을 마련하도록 한 것입니다. 또 금융제도 심의위원회도 운영했는데 당시 위원장이 홍승희 장관, 위원이 조순, 김만제 씨 등이었습니다. 이때 금융제도 심의관으로 일하면서 주로 고민했던 과제가 금융국제화 방안과 장기금융, 특히 설비금융 확충방안 등이었습니다.

---

15 하동선(河東善, 1936~1983): 충남 공주에서 태어나 서울대 법대를 졸업하였다. 후일 경제기획원 대외협력담당 차관으로 승진했다가 아웅산 테러 때 순직하였다.

홍은주 유일한 장기자금이 외자뿐인데 외자도입도 한계에 달하니까 국내에서 장기 투자자금을 조성하는 것이 국가적 과제가 된 셈이군요.

이규성 설비금융 확충방안을 연구하게 된 배경을 보면 1960년대 이후 재무부는 일관되게 "어떻게 장기설비금융을 조달할 수 있을까?" 하는 고민했다는 데 있습니다. 이미 설명했습니다만 당시 시중의 돈은 사금융 시장으로 쏠리고 있었고 은행에 예금된 돈도 사채자금이 임시 대기상태에 있는 것이 적지 않았습니다. 사채 전주인 예금주가 돈을 은행에 맡겨 놓고 은행원에게 누구에게 빌려주라고 대출자를 지정하는 일까지 있었습니다.

그런 상황이니 금융시장을 통한 중장기자금 조달이 어렵지요. '경제가 발전하려면 투자회수까지의 긴 회임(懷妊) 기간을 견딜 수 있는 장기설비금융 제공이 필요하다. 그런데 현실적으로는 사채나 단자시장은 물론이고 은행까지도 단기자금만 공급하고 있으니 그럼 어떻게 장기설비자금을 조성해야 하는가? 설비금융을 채널링(channeling) 해 줄 수 있는 기관이나 제도를 어떻게 만들어야 하는가?' 이런 고민들을 한 것이지요.

그래서 생각한 것이 산업은행처럼 장기자금 공급을 위한 전문 금융기관을 육성하는 한편 기존 은행의 단기자금을 장기설비금융으로 적정하게 채널링해 줄 수 있는 제도나 기구를 만들어야 한다는 것이었습니다. 그 고민 끝에 나온 것이 국민투자기금입니다. '시중은행 단기저축의 일부분을 강제로 장기 국민투자기금으로 전환시켜 중화학공업에 투자하도록 하는 채널을 만들어 주자. 나중에 투자의 과실이 발생하면 그 과실도 분배해 주자' 이런 취지에서 국민투자기금이 생긴 겁니다.

「국민투자기금법」은 1974년부터 시행되었는데 적지 않은 비판도 받았지만 당시에는 은행예금을 포함한 모든 돈이 단기화되어 있었기 때문에 그 외에는 달리 장기 투자자금을 조성할 방법이 없었다고 지금도 생각합니다. 그때 보험자금의 경우도 일부 국민투자기금에 들어왔지요. 또 산업은행 등 정책금융기관을 육성해서 장기설비금융을 공급했습니다. 이런 배경에서 설비금융 확충방안을 연구하게 되었습니다.

재형저축의 탄생

홍은주 근로자 생활안정과 재산형성 촉진, 이른바 재형저축제도가 1976년 시행됩니다. 재형저축이 생겨난 배경도 이와 관련이 있습니까?

이규성 그렇습니다. 근본적으로는 계(契)와 같은 사채자금으로 쏠리는 국민들의 저축을 어떻게 해서든 은행의 장기저축으로 끌어들여야 한다, 근로자들의 재산형성도 돕고 국민들에게 중장기 저축을 유도하는 방안을 내놓자, 해서 생긴 것이 재형저축입니다. '일정소득 이하의 근로소득자에게 인센티브를 줘서 저축을 장기화하자, 그리고 서민들의 기초재산을 늘리도록 하자'는 배경에서 출발했습니다. 독일에서 그런 제도가 있어서 그걸 김용환 장관께서 듣고 연구하라고 해서 그 제도가 시작됩니다. 처음 시작은 독일제도를 참고했지만 우리 현실에 맞는 방식으로 재설계했지요. 월소득 25만 원 이하 소득자들이 은행에 목돈마련 저축을 하거나 투자신탁회사에 증권투자 저축을 하면 금리 외에 저축장려금을 지급하도록 했습니다. 이 일을 주관했던 사람이 정건용 사무관(후일 산업은행 총재 역임)이었는데 이 제도를 내놓고 반응을 살펴보니 다 좋아했습니다.

홍은주 장기설비금융 조달을 위한 채널링을 언급하셨는데 1975년 종합금융회사에 관한 법률이 국회를 통과합니다. 종합금융사도 설비금융으로 출발한 것입니까? 옛날 신문기록을 보니까 1975년에 영국의 머천트뱅크(Merchant Bank)인 라자드 브러더스(Lazard Brothers) 사의 다니엘 마이네츠 하겐 회장 등이 한국종합금융 합작설립을 위해 내한하기도 했던데요?

이규성 그렇죠. 종합금융(종금)도 사실은 장기설비금융을 조성하기 위해서 도입했습니다. 종금의 출발이 영국의 머천트뱅크에서 아이디어를 얻어 그 개념으로 들어온 것입니다.[16] 종금이 나중에 가서는 백화점식으로 이것도 하고

---

16 머천트뱅크는 여수신 업무를 제외하고 투자와 어음발행, 증권발행 등을 종합적으로 하는 상업은행을 말한다. 19세기부터 영국에서 머천트뱅크가 발달했다.

저것도 하고 모든 금융업무를 다 하다가 1997년 외환위기 문제도 생기고 그랬지만 처음에는 외자도입을 통해 장기설비금융을 조달하는 창구역할을 맡도록 한다는 분명한 목표하에 설립되었고 그 모델이 영국의 머천트뱅크였습니다. 그래서 영국과 합작으로 종금사가 설립된 것입니다.

홍은주 자본시장에서 기업들이 상환에 대한 부담 없이 자기자본을 조달하려면 주식시장이 필수인데 당시 주식시장과 관련해서는 어떤 정책들이 나왔나요?

이규성 주식시장과 관련된 조치는 역설적으로 부실기업 정리와 맥을 같이합니다. 사실 금융기관이 주도하는 요즘 같은 방식의 부실기업 정리는 1997년 외환위기 이후부터이고 그 이전까지는 모두 정부주도의 구조조정이었습니다. '8·3 조치'도 그렇고, 그 이전에 청와대가 주도했던 부실기업 구조조정도 그렇고, 당시에는 부실기업 정리는 모조리 정부가 직접 나설 수밖에 없었습니다. 처음에는 청와대 주도로 추진하다가 이해당사자들 사이에 상충이 많아 자꾸 말썽이 생기고 일이 금융기관과 밀접히 연결되어 있어 재무부가 구조조정을 넘겨받았습니다. 그 과정에서 재무부가 가장 많이 고민한 것이 기업의 부채체질을 개선하려면 장기설비금융도 좋지만 근본적으로는 자기자본을 튼튼히 해야 한다는 것이었습니다.

그래서 당시 유통시장 기능에 치중했던 주식시장을 기업공개와 유상증자를 통해 발행시장 기능을 활성화하고자 관련법까지 만들어가며 강제로 상장하도록 의무화했습니다. 종전에는 기업공개를 유도하는 정책이었는데 1972년 12월에 아예 「기업공개촉진법」을 제정해서 강제한 것입니다. 그래도 말을 안 듣는 기업에 대해서는 여러 측면에서 압박해 기업공개를 유도했습니다.

홍은주 그러니까 1972년 '8·3 조치' 이후부터 사채자금 양성화로 단기금융시장이 만들어지기 시작했고, 1970년 중반 이후 중화학공업 육성을 위한 장기시설자금 조성과 주식시장 활성화 조치 등이 등장한 것이군요. 그러다가 1980년 초반 들면서 금융시장에 민영화, 자율화, 국제화 등 급격한 변화의 바람이 일어나지요? 그런데 상식적으로 생각해 볼 때 '금융 빅뱅' 같은 큰 움직임이 하루아침에 갑자기 생기는 건 아니지 않습니까? 그전에 무슨 단초가 있었습니까?

이규성 그렇습니다. 1980년대 초에 우리 (재무부)가 보니까 당시 선진국 금융시장에서 이른바 금융 혁신(financial innovation)이 빠른 속도로 진행되고 있었습니다. 선진국들 사이에 금융시장 변혁과 자유화의 바람이 불면서 증권화 또는 글로벌화 등의 각종 조치가 급속히 추진되고 '금융 빅뱅' 움직임이 일어났습니다. 그런 걸 보면서 우리도 이런 금융 혁신을 빨리 추진해야 하는 것 아니냐 하는 인식이 확산되었습니다. 또 다른 한편에서는 선진국이 물가안정을 위해 고금리 정책을 실시함에 따라 돈이 선진국으로 빨려들어 가니까 후진국으로서는 외채상환이 큰 부담이 되었던 시기이기도 했습니다.

홍은주 재무부가 당시 구상하던 금융 혁신은 구체적으로 어떤 내용이었나요?

이규성 1970년대에 장단기 금융시장의 틀을 만들어가는 와중에서도 우리가 "한국의 금융시장을 어떻게 발전시켜야 될 것인가?" 하는 고민을 하면서 크게 몇 가지 방향을 추진했습니다. 첫째는, "금융기관을 좀더 다양화해야 한다. 또 저축을 늘리려면 개인이나 기업의 니즈(needs)에 따라 금융상품을 다양하게 제공해야 한다"는 것이었습니다. 그래서 은행과 차별화되는 제 2 금융권을 적극 육성하게 된 것입니다.

두 번째는 정부의 일방적 기업지원 방식에 대한 반성이었습니다. 그동안 정부가 전략사업을 추진할 사업자를 먼저 선정하고 나서 해당 사업자에게 금융과 세제를 집중적으로 지원하던 방식이었습니다. 그런데 1970년대 말부터 "정부주도 개발은 한계에 왔다. 이제부터는 민간의 창의를 중심으로 한 시장경제 쪽으로 가야 한다. 그래야 계속해서 투자도 늘어나고 경제가 성장·발전할 수 있지 않겠는가?" 하는 문제의식이 정부 내에서 강하게 생겨나게 된 것입니다. 더불어 금융도 거기에 맞춰서 국제화된 금융기법을 도입하자는 움직임이 있었습니다. "금융의 글로벌화, 국제화를 통해서 우리 금융기법의 선진화를 도모해야 되겠다."

그런데 금융시장은 결심을 했다고 하루아침에 뭐가 달라지는 것이 아니잖아요? 1970년대부터 점진적으로 진행된 금융시장의 변화와 인식전환이 구체적인 모습으로 형상화되면서 1980년대로 이어지게 된 것입니다.

홍은주 그렇죠. 인식과 제도 마련, 그리고 시행에는 항상 상당한 시차가 존재합니다. 그렇게 1970년대 말이 지나가고 1980년 초 금융시장에 큰 변화의 바람이 불 때 재무부 재정차관보가 되셨는데[17] 재정차관보를 지내시면서 금융시장의 가장 큰 과제는 무엇이라고 생각했습니까?

이규성 1980년대 초반 우리(재무부)가 크게 고민했던 과제 가운데 하나가 금융시장의 선진화와 국제화였습니다. 당시 경제발전의 모델이 정부주도에서 벗어나 시장의 자율적 기능에 맡기는 방향으로 전환되는 추세였는데 그렇다면 금융도 거기에는 맞는 선진적 금융시스템을 만들어야 한다, 그게 바로 국제화와 선진화다, 이런 논리였죠.

그런데 우리 금융은 아무리 시간이 지나도 전혀 선진화되지 못하고 있다는 문제의식이 당시 재무부 관료들 사이에 공유되고 있었습니다. 가령 1967년부터 외국은행 서울지점의 설치를 허용하기 시작하지만 그것도 어디까지나 돈(달러)이 필요했기 때문이었지 선진금융 기법의 도입이라든가 금융시장의 발전이라든가, 국제화라든가 하는 근본적 목표를 위해서 추진한 것은 아니었거든요. 한마디로 1970년대 말 우리나라 금융시장은 전혀 국제화되지 못한 채 여전히 후진성을 면치 못하고 있다는 반성이 컸습니다.

국제화와 관련된 문제의식이 생겨나게 된 또 한 가지 배경은 과거 경제개발 과정에서 해외로부터 돈은 빌려서 투자했는데 거의 대부분이 상환부담이 있는 차관형태로만 들어올 뿐 직접투자 형태로는 잘 들어오지 않는다는 점이었습니다. 이밖에 국내 금융기관들이 너무 왜소하다는 것도 당시에 큰 문제로 지적되었습니다. "이렇게 자본규모가 작아서는 금융기관이 아무것도 할 수 없다, 금융기관을 좀 대형화해야 되지 않겠는가?" 이런 문제의식이 싹트기 시작했고 "대기업 위주의 편중여신을 어떻게 해소하느냐?" 하는 문제 등도 당시 새로운 과제로 등장했습니다.

금융시장의 통합과제

두 번째 핵심과제는 금융시장(financial market)의 효율성을 높이는 문제였습니다. "금융시장을 정상화하여 실물경제와의 연계성을 높이려면 금리기능이 제대로 작동해야 하는데 금리기능이 너무 미약하지 않은가?" 하는 고민이 있었습니다. 당시에는 금융시장이 조각조각 나뉘어져 있었고(fragmented) 따라서 금리가 시장마다 다르게 복수로 존재하는 상황이었습니다. 장단기 금리차가 나는 것은 금융이론상 자연스럽지만 같은 단기자금인데도 업권별로 금리가 많이 차이가 났어요. 예를 들어서 우리가 은행금리는 엄격하게 제한하면서도 제2 금융권에 대해서는 일정부분 금리자유화를 허용했거든요. 제2 금융권 내에서도 시장이나 상품별로 금리가 다르고.

'은행금리와 제2 금융권 금리를 분리해서 관리하던 그런 정책들을 이제는 바꿔야 하지 않느냐? 다시 말하면 조각조각 나뉜 금융시장들을 금리를 매개로 해서 서로 유기적으로 작동하는 시장으로 바꾸는 것이 바람직하지 않느냐?' 하는 문제의식이 생겼습니다. 금리 연결효과(linkage effect)를 통하여 연결되는 하나의 시장에서 각종 금융자산의 거래가 이뤄져야 비로소 '유동성과 위험, 만기구조에 따른 이자율 차이'라는 합리적 가격차가 제대로 반영될 수 있고 자금이 효율적으로 재분배되기 때문이죠. 시장 간에 금리 링크가 유기적으로 연결되어야 한국은행의 통화정책이 실물시장에 제대로 전달될 수도 있고요.

한마디로 종합해서 "금융산업에 근본적 리엔지니어링(reengineering)이 필요하다. 그 핵심은 뭐냐? 조각난 금융시장을 통합하고 그 결과로 나타나는 효율적 금융자원의 배분, 자율적 경쟁시장으로의 탈바꿈(transition)이 필요하다"라는 근본적 문제의식을 가지고 당시에 정책접근을 했습니다. 문제의 핵심은 한마디로 금융시장의 통합이라고 생각했죠.

홍은주 질적이고 근본적인 변화를 불러올 수 있는 핵심엔진을 금융시장 통합이라고 보신 거군요?

이규성 그렇지요 리엔지니어링, 그러니까 운영의 기본 방향을 바꿔 줘야 되는 것이었고, 그러기 위한 선결조건으로 구조조정(restructuring)이 필요하다고 봤습니다. 그 선결조건이 뭐냐? 아까 얘기한 국제화와 선진금융 경영기법을 도입하여 체질을 개선한다든가 금융기관을 대형화하여 규모의 경제를 추구한다든가 또는 장기설비금융을 제공할 수 있는 체제를 갖춘다든가, 금융시장을 통합하여 금리의 연결효과를 높인다든가, 이런 것들을 일련의 종합과제로 보고 적극적으로 추진해야 되겠다고 한 것입니다.

또 금융기관을 근대화시키려면 금융인의 능력향상이랄까? 이런 것도 제대로 되어야 된다, 이런 문제들이 그때 제가 항상 생각했던 하나의 화두이고 정책의 큰 프레임워크(framework)이고 그랬습니다. 내가 차관보를 지낼 때 재무부에서 그런 문제들을 해결하기 위해 많이 노력하고 필요한 정책을 만들어내고 그랬습니다.

또 다른 한편으로는 "금융산업의 새로운 방향설정을 하는 데 있어 금융기관과 기업과의 바람직한 관계가 뭐냐? 적정한 관계설정을 어떻게 해야 할 것인가?" 이런 것들도 상당히 고민하고 해외사례도 많이 연구하고 그랬어요.

금융정책을 둘러싼 EPB와 재무부의 갈등

전두환의 새 정부 출범과 함께 경제 전 분야에서 '안정·자율·개방' 정책이 추진되었다. 실물뿐만이 아니라 금융시장도 급격한 '시장만능'의 구조적 변화의 압력을 받았다. 재무부가 "금융시장은 실물시장과 전혀 성격도 입장도 다르다"는 현실론을 내세워 점진적 개혁을 주장하자 김재익 수석은 재무부의 수장에 시장주의 철학을 공유하는 EPB 관료들을 보내 금융 자율화, 은행 민영화, 외자도입 자율화, 외국인 투자부문 자율화 등을 골자로 하는 급진적 금융개혁을 시도했다. 금리자율화의 압력이 커졌고 금융기관 내부경영 관련 규제가 철폐되었으며 시중은행을 민영화하고 정책금융 신설을 억제하는 한편 금융기관의 대형화와 신규진입을 대거 허용했다.

　수십 년 동안 철저한 관치로 유지되었던 금융시장이 갑자기 방향을 바꿔 모조리 자유화, 민영화, 개방화 쪽으로 강한 역추진이 걸리다 보니 금융시장이 급격히 확장되었다. 거의 100여 개 가까운 민영 금융기관들이 우후죽순처럼 생겨나기 시작했다.

　동시에 금융기관들의 재정 건전성 문제가 물밑에서 대두되기 시작한 것도 이 무렵이었다. 금융시장 자유화 초기에는 국내금융뿐이었기 때문에 큰 문제가 없었으나 자본시장 개방이 탄력을 받게 되면서 단기 외화자금이 한국에 급격히 밀려들어오기 시작한 것이 문제가 되었다. 글로벌 금융시장의 기본적 속성인 변동성 위험이나 단기자본의 급격한 유출입 위험에 대한 기초적 인식조차 없던 수많은 금융기관들이 경쟁적으로 외화자금을 들여왔고, 국제금융에 대해 역시 아무 경험이 없던 금융감독기구 역시 금융시장의 건전성 감독에 소홀했던 것이다.

　온실 속, 규제 속에서만 살아왔던 국내 금융기관들이 갑자기 몰아닥친 자율화와 민영화의 빠른 트랙에 올라타 달리는 사이, 잠재적 글로벌 시장위험에 노출된 금융기관의 회계장부 속에는 환율변동과 우발채무의 시한폭탄이 째깍거리며 돌아가기 시작했다.

　당시 금융시장 민영화와 자유화가 추진되는 과정에서 속도와 방법론을 둘러싸고 EPB와 재무부는 큰 갈등을 빚기도 했다.

홍은주 1980년 이후 여러 가지 경제정책을 둘러싸고 EPB와 재무부 사이에 적지 않은 갈등이 빚어집니다. 가장 뚜렷했던 것이 안정화 시책을 둘러싼 논쟁이었던 것 같은데요.

이규성 1979년도에 EPB에서 들고 나온 게 안정화 시책입니다. 당시 안정화 시책에 대해 나는 기본방향이나 문제의식은 옳았다고 봅니다. 당시 우리 경제가 이른바 '루이스의 전환점'도 돌았고 중화학 분야 과잉중복 투자에서 발생한 후유증이 적지 않았기 때문에 경제성장 일변도, 고도성장 일변도에서 안정화 시책으로 가기로 방향전환을 했던 것은 적정한 방향설정이었습니다.

기업에 대한 지원도 직접지원에서 간접지원 방식으로, 가령 기술개발을 지원한다든가, 기능별로 지원하는 방식으로 가자고 했던 것인데 그 점에 대해서는 아주 적정한 정책전환이었다고 생각해요.

그런데 방법론이 문제였습니다. 당시 EPB가 안정화를 추진하면서 거시정책 측면에서 총수요 관리정책으로 들어갑니다. 나는 그 방법론과 속도에 적지 않은 문제가 있었다고 생각해요. 1980년 1월에 금리인상이니 뭐니 일련의 정책들을 쭉 추진하면서 지나친 긴축 일변도로 몰아간 것입니다.

아까도 얘기했지만 당시 국제적으로 석유파동이 있었고 물가가 올랐는데 잘 아시는 것처럼 이건 전형적으로 공급 측면에서 야기된 인플레이션(cost push inflation)이에요. 공급 측면에서 문제가 생겼는데 물가를 잡겠다고 갑자기 강한 총수요 관리에 들어가니까 코스트 푸시(cost push)에 긴축쇼크까지 겹친 것입니다. 또 국내적으로 보면 박 대통령 시해사건 이후 계속된 정치적 불안과 쇼크도 있었어요. "이런 상황에서 총수요 관리정책이 과연 맞느냐? 높은 인플레이션을 통제하지도 못하면서 경제를 지나치게 위축시키는 오버킬(overkill)이 아니냐?" 우리(재무부)는 이렇게 봤던 거죠. 상황인식과 해법을 둘러싸고 재무부와 EPB 사이에 굉장히 많은 의견차가 있었습니다.

홍은주 상당한 정책토론이 있었겠군요?

이규성 토론수준을 넘어서 거의 싸우다시피 했어요. 그러니까 EPB에서는 총수요 관리와 긴축으로 물가를 잡으면 가격 경쟁력이 생기니까 이것을 최우선으로 해결해야 된다는 것이에요. 당시 이승윤 재무장관과 박봉환 차관 시절인데, 여기에 대해 재무부 쪽은 한마디로 "경제에 지나친 충격을 주는 오버킬 정책이다"라고 주장했습니다. "지금 공급 측면에서 충격(supply shock)이 발생했는데 수요관리(demand management) 정책으로 그게(물가안정이) 해결되겠는가?" 하는 것이 재무부 입장이었습니다.

첫 번째 갈등이 바로 이 같은 거시경제 운영을 둘러싼 방법론 문제였습니다. 싸우다시피 하여 1980년 하반기 재무부 주관으로 일반은행 대출금리를 25%에서 20%까지 세 차례에 걸쳐 인하했지만 1980년 경제성장률은 결국 당초 계획에 훨씬 밑도는 마이너스 성장을 나타냈지요.

홍은주 금융자유화를 둘러싸고도 큰 갈등이 있었지요?

이규성 그랬지요. 금융자유화에 대해서 당시 EPB에서 내세운 주장은 "재무부가 금융기관 간섭하는 것을 다 없애고 모든 금융규제를 지금 당장 다 폐지해라. 은행도 모두 민영화해라. 그러면 시장이 모두 정상화된다"는 것입니다. 그런데 재무부는 "은행 민영화를 누가 반대하느냐? 또 금융시장은 우리가 규제하고 싶어서 하는 게 아니다. 관치금융이라고 하는 데 저축이 부족한 나라에서 고도성장을 추진하다 보니 불가피하게 관치금융을 하게 된 것이다. 관치금융의 상징인 정책금융을 봐라. 대부분이 부족한 재정을 대신해서 금융이 떠맡다 보니 관치가 생겨난 것 아닌가? 그러니 금융시장을 전면 자율화하려면 정책금융부터 재정에서 가져가서 예산으로 책임지는 것이 우선이다"라는 입장이었습니다.

우리는 "금융자유화 이전에 우선 정책금융부터 제대로 정리해라"라고 주장했습니다. 솔직히 그때까지 재정이 해결해야 할 정책자금을 예산이 부족하니까 모조리 금융에 떠넘기고 있었거든요. 그런데 재정으로 전환하거나 해결해 주지도 않으면서 갑자기 금융에 모두 손 떼라고 하면 경제가 어떻게 됩니까?

홍은주 금융이 재정을 대신했다고 하는데 예를 들어 어떤 것들이 있었나요?

이규성 당시 이른바 관치금융이나 지시금융의 대부분이 수출기업 지원입니다. 외채 상환부담 때문에 환율을 낮게(원화 고평가) 가져가려다 보니 수출기업에 대한 정책지원이 불가피했고 그걸 금융이 했어요. 가령 단기 수출금융이나 중장기 설비자금은 시중금리보다 싼 저리자금으로 정부가 제공했습니다.

또 당시는 정부의 양곡 및 비료관리 적자에서 발행하는 자금부족을 한국은행에서 발권력으로 보전했습니다. 뿐만 아니라 석탄이 주요 에너지원 가운데하나였는데 석탄을 여름에 보관하는 하계 저탄자금을 재정에서 지원하지 못하니까 동력자원부나 상공부에서 재무부에 요청하면 예산이 아니라 금융으로 재무부에서 연탄업자들에게 금융지원을 했습니다.

또 1970년 하반기에 제가 청와대에 있을 때 당시 부가세가 핵심 추진정책이었습니다. 부가세를 정착시키려면 영수증 주고받기가 되어야 하기 때문에 대대적으로 금전등록기 보급사업을 벌였는데 이때도 정책자금으로 융자했습니다. 이렇듯 정부가 어떤 정책을 적극 추진하려고 할 때 예산이 해야 할 일이 있는데 가용예산이 없으니까 대신 금융을 통해 시행했던 것입니다. 그래서 관치금융, 지시금융 같은 게 생긴 것이에요. 우리 재무부 입장은 재정이 가져갈 것들을 먼저 다 가져가고 정비한 후에 관치금융을 없애야 실물경제에 미치는 충격이 덜하다는 것이었습니다.

홍은주 한마디로 우선순위와 속도의 문제로 압축되는 군요. 규제를 풀면 시장이 제대로 작동한다는 쪽과 제대로 작동하는 시장을 먼저 조성해서 단계적으로 규제를 풀어야 한다는 일종의 선후관계에 관한 인식 차이 같은데요?

이규성 그렇죠. 우리가 급속한 금융시장 자유화에 대해 반대했던 두 번째 이유는 은행이 보유한 대규모 기업부실채권에 대한 우려였습니다. 당시 과잉중복 투자된 중화학공업을 위시하여 해외건설 해운산업, 종합상사 등에 부실이 발생하여 금융기관에 엄청난 부담을 주고 있었거든요. '금융기관이 정말 민영화되고 자유화되려면 일단 이 금융권 부실부터 털어내 줘야 하는 것 아니냐?' 하는 것이 우리 생각이었습니다. 생각해 보세요, 기업부실이 고스란히 전이되어 역시 무거운 부실투성이가 되어 있는 금융기관을 자유화시킨다고 해서 금융기관이 날개를 달아 자유롭게 도약할 수 있겠습니까?

그러니까 재무부는 금융기관 민영화 이전에 관치금융 때문에 은행이 떠안게 된 부실채권을 정부가 주도해서 정리해 준 다음에 금융기관들에게 "이제는 전적으로 당신들 책임하에 투자도 하고 철저하게 상업 베이스로 금융업무를 해라"라고 명확히 책임을 부여하자는 주장이었습니다. 당시 재무부가 우려했던 부실기업 문제는 훨씬 나중에 김만제, 정인용 장관 때에서야 간신히 정리되었습니다. 부실정리는 일찍 할수록 비용이 덜 들어갑니다. 그래서 금융기관 부실채권 정리는 이른바 시간과의 싸움이라고도 하는데 당시 부실기업 정리가 늦어져 문제를 키웠으니 실기(失機)한 것이지요.

그런데 (이 같은 재무부 주장에 대해) EPB는 "재무부 그 친구들이 금융규제의 권한을 내놓기 싫어서 금융시장 민영화에 미온적이다"라는 식으로 마구 몰아붙이는 것이에요. 당시 정부가 가진 금융기관 주식을 민간에 공개매각 처분해서 모든 것을 시장기능에 맡기면 금융시장의 각종 모순과 문제가 한꺼번에 해결된다는 논리였습니다.

홍은주 작용이 반작용을 낳는 것처럼 과거 강력한 통제경제에 대한 반작용 때문에 당시에 '민영화, 자유화 속도전'을 불러온 것 아닌가 하는 생각이 듭니다. 사실 금융시장은 실물시장과 달리 정보 비대칭이 아주 크고 정보 불균형이 곧바로 가격(금리)에 반영되는 것이 특징입니다. 도덕적 해이, 외부성 등의 특이요인들 때문에 금융시장에서는 시장실패(금융위기)가 자주 발생하고 따라서 감독과 규제의 당위성이 제기됩니다. 어느 나라든 금융시장에 대해서만은 적지 않은 규제가 있지요. 이런 시각차 때문에 당시 자율화, 민영화를 추진할 때 상당한 토론이 있었겠네요?

이규성 그런 토론이 많이 있었죠. EPB가 "시장에 모두 맡겨라" 하면 우리(재무부)는 "시장이 모든 문제를 다 알아서 해결한다는 식의 생각은 너무 순진하고 지나친 발상이다, 그러니까 한꺼번에 다 그렇게 하려고 하지 말고 중요한 몇 가지 선행조건들을 충족시켜 가면서 점진적으로서 하자" 이렇게 많이 토론하고 싸웠어요. 재무부가 말을 안 들으니까 나중에는 아예 그쪽(EPB) 사람들이 재무부로 대거 옮겨오지 않았습니까?

홍은주 EPB 분들이 재무부 고위직으로, 장관으로 오기 시작했지요. 1982년 1월 강경식 경제기획원 차관보가 재무차관으로 왔고, 나웅배 장관이 짧은 임기(1982. 1~6)를 마치고 물러나자 강 차관이 재무장관 취임했지요?

이규성 재무부의 수장에 EPB 사람이 오면서 EPB의 주장대로 은행 민영화, 금융시장 자율화 등이 급속도로 추진됩니다. 예를 들어 재무부는 1981년에 한일은행을 민영화하면서 일단 한번 해보고 효과를 보아가며 점진적으로 민영화를 추진하자고 그랬는데 그 효과를 검증하기도 전인 1982년에 몇 개 은행을 추가로 민영화하는 등 급속도로 추진합니다. 그뿐 아니라 이철희-장영자 사건이 터지니까 이런 사태의 재발을 막으려면 서민금융을 확충해야 한다면서 사채시장에서 돈을 움직이던 사람들, 이른바 차명계좌를 가진 사람들이 단자회사나 상호신용금고 만든다면 얼마든지 인가해 주겠다고 했습니다. 그렇게 해서 상호신용금고와 단자회사가 또 무더기로 신설되고….

그런 일들이 당시 '금융시장 자유화'라는 신념하에 벌어졌던 일들이라고 얘기할 수 있죠. 금융의 시장기능을 확충한다는 큰 방향과 틀은 맞는데 그 전제조건과 속도에 대한 차분한 검토가 좀더 필요했다고 저는 생각합니다.

사실 말이 좋아 은행 민영화지 실제는 정부소유의 은행주식을 민간에 매각한 것에 불과했습니다. 은행이 진정으로 민영화되려면 주주가 은행장을 선임하고 경영진을 구성하여 독자적 판단에 따라 경영되어야 하는 것 아닙니까? 그런데 민영화 이후 제일은행이나 조흥은행의 은행장 선임을 주주들이 독자적으로 했습니까? 당국의 간섭 없이 경영이 이뤄졌나요? 우리가 추구한 진정한 은행 민영화가 이런 모습은 아니었을 것입니다.

시장 없는 '시장 자율화'

홍은주 당시의 금융시장의 문제점이 뭔가, 하고 살펴보니까 무엇보다 시장이랄 게 별로 형성되지 않았고 있다고 하더라도 룰세팅(rule setting)이 제대로 되지 않았던 것 같습니다.

이규성 그렇지요. 1960년대, 1970년대 우리의 정책이라는 것은 사실 그전에는 존재하지 않았던 시장(市場)을 새로 만들어가는 과정이라고 해도 과언이 아닙니다. 금융시장도 보면 그때 일반은행에 더해서 특수은행을 새로 만들고 제 2금융권도 상호신용금고, 신용협동조합, 종합금융회사 등을 만들어가는 중이었습니다. 단기자금시장에서 콜시장이 개선되고 RP시장, CD시장 등이 새롭게 만들어지고 확충되어가는 그런 과정에 있었다고요. 자본시장에서 공개대상 기업을 정부가 지정하고 투자신탁 회사를 만들어 증권수요를 확대하기 시작한 것도 겨우 1970년대 후반의 일입니다. 한마디로 시장이 없으니까 자꾸 새로 시장을 만들어가는 과정에 있었다는 것입니다. 없는 시장, 있어도 제도적으로나 효율성 측면에서 불완전한 시장을 놓고 자유화해라, 시장에 맡겨라 하는 것 자체가 모순이었다고 나는 생각합니다.

그때 김재익 수석은 금융시장 민영화를 강조하면서 김진형 씨라고 장기신용은행 행장 이야기를 예로 많이 들었습니다. "장기신용은행18을 봐라. 그걸 김진형 씨한테 맡겨 놓으니까 잘하지 않느냐? 민간에 맡기면 관리들보다 훨씬 낫게 (경영) 한다." 그런데 장기신용은행은 김진형 씨라는 특별한 분이 있었기 때문에 잘된 것이라는 것이 시장의 평가입니다. 당시의 전반적 금융환경을 볼 때 사실 은행 민영화 이전에 기업들의 자금조달 행태 자체가 변해야 금융시장이 정상화되는 것이거든요. 그때 기업들이 금융부채가 500%, 600% 정도 되는 것은 보통이고 1,000%가 넘어가는 회사도 많았습니다. 기업들의 차입위주 경영관행이 계속되어 금융기관 부실채권 규모가 커지고 도산위험이 큰 상황에서 금융기관을 무턱대고 민영화해서 규제를 다 풀어주면 금융기관이 어떻게 움직이겠는가 한번 생각해 보세요. 한마디로 담보 위주 아니면 대기업 위주로 대출하면서 갈 수밖에 없어요. 중소기업은 설 자리가 없습니다.

홍은주 은행이 대출에 따른 위험을 줄이기 위해서는 대기업 위주나 담보 위주로 움직일 수밖에 없죠. 사실 그런 관행은 지금도 마찬가지고요.

이규성 너무나 뻔히 예상되는 수순이에요. 금융기관이 져야 할 위험이 있는데 그 위험을 어떻게 관리하느냐? 당시에 대기업은 안 망한다는 생각이 강했어요. 왜? 'Too big to fail', 대마불사(大馬不死)니까. 그러니까 금융기관들은 대기업 위주로만 여신해 주거나 그렇지 않으면 담보를 요구하는 것, 이

---

18 장기신용은행은 기업에 장기자금을 공급하기 위해 1979년 제정된 「장기신용은행법」에 의하여 설립된 기관으로 단기자금을 공급하는 일반은행 (상업은행)과 구별된다. 장기신용은행은 자기자금의 20배에 달하는 장기신용채권을 발행하여 자금을 조성한 후 시설자금 및 장기운전자금으로 대출을 시행했다 (「장기신용은행법」 2조).

두 가지 행태밖에 안 남습니다. 그러면 당장 수많은 중소기업과 중견기업, 소기업이 문제가 됩니다. 금융기관을 자유화하고 민영화하면서 정부가 개입을 모조리 중단하면 은행들이 신용이 약하고 담보력이 약한 중소기업, 수출기업에게 돈을 빌려줄 리가 없지 않습니까?

그때 보면 은행들이 담보 없으면 대출 안 해 주고 대기업 아닌 중소기업은 돈 빌리기가 힘들었어요. 그러니까 어쩔 수 없이 규제가 필요했습니다. 예를 들어 1970년대 은행감독원에는 여신관리실이란 조직이 있었어요. 그게 대기업 여신한도를 관리하는 데에요. 은행이 대기업에만 돈을 빌려주니까 대기업 여신을 억제하는 곳이지요.

홍은주 그럼 당시에 담보가 별로 없는 중소기업들은 어디서 자금을 조달했나요?

이규성 중소기업 대출을 늘리기 위해서 우리가 의무대출 비율이라는 것을 만들었어요. 총 대출의 35%를 의무대출 비율로 정했습니다. 내가 청와대 비서관이던 1976년 무렵에 그게 잘 안 지켜진다는 소리가 들려서 박정희 대통령이 한번 실태를 조사해 보라고 그러시더군요. 조사해 보니까 당연히 잘 안 지켜지고 있었어요. 정확히 몇 퍼센트였는지 기억은 안 나지만 하여튼 의무대출 비율인 35%에 월등히 미달했어요.

그래서 제가 당시 이희일 경제 제 1수석에게 이렇게 건의했어요. "과거에 미달된 것은 이미 별 도리가 없습니다. 대신 매년 대출 증가분의 35%씩만 꼭 의무대출 비율을 지키도록 해야 합니다. 그렇게 해야 금융기관도 살고 중소기업에도 실질적으로 도움이 되지 않겠습니까? 그러니까 대출 증가분 (incremental loan)을 기준으로 해서 무조건 35%씩 의무대출 하도록 해야 합니다." 그렇게 몇 년만 계속하면 어느 정도 대기업 편중여신을 줄일 수 있을 것이라고 생각해서 이런 방식으로 중소기업 의무대출 비율을 금융기관에 강제했지요. 아무튼 그런저런 정책적 고려들이 쌓인 것이 바로 관치금융인데 그런 배경을 생각하지 않고 곧바로 금융기관 민영화만 하면 만사가 저절로 다 해결되는 것은 아니라고 봅니다.

홍은주 제가 당시 경제상황을 보니 투자인지 투기인지 확실치 않지만 대기업들의 부동산 매입이 기하급수적으로 늘어났습니다. 대기업들이 빚내서 부동산을 사고 이 부동산을 담보로 또다시 대출을 일으키고 그랬으니까, 강제로 할당하지 않으면 중소기업까지 대출자금이 돌아올 리가 없었을 거란 생각은 듭니다.

이규성 우리나라가 경제개발 초기에 얼마나 자금이 부족했느냐? 예를 들면 미국이 제공하는 잉여농산물 「PL 480」[19]을 지원받아 이를 팔아서 들어오는 자금으로 정부도 쓰고 민간도 썼단 말이에요. 미국이 지원하는 농산물에는 소맥이나 원면 등이 포함되어 있었습니다. 그게 1년짜리인가 그래요. 매년 그게 들어오니까 1년짜리 단기자금을 가지고 장기시설자금으로 건설해야 할 방직공장 시설에 투자도 하고 그랬던 것이에요. 또 시설투자는 대부분 차관을 들여와서 했습니다. 그리고 그 사람들이 (기업주들이) 돈이 남으면 자기들도 사채놀이도 하는 거예요. 공금리와 사채금리 사이에 금리차가 크니까 사채놀이를 하기도 하고 또 한편으로는 돈이 필요해지면 사채시장에서 끌어다 쓰고 그렇게 기업을 운영하곤 했습니다.

한마디로 자금의 가용성(availability)이 굉장히 한정되었던 그런 시기였습니다. 그러니까 금리의 문제도 있었지만 자금의 가용성 더 큰 문제였습니다. 그러니 당연히 중소기업 의무대출 비율이 잘 안 지켜지지요. 그렇게 의무화해도 이리저리 대출 안 해 주려고 빼는 판에 "자, 이제부터 민영화 시대가 됐으니 당신들 마음대로 하시오" 하면 금융기관들이 중소기업, 수출기업, 소기업에 한 푼이라도 대출해 주겠습니까? 이런 점들 때문에 우리(재무부)가 지나친 민영화를 경계한 것입니다.

---

19 미국은 자국의 잉여농산물 가격을 유지하는 한편 저개발국의 식량부족을 완화하기 위해 각 나라에 잉여농산물 원조를 제공했는데, 이 법이 「미공법 480호」이며, 이를 줄여 「PL 480」이라고도 한다.

홍은주 EPB가 주도적으로 추진하는 안정화 시책과 금융시장 자유화, 민영화에 재무부가 심하게 반대하니까 그때부터 EPB에서 아예 재무부 고위직으로 와서 직접 정책을 추진하기 시작합니다. 나웅배 장관이 짧은 임기(1982. 1~6)를 마치고 물러나자 강경식 차관이 재무장관으로 취임하면서 재무부 차관에서 물러나 전매청장으로 가셨지요? 그러다가 아웅산 테러 이후 1983년 10월에 총리실 행정조정실장(당시 차관급)으로 가서 상당히 오랫동안 재무부 관료 시절과는 전혀 다른 색다른 경험을 하시게 되는데 그 이야기를 좀 듣고 싶습니다. 특히 서울올림픽 준비를 하셨지요?

이규성 당시 서울올림픽은 비용을 전부 재정에서 충당해야 할 줄로만 알고 경제부처는 모조리 반대했어요. 나도 사실 올림픽 개최를 반대한 사람 중 하나였습니다. 그런데 실제 내가 총리실에 가서 보니 그게 아니었어요. 올림픽은 여러 가지 수익사업을 통해 자금을 상당부분 조달할 수 있다는 것을 알게 됐습니다. 가령 도로 만들고 화장실 확보하고 위생시설을 개선하고 하는 간접시설만 재정에서 돈을 쓰면 되는 거예요. 나머지는 여러 가지 수익사업으로 충당할 수 있었습니다.

가령 올림픽 선수촌이 대표적 수익사업이었죠. "올림픽 기간만 우리가 쓰겠다"고 선분양해서 수익을 냈고 전 세계 방송사에 TV 방송권을 팔아서 온갖 경기시설을 지었습니다. 그래서 사실은 재정에서 별 돈 안 들이고 흑자 올림픽을 치렀습니다. 사회간접시설은 재정에서 건설했지만 그거야 올림픽을 하든 안 하든 원래 정부가 추진해야 했던 것이니까요.

홍은주 아시아 선수촌 아파트에 국내에서 처음으로 지하주차장이 생겨납니다. 이게 장관님 아이디어였다고 하던데요?

이규성 서울시 행정에 대한 조정업무를 맡고 있던 이효계(李孝桂) 조정관(후일 농림수산부 장관 역임)이 아시아 선수촌 아파트 설계도를 나한테 들고 왔는

| 서울올림픽 개막식 (1988.9.17)
인류의 화합과 전진을 다짐하는
서울올림픽 성화가 잠실 주경기장
성화대에 점화되는 순간이다.

데 설명을 듣다 보니 방공호 개념으로 지하실을 만든다는 겁니다. 그래서 내가 그랬지요. "아무도 쓰지 않는 지하실 같은 걸 만들면 학생들이 담배를 피우거나 좋지 못한 일에 쓰일 가능성이 있으니 차라리 지하주차장으로 만들어 관리하는 것이 어떤가?"하고 아이디어를 냈지요. 막상 그렇게 추진하고 보니까 괜찮았던가 봐요. 나중에 목동 아파트 개발할 때부터 본격적으로 지하주차장이 생기기 시작합니다.

홍은주 총리실에 있다 보면 정부부처의 모든 일들을 두루 다루게 되는데 당시 대북관계 문제도 일부 다루셨지요? 요즘은 우리가 항상 북한에 구호물자를 제공합니다만 당시 북한이 우리에게 구호물자를 보낸 적도 있었다고 하던데요?

이규성 1984년에 엄청난 수재가 발생했는데 갑자기 이북에서 구호물자를 주겠다는 제안이 왔어요. 그들의 체제선전에 악용될까 봐 다들 받지 않으려 했는데 그때 노신영 안기부장이 한번 받아 보자고 제안해서 받는 쪽으로 정부방침이 결정됐습니다. 그래서 북한이 제공하는 쌀과 의약품 인수기지를 판문점에서 가까운 대성동 근처에 만들었는데 그 일을 행정조정실이 총괄하게 된 것입니다. 이때 이홍주(李興柱) 심의관(후일 국무총리 비서실장 역임)이 현장지휘를 위해 나가 보니 그곳이 마사토[20] 지역이어서 지반이 취약하다는 보고를 올렸어요. 차가 들락거리려면 지반이 무너지면 안 되니까 미리 서울시에 부탁해서 자갈 500 트럭을 날라 와 지반공사를 했습니다. 이렇게 지반을 조성하고 공군에게 연락해서 PSP(Pierced Steel Plank)라고 비행장에 까는 것을 쌓아 두었다가 깔았습니다. 또 쌀을 비를 맞힐 수 없어서 텐트를 조달하기 위해 코오롱에 가능한 한 화려하고 멋진 텐트를 부탁했어요(웃음). 깔판은 농협에 부탁하고 컨베이어 벨트를 설치하고 하면서 대대적으로 공사를 진행했습니다.

홍은주 당시 우리의 GNI가 북한보다 6배나 높았을 때였는데, 노신영 안기부장이 굳이 구호물품을 받자고 했던 이유는 무엇이었습니까?

이규성 현실적으로 남북한 간의 긴박한 대치상황에서 우리가 서울올림픽을 치러야 하는데 그 기간 동안 안전을 담보하기 위해서는 북한과의 긴장완화가 필요하다, 대화의 계기가 필요하다, 이렇게 봤던 것이겠지요. 실제 북한이 쌀과 의약품, 시멘트 같은 구호물품을 줄 수 있는 능력이 있는지, 질은 어떤지, 그들의 경제력도 테스트할 겸 해서요.

　나중에 보니까 북한은 구호물품을 보내 주면서 차량이 거쳐오는 도시마다 이걸 체제선전의 도구로 대대적으로 활용했어요.

---

20 마사토는 화강암이 풍화되면서 흙으로 되어가는 과정에서 생성된 것으로 분재용 식재나 원예분야에서 주로 사용된다.

10년에 걸친 금리자유화

2보 전진, 1보 후퇴

홍은주 이제부터는 1980년대를 관통하는 금리정책에 대해 전반적인 설명을 부탁드리겠습니다. 1980년 이전까지 우리 경제는 전략기업과 수출기업에 대해 저율의 정책금리를 제공하는 통제상황이 오랫동안 계속되다 보니 아무래도 금리의 자동경기조절 기능이 부족했던 것 같습니다. 사채시장이 워낙 기승을 부렸기 때문에 제도권 금융시장이 제 기능을 못했던 탓도 있고요. 결국 우리나라의 본격적인 금리정책의 실마리는 사채자금의 양성화에서부터 찾아야 할 것 같습니다.

이규성 그렇지요. 금리정책의 진화를 보면 우리가 1970년대 초기에 단자회사를 만들고 상호신용금고도 만들고 그렇게 하면서 제 2 금융권을 점차 키워나갔어요. 1980년대 와서는 단자회사가 CP도 유통하고 하면서 화폐시장의 상품이 상당히 다양화됐어요. 그러면서 자연스럽게 이야기된 것이 "우리가 제 2 금융권까지 금리규제를 할 필요가 없지 않느냐?" 하는 것이었습니다. 단자회사 등이 사채시장과 경쟁하는 금융기관이고 사채를 놓을 사람들이 제 2 금융권이나 은행에 돈 넣으면서 "이 돈은 누구누구를 주라"고 지정하는 일도 있었을 때였습니다. 그렇기 때문에 여러 가지 상황을 감안해서 1981년에 CP 금리를 자유화한 것을 계기로 해서 제 2 금융권에 대해서는 금리를 자유화해 주기 시작한 것이죠. 이것이 금리의 부분 자유화의 단초가 됩니다.

홍은주 이른바 '정책금리'나 '통제금리' 기조가 수십 년 동안 오래 계속되다가 1980년 초 들어 정부가 갑자기 180도 정책을 바꿔 금리자유화를 추진합니다. 그러다 보니 '금리자유화 = 고금리'가 되는 상황이 발생합니다. 당시 고금리 옹호주의자들은 금리를 자유화시켜 시장실세를 반영하면 자연히 부실투자를 막고 경제체질을 개선한다, 저축도 늘어날 것이다, 그러니 고금리를 받아들여야 한다, 그런 논리였지요.

| 홍은주 한양사이버대 교수

반면에 급격한 금리자유화를 통한 고금리를 경계하는 쪽에서는 1980년대의 정치불안과 저성장에 유가급등 같은 공급 측면 쇼크까지 겹친 상황에서 고금리는 말도 안 된다, 더구나 임금과 지대, 제품원가 등 다른 가격은 철저히 규제하면서 화폐의 가격인 금리만 자유화하는 것은 또 다른 경제왜곡을 가져올 수 있다는 논리였습니다.

결국 금리자유화의 타이밍이 중요했는데 실제로 금리자유화가 별다른 후유증 없이 전면적으로 이루어진 것은 1980년대 중반 이후 3저 호황이 뒷받침이 되면서부터였지요?

이규성 그렇습니다. 1984년 정도에는 은행대출 금리에 밴드(band)제를 도입해서 은행에 재량권을 주기도 하고 금융기관 간 협정에 의한 금리 카르텔을 깨기도 하고 콜금리와 무보증회사채 발행금리 등을 추가 자유화하는 등 여러 가지 점진적 조치를 취하다가 결국 1988년도 12월에 특정정책 목적기금을 재원으로 하는 대출을 제외한 모든 금융기관의 대출금리가 자유화됩니다. 이렇게 금리를 전면 자유화하게 된 배경은 뭐냐? 경상수지가 지속적 흑자상태가 되고 또 국내 총저축이 총투자를 상회하게 됐기 때문입니다.

홍은주 총저축-총투자의 역전이 일어나고 경기가 좋으니까 금리자유화를 해도 별 무리가 없었겠지요.

이규성 경상수지가 1986, 1987, 1988년 3년 연속 흑자가 나니까 그런 역전현상이 생겼습니다. 그래서 기업의 자금부족이 갑자기 해결되고 시장금리가 지속적 하락세를 나타냈습니다. 이런 배경에서 전면적 금리자유화를 실시했던 것입니다. 내가 1988년 12월에 재무장관으로 갔는데 바로 직전에 전면적 금리자유화 조치를 이미 시행했더라고요.

그런데 내가 장관으로 가서 보니까 1989년
도에 들면서 경기가 다시 하강국면으로 들어
가기 시작합니다. 호황의 효과가 사라지면서
경기가 점차 하락국면으로 접어드는 그러한
상황이 된 것입니다. 또 금융시장 외적으로는
노사분규 등 각계각층의 요구가 분출했습니
다. 한국 경제의 불균형 성장을 시정해 달라
며, "우리 지방도 발전시켜 달라", "임금을 올
려 달라" 등 각계각층의 균형발전 요구, 자기
목소리 내기, 제 몫 찾기에 대한 사회적 욕구

| 이규성 前 재무부 장관

가 분출되던 시기였습니다. 경제 전체적으로는 근원적 변화(regime change)에
대비한 구조조정이 필요했던 그러한 시기이기도 했고요.

또 한 가지 변수는 경상수지 흑자가 계속되니까 "지금까지는 후진국이라고
봐줬는데 상당히 많은 발전이 이뤄졌으니까 이제 한국도 국제사회의 일원으
로서의 책무를 져야 하는 것 아니냐?" 이런 주장이나 압력들이 국제사회, 특
히 미국으로부터 많이 제기되었던 시기가 바로 1989년이었습니다.

이렇게 경기가 하강국면에 접어드니까 갑자기 통화량이 엄청나게 늘어나기
시작했습니다. 1989년 1월, 2월, 3월에 계속 통화팽창이 됩니다. 거시정책
면에서 경기가 둔화되는 상황이었는데 금리자유화의 기조를 유지하려면 금리
가 오르니 통화량을 늘려 대응할 수밖에 없지 않습니까? 이렇게 통화팽창이
되면 어떻게 됩니까? 밀턴 프리드먼이 이야기한 것처럼 물가라는 것은 언제
어디서나 통화적인 현상 아닙니까? "통화량을 그렇게 많이 늘려서 물가상승
위험을 무릅쓰면서까지 금리자유화 원칙을 지켜야 하느냐?" 그런 문제의식에
서 통화량을 조이는 한편 다시 금리에 대해 창구지도에 들어갔습니다. 이렇게
되어 1988년 말에 시행된 금리자유화가 다음해에 일시적으로 보류되죠.

그러다가 1991년도 8월에 금리 4단계 자유화 조치를 발표하게 됩니다. 우
선 1단계에는 1991년 하반기부터 1992년 상반기 중에 실시하는데 은행의 당
좌대출이니 은행의 상업어음 할인이니 이런 것들을 비롯해서 단자회사의 거
액 CP 라든가 무역어음의 매출, 거액 RP 거래 금리 같은 것들을 자유화했습

니다. 자유화 2단계에는 1992년 하반기부터 1993년 중에 실시하는데 제 1, 2금융권의 재정지원, 한은 재할 등에 의한 대출을 제외한 여신이라든가 제 1, 2금융권의 2년 이상의 장기수신 이런 것들을 자유화하였습니다. 3단계에는 1994년부터 1996년 사이에 나머지 금리를 대부분 자유화하고, 4단계에는 1997년 이후로 하되 단기수신 금리나 요구불 예금은 자율화한다는 것이 자유화 계획의 일정이었습니다. 나중에 1단계 자유화 조치를 하면서도 현실적으로는 1992년에 가서 일시적으로 창구지도를 또 하게 됩니다.

홍은주 금리자유화가 단번에 이뤄진 것이 아니고 10년 이상의 기간을 거치면서 2보 전진, 1보 후퇴 하는 식으로 점진적으로 일어났군요.

이규성 그렇죠. 전체적으로 보면 금리자유화라는 것이 그렇게 매끄럽게만 진행되었던 것은 아니고 자유화했다가 경기조절 목적상 필요하면 다시 창구지도에 들어가고 그랬습니다. 사실 미국 같은 데서도 금리자유화 시책을 보면 1970년대에 자유화를 시작해서 상당히 오랜 기간 거쳐서 하나씩 하나씩 자유화를 완성했던 것입니다. 그럼 이런저런 과정을 거쳐 우리의 금리자유화가 사실상 언제 완성됐느냐? 외환위기 이후에 완전히 자유화가 됐다고 볼 수 있습니다.

홍은주 시중금리를 통한 통화정책 전달수단 가운데 콜금리가 있었는데 콜시장 통합을 재무부 장관 시절 추진하셨던 것으로 알고 있습니다.

이규성 콜시장이 왜 중요한가 하면 사실 일반기업은 부도가 나면 부도처리하면 그만입니다. 그 파장이 크지 않지요. 그런데 금융기관에 문제가 생기면 그 금융기관과 거래하는 모든 예금자들과 기업들이 피해를 입고 다른 금융기관에도 그 파장이 미치는 시스템 리스크(systemic risk)가 발생합니다. 그래서 금융기관끼리 일시적 자금부족을 해결할 수 있는 콜시장이 원활하게 작동해야 합니다.

또한 콜시장은 단순히 금융기관끼리 자금 과부족에 대한 일시적 거래로 끝나는 것이 아니라 수신에 여유가 있는 금융기관이 수신이 부족한 금융기관에 자금을 대출하는 것이기 때문에 금융기관 간 자금 과부족에 따른 차입시장의 기능을 수행합니다. 많은 금융기관들이 자금 과부족을 해결하기 위해 서로 거래하면서 밀접히 연결되면 여러 업권별 금융시장이 하나의 금리체계를 형성하면서 통합됩니다. 따라서 콜시장 금리는 화폐시장(단기자금시장)의 기준 금리가 됩니다. 통화정책 당국 입장에서도 성격이 다른 다양한 단기금융자산이 유기적 체계로 연결되어 있어야 콜시장 개입을 통해서 통화관리나 금리조절의 효율성을 확보할 수 있지요. 이 같은 맥락에서 내가 콜시장 통합을 적극적으로 추진한 것입니다.

홍은주 그런데 당시 현실은 콜시장도 은행, 증권, 보험, 단자 등 업권별로 각각 쪼개져 있는 분할된 시장(segmented market)이었지요? 구체적 통합과정은 어떻게 추진된 것입니까?

이규성 당시를 기억해 보면 각 업권별로 소속 금융기관끼리만 콜자금을 거래하니까 당연히 금융시장 전체로서의 효율적인 자금배분이나 시장통합이 어려웠습니다. 제 1 금융권인 시중은행들은 과점이니까 수요자 시장이라 저리 자금차입이 가능해서 금리가 왜곡됩니다. 또 증권사 등 비은행 금융기관들은 수신기반이 없으니까 영업자금을 콜시장에서 구하는 만성적 자금차입자(콜머니)인데 제대로 정보가 없는 상태에서 자기네들끼리 서로 상대를 찾아가며 직접거래를 하니까 결과적으로 자금이 효율적으로 흐르지 않고 친분관계나 한정된 정보에 따라 이동했습니다.

그래서 시장통합의 전제조건으로 우선 1989년 3월 2일에 비은행권 콜시장을 중개기관이 중개하는 콜시장으로 개편했습니다. 서울에 있는 6개 투자금융회사를 제 2 금융권 대상 중개기관으로 지정하여 증권회사 리스회사 상호신용금고 등 모든 제 2 금융권 금융기관들끼리의 콜시장을 일단 통합시켰습니다. 그리고 곧바로 제 1 금융권 콜시장도 각 은행 거래원들이 콜거래실에 매일 출장 가서 거래를 체결하는 집중거래 방식에서 중개방식으로 개편합니다. 이 과정에서 콜시장 정보의 전산화가 추진되었고요. 정보의 비대칭성이 곧바로 가격(금리)에 반영되는 금융시장에서는 정보의 전산화가 아주 중요하지요.

각각의 시장이 중개방식으로 개편되고 나니까 전체시장 통합이 아주 간단해졌어요. 그래서 1989년 10월에 콜시장이 단일시장으로 통합되고 나중에는 콜중개기관이 무차별중개방식(blind brokerage system)으로 콜거래를 중개하게 됩니다. 무차별중개방식으로 하면 콜금리가 원칙상 자율적으로 결정되니까 금리자율화에도 기여하게 됩니다. 무조건 규제를 푸는 것이 능사가 아니고 이렇게 시스템을 갖춰가다 보면 자연스럽게 자율화가 이루어지는 것이죠.

이철희-장영자 사건과 금융실명제

희대의 어음사기 사건 발생

1982년 초 한국 금융시장을 강타한 '단군 이래 최대 어음사기 사건'이 발생했다. 이철희-장영자 부부가 권력층을 내세워 자금사정이 어려운 기업들을 상대로 벌인 사기극이었다.

> "1982년 5월 4일, 대검찰청 중앙수사부는 이철희-장영자 부부를 전격 구속하였다. 혐의는 「외국환관리법」 위반이었다. 명동 암달러 시장과 캘리포니아에서 80만 달러를 모았다는 검찰의 발표는 '빙산의 일각'에 불과했다. 속속 밝혀진 이들 부부의 어음사기 행각은 눈덩이처럼 불어났다. 사채시장의 큰손이던 장영자(당시 38세) 씨는 자금압박에 시달리는 회사와 접촉해 현금을 빌려주고 몇 배의 약속어음을 받아냈다. 장 씨는 남편 이철희(당시 59세, 전 중앙정보부 차장)의 경력을 들먹이며 "특수자금이니 비밀을 지키라"는 말을 덧붙이곤 했다."[21]

이철희-장영자 부부는 1981년 2월부터 시작해 구속되기 직전인 1982년 4월까지 기업들로부터 7천억 원 가까운 약속어음을 받아 이를 할인하는 방식으로

21 "그때 그 사건: 이철희·장영자 어음사기 사건", 〈헤럴드경제〉, 2012. 12. 7.

| 이철희-장영자 부부 법원 출두(1982.7)
이철희-장영자 어음사기 사건은 한국 역사상
최대의 금융사기 사건이자 권력형 금융비리로
향후 금융실명제 도입에 큰 영향을 끼쳤다.
사진은 공판을 받기 위해 법원에 출두하는
이철희, 장영자 피고인의 모습이다.

총 6,404억 원에 달하는 거액의 자금을 조성하면서 사기행각을 벌였다. 이 희대의 권력형 사기사건은 정·관계와 금융계에 큰 파장을 일으켰다. 청와대 배후설 속에 은행장 2명과 기업체 간부, 전직 기관원, 대통령의 처삼촌에 이르기까지 30명이 줄줄이 구속됐다. 문제가 된 기업들은 부도나고 이철희-장영자 부부는 법정 최고형을 선고받았다.

홍은주 1980년대 초반에 희대의 어음사기 사건인 이철희-장영자 부부 사건이 발생합니다. 당시 재무부에 계셨는데 이 사건을 어떻게 기억하시는지요?

이규성 이철희-장영자 어음사기 사건은 기업들의 재무상태가 좋지 않은 상황에서 1980년 초에 여러 가지 경제적 어려움이 닥치면서 발생했다고 봅니다. 그때 2차 석유파동의 여파로 각종 원가가 오르고 공급쇼크(supply shock)가 왔습니다. 그런데 당시 기업의 대부분이 재무구조가 굉장히 나빴어요. 차입이 많고 부채비율이 높기 때문에 경기가 마이너스 성장으로 돌아서 매출이 제대로 안 일어나면 금방 부도가 납니다. 즉 자전거가 안 굴러가면 그냥 쓰러지게 돼 있는 구조였어요.

당시 이철희-장영자 부부가 재무구조가 나쁜 기업들에게 접근해서 자금을 조달해 줄 테니 몇 배의 약속어음을 달라고 해서 그걸로 사기행각을 벌인 것인 것입니다. 사실 어려움에 처한 기업은 어떤 일이라도 다 합니다. 기업들이 자금난에 처했다고 "내가 이제 조용하게 죽을 때가 됐나 보다" 하고 그냥 죽는 기업은 하나도 없어요. 기업들에게 "당신 왜 부도가 났소?" 하고 물어보면 "우리는 자구노력을 하고 있는데 은행이 우리에게 좀더 시간을 주지 않고 바로 회수해서 부도가 났다"고 다들 그럽니다.

당시 기업들은 사채시장에 익숙해 있었는데 기업이 어렵다고 소문나면 사채시장에서 당장 돈을 끊어져서 이곳저곳이 다 막히는 상황이니까 그런 약점을 노리고 사기꾼이 등장한 것입니다. 더군다나 자기 남편이 중앙정보부의 고위직을 지냈다고 말하니까 기업들이 다들 걸려든 것입니다.

홍은주 보통 그런 사건이 일어난 것은 빙산의 일부분이고, 그 밑에는 사실 그런 사건이 발호할 수밖에 없는 어떤 환경적 요인이 있는 것이거든요.

이규성 그게 다 금융시장 미비와 이로 인한 사채시장의 비대화 현상과 관련이 있어요. 그 1년 뒤인 1983년에 명성사건이 또 발생하죠. 명성사건도 그게 뭐냐 하면 공금융기관을 이용한 사채활용 아닙니까? 그러니까 수기통장을 만드는 방식으로 은행원이 은행 내에 사채활용을 위한 중개창구를 하나 새로 차린 것이나 다름없어요. 은행원이 사채자금을 중개한 것이지요.

홍은주 수기통장요? 그때는 정말 금융기관의 내부관리가 엉망이었네요. 전산화도 안 되어 있고요.

이규성 그렇죠. 그때도 일부는 전산화되어 있었는데 명성사건의 경우는 은행원이 통장을 수기로 써 주었다는 것 아닙니까? 그때는 사채자금을 은행에 넣어 놓고는 "이 돈을 누구누구에게 줘라" 이렇게 지정도 하고 그랬어요. 금융기관에 내부통제 규준(internal compliance) 같은 게 별로 없던 시절이죠.

홍은주 아무튼 이 사건을 계기로 '금융실명제' 문제가 등장하잖아요. 1982년 7·3 조치 때 「금융실명제법」이 처음 만들어졌지요?

이규성 그런데 사실 금융실명제는 법 하나가 만들어진다고 해서 실행되는 것이 아닙니다. 어느 날 갑자기 "자, 법을 만들었으니 당장 내일부터 실명제 합

시다" 한다고 해서 어둠 속의 돈이 갑자기 양지로 나오지는 않지요. 이철희-
장영자 사건이 있고 나서 1982년 '7·3 조치'에서 금융실명제 구상이 나왔는
데 정치권 등에서 그것에 대한 반대가 심했어요. 그래서 1982년 12월 31일
날 법은 통과가 되었는데 사실 구체적인 내용은 아무것도 없었습니다.

홍은주 금융실명제는 법에 선언적으로 들어 있기만 하고요?

이규성 그렇죠. 법은 만들어졌는데 모든 것을 다 유보하는 내용이에요.

홍은주 그럼 금융실명제가 그 후 어떻게 진행되었습니까?

이규성 그 법이 만들어지기만 하고 유명무실하게 계속 존치되었는데 그다음
1987년도에 대통령 선거를 할 때 대선 후보자들이 죄다 금융실명제를 선거
공약으로 내걸었어요. 내가 1988년 말에 재무장관에 취임하고 보니까 5개년
계획 수정안에 금융실명제를 실시하겠다는 내용이 들어가 있었습니다. 그래
서 다음해인 1989년 4월에 재무부에서 금융실명제실시 준비단을 만들었습니
다. 금융실명제실시 준비단을 출범할 때 내가 "금융실명제는 굉장히 느슨하
고 그물코가 크게 시작해야지 처음부터 촘촘하게 한다면 오히려 역효과가 난
다. 그리고 여러 가지 다른 세제적 측면도 보완해서 부작용이 최소화 되도록
해나가자" 그렇게 지시했습니다. 아무튼 제도와 세제를 준비하고 있는데
1990년 4월에 이승윤 장관이 부총리로 들어가고 정영의 장관이 재무장관으
로 오면서 "금융실명제를 무기한 유보한다"고 발표했습니다. 그러다가 다시
1992년 대통령 선거 때 그 이야기가 또 나와요.

홍은주 그해 김영삼 대통령이 당선되죠.

이규성 1992년에 대선후보로 김영삼 대통령이 금융실명제 실시공약을 하고
1993년에 대통령 긴급명령으로 실시하게 된 것입니다.

홍은주 금융실명제가 법제화된 것이 1982년 7월이고 본격 시행된 것이 1993년이니 참 긴 시간이 경과한 것이네요.

이규성 금융실명제 역사가 참 오래되는데 실은 진짜 금융실명제는 그보다 훨씬 뒤에야 정착되죠. 당시 대통령 긴급명령에 의해 금융실명제가 전격 실시된다고 선언되긴 했지만 진정한 의미의 금융실명제였다고 보기는 어려워요. '이게 실명제법 위반이다, 아니다' 그런 특수한 사례와 논란이 신문에 나는 정도지 긴급조치가 실시되었기 때문에 갑자기 음지에 있는 모든 돈이 양지로 다 나오고 노출되었다, 금융실명제가 하루아침에 정착됐다, 이렇게 얘기하지는 않죠. 법을 만들어 "모년 모월 모시부터 금융실명제를 실시한다"고 해서 음성자금이 하루아침에 실명화되는 것은 아니라고 봅니다.

홍은주 그렇습니다. IT 기술이 발달이 되어 현금흐름이 전부 기록되고 FIU 같은 기관이 생겨서 거액 현금거래를 추적하고, 신용카드의 등장으로 국민들의 현금거래 비중이 줄고 이러니까 진짜 금융실명화가 점차 정착된 것이지요.

이규성 그리고 사금융 시장이 축소되어 공금융과 자연스럽게 통합되고 금리자유화가 되고 또 증권시장이 발전돼서 기업들이 제대로 직접자금을 조달할 수 있게 되고 현금거래 관습이 축소되어 정부가 제대로 세원을 포착하고 … 이렇게 종합적으로 금융시장이 심화, 발전되면서 점차 실명제 정착이 된 것이지 무슨 법 하나가 제정되었다고 갑자기 정착되는 것은 아니라는 뜻입니다.

실제로 법 자체만으로는 음성자금을 끌어내는 데 별 효과가 없어요. 그래서 1997년 외환위기 때도 이른바 '장기 비실명 채권'과 같은 당근을 만들어서 비실명 자금들을 끌어내어 실업자 대책에 쓰고 그랬거든요. 그러니까 그런 것을 통해서 「금융실명제법」이 거의 다 형해화(形骸化)된 것이에요. 그런데 '비실명 채권'이라는 게 뭐냐 하면 아주 장기의 저리 채권이거든요. 장기채권인데 이자를 낮게 받는다는 것은 한마디로 비실명이기 때문에 세금을 중과당한 것이나 마찬가지라고요.

홍은주 1972년 '8・3 조치' 때도 비슷한 리니언시(leniency) 제도가 있었지요? 사채자금을 신고하도록 하면 자연스럽게 누구 돈인지가 드러나니까 처음에는 다들 신고하지 않고 눈치만 보고 있었는데, 정부가 '지금 신고하면 자금출처를 묻지 않는다, 세금 물리지 않겠다, 대신 나중에 걸리면 엄벌에 처하겠다' 이렇게 하니까 사채신고가 급증하기 시작합니다.

이규성 사실 그때 당시에도 선량한 거의 대부분의 사람들은 금융실명으로 거래하고 있었습니다. 오히려 "내 예금이 혹시 은행원들이 잘못 기재해서 딴 사람으로 이름으로 안 갔나?" 이렇게 눈을 부릅뜨고 보고 있지요. 그러면 비실명이라는 게 뭐냐? 사채놀이를 하는데 내 이름이 드러나지 않으면 좋겠다든가 대주주가 자기 기업들하고 거래하면서 '자기사채'를 하든가 하는 '검은돈'의 경우 금융실명제를 꺼리는 것입니다.

그런데 현실적으로 그런 것들이 금융실명제 조치 하나로 단칼에 해결할 수 있는 문제인가? 어느 정부든 '검은돈'은 본질적으로 범죄나 탈세이기 때문에 징벌적으로 접근하려는 생각이 강합니다. 금융실명이든 아니든 이것은 반드시 탈세나 불법적 자금거래와 연관이 돼 있으니까 징벌적 차원에서 해결하는 것이죠. 형사처벌하고 세금을 중과하고. 그런데 문제는 징벌적으로 접근해서는 그런 것들을 실명화하기 어렵다는 것입니다. 오히려 더 꽁꽁 숨어 버립니다. 경험적으로 볼 때 이른바 거센 바람 정책 가지고는 이게 해결되지 않는다고 생각합니다. 햇볕정책으로 할 수밖에 없는데 그러면 따뜻한 바람을 막 쐬어 줘야 될 것 아니에요? 그렇게 하려면 과거는 불문에 부치고 앞으로 어기는 사람은 세금을 제대로 받겠다고 하는 그런 제도라는 말이에요.

그런데 갑자기 몇 월 몇 일부터 금융실명제를 법률로 강제한다고 해서 하루아침에 양성화가 됩니까? 나는 오히려 사채를 쓰는 사람 입장에서 접근해 세원을 포착하고 음성자금에 대해서는 세금을 더 많이 받는다, 차등과세를 한다는 등의 점진적 방법들이 더 효과적인 방법이 아니겠는가 생각해요. 말하자면 어두운 곳에 햇빛을 쪼여서 밝게 만들자는 것이죠. 당시 나웅배 재무장관이 퇴임 직전에 비실명 금융자산에 대해 세금을 더 걷는 차등과세를 통해 실명화를 유도한다는 정책을 발표했는데 나는 그 정책방향이 옳다고 생각합니다.

또 다른 측면에서 보면 현금을 많이 쓰는 습관을 줄이는 것이 금융의 실명화를 촉진한다고 봅니다. 지금은 신용카드(credit card), 체크카드 같은 것으로 다 쓰고 현금은 거의 안 쓰니까 자연스럽게 모든 금융거래가 다 드러납니다.

그런데 현금을 아직도 많이 쓰는 나라가 어디인줄 아세요? 일본이에요. 일본 같은 데는 거의 현금으로 냅니다. 신용카드를 내면 "우리는 카드처리하는 기계가 없는데요" 그러는 경우가 많아요. 선진국인 일본조차 그렇습니다. 현금을 선호하는 관습이 문제인 것이지요. 그런데 우리나라가 신용카드를 쓰면 소득세를 공제하는 제도를 도입한 것은 아주 잘한 일이라고 생각합니다. 세금공제를 해 준다고 하니까 다들 신용카드를 써서 현금사용을 줄이는 계기가 되었고 대기업은 물론 소매상까지 소득을 양성화하는 효과를 볼수 있게 되었습니다.

홍은주 요즘 젊은 사람들은 천 원짜리 물건을 사도 그냥 다 카드로 계산합니다. 이제는 거꾸로 소형상점의 경우는 만 원 미만 결제는 현금으로 하도록 해야 하는 것 아니냐는 말도 나올 정도입니다. 아무튼 소액까지도 신용카드로 결제하니까 소득이 다 드러나게 되어 있죠.

이규성 옛날에 부가가치세를 도입할 때 이 제도를 제대로 시행하려면 영수증 주고받기가 돼야 하잖아요. 그런데 그때 보면 다방 같은 데 가면 금전등록기(cash register)가 있는 곳이 별로 없었어요. 그런데 우리가 갑자기 부가가치세를 도입한다고 해도 영수증 주고받기 이게 잘 안 되는 것입니다. 그러니까 '부가세를 정착시키려면 어떻게 해야 되느냐? 금전등록기를 보급해야 되겠다'고 생각해서 내가 청와대 비서관 할 때 김정렴 실장께서 그걸 담당하라고 그래서 금전등록기를 보급하고 관련융자를 지원하고 그랬어요.

마찬가지로 모든 제도는 성공하기 위한 전제조건과 인프라가 필요해요. 「금융실명제법」 역시 법으로 실시한다고 해서 갑자기 금융실명이 되는 것이 아닙니다. 금융실명제가 제대로 되려면 그에 앞서 여건이 먼저 조성되어야 한다는 것입니다. 당시 공금융과 사금융 간에 엄청나게 금리격차가 심한 상황에서 사금융-고금리의 유인이 있는데 누가 금융실명을 해서 손해 보려고 그러겠습니까? 그러니까 그 유인을 없애는 것이 먼저라는 것이지요.

그리고 아까 설명한 대로 사람들이 현금만 쓰려고 하는 습관을 줄여 줘야 된다, 그러면 카드보급이라든가 이런 것을 전제로 해야 하고 또 그다음에 세무행정을 강화해서 소득파악을 제대로 해야지요. 예를 들어 월급은 30만 원 받는다고 신고한 자영업자가 생활은 월 3천만 원짜리 수준이고 벤츠 굴리고 그러면 그게 말이 됩니까? 그러니까 소득을 제대로 파악할 수 있는 세무행정 조직을 만들고 거래의 전산화를 확산시키고 이런 것들이 종합적으로 이루어져야 진정한 금융실명제가 될 수 있겠죠.

결론적으로 금융실명제를 유도하기 위한 핵심이슈는 뭐냐, 여러 가지 제도적 장치를 통해서 지하경제를 구성할 수 있는 요소들을 가급적이면 줄여 나가야 합니다. 그리고 자금세탁(money laundering) 하는 것을 방지하는 FIU 있잖아요, 이런 기관들을 만들고 그래야 제대로 금융실명제가 되는 것이지요. 마약, 밀수 또는 세금포탈 이런 것들을 위해서 움직이는 음성적 자금거래를 찾아내고, 몇천만 원 이상 현금으로 거래하게 되면 그것을 찾아내서 자금출처를 조사하고. 금융실명제를 실천을 위해서는 이런 일을 하는 시스템을 구축하는 것이 법 제정보다 더 중요해요.

홍은주 현재 일정규모 이상 전산거래하면 자동 신고되고요. 일반인이 거액 현금을 은행에 가져가거나 인출하면 결혼 축의금이나 현금을 많이 주고받는 사업 등 분명한 설명이 없으면 다 신고된다고 합니다. 일단 의심스러운 현금거래는 모조리 신고되죠.

이규성 한국의 현실에서 보면 마약이나 밀수 이외에도 실명화하기 어려운 여러 가지 것들이 많이 있잖아요. 기업의 비자금이라든가. 이제는 비자금 없이도 경영할 수 있도록 우리가 같이 노력하고, 그런데도 기업주가 비자금을 조성하면 철저히 처벌하고 그래야지요.

1980년대 자본시장 : '광기와 패닉, 붕괴'

구조적 변화: 빈곤에서 과잉의 시대로

1960년대, 1970년대가 실물시장의 초고속 성장을 목격한 시대였다면 1980년 대는 금융시장의 비약적 발전과 성장이 두드러졌던 시기였다.

단기금융시장 규모는 1980년 1.5조 원에서 1990년에는 44.3조 원으로 무려 30배 가까이 급성장했다.[22] 자본시장의 발전은 더 눈부셨다. 1980년 2.5조 원 규모였던 채권발행 총액이 10년 후인 1990년에는 35조 원으로 늘어났고, 수출로 돈을 번 우량기업들의 증시상장이 늘면서 2.5조였던 주식발행 규모는 후 79.4조 원으로 천문학적으로 증가했다. 금융 불모지대였던 한국 금융시장 이 내실은 어찌되었건 적어도 외형적으로는 초고속 성장을 거듭한 것이다.

이 사이 대한민국은 서울올림픽을 성공적으로 개최했다.[23] 총리실에서 올 림픽의 성공적 개최와 마무리를 위해 동분서주했던 이규성은 그해 12월 제33 대 재무장관으로 취임했다. 한동안 재무부를 떠나 있었던 그가 장관이 되어 맞닥뜨린 경제 현실은 그동안 재무관료로서 평생 씨름해왔던 상황과는 완전히 다른 속성과 패턴을 나타내고 있었다. 결핍과 빈곤, 만성적 부족과 싸워왔던 경제가 지나친 호황과 과열, 과잉의 시대로 완전히 역전되어 있었던 것이다. 늘 가난하고 원조를 받던 나라에서 이제 부자나라가 되었으니 국제사회의 일 원으로 의무를 다하라는 개방압력도 갈수록 거세졌다.

가장 큰 문제는 1986년 이후부터 두드러지게 나타난 저달러, 저금리, 저유 가 3저 호황에 따른 과열경기였다. 특히 '국제수지의 대규모 흑자'라는 전례 가 없던 상황은 정부를 당혹스럽게 만들었다. 해방 이후 수십 년 동안 부족 하기만 했던 달러가 넘쳐나자 물가가 폭등하고 환율이 불안해졌다. 달러유입 으로 인한 적정 통화량을 관리하는 것도 큰일이었다.

할 수 없이 바스켓환율제를 시장평균환율제로 전환해 시장실세를 일부라도

---

22 이 액수는 콜, RP시장, 기업어음, 양도성예금증서, 표지어음, 단기통안증권 등의 합계이다(한국은행, 1999, 《우리나라의 금융시장》, 한국은행, 14쪽).
23 서울올림픽 기간은 1988년 9월 17일부터 10월 2일까지였다.

반영하도록 했고, 넘쳐나는 달러를 국내에서만 소화하기 어려워 점차 대외개방을 확대했다. 마침 1988년 11월 IMF 8조국 이행의 후속조치로 경상외환거래 자유화가 이뤄진 참이었다.

날개 달린 증권시장

대한민국 경제가 생전 경험해 보지 못했던 '놀라운 과잉의 신세계'는 엄청나게 풀려난 통화량과 겹쳐 주식시장에 큰 붐을 불러왔다. 킨들버거가 지적한 대로 훗날 패닉과 붕괴로 이어지는 집단투기의 불길한 시그널이었다.[24]

정부의 독려로 우량기업들이 자의 반 타의 반 증시에 상장하면서 1984년 하반기부터 본격화된 증시는 3저 호황으로 인한 경상수지 흑자와, 풍부한 유동성을 기반으로 가히 폭발적 증가세로 돌아섰다. 짓기만 하면 팔리는 주택과 아파트, 중동건설 등 건설붐을 바탕으로 한 건설주와 무역관련 주, 그리고 금융주 등이 주가상승을 주도했다. 특히 증권주는 종목에 따라 무려 7,400%가 넘는 폭등을 거듭했다.[25]

주식시장이 된다고 하니까 단 한 번도 주식투자를 해본 적 없는 서민들이 하룻밤만 자고 일어나면 값이 오르는 '마법의 종잇조각'을 사기 위해 주식시장으로 몰려들기 시작했다. 장바구니 아줌마, 당시의 시쳇말로 '핸드백 부대'는 물론이고 시골에 있는 농민들까지 논을 팔고 소를 팔아 마련한 돈으로 주식을 사기 위해 증권사 객장으로 몰렸다. 경성취인소[26]가 처음 명동에 문을 열었던 시절과 비슷한 진풍경이 펼쳐졌다. "주식매입은 저축이 아니라 투자이기 때문에 신중하게 해야 한다"는 원론적 설명은 주식을 사려는 열기와 아우성에 파묻혀 들리지 않았다. 1989년 초 주가는 916.61로 출발해 4월 1일 사상 최고치인 1007.77까지 상승했다.

그러나 '산이 높으면 골도 깊다'는 증권가의 속담을 증명이라도 하듯 주가

---

24 미국 MIT 킨들버거(Charles P. Kindleberger) 교수에 따르면 금융위기는 광기-패닉-붕괴의 전형적 패턴을 띤다고 한다.
25 3저 호황기 3년간 대신증권이 7,482%, 대우증권은 3,594%가 상승하는 폭등장이 펼쳐진다.
26 증권거래소의 전신.

는 이후 급락세로 돌아서며 바닥을 모르고 추락하기 시작했다. 3저 호황의 후유증인 물가상승과 임금상승, 부동산 투기 등 부작용이 본격화되기 시작한데다 환율급락으로 인한 수출감소로 경상수지가 적자로 돌아섰던 것이다. 공급 측면에서도 과열증시를 틈타 부실기업들이 무더기로 증시에 상장되어 공급과잉이 초래된 것 역시 증시폭락의 기폭제가 되었다.

홍은주 우리나라 증권시장의 생성과정을 보면 자금부족이 워낙 심하다 보니 은행을 통한 대출만으로는 기업들의 급증하는 자금수요를 맞출 수가 없어서 증시 쪽, 직접금융시장을 정부가 육성하기로 한 것 아닙니까?

이규성 우리나라도 자본시장의 역사는 꽤 길어요. 1950년대도 미미하지만 자본시장이 있었고. 그런데 시장은 있는데 거기에 상장할 만한 기업이 미미하여 유통시장에서 투기만 벌어지고 있었지요. 그러다가 1970년대 초 기업이 커지기 시작하자 우량기업을 상장시켜서 자본시장을 만들고 기업이 그쪽에서 장기시설자금을 조달하도록 하자는 취지에서 1972년도에 「기업공개촉진법」 같은 것을 만들어서 거의 강제로 공개기업 지정도 하고 그랬습니다. 그렇게 해도 기업들이 기업공개를 기피했어요. 당시 기업하는 사람들은 '주식시장에서 자기가 50% 이상 갖지 않으면 회사 뺏긴다'는 생각을 하면서 어떻게 해서든 상장을 기피했어요.

홍은주 쌍용을 기업 공개할 때의 언론기사를 보면 당시 김성곤 씨가 자기 기업을 정부에 빼앗기는 것으로 생각했더군요.

이규성 정부한테 뺏긴다는 것뿐만 아니라 "기업을 공개하면 내가 애써 만든 기업을 엉뚱한 사람이 채간다", 이른바 말하자면 적대적 M&A를 당한다는 게 대부분의 생각이었어요. 그래서 대주주 경영권을 어떻게 보장하느냐가 상장을 유도하기 위한 가장 큰 이슈 중의 하나였습니다. 지금 문제가 되는 대기업들이 순환출자나 상호출자, 이런 것들이 다 그런 연유에서 시작되었던 것이에요. 기업들의 경영권 박탈에 대한 두려움을 해결하면서 상장을 유도하기 위해 '무의결권 우선주' 같은 제도도 도입해서 활용했습니다. 우리나라의 자본시장은 어떤 면에서는 중화학공업이 적극적으로 육성되고 그것이 상장되면서부터 제대로 발전하기 시작했다, 이렇게 봐도 과언이 아닙니다.

홍은주 그리고 1980년대 들면서 증권시장이 엄청나게 폭발적으로 성장하기 시작합니다. 증권투자 인구가 1980년 말에는 400만 명으로 늘어나고 사채시장의 큰손이 증권시장으로 이동해서 그때 유명한 '백 할머니', '광화문 곰' 같은 별명으로 불렸던 큰손들도 등장했고 사원지주제 같은 것도 만들어지면서 사원재벌도 생겼습니다. 증권시장의 급속한 확대와 자본시장의 폭발적 성장이 1980년대를 관통하는 전체적 흐름이었죠.

이규성 그렇죠. 1970년대에는 자발적으로 상장한 기업이 별로 없었고 정부가 법까지 만들어 억지로 상장을 강제하니까, 그때 현대건설이 상장하느냐, 안 하느냐, 이런 것까지 논란이 됐습니다. 그런데 나중에 중화학공업으로 성공한 기업들과 금융산업들이 상장되면서부터 갑자기 증시가 비약적으로 확대되기 시작합니다.

　문제는 우리나라 증시가 커나가는 과정에 투기적 요소가 많이 작용했다는 것입니다. 과거 증권시장의 역사를 보면 1960년대 초 증권파동을 일으켰던 주역들뿐만 아니라 그 후 1980년대에도 당시 세간에서 화제가 되었던 큰손이라는 사람들이 투기적 행태를 많이 보이고 주식시장을 교란시켰습니다. 자본시장의 속성이 그러한 투기(speculation)를 일정부분 합법화하는 것 아닙니까? 그런 요소가 전혀 없어서는 안 되겠지만 지나치게 투기적 의도만을 가지고 시장을 교란시키고 지배하려는 사람이나 세력이 너무 많았다는 데 당시 증권시장의 큰 문제가 있었습니다.

홍은주 주식시장 시가총액이 1970년대 말에서 1980년대 말 사이에 40배가 증가합니다. 그런데 같은 기간 GNP는 4배 증가에 그쳤거든요? 당연히 상당한 투기버블 형성되었지요. 그때 증시가 막 오를 때 정부입장은 어떠했습니까?

이규성 당시 자본시장에서의 발행규모를 보면 1980년에 1조 1천억 원 수준에서 1981년에 1조 3천억 원으로 오르다가 나중에 가면 기하급수적으로 증가합니다. 1982년도에 2조 3천억 원, 그러다가 1986년, 1987년 가면 3조, 5조 그 다음에 10조 원 이런 식으로 기하급수적으로 쫙 올라가요.

이는 주식발행 시장에서 수요가 크게 늘어났기 때문에 가능했지요. 한편 유통시장에서는 주식투자에 대한 광기(mania)라고 할 수 있는 열풍이 붙었는데 대단했습니다. 홍 교수 말대로 '마법의 종잇조각'을 사기 위해서 다들 논 팔고 소 팔고 증권회사 객장으로 몰려드는 상황이었습니다. 정부는 주가폭등에 대해 의도적으로 규제한 적은 없고 다만 증권유관 기관들과 힘을 합쳐 "주식투자는 손해 볼 수 있다, 자기 책임과 판단으로 신중히 해야 한다"고 여러 차례 교육했습니다. 하지만 아무도 들은 척을 안 해요. 한번 열풍이 부니까 교육은 아무런 효과도 없었습니다.

홍은주 자본시장이라면 회사채와 주식을 다 합친 것인가요?

이규성 두 개를 다 합친 것이지요. 1980년대 말에 자본시장 규모가 그렇게 급격히 커지게 된 데는 두 가지 이유가 있었습니다. 첫째, 가장 큰 이유가 한국 기업의 성장에 대한 신뢰가 높아진 것이에요. 둘째, 시장상황으로 보면 1986년에서 1988년이 그야말로 3저 호황기 아닙니까? 그러니까 증권시장에서 기업과 시장에 대한 믿음과 열광이 일어난 것입니다. 그러면 주가가 급등하고 거기에 대한 만족감이랄까 이런 것이 투자자들에게 생기면 주식투자가 기하급수적으로 늘어나는 것이에요. 그러다가 뭐가 하나 잘못되면 그때는 패닉상태로 들어가고 버블이 붕괴되면서 갑자기 시장이 폭락하지요. 킨들버거의 책《광기, 패닉, 붕괴》(*Manias, Panics and Crashes*)에 보면 내가 지금 하는 이야기가 다 나오지요.

증권시장은 성장기, 호황기가 있으면 침체기가 있고 그러다가 다시 회복기가 있고 그렇지요. 우리나라 증시의 순환 사이클을 보면 1980년에서 1983년까지는 대체로 성장 준비기였던 것으로 보고, 1984년부터 1986년까지는 성장기, 1987년에서 1989년까지는 호황기, 1990년에서 1992년까지는 침체기였고

272

다시 1993년에는 회복기를 맞았다, 그런 식으로 보고 있습니다. 증권시장이라는 것 역시 이처럼 순환적 기복이 있는 시장인데, 그게 잔잔한 물결을 치면서 가는 시장이 아니고 때로는 급격한 요동을 치면서 가는 시장입니다.

잘 아는 것처럼 1930년대 말 대공황 시대 주식의 폭등과 폭락이라든가 또 2008년의 글로벌 금융위기 때 주식시장의 급격한 움직임 같은 것 보더라도 증권시장은 급변동의 속성을 가진 시장이죠. 위로는 오버슈팅(overshooting)이 있는가 하면 아래로는 과도한 위축(overcontraction)이 있고.

홍은주 실물시장보다 주식시장 변동성이 훨씬 크지요. 그런 점에서 본다면 '주가는 실물을 비치는 거울'이라는 말보다는 케인즈 학파의 투기이론이 더 잘 적용되는 것 같습니다. 시장에 대한 과신이 버블을 만들고 이 버블이 붕괴되면 갑자기 패닉이 생기고, 그런 것이 자본시장에서 일반적으로 발생하는 고전적 패턴이지요.

이규성 내가 1988년 말에서 1989년 재무장관을 지낼 때 바로 그런 일이 벌어졌어요. 1989년도에 4월에 종합주가지수가 1,000이 넘게 폭등했어요. 그리고 그다음부터는 계속 바닥을 모르고 폭락하기 시작하는 것이에요.

홍은주 그때 주가가 반 토막 나고 깡통계좌가 속출하면서 난리가 났죠. 자살하는 사람도 있었고.

이규성 그렇죠. 주가가 아주 많이 떨어졌어요. 거의 반 토막이 났다고나 할까, 아무튼 급격히 폭락하기 시작하니까 투자자들과 시장이 패닉상태에 들어간 것이에요. 자살하는 사람도 생기고 객장에서 쳐들어와서 기물을 부수는 사람도 생기고. 또 그때만 해도 주식을 하면 돈 번다니까 농촌사람들까지 소를 팔아서 주식에 투자했는데 주가폭락으로 다 망하게 되니까 농민들까지 사무실로 전화를 해대고 난리도 아니었습니다. 이 사람들이 하나같이 정부를 원망하면서 하는 말이 "주가가 이렇게 폭락하는데 정부가 왜 대책도 안 세우고 가만히 있느냐?"는 것입니다.

홍은주 유명한 5월 증권파동 있잖아요? 증권거래소 주식 해옥(解玉) 사태 때문에 벌어진 파동. 그때 재무부 공무원들이 증권과에 간다고 그러면 "지옥으로 가는 편도열차다" 이렇게 생각했다고 합니다. 전통적으로 재무부 증권과는 기피대상이었지요. 특히 주가가 폭락할 때는.

이규성 1988년, 1989년 초에 주가가 급격히 올랐을 때 "이것은 과열(mania)이다, 투기다" 하고 정부가 아무리 설명하고 교육해도 전혀 듣지 않았습니다. 증권거래소, 증권업협회, 증권회사 등 증권관계 기관들이 총동원되어 "주식은 저축과 다르다, 자기 책임하에 투자하는 것이다. 이렇게 과열되었다가 떨어지면 큰 손해를 볼 수도 있다"고 아무리 교육해 봐야 전혀 먹혀들지 않아요. 아까 말한 것처럼 농촌사람들이 논 팔고 소까지 팔아서 주식에 투자하고 그랬습니다. 그러다가 갑자기 주가가 떨어지니까 투자자들이 난리가 나고 어떻게 이것을 대응할 것이냐? 고민하다가 "기관투자가들의 투자확대, 그런 방향으로 해 주는 길 이외에는 없지 않으냐?" 하는 것이었습니다. 또 주식 발행할 때 할인율을 높여 주고 주식매입 특별담보대출을 네 차례 시행하는 등 그런 정도의 대응책을 가지고 처음에는 수습을 시도했습니다. 그런 조치들이 잘 안돼서 결국 시장은 그야말로 파국상황으로 치닫게 됩니다.

그리고 1989년 12월 초 투자신탁회사에서 환매사태가 나타나기 시작합니다. 시장전체가 패닉에 빠지고 뱅크런(bank run)과 유사한 환매런 상태가 되면 그야말로 시장 전체가 고전적 붕괴상태(crash)로 가는 것입니다. 증시가 이렇게 지나친 붕괴상태로 귀결되어서는 안 되겠다, 그래서 투자신탁에서 무제한으로 주식을 매입해 주는 이른바 12·12 증시대책이 나온 것이죠.

12·12 대책과 자본시장의 교훈

주식광풍이 일어났을 당시 가장 큰 문제는 주식시장에 뒤늦게 뛰어들어 '상투를 잡은' 사람들 대부분이 서민 개미군단이었다는 것이다. 주식붐이 일었던 초기에 뛰어들었던 전문가나 기관투자자들은 이미 다 팔고 나가는 끝물에 농민들과 서민들이 논 팔고 소 판 돈, 목욕탕 때밀이 등을 하며 평생 모은 돈을 주식에 모조리 털어 넣으며 뒤늦게 들어왔다가 증시폭락의 덫에 걸려든 것이다. 주식과 은행저축의 차이도 잘 모르는 서민들이 대부분인 개미투자자들은 정부가 책임지라고 요구했다. 증권거래소 앞에서는 매일 시위와 농성이 벌어지고 재무부에는 대책마련을 요구하는 항의전화가 폭주해 업무가 마비될 정도였다. 정부의 설명은 맹렬한 원성 속에 파묻혔다. '깡통계좌'가 양산되고, 주식으로 전 재산을 탕진해 자살하는 사람들까지 생겨났다.

청와대는 매일 재무부에 부양책을 다그쳤고 언론도 대책을 내놓으라고 연일 기사로 정부의 책임을 물었다.[27] 상황은 이미 경제논리가 아니라 정치적 결단이 필요한 시점에 도달해 있었다.

1989년 말, 스스로의 조정기능에 탈이 난 증권시장에 비상대책인 12·12 조치가 전격 발표되었다. 주식시장에 미칠 영향을 우려해 발표에 담긴 내용은 철저히 기밀로 유지되었다. 비상대책의 주요 내용은 폭락사태가 안정될 때까지 대한투신, 한국투신, 국민투신 등 3대 투신사가 주식을 무제한 매입하게 하는 것이었다. 이를 위해 은행이 투자신탁회사들에게 주식매입 자금을 지원하고 필요할 경우 한국은행이 은행을 통해 자금을 지원할 수 있도록 했다. 금융기관에 국한되었던 기관투자가의 범위를 기금과 공공단체로 확대하여 이들의 주식보유를 늘려나가는 내용도 포함되어 있었다.

그러나 은행에서 2조 6천억 원이나 차입하여 주식을 매입하는 비상조치로도 무너지는 증시를 떠받치기에는 역부족이었다. 주가는 계속 속절없이 무너지나 정부는 다시 1990년 5월 증권사, 보험회사, 은행, 상장회사 등을 동원해 자금을 각출, '증시안정기금'을 만들었다. 6천억 원으로 시작한 증시안정기금은 1996년에는 6조 원까지 늘어났지만 증권시장에 대한 정부개입은 한계가 있고 시장왜곡만 부추긴다는 아픈 경험을 남긴 채 결국 1996년 폐지되고 만다.

만성결핍과 부족, 빈곤을 대처하는 데는 국민도 정부도 익숙해져 있었지만

---

27 "주가가 폭락을 거듭하는 상황이었으므로, 정부의 증시개입은 당연한 것으로 여기는 분위기였다. 언론이 12·12 조치를 가장 맹렬히 비난했지만, 당시의 신문을 들춰 보라. 증시가 붕괴하는데 정부는 뭘 하고 있느냐고 얼마나 다그쳤나. 세상이 당장 끝장이라도 나는 것처럼 말이다"(이장규 외, 2011, 《경제가 민주화를 만났을 때: 노태우 경제의 재조명》, 올림).

생전 경험해 보지 못했던 호황과 과잉, 자율의 시대가 도래하자 정부는 물론 기업과 개인 모든 경제주체들이 경험미숙의 비용을 치르게 된 것이다.

환율정책과 외환위기

화마(火魔)보다 무서운 환율변동

1974년 1월, 한겨울 추위가 맹위를 떨치던 어느 날 한 섬유회사에서 불길이 치솟았다. 화재가 난 곳은 재일교포 실업인으로 우리나라에 섬유공업 일으킨 서갑호 회장이 경영하는 방림방적 공장이었다. 공장 전체가 가연성 섬유로 가득 찬 상황에서 발생한 겨울 화재는 치명적이었다. 마침 1972년에 일본 사카모토 방적와의 합작투자가 허가되어 일본에서 대규모 차관을 들여와 의욕적으로 증설하였는데 모든 기계와 섬유 원자재가 모조리 타버린 것이다. 보험을 들었기 때문에 큰 문제가 없을 것으로 생각하였으나 갑자기 환율이 크게 올랐다. 예상치 못했던 환율상승 때문에 보험금으로 받은 돈으로는 피해의 3분의 1도 복구하지 못하는 상황이 되어 버렸다.

방림방적은 14살의 어린 나이에 혼자서 관부 연락선을 타고서 현해탄을 건너가 일본 방적업계의 기린아로 등장한 서갑호 회장이 한국으로 귀국해 설립한 회사였다. 섬유공장, 타월공장 등을 전전하며 악착같이 돈을 모으고 오사카 방적, 히타치 방적 등을 매수해 입지전적으로 일본 방적업계의 신화가 된 서갑호 회장이었지만 예상치 못했던 겨울 화마와 그보다 무서운 환율변동 앞에서는 눈앞이 캄캄해질 수밖에 없었다.

이 사건과 관련해 백상 장기영 회고록28에는 이 서갑호 회장의 이야기가 등장한다. 갑작스러운 화재와 환율급등 때문에 망연자실해 있던 서 회장은 차관을 빌려주었던 일본은행들로부터 상환 독촉이 심해지자 일본에서 막 돌아온 백상을 찾아갔다. 다음은 회고록의 인용이다.

●
28 지동욱, 1980, 《백상 장기영》, 숭일문화사.

276

"나하고 내일 일본 좀 같이 갑시더."

"내가 일본에서 막 돌아왔는데 … 또 월말에 급한 일들이 있습니다."

"내가 이달 말에 20억, 다음 달에 30억, 그다음 달에 40억 엔 약 100억 엔의 기계대금 어음이 돌아옵니다. 부도가 나게 생겼으니 일본에 나하고 같이 가서 은행 사람들에게 설명 좀 해 주시오."

경상도 사투리로 "부탁합시더, 부탁합시더" 하고 읍소하는 서 회장의 말을 거절할 수 없어 백상은 다시 일본에 가서 일본 은행 관계자들을 만나 "50년 전에 일본에서 열심히 일을 배우고 한때 일본 개인소득 납세자 1위를 했던 한 소년이 한국에 와서 세계적인 방적공장을 차렸다. 한일 관계에서 큰 미담이다. 불의의 사고로 기계가 타 버렸지만 이 미담은 반드시 온존하고 싶다. 이 시기에 대표적 재일동포 기업인이 부도를 내게 해서는 안 된다" 면서 구체적인 구제방법까지 적시해 가며 설득했다. 결국 일본 은행 측이 나름대로의 대책을 세워 주어 아슬아슬하게 부도를 면하고 「회사갱생법」에 의한 갱생회사 신청을 하여 갱생의 궤도를 찾게 되었다.

서 회장은 새벽 4시면 도시락을 싸들고 공장에서 살았다. 뼈를 깎는 경영합리화로 경기가 되돌아오면서 회사가 살아났다. 서 회장은 어느 날 백상의 사무실을 찾아와 "덕분에 회사가 아주 잘되고 결산에서 부실계정을 다 청산하고 두 단위 이익을 냈다. 내년에는 세 단위 이익이 나서 모든 빚을 다 정리하고 회사를 도로 찾게 될 것이다" 라고 좋아했다. 그러나 이 과정에서 건강을 해친 그는 얼마 안 가 타계하고 만다.

건국 초기의 이중환율제도

우리나라 외환관리 법규의 효시는 「미군정법령」 제 39호 '대외무역규칙'이다.[29] 당시는 외국무역과 대외채권과 대무와 관련한 모든 외환거래에 대해 엄격한 통제가 가해졌다. 1949년 6월에는 대통령령으로 '대외무역거래 및 외국환취급규칙'이 제정되었는데 환율은 정부보유 외환에 적용되는 공정환금률과 일반시세를 감안하여 재무부 장관이 수시로 정하는 일반환금률 등 이원화된 복수환

---

[29] 우리나라 정부가 정식으로 수립된 이후에도 이 규칙은 약간의 변형을 거쳐 우리나라 외환거래에 관한 기본적 법규가 되었다.

율제를 채택하였다. 그러나 외환거래라고는 미국이 원조로 제공하는 대충자금이 전부였던 시절이라 1948년 12월 10일 체결된 '대한민국 및 미합중국의 원조협정'에 따라 우리 정부와 미국 원조대표 USOM 간에 합의된 대충자금환율이 일반적 환율로 거래되곤 했다.

그런데 6·25 전쟁이 발발하자 한미 간 환율문제가 초미의 쟁점으로 떠올랐다. 한국 정부가 유엔군에게 전쟁경비로 한국 돈을 빌려주었는데 이 돈을 되돌려 받을 때 적용하는 환율을 놓고 양측이 첨예하게 맞서기 시작한 것이다.[30] 당시는 통화량의 60%가 유엔군에 대한 전쟁대여금일 만큼 통화증발이 심각한 시점이었다.[31]

문제는 이승만 대통령이 대충자금과 유엔 대여금 두 가지의 서로 다른 성격의 자금에 대해 이중 잣대를 가졌다는 점이다. 한국 정부는 유엔 대여금에 적용하는 환율에 대해서는 항상 대충자금 적용환율보다 원화를 고평가해서 상환받기를 원했다. 유엔 대여금에 적용하는 환율에 관한 한 이승만 대통령은 일체의 양보를 허락하지 않았다. 반면 미국에서는 한국의 살인적 인플레이션을 감안하여 평가절하해야 한다고 주장하여 한미 간의 환율합의는 난항을 거듭하게 된다.

양측의 입장이 너무 다르다 보니 유엔 대여금 상환은 이뤄지지 않았다. 도대체 공정환율은 어떻게 결정하는 것이 합리적일까? 고민하던 한국은행은 이 과정에서 '공정환율'의 결정 메커니즘을 일본으로부터 배워오기도 했다. 당시 한국은행 직원이었던 김정렴이 도쿄를 방문해 일본 외환관리위원회 위원장인 기우치를 만나 일본의 공정환율 결정방식을 배워온 것이다. 일본의 환율결정 방식은 '가격 비율제에 따른 가중치 산출방식'이었다고 김정렴은 회고한다.[32]

●

30 우리 정부와 미국 정부 간에 체결된 '유엔군 원화경비 조달에 관한 협정'은 "유엔군 당국이 군사비 지출을 위해 사용한 원화의 상환은 현실적 유효환율을 적용하되 한미 양국 정부의 합의를 보아야 하며 이 환율을 변경하고자 할 때는 조속한 시일 내에 적절한 협의를 거쳐 공고한다"고 되어 있었다.

31 1952년 말 화폐 발행액이 1조 원을 돌파했는데 유엔군 미상환 대여금 잔액이 6천억 원으로 총 발행액의 60% 이상을 차지해 국민경제에 막대한 영향을 미쳤다.

32 김정렴, 2006, 《최빈국에서 선진국 문턱까지: 한국 경제정책 30년사》, 랜덤하우스코리아, 104쪽에는 당시의 환율결정 및 환율제도 정착에 관한 내용이 자세히 기술되어 있다.

통화개혁을 통해 초인플레이션이 어느 정도 억제되자 한미 합동경제위원회는 공정환율을 달러당 160환으로 환산하고 이 환율에 따라 8,680만 달러에 달하는 유엔 대여금을 상환하도록 결정했다. 당시 추가적인 유엔 대여금 환산율은 달러당 180환으로 하되 3개월마다 물가지수에 따라 조정하기로 합의했는데 이후 우리 정부는 아무리 물가가 폭등해도 달러 대 180의 환율을 양보하지 않았다. 이 때문에 한국 정부가 유엔 대여금 지출을 중단하고 유엔이 이에 대한 보복으로 유류공급을 중단하면서 상당한 감정싸움이 벌어졌다. 나중에 한미 간의 격앙된 분위기가 진정되자 유엔군의 경비는 한국은행을 통한 외환경매제로 전환하는 방안이 채택된다.

이후 환율은 공정환산율과 유엔군 경매환산율, ICA 사업구매 환산율, 수출외환 특혜 환산율 등 여러 가지가 병행되다가 1955년부터 단일환율이 미국과의 협상을 통해 결정된다. 협상환율인 만큼 한미 간의 환율협상은 언제나 난항이었다. 결국 한국과 미국, 두 나라는 1956년 9월의 평균 도매물가지수를 100으로 하고 물가지수가 25% 이상 오를 때는 그 상승률에 해당되는 만큼 환율을 올린다는 유사변동환율제를 채택했다. 이 때문에 당시 재무부 이재국장은 물가국장의 역할까지 수행해야 했다.

1960년대 초(1961. 12) 들면서 정부는 경제개발 착수 및 수출증가를 통해 외화획득에 모든 노력을 기울이기 위하여 군정법령, 대통령령, 「한국은행법」, 재무부령, 금융통화위원회 규정 등 복잡다기한 외환규제를 「외국환관리법」으로 흡수 통합했다. 또 1965년 5월에는 수입쿼터제 폐지와 외환증서 시장 형성, 환시장조작기금(외국환평형기금) 확보 등이 전제가 되자 단일변동환율제를 실시했다.

이때도 저환율 정책은 지속된다. 경제발전을 위해 물불 가리지 않고 상업차관을 들여왔는데 상업차관을 상환하기 위해서는 저환율(원화 고평가) 정책을 유지할 필요가 있었던 것이다. "부채도 자산이다"라면서 정부까지 나서서 외자를 물 쓰듯 끌어다 쓰는 처지이고 보니 방림방적 화재사건의 예에서 보듯 달러표시 차관이 많았던 당시 기업들에게는 환율변동은 화마(火魔)보다도 무서운, 생사를 가르는 문제였던 것이다.

홍은주 공무원 시작 첫발부터 환율과 밀접한 관련이 있는 재무부 세관국에서 일을 시작하고 한동안 그 일을 하셨지요? 1963년 재무부 세관국에 들어가서 쭉 일하다 나중에 관세조정과장도 지내셨는데 어떤 일을 주로 하셨나요?

이규성 당시 세관의 역할이 수출입 관리였습니다. 수출에 대해서는 지원하고, 수입에 대해서는 억제해야 하는 일입니다. 환율과 관세는 보완적 관계였는데 당시 내가 보니까 항상 원화가 고평가되어 있어요. 정상적으로 보면 가령 환율이 250원은 되어야 하는데 그보다 훨씬 밑이었습니다. 환율이 낮고 원화가 고평가가 되어 있다 보니 수출은 보조금으로 지원하고 수입품에 대해서는 고관세 정책을 유지하고 밀수품을 단속하는 일들을 하게 되었습니다. 수입품은 거의 인허가를 받아야 했고 수입자유 품목은 거의 없었습니다.

수입을 강하게 틀어막으니까 미국 PX에서 물건이 많이 흘러나왔는데 이게 커피, 과자, 비누 등 사치성 소비재 품목이에요. 그래서 일선 세관에서는 주로 남대문시장 등에 나가서 단속을 많이 했습니다. 「특정외래품 단속법」도 그 무렵에 시행되었고요. 수입은 계속 포지티브 리스트(positive list)[33] 방식으로 가다가 네거티브 리스트(negative list)[34]로 바뀐 것인 한참 후인 1967년 이후부터입니다. 이즈음에 우리나라는 GATT에 가입했는데 당시 내가 세관국 사무관이어서 이 가입작업에 적극 참여했습니다.

시간이 많이 지나 1972년쯤 내가 관세조정과장을 할 때도 환율은 무조건 저환율 정책이었어요. 그때 왜 저환율(원화 고평가)을 했느냐? 우리가 그때 외채를 많이 빌렸는데 고환율(원화 저평가)이 되면 외채상환 부담이 엄청나게 커져서 기업들이 견뎌내지 못합니다. 그런 이유 때문에 억지로 저환율을 유지하니까 수출이 어려워집니다. 그러니까 기업들에게 그걸 보상해 주기 위해서 과다한 수출지원을 해 줍니다. 전기요금도 깎아 주고 철도요금도 깎아 주고 금융지원도 해 주고. 반면에 수입품에 대해서는 임시특별관세 등과 같이 특별관세를 붙여서 수입을 억제하고요. 우리가 주로 한 일이 관세율을 정하는 역할이었어요.

●
33 수입가능한 물건의 품목을 열거하는 것.
34 수입허용이 안 되는 물건의 품목을 열거하고 이것만 아니라면 모두 수입이 가능한 시스템.

280

그리고 그전으로 거슬러 올라가면 수출을 얼마 하면 외제 고급승용차 수입권을 주는 등 수출입 링크제도 실시하고 그랬어요. 그래서 나는 당시에 "환율을 웬만큼 경제적 실질에 맞게 정상화해서 수출 보조금을 줄이고 수입도 무리하게 억제하기보다는 어느 정도 문턱을 낮추자"고 계속 주장했습니다. 그러나 이런 주장이 쉽게 받아들여지지 않았습니다. 1973년 초에 관세율 조정이 있었는데 낮은 환율 때문에 관세율을 별로 낮추지 못하고 여전히 높게 책정되었습니다. 다만 오랫동안 수입을 막기 위해 시행해오던 임시특별관세제도가 이때 폐지됩니다.

홍은주 외자차입에 의한 고도성장을 추진하려다 보니 그 후유증으로 계속 문제가 생기는 것 같은 현상이었네요. 한국 경제가 차관도입으로 성장하다 보니까 상환압력을 줄이기 위해 저환율 정책으로 갈 수밖에 없고 이걸 보상하기 위해 온갖 수출지원책, 수입억제책을 동원하고…. 당시 우리 경제가 1970년대 중반 중동건설 붐이 일기 전까지만 해도 고질적 달러부족에 시달렸었지요. 김용환 장관님(당시 재무장관) 말씀을 들어 보면 달러부족 문제를 해결하기 위한 하나의 방편으로 우리나라에 외국계 은행들을 대거 허용했다고 합니다. 지점을 많이 허락해 주면 외국계 금융기관들이 자기네 영업하려고 달러를 많이 가져올 것 아닌가, 그래서 많이 해 주셨다고.

이규성 그렇죠. 외자도입 창구로서 그렇게 한 것이죠. 1967년에 우리나라에 외국 금융기관이 처음 진출했는데 우리가 적용한 게 무엇이냐 하면 상호주의 원칙(reciprocity principle)입니다. 미국에서 금융기관이 하나 들어오면 우리도 하나 나가야 한다는 식이었는데, 나중에 1970년대 들어 그 상호주의 원칙을 깨고 해외 금융기관의 국내 진출을 대거 허용한 분이 김용환 장관이었습니다.

홍은주 우리나라 금융기관들은 언제부터 해외진출을 시작했어요?

이규성 우리나라 금융기관의 경우 1950년대 초 전쟁 직전에 한국은행이 도쿄에 나간 것이 처음이고 1960년도에는 좀 많이 나갔다고요. 외환은행이 홍콩

지점을 열기도 했고, 외환은행을 만들고 나서는 좀 활발하게 해외진출을 했을 겁니다. 외자조달 목적도 있고 수출도 지원하고 거기 현지 우리나라 교포들 도와주는 것도 있고 다목적으로요.

홍은주 세관국에 있다가 외환국으로 자리를 옮기셨는데 외화자금과장으로 가서는 무슨 일을 하셨나요?

이규성 외화자금과장으로 자리를 옮겨서 주로 외국환 수급계획을 수립하고 집행하는 업무를 했습니다. 당시에는 외국환 지출을 수입한도 내에서 통제하고 불요불급한 외환지출을 억제하기 위해 외국환 수급계획을 수립하곤 했거든요. 그리고 좀 있다가 스위스 제네바 재무관으로 갔습니다.

홍은주 재무관 때, 스위스에서는 주로 무슨 일을 하셨나요?

이규성 내가 재무관 할 적에는 주로 도쿄라운드35 준비에 전념했어요. 관세의 일괄인하 및 비관세장벽 제거 협상이었는데 재무관 시절 주로 내가 그 준비를 했습니다.

홍은주 당시 국제회의에 참석해 보면 분위기가 어땠습니까?

이규성 사실 그때만 해도 우리나라 경제가 힘이 없던 시절이라 국제회의에 참석해도 별로 주목받지 못했어요. 발언해도 별로 먹히지 않고 주로 내부 기록용에 불과했습니다. 다만 우리나라가 섬유수출이 많아져서 다자간섬유협정(MFA: Multi-Fiber Textile Arrangement)에서는 발언권이 좀 있었습니다.

홍은주 1976년 하반기 이후부터 국내 건설사들의 중동지역 진출로 해외건설

---

35 GATT 각료회의의 도쿄선언에 따라 1973년부터 1979년까지 진행된 무역협상. 도쿄에서 개시된 지 6년 만인 1979년 4월 12일 제네바에서 가조인되었다. 8년 동안에 걸쳐 광공업 제품은 평균 33% 관세를 인하하고 농산물은 41%를 인하하기로 하였으며 비관세장벽을 제거하기로 합의하였다. 도쿄라운드는 비관세 무역장벽에 대한 주요협정을 이끌어냈다는 점에서 기존의 교역라운드와 차별화된다.

수주가 늘어나면서 국제수지가 급격히 개선됩니다. 1978년 7월 국제금융국장으로 가셨는데 이때는 어떤 일을 주로 하셨나요?

이규성 주로 외화자금 조달과 연불수출 및 해외건설 지원, 해외투자 유치, 국제금융기구와의 협력 등의 업무를 했습니다. 국제수지 개선과 세계적 무역 자유화 추세에 맞추어 수입자유화 조치를 단계적으로 확대해갔고요. 해외여행경비 지급한도도 좀 늘려갔습니다. 그러다가 10·26이 나니까 어떻게든 불확실성을 줄이기 위해 10·26 직후 우리나라 정책의 불변방침을 국제금융시장에 통보했습니다. 국제금융시장이 가장 싫어하는 것이 급격한 정책변화와 불확실성이잖아요? 따라서 대통령의 유고일 뿐 한국 경제정책 기조는 변한 것이 없다고 설명하고 그랬습니다.

　1979년에 기억나는 또 다른 일은 당시 IMF·세계은행 연차총회가 유고슬라비아(현 세르비아) 베오그라드에서 개최되었는데 개최지가 공산국가였기 때문에 대표단의 안전에 특히 신경 썼던 기억이 납니다.

홍은주 1980년 2월 27일 종전의 고정환율제에서 복수통화바스켓 환율제도가 도입됐지요? 이 제도는 특정 통화의 급상승이나 폭락에 따른 충격을 줄이고 물가상승률 등 국내 경제변수를 반영할 수 있는 장점이 있다고 알고 있습니다.

이규성 복수통화바스켓 제도는 교역비중이 큰 나라의 통화를 가중치별로 묶어서 이들 통화의 가치가 변할 경우 교역가중치에 따라 환율에 반영하는 제도입니다. 우리나라는 1970년대 말까지 미국 달러화에 대해서만 페그(peg)하는 고정환율제를 실시했는데 석유파동이니 뭐니 변동요인이 발생해도 당장 조정하는 것이 아니라 오래 누적된 뒤에야 일시에 큰 폭으로 인상하는 조치를 반복해서, 국내경제에 심한 충격을 주는 경우가 많았습니다. 이러한 경험을 바탕으로 삼아 1980년 2월부터 교역비중이 큰 나라들의 복수통화바스켓 환율에다 일정폭의 환율변동을 내부적으로 수용할 수 있는가를 고려한 알파 (α)를 첨부하여 복수통화바스켓 제도를 시행한 것이지요. 이 제도는 당시 정인용 국제금융차관보 주도로 이루어졌습니다.

홍은주 복수통화바스켓 제도를 시행하면서 외국으로부터 우리 정책당국이 환율을 조작한다는 의혹을 받기도 했습니다. 또 미국과 일본에 대한 수출입 비중이 절대적으로 높기 때문에 두 나라 통화에 주로 영향을 받게 되는 문제점이 있습니다. 그래서 1990년 3월에 이걸 폐지하고 '시장평균 환율제도'를 도입한 것으로 알고 있습니다. 1980년대에 금융시장 국제화가 이루어지기도 했고 경상수지가 흑자로 돌아서면서 개방압력도 많이 받고 그랬다면서요?

이규성 그렇습니다. 우리 경제가 성장하고 힘이 커지면서 1980년 중반부터 미국 같은 데서 우리 금융산업에 대한 개방압력이 굉장히 많이 들어와요. 내가 1989년 재무장관 할 때 찰스 달라라가 미국 재무부 차관보였는데 일본에 계속 개방압력을 행사하고 그다음에는 우리한테도 와서 개방압력을 넣어요. 우리가 1986년부터, 1987년, 1988년 3저 호황으로 경제가 좋아지자 1989년에 우리를 환율조작국으로 지정하기도 하고. 우리에게 자꾸 금융정책 회담(financial policy talk) 하자고 하는데 그게 뭐냐 하면 한마디로 개방압력을 행사하려는 것이에요. 이들이 우리를 환율조작국으로 몰아간 데는 우리가 사용하던 복수통화바스켓 환율제도에서 '우리가 내부적으로 수용할 수 있는지 여부'를 고려한 알파요소를 문제 삼았던 것입니다.

개방압력과 소규모 개방경제의 교훈

홍은주 그런 개방압력을 계속 받으면서 개방을 하는 데 있어 무슨 원칙 같은 것을 정하셨나요?

이규성 1980년대에 계속 개방을 해나가는 과정에서 내가 재무부 직원들에게 항상 강조하던 얘기가 딱 한 가지가 있습니다. 지금도 나를 만나면 그것을 얘기하는 옛 동료직원들도 있어요. 그것이 뭐냐? "어떤 경우에도 우리가 소규모 개방경제(small open economy)라는 것은 잊지 말자"는 것입니다. 금융정책을 입안하고 만들 때 우리가 소규모 개방경제의 전제조건(small open economy assumption)을 잊어버리면 안 된다, 그러니까 우리가 미국 경제하고 대등하다고 착각하면서 수입자유화를 논해서는 안 된다는 것이지요. 미국인은 게임의 룰을 만드는 사람(rule setter)이지만 우리는 룰을 따르는 사람(rule taker)입니다. 그런 측면에서 우리가 시장개방 압력을 신중히 잘 다뤄야 한다고 늘 강조했습니다.

예를 들어 이전에 수입자유화를 추진할 때도, 내가 청와대 비서관 할 무렵의 일인데, EPB는 수입자유화를 막 밀어붙이는 것입니다. 그게 1977년, 1978년 무렵인데 이때는 우리 경제가 어느 정도 먹고살 만해졌을 때니까 경상수지 적자도 더 이상 늘어나지 않고 1977년인가에는 오히려 2천만 달러인가 흑자가 났어요. 그때 (EPB는) 수입자유화를 막 늘리자고 하는데 상공부에서는 한사코 반대해요. "이 품목은 몇 년만 더 보호해 주면 잘될 텐데." 그래서 내가 양측에 중재안을 어떻게 냈느냐 하면 "언제까지나 보호할 수는 없으니 일단 자유화하자. 이 품목 수입이 급증하는지 안 하는지 한 1, 2년 동안은 좀 지켜보자. 그러고 나서 전면 수입자유화를 할 건지 안 할 건지 그때 가서 결정하자"고 해서 '감시품목제'가 생긴 것입니다.

환율제도도 그런 방식으로 신중히 접근했습니다. 국제금융국 실무진에서 1989년부터 시장평균 환율제도를 연구해서 1990년 3월에 실시했습니다. 이는 변동환율제의 전 단계 조치였습니다. '만약 곧바로 변동환율제도로 이행한다면 환율이 너무 크게 널뛸 것이다, 변동성(volatility)이 하루에도 너무 심하니까 우리 경제가 이를 감당하지 못할 것이다'라고 우리가 우려했습니다. 그래서 1일 변동폭을 줄일 수 있는 방안을 연구했어요. 그래서 "우리 경제가 적응하기 쉽게 직전 영업일(營業日)의 가중평균환율(기준환율)보다 상하 0.4% 포인트 범위 내에서만 추가적으로 변동하도록 한다"고 결정했습니다. 계속해서 매일 0.2%씩만 올라가도 중장기적으로는 상당히 커진다, 매일 0.2%니까 복리로 계산하면 한 5, 6일이면 금방 1%가 되는 것 아니겠어요? 그래서 그런 방식으로 변동성을 좀 줄이자, 그런 점진적 변화를 통해서 우리 경제가 적응할 수 있는 능력을 가지도록 하자, 그런 생각이었습니다.

선진국 경제정책의 패턴이라는 것은 대체로 큰 문제만 없으면 수수방관하는 정책(benign neglect policy)이거든요. 그러니까 선진국들은 환율은 어떻게 되든 상관없다, 국내금리만 잘 관리하면 된다, 중앙은행의 금리주권만 지키고 있으면서 환율이야 시장의 힘에 따라 변동하도록 시장에 맡겨 두면 된다고 생각하지요. 그런데 그거야 힘 좋은 선진국들 이야기고 우리는 수출 위주로 성장한 규모가 작은 나라이기 때문에 환율정책이 대단히 중요해요. 환율변동에 엄청나게 핵심 이해관계(vital interest)가 있다는 말이지요.

환율을 자유변동환율제(free floating system)로 가라는 압력을 받을 때 나는 '소규모 개방경제의 가정'(small country assumption)이라는 조건을 항상 염두에 두었기 때문에 그 중간단계로 아까 설명했던 시장평균환율제로 간 것이에요. 그러다가 그게 1997년 환란이 발생하고 나서 완전히 자유변동환율제로 간 것이고요.

홍은주 소규모 개방경제(small open economy)라는 개념적 정립, 그걸 개인적으로는 언제쯤 하시게 된 것입니까?

이규성 이게 아마 내가 국제금융국장, 차관보일 때 늘 강조하고 얘기했을 것이에요. 첫 시작은 아마 내가 관세조정과장 때부터 그런 생각을 가졌던 것 같아요. 국내산업 가운데 보호해야 할 유치산업도 있고 그런 것이니까.

빈발하는 금융위기

'소규모 개방경제'가 가지는 한계가 단적으로 나타난 것인 1997년 외환위기였다. 외환위기의 발생 원인에 대해서는 수없이 많은 직간접 원인이 지적되고 있으나 3저 호황의 후유증으로 나타난 경상수지 적자의 증가와 신생 금융기관의 무분별한 국제영업, '소규모 경제'의 준비 안 된 금융개방이 글로벌 변동성과 만난 결과 발생한 것이라는 것이 직접요인(trigger factor)들로 지적되고 있다. 1980년대 초 무디기로 설립된 30여 개의 종금사들이 위험관리를 소홀히 한 채 경쟁적으로 외채를 빌려 '달러 돈놀이'를 하기 시작하면서부터 외환위기를 촉발한 직접적 원인의 하나가 된 것이다.

1990년 재무부 장관을 끝내고 대학으로 간 이규성은 그대로 조용히 학자로서 은퇴를 맞을 운명이 아니었다. 외환위기 발생 직후인 1998년 3월 다시

제1대 재정경제부 장관으로 취임해 외환위기의 쓰나미 속에 들어가 있는 '소규모 개방경제' 한국경제호의 선장으로 일하게 된다. 1997년 외환위기는 국가경제의 기반을 뿌리부터 흔들 정도의 엄청난 태풍이었지만 평생을 금융 및 외환업무를 해온 노련한 선장 이규성은 수십 년의 위기를 거치면서 경험적으로 체득한 노련함으로 높은 파고를 헤쳐나갔다.

그런데 사실 1997년 외환위기 이전에도 규모가 작은 외환위기는 여러 차례 있었다. 외자도입을 통해 고속성장을 한 후유증으로 기업들의 부채비율은 숫자로 표현하기도 어려울 만큼 높았고 만성적으로 상환부담과 압박에 시달려야 했다. 미국이 기침만 하면 폐렴에 걸릴 만큼 민감했고 석유파동이 발생할 때나 정권교체기에도 달러부족은 만성적 현상이었다.

홍은주 우리나라 경제를 보면 차관경제로 성장했기 때문인지 만성적으로 외환위기에 시달린 적이 여러 차례 있었던 것 같습니다.

이규성 우리나라는 사실 외환위기보다도 개념상 금융위기라고 얘기하는 게 더 맞을 것이에요. 우리나라 금융위기의 본질을 대체로 보면 금융기관 도산에서 오는 그런 것이 아니었습니다. 당시 금융기관은 불패(不敗)예요, 문제가 생기면 정부가 다 해결해 주니까. 부실기업도 정리해 주고 종잣돈도 주고 한국은행에서 특융을 제공해서 다 건실화시켜 주고 그러니까 금융기관은 불패입니다. 그렇다면 당시 금융위기의 출발점이 어디냐? 바로 기업들의 부채위기로부터 옵니다. 기업들이 부실화되면 은행의 부실채권이 늘어나서 이게 금융위기로 곧바로 확산되는 것이잖아요?

1970년대 초에 기업이 무더기 부실화가 된 것은 사채를 많이 써서 그랬어요. 차관을 들여와서 공장은 짓는데 공장을 돌릴 운영자금이 부족하니까 이자 무서운 줄 모르고 기업들이 사채자금을 많이 써요. 그렇게 사채 때문에 기업위기가 발생하는 것이 금융위기로 파급되는 중요 요인이었습니다. 사실 1972년의 8·3 조치도 기업의 고리사채 부담을 경감시켜서 무더기 기업도산으로 인한 금융위기 파급을 막기 위한 것으로 이해할 수 있습니다.

두 번째 유형의 금융위기는 달러부족(dollar shortage) 때문에 발생했어요.

1차 석유파동 때도 달러부족이 발생했고 2차 석유파동 때도 마찬가지였죠. 더구나 2차 때는 (10·26과 서울의 봄 등) 국내 정정(政情) 불안까지 겹쳐 외환부족 문제가 발생합니다. 이런 것이 우리가 여러 차례 겪었던 외환위기였지요.

홍은주 1차 석유파동 때는 김용환 장관께서 미국에 급히 나가서 달러 구하느라 애를 쓰셨지요. 1980년대 초반도 그랬고요. 그때까지는 재무장관이 해외로 돈 구하러 다니는 것이 주업무가 될 정도였다고 합니다. 장관님이 재무장관을 지내실 때인 1980년대 후반은 어땠나요?

이규성 내가 장관할 때는 외환사정이 괜찮았어요. 그때는 경제가 좋아져서 오히려 미국의 개방압력을 받느라 힘들었으니까. 당시 1989년 가을에 내가 IMF·IBRD 연차총회 때 의장을 했는데 그때만 해도 한국이 그 전해 11월에 이미 IMF 8조국으로 이행하여 경상지급에 대한 제한을 철폐했고 또 다음 해인 1990년 초에는 GATT 11조국으로 이행하여 국제수지를 이유로 한 수입규제를 철폐하도록 예정되어 있는 등 우리 위상이 상당히 높아졌을 때입니다.

홍은주 그러다가 다시 경상수지가 다시 적자로 반전되고 1996년에는 무려 230억 달러가 넘는 적자가 발생하게 됩니다. 이 같은 경상수지 적자가 외환위기를 촉발(trigger)한 것으로 알려져 있습니다. 그렇다면 이런 의문이 생깁니다. 우리가 1980년 내내 금융시장 자율화를 열심히 추진하고 구조조정을 한다고 했는데 왜 환란으로 귀결됐느냐 하는 것입니다.

이규성 외환위기의 원인은 여러 가지로 복합적입니다만 내가 생각하기에 가장 근본적인 문제는 우리가 너무 오랫동안 기업의 재무구조를 차입 위주로 가져갔던 깃이라고 생각합니다. 고도성장의 신화에 오랫동안 사로잡힌 나머지 자본생산성이 급격히 둔화되고 경기불황에 따라 기업경영의 어려움이 커지는데도 이에 대해 효과적으로 대처하지 못하고 기업들이 계속 돈을 빌려서 부채구조가 악화되도록 방치한 데 있는 것 아니냐, 하는 반성이지요.
  그럼 이를 방지하기 위한 금융시장 구조조정이라든가 기업 구조조정의 핵심은 뭐냐? 상호지급보증을 깨고 문어발식 기업구조를 조정하고, 기업의 지배구조(corporate governance)를 고치고 이런 것들이 물론 다 중요한 조치들이지만 당시에는 결국 기업들의 자기자본 확충, 자본 재구성(recapitalization)이 제일 중요했던 것 아니냐, 이렇게 생각합니다. 기업들이 자기자본을 확충하여 재무구조를 튼튼히 하게 되면 과다차입 시 발생하는 "잘되면 내 이익, 잘못되면 은행손실"이라는 도덕적 해이를 방지할 수 있어 책임경영을 확고히 할 수 있습니다. 금융시장에서는 만성적인 자금의 초과수요를 줄일 수 있는 등 금융시장의 운영도 크게 원활화될 것입니다. 기업도 마찬가지고요.

최근 2008년 미국발 금융위기와 유럽 재정위기로 장기화되고 있는 글로벌 불황에도 우리 기업들이 1997년 외환위기 때와 달리 비교적 잘 견딜 수 있는 힘이 어디서 나온다고 생각합니까?

홍은주 기업들의 부채가 별로 없으니까요.

이규성 그렇죠. 상황이 어려워도 빚이 없으니까 견딜 수 있는 것입니다. 반면에 지금 국내 건설업체들이 요즘 계속 어려운 상황에 처하게 되고 구조조정을 당하는 이유는 뭐냐? 부채가 여전히 많고 재무구조가 나빠져서 그런 것입니다. 그래서 1980년대 초의 정책을 되돌아본다면 그때 은행 민영화라든가 개방화라든가 이런 것을 서두르는 것보다는 차입구조 경영관행의 개선이라든가 금융기관의 부실채권 정리, 이런 것들을 시정하려는 노력에 더 집중했더라면 하는 아쉬움이 있습니다.

이런 관점에서 1980년대 초에 추진되었던 금융시장 자유화를 되돌아보면 "그때 기업 구조조정과 부채구조를 먼저 개선하고 그다음에 금융시장 자유화를 했더라면 어땠을까?" 하는 생각을 해봅니다. 나중에, 1984년 이후에 김만제 장관, 정인용 장관 때 추진했던 기업 구조조정을 1980년대 초에 먼저 강도 높게 추진하고 나중에 자유화하는 것으로 순서가 바뀌는 것이 좋지 않았겠나 하는 아쉬움이지요.

종언 : 금융시장의 글로벌화

금융시장 글로벌화는 현재진행형

홍은주 한국은 1997년 외환위기를 극복했을 뿐만 아니라 금융기관들의 체질을 글로벌 금융시장의 표준으로까지 대폭 높이는 데 성공합니다. 글로벌 스탠더드(global standard, 세계표준)나 금융기관의 베스트 프랙티스(best practice, 모범사례)도 정착되고요. 이 때문에 외환위기를 '불행이라는 가면을 쓴 행운'(bless in disguise)이라고 표현하는 사람도 있을 정도입니다. 그런데 최근 이야기하는 글로벌 스탠더드가 필요하다는 생각이 사실 그전에도 있지 않았나요?

이규성 어떻게 보면 한국 경제의 역사는 개방의 역사라고 할 수 있습니다. 무역자유화, 외환자유화, 자본자유화의 역사이지요. 이는 국제화, 세계화의 이름으로 추진되었고 그 과정에서 논란과 토론과 우여곡절이 많았습니다. 이런 과정을 거치면서 사실 글로벌 스탠더드나 베스트 프랙티스가 점진적으로 도입되었고 지금도 현재진행형으로 계속된다고 봐야 합니다. 금융개방이라든가 또는 무역자유화라든가 이런 것을 추진했을 때도 당시의 글로벌 스탠더드가 있었으니까 우리가 거기에 맞춰야 된다고 생각하고 적극적으로 배우고 도입하려고 노력했습니다. 무역을 하더라도 국제적으로 적용되는 기술표준이 있고 단순한 전기콘센트 같은 것 하나를 수출하더라도 콘센트의 기술적 국제규격이 있으니까 반드시 거기에 맞춰야 수출이 되는 것이거든요.

  마찬가지로 금융의 '베스트 프랙티스' 같은 것도 오랜 시간에 걸쳐 조금씩 배워오는 겁니다. 가령 예를 들어서 신용장 규칙이니 뭐니 이런 것들은 거의 대부분 국제적으로 일관된 표준규칙들이 이미 존재하고 있어서 우리가 그걸 열심히 배우고 가져다 썼습니다. 우리가 그런 국제적 기준들을 따라가야 한다고 자연스럽게 생각했어요. 또 금융제도나 금융상품 개발 같은 것도 외국에서 이렇게 하고 있더라, 그러니까 우리도 이런 것을 시도해 보자, 하기도 하면서 국제적 흐름을 따라갔습니다.

  그러니까 글로벌 스탠더드라는 것은 금융상품(financial commodity)의 개발이라든가 선진적 비즈니스 모델이라든가 거기서 더 나아가 위험관리 문제, 각 방면에서의 표준, 모범규준(code of conduct), 이런 것들을 종합적 관점에서 우리가 오랜 시간에 걸쳐 자연스럽게 따라가게 된 것이라고 그렇게 이해하면 됩니다. 이 점은 금융시장 발전을 위해 향후에도 더 높은 단계로 계속 추진되어야 하고요. 금융의 세계화와 글로벌 통합화가 더욱 깊이 있게 진전되고 있음을 상기할 때 더욱 그렇다고 생각합니다.

홍은주 그런 생각이 더욱 구체적으로 도입되고 현실화된 것이 1997년 외환위기 이후지요. 향후 우리 금융시장이 어떻게 더 노력해야 하는지 큰 방향에 대해 말씀해 주십시오.

이규성 글로벌화를 통한 장기적 금융시장 발전에 대해 나는 두 가지 측면에서 봐야 한다고 생각합니다. 우선 "향후 우리 원화의 지위를 어떻게 가져가야 하느냐?" 하는 것입니다. 가령 지금 중국과 우리가 상당히 큰 규모의 교역을 하는데 그것을 반드시 미국달러만을 매개로 교역하는 것이 과연 맞는 것이냐? 이번에 한중 양국이 통화스와프(currency swap)를 이용해서 두 나라 통화로 결제하기로 했다고 하는데 나는 그것이 상당히 의미가 크다고 봅니다. 앞으로 일본과의 원-엔 거래도 그런 식으로 직접 해야 하고 또 향후 ASEAN과의 거래, 개도국과의 교역이 상당히 커질 텐데, 그런 측면에서 원화의 국제화, 원화의 국제사용 증가에 대해서 큰 관심을 가져야 하다는 것이 내 생각입니다.

두 번째는 우리나라 금융기관들의 국제화입니다. 가령 현대자동차가 미국 엘라배마(Alabama)에 공장을 세웠다, 삼성전자가 중국의 시안(西安)에 8억 달러짜리 공장을 세운다, 또 우리나라가 아랍에미리트(UAE) 원전을 400억 달러에 수주한다, 그럴 때 우리 금융기관들이 어떤 역할을 했느냐? 나는 과문한 탓인지 모르지만 이런 대형 국제 프로젝트에 대해 우리나라 금융기관이 독자적으로 투융자에 참여했다는 얘기는 듣지 못했습니다. 이제 국내 금융시장은 한계가 있어요. 국제적 플레이어가 된 국내기업들과 함께 국제화에 동참해야 합니다.

홍은주 현대나 삼성 정도면 충분한 내부 유보가 있고 로컬 금융시장에서 직접 조달할 때도 자기신용으로 가능해서 그랬던 것 아닐까요? 글로벌 대기업이 현지시장에서 직접 융자하는 것이 국내 금융기관을 통한 간접조달보다 비용이 더 싼 경우도 있을 것이고요.

이규성 그렇다면 바로 그것도 문제지요. 우리나라 은행의 신용이 기업보다 떨어지고 은행의 조달능력이 일개 기업보다 더 뒤진다는 것이니까요. 사실 이건 그냥 예로 든 것뿐이고 내가 정말로 하고 싶은 말은 국내 대기업들은 이미 충분한 경쟁력을 갖추고 진정한 글로벌화가 되어 있는데, 왜 금융기관은 아직까지도 국제금융시장에서 제대로 인정받지 못하냐는 점이에요. 큰 프로젝트를 발주하는 국가나 기관이 한국 금융기관을 독자적 보증기관으로 인정해 주지 않는 것도 문제고.

그러다 보니 다들 국내에서만 경쟁적으로 영업해요. 지금 우리나라 금융기관의 가장 큰 문제점이 뭡니까? 금융기관 대출이 상당부분 주택담보대출이어서 가계대출이 큰 문제가 되고 있잖아요? 또 우량 대기업들이 수출로 돈을 벌어 유보자금이 많고 국내투자를 잘 안 하니까 돈 빌려줄 데가 마땅치 않아 중소기업하고 주로 거래하는데 그것도 이미 포화상태에요.

그렇다면 앞으로의 금융기관들은 어디로 가야 할까요? 이제는 금융기관들이 글로벌 시장을 목표로 거기서 경쟁해서 살아남아야 한다, "Look global!", 나는 그렇게 가야 한다고 봅니다. 국제금융시장에서 당당하게 살아남고 인정받아야 해요. 결국은 자금조달 능력의 문제인데 조달은 더 싸게 하는 방법을 찾아내야 하고 해외에 빌려줄 때는 비싸게 받고 해야죠. 외국 금융기관 금리보다 우리 금리가 항상 더 비싸야 된다는 논리는 뭡니까? 그리고 어차피 대출해 줄 데가 없으면 금리가 더 싸져야 되는 것 아닙니까? 우리 기업들이 해외에 나가서 장사할 때 우리 은행들도 기업들과 함께 나가서 싼 금리를 기반으로 동반 성장해야 될 것 아니겠습니까?

홍은주 국내 금융기관이 달러로 해외대출을 해 주려면 달러를 어디선가 조달해야 하는데 조달금리의 변동에 따른 시장위험이나 환율위험도 있지 않습니까?

국제화를 하려면 위험관리의 선진화가 먼저가 되어야 할 것 같습니다.

이규성 위험관리 측면에서 아까 내가 원화의 국제화 얘기를 했는데 원화가 국제화되면 우리 금융기관이 환율위험을 무릅쓸 필요 없이 해외에 원화로 빌려주면 됩니다. 또 여러 현지통화를 보유하고 있다가 해외진출 기업에 위안화나 현지통화로 빌려주면 안 됩니까?

결국은 뭐냐? 해외에 국내 금융기관들이 진출할 때 문제는 환율과 회계 문제인데, 원화의 국제화나, 보유 해외통화의 대출로 해결하면 되는 것 아니겠습니까? 또 따로 달러펀딩을 한다고 생각하지 말고 우리 경상수지 흑자가 나는데 외환관리를 효율적으로 해서 보유한 달러로 대출해 주고. 이런 걸 원활하게 하려면 결국 금융기관의 규모와 글로벌 경쟁력이 문제인데 당장은 어렵더라도 나는 장기적으로는 반드시 그렇게 가야 한다고 보는 것입니다.

그런데 우리나라 금융기관들의 해외지점은 아직까지도 소극적인 외화조달 기능밖에 안 해요. 예컨대 산업은행만 해도 런던지점이 산금채 발행에만 전념하지 앞서 예로 든 것 같은 국제 프로젝트에 독자적으로 자금 공급하는 일은 못하고 있습니다. 또한 민간은행들의 도쿄지점은 어떻게 영업하는지 아십니까? 일본계 은행으로부터 단기자금 차입을 해서 이를 교포 등에게 장기자금으로 대출해 주고 있습니다. 기간 미스매치 위험을 지면서 교포들 상대하는 소규모 영업이 고작이에요. 이제 미국 등 해외에서 영업하는 금융기관들은 상시적 영업조직(permanent establishment)을 두고서 그곳에서 아예 정착해서 영업한다고 생각해야지요. 그러면서 거기 금융기관들과 경쟁하고, 자금을 조달하고, 운용하고, 회계는 그 나라 화폐로 하라는 것입니다.

그리고 해외에서의 발전소 수주나 철도공사 등 대형 프로젝트 수주에 우리 금융기관이 적극 참여해야 해요. 그런 대형사업에 국내기업이 응찰한다는 소식을 들으면 "우리가 자금을 싸게 빌려줄 테니까 함께 추진합시다" 해야죠. 또 동남아시아 국가가 메콩강 개발한다고 하면 ADB에 가서 "이 사업을 우리와 한번 같이 해봅시다", 이렇게 크게 글로벌화해야 하는데 이런 생각을 전혀 안 하고 국내의 포화시장에서 담보대출에만 매달리는 것이 우리 금융기관의 안타까운 현실입니다.

홍은주 금융기관이 국제금융시장에서 자금조달 코스트를 낮추려면 엄청난 노력을 하고 경쟁력을 갖추어야 하지요. 그 노력이 부족하다는 말씀이시군요.

이규성 조달비용을 낮추는 것은 우리나라 금융기관이 이제 얼마든지 할 수 있다고 봐요. 효율적 자금조달뿐만 아니라 자금운용에서도 다양한 방식으로 규모를 키우고 업종을 넓혀나가고 경쟁력을 높여서 이제 우리 금융기관들이 국제시장에서 살아남을 수 있도록 중장기적 경쟁력을 높여야 합니다.

개도국에 대한 경험과 충고

홍은주 지금 저희가 인터뷰하는 취지 가운데 하나가 우리와 비슷한 성장모델을 가진 개도국들에게 '우리가 해봤더니 이렇게 하는 것이 효과가 있었다, 나중에 복기해 보니 그보다는 이게 조금 더 낫지 않았나 싶다'라는 등 지식공유(knowledge sharing), 경험공유의 의미도 있습니다. 오랫동안의 국정경험을 통해 어떤 조언을 해 주고 싶으신지요?

이규성 가장 중요한 것이라면 나는 개도국들에 대해 "기업들의 사업모델을 제대로 가져가도록 유인하는 정책을 펴시오", 이런 말을 하고 싶어요. 기업들이 거짓말하지 않고 정직하게 경영하도록 시스템을 만들어라, 요새 얘기하는 투명성(transparency)이라는 것이죠. 제대로 된 기업 지배구조를 만들어서 회계상으로나 지배구조 측면에서나 투명성을 유지하도록 유도하고 기업 재무구조를 제대로 만들어나가라고 말하고 싶습니다.

홍은주 제도와 정책을 아무리 잘 만들어도 실제로 기업들이 그대로 잘 안 하잖아요? 기업이 투명성을 유지하고 적정한 통제가 뇌노록 금융시장이 선제적으로 기업을 주도할 필요가 있을까요?

이규성 그렇습니다. 다만 기업 규모에 따라 역할을 해야 하는 금융기관이 다르겠지요. 대기업이라면 은행 쪽보다는 기업공시 제도 등을 통해 자본시장 쪽에서 투자자들이 압박하는 것이 더 중요하다고 봅니다. 상업은행(commercial banking)이라는 것은 기업운영에 필요한 단기자금을 매개하고 제공하는 역할에 불과한 것이고, 중장기 투자자금이나 시설자금은 결국 증권시장, 자본시장에서 해결해야 되는 것 아닙니까? 그러니까 은행보다 투자자들의 감시 역할이 중요하지요. 회사채나 주식을 통해 투자자들로부터 직접 자금을 조달하는 대기업이라면 투자자들에 대한 경영정보의 공시라든가 경영의 투명한 공개 이런 것들을 통해서 투자자 신뢰부터 얻도록 해야 한다고 봅니다.

반면 중소기업처럼 이른바 관계금융(relationship financing)이 중요한 경우는 상업은행의 역할이 중요하지요.

홍은주 현실적 고민은 뭐냐 하면 우리나라도 경제개발 초기에 그랬지만 자본시장이 자연발생적으로 생기는 게 아니기 때문에 어려움이 있는 것이거든요. 자연발생적으로 생겨난다면 투자자들이 당연히 기업한테 그런 요구를 할 수가 있는데 아무것도 없는 잿더미에서 경제발전을 추진하다 보면 자본시장이 그런 자율적 견제기능을 하기 어렵지 않겠습니까?

이규성 건국 초기의 한국 경제처럼 만약 아무것도 없는 불모상태라면 처음에는 외국인 투자를 받고 외자를 도입할 수밖에 없겠지요. 다만 우리 경제는 과거에 지나치게 차관 일변도였는데 지금 나에게 얘기하라고 한다면 차관만 도입하지 말고 차관과 외국인의 직접투자를 적정히 섞어서 활용하라는 것입니다. 외국 기업이 직접투자를 한다면 "우리 것을 날로 빼앗긴다, 먹튀한다"라면서 우려하고 부정적으로 보는 시각이 컸는데 먹고 튀는 것도 사실 먹을 것이 좀 있는 경우에 해당하는 것이지 아예 경제불모의 상태에서 무슨 먹튀를 당해요?

사실 차관을 들여온다고 해도 돈 빌려주는 사람들이 이자를 싸게 해 주느냐? 그것도 아니라는 것이지요. 돈을 빌려주는 조건으로 자기네 나라 물건 사라고 하고 예속화시키면서 어떻게 해서든지 받아 갈 것은 다 받아 챙겨 나갑니다. 따라서 자본시장이 아예 없는 초기단계에는 차관도입만 하는 것보다는 외국인의 직접투자를 적정하게 함께 유치해서 기업들의 재무구조를 튼튼히 다져가면서 경제발전을 추진하는 것이 옳다고 생각합니다. 부실기업을 양산하지 않고 재무구조가 튼튼한 기업들을 많이 성장하도록 하면 증시에 상장시키기가 용이할 것이고 자본시장을 만드는 것도 상대적으로 쉬울 것입니다. 일단 자본시장이 생기고 나면 그때부터 제대로 상호견제 기능이 작동하도록 제도를 정비해 나가야겠지요.

홍은주 1963년 재무부 수습사무관으로 들어와서 각종 관세와 수출입, 환율제도를 만드는 데 참여하고 장단기 자금시장의 각종 제도와 틀을 완성하는 데 일조하면서 금융시장의 근대화·현대화·국제화 작업에 참여하셨습니다. 10·26 등 역사적 사건의 현장에서 국제금융시장에 IR을 하고, 빈발하는 외환위기를 관리하며, 결국 1998년 외환위기로 좌초위기에 처한 한국경제호를 안전지대로 이끄는 선장역할까지, 수십 년에 걸쳐 한국금융사에 큰 족적을 남기셨습니다.

　긴 인터뷰 동안 후학들에게 성공과 실패 모두를 포함하여 진솔하게 경험을 나눠 주신 것을 감사드립니다.

4

건전재정 초석을 깔다

5공
예산개혁의
숨 가쁜
드라마

문희갑은 1937년 경북 달성에서 태어나 경북고와 국민대, 서울대 행정대학원을 졸업하고
미국 테네시주립대(MTSU)를 수료했다.
1966년 행정고시에 합격해 경제기획원 사무관으로 첫 공직생활을 시작한 그는 1982년
예산실장을 맡아 제로베이스 예산제도 도입, 동결예산 편성 등 예산개혁에 앞장섰다.
1985년 경제기획원 차관,1988년 청와대 경제수석비서관(당시 장관급)을
지낸 뒤 1990년 제13대 국회의원(대구 서갑), 1995년 첫 민선 시장인 제34대
대구시장에 취임해 2003년까지 연임(제35대)했다. 그는 소신이 뚜렷하고 추진력이
강한 인물로 평가받는다.

문희갑

前 대구시장
前 청와대 경제수석

물가특명, 재정적자부터 줄여라

리바이어던 가설

국가재정을 '먹어도 먹어도 배가 차지 않는 바다의 괴물' 리바이어던에 비유한 사람은 미국의 경제학자 뷰캐넌(J. M. Buchanan)이다. 정부예산이 팽창을 거듭하는 요인을 규명하고 대안을 제시한 '리바이어던 가설'(Leviathan hypothesis)이 그가 정립한 이론이다.

정부예산은 항상 팽창하는 속성을 지닌다. 세금이 적게 걷히면 빚을 내서라도 사업을 추진하기 때문에 나라 빚도 늘어나게 마련이다. 나라 빚이 많아지면 어떻게 될까. 통화팽창으로 인플레이션이 일어나고 국가신용도가 떨어져 국민경제는 어려움에 처한다.

이런 것을 사전에 막아 보려는 학자들의 연구가 갖가지 학설로 나와 있다. '리바이어던 가설'을 비롯해 독일 경제학자 바그너(A. Wagner)의 '공공경비 팽창의 법칙', 니스카넨(W. Niskanen)의 '예산극대화 가설', 피콕(Alan T. Peacock)과 와이즈만(Jack Wiseman)의 '전위효과 가설', 보몰(J. W. Baumol)의 '병리' 등이 모두 공공부문 팽창에 관한 이론들이다.

짧은 기간에 고속성장을 달성한 한국 경제의 재정운용도 이러한 팽창가설에서 예외일 수는 없다. 특히 압축성장 과정에서 정부주도의 경제개발을 추진하는 데 재정이 중요한 역할을 담당했다. 개발연대의 재정은 민생고 극복과 자립경제 구축, 나아가 그러한 성과에 바탕을 두고 새롭게 설정된 중화학공업화를 통한 경제구조 고도화와 방위력 강화라는 국가적 목표를 달성하는 데 있어 가장 충실한 기여자였다.

그러나 그 이면에는 적지 않은 부작용과 고통이 있었다. 무엇보다 세금으로 모자라는 돈을 한국은행에서 빌려다 쓰다 보니 시중에 돈이 넘쳐나 인플레이션이 고질병으로 자리 잡았다. 정부가 한국은행에서 '빌려 쓰는 것'이라고는 하지만 실상은 돈을 찍어서 쓰는 것이다.

고도성장을 우선하는 확장적 경제개발 전략은 더 이상 어렵다는 논의가 일어난 게 1970년대 말이다. 수많은 논란과 격론을 거쳐 1979년에 발표된

| 이계민 前 한국경제신문 주필(왼쪽)이 문희갑 前 청와대 경제수석(오른쪽) 인터뷰를 진행하였다.

'4·17 안정화 조치'가 전략궤도 수정의 분수령이었다. 그 후 박정희 대통령 시해사건인 10·26 사태, 국보위 발족과 제5공화국의 탄생 등 숨 가쁜 정치역정이 진행되면서 경제정책의 핵심과제가 물가안정으로 모아지고, 이를 위한 총체적 진군이 시작된다.

안정화 정책을 성공적으로 추진해 경제발전의 새로운 계기를 만든 것으로 평가받는 제5공화국은 1980년 10월 23일 5공 헌법이 만들어지고, 새 헌법에 따라 1981년 2월 25일의 대통령선거[1]에서 전두환 당시 대통령이 당선돼 그해 3월 3일 제12대 대통령에 취임함으로써 정식 출범하였다. 5공의 시작과 함께 물가안정에 최우선을 둔 정책을 강력히 시행했고, 그 성과를 바탕으로 경제의 자율과 개방의 스토리를 엮어내기 시작했다.

물론 안정화 시책은 국보위 시절부터 경제정책의 본류로 떠올랐고, 국보위에서부터 경제정책을 조언하던 김재익 박사가 5공 정부의 첫 경제수석으로 발탁되면서 안정과 자율개방정책의 개혁정책이 속도감을 더하는 과정을 거친다.

---

1 선거인단 선출에 의한 간접선거로 7년 단임제 대통령을 뽑았다.

사실 정상적 민간정부였다면 말도 많고 탈도 많은 자율과 개방을 근간으로 하는 개혁정책들이 실천에 옮겨지기는 어려웠을 텐데 군사정부라 할 수 있는 국보위 시대에 과감히 추진되었으니 어찌 보면 아이러니이다. 전두환 대통령은 기회 있을 때마다 물가안정을 강조했고, 모든 수단과 방법을 동원하는 총력전이 이뤄진다.

　안정화 시책은 전통적인 통화 및 재정 긴축으로 나타났는데 특히 정치적으로 민감한 추곡수매가 인상억제를 포함한 강력한 재정긴축이었다. 제로베이스 예산편성 원칙을 내세운 것은 물론 여당 정치권에서조차 무리수라고 비판하는데도 불구하고 동결예산을 편성하는 초강수 정책을 밀어붙였다.

　5공 정부가 물가안정을 정책의 최우선 과제로 설정하기는 했지만 정부예산에 칼을 대기란 쉬운 일은 아니다. 각 부처의 주머니를 뒤져 돈을 빼앗아가겠다는데 가만히 앉아서 당할 사람은 없을 것이기 때문이다. 사실상 각 부처 예산배정의 숫자는 통치자와 부처장관들의 파워게임의 결과였던 게 과거의 관례였으며, 어느 누구도 기존의 관행과 구조를 깨트려 보겠다고 나서는 사람은 없었다. 의지는 있으되 정치적 이해관계와 권력이라는 현실에 눌려 '탁상(卓上)의 이상론'으로만 그쳐왔던 것이 그간의 행태였다.

　5공 정부는 그러한 관행과 구조에 칼을 대기 시작했다. 제로베이스 예산제도를 도입하고, 동결예산을 편성하는 초강수로 대응했다. 통치권자의 결단이 뒷받침됐기에 가능한 일이었다.

　자기 부처가 한 해에 쓸 돈을 늘려 보려는 시도는 모든 수단과 방법이 총동원되는 초미의 관심사일 수밖에 없다. 그래서 역대 정부의 예산편성과 관련한 에피소드는 너무나 많다. 한 푼이라도 더 타내려는 각 부처의 전략과 술수는 기기묘묘했고, 여기에 넘어가지 않으려는 예산당국자들의 기지 또한 상상을 초월한 것들이 많았다고 한다.

　개발연대를 호령했던 장기영, 김학렬, 김정렴 등 기라성 같은 경제총수 예산장관 시대의 에피소드들은 지금까지도 전설처럼 내려오고 있지만 5공 정부 들어 이뤄진 1980년대의 예산개혁을 둘러싼 숨 가쁜 드라마도 그에 못지않은 긴박성을 지니고 있다.

　예산장관인 신병현 경제부총리 겸 경제기획원 장관을 필두로 김용한, 조경식, 문희갑으로 이어지는 5공 정부의 역대 예산실장을 포함한 130여 명의 예산실 간부와 직원들이 당시의 드라마를 연출한 배역들이지만 그 중에서도 문희갑 예산실장은 단연 주연으로 꼽힐 만하다.

그는 10년 가까이 복무했던 군에서 공군대위로 제대하던 해인 1966년 행정고시에 합격해 EPB 사무관으로 첫 공직생활을 시작한다. EPB 예산실의 기업예산과장을 거쳐 1978년 국방부 예산편성국장으로 승진하였고, 국방부 근무의 인연으로 국보위와 입법회의 전문위원으로 참여했다. 1982년 예산편성의 실무총책인 예산실장을 맡아 제로베이스 예산제도 도입, 동결예산 편성 등을 통해 예산개혁에 앞장섰다. 1985년 민정당 전국구 의원으로 국회에 진출했으나 의원생활 7개월 만인 1985년 7월 경제기획원 차관으로 행정부에 복귀, 1988년 12월 청와대 경제수석비서관(당시 장관급)으로 자리를 옮겨 6공 개혁정책의 선봉장 역할을 했다. 그는 1990년 4월 대구 서갑 지역의 보궐선거에서 당선돼 제13대 국회의원을 지냈다. 1995년 첫 민선시장으로 취임해 2003년까지 연임했다.

문희갑은 소신이 뚜렷하고 추진력이 강한 개혁적 인물이다. 한때 "혁명을 막기 위해서라도 가진 자들부터 솔선수범하여 개혁해야 한다"는 말을 해 한동안 구설에 오른 적이 있다. 그는 직선적 성격에 추진력이 대단해서 그의 주장은 다소 과격하게 들리는 경우가 많았다. 예산개혁에 이어 6공화국에 들어서는 대통령 공약사항인 토지공개념 입법을 각계의 반대에도 아랑곳하지 않고 밀어붙이는 뚝심을 발휘한다. 5개 신도시 건설과 주택 2백만 호 건설사업도 그의 작품에 속한다.

예산개혁의 시발은 제로베이스 예산제도의 편성이다. 학계에서는 1970년대 말부터 도입논의가 이뤄졌으나 정부정책으로 도입된 것은 1980년도 예산부터다. 그러나 정치적 혼란과 극심한 경기침체 등으로 원칙만 천명했을 뿐 실행에 옮기지는 못했다. 그러던 것이 5공의 출범과 전두환 대통령의 물가안정에 대한 집념이 구체화되면서 1982년 하반기부터 실제 예산에 적용되기 시작한다. 그 과정은 말이 쉽지 정말 EPB 예산실의 '고난(苦難)의 행군'이나 다름없었다.

이계민 1980년대 들어 경제정책 기조가 안정위주로 바뀌는 과정에서 예산개혁을 주도하셨는데, 이는 현대 한국재정사의 새 지평을 열었다 해도 과언이 아닐 것입니다. 경제안정화 시책 처방의 근원은 박정희 대통령 집권시절인 1979년 4월 17일에 이른바 '4·17 조치'[2]로 알려져 있지만 그해 10·26 사태가 터져 혼란기를 겪으면서 본격적으로 추진하지 못했던 것이 사실입니다.

본격적 재정개혁은 제5공화국 들어 실행에 옮겨지는데 재정개혁의 당위성이라든가, 제로베이스 예산제도의 도입, 또 당시로서는 상상할 수 없었던 예산동결 등 강도 높은 예산개혁이 추진됐습니다. 그 과정에서 각 부처나 이해당사자들의 반발, 특히 GNP에 연계되어 있던 국방비 감축 등에서 수많은 우여곡절을 겪은 것으로 알고 있습니다.

이러한 여러 가지 과제들을 어떻게 극복했는지 당시의 상황을 말씀해 주시고, 그다음에 노태우 대통령 시절인 6공화국 시절의 경제정책도 한번 짚어봤으면 합니다.

당시 경제기획원 차관과 대통령 경제수석비서관으로 재임하시면서 여러 가지 개혁정책들을 강도 높게 추진하신 바 있습니다. 예컨대 금융실명제 추진이라든가 주택 2백만 호 건설, 토지공개념 입법 등 정말 경제의 근간을 고쳐나가는 정책들이 추진되었는데 그 과정에 얽힌 이야기나 과정 등 오늘과 내일에 교훈이 될 만한 그런 얘기들도 들려주시면 좋겠습니다.

문희갑 제로베이스 예산 그 자체의 개념이나 추진 내용을 설명드리기에 앞서 1980년대 들어와서 재정 안정화 시책이 시작된 배경부터 먼저 말씀드리는 게 좋을 것 같습니다. 박정희 대통령이 시해된 10·26 사태가 나기 전 정치, 경제, 사회 현상을 살펴보면 정부와 여당이 농촌의 지지를 잃었어요. 왜냐하면 경제개발이 시작되면서 농촌의 통일벼라든지 신품종 개발 등으로 농민 소득을

---

2 경제 안정 기반을 구축하기 위한 제도 및 경제운용 방식 등에 관한 구조적 개선과 근원적 대책을 발표. 주요 내용은 생필품 수급 원활화 및 가격안정, 재정긴축, 중화학 투자조정, 금융운용 개선, 부동산 투기 억제, 영세민 생활안정 대책 등을 포괄한다.

굉장히 많이 향상시켰고, 또 매년 쌀과 보리 등의 수매가도 많이 인상해서 농민들한테 상당한 지지를 받았는데 그것이 한계에 부딪친 것입니다. 쌀이 너무 과잉 생산되고, 또 계속 추곡수매가를 올려 주려니까 재정이 한계에 왔고, 그래서 물가는 폭등하고, 그런 여러 상황이 악화된 것이지요.

이 위기를 해결하는 데 가장 중요한 것은 물가안정이었지요. 그때 물가가 연 20%대, 30%대로 상승했고 금리도 연 20%가 넘는 그런 상황이었습니다.

1980년의 물가폭등, 높은 금리, 이로 인한 국가경쟁력의 급격한 악화로 수출이 급감하는 등 국내외 여러 사정으로 보면 도저히 한국 경제가 더 이상 지탱할 수 없을 정도였어요. 따라서 개혁하려면 제일 먼저 해야 하는 것이 물가안정인데, 그 당시로서는 민간부문이 공공부문에 비해서 그 비중이 상대적으로 굉장히 적었기 때문에 공공부문에서 안정화 시책을 이룩하지 않으면 안 되었습니다. 특히 물가불안은 쌀이나 보리 등을 농민들에게 정부가 비싸게 수매해서 소비자들에게 싸게 파는 이중곡가제를 실시하였고, 그로 인해 재정적자가 크게 늘고, 이 적자는 한은 차입을 통해 메꿔왔기 때문에 정부부문에서 통화증발이 심했지요.

다시 말하면 정부가 제반 정책을 추진하는 데 모자라는 돈을 조달하기 위해 한국은행에서 돈을 찍어서 빌려오고, 이 돈을 시중에 풀어내다 보니 물가가 오를 수밖에 없었던 것이지요. 이것을 고쳐나가자니 재정적자를 줄이는 것이 급선무였고, 예산개혁이 필수였습니다. 그런데 재정개혁이다, 예산개혁이다, 말은 쉬운데 각 부처가 쓰던 돈을 줄여 버리고, 경우에 따라서는 돈주머니를 빼앗는 일이 얼마나 어렵고 고통스러운 작업인지는 구체적으로 설명하지 않더라도 충분히 알 수 있으리라 생각합니다.

지금까지 지내 놓고 보니 이런 안정화 시책이라는 것이 정상적 시대, 정상적 정치 상황에서는 불가능했을 것이라고 추정해 봅니다. 다시 말씀드리면 이것은 굉장히 국민에게 고통을 강요하고, 또 각계각층에게 기득권을 포기하도록 강제하는 그런 상황이기 때문입니다. 그래서 세계의 많은 나라들이 안정화 시책을 추진하려 하지만 구호에 그치거나 실패한 게 더 많지요.

우리가 물가안정 정책을 성공적으로 추진할 수 있었던 것은 통치자의 과감한 결단과 비상적 전략 추진이 뒷받침됐기에 가능했다고 봅니다. 이른바 광주

민주화운동으로 이름 붙여진 5·18 이후에 국가보위비상대책위원회(국보위)[3]가 만들어지고, 또 국회기능이 정지되고 대신 국가보위입법회의가 만들어져 법과 제도를 결정하던 시대였거든요. 그런 환경에서 시작된 안정화 정책은 그 권력기반이 이어진 5공화국 정부가 지속했기 때문에 개혁이 성공한 것입니다.

이계민 경제안정화 정책의 필요성은 박정희 대통령 시절인 1970년대 말, 좀 더 구체적으로는 1978년, 1979년부터 꾸준히 제기되어 온 문제 아닌가요?

문희갑 맞습니다. 앞에서 말씀하신 종합적인 경제안정화 조치가 1979년 4월 17일에 발표됐지요. 그러나 안정화 시책의 실질적 추진은 5공 이후라고 보아야 하겠지요. 신군부가 실권을 장악한 12·12 이후 김재익 박사가 국보위에 참여하기 시작하면서 그 당시 전체 경제상황을 조망해 보니까 이것은 일상적 정책만으로는 경제를 살리기 어렵다, 그렇게 판단한 것이지요. 그래서 5공 출범과 함께 전두환 대통령께 '물가안정에 운명을 걸어라', '만약 이것을 못 해내면 앞으로 대통령직을 수행하기 어렵다' 이렇게까지 설득했습니다. 다른 여러 가지 국정 수행과제들도 많았지만 가장 기본적으로 재정안정에 의한 물가안정을 해야만 국가경쟁력이 회복되고 우리나라 경제가 지속적으로 성장할 수 있다는 점을 굉장히 설득력 있게 설명했지요. 그래서 전두환 대통령의 물가안정에 대한 신념이 강하게 자리 잡았다고 봅니다.

물가안정, 재정안정을 해야 나라가 산다는 생각이, 그런 배경을 갖고 만들어진 것이 5공화국의 경제안정화 시책이기 때문에 그전에 그런 것을 걱정하고 안정화 정책을 추진하지 않으면 안 되겠다고 하는 일반적인 관료들의 발상이나 정책과는 차원이 다르다고 봅니다. 관료사회가 만들어낸 것이 '4·17 안정화 조치'였는데 실제 그것이 바탕이 되고, 그것으로부터 출발한 것은 사실이지만 물가안정과 재정개혁이 성공한 것은 김재익 경제수석의 역할이 컸다고 봅니다.

---

3 1980년 5월 31일, 전국 비상계엄하에서 설치되었다. 상임위원장인 전두환(당시 보안사령관 겸 중앙정보부장서리)을 중심으로 하는 신군부 강경세력으로 구성되어 있었으며 '최고군사회의'의 성격을 띠었다.

제로베이스 예산제도(ZBB) 도입

전년답습식 편성은 안 된다

이계민 물가안정을 위한 재정개혁 작업이 본격적으로 추진된 것은 5공 헌법이 1980년 10월 27일 국민투표에 의해 확정, 공포되고 그 헌법에 의해 1981년 2월 25일 전두환 대통령이 제12대 대통령으로 당선돼 그해 3월 3일 취임하면서부터라고 해도 과언은 아닐 겁니다.

특히 재정개혁의 대표적 사례가 예산편성에서 제로베이스 예산제도4를 도입한 것인데 1980년 3월말 각 부처에 시달한 '81년 예산편성지침'을 보면 총론에서 제로베이스 예산편성 방식을 적용한다고 명시돼 있었습니다. 그러나 당시에는 개념만 도입했을 뿐 실제 적용은 어려웠던 것으로 보입니다. 시행할 준비와 여건이 되지 않은 상태였기 때문이지요. 그러나 1981년 들어 전두환 대통령이 틈날 때마다 제로베이스 예산제도의 도입에 대해 직접적인 지시와 독려를 하면서 예산개혁을 숨 가쁘게 몰아갑니다.

이와 관련한 얘기부터 시작해 보지요. 예산개혁을 하는 데 가장 강력하고 실질적 효과를 거둔 것이 제로베이스 예산제도의 도입이라고 알려져 있습니다. 어떻게 해서 제로베이스 예산제도가 시작되었고 누구의 아이디어였는지 그런 것부터 말씀해 주시면 좋을 것 같습니다.

문희갑 이 제도는 1970년대 말 미국을 포함해서 선진국에 소개되고 당시 국내 학계에서도 여러 가지 논의가 있었어요. 실제로 미국은 카터 대통령이 당선되

---

4 제로베이스 예산제도(ZBB: Zero-Based Budgeting; 零點基準豫算制度): 모든 예산항목에 대한 기득권을 인정하지 않고 매년 제로(zero)에서 출발하여 과거의 실적이나 효과, 정책의 우선순위 등을 엄격히 심사하여 예산을 편성하는 방법을 말한다. ZBB는 1970년 미국 텍사스 인스트루먼트 사의 피터 파이흐(Peter A. Pyhrr)에 의해 도입되었다. 정부에서는 지미 카터 전 미국 대통령이 1970년 조지아주지사로 당선되고 나서 주정부 예산개혁에 고심하던 중 1970년 Harvard Business Review 11/12월호에 실린 파이흐의 ZBB논문을 보고 72/73 회계연도의 주정부 예산편성에 ZBB 방식을 도입했고, 1976년 미국 대통령에 당선되고 나서는 1977년 2월 각 부처에 6월말까지 ZBB 방식에 의한 1979년도 예산요구서를 제출하도록 지시함으로써 1979년 연방정부예산에 이 방식을 적용하였다(변재진·이진주, 1978.12, "영점기준예산제도", *Journal of Korean Operations Research Society*, 3(2)).

고 나서 1979년도 연방정부 예산편성에 처음 적용한 것으로 알려져 있습니다. 그 무렵 우리도 그것을 받아들여서 추진했는데 이것도 결과적으로 보면 국내 정치가 비상 상황에 놓여 있었기 때문에 각 부처의 반발과 기득권 세력의 저항을 극복할 수 있었다고 봅니다.

국내에 처음 도입된 제도여서 좀 생소하기도 했지만 예산개혁을 하는 데 그 수단으로서는 그 당시 최강의 수단이었다고 생각합니다.

정부예산이나 공공기관의 예산이라는 것은 전년답습주의로 편성하는 것이 일반적이지요. 가장 손쉬운 방법이기도 하구요. 즉 전년도의 재정집행 실적을 베이스로 해서 거기에서 10%다, 20%다 이렇게 늘려서 편성하는 것이지요. 그러다 보니 재정규모는 매년 커지기만 해요. 또 낭비요인이 있더라도 간과하기 쉽습니다. 그래서 전년도의 이 베이스라는 것을 무너뜨리지 않으면 안 되겠다, 그것을 무너뜨려야 재정을 안정시키고 재정규모를 축소시킬 수 있다, 그런 논리에 따라 기존 예산편성의 기본 베이스를 무너뜨리라는 것이 제로베이스 예산이에요.

이계민 그런데 1980년에 작성해서 국회에 제출한 '81년 예산편성지침'과 기본방향에 보면 이때 이미 제로베이스 예산제도의 도입이 명시돼 있습니다. 정부가 국회에 제출한 1981년도 예산안에 따르면 "편성의 기본방향은 전년도 답습방식을 지양하는 예산, 정부가 솔선하여 절약하는 예산, 중점과 형평을 조화시키는 예산 등의 원칙이 존중되어야 한다"고 명시되어 있습니다. 그런데 실제 제로베이스 방식의 편성을 하기 위한 흔적들은 많지 않거든요. 자료들을 보면 본격적으로 적용된 것이 1983년도 예산이고 이를 실천하기 위한 준비들이 1981년 말과 1982년 초부터 시작이 됩니다. 무슨 사정이 있었던 것인가요?

문희갑 1981년 3월에 '82년 예산편성지침'을 내려보낼 때 "이제 전년도에 비해서 '금년도에는 얼마' 하는 식은 안 된다", "전년도 얼마니까 금년에 얼마는 올려 줘야 한다", 이런 것은 이제 안 통한다, 그것은 완전히 없애고 제로에서 시작하자, 이렇게 내려보냈지만 제대로 적용은 못했지요.

| 제12대 대통령 선거

1981년 2월 25일 대통령 선거인단의 간접선거로 치러진 제12대 대통령 선거에서는 전두환 후보가 유효투표수의
90.2%를 획득해 압도적 표차로 대통령에 당선되었다. 사진은 대통령 선거인단이 투표하는 투표소의 모습이다.

사실 제로베이스 예산편성이라는 게 말처럼 쉬운 게 아니거든요. 전체 예산사업을 놓고, 단위사업별로 타당성을 다시 검토하고, 그 사업의 대안을 제시하면서 투자 우선순위를 재조정하는 그런 단계를 거쳐야 합니다. 많은 시간이 필요하겠지요. 뿐만 아니라 국방비와 같은 예산은 객관적 판단이 애매하고, 예산편성에서 경제적 타당성뿐만 아니라 정치적 판단도 고려해야 하기 때문에 결코 쉬운 일이 아닙니다.

더구나 그동안 편성해오던 예산을 부정한다는 것은 어찌 보면 기득권을 빼앗는 것인데 얼마나 어려운 일이겠습니까. 나중에 얘기하겠지만 그런 과정에서 오해도 많이 받고 고초도 많이 겪었습니다.

여기서 잠시 당시의 정치경제 상황을 간단히 살펴보는 것이 1982년 예산편성을 이해하는 데 도움이 될 것 같다.

1982년도 예산은 5공 정부의 첫 번째 예산이다. 물론 전두환 국보위 상임위원장이 1980년 9월 기존 헌법(통일주체국민회의)에 의해 대통령에 선출돼

제 11대 대통령에 취임했지만 1980년 말에 확정된 5공 헌법에 의한 제 12대 대통령으로 출범한 것은 1981년 3월이었다. 제 5공화국의 출범 화두는 복지 국가의 건설이었다. 그러면서도 물가안정을 위한 재정긴축이라는 상충된 목표를 내세웠다. 이러한 양면성을 조화시킨 것이 5공 정부가 처음으로 내민 1982년도 예산안이다. 1981년 9월 19일 발표된 정부예산안은 일반회계 규모가 전년 대비 22.2%가 늘어난 9조 5,956억 원으로 편성했다. 당시로서는 무척 긴축한 예산이었다. 당시 정부의 설명을 종합해 보면 일반회계 예산증가율 22.2%는 경상경제 성장률 23.1%에도 미달하는 것이고, 그 이전 5년 동안(1977~1981)의 연평균 일반회계 예산증가율 31.0%에 훨씬 못 미치는 수준이란 것이다.

당시 1982년도 예산안에 대한 전문가(이필우 건국대 교수)의 논평을 보면 "전년도 답습의 테두리를 벗어나지 못하고 있으며 따라서 제로베이스 예산제도의 시각 도입이 아쉽다"고 되어 있다.[5] 제로베이스의 도입 지침이 거의 지켜지지 않았다고 평가받은 것이다

그런데 그렇게 어쩔 수 없어 보였던 제로베이스 예산편성에 대한 정부의 의지는 결코 약화되지 않았음을 보여주는 사건이 발생하고, 이후 제로베이스 예산편성은 본격적 추진에 돌입한다. 예산개혁의 본격적 시동이 걸리기 시작한 것이다.

이계민 제로베이스가 제대로 적용이 안 된 것 같다고 여쭤보는 것은 1981년 11월에 전두환 대통령의 강력한 지시사항이 다시 내려갑니다. 제로베이스를 적용해 예산편성과 집행의 효율성을 기하고 재정적자를 최대한 축소하라는 것입니다. 말하자면 잘 이행되지 않으니까 대통령이 직접 나서서 내각에 채근한 것이 아닌가 하는 생각에서입니다.

전두환 대통령 지시사항에 관한 당시의 신문보도 내용을 요약하면 이렇다.

---

5 〈한국경제신문〉, 1981. 9. 20, 3면.

"전두환 대통령은 18일 상오 10시 청와대 영빈관에서 월례 국무회의를 주재하는 자리에서 예산집행의 효율과 절약을 극대화하여 재정적자를 최대한 축소함으로써 모든 국가기관의 경영을 합리화하도록 지시했다. 전 대통령은 이날 국가기관의 경영 합리화를 위한 몇 가지 예를 들면서 각 기관의 재물조사를 철저히 하고 불량품을 폐기하여 능률향상을 기함으로써 예산낭비를 방지토록하고, 83년도 예산안은 과거의 집행실적을 고려하지 말고 투자효과를 분석해 우선순위에 따라 제로에서 출발하여 편성토록 노력할 것 등을 강조했다. 전 대통령은 특히 정부의 기구축소 작업이 완료되었으므로 모든 공무원은 단기간 내에 가장 능률적이며 성실한 복무 자세를 정립하고 심기일전하여 새로운 행정풍토 조성에 노력해 달라고 당부했다."[6]

이 보도내용에서 전 대통령의 지시사항은 두 가지다. 하나는 제로베이스 정신에 입각해 예산집행의 효율화와 절약을 강조한 것이고, 다른 하나는 1983년도 예산의 제로베이스 편성을 강조한 것이다.

여기서 국회심의가 끝난 1982년도 예산에 대한 절감계획을 세우는 실행예산 편성이 위헌논란까지 이어지는 상황에 직면했다. 다른 한편으로는 1983년도 예산에 대한 제로베이스 편성에 대한 준비작업이 본격화되는 계기가 된다.

물론 이러한 지시사항은 청와대와 예산실의 각본에 의해 나온 것이지만 대통령의 불호령에 예산실과 각 부처는 후속조치 마련에 분주한 연말을 보낼 수밖에 없었다.

문희갑 추진이 안 된 것은 아니었지만 좀더 강력하게 추진할 필요가 있었습니다. 그 일환으로 예산실장을 교체하고 내가 실장으로 부임하게 됐습니다. 물론 대통령께서 강하게 말씀하신 것 자체가 새로 짜여진 예산실 진용이 건의해서 그런 당부 말씀을 하신 것입니다. 각 부처가 예산당국의 말을 잘 안 들으려 하니까요.

결론부터 얘기하자면 대통령께서 그때 강력히 지시하고, 또 예산당국이 과감하게 추진한 결과 1983년도 예산과 동결예산인 1984년도 예산편성 때는 제

6 〈한국경제신문〉, 1981.11.19, 1면, 머리기사.

로베이스가 성공할 수 있었습니다. 그 이전까지는 제로베이스 예산을 시행하는 데 상당히 말이 많았고, 시행착오도 있었을 뿐 아니라 일부는 추진이 안되는 것도 있었죠. 일부 안 되는 것은 권력기관 예산이라든지 국방비라든지 이런 것들인데, 그러나 제로베이스 예산편성이라는 것이 하루아침에 이뤄질 수 없는 것이란 점을 감안하면 엄청난 일을 해낸 것이지요. 1980년에 들어와서 제로베이스 예산제도를 검토하고, 1981년도에 예산편성지침이 나가서 1982년도 예산과 1983년도 예산편성에 적용하고, 1984년 예산을 동결했다는 것은 엄청난 성공이지요. 짧은 기간에 그 어려운 제로베이스 편성기준을 적용했다는 것은 정말 자랑할 만한 성과임에 틀림없습니다.

국회가 통과시킨 예산, 정부가 삭감 나서는 진풍경

이계민 여러 자료들을 종합해 보면 그런 예산개혁 과정에서 1981년 11월에 또 하나의 사건이 발생합니다. 통상 매년 11월이면 국회에서 이미 다음해의 예산안 심의를 거의 끝내가는 상황이 됩니다. 예산안 국회통과 시한이 12월 2일이니까요. 그런데 1981년에 국회에서 심의를 거의 마친 새해(1982년) 예산안을 제로베이스 방식에 의해 다시 편성하라는 대통령 지시가 떨어졌다고 하는데 무슨 얘기인가요?[7] 국무회의 석상에서 전두환 대통령이 '다시 검토하라' 이렇게 해서 이른바 국회에서 통과된 예산을 또 조정하는 그런 과정이 있었다고 하는데. 그 과정을 좀 얘기해 주시죠.

문희갑 그때 위헌 이야기도 나오고 "국회에서 통과된 예산을 행정부에서 마음대로 조정할 수 있느냐?" 하는 항의도 대단했습니다. 그러나 그때 우리들의 생각은 국회에서 통과된 정부예산안을 고치자는 그런 차원이 아니라 예산집행 과정에서 한 푼이라도 더 줄여 보자는 것이었지요. 국회에서 통과된 예산안이라 하더라도 예산편성의 원칙이나 내용을 크게 손상하지 않고 법률이 허용하

---

7 재경회·예우회 엮음, 조세연구원 기획, 2011.12, 《한국의 재정 60년: 건전재정의 길》, 매일경제신문사, 145쪽.

는 범위 내에서 행정부가 실행예산을 편성해 절약해 보자는 것이었습니다. 물론 실행예산이 국회에서 통과된 원안 예산에 얼마나 부합되게 만들었느냐, 집행했느냐 하는 것은 논란의 여지가 있을 수 있지만 그럴 만한 사안은 아니었다고 봅니다. 만약에 그것이 국회에서 통과된 원안 예산에서 벗어나는 행정부의 권한 남용이라고 했다면 시끄러워졌겠지요. 그럴 수도 없고요.

이계민 실행예산을 편성하겠다는 것이었나요.

문희갑 국회에서 통과시킨 예산을 초과하는 어떤 예산 증액이라든지 또 삭감이라든지 이런 것은 문제가 되지만 국회에서 통과시킨 예산을 가지고 실행예산을 만들면서 낭비의 소지가 있는 것이나 우선순위가 낮은 것은 뒤로 물리고 우선순위가 높은 것을 먼저 집행한다든지 하는 등의 효율적 집행을 위한 조정은 얼마든지 할 수 있습니다.

이계민 그래도 말은 많았던 모양이에요. 쓸 돈을 줄이겠다니까 각 부처가 조용할 리가 없었겠지요. 그때 실행예산 편성하면서 약 2천억 원 정도를 줄였다는 자료들이 있는데요.

사상 첫 경정예산안 (예산감축) 의결

문희갑 많이 줄였지요. 결론부터 얘기하면 당초 국회가 통과(1981. 12. 2)시킨 1982년도 예산은 9조 5,781억 원이었지만, 연초부터 예산절감 작업과 불요불급 경비 축소, 투자 우선순위 재조정 등을 통해 그해 예산집행을 2천억 원 이상 대폭 줄였습니다. 그렇게 해서 그해(1982년) 11월 1일 국회에서 당초 국회가 승인한 예산보다 2,644억 원을 감축한 추가경정 예산안을 통과시켰습니다. 우리 재정사상 처음으로 추가예산이 아닌 경정예산을 국회가 통과시킨 것이지요. 그만큼 예산지출을 절약했다는 얘기입니다. 그래서 당초 7,800억 원 정도의 세입결함이 생겨 국채발행으로 메워야 할 것으로 예상했지만 그 규모가 줄어 3,500억 원 정도의 국채발행으로 대처할 수 있었습니다. 물론 이러한 경정예산의 편성은 물가안정과 경기침체로 세수 결함이 많이 예상됐기 때문이기도 했지만 그보다는 예산개혁의 효과도 컸다고 봅니다.

이계민 당시 언론에 보도된 자료들을 종합해 보면 1981년 11월의 국무회의 지시사항은 크게 두 가지로 나뉘는데 하나는 83년도 예산안에 대한 제로베이스 편성을 강력히 주문한 것이고, 다른 하나는 앞서 얘기한 실행예산 문제입니다. 당시 실행예산 편성의 빌미는 정부가 10월 중순에 확정 발표한 정부조직 개편을 반영하라는 것(조직이 줄어든 만큼 그에 맞는 예산소요를 다시 검토하라는 것)이 아니었나 추정해 봅니다.

당시 정부는 10월 15일에 간소하고 능률적이며 국민 부담을 줄이기 위한 행정개혁으로 정부의 행정개혁위원회, 국무총리 기획조정실, 국가안전보장회의 사무국, 경제과학심의회의 상임위원과 사무국을 폐지하고 장관급 2명, 차관급 6명을 포함 무려 531개의 서기관급 이상 고위직을 감축하는 정부조직 개편안을 발표했다고 돼 있습니다.

문희갑 물론 그런 측면도 없지 않았습니다. 그러나 그보다는 예산개혁에 대한 의지를 다시 강조한 것이지요. 그래서 1982년도 예산안의 실행예산도 준비한 것이고요. 다시 말해 제로베이스 제도 도입을 빨리 준비하라고 다그친 것입니다. 사실 이때까지는 제로베이스라는 말만 무성했지 실제 무엇을 어떻게 할지에 대한 준비는 없었거든요. 물론 이런 대통령 지시사항은 예산개혁 실무진의 요청에 의해 이뤄졌음은 두말할 필요가 없지만 어쨌든 이때부터 본격적인 준비에 들어간 것이라고 보면 됩니다.

이계민 구체적으로 어떤 조치들이 뒤따랐나요?

문희갑 우선 제로베이스 예산제도 도입을 위해서는 앞에서 간단히 언급했지만 모든 예산사업을 단위사업별로 분류하고, 다음에 이들 단위사업들의 사업 효과를 분석하고 그 대안들을 제시하면서, 그러한 효과분석을 통해 전체예산의 우선순위를 재조정하는 그러한 3단계를 꼭 거쳐야 합니다.

그런 작업이 시작된 것이지요. 1981년 연말에 정부는 예산개혁 작업 일정과 추진방안을 발표했는데 "내년(1982년) 6월말까지 국무총리를 위원장으로 하는 예산개혁추진중앙위원회를 설치, 운영하고, 그 아래에 예산실장을 위원장으로 하는 예산개혁심의회를 설치한다"고 돼 있습니다. 당시에 예산개혁심의회는 예산실장과 3명의 심의관, 그리고 12명의 과장 등 총 16명으로 구성했습니다. 또 그 밑에 11개 현장점검반을 편성해 운용키로 한 것입니다. 여기에 각 부처 실무자 114명을 투입했습니다. 제로베이스 도입을 위해서는 기존 사업의 타당성 및 대안 검토를 철저히 해야 하기 때문에 약 100여 개의 주요 사업들을 대상으로 현장점검을 실시한 것이지요.

한마디로 주요 사업에 대해 특별감사반을 편성한 것입니다. 이 같은 작업은 1982년 1/4 분기 중에 집중적으로 추진돼 1982년도 3월말에 각 부처에 시달하는 '83년 예산편성지침'에 그 결과를 반영하고 각 부처의 예산요구액을 심의하는 데에도 활용한 것입니다.

다시 말하면 1983년 예산안에서 제로베이스 예산제도가 예산요구 단계에서부터 편성과정에 이르기까지 일관되게 적용된 것입니다. 이러한 과정은 말이 쉽지 정말 어려웠습니다. 사업을 담당하는 부처의 반발은 물론이고, 심지어 감사원은 EPB가 월권행위를 한다고 난리였지요. 예컨대 예산개혁을 위해 당시에 한전 등 정부투자기관에 대한 업무감사를 예산실에서 직접 집행하라는 대통령의 지시가 있었습니다. 이 업무는 감사원의 소관사항인데도 예산실이 업무감사에 착수하자 감사원에서 예산실 관계자들의 비리를 조사하고, 예산실 직원들의 야근 내용까지 추적하면서 압박하기도 했습니다.

이계민 앞서 잠시 언급했지만 예산개혁에 대한 작업, 즉 제로베이스 예산편성을 위한 작업들이 처음부터 순조롭게 진행된 것은 아니었던 것 같아요. 예컨대 1982년 3월 19일에 EPB에서 열린 월간 경제동향보고 회의석상에서 전두환 대통령이 예산개혁에 대한 각 부처의 협조를 당부하는 특별지시를 또 내립니다. 전두환 대통령은 이날 "EPB에서 현재 추진중인 국가 예산개혁 작업이 소기의 성과를 거두기 위해서는 각 부처가 국가적 차원에서 적극 협조해야 한다"고 말하고, "금년은 물가안정 추세에 따라 세수 결함이 예상되므로 불요불급한 경상경비를 최대한 절감하고, 사업도 우선순위에 따라 급하지 않은 것은 다음으로 넘겨 재정적자가 생기지 않도록 최대한 노력하라"고 당부했다는 보도들이 있었습니다.

이러한 지시사항은 기사의 맥락이나 분위기로 보면 부처 간 협조가 잘 안되니까 예산당국에 힘을 실어 주기 위해 작심하고 강력한 지시를 내렸다는 것으로 이해할 수밖에 없을 것 같습니다. 그렇지 않는가요?

문희갑 그랬을 겁니다. 돈주머니를 빼앗아 열어 보겠다는데 순순히 내줄 정부부처나 기관은 없었겠지요.

1981년 말과 1982년 초반은 예산실로서는 사상초유의 바쁜 날들을 보냈다. 실행예산 편성에 제로베이스 편성을 위한 준비작업에 눈코 뜰 새가 없었다. 날이면 날마다 철야근무에 시달려야 했다. 오죽했으면 정부종합청사 맞은편에 있었던 EPB·재무부 청사에 야간식당을 운영토록 했을까. 그뿐인가. 분야별 담당관들은 오랜 친분을 쌓았던 부처 담당자들에게 안면을 몰수할 수밖에 없는 현실에 인간적 어려움을 느끼지 않을 수 없었다.

1982년 들어 예산실 직원 130여 명은 사명감과 성취감만을 대가로 세출검증의 강행군을 시작했다. 예산정책과장 강봉균은 미국으로 날아가 제로베이스 예산에 관한 저서나 문헌이란 문헌은 모조리 수집했다. 예산실 담당관들은 일제히 지방으로 내려갔다.

"정말 국민의 혈세는 제대로 쓰이고 있는가. 매년 계속사업, 신규사업이다 해서 밀고 들어오는 계획들은 정말 타당성이 있는가?"

이런 것들이 주요 점검사항이었다.

1982년 4월까지 약 100일 동안 세출예산을 추적했던 예산실은 과장급 이상 16인 멤버로 '예산개혁심의회'를 구성하고 거대한 정치적 압력과 관행에 대해 공동전선을 형성하면서 칼질을 시작한다. 칼질의 기준도 하나씩 만들어갔다. 이에 관한 〈경향신문〉의 기획기사[8]는 당시 상황을 실감나게 보도했다.

●
8 "'신 엘리트론' 예산개혁의 악역 (상)", 〈경향신문〉, 1983. 1. 5, 3면.

이제부터 세출예산을 잘라내자. 각 부처의 장관실로부터 혹은 국회 쪽으로부터 빗발치는 항의와 견딜 수 없는 압력이 있을 것이다. 그러나 우리는 이것을 해내야 한다. 쓰고 남을 것 같은 예산은 모조리 뒤져내자. 그래야 새해예산은 새로운 출발점에서 시작될 수 있다.

그들은 규칙을 만들어내고 자기소관이 아닌 예산분야라도 서로가 협의하고 검증하며 확인하기로 했다. 이런 과정에서 권한은 하부로 이양되고 협의체의 기능은 활성화되었다.

"국제회의 경비는 양국 간 공식협의가 된 것만 인정한다. 장관의 해외여행의 경우 그의 수행원은 몇 명이라고 정형화한다."

무자비할 정도로 실행예산에 맞춰 칼질을 시작했다. 집중포화가 각 부처로부터 일어나기 시작했다.

"국가역점 사업도 깎을 셈인가?"

"예외는 없다. 우리는 새로운 검증작업을 통해 예산의 기틀을 잡아야 한다. 올해 500억 원을 배정했으니 내년에는 20% 늘려 600억 원 하는 식으로 가다가는 재정이 파탄난다."

"너희들만 애국자냐? 이미 국회에서 통과된 예산에 손질하는 것은 월권행위이다."

부처들의 반발과 예산실의 하소연 공방은 그칠 줄 몰랐다. 이어지는 기사 내용을 훑어보자.

그해 4월 예산실장(직무대리)이 된 문희갑은 단호하게 이른바 성역지대에 '기준'을 설치하기 시작하면서 집중포화를 맞게 된다. 각 부처나 기관의 지출담당관 중 어떤 사람도 장관이나 기관장의 비용지출을 깎을 수 없다는 불문율을 타파하지 않는 한 '팽창예산', '예산낭비'의 만성적 병리는 시정될 수 없다는 게 그의 생각이었다. 어떤 장관은 사뭇 감정적으로 격해져 책상을 치면서 이런 험담도 불사했다고 한다.

"당신이 뭘 안다고 마구잡이로 잘라내. 하룻강아지 범 무서운 줄 모르고…"

그러나 그는 굴하지 않고 집요하게 낭비를 추적하고 비공개가 불문율처럼 되어온 예산의 성역지대를 공개시키는 데 성공했다. 그는 과감히 국방비에도 절약의 원칙을 적용했다.

"수돗물도 아껴 쓰고 장비관리도 잘하면 국방비도 줄일 수 있는 부분이 있다"
관계부처 책임자들을 설득하고 문제해결이 어려울 때는 지원요청을 했다.
그런 고비마다 대통령은 그의 구원자가 되었다.

1982년 한 해 동안 문희갑과 그 브레인들은 자신들의 역할을 스스로 악역으로 배역해 놓고 고독한 싸움을 했다. 어떤 장관은 잘려나간 예산에 한이 맺혀 예산실장이 인사해도 고개를 돌려 버렸을 정도였다고 한다. 몇 개의 사안들이 예산배정에서 정치적 예외 대우를 받았다 해서 모략과 비난도 없지 않았다고 한다. 하기야 사람이 하는 일에 그만한 예외야 없을 수는 없는 일. 계속 이어지는 문희갑의 증언은 깊이를 더해간다.

'예산실장'에 투입되다

이계민 예산실장으로 부임하신 게 1982년 5월이지요. 그때가 1983년도 예산안의 본격적 편성에 착수하기 시작할 즈음입니다. 제가 이걸 여쭤보는 이유는 그동안 '예산개혁이 필요하다', '제로베이스 방식 도입이 절실하다' 등 여러 가지 얘기들이 많았고, 실제로 액션도 취했지만 각 부처의 반발도 많고 했기 때문에 순조롭게 진행되지는 못했던 게 아닌가 싶습니다. 그래서 추진력이 강한 문 시장님을 예산실장으로 투입했던 것 아닌가요?

문희갑 예산작업을 하는데 제로베이스를 적용하다 보니까 그전에 얼마를 썼든, 어떤 연유로 편성이 돼 있었든 그것은 참고할 필요가 없고, 지금부터 새로 필요한 예산을 새로 산정하는 절차를 밟았으니 각 부처에서는 무척 피곤했겠지요. 더구나 예산편성 전에 거의 100일 이상 주요 사업들에 대해 모두 파헤쳐 조사했으니 잘못된 부분이 드러나기도 하고.
'새로 이게 왜 필요하냐?', '또 얼마가 필요하냐?' 등 이런 것을 제로상태, 즉 완전히 없는 상태에서 새로 검토하니까 권력 있는 부처는 물론이고, 과거 오랜 기간 예산을 많이 확보해 놓았던 부처가 소용이 없어지는 것이에요. 새로 다 설명을 하려니 제대로 설명이 안 되고 예산이 깎일 처지에 놓이니까 힘이 센 감사원이나 안기부나 국방부나 검찰이나 경찰이나 이런 데에서는 비상식적 방법을 동원해서라도 자기들 예산을 확보하려는 노력을 굉장히 많이 했습니다. 이런 관행은 지금도 크게 달라지지 않았다고 봅니다.

때문에 이런저런 압력을 이겨낼 수 있는 사람을 찾다 보니까 내가 예산실장에 임명된 것 같아요. 국방부에서 예산편성국장을 한 전력(前歷)도 감안된 것으로 압니다. 닉슨 독트린9에 의해서 주한 미군을 철군한다고 하니까 박정희 대통령이 1978년 12월에 방위세를 만들고 율곡사업을 만들어서 전력증강(戰力增强) 사업을 벌이게 됩니다. 그때 국방부의 국장이 소장급인데 사단장 마치고 육군 본부 와서 참모부장 마치고 국장으로 오는 것이기 때문에 그 권위가 대단했어요. 문제는 그런 군인들이 예산에 대해서 깊은 지식도 없고 또 보직 관리 때문에 1년 내지 1년 반 이상 한자리에 있을 수가 없어요. 그래서 박정희 대통령 특명에 의해서 EPB에서 예산 전문가를 보내서 예산편성국을 만들어서 관리하도록 한 것인데 그때 내가 가게 됐지요.

그 당시 국방예산이 전체 예산의 3분의 1이니까 정말 중요한 자리였습니다. 그래서 1978년에 가서 1981년 6월에 EPB로 돌아왔는데(1980년 5월부터는 국보위 파견) 특히 1978~1979년 동안에 유명해졌어요. 군인들과 예산배분 문제를 둘러싸고 하도 싸워서 그런 겁니다. 그런 소문도 있었고 해서 윗선에서 제가 권력기관의 압력을 이겨낼 수 있고, 예산개혁 일을 해낼 수 있겠다고 판단한 것 같아요. 그때 내가 예산실장을 할 순서가 안 되었는데 가게 됐지요(당시는 예산실장 직무대리로 발령). 그때 경제개발 예산심의관이니

---

9 1969년 미국 대통령 R. M. 닉슨이 밝힌 아시아에 대한 외교정책으로 괌 독트린(Guam Doctrine)이라고도 한다. 닉슨은 1969년 7월 25일 괌에서 그의 새로운 대아시아 정책인 닉슨 독트린을 발표하고, 1970년 2월 국회에 보낸 외교교서를 통하여 닉슨 독트린을 세계에 선포했다. 그 내용은 다음과 같다.
① 미국은 앞으로 베트남전쟁과 같은 군사적 개입을 피한다.
② 미국은 아시아 제국(諸國)과의 조약상 약속을 지키지만, 강대국의 핵에 의한 위협의 경우를 제외하고는 내란이나 침략에 대하여 아시아 각국이 스스로 협력하여 그에 대처해야 할 것이다.
③ 미국은 '태평양 국가'로서 그 지역에서 중요한 역할을 계속하지만 직접적·군사적 또는 정치적 과잉 개입은 하지 않으며 자조(自助)의 의사를 가진 아시아 제국의 자주적 행동을 측면 지원한다.
④ 아시아 제국에 대한 원조는 경제중심으로 바꾸며 다수국 간 방식을 강화하여 미국의 과중한 부담을 피한다.
⑤ 아시아 제국이 장래 5~10년 안에는 상호안전 보장을 위한 군사기구를 만들기를 기대한다.

까, 심의관에서 바로 올라갈 수는 있지만 나보다 오래된 고참 선배들이 많았죠. 전격적으로 발탁된 것은 그런 힘 있는 부서 등에서 기득권을 고수하려는 것을 어떻게 뚫고 나갈 것이냐를 두고 판단한 끝에 위에서 그런 결정을 내렸다고 들었습니다.

이계민 얘기 나온 김에 궁금한 것 한 가지 추가로 여쭤보겠습니다. 문 시장께서는 5공 시절 전두환 대통령이 특별히 신임하는 관료로 꼽힐 뿐만 아니라 6공의 노태우 대통령과도 가까웠던 것으로 알고 있습니다. 특별한 인연이 있었습니까?

문희갑 국방부의 예산편성국장을 할 때 전두환 대통령이 1 사단장을 했습니다. 또 노태우 대통령은 9 사단장을 맡고 있었는데, 그때 이분들이 EPB에서 민간인 관리가 와서 예산을 편성하고, 율곡사업을 뒷받침하는 예산을 주무른다는 것을 들었지요.

물론 민간인 관료이기는 하지만 박정희 대통령한테 스카우트되어 왔다는 사실도 알았고, 실제 업무추진 과정도 지켜보았을 것 아닙니까. 그래서 그때에도 알고는 있었지요. 그런데 그다음에는 국보위에 있으면서 더욱 잘 알게 됐습니다. 내가 EPB에 근무하다가 국보위에 차출됐으면 경과위원회나 재무위원회, 아니면 다른 경제관계 위원회에 갔을 텐데 국방부 재직중에 파견된 것이어서 운영분과에 갔습니다. 운영분과위원장은 이기백 장군이었고 운영분과는 국보위에서 각 분과위원회에서 연구 검토한 것을 전부 종합해서 상임위원장에게 수시로 보고하는데, 그때 전두환 대통령이 국보위 상임위원장으로 보안사령관, 안기부장, 계엄사령관 3가지를 겸직하면서 삼청동 보안사령관실에서 보고를 받았습니다. 그런데 각 분과의 안건을 보고하다 보니까 자주 만나게 됐습니다. 전 대통령은 그때부터 아주 잘 알게 됐지요.

그런데 더 중요한 것은 결정적으로 김재익 수석이 재정개혁을 하려고 적임자를 찾기 위해 사람들을 수배하고, 여러 사람들을 다 만나보고 그랬는데 좀 무식하게 밀어붙일 그런 사람이 없었다고 그래요. 좀 과장되게 이야기하면 목숨을 걸고, 자리를 걸고 할 수 있는 사람을 찾기가 힘들었던 모양이에요.

실제로 김 수석은 나중에 그런 내막에 대해 여러 차례 이야기해 줬어요. 그런데 그때 그런 개혁작업 등에 대해 오히려 김재익 수석보다 내가 더 강했거든요. 재정안정에 대해서도 마찬가지였습니다. 김 수석도 그런 기질에 놀라서 의기투합하게 됐고, 전두환 대통령한테 아주 좋게 이야기했다고 해요.

"이 사람 아니면 안 되겠다"고까지 천거해서, 그래서 전격적으로 예산실장에 발탁된 것이라는 얘기를 추후에 들었습니다.

이계민 무슨 일이건 개혁할 때 취지를 이해하고 후원해 주는 유력그룹이 있다는 것은 매우 중요한 성공요인이지요. 특히 정부부처를 상대로 하는 재정개혁을 이루는 데 그런 최고통치자의 절대적 신임은 필수요소라고 봅니다. 그럼에도 불구하고 애로가 많았다면서요?

온 동네 힘 있는 부처는 부처대로 숨어 있는 예산도 있고, 판공비도 있고, 또 실제로 여러 가지 필요한 예산도 있고, 그랬을 텐데 그것을 밝혀내 잘라내려고 하니까 온 힘을 다해 반발했다고 하던데요.

문희갑 그렇습니다. 전두환 대통령의 의지가 아무리 강하고, 김재익 수석이 아무리 정교하게 안정화 시책을, 또 재정의 합리적 운영, 예산편성 방식이나 설계를 만들었다고 하더라도 이것을 실제 실천해내지 못하면 아무 소용이 없는 것이지요. 그래서 당시 예산실장은 고양이 목에 방울 다는 것과 똑같았습니다. 그 당시 예산실 직원들은 속된 표현으로 하면 죽기 아니면 살기로 덤벼들었고, 또 배짱과 소신으로 권력기관들의 말로 표현할 수 없는 그런 압력을 이겨냈습니다. 거기에다 전 대통령과 김재익 수석이 전적으로 지원해 주었기 때문에 가능했다고 봅니다.

감사원은 우리 예산실 직원들을 미행하고, 야근비 쓴 것을 특별 조사하고 그랬어요. 잘못을 캐내려고요. 이럴 때 전 대통령이 감사원장을 불러서 호통치고 해서 예산개혁이 지속될 수 있었지요. 그때 국방부 군인들은 전두환 대통령이 챙겨 주었습니다. 그런 에피소드가 무척 많습니다.

이계민 그게 어느 때 얘기인가요?

문희갑 1982년, 1983년 그때쯤입니다. 딱 한 차례가 아니라 예산개혁 작업이 지속되는 동안 그런 시도와 압력은 끊임없이 일어났지요. 가장 심했던 게 1982년 초의 제로베이스 예산편성 작업이 본격화되면서부터라고 기억합니다.

집단심의 방식 도입으로 '압력' 회피: "나도 어쩔 수 없다" 발뺌

이계민 1982년에 1983년도 예산편성에서 제로베이스를 적용하고, 또 84년도 동결예산을 편성하면서 일어난 일들이네요.

부처의 압력을 회피하는 방법으로 예산사정(豫算査定) 방식을 바꿨다면서요? 종전에는 담당관별로 예산심의를 해서 결정하던 것을 예산실 과장급 이상 실무자들로 구성된 예산심의회를 만들어서 여기에서 각 부처 예산을 종합적으로 판단해서 결정했다고 들었습니다. 그러니까 특정 예산을 깎더라도 누구 한 사람이 깎았다고 하는 소리 안 듣고 '예산실에서 심의회를 구성해서 아예 거기서 다 자르고 공동으로 결정했다' 이렇게 하면 청탁과 압력을 배제하는 구실도 충분했다고 들었습니다.

문희갑 명칭은 정확한지 모르겠습니다만 아마 예산심의회가 맞을 겁니다. 1982년에 제로베이스를 적용해 1983년도 예산안을 편성할 때 만들어 활용한 것으로 기억합니다. 예산실장을 포함해 국장과 과장급 이상으로 구성됐습니다.

기본적으로 종래의 방식대로 하면 기관장 경비나 활동비 같은 것들이 제각각이어서 형평을 유지하기 힘들었어요. 예컨대 힘 있는 부처는 더 많이 확보할 수 있었던 것이 사실입니다. 그런 부처별 차이를 없애고 객관적 기준을 만들어 종합적으로 판단해 보자는 것이 예산심의회를 만든 가장 큰 이유였습니다. 더구니 예신실에는 부처 담당사가 다 정해져 있는데 그 부처 예산실 담당자와 부처 실무자들 간에는 밀접한 관계가 맺어질 수밖에 없었습니다. 늘 같이 밥도 먹고, 설명도 듣고 하다 보니까 그럴 수밖에 없지요. 당연히 예산심의 때 개인적으로 예산을 삭감하고 싶어도 평소의 그런 밀착관계 때문에 줄이지 못하는 경우가 많았어요. 그런 것도 회피할 수 있어서 좋은 제도라고 생각했습니다.

그렇게 공동으로 결정하다 보니까 예산실의 부처 담당관들도 소관부처에서 빠져나갈 구멍이 생긴 것입니다.

"나는 아무리 봐주려고 해도 어쩔 수 없었다."

"심의회에서 이렇게 결정됐으니까 나는 도저히 방법이 없다."

이렇게 발뺌할 수도 있었지요. 심의회를 만든 것이 굉장히 효과적이었어요. 이렇게 하다 보니까 부처 간의 예산배정 불균형이 줄어들 뿐만 아니라 각 부처 예산 내부에 내재되었던 기관장 활동비와 같은 이른바 성역경비나 해외여비, 특별판공비와 같은 경비들을 많이 삭감하거나 최소한 근거 없는 증액은 거의 불가능하게 됐지요.

다만 예산을 심의하는 데 종전보다 훨씬 많은 시간이 필요했고, 그래서 밤 늦게까지 철야작업을 하는 경우가 많았어요. 스스로 밤을 새워 심의회를 해서 결론을 내니까 예산실장도 벗어날 구실이 충분히 생겼습니다.

예산 로비가 들어오면 '좀 생각해 주려고 해도 심의회 실무자들이 안 된다는데 어떻게 하느냐'고 발뺌했지요. 그래서 사실은 실무 예산심의회라는 것이 예산개혁 작업하는 데 제로베이스 예산제도 못지않게 중요한 역할을 했다고 볼 수 있습니다. 지금도 이 제도는 유지되고 있지요.

정부가 제로베이스 원칙을 처음으로 적용해 편성한 1983년도 정부예산안의 내용을 들여다보면 그 이전에 비해 고심한 흔적이 뚜렷하게 나타난다는 평가가 대부분이었다.

일간지에 소개된 사설들은 "정부가 국회에 제출한 1983년도 예산안은 전년 대비 9.8%가 증가한 총규모 10조 5,170억 원으로 편성되었고, 사상최초로 5,500억 원의 국채발행을 계상한 적자예산이었다. 그러나 사상 처음으로 세출규모가 한 자릿수 증가에 그치는 긴축예산을 편성했다고 평가할 만하다"고 논평했다.

또 "정부가 새해 예산에서 전년도 예산을 답습한 방식을 탈피해 제로베이스 방식에 따라 행정경비 가운데 절감대상 비목에 대해서는 금년 대비 15~30%씩 줄이고, 보조금, 기금, 출연금을 축소하거나 증가폭을 억제하는 한편, 사업비는 투자 우선순위를 재정비하여 사업별로 엄격한 심사를 거침으로써 예산낭비를 막으려고 한 노력은 평가할 만하다"고 논평했다.

대통령이 약속한 사업도 '삭둑'

이계민 그간의 자료를 검토해 본 바로는 1982년, 1983년, 1984년에 이뤄 놓은 제도개혁들이 지금까지 그대로 다 적용되고 있다는 결론을 얻었습니다. 그만큼 개혁과제들이 강도 높게 실행됐다고 볼 수 있는데 예산을 자르고 억제하면서 에피소드가 많을 것 같습니다. 예컨대 장관들이 소요예산이 들어 있는 사업의 대통령 재가서류를 가지고 와서 들이대고 내놓으라고 했다는 얘기도 있고.

문희갑 그런 게 한두 가지가 아니었죠. 그때는 내가 예산실장으로 무소불위였습니다. 오죽하면 '예산장관'이란 소리를 들었겠습니까. 겁도 없이 그렇게 할 수 있었던 것은 대통령께 1주일에 한 번씩 예산에 대해 보고했거든요. 김재익 수석이 매주 보고하라는 것이에요. 예산이라는 것을 그냥 돈으로만 생각하는데 돈 뒤에는 전부 사업이 있거든요. 그러니까 예산실장이 예산을 다루는 것은 모든 분야의 국가사업을 다 들여다보고 제일 먼저 안다는 말과 같습니다. 예컨대 비행장을 만든다, 공단을 새로 건설한다, 도로를 새로 뚫는다, 이런 개발계획을 세우려면 연구용역을 줘야 되는데 그 비용을 확보하려면 예산실장에게 먼저 설명하고 예산을 따야 되지요. 그러니 대통령이 지시한 극비사항이라도 예산실장은 먼저 알 수밖에 없게 됩니다. 그만큼 중요한 자리가 예산실장이고 예산실 직원들이란 얘기입니다.

세계 각국에서 예산실, 일본 같으면 대장성 주계국이라든지, 미국 예산관리국(OMB: Office of Management and Budget)이라든지 이런 데는 임무가 막중합니다. 프랑스도 마찬가지이지만. 그런데 그런 역할을 할 수 있는 것은 최고통치권자인 대통령이 뒤에서 백업 안 해 주면 못 해요.

그래서 옛날에도 3대 국장, 즉 내무부 치안국장, 재무부 이재국장, EPB 예산국장[10]은 '국장 중의 국장'이었지요. 그 가운데서도 예산국장의 권한이 제일 강했다고 합니다. 그런 과정에서 1주일에 한 번씩 대통령에게 보고하고 정책방향을 논의하니까 예산실장의 힘이 세질 수밖에 없지요.

이런 경우도 많았어요. 정례보고 때 대통령께 "어떤 부처의 장관이 이런 예산요구를 하는데 그것은 필요 없는 사업입니다" 하면서 왜 필요 없는지에 대해 충분히 설명드립니다. 그런데 이를 듣던 대통령께서 '아침에 장관이 들어와 그 사업에 대해 설명해서 사인해 줬다'고 얘기하시는 거예요.

예를 들면 몇백억 원이 필요한 어떤 사업을 사인해 줬는데 저녁에 보고하러 들어가서 '그 사업은 하면 안 된다'고 그러니까 대통령은 난감하지요.

전두환 대통령의 훌륭한 점은 그것(장관에게 약속한 것)을 번복하시는 분이에요. 보통 사람들도 스스로 약속한 내용을 번복하기 어렵고, 난감하기 이를 데 없는데 하물며 한 나라의 통치권자인 대통령이 장관에게 한 약속을 번복한다는 것은 생각하기 어렵지요.

그 대표적 사례 하나 얘기해 볼까요. 아마 1982년 2월 25일로 기억하는데 북한에서 이웅평 씨가 미그-19기를 몰고 넘어왔는데 그 비행기가 그 당시에 우리나라 돈으로 2백 몇십억 원이었을 정도로 대단했어요. 그게 내가 미국에 출장 가 있는 사이에 벌어진 일입니다. 그런데 당시 이웅평 씨가 여러 가지 얘기를 하는 중에 '북한에서는 조종사 봉급이 남한의 차관급이다'라고 말했대요. 그런 소문들이 퍼지면서 전부 흥분한 상태였는데 공군에서는 참모총장이 '북한의 조종사는 이렇게 대우해도 비행기가 넘어왔는데 우리는 아직 열악하다'라고 얘기한 것이에요. 여러 보고를 받은 전두환 대통령이 '그러면 조종사 수당을 2배로 올려라' 하고 지시한 것입니다. 또 전두환 대통령은 수원에 내려가 공군비행장 조종사 비상대기실을 방문하여 조종사들한테도 '수당을 2배 올려 준다'고 약속하고 돌아오신 것이에요.

미국에서 돌아와 보니까 큰일 났어요. 군에서 수당을 받는 장병들이 상당히 많은데 조종사보다 더 어려운 분야도 있었습니다. 예컨대 배를 타고 나가면 몇 달씩 가족과 떨어져 망망대해에서 작전을 수행해야 하는 해군 장병들

---

10 EPB 직제는 설립 이후 기획차관보 산하의 '예산국'으로 돼 있었으나 1979년 6월 26일 직제개편으로 인해 예산실로 승격됐다.

의 어려움은 정말 크지요. 이들에게 지급되는 항해수당도 있고, 또 낙하산 수당은 비행기도 타고 낙하산 떨어지는 것, 또 폭발물 수당, UDT 수당, GOP 수당, GP 수당 등 조종사 일보다도 더 어렵다는 분야의 수당들도 엄청나게 많은데 이들은 조종사 수당보다 훨씬 적은 경우가 태반이었어요. 만약 조종사 수당만 올리면 몇백 명의 조종사는 사기가 올라가겠지만 나머지 수많은 장병들은 어찌할 것인지가 참으로 큰 걱정거리로 다가왔습니다. 사기 다 떨어지고 혼란이 일어난다고 생각하니 앞이 캄캄해요.

문제가 더 심각한 것은 그런 이야기를 대통령께 할 사람이 없는 것이에요. 그런 사정을 다른 사람들이 몰랐겠습니까. 그렇지만 감히 엄두가 안 나서 그렇게 해선 안 된다고 건의하지 못한 것이에요. 그래서 내가 이 문제를 보고하겠다고 경제부총리한테 말씀드리니까 "대통령이 엊그제 말씀하셨는데 지금 와서 안 된다고 하면 어떻게 하나요? 안 됩니다" 이러시는 거예요.

그날 정례보고에서 대통령께 수당 인상은 곤란하다고 보고하려고 다른 보고안건과 함께 이미 인쇄를 다 해 놓았었거든요. 부총리께서 '안 된다'고 하면서 그 부분을 뜯어내라고 해서 할 수 없이 뜯어냈습니다. 그런데 뜯기는 했지만 호주머니에 딱 넣어갔습니다. 기회가 되면 얘기를 꺼내려고요.

그때 보고는 예산과 관련한 관계 장관과 김재익 수석이 배석한 가운데 경제부총리와 함께 참석해 예산실장이 보고했는데 예정된 안건보고를 마친 뒤에 대통령께서 '더 보고할 것 없느냐?'고 물어요. 그래서 얼른 "있습니다"라고 대답했지요. 호주머니에서 넣어놨던 조종사 수당 관련 문건을 끄집어냈습니다. 그랬더니 부총리께서 책상 밑으로 내 발을 밟는 것이에요. 하지 말라는 신호였겠지요. 마주 앉아 있으니까.

그래도 "대통령 각하가 들으시면 어떻게 속이 좀 상하실는지 모르지만 이것은 나라와 국방을 위해서 건의드리는 것입니다" 하고 다 설명해 버렸어요. 그랬더니 굉장히 고민하시는 것이에요. 한 10분을 고민하시더니 "보안사령관 전화 대"라고 그러시더라고요. 전 대통령은 전화 연결된 보안사령관에게 "그거 조종사 수당을 다시 보니까…" 이렇게 말씀을 꺼내기 시작했습니다. 대통령이 다음 말을 꺼내기도 전에 보안사령관은 "안 그래도 지금 보고하러 들어가려고 보고서 챙기고 있습니다" 이러는 것이에요.

그러자 전 대통령도 "그것 들어 보니까 문제가 있는데, 지금 여기의 의견은 '한 10% 정도 올리고 나머지 각 수당은 내년 예산편성 때 거기에 준해서 올려 주겠다' 이렇게 발표하는 게 좋을 것 같아", 하시는 것이에요. 그 말이 떨어지기가 무섭게 보안사령관도 "그렇게만 해 주시면 좋게 수습이 됩니다"고 답변했습니다.

　　그리고 나서 전 대통령은 또 국방부 장관을 전화로 연결해 같은 이야기를 했습니다. 국방부 장관도 "지금 보고하러 들어가려고 했습니다." 이런 반응이었지요. 대통령께서 앞서 얘기했던 것과 같은 말을 하니까 국방부 장관도 "걱정했는데 각하가 그렇게 해 주시니까 우리는 정말로 잘 해결하겠습니다"라고 말씀하시는 것이에요. 공군 참모총장도 전화 거니까 "그렇게 받아들이겠습니다", 이렇게 된 것이에요.

　　그래서 그게 원만히 해결됐습니다. 며칠 전에 대통령의 파격적인 인상지시가 신문에 다 발표되고, 조종사들에게도 직접 약속했으므로 대통령의 권위라든지 한 번 지시한 것은 번복할 수 없다는 이유로 그대로 인상되었다면 보통 문제가 아니었겠지요. 뒤늦게 수습하기도 어려웠을 것이고.

　　이런 면이 전두환 대통령의 특별한 장점이라고 할 수 있습니다.

이계민　그것 말고도 국방예산 가지고 군 장성들의 항의가 꽤 많았다면서요?

문희갑　나중에 좀더 자세히 얘기할 기회가 있겠지만 당시 국방비 삭감이란 것은 생각지도 못할 성역이었어요. 그런 국방예산을 삭감했으니 벌집 쑤셔 놓은 듯했죠. 정확히 언제부터라고 시점을 특정하기는 어렵지만 예산개혁이 강도 높게 진행되면서 방위비도 타격을 받을 수밖에 없었지요. 여러 가지 일들이 많이 벌어졌습니다. 한번은 군 장성들이 권총을 차고 예산실장 방에 나타나 항의하는 소동도 있었지요.

사상 유례없는 예산동결

"설마 그렇게 하겠어?"

제로베이스의 도입을 계기로 성역처럼 되어 있던 기관장 판공비와 출장비, 그리고 아무도 시비를 걸지 못하던 국방비에까지 개혁의 찬바람이 불자 인플레이션의 불길은 잡혀가기 시작한다. 물론 예산개혁만으로 이뤄진 것은 아니다. 통화긴축과 임금억제, 제품가격 동결 등 총체적 긴축 노력의 결과이긴 하지만 나라살림을 책임진 EPB 예산실의 고초와 노력은 아무리 높게 평가해도 지나침이 없을 것이다.

그러나 재정개혁 노력은 여기에 그치지 않았다. 1983년에 이뤄진 1984년도 예산은 아예 전년도(1983년도 예산) 수준으로 동결시키는 초강수가 두어진다. 더구나 예산집행 기준으로 다음해인 1985년 2월 12일에 제12대 국회의원 총선거가 예정돼 있었기 때문에 정치권의 반발과 우려는 적지 않았다. 그럼에도 전두환 정부는 이를 관철시켰다.

정치적 모험이라 할 수 있는 이런 초강수를 왜 선택했을까. 물론 궁극적 목적은 안정기조의 정착을 들 수 있다. 매년 두 자릿수의 물가상승을 기록하다가 급기야 제2차 석유파동(1979년 말)이 밀려온 데다 물가현실화 작업이 진행된 1980년에는 연말기준 도매물가상승률이 42.3%에 달했다. 그러던 것이 1981년에 11.3%, 1982년에는 2.4%로 한 자리 물가를 실현한다. 제로베이스 예산이 본격 적용된 1983년의 도매물가상승률은 마이너스 0.8%를 기록하는 안정세를 기록한다.[11]

정부가 기적 같은 일을 해낸 것이다. 전두환 대통령은 1982년 1월 26일 EPB에서 열린 월간 경제동향보고 회의에서 "지난해 물가가 12%선에서 억제된 것을 다행으로 생각한다. 물가안정 노력을 더욱 강화해서 금년에도 물기가 가능하면 한 자리 숫자로 안정되도록 힘을 기울여 안정 기반을 공고히 다

---

11 연평균 지수로 보면 도매물가 상승률은 1980년 32.3%, 1981년 13.7%, 1982년 4.8%에 이르고, 1983년은 0.2%, 1984년은 0.7% 상승에 그쳤다. 당시의 물가지수는 주로 도매물가 기준으로 발표됐는데 보통 소비자물가가 도매물가보다는 높았다.

지고 이러한 바탕 위에서 품질개선, 생산성 향상, 국제수지 개선을 적극 추진해 나가야 한다"고 강조했다.

전해 말에 발표된 1982년 경제운용계획[12]에서는 "경제성장률은 올해(1981년)와 비슷한 7% 내외, 그리고 물가상승률은 도매와 소비자물가 상승률을 다같이 10~14% 이내에서 억제한다"고 제시됐었다.

그런데 그해 4월에 열린 월간 경제동향보고 회의[13]에서는 전 대통령이 "현재 추세로 보면 국내물가가 한 자릿수로 안정이 정착될 것 같다. 앞으로 대외요인에 의한 물가상승은 없을 것으로 예상되는 만큼 국내요인만 합심해서 제거하면 물가안정시책은 충분히 달성될 수 있다. 이번 기회에 물가안정을 정착시켜 물가오름세 심리를 뿌리 뽑아야 할 것"이라고 강조했다.

당시 한 자릿수 물가를 달성하겠다는 전 대통령의 언급에 대해 "어림도 없다"는 것이 국민들의 대체적인 반응이었다. 〈동아일보〉에 실린 한 정치부 기자의 다음과 같은 칼럼[14]은 그런 여론의 흐름을 실감나게 반영한다.

얼핏 보아서는 수수께끼처럼 들리는 이런 표어가 얼마 전부터 서울의 지하철 역 구내에 등장했다. 요즈음의 경제사정을 감안해 볼 때 선뜻 머릿속에 들어오지 않는 문구들이지만 물가상승률은 9% 이하로 억제하고, 경제성장률은 10% 이상으로 올리자는 말인 것 같다. 표어로까지 등장할 정도라는 데서 '한 자릿수에' 대한 정부당국의 의지가 대단한 것이며 그 추진력의 강도가 어느 정도인지를 느끼게 하는 그런 대목이다. 이제 한 자릿수 물가는 정책입안자들의 책상 위가 아니라 길거리에까지 나선 셈이다.

이런 확고한 '한 자릿수' 정책에 최근 이론이 제기되고 있다. 그리고 그러한 견해 차이가 집권정당인 민정당 내에서 대두되고 있다는 점에서 주목을 끈다.

(1982년 6월) 16일의 청와대 3당 대표회담을 앞두고 그동안 있었던 민정당 정책당직자들의 모임에서 거론되기 시작한 한 자릿수에 대한 회의는 18일의 당 정책위 경제분과위원회에서 상당한 강도까지 이르렀었다는 이야기다. '정부여당'이라는 통념적 등식관계에서 볼 때 민정당 내의 이러한 이견은 상당한 의미

---

12 1981년 12월 15일에 당시 신병현 부총리가 발표했다.
13 이때는 1982년 1월초 개각으로 인해 김준성 부총리가 보고했다.
14 최규철, 1982.6.21, "기자의 눈: 한 자릿수 물가안정, 두 자릿수 경제성장", 〈동아일보〉, 3면.

가 있는 정견의 제시라는 생각이 든다. 따라서 이러한 집권당 내에서의 주장들은 '한 자릿수의 결의'를 길거리에까지 내세워 온 정부당국을 적잖게 당황하게 만드는 것이라고 볼 수도 있다. (중략)

국민생활과 직접 피부로 맞대고 있는 정당으로서, 또 선거 등과 관련하여 국민적 지지기반 구축을 행정관료 조직보다는 더욱 민감하게 느껴야 하는 집권정당으로서의 현실적 당위론의 결과가 민정당 내의 '한 자릿수 반론'으로 집약된 것 같은 느낌이다.

이제 문제는 민정당이 이러한 이론(異論)의 정견(政見)을 어떻게 공론화하고 정부당국에 그 관철을 주장하느냐가 남았다. 고위층을 비롯한 정부의 '한 자릿수'에 대한 결의의 강도가 강하다는 것을 잘 아는 만큼 상대적으로 민정당의 입장은 그만큼 착잡한 것 같다. 따라서 '도전'의 인상은 씻어가면서 보다 합목적적이라는 주장을 펴나가야 할 민정당으로서는 창당 이후 정책정당으로서의 위치정립에 있어 중대한 시험기에 들어선 것이 아닌가 보인다.

이 자리에서 엇갈리는 두 개의 이론 중 어느 것이 합리적인가를 논할 생각은 없다. 단지 행정행위에는 시의성에 대한 판단이 있어야 한다는 것, 그리고 여론의 수렴과 정책의 타협이 결코 권위의 실추나 패배의 양보가 아니라는 점은 지적해 두고 싶다. 타오르는 불길을 나무로 끄려 해서는 안 되기 때문이다.

마른 나뭇가지로 불을 끄려는 위험한 발상

당시 기자의 판단에도 한 자릿수 물가안정 공언이 '불을 마른 나무로 끄려는' 위험한 정책으로 비춰지고 있음을 알 수 있다.

전두환 대통령의 물가안정 지시는 갈수록 강도를 더해갔다. 그해 6월에 열린 월간 경제동향보고 회의에서는 내년 예산을 올해 수준으로 동결편성토록 지시했다. 물가안정 기반을 튼튼히 다져야 할 것이라는 당위성도 명시했다. 물론 84년도 예산동결 방침은 이미 예산당국에 의해 1983년 3월에 '내년도 예산편성 지침'으로 각 부처에 시달된 뒤였지만 대통령이 다시 한 번 강조한 것이다.

이계민 예산개혁 작업은 1982년(1983년도 예산편성) 제로베이스의 성공적 적용에 이어 1983년(1984년도 예산편성)에는 개혁 강도를 한층 높여 당시로서는 상상할 수도 없었던 예산동결을 선언합니다. 매년 20~30%씩 늘려오던 예산을 동결하겠다는 것은 당시로서는 혁명에 가까운 일이었지요? 동결 선언이 언제였고 어떤 연유로 그렇게 됐는지? 우선 누구의 아이디어입니까?

문희갑 결론부터 얘기하면 동결 방침이 나간 것은 1983년 3월 내년도 예산편성지침이 나갈 때부터였습니다. 다만 그런 지침이 나가기까지는 수많은 논의가 있었습니다. 처음에는 재정긴축에 의한 물가안정의 굳은 의지를 표명하기 위해 예산편성 규모를 전년수준으로 억제하겠다는 논의가 예산실 간부회의에서 수없이 이뤄졌지요. 한편으로는 그런 결의에도 불구하고 예산편성 과정에서 규모가 늘어나면 어떻게 할 것이냐 하는 걱정이 제기됐습니다. 아무리 쥐어짜도 불가피한 예산이 없지 않을 것이기 때문이지요.

며칠씩 그런 논의를 하다가 내가 '예산동결'이라는 강력한 용어를 쓰자고 제안했고, 간부들이 그것을 받아들여 '동결' 지침을 내려보낸 것입니다. 편성지침에는 한 줄이지만 그 뒤에 배어 있는 예산실의 노력은 참으로 컸습니다.

1983년 3월 29일 EPB가 각 부처에 시달한 '84년 예산편성지침'은 "내년도 (1984년) 경제성장률은 7.5%, 도매물가 상승률은 2~2.5% 이하를 전제로, 내년도 예산규모를 1983년도 수준으로 억제하고, 이에 따라 예산상의 단가 및 기준소요물량은 금년 수준으로 동결시킨다"고 돼 있다.

이계민 여러 자료들을 검토해 보아도 1984년도 예산편성을 동결하겠다는 방침이 언제 시달됐는지 뚜렷하게 부각되지 않아서 여쭤본 것입니다. 예산동결에 대한 언론보도는 오히려 편성지침이 내려간 뒤에 더 많이 나왔더라고요. 예컨대 1983년 6월에는 예산동결을 다시 강조하고, 예산실장이 기자회견을 해서 '동결한다'고 강조하기도 하고, 이를 언론들은 해설을 곁들여 쓰기도 했습니다.

문희갑 당시 예산편성지침을 내려보내고 난 뒤에 신문 방송 할 것 없이 사설, 논설, 칼럼 등이 쏟아져 나왔습니다. 그런데 당시에는 일반적 정서로 이

동결지침이 '과연 이행될 수 있을까?' 하는 의구심들이 많았죠. 당시 일부 신문은 '만약에 실행된다면'이라는 단서를 붙여 '재정역사상 전무후무한 일이 될 것이다'라고 논평했어요.

그럴 정도로 처음 편성지침에서 예산을 동결한다고 했는데도 믿지를 않았어요. 각 부처 예산담당자들이나 간부들도 그랬고, 언론에서도 계속 반신반의하면서 '설마 될까?' 하는 정도였지요. 그래서 예산편성 작업이 진행되는 동안에도 예산편성 동결을 확인하기 위해서 계속 강조하고, 내가 인터뷰에 나서기도 하고 그런 겁니다. 특히 6월께 논란이 많았던 것은 6월 말쯤이면 예산편성이 본격화되는 시기이거든요. 당시에는 여당과 미리 당정협의도 하고 그랬습니다. 그 과정에서 자꾸 동결한다고 강조한 것이지요.

그때는 뉴스 초점이 대통령선거 기사보다 더했으면 더했지 덜하지 않았어요. 예산동결 문제가 거의 모든 신문에 사설이나 논평 기사들이 연일 실렸지요. 그게 왜 그렇게 신문에서 초점이 되었느냐 하면 이 예산동결로 인해 희생되는 각계각층이 너무 많았기 때문이지요. 우선 농민들이 그동안 매년 20%, 30%씩 추곡수매가를 올리던 것을 동결한다니 깜짝 놀라고, 또 교사, 군인, 공무원 봉급이 동결되기 때문에 이들의 걱정도 클 수밖에 없었어요. 그 밖에 여러 기관들의 비용, 예컨대 범죄 수사비, 수당 이런 것을 전부 동결한다고 하니까 그 파장이 보통이 아니었지요.

"총선 지면 책임질래?" 여당의 볼멘소리

이계민 1984년도 예산의 동결은 여러 가지 면에서 논란이 많았던 것 같아요. 당시 집권여당인 민주정의당에서 나온 볼멘소리도 일리는 있었던 것 같고요. 사실 1985년 2월에 국회의원 총선거가 예정되어 있었지요. 총선으로 연결되는 직전 해의 예산을 동결했으니 여당에서 항의가 이만저만이 아니었겠지요?

문희갑 당시 예산을 동결하는 것은 지금 생각하면 최소한 정치적으로는 있을 수 없는 일이었어요. 과거에는 선거가 닥쳐오면 지역개발 예산을 늘려 온갖 선심성 사업을 벌이고 했죠. 한마디로 표를 의식한 것이지요. 경제적 타당성은 논외로 하고 표를 얻을 수 있다면 물불 안 가렸어요. 그런데 총선 직전 해의 예산을 동결했으니 복잡했지요.

이계민 당시 정치권에서는 자살행위라고 얘기했는데 실제로 1985년에 치러진 2·12 총선에서 전국구를 제외한 지역의석에서는 민정당이 야당한테 밀렸거든요. 그 뒤에 그것에 대한 얘기들은 없었나요?

문희갑 총선 전에 여당에서 선거에 지고 나면 당신이 책임지겠느냐고 윽박질렀죠. 그런데 예산개혁 등으로 물가가 안정되고, 이어서 1985년부터 고도성장이 4, 5년간 지속되니까 정치적으로도 여당에서는 성공한 정책으로 평가했죠. 만약에 그러한 물가안정과 예산동결 정책이 흐지부지돼서 물가는 물가대로 오르고 예산은 예산대로 동결해서 지역의 민심이 흉흉해지고, 이해관계가 얽힌 농민들이나 공무원들을 비롯한 국민 각계각층의 인심만 잃었다면 나도 살아남을 수가 없었겠지요.

다행히 예산개혁 정책이 대성공해서 누구든지 물가안정에 대한 성과는 부정하지 못했지요. 그때 이런 비상한 예산동결, 즉 재정을 효율적으로 잘 운영했기 때문에 고도성장을 이룩했고 오늘의 한국이 있다고 해도 과언이 아닐 것입니다.

그런데 좀 억울하다는 생각도 들어요. 사실은 집중포화를 받아가면서 예산개혁과 물가안정의 기틀을 만들어 놓았는데 예산실의 노력과 성과는 다소 묻혀 버린 게 아닌가 하는 생각이 듭니다. 물론 내용을 아는 사람들은 다 알겠지만 일반적으로 밖에서 이야기할 때는 그것이 과소평가된다는 생각도 들어요. 우리나라의 재정 60년사나 현대 경제사를 이야기할 때 시시한 것은 막 부각시켜서 나라를 살린 것처럼 이야기하는데 사실은 이런 재정개혁 작업이 무엇보다 중요했다는 것은 아무리 강조해도 지나치지 않다는 얘기입니다.

이계민 정말 초강수인데, 왜 그런 선택을 한 것인가요?

문희갑 다른 뜻이 있었겠습니까, 물가안정 때문이지요. 그렇게 안 하고는 재정적자를 메울 수 없었어요. 예산에서 적자를 내고 그 적자는 한국은행에서 돈을 찍어서 정부가 빌려와 썼거든요. 그러니 예산적자가 계속되는 한 한국은행에서 돈을 찍어내 통화증발을 할 수밖에 없었지요. 그렇게 되면 물가는 못 잡는 것이니까. 그래서 물가를 잡으려면 예산동결이란 초강수를 쓸 수밖에 없었어요.

사실은 1984년도 예산안은 동결예산이면서도 흑자예산이었습니다. 세입에 비해서 세출이 5천 5백억 원 정도가 적었잖아요.[15] 다시 말해 세금을 거둔 만큼 쓴 게 아니라 더 적게 썼다는 얘기지요. 당시 매년 두 자릿수 이상 예산규모를 증가시켰는데 갑자기 전년도와 같은 수준으로 묶어 버렸으니 혁명적 조치라고 볼 수 있지요. 일반회계 예산에서 그만큼 흑자편성을 한 것인데 이 돈은 양곡관리특별회계 적자를 보전해 줬습니다. 그전에는 양곡관리특별회계에서 적자가 난 만큼을 한국은행에서 차입했는데 그것을 안 하고도 농가소득지원 사업을 할 수 있었던 것이지요. 일반회계에서 흑자를 남긴 만큼 통화증발을 막은 겁니다.

당시로서는 상상할 수 없었던 초강수를 빼들었던 배경은 뭘까? 물가안정을 위한 정책임에는 틀림없지만 그렇게 간단히 해석해 버릴 일만은 아닌 것 같다. 우리나라 현대 재정사를 정리한 《한국의 재정 60년: 건전재정의 길》[16]은 이렇게 분석한다.

"무엇보다 물가안정 기조 구축이라는 최우선 정책목표 추진에 대한 정치적 걸림돌을 제거하기 위한 것이었다. 오랫동안 계속돼온 농업부문에 대한 재정지원은 물가상승의 주요 요인이었다. 그러나 이를 끊기에는 절대권력 입장에서도 정치적 부담이 너무 컸다.

●

15 1984년도 정부예산안은 세출 규모가 10조 4,167억 원으로 돼 있고, 세입이 10조 9,667억 원으로 편성됐다. 일반회계로만 보면 세출보다 세입이 많은 금액은 5천 5백억 원 정도다.
16 재경회·예우회 엮음, 조세연구원 기획, 2011.12, 《한국의 재정 60년: 건전재정의 길》, 매일경제신문사, 147쪽.

특히 쌀에 대한 이중곡가제는 양곡관리특별회계 적자를 눈덩이처럼 키워왔고, 물가를 불안하게 하는 통화증발의 주범이었다. 예산동결은 이에 대한 차선의 해결책으로 추진된 것이었다. 즉, 정치적으로 민감한 분야를 직접 손대기보다는 정부예산 동결이라는 간접적 방법으로 재정흑자를 실현시켜 그 잉여금을 한국은행 차입금 상환에 사용한다는 계산이었다.

전두환 정부는 물가안정 기조 구축을 위해서는 재정 건전성 확보가 필수적이며 이를 위해서는 예산동결을 할 수밖에 없다고 확신한 것이었다. 물론 이런 파격적 정책을 추진할 수 있게 된 데는 전두환 정부 출범 전후의 두 자릿수 물가상승률이 1982년에 한 자릿수로 잡히면서, 정책추진에 자신감을 얻었기 때문이기도 했다."

일반회계 흑자 내 양특적자 메워: 통합재정수지 개념 정착

이계민 그와 관련해서 당시에 과연 예산을 동결하는 게 맞느냐는 논란들이 있었더라고요. 무슨 얘기냐 하면 정부가 해야 할 일이 태산인데 최소한 경제가 성장하는 만큼은 재정지출이 늘어나야 제 역할을 하는 것이라는 논리지요. 문제는 오히려 동결시켜 버리니까 그것은 지나친 것이다, 또는 논리적으로도 좀 안 맞지 않느냐고 하는 이른바 동결에 대한 반론들도 많이 제기되었지요?

문희갑 얼핏 보면 그런 논리도 타당한 것 같지요. 하지만 그것은 당시의 경제상황을 잘 모르고 했던 얘기예요. 그때 우리 경제는 성장동력이 무너져 버린 상태였어요. 물가가 올라 국제경쟁력이 없으니 우리 제품의 수출이 안 되는 상황에 처한 것입니다. 성장동력이 무너지면 경제는 파탄나지요. 그래서 성장동력을 찾아주는 것이 급선무였습니다. 성장동력이라는 것은 경쟁력인데 이 경쟁력을 회복하려면 물가를 안정시킬 수밖에 없었어요. 물가를 안정시켜야만 성장동력을 되살릴 수 있는 것이지요. 한국은행에서 찍어낸 돈을 바탕으로 예산을 늘려 편성해서 재정지원을 많이 하면 오히려 물가가 더 올라가니까 경쟁력이 없어져 버립니다.

| 이계민 前 한국경제신문 주필

우리나라 상품은 그렇지 않아도 질이 떨어져 세계시장에서 조금이라도 더 싸게 팔아야 되는데 국내 물가가 올라가면 값을 내리기가 어렵지요. 경제를 아는 사람은 무엇보다도 재정적자를 줄여서 물가안정을 시키는 것이 경제 성장동력을 회복하는 길이라고 믿었습니다. 그 비상수단이 동결예산을 편성해서 한은 차입을 줄이고 국채 발행을 없애는 그 길밖에 없었습니다. 말하기 좋아하는 사람들은 상식적으로 생각해서 경제가 좀 성장하려면 성장을 위한 투자재원도 필요하고, 또 예산도 뒷받침해야 되지 않느냐고 얘기했지요. 하지만 당시의 우리 경제의 실상은 그런 차원이 아니었어요.

이계민 문 시장님의 저서인 《보리밥과 나라경제》[17]라는 책에 보면 예산동결의 초강수를 쓰게 된 배경이 외채 절약, 대외 경쟁력 유지, 그리고 정부가 솔선수범하는 것 등 3가지로 정리해 놓으셨던데요.

문희갑 정부가 솔선수범해야 민간기업도 따라오고, 민간기업의 비용절감도 이뤄질 것 아닙니까. 사실 정부의 물가안정 노력은 전적으로 재정개혁으로만 이뤄진 것은 아니지요. 당시 국민들의 협조와 노력이 뒷받침됐기 때문에 가능했던 것입니다. 그런 협조를 당부하느라 전 국민을 대상으로 하는 경제교육을 무척 많이 실시하기도 했지요.

이계민 1984년도 동결예산은 재정적자 축소라는 본래의 의미가 무엇보다 크지만 제도적인 면에서도 큰 의미가 있다고 생각합니다. 앞서 언급됐습니다만 1984년도 예산은 일반회계에서 5천 5백억 원 정도의 흑자를 냈는데 이것을 어디에 썼냐 하면 양곡특별회계의 적자를 메우는 데 썼지요. 양곡특별회

---

17 문희갑, 1987, 《보리밥과 나라경제: 예산개혁의 증언과 흑자시대의 전략》, 두산잡지 BU.

계에서 모자라는 돈을 한국은행에서 빌려와야 하는데 그만큼을 빌려오지 않고 메웠다는 것입니다.

| 문희갑 前 청와대 경제수석

이를 재정제도의 측면에서 해석해 보면 종래에는 재정에서 일반회계 적자만을 중요시했지만 이때부터 통합재정수지 개념으로 특별회계까지를 통합한 재정적자를 고려했다는 얘기지요. 이런 통합재정수지 개념을 이때부터 적용했다고 하는데 맞나요?

문희갑 처음으로 도입한 것은 아닐 겁니다. 어느 정도 전체 재정수지에 대한 체계가 잡혀 있었기는 했지만 사실은 지금 같이 일반회계와 특별회계 간에 서로 연관을 맺는 복식부기 형식으로 잘 연계돼 있지는 못했어요. 그러나 몇 개는 예외적이었지요. 가령 양곡특별회계 같은 것은 통합재정수지 방식이었지만 전부 지금처럼 연결되어 있지는 않았습니다. 그때는 일반회계부터 적자를 많이 내 한은 차입을 하고 국채를 발행해야 되니까 통합재정수지를 이야기할 여유라든지 겨를이 없었고, 의미도 없었습니다. 일반회계나 특별회계를 막론하고 적자를 보이니까 그렇지요.

일반재정에서 건전재정이 운영될 때 다른 특별회계나 기금과 상호 교류라고 할까 서로 계정이 왔다 갔다 할 수 있는데, 일반재정이 계속해서 통화증발하고 돈을 차입하고 국채를 발행하니까 통합재정수지를 따져 본다는 것 자체가 큰 의미가 없었지요. 그런데 재정역사상 처음으로 세입보다 세출을 줄여서 흑자로 편성하니까 물가를 상승시키는 주요인인 양곡특별회계 적자를 일부나마 일반회계에서 남는 재원으로 충당할 수 있었습니다. 이것은 정말 지금 생각해 보아도 그 의미가 아무리 강조해도 지나치지 않습니다.

성역(聖域) 국방예산에 칼을 대다

"당신이 뭔데 국방비에 손을 대?"

예산실장실은 EPB와 재무부만 쓰는 독립청사 4층 남쪽 중간에 위치해 있었다. 바로 옆에는 기자실이 있었다. 예산실장 방에서 큰 소란이 나면 기자들도 궁금해 할 것은 빤한 일. 앞서 문희갑 전 시장이 언급했던 현역 장성들의 '권총 차고 사무실에 찾아와 항의한 소동'의 내용은 이런 것이었다.

> 1985년도 정부예산안이 발표된 지 얼마 지나지 않아 문희갑 예산실 방에서 뜻하지 않은 소동이 벌어졌다. 합동참모본부의 육군준장 2명이 예산실장을 찾아와 국방비 문제로 고함을 지르며 문 실장과 한바탕 싸움이 벌어진 것이다.
>
> "당신이 대한민국 군을 무엇으로 알고 GNP 6%로 돼 있는 방위비 편성기준을 함부로 깨뜨린단 말이오. 김일성이 쳐 내려와서 빨갱이 세상이 되면 당신이 책임지겠소?"
>
> "말 다했소? 나라걱정은 군인들만 하는 줄 아시오? 정부예산을 국방비에만 쏟아붓고, 국민들의 복지정책 같은 것에 소홀하게 되면 그야말로 빨갱이들이 판을 치는 세상이 된다는 것을 알아야 될 것 아니오!"

《경제는 당신이 대통령이야》[18]에 소개된 국방예산과 관련한 일화의 한토막이다. 이러한 이야기들은 많다. 1984년도 동결예산 때 국회심의에서 국방비가 깎인 적이 있다. 이때에도 국방부와 군 수뇌들은 예산실장이 주도했다고 간주하고 항의가 대단했다. 사전에 협의해 승낙을 얻지 않았다 해서 '등 뒤에서 권총을 쏜 야비한 행동'이라는 비판이 군 수뇌부회의 석상에서 공식 제기되기도 했다. 지금으로서는 다소 이해가 되지 않는 측면이 있지만 그때는 그런 세상이었다.

세월이 흐르고 정권이 바뀌면서 그러한 행태도 변하게 마련이다. 우리나라 재정사의 큰 특징 가운데 하나가 국방예산의 변화다. 박정희 대통령 시절

18 이장규, 2008, 《경제는 당신이 대통령이야》, 올림, 320쪽.

미국과의 약속에 의해 국방비를 GNP의 6% 수준으로 편성했지만 현재는 GDP의 2.7% 정도로 낮아졌다. 쓸 곳은 많은데 국방비를 GNP의 6%로 배정하자니 그 애로는 이만저만이 아니었다. 그래도 미국과의 약속이고, 더구나 군인 세상이었으니 예산당국으로서는 여간 힘든 일이 아니었다. 그 비율을 채우기 위해 여러 가지 묘안을 내기도 했다. 국방비를 GNP의 6% 이상으로 만들어내려면 분모인 국가 GNP를 줄이거나 분자인 국방비를 늘리는 것이다. 그런데 GNP를 줄일 수는 없는 일이니 분자를 늘리기 위해 군부대 근처의 도로 개설 예산이라든가 전투경찰대 예산 등까지도 방위비 개념에 포함시키기도 했다.

그러나 결정적으로 감당하기 어려웠던 것은 5년마다 개편되는 GNP 산정 기준의 변화다. 새로운 산업이 발달하고 새 직업이 나타나기 때문에 GNP 산정 기준을 바꾸면 그것만으로도 GNP 규모가 늘어나게 돼 있다. 이렇게 기준 변경으로 늘어나는 GNP에 6%를 적용하면 다른 예산은 전혀 늘려 줄 수 없어 그 기준을 변경할 수밖에 없었다. 때마침 1984년도의 경우 GNP의 산정 기준 연도가 1975년에서 1980년으로 변경됐다. 방위비 산출기준이 되는 명목 GNP 총액이 일시에 엄청나게 늘어나는 상황이 된 것이다.

국방비는 1970년대까지만 해도 전체예산의 30%를 넘었다. 그러던 것이 1980년대 중반 GNP 6%룰이 깨지면서 점차 낮아지기 시작해 지금은 10%를 약간 넘는 수준에 머물고 있다. 전체 예산에서 차지하는 국방비 비율을 평균으로 보면 1960년대 이전은 33.1%, 1960~1970년대는 27.5%, 1980~1990년대는 20.5%, 그리고 2012년 예산은 10.1%로 줄었다.

물론 절대 규모가 깎인 것은 아니지만 복지지출의 확대 등에 따른 점유비중은 상대적으로 꾸준히 낮아져 왔다.

이계민 예산을 제로베이스에서 편성하고, 심지어 전년도 수준으로 동결을 하는 초강수를 구사했습니다만 그런 예산개혁 과정에서 가장 큰 문제는 국방비였다고 봅니다. 국방비는 1979년 카터 대통령 방한 이후 한미 간의 합의에 따라 GNP[19]의 6%를 편성하도록 양해가 돼 있었죠. 당장 전체예산을 동결하면서 국방비는 GNP 6%를 그대로 적용하면 국방비는 증가할 수밖에 없지요. 경제가 플러스 성장을 하는 한 GNP가 늘어난 것의 6%는 증액시켜야 하니까요. 그렇게 되면 다른 부문, 예컨대 경제개발 예산이라든가 이런 것은 전년도보다 더 줄일 수밖에 없다는 얘기죠.

이런 문제는 어떻게 풀어나갔나요? 특히 GNP 6% 미만으로 떨어뜨린 것이 언제부터인지 이런 것들도 명확히 나와 있는 자료가 없던데요?

"등 뒤에서 총 쐈다" 별들의 권총 시위

문희갑 국방비 문제는 예산개혁이 진행되기 시작하면서부터 계속 논란이 되었던 사안입니다. 국방부와 군인들의 요구는 최소한 GNP 6%는 돼야 한다는 얘기고, 이를 지키기가 상당히 어렵다는 것이 정부, 특히 EPB 쪽 의견이었지요. 어쨌든 1979년 미국의 카터 대통령이 한국을 방문했을 때 국방부와 주한 미군의 요청에 의해서 박정희 대통령이 'GNP 6%를 배정하겠다', 이렇게 약속한 것이에요. 미국 카터 대통령은 한국의 국방예산이 많아져야 주한 미군에 대한 경비부담을 미국이 줄일 수가 있으니까 그렇게 요구한 것이죠. 그래서 어느 정도 GNP 6% 선을 유지했습니다. 심지어 1984년도 동결예산을 편성하면서도 편성지침에서는 방위비는 GNP 6%를 유지한다고 명시돼 있습니다.

그런데 막상 편성을 하려고 보니까 여러 가지 애로에 부딪친 것이에요. 경제성장에 따라 국방비는 늘릴 수밖에 없는데 동결예산을 편성하려니까 다른 부문 예산은 엄청나게 깎아야 할 처지에 놓인 것이죠. 더욱 문제가 되는 것은 GNP를 추계하는 방식이에요. 잘 아시겠지만 GNP는 산업구조 변화 등을 감안해서 5년마다 그 추계 기준을 바꾸지요. 그렇게 되면 일반적으로 GNP 규모가 늘어납니다. 새롭게 발전하는 산업의 경우 종래에는 계산에 잡히지 않다가 산업이 커져 GNP에 추가로 잡히니까 국민총생산 규모가 커지는 거예요. 그러면 어떻게 되겠습니까. 경제상황이 바뀐 것이 없는데도 가만히 앉아

---

19 당시는 경제성장률 산정의 중심지표를 국민총생산(GNP: Gross National Product)로 삼았으나 1995년부터 GNP 대신 국내총생산(GDP: Gross Domestic Product)을 쓰고 있다.

서 국방비 책정이 늘어날 수밖에 없지요. 그렇지 않아도 동결예산이라서 편성이 어려운데 그런 문제까지 겹치니 참으로 예산을 편성할 수가 없었어요.

당시의 국정 우선순위는 지금과는 조금 달랐습니다. 국가생존과 직결된 안보문제는 모든 국정과제 중에서 최우선으로 다뤄지고 있었습니다. 따라서 방위비 예산은 성역화되다시피 해 국가원수를 포함해서 어느 누구도 왈가왈부하기가 어려웠던 시절입니다. 그렇다고 물가안정이라는 국정과제를 소홀히할 수 있는 상황도 못되었지요.

할 수 없이 예산 실무총책을 맡고 있던 내가 방위비의 GNP 6% 개념을 무너뜨리는 악역을 자임할 수밖에 없었습니다. 그래서 1983년에는 '84년도 동결예산'을 편성하면서 헌정사상 처음으로 정부의 국방예산에서 309억 원을 삭감하는 일이 벌어집니다. 물론 이것은 국회심의 과정에서 최종적으로 이뤄진 것이었지만 예산실장에게 모든 책임과 원성이 떠넘겨졌고, 급기야 군부와의 마찰이 극에 달했습니다. 군인들이 권총을 차고 내 방에 와서 협박하는 사태까지 생긴 것이에요. 당신이 뭔데 국방비에 손을 대느냐는 항의였지요.

당시 국방부 장관은 국방비의 GNP 6%가 무너진 것도 문제인데 더구나 국회에 제출된 국방부 예산안이 국방부와 사전협의 없이 삭감이 이뤄졌다는 사실에 분노를 표출했습니다. '등 뒤에서 권총을 쏜 야비한 짓'이라고 욕을 해댔습니다. 국방부 차관은 군 수뇌부 회의에서 "다시 전쟁이 발발하여 군법회의가 설치되면 총살 제1호가 예산실장이 될 것이다"라고 말하면서 분노했다는 사실이 당시의 유수한 주간잡지에 보도되기도 했지요.

'GNP 6% 배정' 룰 무너지다 : 1985년 예산 GNP 5.5%로 낮아져

이계민 결국 1984년 동결예산에서 6% 미만이 됐나요? 자료들을 확인해 보면 이때도 '국방비 책정에 GNP 6% 룰을 완전히 포기했다' 이렇게 얘기하진 못했던 것 같아요. 1983년 9월 당시에 발표된 1984년도 정부예산안의 내용을 보면 방위비가 전체 예산의 33.1%를 차지한 3조 4,516억 원으로 돼 있습니다.

명시적으로 GNP의 몇 퍼센트다, 이것은 없지만. 군부의 항의 등을 감안해서 그런 것이겠지요. 그런데 1985년도 예산에서는 명시적으로 GNP의 6%

에 미달한다는 표현을 썼거든요. 1984년 9월 20일자 〈동아일보〉에 문 시장께서 당시 예산실장으로서 인터뷰를 한 기사가 실렸는데 그 가운데 하나가 방위비의 GNP 대비 6% 이하로 낮춘 것에 관한 것입니다. 당시의 인터뷰 내용을 보면 이렇게 돼 있어요.

"GNP 기준연도 변경에 따른 통계적인 GNP 증가를 제외하면 방위비는 6% 선이 됩니다. 불가피한 재정사정 때문에 GNP의 5.5%로 명목상 비중을 낮췄지만 실제로는 세출 증가율보다 높은 10.8%를 늘렸습니다. 결코 방위비를 줄이거나 소홀히 취급한 것이 아닙니다. 명목상의 대 GNP 비율 인하가 잘못 전달돼 국민의 방위의식에 역효과를 내는 일은 절대로 없어야 할 것입니다."

이것으로 추측해 보면 방위비의 GNP 6%는 형식상으로는 1984년도 정부 예산안에서는 지켜졌는데 국회에서 방위비 삭감이 이뤄지면서 원칙이 약간 무너진 것 아닌가 싶습니다.

방위비의 비중을 낮추면서도 재정보다는 안보의식을 더 걱정하는 것이고, 그래서 GNP 기준 같은 것을 '과거계열로 추정해 보면 거의 6%가 된다' 이런 식으로 빗겨나가기도 했던 것 같아요. 어쨌든 공식적 발표자료로 보면 1985년도 예산에서 방위비의 GNP 6%룰이 깨진 것 같아요.

또 다른 자료에 보면 대통령께서도 국방비 문제로 마찰이 생겼을 때 "GNP 6%는 안 지켜도 좋으니까 소신껏 하라"는 식으로 격려했다는 얘기도 있습니다. 당시에 군 장성들의 반발이 강하고, 또 여러 가지 정보보고도 올라가고 했겠지요. 예산실장에게 대통령으로부터 어떤 지침 또는 격려, 이런 것들이 있었다고 하는데 실제로 그런 것들이 있었나요?

문희갑 대통령은 나라 전체의 형편을 보니까 평소 개인의 생각과는 다르겠지요. 전두환 대통령은 군출신 아니에요? 군출신이니까 군대의 예산을 늘리자고 하는 것이 군인으로서는 기본이지요. 대통령으로서 전체 경제에 대한 설명을 들어 보니까 안 되겠거든요. 만약에 군인들이 고집하는 것 같이 GNP 6%를 줘 버리면 나라 운영에서 근본적 문제가 생긴다는 것을 알았지요.

사실상 당시에 군이 진짜 애국적이고 나라 살림살이나 국정운영에 대해서

균형감각을 가졌더라면 카터 대통령이나 미국에 방위비 GNP 6%를 약속하지 않았겠지요.

어쨌든 상황은 이미 벌어진 것이고. 이것이 무리하다는 것을 알게 된 전두환 대통령은 우스갯소리처럼 이렇게 얘기했습니다.

"문 실장, 그렇다고 해서 내가 그것을 깨라고 한다는 소리는 하지 말고 그것을 군인들과 잘 타협해서 '그렇게 하면 나라 운영이 안 되는데 어떻게 하느냐?' 그런 점을 설득시키시오. 그러나 그것으로 인해서 무슨 어려움이 있으면 내가 알아서 처리해 주겠소."

이런 정도의 양해는 있었지요. 그렇게 양해 안 하고야 할 수 있습니까? 당시는 군인세상인데. 그러나 공식적 약속 같은 것은 없었습니다.

예산개혁의 뒷얘기들

"너만 애국자냐"

이계민 그때만 해도 공직사회에서는 급여가 민간에 비해 무척 낮았지요. 그런데도 봉급동결 등을 강행했으니 예산실은 사명감을 갖는다 하더라도 다른 부처라든가 이런 데서 반발이 무척 많았을 텐데 이를 어떤 식으로 극복했나요?

문희갑 참으로 안타까운 일들이 많았습니다. 심지어 "너만 애국자냐?"는 소리도 듣고요. 예산개혁 작업을 지휘하면서 가장 고통스럽고 민망했던 것이 동료 공무원들로부터 받아야 했던 유형무형의 호소와 압박이었습니다. 누구보다 공무원들의 고통을 잘 아는 위치에 있으면서 쥐꼬리만 한 수당이나 경비를 자를 수 있느냐는 불평들이 비등했습니다.

어떤 때는 심야에 집으로 공무원 아내인 주부들의 항의전화가 오기도 했습니다. 특히 하위직 공무원들의 실상은 어려웠습니다. 좀더 기다려 달라는 말 이외에는 달리 얘기할 방법이 없었지요. 그때만 해도 공무원들이 순수했어요. 요새 경제특강이나 각종 모임에 가면 그때 일들을 제일 강조합니다. 그때는 가정교육이 제대로 돼 있었어요. 나 한 사람의 영달보다는 나라와 사회가 발전해야 한다는 생각을 가졌으니까요.

우리 어머니, 할머니들은 7남매, 10남매, 12남매를 키웠잖아요. 지금 같이 상수도가 있나, 땔감이 많나, 양식이 충분하나, 이런 데에서도 참고 견디면서 키워냈지요. 지금 내가 살고 있는 이곳만 해도 굉장히 좋은 집이에요. 부잣집이었거든요. 많은 아이들만 키우나요. 봉제사 하고, 접빈객 하고 그랬는데 우리는 그런 DNA가 아직도 남아 있는 것이에요.

그러니 박정희 대통령 같이 솔선해서 가난의 한을 풀자고 앞장서 새마을운동을 벌이고 하니까 공무원들이 달려들어서 필사의 노력을 했죠. 사명감도 있고 공직자의 신념도 있고 그랬지요. '우리 개인이 좀 못살고 아내가 고생하고 자식이 고생하더라도 그 대신에 나라가 발전하고 우리 국민이 잘살면 우리의 보람이 아니겠느냐?' 그런 각오가 대단했었습니다. 그래서 그런 고통도 감내할 수 있었다고 봅니다.

지금은 그런 공직자관이 많이 엷어졌다고 봅니다. 그때는 예산동결을 하는 과정에서 수없이 밤을 새우고 그랬어요. 그래도 불평 한마디 없었습니다.

당시에 겪은 일 하나 소개해 볼까요. 그러니까 1983년 가을이네요. 어느 날인가 국회에서 예산 문제를 다루었는데 그때 밤 12시 반인가에 대충 마무리가 돼서 야근하다가 나를 포함한 예산실 직원들이 모두 집에 갔어요. 새벽 1시께 국회에서 연락이 왔는데 계수조정이 다시 이뤄졌다는 것이에요. 그러면서 내일 아침에 국회가 열리는데 아침 10시까지 조정된 내용을 새로 프린트해서 오라는 겁니다. 방법이 없었지요. 새벽 1시에 다시 직원들을 소집했는데 사무관 한 명도 안 빠지고 33명이 다 사무실로 나왔습니다. 요즘 같으면 상상도 못할 일이지요. 매일 밤을 새우다시피하다가 집에 12시 반에 들어가서 샤워하고 마누라 옆에 누웠는데 또 나오라고 하니까.

그래도 다 나왔습니다. 새벽 내내 작업해서 10시에 책을 만들어 갔습니다. 그때는 요새 같이 워드프로세서가 있는 것도 아니고, 전부 등사판에 긁어서 프린트해서 만들었으니 힘든 것은 이루 말할 수 없었지요. 그런 정신이 있었기 때문에 이 나라 경제도 많이 발전했고 이렇게 선진한국이 만들어질 수 있었다고 봅니다. 솔직히 지금은 그런 식으로는 어렵다고 봐야지요.

344

이계민 예산실을 거쳐간 선배 공무원들까지도 너무 빡빡한 예산을 짜고 무자비하게 자르는데 대해 너무 그러면 안 된다고 충고했다는 얘기도 어느 책엔가 실려 있던데요.

문희갑 많았지요. 그런 걸 어떻게 일일이 얘기하겠어요. 지금 회고해 봐도 당시의 직원들이 참 고마운 것이에요. 직원들이 그렇게 일사불란하게 따라온다는 게 보통일이 아니에요. 그런데 한 가지 자랑하고 싶은 것은 예산실 직원들이 그렇게 힘들게 일하면서도 보람을 느끼면서 업무를 수행했다는 점입니다. 앞서도 얘기했지만 예산과 관련해 1주일에 한 번씩 대통령께 정례보고를 하는데 그때마다 직원들이 옳다고 생각하고, 건의했던 방향이나 방안을 대통령이 그대로 받아들여주니까, 직원들의 사기가 충천했던 것입니다.

그래서 더 올바르게 더 나라와 국민을 위해서 이런 식으로 가야 된다는 것을 더 열심히 스스로 찾아내고 또 그렇게 해야 된다는 의견을 굉장히 많이 제시한 것이에요. 그런 점에서 아까 말씀드린 대로 예산개혁을 묵묵히 수행해 준 131명의 예산실 직원들 노력이 경제발전의 밑거름이 됐다는 찬사를 받아도 지나치지 않다고 봅니다.

이계민 당시에 출입기자를 하면서 느낀 것이지만 워낙 문 시장께서 개혁성향이 강하고, 더구나 한번 했다 하면 끝장을 보는 식으로 밀어붙이는 힘이 보통이 아니지 않습니까. 거기에 최고통치자의 막강한 신임이 내외에 알려져 있으니 그만큼 어려운 일이라도 감당할 수 있었겠지요. 그렇지 못했으면 아마 우리 경제사가 조금은 달라졌을 수도 있지 않을까 생각해 봅니다.

힘센 기관들의 예산실 뒷조사

문희갑 내가 감사원으로부터 1년 6개월 이상이나 미행당했던 것, 그것은 몰랐지요?

이계민 그게 언제입니까?

문희갑 그게 동결예산 편성하기 전후 한 3년간에 걸쳐서 그랬어요. 나도 나중에야 알았지요. 그래서 나중에 쓴 책《보리밥과 나라경제》에 그것 좀 언급해 놨더니 감사원 국장 한 사람이 감사위원이 됐는데 나한테 찾아와서 "이렇게까지 안 했는데 너무 과장됐다"면서 좀 고칠 수 없냐고 해요. 그래서 "그보다 더했지 않았느냐"고 내가 반박하고 웃었지요. 그때 감사원장이 정희택 (鄭喜澤) 씨였지요. 일본 고등문관시험 사법과를 합격한 검찰출신이에요. 국보위 법제사법위원장도 지냈고 민정당 발기인으로 참여해서 5공 실세 정치인이라고 볼 수 있죠. 나이도 많으신 이분이 부하들 잘못으로 전두환 대통령한테 불려가서 혼난 것으로 알고 있습니다. 예산실 직원들을 미행이나 하고, 청사 주변 식당에서 외상 먹은 것까지 조사하고 해서.

이계민 어쨌든 전반적으로 지금까지 얘기하신 제로베이스 예산제도 도입, 1984년도 예산동결, 1985년 국방비 GNP 6% 미만 편성 등, 이런 것을 종합해 보면 그때 다져 놓은 재정긴축과 건전성이 우리 경제가 그동안 외환위기를 겪고, 또 2008년 세계금융위기로 인한 경기침체 등을 겪으면서도 끄떡 없이 잘 극복할 수 있었던 밑바탕으로 작용한 게 아닌가 생각합니다.
　지금 세계 각국이 재정위기를 겪으면서 경제가 흔들리고 있습니다. 유럽국가들뿐만 아니라 미국, 일본까지도 어려움을 겪고 있습니다. 그런 점에서 보면 우리는 그나마 다행이 아닌가 싶습니다. 모두가 지금까지 얘기한 재정개혁 덕택이라고 보아야지요.

문희갑 그렇지요. 정부재정을 잘못 운영하면 나라가 다 망하잖아요. 미국도 재정적자, 무역적자로 지금 큰 어려움을 겪고 있고, 그리스, 포르투갈, 스페인, 이탈리아, 나아가서는 그래도 괜찮다고 하는 프랑스를 포함한 유럽 경제가 흔들리고 있는 것도 전부 방만한 재정운용 때문 아닙니까. 일본도 자민당 정권을 40년 유지하려고 재정 가지고 막 퍼주는 포퓰리즘 정치를 하다가 GDP 대비 재정적자 비율이 세계 1위 아닙니까. 200%가 훨씬 넘지요. 미국은 그렇게 걱정해도 130% 내외밖에 안되는데.
　이게 재정운영을 잘못했기 때문에 세계경제가 위기가 오고 또 각 나라가,

그 좋던 선진국들이 다 위기를 겪게 된 것입니다. 지금 세계경제가 이렇게 어려워도 끄떡없는 나라가 노르웨이, 스웨덴, 덴마크, 핀란드, 룩셈부르크 등인데 이런 나라는 지금도 복지천국이에요. 이 나라들은 대통령도 서로 안 하려고 그러죠. 봉사직일 뿐 아니라 정부예산은 절대적으로 세입범위 내 세출로 쓰는 것이고 그러니까 소득세라든지 세금이 55%, 70%까지 올라가잖아요.

　그런데 지금 세계경제가 이렇게 된 것은 정치체제에 근본적으로 문제가 있다고 나는 봐요. 선거 포퓰리즘 때문에 문제가 많다는 얘기입니다.

　1980년대 초만 해도 정부예산 1억 원을 지원해 줄 것이냐, 말 것이냐를 가지고 심의회에서 1주일까지도 심의했거든요. 그런데 지금은 좀 과장하면 10조, 20조가 철저한 검토 없이 그냥 나가요. 그래서는 안 됩니다. 세금을 혈세라고 하지 않습니까. 예산은 국민들의 피땀으로 이뤄진 돈입니다. 그만큼 귀하게 써야지요.

이계민 지금은 물론이고 앞으로도 국민복지 확충은 더욱 강조될 수밖에 없기 때문에 건전재정에 대한 우려와 관심이 높아지고 있습니다.

문희갑 보통 걱정이 아니죠. 김영삼 대통령, 김대중 대통령, 노무현 대통령 이런 분들은 정치에 전념하던 분들입니다. 길거리 정치부터 출발했기 때문에 재정을 건전하게 하고, 또 재정이 건전하게 되면 나라가 굉장히 튼튼해지고, 그 뼈대가 어떤 세계적 위기가 와도 견딜 수 있다는 그런 신념은 상대적으로 다소 약할 수 있다는 생각이 들어요. 정치적 계산 때문에 재정투자 낭비도 없지 않았지요. 예를 들면 필요도 없는 지방공항을 계속 수천억 원씩 들여서 건설하고 그러잖아요. 도로도 지방에 가면 차도 몇 대 안 다니는데 산을 다 뚫고 해서 건설해 놓았어요. 우리 금수강산을 파괴하고 자연을 파괴하고 이런 일들이 얼마나 많아요? 투자 우선순위가 잘못된 것입니다.

　요새 재정 이야기를 들으면 조금은 흥분하게 됩니다. 우리는 돈 몇 푼 아끼려고 그렇게 애를 썼는데 지금은 몇십조, 몇백조 원이 하루아침에 막 나가고 낭비되고 있습니다. 지금 그리스, 포르투갈, 스페인, 이탈리아 이런 나라들은 우리가 정말 못사는 나라일 때도 선진국이었어요. 우리가 얼마나 부러

위했는지 잘 아시잖습니까. 그런데 오늘날 저렇게 돼서 매일 데모만 합니다. 국가부도는 식물인간이나 마찬가지입니다. 주사만 빼 버리면 대부분 파탄 나는 것이에요. 저렇게 된 게 전부 재정운영 잘못해서 그래요. 정치가 포퓰리즘에 빠져서 인기 위주로 했기 때문이지요.

나라살림도 더욱 허리띠를 졸라매고 각고의 노력을 기울여야 합니다.

건전재정 회복, 각고의 노력을

이계민 지금까지 재정이나 예산개혁에 대해서 얘기했습니다만 사실 5공 정부 들어와서 물가안정은 급속도로 이루어졌지요. 1982년부터 시작된 제5차 5개년계획은 물가안정 등이 예상보다 훨씬 빨리 달성돼 수정계획을 만들고 그랬지요. 예산개혁의 성과가 밑바탕이 됐다고 볼 수 있는데 정말 대단했던 것 같습니다.

예산실장을 마치고 국회로 진출했다가 다시 경제기획원 차관으로 부임하셨지요. 1985년 총선에서 전국구 의원으로 진출했는데 정치에 대한 관심이나 특별한 이유가 있었나요?

문희갑 당시는 전두환 대통령이 경제에 대한 홍보에 중점을 두던 때예요. 국민들이 경제를 이해해야 정책효과도 나올 수 있다고 판단한 것이지요. 전 대통령은 국회도 예외가 아니라고 생각했지요. 우선 국회의원들이 경제에 대해서 잘 이해해야 이 나라 경제 전체가 성장·발전할 수 있다 이렇게 생각한 것입니다. 국회의원들은 아무래도 자기 지역구 사업에 신경을 쓰지요. 오히려 재정 건전성보다는 지역구 사업을 많이 하는 데 중점을 두지요. 그게 국회의원의 속성이고 현실입니다. 그런데도 전두환 대통령은 그런 속성을 가진 국회의원들이 자신들의 요구도 전체의 경제규모를 이해하고 또 전체 국가예산 운용을 감안해서 해야 경제가 지속적으로 발전할 수 있다, 이렇게 생각하도록 한 것입니다.

그래서 1985년도 1월에 장차관들을 전국구 국회의원으로 진출시킵니다. 한마디로 국회에 가서 동료 국회의원들에게 경제교육을 시키라는 것이었죠.

당시 전국구 의원으로는 대부분 장차관급들이 나갔는데 당시 나는 예산실장이었으니까 유일하게 1급이었습니다.

사실 나는 가고 싶은 생각이 없었습니다. 전 대통령이 어떻든 중요한 일을 해야 한다고 해서 가긴 갔는데 국회의원들 설득시키고 대화하는 데 어려움이 많았어요. 장차관 출신 국회의원들은 대부분 거기 가서 정치인들과 대화하다가 보니까 그분들에게 맞서기보다는 적당히 융화했는데 나는 끝까지 그 사람들을 설득시키려고 했었지요. 그러다 보니 비화가 아주 많습니다.

예컨대 국회의원들이 모인 자리에서 경제 강의를 하게 되었는데 그때 그동안 국회의원들이 말한 것 중에서 경제논리상 잘못된 이야기들을 국회 속기록에서 찾아가지고 와서 특정 정치인 이름을 거명하면서 일일이 지적하다 보니까 국회의원들이 가만히 있겠어요? 순수한 뜻이었지만 국회의원들과 사이가 무척 나빠져 버렸지요. 전두환 대통령이 이래서 안 되겠다고 해서 그해 7월에 국회의원 7개월 만에 다시 경제기획원 차관으로 돌아오게 된 것입니다.

그때 국회에서의 행적 등이 아마 제가 '과격한 개혁을 밀어붙인다'는 강성 이미지로 굳어지는 데 상당한 역할을 한 것 같습니다.

5공의 경제성과는 여러 측면에서 평가해 볼 수 있지만 구체적 사안을 거론하기보다는 제 5차 경제사회발전 5개년계획(1982~1986)이 계획기간을 2년도 넘기기 전에 계획목표 수정문제가 대두됐다는 것 하나만으로도 충분하다. 결국 1983년 말에 5차계획의 수정계획이 발표된다. 국내물가 안정이 당초 계획을 훨씬 앞당겨 달성되고, 국제유가 하락 등 세계경제 환경도 호전됨에 따라 목표연도인 1986년의 계획목표를 바꾼 것이다. 당초 계획에서 10% 이내로 잡았던 소비자물가 상승률을 연 1~2% 수준에서 안정시키고, 경제성장률을 7~8% 수준을 유지하는 한편 국제수지 균형을 달성한다는 목표를 잡았다.

당시로서는 정말 획기적인 일이 아닐 수 없다. 소비자물가를 1~2%로 안정시킨다는 것뿐만 아니라 경상수지 균형을 이루겠다는 것은 생각지도 못했던 목표였다.

1987~1991년을 계획기간으로 하는 제 6차 경제사회발전 5개년계획 역시 비슷한 과정이 진행됐다. 6차계획의 입안은 3저 현상이 본격화되기 이전인

1985년부터 시작됐기 때문에 거시경제 목표가 그다지 낙관적이지는 못했다. 그러나 5차계획의 마지막 연도인 1986년에 첫 경상수지 흑자를 기록하고 물가안정세도 이어지는 양상이 정착된다.

6차계획이 시작된 1987년부터 본격적인 3저 현상이 우리 경제에 영향을 미쳤고, 특히 그로 인한 수출확대가 예상보다 빨라 대다수 거시경제 지표들이 계획치를 상회함으로써 6차계획도 수정을 가하는 절차를 거쳤다.

결국 5공 정부는 2차 석유파동과 선진국 경기둔화 등의 최악의 상황에서 시작했지만 최고의 호황국면에서 끝을 맺는다. 산이 높으면 골이 깊다는 증시 격언처럼 5공을 이어받은 6공의 경제가 어떻게 진행될지는 처음부터 예상할 수 있었던 것은 아닐까?

말도 많았던 투기억제 처방

6공 두 번째 청와대 경제수석

최고의 호황국면에서 시작된 6공 경제는 곧바로 3저의 퇴조와 함께 갖가지 어려움을 겪게 된다.

6공 정부의 출범은 경제기조 전환의 문제를 넘어서 정치 사회적 변화의 소용돌이를 극복해야 하는 또 다른 차원에서 역사적 의미가 컸다. 이른바 6·29 선언으로 대표되는 민주화의 열기가 한참 달아올랐고, 그로 인해 정치체제와 경제 및 사회정책의 기조와 내용에 일대 혁신을 가져오게 된다. 권력구조가 대통령 직선제로 바뀌고 노동자들의 지위향상 욕구의 봇물이 터져 넘쳐났다.

"1987년은 한국사회에서 정치적 민주주의가 본격적으로 진행되기 시작한 해이다. 제 9차 개헌과 평화적 정권교체에 이어 사회전반에 걸쳐 민주적 절차를 강화하기 위한 제도개선이 광범하게 추진되었다.

정치 사회적 영역에서의 민주화는 우선 경제적 의사결정의 주체를 다원화시켰다. 권위주의적 성장체제하에서는 '정부'와 '기업'이 주된 경제주체로서 경제적 자원배분의 중심축에 있었으나 민주화를 계기로 정부와 기업 외에 '근로자'

350

'소비자', 그리고 '시민사회'가 경제적 조정에 중요한 영향을 미치는 이해관계자로 등장하기 시작했다."[20]

박정희 시대에는 정부주도 경제운용에 경제개발 초기에는 노동공급이 과잉상태였고, 1970년대 후반 이후에는 완전고용에 가까운 노동공급 부족에 허덕였지만 정부규제와 고통분담(5공의 안정화 시책)의 논리에 억눌려 노동운동은 엄두도 낼 수 없었고, 임금인상 또한 제한적일 수밖에 없었다. 어찌 보면 대통령 직선제 수용을 근간으로 하는 6·29 선언 이후의 노사분규 급증과 임금인승 요구는 그동안 억눌렸던 근로자의 욕구분출이라는 반작용에 다름 아니었다.

6공이 추진한 부동산 투기 억제와 토지공개념 도입, 그리고 5개 신도시 건설과 주택 2백만 호 건설도 과거 경제정책의 연장선상에서 3저 호황으로 국민들의 소득이 상승하면서 부동산 투기가 기승을 부리자 이를 잡기 위한 불가피한 선택이 아니었나 싶다.

5공의 안정우선의 정책은 자연히 재정긴축으로 이어졌고, 이는 사회간접자본(SOC)인 사회기반시설 건설이 우선순위에서 밀려난 데 반해 갑작스럽게 다가온 3저 호황은 항만 도로 등 SOC 부족으로 인한 경쟁력 약화로 작용하기에 이른다. 6공 정부는 1990년 12월 청와대에 SOC 추진기획단을 설치하고 사업추진에 나서 경부 및 경인 고속도로 확충, 경부고속철도 및 영종도 신공항 건설 등을 추진하기에 이른다.

이를 뒷받침하기 위해 재정제도 면에서도 상당한 변화가 진행됐다. 재정수요를 감당하기 위해 여러 가지 재원조달 방안을 강구했다. 1988년에 정부 보유주식 매각대금이나 각종 기금 및 연금 등의 공공 여유자금을 활용하기 위한 제도적 뒷받침으로 재정투융자특별회계를 설치했다. 동시에 각종 기금의 관리강화를 위해 「기금관리기본법」을 만들어 기금운용결과를 국회에 보고하도록 했다. 이러한 추세는 김영삼 정부 때로 이어져 1993년에 교통세 신설, 1994년에 「공공자금관리기금법」 제정 등을 통해 부족한 SOC 건설재원을 조달해왔다.

20 권순우·홍순영·장재철·김용기·손민중 외, 2006, 《한국경제 20년의 재조명》, 삼성경제연구소, 20쪽.

5공 시절 잠시(7개월) 국회의원의 외도를 마치고 경제기획원 차관으로 돌아온 문희갑은 6공 들어 초대 경제수석이었던 박승 전 건설부 장관에 이어 1988년 12월에 경제수석비서관(장관급)으로 부임하여 6공 개혁정책의 선봉에 선다.

이계민　경제기획원 차관으로 돌아오셔서도 여러 가지 개혁정책들을 주도하고, 6공화국으로 연결돼서 많은 경제개혁 과제들을 강력히 추진한 것으로 알고 있습니다. 5, 6공에 걸쳐서 개혁이라고 할 만한 정책들을 상당 부분 주도하셨는데 그 얘기들을 좀 나눠보지요.

　　우선 금융실명제 얘기부터 해 보면 좋을 것 같습니다. 경제기획원 차관 시절이지요. 원래 5공 정부 때인 1982년 말에 금융실명 거래에 관한 법률이 국회에서 통과됐는데 시행을 미뤄 버렸던 사안입니다. 당시에 정치권 등의 강력한 반대에 부딪히니까 형식상 법은 통과시키면서 시행일자에 관해서는 '1986년 1월 1일 이후 대통령령이 정하는 날부터 시행한다'고 법조문을 고쳐 버린 것입니다. 사실상 시행을 유보한 것이지요. 그래서 시행되지 못하다가 6·29 민주화 선언 이후 당시 민정당 대표였던 노태우 대통령 후보가 대선공약으로 금융실명제 실시를 제시했습니다. 그런데 대통령에 당선되고 난 뒤에도 논란만 무성했지 결국은 시행을 못했는데, 그 과정 역시 순탄치는 못했지요?

문희갑　금융실명제는 처음 5공화국에서 추진됐는데 그 당시에는 강경식 부총리가 주도했습니다. 물론 그 배후에서 청와대 김재익 수석이 밀고 있었지요. 말하자면 1982년 5월에 이철희-장영자 어음사기 사건이 터지니까 그 수습과정에서 금융실명제가 등장한 것입니다. 그때 실명제 추진이 벽에 부딪치는 것은 여러 가지 요인이 있었겠지만 상당부분 청와대 정무수석비서실 때문이에요. 당시 정무수석비서관은 순수한 군인 출신이어서 경제에 대한 배경지식이 부족한데 재벌들이나 돈 많은 사람들 이야기를 들어 보니까 '금융실명제는 논리적으로나 이론적으로는 맞지만 우리나라 실정에 안 맞는다. 실명제가 실시되면 나라가 혼란스럽고, 결국은 5공화국이 임기를 끝내기가 어렵다'고 말하는 것이에요. 그래서 정치권에서 반대가 많이 나오게 된 것입니다. 그것 때문에 정무수석비서관과 경제수석비서관 사이가 벌어져서 결국은 전두환 대통령이 경제수석비서관의 의견을 택한 것입니다.

그래서 어떻게든지 금융실명제는 해야 되는데 '시기를 좀 고려해야 되겠다' 는 논의가 많았어요. 실명을 거론할 수는 없지만 당시 경제계 거물들이 실명 제에 반대하는 입장이었습니다.

결국은 시행이 보류되었다가 6공화국 들어 다시 금융실명제와 토지공개념, 이런 것들을 추진하기 시작했어요. 말하자면 지금 한창 떠드는 경제민주화 추진과 같은 그런 개념들이었지요.

대선공약 금융실명제 추진에 가세

이계민 그렇게 미뤄진 금융실명제가 왜 또 정책과제로 부상하고 논란이 됐죠?

문희갑 내 기억으로는 1987년 10월에 KDI에서 소득분배 구조개선을 위해서 는 금융실명제가 실시돼야 한다는 보고서가 나왔습니다. 이를 계기로 12월 에 있었던 제 13대 대통령선거에서 민정당 노태우 후보가 선거공약으로 금융 실명제 실시를 내건 것입니다. 아울러 토지공개념 제도 도입도 함께 발표했 었습니다.

대선에서 노태우 후보가 당선되고 공약사항 실천방안이 논의되지요. 1988년 1월 29일에 정부와 여당인 민주정의당이 금융실명제 실시에 대한 세부 추진 방안을 확정하고 정부는 후속조치를 하기 시작했습니다. 그때 정부는 금융실 명제 기획단을 만들어서 경제기획원 차관이 기획단 단장이 됐습니다. 그다음 에 토지공개념 추진단도 만들었는데 이것도 경제기획원 차관인 내가 추진단 장을 맡게 됐습니다.

그해 9월로 기억됩니다만 EPB에서 제 6차 경제사회발전 5개년계획의 수정 작업을 마무리하면서 EPB 국장급 이상 간부회의에서 금융실명제의 조속한 실 시를 강조한 적이 있습니다. 당시에 확정 시행중이던 제 6차 5개년계획(1987 ~1991)을 수정[21]해서 계획기간 중에 금융실명제를 실시하기로 했었거든요.

---

21 6차계획을 수정하게 된 것은 수출이 급증하고 국내 물가가 안정되는 이른바 '3저 호황'이 도래했기 때문이다. 또한 정치민주화와 더불어 늘어난 경제민주화에 대한 욕구를 수렴하기 위해서이기도 하다.

그러다 1988년 12월에 청와대 경제수석으로 자리를 옮겼습니다. 어쨌든 범정부 차원에서 실명제의 빈틈없는 추진을 위해 실무적으로 사전 준비작업을 하는 '금융실명거래실시 준비단'을 1989년 4월 재무부 산하에 발족시켰습니다. 단장은 윤증현 당시 국장(전 재정경제부 장관)이 맡았고 그 산하에 과장급이 책임자인 4개 반이 편성돼 실무준비를 서둘렀습니다.

당시 스케줄은 1990년 6월까지 행정적 준비를 마치고, 1990년 12월 말까지 관계법령 개정을 거쳐, 1991년 1월부터 시행한다는 복안을 가지고 있었습니다. 실무적 준비도 잘 진행되었지요. 1982년에 금융실명제를 실시하려다가 중단된 경험도 있고, 그래서 철저한 준비가 필요하다고 해서 제도보완을 서둘렀지요. 당시에는 언론계, 학계 등에서 전반적으로 찬성여론이 많았습니다.

그러던 것이 1989년 말부터 청와대와 정치권에서 이상기류가 나타나기 시작했습니다. 연말연시 연휴기간을 틈타 반대세력들이 다각적인 공작을 벌여 실명제 실시 소신을 굽히는 사람들이 늘어갔습니다. 결국 노태우 대통령이 1990년 1월 10일 연두 기자회견과 1월 16일 경제기획원 신년 업무보고에서 연이어 금융실명제 도입의 단계적 실시와 신중한 추진을 강조했어요. 사실상 금융실명제 실시에 대한 연기선언이라고 볼 수 있는 대목이었지요.

이계민 그것으로 끝난 건가요?

문희갑 아닙니다. 당시에도 이상한 기류가 흐르고 있다는 사실은 감지하면서도 정부에서는 실명제 실시에 관한 기본방침을 천명하는 등 추진 의지를 연일 강조했지요. 그런 정부 발표가 나온 직후인 1990년 1월 22일 3당합당 선언22이 발표되고, 이어서 25일에는 당시 여당인 민정당 대표가 무리한 제도개혁은 전면 재검토하여 연기할 것이라는 발언을 내놓았습니다. 이때부터 실

---

22 3당합당(三黨合黨)은 1990년 1월 22일, 당시 집권여당이었던 민주정의당(약칭 민정당)이 제2야당 통일민주당(약칭 민주당), 제3야당 신민주공화당(약칭 공화당)과 합당해 통합 민주자유당을 출범시킨 것을 말한다. 여당인 민주정의당을 중심으로 3당합당을 추진해 보수당(한나라당에 이어 새누리당으로 당명 변경)의 전신인 민주자유당을 창당하였다는 의의가 있다.

| 3당합당 선언(1990.1.22)
3당합당은 제13대 국회의원 선거로 여소야대 정국이 되자 이를 타개하고자 여당인 민주정의당이 비밀리에
2개 야당과 합당하여 통합 민주자유당을 출범시킨 것을 말한다. 사진은 민주정의당의 노태우 대통령(가운데),
통일민주당의 김영삼 총재(왼쪽), 신민주공화당의 김종필 총재가 3당합당 선언을 한 후 손을 맞잡은 모습이다.

명제에 대한 반대의견이 가시화되기 시작했어요. 어찌 보면 실명제 연기는
정치적 산물이라는 얘기도 됩니다.

이계민 3당합당과도 연관이 있다는 얘기인가요?

문희갑 당시 정치권에서는 금융실명제를 하게 되면 정치자금을 모을 수 없다,
대통령 선거를 앞두고 어떻게 할 것이냐 하는 우려가 많았습니다. 여야 할 것
없이 한목소리였지요. 그래서 3당합당을 하는 과정에서 금융거래 실명제가 안
된다는 것을 돌려서 완곡하게 표현한 것이 "개혁적 경제시책은 당분간 안 한다"
고 한 겁니다. 그것은 금융거래 실명제를 포기하겠다는 그런 뉘앙스였지요.
이때부터 각계각층의 지도급 인사들까지 반대의견을 내놓기 시작했습니
다. 그런데도 정부는 예정대로 추진하겠다는 방침을 계속 강조했습니다. 당
시에 정치권의 압력도 많았고, 회유도 있었습니다만 필사적인 노력을 기울였
습니다. 그런 와중인데 갑자기 1990년 3월 3일에 대구 서구갑지역의 국회의
원 보궐선거에 여당후보로 나서라는 거예요. 결국 국회의원에 당선돼 정부를
떠나게 됐지요.

청와대를 떠난 뒤인 3월 17일에 새로운 경제팀이 들어서고, 3월 23일에는 새로 부임한 이승윤 부총리와 여당 정책의장 간에 실명제 무기연기에 합의하고, 4월 11일에는 실명제실시 준비단이 창단 1년 만에 해체되면서 실명제 실시라는 금융개혁 시도는 멈추고 말았지요. 그러다가 김영삼 대통령 정부가 들어선 뒤인 1993년 8월에 전격 시행돼 오늘에 이르렀습니다.

금융실명제는 돈의 흐름을 명확히 보자는 것 아니에요? 김영삼 대통령이 실명제를 실시했지만 지금도 완벽한 효과를 거두지는 못한다고 봅니다. 한 40% 정도 돼 있다고 볼까요. 지금도 정치자금 흐름, 모르잖아요. 정치자금이 지금 수조 원이 흘러 다녀도 문제가 생겨서 검찰에서 수사하면 조금 알 정도밖에 안 돼요. 금융실명제를 하면 철저히 해야 됩니다. 돈의 흐름이 천 원부터 시작해서 수조 원까지 이게 흘러가는 것을 일목요연하게 봐야 돼요. 지금 내 주민등록 찍으면 내 금융자산, 부동산 자산이 나오지만 숨겨 놓을 방법은 얼마든지 있어요.

금융실명제 연기가 사실은 토지공개념 제도 시행과도 연관이 많아요.

결론부터 얘기하면 내가 청와대 경제수석으로 부임하고 나서 경제개혁이 필요하다고 판단해 대통령 공약사항인 토지공개념 제도와 금융실명제 등을 강력히 추진했는데 사실은 경제계를 포함한 사회일각에서는 반대가 많은 금융실명제나 토지공개념 제도가 '설마 이뤄지겠느냐' 하는 생각들이 많았죠.

그런데 1989년 말 국회에서 「토지공개념 3법」[23]이 통과돼 시행에 이르자 "이러다간 금융실명제도 시행되는 것 아니냐?"는 우려로 번지면서 재계를 비롯한 기득권층에서 반대 로비를 강력히 벌입니다. 그래서 금융실명제 추진이 어렵게 됐다고 판단했습니다.

이계민 무슨 얘기인가요? 좀더 자세히 설명해 주시지요.

문희갑 1990년 3월에 청와대를 떠난 이유 가운데 하나가 금융실명제 추진이었습니다. 금융실명제를 강력하게 챙기니까 경제단체 중에서도 전경련 빼놓고는 다 금융실명제 도입에 찬성했습니다. 물론 그때 찬성은 하면서도 '설마

---

23 「택지소유상한에 관한 법률」, 「개발이익 환수에 관한 법률」, 「토지초과이득세법」.

되겠느냐?' 이런 생각이 많았다고 봅니다. 그랬는데 막상 「토지공개념 3법」이 딱 통과되니까, 큰일 났다 싶었던 겁니다. 금융실명제도 통과될 것 같거든요. 그래서 로비를 강력히 벌이기 시작한 것이에요. 그런 로비에 의해 앞서 살펴보았듯이 이미 실명제 실시 연기를 결론 낸 마당이어서 강력히 밀어붙인 나를 정부에서 그만두게 할 수밖에 없었습니다. 일이 그렇게 된 겁니다.

이계민 말이 나온 김에 자세히 좀 들려주시지요. 금융실명제 때문에 청와대를 떠나게 됐다는 건 무슨 얘기이고, 또 다른 이유는 어떤 것인가요?

문희갑 6공 정부 들어 경제기획원 차관에서 1988년 12월 청와대 경제수석으로 가게 됩니다. 그러다가 1990년 3월에 청와대를 떠나게 되는데 그 이유를 정리해 보자면 우선 3가지를 꼽을 수 있어요. 첫째는 내가 청와대에 그냥 있으면 금융실명제가 실시될 것 같으니까 로비가 들어온 것이에요. 이것은 지금까지 말씀드렸으니까 다시 반복할 필요는 없겠지요.

두 번째는 가장 중요한 사안인데 노태우 대통령의 정치자금 모금과 관련된 사안입니다. 노 대통령이 문제가 된 전두환 대통령의 전철을 밟으려 했습니다. 심지어 측근 정치인들은 정치자금 모금을 해야 된다고 노 대통령에게 편지를 보냈어요. 노 대통령은 그 편지를 나한테 줬습니다. 읽어 보니까 괴상망측한 것이에요. 대통령을 둘러싼 사람들이 권력을 계속 유지하려고 온갖 수단을 동원하려는 그런 내용이었습니다.

무슨 얘기냐 하면 그때는 국회의원에 당선되려면 돈을 최소한 10억 원에서 많게는 30억 원은 써야 돼요. 대통령의 입장에서 휘하에 국회의원을 많이 거느려야 권력유지가 가능하다는 이런 판단을 한 것이에요.

대통령 주변에서 건의한 편지 내용을 보면 '한전의 1년 계약고가 얼마이고, 조달청의 계약고가 얼마인데 그것을 1%나 2%씩만 떼면 얼마고…' 이런 식까지 얘기하고 있었어요. 그것을 내가 다 불 질러 없애 버렸는데 이게 나중에 자꾸 구체화되는 것이에요. 그래서 노태우 대통령을 독대해서 반대의견을 건의드린 적이 있어요. 그게 화근이었습니다.

세 번째로는 명목상의 대의명분으로 대구에서 정호용(鄭鎬溶) 의원이 당선되면 야당이 도저히 협력을 못하겠다, 그러니까 나를 차출한 것이에요. 당시 여야가 5공 인물이었던 정 의원 등을 정치에서 손을 떼게(공직 사퇴) 한다는 데 합의했습니다. 그런데 본인이 받아들이지 않는 한 억지로 국회의원에 못 나오게 할 수는 없잖습니까. 그러니까 정호용 씨가 국회의원에 당선이 안돼야 하는데 대구에서 워낙 인기가 높으니까 그분과 싸울 사람이 없었어요. 앞서 장관도 하시고 대구시장을 역임하신 이상회 씨, 그다음에 이상연 씨, 이런 분들도 거론되었지만 싸움이 안 된다고 본 것입니다. 그런데 문희갑은 싸움이 된다고 판단한 것이지요. 그래서 내려가지 않으려는 사람을 내려보내서 국회의원을 하게 했지만 그다음에는 떨어졌죠.

얘기가 다른 데로 흘렀습니다만 금융실명제는 그렇게 된 겁니다. 그렇다고 토지공개념 제도는 그냥 쉽게 이뤄진 것이냐 하면 그것도 아니죠. 우여곡절이 너무 많았습니다.

이계민 그 얘기도 좀 자세히 들려주시면 좋겠습니다.

단명에 그친 「토지공개념 3법」

문희갑 토지공개념 입법과 신도시 건설 등을 설명하기 위해서는 청와대 경제수석으로 부임할 때의 경제상황과 과제 등을 먼저 짚어볼 필요가 있어요.

사실 1988년 서울올림픽을 전후해 우리 경제는 3저 호황을 누렸지요. 국제수지가 흑자로 반전되어 한마디로 풍요를 만끽했다고나 할까요. 그런데 88올림픽이 끝나기가 무섭게 1989년 초부터 경기가 곤두박질치고, 국제사회에서는 한국 경제가 '종이호랑이에 불과하다'[24]는 비아냥거림마저 등장하기 시작했습니다.

---

24 아시아의 4마리 용, 또는 아시아의 4마리 호랑이는 아시아에서 일본에 이어 근대화에 성공하고, 제 2차 세계대전 이후 경제가 급속도로 성장한 동아시아의 4개 국가인 대한민국, 싱가포르, 중화민국(대만), 홍콩(현재는 중국의 일국양제 정책에 의해 특별행정구로서 자치 행정구역)을 일컫는 말이다. 이러한 말이 1980년대 말에 유행했으나 한국의 성장은 노동이나 자본 등 생산요소 투입이 많아 성장한 것이어서 지속적 고도성장은 어렵다는 비관적 전망을 내세우며 종이호랑이에 불과하다고 지적한 학자(미국의 폴 크루그먼 MIT 교수)들도 있었다.

왜 그랬을까요. 한마디로 물질만능주의 풍조가 짙어지면서 자본주의의 도덕규범이 파괴되고, 정치적 부패는 민주주의의 존립마저 위태롭게 하는 지경에 이르렀던 것입니다. 그뿐 아니죠. 땀 흘려 열심히 일하는 사람이 그 보람을 찾기가 어렵고, 질서를 지키는 사람이 오히려 손해 보는 상황이 진행되었습니다. 한탕주의, 한건주의, 일확천금의 사상이 판치고, 자연히 투기와 재테크, 탈세, 정경유착이 일반화되는 사회가 되고 있었습니다. 이게 88 올림픽을 전후한 우리의 사회상입니다.

청와대 경제수석으로 부임한 1988년 말 이후에는 경제상황이 악화되던 시점이었습니다. 예컨대 1988년 1/4 분기 성장률이 15%에 가까웠는데 1989년 1/4 분기에는 6~7%로 떨어졌습니다. 그러니 기업들은 아우성이었고, 경기부양 조치가 필요하다는 주장들이 많았을 때입니다.

그럼에도 불구하고 경기부양이나 경제안정 조치보다는 근본적 경제구조 개혁이 장기적으로 필요하다고 판단했습니다. 그래서 여러 가지 개혁정책들을 강력하게 밀어붙인 것이지요. 우선 토지공개념의 정착부터 시작해서 금융실명제의 실시, 경제력 집중 완화, 조세정의 실현 등이 꼭 필요하다고 판단했습니다.

그게 만만치가 않았어요. 당시의 경제상황에 대해 경제부처 쪽에서는 경기부양책을 먼저 써야 한다는 쪽에 오히려 무게를 두는 바람에 내 견해와는 경제개혁에 대한 인식차가 컸습니다. 이른바 경제구조 논쟁도 있었지요. 과감한 개혁이 필요하다는 구조론이 제 의견이라면 경기를 살려가면서 점진적으로 개혁해가야 한다는 수선론이 경제부처에서 제기됐지요.

이계민 당시가 조순 부총리 시절인가요?

문희갑 그렇습니다. 조 부총리께서도 내가 청와대에 간 것과 같은 날짜에 부총리로 들어오셨지요. 이 시기에 언론들은 조순 부총리와 사사건건 대립하고 파워게임을 한다는 식으로 불화가 있는 것처럼 보도하고 그랬습니다. 그러나 앞서 얘기한 대로 경제개혁에 대한 견해 차이가 다소 있었지만 불화라고까지 보기는 어렵지요. 언론들이 좀 과장했던 것 아닌가 싶습니다.

어쨌든 그런 경제부처 쪽과의 견해 차이로 개혁의 여건은 점점 불리해지기 시작했지만 미룰 수는 없었습니다. 그런 판단에서 토지공개념 입법을 강력히 추진했습니다.

토지공개념 제도란 토지를 국유화하자는 것은 아니지요. 토지공개념은 개개인의 재산권은 인정하되 망국적인 땅투기를 근절시키고, 좁은 국토를 효율적으로 이용하기 위해 토지 소유와 이용, 그리고 개발을 공공복리에 맞도록 하자는 것입니다. 우리나라 헌법에도 재산권의 행사는 공공복리에 적합하도록 해야 한다고 돼 있어요. 우리나라의 좁은 땅덩어리를 생각하면 더욱 그렇지요.

그래서 토지공개념제도의 도입을 추진하게 된 것입니다. 우선 1989년 6월에 토지공개념 도입 관련 3개 법안의 초안은 건설부가 만들어 정부와 민정당 사이에 당정협의가 시작되었습니다. 물론 당시에 정부와 여당 사이에는 견해차가 많았습니다. 여당과 견해차가 있는 것이 추진하는 데 가장 큰 걸림돌이었어요. 찬반여론이 비등하고 공방도 많았습니다만 1989년 7월에「택지소유 상한에 관한 법률안」과「개발이익 환수에 관한 법률안」이 입법 예고되었습니다. 위헌 여부 논란까지 대두됐지만 밀어붙였지요. 반대하는 경제계와 여당에 대한 일종의 선전포고라고나 할까요.

경제계와의 협의도 많이 했습니다만 당시에 경제계의 어떤 분들은 나를 '미친 사람'이라고까지 한다는 얘기도 들렸어요. 또 개혁의 필요성을 강조하다 보니까 한 신문과의 대담에서 개혁을 늦추면 혁명이 온다고 역설하는 바람에 나중에 유행어가 될 정도였습니다. 그런데도 늦추지 않고 8월 25일에「토지초과이득세 법안」까지 입법 예고하고 나섰습니다.

당시 정치권에서는 야당은 찬성하고 여당은 반대하는 양상이었습니다. 3야당 중 김영삼 총재가 이끄는 통일민주당은 정부의 3가지 법안에 찬성하면서, 오히려 여기에 추가해 총괄적「토지기본법」의 제정을 요구했습니다. 김대중 총재가 이끄는 평화민주당은 정부 법안을 원칙적으로 지지하되 정부 법안보다 토지공개념의 취지가 더 강화되어야 한다는 의견이었습니다. 김종필 총재가 이끄는 신민주공화당은 정부의 3가지 법안을 전면 수정, 보완하든지 그렇지 않으면 폐기하거나 세제개편으로 대체할 것을 주장했습니다. 분명한 반대의견입니다.

여당인 민주정의당 쪽에서는 택지소유상한제는 사유재산권의 침해로 이는 자본주의 체제에 대한 도전이기 때문에 '초과소유 금지'를 '초과소유 중과세'로 수정하고, 개발이익 환수와 토지초과이득세는 조세저항이 크므로 양도소득세와 종합토지세의 강화 및 과세표준 현실화로 대체할 것을 주장했습니다. 표면적으로는 내용의 완화 내지 실시 시기의 조정을 요구하고 있지만 내면적으로는 토지공개념 도입의 유보를 강력히 요구하고 있었던 셈입니다.

그럼에도 정부는 토지초과 소유에 대한 중과세는 엄청난 조세저항을 막기 어렵고, 과세표준 현실화는 많은 중산층의 부담가중에 대해 오히려 저항이 클 것이라고 항변했습니다. 또 양도소득세나 종합토지세 등의 중과세로는 투기근절이 불가능할 뿐만 아니라 토지 소유자가 토지를 팔려고 하지 않기 때문에 오히려 토지부족 현상이 심화될 것이고, 아울러 세금이 땅값에 전가될 가능성이 높다는 이유를 들어 여당의 의견을 받아들이기 곤란하다고 맞섰습니다. 정부와 청와대는 여당의 이런 요구에도 불구하고 정부 원안대로 법안을 국회에 제출하기로 했던 것이지요.

이계민 여당이 반대하면 사실상 입법 추진이 불가능하지 않습니까?

문희갑 당연하죠. 그래서 애를 먹었어요. 1989년 8월 25일 「토지공개념 3법」의 입법 예고가 있었는데 숨 가쁜 며칠이 지나고 나서 8월 30일에 민정당의 당직이 개편되어 사무총장이 바뀌게 됩니다. 그러면서 31일에 '토지공개념제도 심사 소위원회'가 가동되기 시작합니다. 당시에 위원장은 아무도 할 사람이 없어서, 바꿔 말하면 아무도 하지 않으려고 하니까 공석으로 두고, 간사만을 선임했습니다.

그러면서 정부에서도 여러 가지 보완책을 검토하기도 했지요. 입법의 효율적인 추진과 중산층 부담 완화를 위해 토지공개념 입법과 과세표준 현실화를 분리해서 추진하기로 하는가 하면 국무위원 간담회에서는 토지공개념 도입 법 제정을 원칙으로 하되 부작용이 예상되는 문제는 보완하자는 의견을 냈습니다.

당시 민정당에서는 정부안을 대폭 수정한 안을 만든 것으로 알려졌어요.

즉 각종 세율과 부담금을 큰 폭으로 완화하고, 택지상한은 1가구 1주택에는 적용을 배제하고, 초과소유에는 중과세하도록 하며, 토지초과이득세는 영구세가 아닌 한시세로 하거나 아니면 2~3년간 보류하는 안이었습니다. 토지공개념의 골격을 근원적으로 희석시킨 안을 만든 겁니다.

문제는 9월 5일에 청와대에서 대통령이 주재하는 민정당 당직자 회의가 열렸다는 점입니다. 이 회의는 민정당의 공개념 제도 소위에서 만들어진 수정안을 당론으로 확정, 대통령의 결심을 받기 위해 당 쪽에서 회의 개최를 요구했던 것이지요. 그런데 회의가 시작되기 몇 시간 전에 충격적인 얘기를 듣게 됩니다. 내용인즉 앞에서 설명한 민정당 소위의 수정안을 회의 전날인 9월 4일 저녁에 경제수석비서관도 모르게 대통령에게 사전 보고하고, 대통령도 여기에 대해 별 이의가 없었다는 것입니다. 나는 무척 화가 치밀었지만 참아가면서, 회의가 시작되기 직전 노태우 대통령을 찾아가서 토지공개념 제도 관련한 정부입법안의 골격이 유지되어야 하고 원안대로 추진되어야 한다는 점을 다시 한 번 강력히 건의했습니다.

그러고 나서 회의가 시작됐는데 이날 회의에서 민정당이 당 안을 보고했고, 이러한 당 안에 대해 당직자들과 긴 시간 치열한 공방을 벌였습니다. 상당히 격앙된 분위기였습니다만 당의 주장을 혼자서 하나씩 대응할 수밖에 없었죠.

이계민 방어에 성공하셨나요?

문희갑 이날 대통령께서 최종적으로 투기억제와 불로소득 근절이라는 토지공개념 정신을 살리고 한편으로는 중산층의 세 부담이 과하지 않도록 배려할 것을 지시했습니다. 그러면서도 민정당이 개혁에 앞장서는 정당이라는 인식을 주고, 국민적 뒷받침을 얻도록 힘쓰라고 결론을 내렸습니다. 물론 정부와 여당은 국민 입장에서 많은 여론을 수렴하고 당정협의가 원활히 이루어지도록 노력하라고 당부하기도 했습니다. 일종의 타협안을 제시한 셈이죠.

그 회의가 끝나자마자 토지공개념과 관련한 정부 당국자 회의를 청와대에서 소집하고 대통령의 뜻을 전달했습니다. 즉 토지공개념 제도의 골격은 불변이고, 골격유지 범위 내에서 민정당 의견을 수렴하도록 했습니다.

결국 약간의 손질이 있었는데 택지초과소유의 강제처분을 삭제하는 대신 부담금을 징수토록 하고, 개발이익환수 비율을 75%에서 50%로 경감하기로 했습니다. 또 토지가격이 1.5배 이상인 지역은 이 비율을 일괄 적용하지 않고 매년 재무부 장관이 지정하도록 법안을 수정했습니다.

이계민 그다음은 어떤 절차를 밟았나요?

문희갑 민정당도 정부안 수용을 박태준 대표가 발표하고, 9월 11일에는 정부·여당 안이 합의에 이르렀습니다. 9월 22일에는 국무회의를 거쳐 국회에 법안을 이송했지요. 그때는 참으로 감회가 깊었습니다. 그동안 일부 국무위원들의 격렬한 반대는 물론 주무부처인 건설부와 재무부, 그리고 EPB가 당한 고초는 말로 표현하기 힘들 정도로 컸습니다. 왜냐하면 정치인이나 재계 등의 반대가 워낙 심한데다 특히 부동산을 많이 소유하고 있던 법조계 등의 공격이 무척 심했던 때문이지요.

그해 10월 20일부터 국회심의가 시작되었는데 여소야대 국회인 까닭에 야당의 적극적 지지를 받는 법안이어서 통과에는 거침이 없었지요. 그러나 거기에 이르기까지는 정말 애로가 많았습니다.

당시에 평화민주당의 김대중 총재와 통일민주당의 김영삼 총재를 만났더니 두 분 다 'OK'였어요. 그런데 신민주공화당의 김종필 총재는 안 된다는 거예요. 더구나 여당인 민정당에서는 앞에서 이미 보았듯이 말도 못 붙이게 했어요. 그런데 문제는 땅값이 매일 아침에 자고 일어나면 엄청나게 올랐습니다. 압구정동 아파트는 하룻밤 자고 나면 집값이 2천만 원, 3천만 원씩 올라갔습니다. 그러니 노태우 대통령도 '토지공개념 제도 도입하자'고 그랬습니다. 그래서 우여곡절을 겪었지만 그 법안을 국회에 넘겼더니 국회는 여소야대이니까 통과됐습니다. 통과돼서 부동산 가격, 집값은 그래도 완전하게 안정시켰는데 나중에 전부 흐지부지돼 버렸더라고요.

국회의원 선거에서 떨어지고 1993년에 미국 예일대에 공부하러 간 사이 위헌판결과 헌법불합치 판정 등으로 기능이 정지되다시피 했습니다. 이것 역시 안타까워요. 지금도 땅 문제는 심각하지 않습니까?

이계민 토지공개념 입법과 함께 신도시 건설과 주택 2백만 호 건설계획도 주도적으로 추진하신 것으로 압니다. 주택 2백만 호 건설계획은 1989년 4월 27일에 당시의 박승 건설부 장관이 발표했지요. 6공 노태우 경제를 재조명한 책 《경제가 민주화를 만났을 때: 노태우 경제의 재조명》[25]을 보면 '신도시 건설은 6공 정권 두 번째 경제수석인 문희갑이 앞장서서 이끌고, 박승 건설부 장관이 밀어 굴러간 거대한 수레바퀴라고 할 수 있다'고 기록돼 있습니다.

거기에다 그해 6월에는 종합토지세제 도입이 발표됐습니다. 말하자면 부동산 투기에 대해 융단폭격이 내려진 셈인데, 신도시 건설과 주택 2백만 호 건설은 너무 무리한 계획이 아니었나요?

투기 잡고도 욕먹은 '주택 2백만 호 건설'

문희갑 당시의 주택가격 동향이나 투기 양상을 보면 그렇게 말할 수 없어요. 획기적 조치가 불가피했다고 봅니다. 정말 그때는 주택 수요가 엄청났습니다. 2백만 호 주택을 건설하지 않으면 집값을 안정시킬 수가 없었어요. 다소 무리하다는 것을 알면서도 추진하는 길 이외에 대안이 없다고 판단했습니다.

그런 판단과 소신에 따라 추진했는데 그에 대한 비판과 모함은 참 많았어요. 당시에 당황할 정도였습니다. 소신을 갖고 일하는 많은 공직자들을 실망시키기에 충분했고, 나 역시 우리 사회의 그런 병폐에 대해 수없이 원망하고 눈물까지 흘렸습니다. 일부 언론에서는 신도시 입지 결정이 밀실에서 극비로 결정됐다고 지독히 비판하기도 했지요. 또 신도시 건설 확정 사실을 사전에 알고 그곳에 투기한 징조가 있었다면서 신도시 건설작업에 참여했던 사람들에 대해 검찰조사가 이루어지는 등 시련을 겪기도 했습니다. 참으로 한심한 노릇이지요. 어떻게 이런 정책이 사전에 공개적으로 검토될 수 있다고 생각했는지 이해가 안돼요.

●
25 이장규 외, 2011, 《경제가 민주화를 만났을 때: 노태우 경제의 재조명》, 올림.

364

어쨌든 신도시 건설 입지를 확정하기 위해 헬기를 타고 현장을 답사하는 등 그 나름대로 최선을 다했다고 자부합니다. 뿐만 아니라 부작용을 최소화하기 위해 대통령이 주재하는 장관회의를 매월 개최하여 문제점들을 즉각 해결하도록 하였고, 나중에 발생된 자재파동과 인력난도 미리 예견하여 분야별 범부처적으로 실무대책반을 구성하여 운영하였습니다.

문제가 생긴 것은 경제수석을 그만두고 청와대에서 나온 이후입니다. 경제수석 할 때는 2백만 호 주택을 건설하면서 매년 건설물량을 할당했어요. 다시 말하면 주택 2백만 호 건설은 애초에 5년에 걸쳐서 완료하고, 따라서 매년 40만 호씩 건설하도록 돼 있었습니다. 그때 우리나라의 건설업의 주택건설 능력이 1년에 30만 호가 최대로 지을 수 있는 한계였어요. 그러니 1년에 40만 호 짓는 것도 무리였지요. 그래도 건축자재별로 태스크포스를 만들어서 심지어 배관부터 시작해서 주택 건설하는 데 들어가는 자갈, 모래, 시멘트 등 여러 가지 자재수급은 물론이고, 미장하는 데 들어가는 인력 등 이런 것까지 전부 청와대에서 태스크포스를 만들어서 지원했습니다.

그렇게 집을 많이 지어내는데, 그래도 계속 팔리고, 거기다 프리미엄까지 붙으니까 주택업자들이 1년에 50만 호, 어떤 해는 70만 호까지 지었단 말이에요. 그렇게 하니까 문제가 생길 수밖에요. 더구나 내가 청와대를 떠난 뒤에 김종인 경제수석이 들어와서 그런 태스크포스를 다 없애 버렸습니다. "이런 것을 실무부처에서나 하지 왜 청와대에서 하느냐?"는 이유였지요. 그렇게 없애 버리니까 실무부서에서 원활히 추진이 되나요? 안 되니까 자재파동이 나서 물가폭등이 일어나고 그다음에 자재를 수입하고 해서 욕 많이 먹었습니다.

심지어 바다모래로 했기 때문에 20층짜리 다 무너진다고 해서 국회의원에 낙선하고 미국에 가 있는데 한국에서 들어오지 말라고 하는 것이에요.

"아파트 넘어지면 죽으니까 들어오지 말라"

이런 소리까지 들었다고요. 나중에 들은 얘기지만 김영삼 대통령도 나를 오해했다고 해요. "그때 문희갑 수석이 주택 2백만 호 건설을 추진해 자재파동을 내서 우리 경제 국제수지가 적자가 났다" 이렇게요. 물론 나중에 한이헌 경제수석이 청와대에 들어가서 설득시키고, 오해는 풀렸다고 들었습니다만.

그때 바다모래는 최소 10번은 씻어 사용하도록 했습니다. 바다모래는 5번만 씻어도 되는데 10번을 씻어서 하면 강에서 나오는 모래보다 몇 배 강합니다. 지금 분당, 일산에 있는 아파트가 제일 강하잖아요. 분당, 일산, 신도시 6개 만들어서 욕을 얻어먹고 그랬는데 지금 와서는 칭찬도 좀 듣습니다.

이계민 엄청난 물량이 한꺼번에 지어졌으니 부작용은 불가피했겠네요.

문희갑 그보다도 집이 잘 팔리니 많이 지을 수밖에 없었던 것 같아요. 앞서도 얘기했지만 당초 계획했던 대로만 차질 없이 추진됐어도 문제가 없었을 텐데… . 분양이 잘되고 많이 지으니까 주택 2백만 호 건설이 목표연도 이전에 모두 달성됐습니다.[26]

지금 얘기이지만 그때 지었던 집들은 다 좋아요. 동(棟) 간의 거리도 충분히 넓고, 단지 안에 녹지도 다 만들고 해서 욕은 얻어먹었지만 분당, 일산은 지금 얼마나 살기 좋은데요. 내가 지금 살고 있는 이곳[27]은 전부 다 자연, 천연소재 아니에요? 시멘트 한 톨 없어요. 그러니까 건강하잖아요. 낙향해서 사는 게 무척 좋고 의미도 큽니다.

내 생각으로는 고위직을 지내고 나면 낙향해야 된다고 봅니다. 옛날 우리 선조들은 영의정을 하고 좌의정, 우의정 지내고 판서를 지내도 딱 벼슬 그만두면 지방에 내려와서 지방 사람들과 같이 살면서 지방의 어려움을 스스로 느끼고 그랬습니다. 그래야 다시 또 벼슬해서 올라가게 되면 지방 사정이 반영이 됩니다. 그런데 요즈음에 보면 벼슬한 사람치고 지방에 내려와 사는 사람 많지 않아요.

이계민 청와대에 재직하실 때 강력한 증시부양 조치가 나온 적이 있지요. 이른바 '12·12 조치'[28]로 알려져 있습니다만 투신사들이 주식을 무제한 매입하

---

26 그러나 주택수요가 늘어남에 따라 주택 2백만 호 건설사업은 당초 계획보다 1년 반 가까이 앞당긴 1991년 8월에 달성됐다. 계획연도였던 1992년까지 5년간 건설 공급한 주택 수는 271만 7천 호였다. 이에 따라 주택보급률은 1987년 69.2%에서 91년에는 74%, 1992년에 76%까지 높아졌다.

27 문희갑 전 대구시장은 대구광역시 달성군 화원읍 본리 373호에 있는 남평 문씨 본리 세거지에 살고 있다. 여기는 1995년 5월 12일 대구민속자료 제3호로 지정된 곳으로 18세기 초부터 남평 문씨 일족이 터를 잡고 살아온 집성촌이다.

도록 하고, 주식 매입자금을 발권력을 동원해서라고 공급해 주겠다고 하는 것이 주된 내용이죠.

문희갑 사실 신도시 건설이나 주택 2백만 호 건설 같은 정책들이 신랄한 비판을 받을 때도 분명히 '그것은 내가 주도해서 입안되고 추진된 것'이라고 떳떳하게 밝혔습니다. 그런데 증시부양 조치는 전혀 모르는 사이에 입안되고 발표됐어요. 이미 정부시행안의 내용이 언론 브리핑을 위해 기자실에 넘겨진 뒤에야 알게 됐습니다. 세상에서는 이같이 중요한 정책이 어떻게 경제수석과 상의도 없이 입안 시행될 수 있느냐고 믿지 않는 분들도 많았지요.

'경제개혁이 나라를 살린다'

예산실 직원들의 희생정신

재정 건전성 유지는 한국 경제의 예나 지금이나 변함없는 정책과제의 하나다. 특히 2000년대에 들어오면서 복지정책의 확대에 따른 재정수요의 급증, 그리고 그에 따른 국가부채의 누적 등 재정운용과 관련해 우려되는 점이 한두 가지가 아니다. 그나마 앞에서 살펴본 1980년대의 강력한 재정개혁이 아직은 세계 어느 나라에 못지않은 재정 건전성을 유지한다고는 하지만 재정적자의 증가율이나 국가경제 규모에 비교한 국가부채 비율의 급속한 상승 등은 경계수위에 육박한다는 것이 대다수 재정학자들의 평가다.

근래 들어 국가부채 규모의 범위나 기준을 바꾸고 재정운용의 준칙을 만들어 지나친 적자를 사전에 통제해야 한다는 의견들이 많이 제시되고 있다. 특히 지방재정의 부실화와 낭비는 아직 규모는 크지 않다 하더라도 그 행태는

---

28 증시 주가폭락이 지속되자 1989년 12월 12일 재무부는 증시부양책을 발표했는데 그 주요 내용은 시중 은행자금 2조 7천억 원을 3대 투자신탁회사(한국, 대한, 국민)에 대출하여 주식을 무제한 매입토록 조치한 것. 특히 이때 정부는 한국은행 발권력을 동원해서라도 주식매입자금을 무제한 공급하겠다고 밝혀 논란이 됐다.

시정하지 않으면 안 될 관심사이다.

이계민 정부 재임 시의 주요 정책과제에 대한 이야기들을 나눠 보았습니다만 사실 이번 대담은 재정개혁과 예산개혁이 주 의제였습니다. 얘기 중에도 간간히 들려주셨습니다만, 요즈음의 재정운용과 관련해서 특별히 느끼시는 점이나 당부하고 싶은 얘기가 있다면 결론 겸해서 말씀해 주시지요.

문희갑 제일 중요한 것은 정치체제가 어떻게 변하든, 아무리 내각책임제가 되고, 또 의회민주주의가 되고, 의회우선주의가 돼도 재정만은 정치적 포퓰리즘에서 벗어나 건전하게 운용돼야 한다는 겁니다. 그래서 미국은 의회 안에 예산기구가 있지만 종국에는 대통령 산하에 있는 OMB의 조정을 받게 돼 있어요. 그래서 미국 의회도 재정에 관한 한 권한이 없습니다. 그것을 상원에서 개별 법안 같은 것을 만들어도 OMB에서 예산을 안 주면 그것은 끝이에요. 그만큼 재정은 독립성을 유지해서 미국 같은 나라도 대통령 바로 밑에 OMB를 두고 있습니다. 일본이 저렇게 된 것도 결국 대장성 이름도 바꿔 버리고 주계국을 무능화시킨 결과라고 봅니다. 그래서 이런 교훈을 우리나라에서도 얻을 뿐 아니라 유럽을 비롯해서 미국, 일본에서 교훈을 얻어서 앞으로 우리 재정을 살리려면 재정에 관한 한은 의회로부터, 또 대통령이나 사법부로부터 독립되는 제도를 만들어야 돼요.

이계민 대담을 준비하면서 이런저런 자료들을 종합해 보면서 개인적으로 느낀 것은 우리나라 예산제도가 그때, 즉 1980년대 5공 정부 때 다져 놓은 제도와 기본이 지금까지도 한국이 건전재정 국가로 남아 있는 초석이 됐구나 하는 것이에요. 아직도 우리나라가 다른 선진국에 비해 상대적으로 큰 틀에서 건전재정을 지키고 있다는 것은 그런 노력의 결과라고 봅니다.

문희갑 그게 EPB가 있어서 그런 성과를 거뒀다고 생각합니다. 당시 EPB에 우수한 사람들이 많이 모여 있었기 때문에 그런 개혁이 가능했던 겁니다.[29] 특히 예산실에 많았지요. 오세민, 강봉균, 한이헌, 안병우 등이 그러했고.

이름은 잊어버리기도 했지만 인재들이 많았어요. 일당백들이었지요. 나중에 다들 장관도 했지요. 그런 사람들이 있었기 때문에 재정개혁도 가능했던 것이에요. 정말 예산개혁 작업을 하는 과정에서 저를 포함해서 예산실 직원, 그 당시 130여 명이었는데 그 사람들의 노고가 기본바탕입니다. 이 점만은 꼭 강조하고 싶습니다.

세출 몇조 원 늘리는데 눈 깜짝 안 하는 세태 : 재정절약 정신 실종, 걱정스럽다

이계민 마무리 말씀해 주시지요.

문희갑 사람들에게 나는 무척 강성 이미지로 굳어져 있습니다. 앞서도 얘기했습니다만 어떤 사안에서는 '미친 사람'이란 소리까지 들었지 않습니까? 그런 개혁 마인드는 갑자기 튀어 나온 것이거나 일시적인 게 아닙니다.

장기간 누적된 한국 경제의 병폐를 직접 체험하고, 그 심각성을 누구보다 잘 알기 때문에 고질적 병폐들에 대한 과감한 수술, 즉 경제개혁을 단행하지 않으면 나라와 경제가 지속적으로 발전하기 어렵다고 확신하기 시작한 것은 1980년대 중반부터였습니다. 당시에도 재벌들을 그 상태에 그대로 놔두면 이 나라 경제는 경제력의 지나친 집중으로 일부 재벌 공화국이 될 수밖에 없다고 생각했습니다.

그런데 아직도 고쳐지지 않고 있어요. 지금 중산층이 나날이 줄어들고 극빈계층이나 저소득 계층은 실의에 빠져서 희망과 용기를 잃고 있으니 사회의 혼란은 더 심화되고 좌경화 세력까지 크게 늘어나고 있어요.

---

29 1982년도 예산실 과장급 이상 간부명단은 다음과 같다.
- 예산실장 : 문희갑
- 심의관(3명) : 민태형, 유경종, 이상만
- 과장(12명) : 예산총괄-오세민, 예산정책-강봉균, 예산관리-도기갑,
  내무법사(예산담당관)-장승우, 행정-이재호, 방위-엄호석, 문교-안병우,
  건설교통-한이헌, 농수산-최경오, 상공-강희복, 보건사회-최재웅, 공기업-김익수

우리나라 대기업 몇 개가 지금 우리나라 GNP의 상당부분을 차지하고 있고, 수출의 거의 전부를 차지한다고 해도 과언이 아닐 정도입니다. 대기업이 없으면 나라가 망할 정도의 상황에까지 와 있습니다. 때문에 대기업들이 끝없는 탐욕을 좀 줄이고 자기 절제를 하면서 나라 경제 전체를 걱정하는 방향으로 가도록 스스로 노력해 주면 좋겠는데 그렇게 하기가 어려운가 봐요. 우리나라에서도 빌 게이츠나 워런 버핏, 카네기나 록펠러 같은 사람이 나와 주면 좋겠는데 … .

재벌들이 모두 자기 힘으로 큰 것이 아니잖아요. 1960년대 초에 외국차관 들여올 때 차관특혜를 받아서 회사 설립하고, 그다음에 개발연대에는 그 많은 국가정책 사업들을 대기업밖에 줄 수 없으니까 그것 다 주고 그랬잖아요. 경우에 따라서는 탈세나 부동산 투기도 마다하지 않았습니다. 이런 식으로 지금 재벌이 되었으면, 이제는 국민 경제를 위해서 국가에 기여도 하고 중소기업 특히 하청기업들과 극빈층을 위해서 과감히 양보와 지원을 해야지요.

그리고 부동산 투기를 안 해야 됩니다. 지금 우리나라 부자들의 90％가 부동산으로 축재했잖아요. 지금은 좀 시들해졌지만 아직도 돈 있어서 부동산 사 놓으면 틀림없습니다. 이곳 농촌도 대부분 땅 사 놓고, 그린벨트 풀려고 야단입니다.

「토지공개념법」을 제정하려고 할 당시(1988～1989) 우리나라의 소득 상위 5％ 해당자가 우리나라 가용토지의 65.2％를 소유했고, 소득 상위 10％ 해당자가 76.9％의 토지를 보유하고 있었습니다. 이들이 지가 상승으로 얻은 자본이득이 1985년 GNP의 14％에서 1989년에는 GNP의 60.3％가 되었습니다. 더욱 놀라운 것은 이들이 벌어들인 자본소득이 땀 흘려 일한 사람이 받은 전체 피용자보수의 1.36배에 달하니 그만큼 가만히 앉아서 돈을 벌어들인 것입니다. 그런데 이러한 부동산 투기가 사회의 상류층에서 더 많았다는 것이 너무나 놀라운 일입니다.

투기에 의한 불로소득의 확산은 경제에 치명적인 영향을 끼칠 뿐만 아니라 근로의욕의 상실과 부의 양극화 현상 심화 등으로 우리 사회를 병들게 하는 무서운 독소가 되기 때문에 국토 면적이 아주 작은 유럽 여러 나라는 일찍이 토지공개념을 도입하여 투기를 완전히 근절시켰습니다.

사회지도층은 법의 금지와 관계없이 본인이 투기하지 않는 것은 물론이고, 남이 부동산 투기를 하면 말려야 할 터인데 사회지도층이 땅투기에 열을 올렸으니 지금과 같은 사회갈등이 첨예하게 된 것입니다. 정부 출범 때마다 장관 등 고위직들의 청문회 과정에서 부동산 투기와 위장전입 등이 문제가 되지요. 그런데 투기로 엄청난 부를 축적하고도 그것이 무엇이 잘못이냐는 듯 항변하기도 합니다.

이제라도 정신 차려야 합니다. 세계가 저성장이다, 경기침체다 난리인데 우리라고 가만있으면 경제가 성장하고 부자나라가 되나요? 그래서 그때나 지금이나 경제개혁이 실질적으로 이뤄져야 우리나라도 정상적 선진국이 될 수 있을 것입니다.

《보리밥과 나라경제》에 이어서 출간된 그의 두 번째 저서 《경제개혁이 나라를 살린다》[30]의 마지막 부분 중 일부를 소개하는 것으로 인터뷰를 마무리하고자 한다.

"개혁이 성공한 이후 21세기의 우리 사회를 한마디로 표현한다면, 그것은 바로 정의가 강물처럼 흐르는 사회가 될 것이다. 누구든지 땀 흘려 일하면 원하는 것을 얻을 수 있는 풍요로운 사회, 공정한 경쟁의 규칙과 분배의 원칙이 지배하는 사회, 정의가 넘쳐흘러 누구라도 정당한 행동으로 불이익을 당하지 않는 사회가 바로 21세기의 한국이 될 것이다."

---

30 문희갑, 1992, 《경제개혁이 나라를 살린다》, 행림출판.

5

007 가방과 함께 시작된 세정 60년의 증언

세정의 투명화와 합리화

서영택은 1939년 경북 대구에서 태어나 서울대 경제학과를 졸업하고, 동 대학에서
경제학 석사학위를 받았으며, 미국 하버드 법학대학원(HLS)에서 국제조세과정을
수료했다.
1966년 9월 그해 생겨난 신생조직인 국세청에서 공무원 생활을 시작한 그는 1967년,
건국 이래 최대규모의 종합세제개혁 실무를 총괄하게 된다. 세제사적 측면에서 볼 때
1967년의 세제개혁은 1970년대 초반으로 이어지는 개발시대를 열기 위한 첫 관문으로
평가된다. 이후 1980년 재무부 세제국장, 1985년 세정차관보, 1988년 국세청장,
1991년 건설부 장관을 지냈다.

증언자

서 영 택

前 국세청장
前 건설부 장관

여명기의 세정(稅政)과 세제

'관 700' 번호판과 '007 가방'

1966년 3월, 서울거리 한복판에 특이한 번호판을 단 검은색 관용차량이 등장했다. '관 700'이라는 번호판이었다. 이 차에는 당시 사람들에게는 낯선 정부조직인 '국세청'의 초대 청장인 이낙선 씨가 타고 있었다.

국세청은 징세행정 강화를 통한 경제개발 자금을 조달하기 위한 목적으로 1966년 3월 3일 신설된 조직이었다. 초대 국세청장이 된 이낙선은 "징세행정 강화를 통해 내국세 규모를 700억 원까지 높이겠다"고 공언하면서, 자신의 관용차 번호판까지 '관 700'으로 바꾼 것이다. 이 청장은 청장으로 부임하자마자 이 특이한 번호판을 단 관용차를 타고 날마다 기업과 시장을 돌아다니면서 자진납세와 징세행정을 독려했다. 자동차가 귀하던 시절인데다 차량번호가 워낙 특이하여 상인들은 이 차가 나타나면 누가 '떴는지' 금방 알아차리고는 바짝 긴장상태에 들어갔다.

이 청장은 또 국세청 조사직원들에게도 '007 가방'을 하나씩 사 주고 들고 다니게 했다. 007을 바꾸면 700(억 원)이 되니 내국세 700억 원 목표달성을 위한 그의 의지가 얼마나 강했는지를 보여주는 대목이다.

경제개발을 뒷받침하기 위해 장기적 관점에서 세제개편을 추진한 최초의 사례는 1960년 민주당 정권이 추진한 부흥세제로 기록된다.[1] 이후 5·16과 함께 군사정부가 들어서고 경제개발 5개년계획이 본격화되면서 개발과 투자를 위한 재정자금 수요가 급증했다. 눈에 불을 켜고 징세행정을 강화했는데 해마다 새롭게 등장하는 상품과 서비스마다 일일이 명칭을 붙여 세금을 물리는 바람에 '누더기 세제'라는 비판을 받을 수밖에 없었다. 또 영수증도 거래기록도 없어 탈세와 탈루세금이 횡행하다 보니 세제의 정비는 물론 징세행정의 강화가 절실한 형편이었다. 이 같은 징세행정 강화의 필요성이 독립적 징

---

1 민주당 정부는 '경제부흥 3개년계획'을 구상했다. 부흥세제는 이 구상을 뒷받침하기 위한 재원을 마련하고자 도입한 세제로서 22개 세법의 전면 개편작업을 추진했다. 구체적 지원작업은 미국의 세제 전문가들이 내한해 이뤄졌다.

| 홍은주 한양사이버대 교수(왼쪽)가 서영택 前 국세청장(오른쪽) 인터뷰를 진행하였다.

수조직, 즉 국세청 신설의 필요성으로 나타난 것이다.

국세청 이전의 조세행정기구는 정부수립 당시 만들어진 재무부 사세국이 거의 20년 가까이 변함없이 유지되었다.[2] 당시 사세국은 오늘날의 국세청과 세제실을 합친 것 같은 조직으로, 사세국장은 무소불위의 권력을 행사하는 자리, 재무부의 치외법권적 조직이었다. 힘 좋은(?) 자리다 보니 당연히 정치권과도 밀접하게 연결되었고 최상층부 권력기관의 입김도 강하게 작용했다. 장관이 국장을 마음대로 바꿀 수도 없었다. 지방 사세조직은 지역 토호세력가나 국회의원 등과 인맥이 닿아 있었다. 그러다가 독립적 징수행정기구의 필요성이 대두되면서 1965년 하반기부터 재무부 실무자 6인으로 구성된 '국세청 신설추진단'이 만들어졌다. 국세청 신설을 주도한 김정렴(당시 재무장관, 후일 박정희 대통령 비서실장 역임)은 다음과 같이 회고한다.

"1965년 국세청 신설기운이 대두하고 있었다. 나는 취임하자마자 재무부 내의 실무자로부터 국세청 신설에 관한 내용을 보고받았다. 그런데 지방청의 존폐 여부, 국세청과 재무부의 결재권 및 인사권 문제 등 기본문제를 놓고 갑론을박

2 재무부 사세국을 필두로 서울·대전·광주·부산의 4개 지방 사세청과 77개 지방세무서, 2개 지서로 구성되어 있었다.

하는 상황이었다. 나는 국세청을 신설하는 이상 강력한 국세청을 만들어야겠다고 생각하여, 지방청은 존속시키고 징세행정에 대한 정치적 책임은 재무부 장관이 지되 징세행정 일체를 국세청장에게 일임하고 인사권도 2급 이상에 대해서만 청장의 의견을 들어 행사하는 것으로 방침을 굳혀 국세청 신설안을 조속히 마무리했다."[3]

정부안이 확정되자 1966년 2월 8일, 국세청 신설을 내용으로 하는 정부조직법 개정안이 국무회의를 통과했다. 이 법안은 곧바로 국회로 넘어가 2월 15일 국회본회의 의결을 통과하는 등 일사천리로 진행되어 같은 해 3월 3일 국세청이 문을 열었다. 우리나라 최초로 독립 징세관청이 등장한 것이다.

국세청은 본청에 세정감독관, 기획관리관, 징세국, 직세국, 간세국, 조사국, 지방청에 징세조사국, 부과국, 총무과 등을 둔 기관으로 출범했고[4] 초대 국세청장에는 대통령의 신임이 두터웠던 이낙선 씨가 취임했다.

서영택은 당시 신생 국세청에 배속되었던 고시출신 재무부 사무관들 가운데 한 사람이었다. 고시에 합격한 후 공군장교로 복무하고 재무부로 돌아온 그는 첫 보직을 재무부에서 받기를 원했으나 장장 4년 6개월이나 되는 군복무를 마치고 돌아와 보니 군복무를 면제받았거나 짧은 기간 동안 다녀온 고시 동기들이 이미 자리를 다 차지하고 있어 갈 만한 자리가 마땅치 않았다. 이 때문에 그는 1966년 9월 공무원으로서의 첫 출발을 그해 봄에 생겨난 신생조직인 국세청에서 시작하게 된다.

홍은주 당시 국세청 조직이 막 만들어져서 좀 어수선했을 것 같은데 가 보시니 분위기가 어땠습니까?

서영택 우선 가까운 천안 세무서에 가서 총무과장으로 일하라고 해서 처음 수습기간으로 6개월간 천안에 가서 내가 총무과장을 지냈습니다. 천안세무서에서 첫 근무를 했는데 서장은 EPB에서 서기관으로 승진해서 내려온 분이고 고

---

3 김정렴, 2006, 《최빈국에서 선진국 문턱까지 : 한국 경제정책 30년사》, 랜덤하우스코리아, 156쪽.
4 당시 조직은 본청(4국 13과)과 4개 지방국세청, 77개 세무서, 양조시험소 등으로 구성됐다.

시출신 사무관은 총무과장으로 온 나 혼자뿐이었습니다. 다른 과장들은 다 실무주사 출신들입니다. 그런데 이 사람들이 오전 9시가 출근시간인데 출근시간도 제대로 지키지 않고 제멋대로 출근해요. 알아보니까 다른 지방 세무서들도 분위기가 다 그렇다고 해요. 심지어 서울도 일부 그런 분위기였고.

내가 고시출신이라 주사나 과장들이 모두 나보다 나이가 많은 사람들인데 그래도 좀 기강을 잡기 위해 강하게 나가야겠다 싶었습니다. 서장에게 "제가 명색이 총무과장이니 알아서 하겠습니다" 했더니, 나에게 알아서 하라고 해요. 그래서 내가 출근부를 만들어서 강하게 기강을 잡았더니 얼마나 불평들을 하는지 몰라요. 그때 초임 사무관 눈으로 보니까 '일선 세무서라는 게 이렇구나' 싶은 게 너무 한심했어요. 예를 들어 그때 납세영수증이라는 게 있었습니다. 요즘은 은행에 가서 세금을 내는데 그때는 세금을 세무서에 직접 와서 내거나 직원들이 돌아다니면서 받았어요. 그런데 어떤 친구들은 저녁에 고스톱 치다가 주머니에 돈이 없으면 그 영수증을 현금 대신 쓰는 것이에요.

홍은주 호랑이 담배 먹던 시절의 옛날 에피소드네요 … (웃음). 당시는 전산화가 안 되어 있으니까 실제로 얼마를 징수했는지 체크할 방법이 없었겠습니다.

서영택 심지어 서장조차도 세무서 운영하는 데 돈이 급하면 세금 들어온 것 좀 빌려 달라고 해요. 그런 어수선한 분위기에서 지방세무서 근무를 6개월쯤 하다가 국세청 본부에 들어왔습니다. 본부에서는 기획관리실에 근무했는데 국세청 본청에 오니까 역시 지방과는 분위기가 확 다르더군요. 다들 굉장히 열심히 일하는 분위기인데, 나만 해도 그때 젊을 때니까 몸을 아끼지 않고 정말 열심히 일했지요.

인적 구성을 보면 기본적으로는 다 사세국 출신들이에요. 지방 사세청이나 재무부 사세국 출신들이고 외부에서 이낙선 씨가 데려온 사람들이 일부 있었습니다. 이낙선 청장이 그때 나이가 40대 초반쯤인데 국세청 국장들이 다 청장보다 나이가 많은 사람들이에요. 국별로는 역시 조사국 기능이 막강했습니다. 초대 조사국장은 이낙선 씨가 외부에서 데려온 서영철 씨였는데 이분이 참 대단했어요. 이낙선 씨의 뜻에 따라서 무섭게 움직였습니다.

이낙선 씨가 와서 제일 먼저 내건 슬로건이 '오명불식'(汚名拂拭)이었습니다. 당시 국세청이나 지방관청에 부조리한 행정이 많았거든요. 그리고 조사국 요원들한테는 당시 박정희 대통령이 직접 써 주신 '견금여석'(見金如石)이라는 슬로건을 강조했어요. 돈을 돌처럼 생각하고 받지 말라는 암중 경고였지요. 그리고 그때 조사요원들한테 가방을 하나씩 사 줬는데 그 가방이 007 가방이었어요.

홍은주 그런 가방을 사 주는 데 무슨 뜻이 있었나요?

서영택 007 가방이란 게 뭐냐, 거꾸로 하면 700이 되잖아요? '세수 700억 원 목표'를 달성하라는 뜻이었습니다. 그래서 다들 007 가방을 들고 다녔는데 그럴 정도로 우리가 강도 높게 징세행정을 추진했습니다. 그렇게 독려하고 강하게 추진해서 결국 그해 세수 705억 원의 목표를 달성했습니다. 전년도의 418억보다 68%가 증가했으니 대단한 실적이었습니다.

홍은주 자료를 보니까 1966년에 내국세 징수실적은 704억 원, 1967년에는 1,040억 원으로 증가했는데 새로운 세목을 억지로 만들거나 세율을 인상하지 않고도 세무조사와 세무행정의 강화만으로 거둔 성과였습니다. 그런데 이렇게 강도 높게 징세행정을 추진하는 과정에서 조세저항은 없었나요?

서영택 생각보다 조세저항이 별로 없었어요. 몇 가지 이유가 있는데 그때 조사국에서 세무조사 대상을 주로 대기업들로 집중했습니다. 당시에는 주로 설탕, 밀가루, 시멘트 이런 것이 주력 생산품이고 재벌이나 대기업들이 주로 하는 업종이었습니다. 그 사람들(대기업들)이 솔직히 국세청 발족하기 전까지 적당히 세금 내고 탈세도 좀 했겠죠. 자신들이 잘못한 게 많으니까 세무조사를 강화해도 별다른 항의를 못하는 것이죠.
대통령의 신임이 두터운 힘센 청장이 외부에서 온 데다 세무서 직원들도 잘못하다가는 자신들이 당하게 생겼으니까 절대로 적당히 봐주는 것 없이 무섭게 세무조사를 했지요. 그 결과 국세청 출범 첫해 세수목표 700억 원을 거뜬히 달성한 것입니다. 중소상인들이나 일반인들은 그 당시 세무조사 대상이 아니었습니다. 탈세를 많이 하는 큰 기업들만 조사했기 때문에 생각보다 조세저항은 별로 없었습니다.

홍은주 초대 이낙선 청장께서 굉장한 의지를 가지고 국세청의 기틀을 닦은 셈이군요.

서영택 그렇습니다. 이 기회에 제가 역대 국세청장들 이야기를 좀 하면, 초대 청장이 이낙선(李洛善) 씨고 그다음 2대가 오정근(吳定根) 씨, 그리고 3대가 고재일(高在一) 씨, 그다음 4대가 김수학(金壽鶴) 씨였습니다. 5공화국 들어오고 나서는 안무혁 씨가 국세청장을 지냈습니다. 그다음에 성용욱 씨가 청장을 하셨는데 일찍 그만두고 그다음에 내가 국세청장으로 들어왔습니다. 이 모든 분들 가운데서 특히 국세청의 기능을 제대로 발휘를 하고 기초를 세운 분은 이낙선 씨하고 고재일 씨 두 분이라고 생각합니다. 두 분 모두 조세전문가는 아니었지만 행정능력과 조직장악력이 특히 뛰어난 분들이어서 사실 초기 국세청의 기초를 탄탄하게 다졌다고 봅니다.

건국 후 최대 폭의 1967년 세제개혁

소득세율을 70%까지 올리다

국세청이 신설된 다음해인 1967년, 건국 이래 최대규모의 종합세제개혁이 실시된다. 세제사적 측면에서 볼 때 1967년의 세제개혁은 1970년대 초반으로 이어지는 개발시대를 열기 위한 첫 관문으로 평가된다. 제 2차 경제개발 5개년계획(1967~1971)을 본격 추진하기 위한 재정을 확충하고자 대대적 세제개편이 이뤄진 것이다.

당시 세제개편의 특징은 한마디로 세율의 대폭 인상이었다. 소득세, 법인세, 영업세, 상속세, 등록세, 물품세, 주세, 석유류세, 국세징수법 등 13개의 세법이 모조리 개정되어 세율이 올랐고 「부동산 투기 억제에 관한 임시조치세법」도 이때 만들어졌다.

특히 종합소득세가 부분적으로 '부활'되어 분류소득세제와 병행 실시되었다.[5] 당시까지의 소득세는 근로, 임대, 금융, 사업, 기타소득 등 각각의 소득에 대해 종류별로 나누어 소득세를 원천징수하는 분류소득세제를 택하고 있었다. 분류소득세제는 과세행정이 비교적 간단하며 근본적으로 탈세를 방지할 수 있는 장점이 있었지만, 세금의 가장 기본적인 정신인 '응능부담'(應能負擔), 즉 세금을 감당할 수 있는 능력과 담세력에 따라 과세한다는 취지를 제대로 살릴 수 없다는 문제점을 지니고 있었다.

따라서 재무부는 1967년 세제개편 때 고소득층을 대상으로 종합소득세를 물리는 제도를 병행한 것이다. 각각의 분류소득 규모가 일정 이상인 고소득자이거나 두 개 이상의 분류소득 합계가 5백만 원 이상인 경우는 종합소득세를 내도록 했다.[6] 사후적으로 볼 때 당시 개편된 소득세의 가장 큰 문제점은 비현실적으로 높은 고율이었다. 최고 70%의 세금이 부과되었던 것이다.[7]

누진적 구조도 복잡했다. 16단계나 되는 복잡한 소득세율 체계가 적용되었던 것이다.[8]

홍은주 1967년 세제개편의 주요 내용을 부탁드립니다. 그때는 국세청을 떠나 재무부로 옮겨가 세제개혁을 실무적으로 총괄하셨지요?

서영택 그렇죠. 당시 세제국에 1과, 2과, 3과 등 3개 과가 있었는데 그 가운

---

5 '부활'이라고 표현한 것은 종합소득세의 도입이 1967년이 처음은 아니기 때문이다. 건국 후 일반소득에 대하여는 종합소득세제가 도입되어 분류소득세제와 병행 과세된 적이 있었다. 1959년 종합소득세제가 폐지됐다가 1967년에 다시 살아난 것이다.

6 고소득자의 조건은 사업소득 연 300만 원, 부동산 소득 연 150만 원, 근로소득 240만 원, 배당소득 150만 원, 기타소득 100만 원 이상 사업자였는데 과세 대상자는 1969년 기준 1,273명에 불과했다. 나중에 종합소득세 과세 대상을 500만 원에서 300만 원으로 낮추자 1973년에 1만 명을 넘어서게 됐다.

7 물가상승으로 인한 명목소득 증가로 소득세가 급격히 누진적으로 늘어나자 각종 공제액이 늘어나게 된다. 또 비과세소득을 확대하고 누진적 세율구조를 완화하게 됨에 따라 최고세율은 55% 수준으로 낮아지게 되었다.

8 최저 8%에서 최고 70%까지 16단계의 누진구조가 적용되었다.

데 1과에 내가 총괄계장, 요즘으로 치면 조세정책과장 정도의 보직인데, 그 자리로 옮겨서 세제개혁을 총괄했습니다. 사실 1967년도 세제개혁은 조세체계를 정비하는 등 겉으로 내세운 명분 이외에 경제개발 자금을 확보하기 위해서 모든 세율을 올리는 것이 주된 목적이었습니다. 아시는 대로 1967년에서 1971년까지가 제2차 5개년계획 기간인데, 재정수요가 워낙 크게 늘다 보니 조세정책을 근본적으로 개편하고 대대적 세제개혁을 할 필요성이 커져서 추진된 세제개편인 것입니다. 한마디로 건국 이래 최대폭의 세제개혁이라고 해도 과언이 아닙니다.

그런데 사실 말이 개혁이지 지금 시각으로 보면 여러 가지 문제가 있었어요. 당시에 대외적으로 내세운 명분은 첫째 경제개발의 지원, 둘째는 세수증대와 공평과세, 셋째 세원의 확보, 넷째 세무행정의 합리화였는데 사실 다른 기본방향들은 다 명분이고 주목표는 경제개발 지원을 위한 개발지원 세제, 즉 세수확보가 주목표였어요. 왜냐하면 그 당시 경제개발 5개년계획을 뒷받침하기 위해서는 내자조달이 굉장히 중요한 시기였으니까요. 내자(內資)동원이 급하니까 세금을 더 받아야겠다, 그래서 소득세, 법인세, 상속세 그리고 물품세 등 세율만 잔뜩 올린 것에 불과했죠. 그 당시 조세체계는 아주 복잡했습니다. 세목이 13개나 되었어요. 그리고 법인세만 자진신고제도이고 소득세는 정부에서 개인별 소득세를 일방적으로 결정하는 이른바 '인정과세'였어요. 정부에서 "당신은 작년에 얼마의 세금을 냈으니 올해는 무조건 그 이상의 세금을 내라", 이렇게 결정해서 그냥 고지해 버렸습니다.[9] 개인들이 각자 그해의 소득을 신고하고 자료를 제출하면 이걸 국세청에서 보고 뭔가 빠진 게 있는지 체크한 후 세무조사를 나가는 '자진신고체제'로 바뀐 것은 훨씬 나중 일이에요.

그런 면에서 지금 시각으로 보면 세제 자체에도 좀 문제가 있었고 개발연대 초기였기 때문에 세정 자체도 민주화가 덜 되어 있었지만, 아무튼 당시로서는 엄청난 규모의 세제개편이 이뤄진 것이 1967년 세제개혁입니다.

---

9 1974년도 종합소득세제를 도입하면서 소득세에도 자진신고제도가 처음으로 도입됐다.

홍은주 그 정도 규모의 세제개혁이면 상당한 정치적 파장도 있었을 텐데 1967년 재무부에서 세제개혁을 진두지휘하셨던 분이 누구셨나요?

서영택 그 당시 서봉균 씨가 재무부 장관이었지만 실제로 이 세제개혁을 진두지휘하신 분은 정소영 씨였습니다. 정소영 씨는 재무부의 두 분의 차관보 가운데 내국세, 관세 담당인 세정차관보였는데, 그때 이분 나이가 고작 30대입니다. 정소영 씨가 청와대에서 EPB 및 재무부 담당 비서관을 지내고 나서 재무부 세정차관보 1급으로 바로 내려왔거든요. 박정희 대통령의 총애를 받던 분이니까 권한이 대단했고 대통령의 의중도 잘 알아서 주도적으로 세제개혁을 했죠.

　당시 제가 세제개혁에 참여해서 작업하다 보니 우선 세금의 종류가 굉장히 많았습니다. 소득세, 법인세, 영업세, 상속세, 등록세, 물품세, 주세, 석유류세 등 13개나 되는 세법이 있었는데 이것들을 모두 다 개정하고 거기다 「부동산 투기 억제에 관한 임시조치세법」도 새로 만들고 그랬습니다. 실무 작업은 세제 1과가 총괄하고 2과는 직접세, 3과는 간접세를 담당하면서 세제 개혁을 추진했습니다.[10]

홍은주 쓰신 책[11]을 읽어 보니 그때 고생을 엄청 하셨다고요? 매일 저녁 통금 이후 퇴근하는 바람에 부인께 오해도 좀 받으시고(웃음).

서영택 그때 내가 신혼 때인데 매일 밤 12시 넘어 늦게 들어가니까 우리 집사람이 사무실에 나 몰래 전화까지 한 일이 있었어요. 당시 오후 5시까지 재무부에서 일하고, 5시 이후는 지금의 앰배서더 호텔이 된 금수장 호텔에 가서 《세제개혁 백서》를 만들기 위해 밤늦게까지 더 일했습니다. 그때는 통행 금지가 있었으니까 11시쯤 일을 끝내고 12시 좀 넘어서 집에 돌아오곤 했는데 집사람이 신혼인데도 내가 매일 늦게 들어오니까, 요새 젊은 사람들 같으

---

10 직접세 담당인 2과가 많은 작업을 했고, 1과는 주로 세입예산, 세제개혁 총괄담당이었다. 당시 서영택은 1과의 총괄계장이었는데 2과, 3과가 작업한 세제개혁 내용을 모아서 총괄하는 업무였다.

11 서영택, 2008, 《신세는 악세인가?》, 모아드림.

면 당장 나한테 직접 따지고 할 텐데 나한테 직접 뭐라고 얘기는 못하고 사무실에다 몰래 전화를 한 모양이에요. 전화를 해서 "서 계장님 오늘 늦으십니까?" 하고 물어본 거죠.

그런데 전화 받은 친구가 "금수장 호텔 가셨습니다", 그런 거예요. 그 바람에 오해가 생겨 내가 집사람하고 싸우고 호텔 건을 해명하고 그런 일이 있었습니다(웃음).

그렇게 고생해서 1967년 세제개혁의 내용을 발표하고 나니까 각계각층에서 조세저항이 엄청나게 많이 일어났습니다. 세율을 너무 많이 한꺼번에 올렸으니까요. 특히 소득세와 법인세 그리고 상속세의 세율이 많이 올랐습니다. 예를 들어 법인세를 종전보다 평균 10%포인트나 올려 기업소득의 거의 반을 세금으로 떼는 것입니다.[12] 소득세율은 최고 55%로 인상하고 상속세율도 최고 70%로 올렸습니다. 그리고 당시 여러 가지 물품에다 과세했는데 그 물품세도 다 세율을 올렸고.

정치적 역풍 이겨낸 소신세율 인상

홍은주 그렇게 세율을 많이 올리니까 법인이나 개인이나 모두 세 부담이 커져서 조세저항이 클 수밖에 없었겠네요? 정치적 역풍이 꽤 심했겠습니다.

서영택 그렇죠. 특히 물품세 같은 경우에는 특정 물품의 세율을 얼마 올리느냐에 따라서 해당 기업의 존폐가 갈리기도 하고 엄청난 이해관계가 걸려 있기 때문에 정치적 로비도 들어오고 그랬습니다. 그 당시 여당인 공화당에서 기업로비를 받아서 우리에게 많은 압력이 들어왔죠. 신문에서도 빨래 쥐어짜는 그림을 만평에다 내는 등 비판이 대단했어요. 그때 전화가 굉장히 귀할 때고 재산목록 1호일 때인데 그 전화에다가 과세했더니 나한테 누가 전화해서 "왜 전화세만 신설하느냐? 오토바이세도 하나 만들지?" 이렇게 항의하고 야유하기도 하고 그랬습니다.

●
12 법인세율은 종전의 20~35%에서 25~45%로 올랐다.

그 과정에서 당시 세제국장이 김영일 씨라고 김영삼 전 대통령과 학교 동기인데, 그분이 엉뚱하게 피해를 입기도 했습니다. 요새는 국장이라는 자리가 어떤지 모르지만 그 당시에는 국장이 참 대단했습니다. 국장 선에서 모든 것을 결정하고 그 대신 잘못되면 국장이 다 책임지는 분위기였어요. 그런데 세제개편 이후 신문에서 대대적으로 비판하고 여기저기서 조세저항이 많이 생기니까 "세정 홍보를 어떻게 했기에 이렇게 됐느냐?"하고 위에서 역정을 내서 결국 그분이 세제국장에서 물러났습니다.

하여튼 당시 세제개혁 때 그 정도로 압력도 많고 비판도 높았습니다. 그런데도 재무부 세제국이 정치적 역풍을 이겨내고 소신대로 추진한 것은 대통령으로부터 큰 신임을 받던 정소영 세정차관보의 역할이 컸다고 봅니다. 이분은 미국에서 재정학을 전공한 경제학 박사였고, 그 당시 경제상황에서 대통령께 경제개발을 위한 세제개혁의 필요성을 강하게 주장했던 사람입니다.

"지금 이 세제개혁을 하지 않으면 경제개발을 위한 투자재원을 확보할 수 없습니다. 이제까지 외자유치에 의존했지만 이제는 자꾸 외자에만 의존할 수도 없습니다."그러니까 박 대통령께서 "그 말이 맞아" 하면서 정 차관보 의견을 받아들여서 정치적 외풍을 막아 준 것입니다. 예를 들어서 특정 물품세를 올리지 말라고 압력이 들어오면 정소영 차관보가 "내가 책임지고 알아서 한다"고 해서 우리가 소신을 가지고 추진할 수 있었습니다.

박정희 대통령의 추진력과 강력한 통치권, 바람막이가 없었으면 아마 이렇게 세율을 엄청나게 올리는 세제개혁은 추진할 수 없었을 것입니다. 사실 그 이후에는 실효세율을 올린 적이 없습니다. 1967년도 이후부터는 꾸준히 세율이 떨어졌죠. 그 이후에는 세율을 한꺼번에 올리는 세제개편은 없었습니다.

청와대에서 열린 '끝장토론'

당시 세제개편 때 소득세율이 천문학적으로 높아진 것은 경제발전을 위한 필요자금을 마련하기 위한 목적도 있었지만 정치권의 선거용 압력 탓도 있었다. 매년 세입예산이 국회에서 심의될 때마다 저소득층에 대한 조세감면 폭을 늘려 주라는 국회의 압력 때문에 저소득층 감면분만큼을 고소득층에 자꾸 전가하다 보니 일부 계층에 대한 소득세율이 계속 높아진 것이다. 그러나 막상 세율이 높아진다고 하자 언론에서 비판이 극심했다.

또 기업들은 기업들대로 법인세와 물품세율이 너무 높아져서 기업을 운영할 수 없다고 불평했다. 이들이 계속 청와대에 진정하고 국회를 움직여 법안 통과를 도와주어야 할 여당의원들조차 노골적으로 세제개편 내용에 반발하게 되자 박정희 대통령은 전체 관계자들을 모두 불러 모아 대규모 당정회의를 개최했다.

서영택 기업체들로부터 진정서가 들어오면 그 진정서가 대통령에게 보고될 것 아닙니까? 그러니까 박 대통령이 "재무부에서 세제개혁을 하는데 여러 곳에서 조세저항이 일어나고 다른 의견이 많이 들어온다. 그러니 내가 얘기를 직접 들어 보겠다, 전체 국무위원들 그리고 공화당 간부들 다 청와대로 들어오라. 내가 직접 회의 주재해서 이야기를 들어 보고 결정하겠다"고 하여 그 회의를 소집한 것입니다. 그래서 우리가 부랴부랴 브리핑 차트를 만들었습니다. 재무부에서는 그때 서봉균 장관과 정소영 차관보, 그리고 남상진 세제국장, 최각규 관세국장이 들어갔습니다. 나는 실무자로 브리핑 차트를 둘러메고 들어갔고요.

홍은주 그 차트는 누가 만드신 건가요? 요즘이야 컴퓨터로 간단하게 작업하지만 그 당시는 쉽지 않으셨을 텐데요.

서영택 쉽지 않았죠. 내가 있던 총괄 1과에서 밤을 꼬박 새워 주요 핵심을 정리하고 오타가 없도록 깨끗하게 정서해서 차트를 만들었어요. 재무부가 옛날 문화부 자리에 있었는데 그 뒤쪽 여관에 방을 정해 놓고 밤샘작업을 했습니다. 저녁에는 매일 짜장면 시켜 먹고, 당시는 밤 12시 넘으면 통행금지라 집에 못가니까 매일 여관에서 잠을 자고 그러면서 일하곤 했습니다. 첫 작업은 등사기로 하고 그것을 다시 복사해야 되는데, 이게 또 시간이 많이 걸려요. 왜냐? 장관, 차관, 차관보, 국장 이렇게 보고하려면 적어도 5, 6 카피를 해야 하는데 그때는 변변한 복사기가 없었으니까요. 요즘은 얼마나 기계가 좋습니까? 컴퓨터, 계산기도 있고 복사기도 잘 나오지요. 그 당시에도 복사기가 있긴 있었는데 복사하려면 한참 기다려야 간신히 한 장이 나옵니다. 축축한 청색 청사진 같은 것이 한 장 나오는데 축축하기 때문에 그것을 또 펴놓고 말리느라 시간이 한참 걸립니다. 그 당시에는 브리핑 차트나 보고서 하나를 만들래도 이렇게 밤샘을 밥 먹듯 했습니다.

홍은주 당시 청와대 회의는 어떻게 진행됐습니까? 관련자들이 모조리 집합했으니 쉽게는 안 끝났을 것 같은데요.

서영택 요즘 말로 아예 '끝장토론'을 했죠. 총리와 관계장관들 모두 모이고 여당 관계자들도 참석했습니다. 나는 뒷자리에서 국장들과 앉아 있었는데 정소영 차관보가 대표 브리핑을 했습니다. 그때 박 대통령이 듣다가 가끔씩 질문하면 정 차관보가 대답하거나 가끔은 뒷자리에 배석했던 국장들이 답변해요. 그때 기억나는 에피소드가 박 대통령이 관세에 관해서 뭘 하나 물었는데, 최각규 국장(후일 부총리)이 뒤쪽에서 일어나서 설명하는데 참 발군이었어요. 그분이 젊은 30대였는데 어려운 관세에 대해 내가 들어도 딱 부러지게 참 설명을 잘했어요. 그러니까 박 대통령이 웃으면서 참 만족스러운 표정으로 "설명하느라 수고했어. 내 충분히 알아들었어" 그럽디다.

아무튼 그렇게 아마 몇 시간 동안 브리핑했는데 3시간 이상을 가만히 서서 계속 브리핑한다고 생각해 보세요, 얼마나 힘이 들겠는지. 그런데 브리핑 중간에 박 대통령이 "거기 좀 쉬어, 앉아서 하지"라고 그렇게 얘기합니다. 내가 뒤에 앉아서 '대통령이 어떻게 저렇게 인자하나?' 싶은 게 마치 집안의 어른 같은 모습이에요. 질문 받고 답변하고 하면서 브리핑을 다 끝내고 나자 대통령이 "재무부 안대로, 원칙대로 하라"고 지시합니다.

다만 몇 가지는 당의 의견을 반영하라고 조정했는데, 지금도 대통령의 마지막 말씀이 기억나요. 100% 정확하지는 않습니다만, "우리가 이 나라 가난을 반드시 해결해야 한다. 경제를 건설하고 국민소득을 올려서 국민들 잘살게 하고 국력배양을 하려면 경제개발 5개년계획을 차질 없이 성공시켜야 한다. 그런 큰 틀에서 조세정책이나 모든 정책을 맞춰서 밀고 나갈 수밖에 없다. 이런 점에 대해 당에서 좀 이해하고 국회에서 잘 처리하기 바란다"고 딱 잘라 말씀하시더라고요. 그러고 나니까 다 정리가 됐지요. 그때는 공화당이 압도적 다수니까 국회에서는 그대로 통과가 됐어요.

내가 공직생활을 한 30년 하면서 대통령을 모신 분이 박정희 대통령과 전두환 대통령 그리고 노태우 대통령입니다. 그 가운데 조세정책에 대해서 청와대에서 대통령이 회의를 직접 주재하고 당과 관계 국무위원들이 다 모인 자리에서 진지하게 토론하고 의견을 교환한 것은 이때가 처음이고 그 이후 1977년 부가가치세 도입 당시 한 번 있었습니다. 두 번 다 박정희 대통령 시절이었습니다. 그 이후 세제개혁은 장관이 혼자 가서 그냥 보고하거나 담당 국장하고 함께 가서 보고하는 걸로 대부분 끝났습니다.

1970년대 : 근대세정의 확립

1972년의 '8 · 3 조치'와 누더기 세제

홍은주 1970년대의 본격적 세제개혁으로 이행하기 전에 우선 1970년대 초에 있었던 '8 · 3 조치'를 먼저 말씀해 주십시오. 청와대에서 비밀리에 작업해서 추진했지만 사채의 자진신고를 받는 실무적 시행은 은행이 아니라 국세청에서 담당했지요?

서영택 그렇습니다. 당시 국내적으로 1960년대의 과도한 성장위주 개발정책의 결과로 기업 재무구조가 굉장히 악화됩니다. 그 결과 1972년에 '8 · 3 조치'가 있었습니다. 말씀하신 대로 '8 · 3 조치'의 후속조치는 사실상 국세청이 거의 다했습니다. 신고를 국세청에서 받았거든요. '8 · 3 조치'의 핵심이 사채 동결이고 원래 은행에서 할 일인데 국세청이 전국에 네트워크가 갖춰져 있고 행정력이 있으니까 그렇게 했어요. 그리고 재무부 세제국에서는 거기에 따른 여러 후속조치, 즉 "신고된 사채에 대해서는 자금출처 등 과거는 묻지 않겠다"고 하면서 거의 세금사면 비슷한 조치를 한 것이죠.

'8・3 조치'와 관련하여 내 기억에 제일 나쁜 경우가, 대기업 오너들의 자기사채 문제였습니다. 대기업 오너들이 회사 돈으로 비자금을 조성해서 그걸 자기 기업에 사채로 빌려주는 것이에요. 혹은 낮은 금리로 은행 돈을 빌려서 회사를 위해서 쓰지 않고 제3의 인물을 내세워서 회사에 사채자금으로 빌려주는 거죠. 오너는 개인 자금을 회사에 빌려준 다음 높은 사채이자를 받고 낮은 원천징수 세금을 내면 끝입니다. 회사는 그 이자지급에 대한 비용으로 세금공제를 받으니까 오너 입장에서는 이중, 삼중의 이득이에요. 그런 돈에 대해 출처를 묻지 않고 사면해 주었으니 얼마나 큰 혜택입니까? 그래서 그때 여러 가지 논란이 많았어요.

물론 그때는 그럴 수밖에 없는 사정이 있었습니다. 경제개발 과정에서 기업이 자금이 필요하면 금융기관에서 돈을 빌려 쓰는 게 정상인데 저축률이 낮아서 제도금융권에서는 돈을 대줄 여력이 없었거든요. 그러니까 결국은 대기업도 사채를 쓸 수밖에 없는 것이죠. 중소기업은 더 말할 것도 없고. 그렇게 자꾸 고금리 사채가 누적이 되니까 기업들의 재무구조가 크게 부실해지고 결국 '8・3 조치'로까지 이어지게 된 것입니다.

홍은주 기업들의 재무구조 개선을 유도하기 위해 '8・3 조치' 이후 증자(增資) 소득공제가 도입되었는데 어떤 내용이었습니까?

서영택 당시 세제 측면에서 의미 있는 일은 기업의 재무구조 개선을 위해서 도입한 증자 소득공제였습니다. 기업들이 사채 무서운 줄 모르고 많이 쓰고 재무구조가 나쁘니까, 정부가 "증자해서 재무구조를 개선해라. 증자하면 소득공제를 해 주겠다", 그렇게 된 겁니다. 그것은 독립된 세제개혁이라기보다는 '8・3 조치'에 뒤이은 특별조치였습니다.

경제개발 5개년계획 2차년도 사업 추진을 위한 재정을 확보하기 위해 극심한 반발을 물리치고 청와대에서 '끝장토론'까지 해가며 시행된 1967년 세제개혁이었지만 대규모 재원조성은 꿈도 꾸기 어려웠다. 오히려 1970년대 들면서 경제가 어려워지자 기업들로부터 세금을 더 걷기도 어려워졌다. '8・

3 조치'로 잠깐 위기를 넘겼으나 경제는 여전히 최악의 상황으로 치달았다. 세계경기 악화와 물가고가 겹치자 가뜩이나 사채 의존도가 높은 기업들은 비상이 걸렸다. 언제 터질지 모르는 기업부실의 위기가 경제 전반에 암운을 드리우고 있었다.

서영택 제 3차 경제개발 5개년계획의 출발시점(1972~1976)에 저는 직접세 담당관이었습니다. 요즈음으로 치면 조세정책관인데 기업들이 안팎으로 참 어려웠던 것으로 기억합니다. 1972년 10월 유신 이후 대통령 중심으로 강력한 정치적 통치체제가 확립되었고 이것을 기반으로 해서 중화학공업을 중심으로 한 산업고도화가 본격적으로 추진되었지만, 당시 국내외의 여건이 참 순탄치 못했습니다. 당시 세계경제 여건을 보면 전형적인 스태그플레이션13 상황이에요. 원유파동이 있었기 때문에 물가는 오르는데 선진국들이 지속적으로 경기침체에서 벗어나지 못하는 상황이었습니다.

홍은주 사채에 허덕이고 물건이 안 팔려 고전하는 기업들에게 고율의 세금을 독촉해 봐야 징세가 제대로 될 리도 없었겠네요? 당시 경기불황과 세수비상 때문에 '조상 징수'라는 후진적 관행이 존재하다가 사라졌다고 하는데 그 내용을 좀 자세히 말씀해 주십시오.

서영택 '조상 징수'란 세금을 미리 받는다는 뜻입니다. 예를 들어 세수가 부족해 예산확보가 안 되고 어려울 때는 세금을 미리 걷을 필요성이 생기게 되니까 '조상 징수'를 하는 것입니다. 반대로 '징수 유예'라는 것은 세금이 잘 들어오면 "금년에는 세수확보가 다 됐으니까 금년 세금을 내년에 내시오" 하는 것입니다. 원천징수를 예로 들면 12월말 세금을 원천징수 하는 것은 시점상 그해 말에 받아서 그해 세수로 잡아도 되고 시기를 약간 늦춰서 내년 1월에 내도록 해서 다음해 세수로 잡아도 되잖아요? 만약 올해 세수가 충분하면 "12월 원천징수분을 내년 1월에 내시오" 합니다. 그러면 납세자 입장에서는 세금 내

13 스태그플레이션(stagflation): 경기침체 속에 물가가 오르는 현상.

는 것이 한 달 뒤가 되니까 나쁘지 않고 세수 측면에서도 남는 잉여분을 다음 해로 돌릴 수 있어서 좋고요.

사실 징수 유예야 납세자 입장에서는 유리한 제도이기 때문에 별 문제가 안 되는데 문제는 세금을 미리 내야 하는 '조상 징수'예요. 말씀드린 대로 1970년 대 초반에 경제가 아주 안 좋아져서 세수확보가 참 어려웠습니다. 그래서 1971년 무렵에 '조상 징수'라는 것이 생겼습니다.

그때가 오정근 청장 시절이고 나는 재무부에서 과장을 하고 있을 때인데 조상 징수로 인한 폐해가 참 많았죠. 각 세무서별로 노골적으로 세수를 배정 했습니다. "광화문 세무서는 얼마까지 세금을 받아라. 종로 세무서와 을지로 세무서는 얼마를 확보해라" 그렇게 하는 거죠.

각 지방청 역시 세무서별로 사정을 감안해서 지방청장이 세무서별 할당액 을 주면 지방 세무서장이 이걸 받아서 반드시 그만큼의 세수를 확보해야 해 요. 예를 들어 어느 세무서가 금년에 한 100억 원쯤 받아야 한다고 할당을 받 으면 그 세금을 기업체로부터 미리 당겨 받아요. 경제가 어려워도 나름 괜찮 게 나가는 업체도 있으니까 "당신 기업은 금년에 이만큼 세금을 미리 좀 내주 시오" 하면서 거기다 사전배정을 하는 것입니다. '조상 징수'가 생긴 것은 이 런 경제적 배경이었습니다.

홍은주 그런 일이 있었군요. 요즘 기준으로 보면 생각할 수도 없는 일인데.

서영택 그렇죠. 당시에 서장이 돌아다니면서 형편이 그나마 좀 괜찮은 업체 에 가서 "내년도 1월에 낼 세금을 금년 12월에 좀 미리 내달라", 또는 "내년 3월에 낼 법인세를 금년에 좀 내달라, 내년 1월에 낼 원천징수를 중간예납 성 격으로 금년 12월까지 좀 내달라", 이렇게 부탁했던 것이 조상 징수입니다. 명색이 세무서장인데 기업을 찾아다니면서 세금 미리 내달라고 사정하고 돌 아다녔으니까 체면이 안 서고 사회적으로 말썽도 많았죠. 국회에서도 이 건으 로 시끄러웠습니다. 그러던 차에 고재일 씨로 청장이 바뀌었습니다. 당시 남 덕우 재무부 장관 때인데 직세과장인 날 불러서 의논을 해요.

"조상 징수가 문제 있다는 보고서가 자꾸 들어오고 국회에서도 이 건으로 시끄러운데 이것을 어떡하면 좋을까?"

"국세청장이 새로 왔으니 고재일 청장을 불러서 한번 의논해 보십시오."

남 장관이 고재일 청장을 장관실에 불러서 "'조상 징수' 이게 말이 안 됩니다. 해결책이 없겠소?" 그랬던가 봐요. 고재일 청장이 "알았습니다. 제가 6개월 내에 해결하겠습니다" 그러고 돌아갔다고 합니다.

남덕우 장관이 걱정됐는지 다시 나를 불러요.

"국세청장이 6개월 내에 해결한다고 하는데 가능하겠나?"

"지금 기업도 어렵고 경제도 어려운 상황입니다. 이 '조상 징수'라는 게 내년도 들어올 세금을 올해로 미리 당기는 건데, 그동안에 많이 누적이 돼 있어서 쉽지는 않겠습니다만, 고재일 청장이 워낙 행정력이 있는 분이니까 어느 정도는 해결할 것입니다. 좀 기다려 보시지요."

그런데 나중에 보니까 고 청장이 진짜 6개월 만에 다 해결해 버렸어요.

홍은주 해결이 됐다는 게 정확히 무슨 의미입니까?

서영택 미리 앞당겨 과세하지 않고도 그해에 필요한 적정세수를 확보했다는 뜻입니다. 그러니까 가령 올해 세수가 1조 원이 필요하다, 이러면 그것을 '조상 징수' 하지 않고도 확보하면 되는 것 아닙니까? 그해 필요한 세수가 확보되면 조상 징수할 필요가 없는 것이지요. 그해 연말에 보니까 제대로 세원을 발굴하고 조사를 철저히 해서 정상적으로 세금을 확보했습니다. 일단 필요세수를 확보하고 나니까 조상 징수할 필요가 없지 않습니까? 그런 식으로 해결했다는 것입니다. 서울은 물론 지방청에다 조상 징수 배정하던 것들도 그해 다 없애 버렸어요.

'조상 징수' 관행은 사라졌으나 기존 세제의 문제점은 갈수록 커졌다. 특히 소비세제가 문제였다.

세제는 일반적으로 종합소득세-종합소비세-종합재산세로 구성되는 '종합 3세의 원칙'을 근간으로 설계된다. 우선 다양한 소득을 합산하여 종합소득세가 부과된다. 직장에 다니거나(근로소득), 사업 혹은 가게 등을 운영해서 돈을 벌고(사업소득), 저축이나 투자를 해서 이자나 배당을 받고(금융소득), 부동산을 세놓아서 돈을 벌면(임대소득) 소득의 원천에 상관없이 이를 전부 합산해서 '종합소득세'를 내야 한다. 세후 가처분소득으로 소비하는 과정에서 '종합소비세'를 내고, 남은 돈으로 집이나 토지에 투자하여 재산이 형성되면 '종합재산세'를 내는 것이다. 이것이 간단명료한 '종합 3세의 원칙'이다.

그런데 당시만 해도 부동산 등 자산을 축적한 부자들의 숫자가 손으로 꼽을 정도에 불과해서 종합재산세는 과세의 실익이 없었다. 한편 종합소득세는 1967년 말의 세제개혁에서 분류소득과세와 종합소득과세를 병행하다가 최종적으로 종합소득과세로 이행하기로 예정되어 있었다.

자연히 남은 초점은 소비세로 모아질 수밖에 없었다. 당시 소비세는 개별소비세와 일반소비세를 포함해 13개 항목이나 됐고[14] 세율구조도 복잡해 '누더기 세제'라는 불명예스러운 별명으로 불렸다. 예를 들어 영업세는 세율이 6개 종류나 됐고,[15] 물품세는 17개,[16] 석유류세의 경우는 5%에서 최고 300%까지 무려 54개나 되는 복잡한 세율로 이루어져 있었다.

물품세의 경우 사치성 물품뿐 아니라 서민 대중들의 소비품인 설탕에도 과세되었고, 개인소비와 기업소비의 분별이 어려운 양회, 판유리, 합판 등에도 과세했다. 중간재인 화학제품과 플라스틱까지도 과세대상이었다.[17]

소비세 가운데 주류와 담배, 자동차, 연료 등 개별 상품이나 서비스에 부과되는 '개별소비세' 비중이 너무 높은 것도 문제였다. '개별소비세'는 적지 않은 재정수입의 원천이 되었던 데다 세율로 소비와 경기를 조절할 수도 있었기 때문에 경제개발 초기에는 나름대로 효율적이었다. 그러나 경제가 고도화되고 생산품과 서비스의 항목이 광범위해지면서 과세대상이 급증하자 문제가 발생했다. 새로운 상품이나 서비스가 출현할 때마다 세목을 신설하고 증

●

14 국세로는 영업세, 물품세, 직물류세, 석유가스세, 입장세, 통행세, 주세, 전화세, 인지세, 증권거래세 등 11개 항목이나 있었고 지방세로는 유흥음식세 마권세 등 2개 항목이 있었다.

15 0.5~3.5%에 이르는 6개 세율이었다.

16 5%에서 최고 200%까지 17개 세율이었다. 당시의 복잡했던 세율에 대한 자세한 내용은 강만수, 2005, 《현장에서 본 한국경제 30년》, 삼성경제연구소 참조.

17 당시 세제에 대한 자세한 내용은 위의 책에 잘 설명되어 있다.

세가 필요할 때마다 세법을 고치다 보니 건국 이래 매년 세법이 바뀌어 개별 소비세의 복잡성이 해마다 증가한 것이다.

세법 개정의 속도가 시장의 상품이나 서비스 증가속도를 따라가지 못하게 된 점도 문제였다. 세법의 '열거주의'[18] 때문에 해당 법이 국회를 통과되기 전까지는 새롭게 등장한 상품에 과세할 방법이 없었다. 뒤늦게 세목을 신설하려고 하면 매년 국회에서 야당과 언론의 호된 질책이 잇따랐다. 경제개발에 본격적 추진이 걸리기 시작한 1970년대 초반이 되자 기존 체제로는 더 이상 어찌해 볼 수 없는 한계와 내부적 모순이 본격적으로 드러나게 되었다. 더욱 종합적인 세제개혁의 필요성이 갈수록 높아졌다.

근대세정의 원년 : 1974년 세제개혁

이런 가운데 1974년 세제개혁이 추진되었다. 1974년 세제개혁은 여러 가지 의미에서 우리나라의 세법체계와 정신이 선진국형으로 전환되는 근대세정의 첫 출발이었다.

우선 소득의 원천이나 종류와 관계없이 모든 소득을 합산하여 그에 합당한 세율을 적용하도록 하는 완전 종합소득세제를 도입하고 세율도 단일하게 통합되었다. 5개의 다른 소득에 대해 각각 다른 세율이 적용되었던 것이 소득의 종류를 불문하고 1개의 과세원천으로 단일 세율이 적용됨에 따라 소득 간 세 부담의 불공평성이 비교적 감소하게 된 것이다.[19] 결과적으로 세금이 생산과 서비스의 공급가격에 미치는 왜곡의 정도도 대폭 줄어들게 되었다. 법인세에만 적용되던 자진신고를 통한 납세제도가 소득세에도 적용되고 '조세행정의 헌법'이라고 할 수 있는 「국세기본법」이 만들어졌으며 납세자 권리구

---

18 정부의 과세권 남용을 막기 위해 세법에 열거되지 않은 항목에 대해서는 과세할 수 없다는 원칙.

19 종합소득세로 통합하는 과정에서 세율이 원칙적으로 단일화되었지만 소득종류에 따라서는 기존의 별도소득세제에 따른 차이가 남아 있었다. 예를 들어, 부동산소득과 사업소득에서는 필요경비를 인정하지만 근로소득의 경우에는 필요경비 대신에 교육비, 보험료, 의료비 등의 공제가 허용되고 특별공제가 허용되었다. 이자소득과 배당소득은 저축과 투자를 장려한다는 취지에서 낮은 세율로 분리과세를 하기로 했고 퇴직소득, 양도소득 및 산림소득 등도 분리과세 되었다.

제를 위한 심사청구제도 등 근대세정의 기본골격이 모두 이때 갖춰졌다.

인정과세나 조상 징수 등 전근대적 징수관행에 대한 문제점을 인식하고 이를 개선하기 위한 노력이 본격화된 것도 1970년대 초반 무렵부터였다. 이 노력이 결실을 본 것이 1974년의 세제개혁이다.

홍은주 1974년에 우리나라 세정사(稅政史)에서 굉장히 중요한 것으로 평가되는 여러 가지 변화가 있었습니다. 그전에도 매년 세법개정이 이루어졌지만 이는 연례행사 같은 성격이었고 이 가운데 진정한 의미에서 세제개혁이라고 평가할 수 있는 것은 1974년도의 세제개편 아닙니까?

서영택 그렇습니다. 이때 근대 세정의 기초가 대부분 확립됩니다. '자진납세 제도'라든가 '납세자 권리구제를 위한 심사청구제도' 등 주요 제도들이 1974년 세제개혁 때 모두 만들어지고 근대적 조세체계가 마련되었습니다. 또 중요한 내용은 「국세기본법」의 제정입니다. 그전까지만 해도 조세 면에서 징세당국의 편의성만 생각했지 국민과 납세자 입장에서 생각하는 조항들이 별로 없었는데 1974년 세제개혁에서 조세헌법이라고 할 수 있는 「국세기본법」이 만들어진 것입니다. 이 밖에도 완전 종합소득세의 도입, 전략산업 육성지원을 위한 세제지원 등이 모두 이때 이뤄졌습니다. 그전에는 말이 세제개혁이지 사실 해당 항목에 대해 세율만 잔뜩 올리고 세목을 추가하는 정도에 불과했어요.

조세헌법인 「국세기본법」이 제정되다

홍은주 그러니까 진정한 선진적 세제개혁의 원년은 1974년부터 시작되었다, 이렇게 봐야 하겠군요? 「국세기본법」 제정을 통해 납세자의 권리가 선언적으로라도 명시된 사실 자체가 세정사에서 큰 의미가 있는 일입니다. 그 「국세기본법」의 내용을 좀 말씀해 주시지요.

서영택 「국세기본법」이 정말 중요하긴 한데 사실 당시 국민들은 그 법이 별로 피부와 와 닿지 않았던 것 같아요. 납세자인 국민들을 위해 만든 법이지만 직접적으로 세금을 더 내거나 덜 내는 것이 아니라 납세자 보호의 원칙과 기본, 철학에 관한 법이니까. 그래서 당시에는 종합소득세만 다들 신경을 썼지 기본법은 별로 부각되지 않았습니다. 「국세기본법」이 뭔지 내용도 잘 몰랐고요.

그런데 세정 전문가 입장에서 볼 때는 이 기본법이라는 게 조세헌법과도 같은 의미를 가지고 있어요. 그래서 조세행정의 민주화, 세정의 선진화 측면에서 아주 중요한 법 개정이었다고 생각합니다.

예를 들어서 "조세는 실질에 따라서 과세한다. 명의 여하에 불구하고 실질 내용에 따라서 과세한다", 이런 실질과세 원칙이라든가, "과세할 때는 근거에 따라서 해야 한다"라고 하는 근거과세 원칙, "새로 제정된 세법을 과거로 소급적용해서는 안 된다" 하는 소급과세 금지원칙, 또 "납세자는 신의에 따라서 성실하게 납세를 해야 한다. 그리고 세무공무원도 납세자에 대해 신의에 따라서 성실하게 과세의무를 이행해야 한다" 하는 신의성실 원칙 등 이런 조세헌법적 정신과 역할을 명문화한 것이 「국세기본법」인데 1974년 이전까지는 그런 게 전혀 없었죠. 과세의 원칙 및 납세자의 권리구제제도 등은 1974년도 「국세기본법」이 제정될 때부터 비로소 등장해요.

홍은주 비록 선언적 내용이기는 하지만 당시 상당한 '갑'이었던 과세당국 입장에서 보면 큰 의식변화인데 「국세기본법」을 주로 추진했던 조직은 어디였나요?

서영택 그것은 세제국 전체에서 자연스럽게 추진했습니다. 왜냐하면 향후에는 납세자 입장도 생각해야 되겠다, 하는 의식이 그 무렵 세제국에 많이 확산되어 있었거든요. 당시 일본에 「국세통칙법」이란 게 있었는데 "우리도 일본의 「국세통칙법」처럼 비슷한 조세헌법을 만들어야겠다", 그런 인식이 확산되면서 세제국에서 주도해서 만든 것입니다. 조세행정의 민주화를 기하는 목적이 있는 최초의 시도였다고 볼 수 있습니다.

그 이후에 추가로 내용을 많이 다듬었지만 당시 명문화된 내용을 다듬은 것에 불과하니까 조세제도 근대화를 위한 중요 초석이 1974년 세제개혁 때 마련되었다, 이렇게 보면 될 것입니다. 주요 내용을 보면 앞부분에 잠깐 이야기했듯이 실질과세 원칙, 그리고 근거과세 원칙 등이 기술되었습니다.

홍은주 당시까지 가장 문제가 되었던 후진적 징세관행이 인정과세 문제였는데 1974년도에 종합소득세제를 도입하면서 자진신고 납부제도로 변경되었다면서요?

서영택 그전까지만 해도 법인세는 자진신고를 받았지만 소득세는 인정과세, 즉 정부부과 결정제도였어요. 앞부분에 설명했듯이 정부가 "당신 올해 세금을 얼마 내라", 일방적으로 통지하고 고지서를 보내는 것입니다. 가령 내가 소득을 1년 동안 얼마 벌었는지 본인이 제일 잘 알 것 아닙니까? 그래도 국세청에서 전년도에 낸 세금을 기준으로 해서 "전년도에 당신이 세금을 100만 원 냈다, 그러니 금년에는 한 120만 원 내라" 이런 식으로 일방적으로 고지하니까 문제였던 것이죠. 그것이 잘못되었으니 앞으로는 근거를 가지고 과세하라는 것이 변화의 핵심 내용이었습니다. 그다음에 신의성실 원칙을 도입하고 소급과세도 금지하고.

홍은주 개인의 소득이 해에 따라 늘 수도 있고 줄 수도 있는데 인정과세를 하면 소득이 줄어든 사람에게는 참 억울한 관행이었겠습니다. 이 잘못된 관행을 자진신고제로 바꾸었다는 것이고, 이때 또 한 가지 중요한 변화가 세법해석의 기준을 명문화했다면서요?

서영택 그렇습니다. 세법해석의 기준에 대해 "과세의 형평과 당해 조항의 합목적성에 비추어 납세자의 재산권이 침해되지 않도록 하여야 한다", 이렇게 명시했습니다. 그때 왜 세법해석을 명문화할 필요가 있었느냐? 원래 세법이라는 게 모든 경제 거래를 다 커버할 수 없을 때가 많습니다. 특히 상속, 증여세로 가면 경우가 워낙 다양합니다. 경제가 발전하고 사회가 다양화되고 복잡해지면서 소득도 그전에는 존재하지 않았던 여러 종류의 소득이 나타나게 되는데 세법이 적시에 그 상황을 다 따라갈 수가 없어요. 할 수 없이 거기에 비슷한 세법조항을 적용해서 과세하게 되는데 납세자는 "법에는 그런 조항이 없다. 우리는 법대로 했다", 그러면서 결국 소송을 제기합니다. 법원에 가면 납세자는 변호사에게 의뢰해서 무조건 법대로 하니까 과세당국이 재판에 지는 경우가 참 많았어요.

결국 문제는 세법의 해석기준인데, 미국 등 영미법 국가의 경우는 대법원의 해석이 각 사례별 재판의 판단기준이 되는 판례법입니다. 다시 말해 대법원에서 어떤 판례가 나오면 그와 비슷한 사건은 다 그대로 해석하는데 우리는 각 판사가 법률에 엄격하게 의거하여 해석하고 판결하는 법체계이기 때문에 계속 문제가 됐습니다. 법은 고치기도 어렵고 항상 현실을 따라가기에는 속도가 늦지요.

그래서 우리가 생각한 것이 설령 세법조항이 모든 경우의 수를 커버하지 못하더라도 그 조항이 원래 가진 배경과 합목적성, 즉 "법의 제정 목적이 뭐냐? 입법 목적이 뭐냐?" 하는 점을 고려하고 납세자의 권리를 침해하지 않는 범위 내에서 법원에서 종합적으로 판단해 주면 좋겠다는 것입니다. 그 당시에도 국세심판소의 경우는 그런 관점에서 판단을 많이 했습니다. 법은 약간 미비하더라도 세법이 가지는 전체적 의미, 조세정의 차원이나 조세규정의 합목적성, 과세형평성 이런 차원을 고려해서 판단했는데 막상 이것이 법원에 가면 무너지는 경우가 많았습니다. 국세청이 재판에 지는 거예요. 법원은 '조세 법률주의 원칙'에 따라서 법률에 명확하지 않은 것은 무조건 납세자의 손을 들어줬어요. 그래서 1974년 세제개혁 때 세법해석에 관한 규정을 법에 명시한 것이지요.

종합소득세 과세원칙이 확립되다

홍은주 그전까지는 개별소득세와 종합소득세를 병행하다가 1974년 세제개혁 때 완전 종합소득세가 도입됐지요? 여러 가지 과세원칙도 확립되고요.

서영택 개별소득세는 이른바 영어로 'scheduler income tax'라고 합니다. 종합소득세는 'global income tax'나 'unified income tax' 또는 'comprehensive income tax' 등 여러 가지 용어를 쓰는데, 일반적으로 'global income tax'라고 그러죠. 소득의 형태가 여러 가지가 있잖아요? 근로소득, 사업소득 그리고 배당, 이자소득, 부동산 소득, 기타소득, 양도소득, 산림소득 그리고 퇴직소득 등 이런 식으로 쭉 분류되는데 그때까지만 해도 각 소득별로 개별과세를 하는 경우가 많았습니다. 소득별로 대부분 정부가 인정과세 한 것이죠. 그러다 보니 각각의 소득에 대해 세율이 달랐어요. 사업소득은 사업소득대로 세율이 따로 있었고 양도, 산림, 퇴직소득은 장기간에 발생한 소득이니까 이 역시 별도로 세율구조가 정해져 있고 그랬습니다.

그런데 종합소득세는 개념이 달라요. 이른바 공평과세, 응능부담 원칙 이 두 가지 중요한 조세원칙을 살리기 위해 완전 종합소득세를 도입한 것입니다. 원래 세금은 수직적 공평과 수평적 공평이 이뤄져야 해요. 수직적 공평이란 "백만 원 버는 사람과 천만 원 버는 사람은 세 부담을 달리해야 된다"는 것입니다. 응능부담 원칙은 "능력이 있으니까 세금을 더 내야 한다"는 수직적 공평의 원칙이 적용된 사례이지요. 한편 수평적 공평이란 "배당소득이든 이자소득이든 근로소득이든 사업소득이든 소득의 형태나 종류와 무관하게 내가 천만 원 벌면 그 액수에 대해 똑같은 세금을 내야 한다"는 개념이죠.

그래서 1974년 세제개혁 때 "소득의 원천을 불문하고 다 합쳐서 단일세율로 하고 응능부담 원칙을 적용한다"는 완전 종합소득세를 도입한 것입니다. 사실 이 제도는 과거에도 어느 정도 되어 있었습니다만 그 정신이 세제에 완전히 반영되어 있지 않았습니다.

다음으로 우리가 고민했던 것이 합산과세의 대상이었습니다. "개별합산을 할 것인가? 가계합산을 할 것인가?" 이 점에 대해 고민했습니다. 예를 들어,

한 가족 내에서 가장 이외에 부인도 사업할 수 있고 자식도 돈을 벌 수 있고 부동산 임대소득도 있을 수 있는데 이런 걸 가구별로 합산할 것인가 개인별로 할 것인가?

만약 개인별로 할 경우 가구주 혼자서 다 벌고도 부인이나 자녀에게 소득분산(income splitting)을 할 우려가 있었습니다. 1억 원 소득을 가진 사람의 경우 1억 원에 대해 과세하면 세금이 많이 나오는데 이것을 부부가 5천만 원씩 쪼개면 과세구간이 낮아져서 세금이 훨씬 줄어들잖아요? 세금회피(tax evasion) 현상이 발생할 가능성이 컸기 때문에 여러 논란이 있었지만 그래도 가구별이 아니라 개별단위 과세를 하기로 결론 냈습니다. 실제 부부가 열심히 일해서 돈 번 가구도 많을 텐데 여러 사람들을 억울하게 만들어서는 안 된다, 그래서 부부나 가족 등 가구단위 종합과세가 아니라 인별과세를 하자는 쪽으로 결론이 났습니다.

홍은주 1974년 세제개혁의 폭이 워낙 넓었기 때문에 적지 않게 고생하셨을 것으로 생각됩니다.

서영택 그럼요. 고생 좀 했습니다. 그런데 그때 도움을 많이 받은 것이 내가 미국에 유학가서 공부했던 조세관련 내용입니다. 대학에서 경제학을 전공했습니다만 조세개론이란 과목 외에는 따로 세금관련 공부를 하지 않았습니다. 그런데 미국에서 약 1년 공부하는 동안 세제에 대해 실무적으로나 이론적으로 참 많이 배웠어요. 각국의 조세이론과 실제, 그리고 종합소득세와 분류과세의 장단점, 토지에 대한 과세원칙 등을 공부했고 부가가치세의 장단점도 그때 배웠어요.

내가 1968년 초에 하버드 대학에 가서 1969년에 졸업했는데 그때 졸업논문 제목이 "한국의 종합소득세 도입방안"이었습니다. 학교에서 배운 이론을 기초로 해서 논문을 쓸 때 한국에 종합소득세제를 도입하려면 어떤 점들을 고려해야 하고 외국의 참고사례는 뭐가 있고 이런 것들을 쭉 조사해서 논문을 썼는데 그것이 나중에 실제 종합소득세 도입 때 크게 도움이 됐습니다.

홍은주 유학시절의 연구를 한국에 돌아와 제대로 현실에 응용한 셈이네요.

'조세정책'과 '조세입법'의 문제

서영택 그렇게 큰 틀은 잡았지만 그래도 조세이론과 우리나라의 실제 현실은 사정이 다르니까 1974년 세제개혁 작업을 하는 데 고생을 참 많이 했습니다. 이론적으로는 간단한데 소득세 체계를 근본적으로 바꾸고 분류과세 체계를 종합과세로 바꾸는 것이니까 특히 법이 문제가 됩니다. 소득세 법규가 완전히 새로운 형식을 취할 수밖에 없는데 법과 시행령, 시행규칙 이것들을 다 합치면 600여 개의 조문이 나옵니다. 그 방대한 자료, 조문을 다 법적으로 정리해야 되는데 조금만 잘못하면 문제가 생기거든요.

그때 그 엄청난 작업을 담당과장인 저와 담당사무관 한 사람, 또 그 밑의 일반직원 서너 명이 다 했어요. 우리 직세과에는 15명 정도 직원이 있었지만 소득세만 담당하는 사람들은 국장 밑에 나(과장), 그리고 사무관 한 사람, 그 밑의 직원이 4명 정도에 불과했으니까 그 7명 정도가 방대한 작업을 다한 것입니다. 그러니 다들 밥 먹듯이 밤을 새기 일쑤였습니다.

홍은주 단 몇 사람이 방대한 세제를 모조리 연구하고, 이전의 세제와 비교해서 고치고, 게다가 그걸 관련법과 시행령으로 명문화해서 정리까지 했으니 정말 힘드셨겠네요.

서영택 내가 미국에서 교육을 마치고 미 재무부와 국세청에서 실무수습을 받았는데 미 재무부에는 '조세정책'과 '조세입법'의 기능이 분리되어 있더군요. 'Office of Tax Policy'라고 조세정책국이 있고, 그다음에는 조세입법국 'Tax Legislative Office'가 따로 있는 거예요. 조세정책 부서에서 조세정책을 수립하면 그것을 입법화하는 것은 입법국에서 맡아서 합니다. 그렇게 전문적 이원화 체계가 갖추어져 있는데 우리나라는 달랑 공무원 7명이 앉아서 정책도 세우고 법안도 다 직접 만들어야 하니 이게 뭐가 잘못돼도 한참 잘못됐죠. 지금은 그래도 분야별로 과 단위 부서가 많이 생겨서 좀 달라졌는데 그 당시에는 직세과장이 정책수립과 입법, 두 가지를 다 했습니다.

내가 법과대학 나온 것도 아닌데 그 방대한 법을 새로 만들고 개정하고 하다 보니 나중에 보면 법과 시행령, 또 시행령과 시행규칙이 서로 안 맞는 부분이 가끔 나옵니다. 항 조항을 잘 인용해야 되는데 3항을 인용할 것을 2항을 인용해서 엉뚱한 결과가 나온 경우도 있고. 그래서 감사원에서 지적되기도 하고 납세자에게 세금을 돌려주어야 하는 사건도 생기고 그랬어요.

납세자들이 전문 세무사들을 시켜서 용케 그런 모순들을 밝혀냅니다. 그럼 그다음에 다시 법을 고쳐야 하는데 소급적용이 안되고 고친 이후부터 적용되니까 그전에 과세했던 사람들은 법원에 제소해서 과세된 세금을 되찾아가기도 했습니다. 재미있는 사실은 설령 세금을 되찾는 것이 가능해도 그냥 넘어가는 기업이나 개인들도 적지 않았다는 것입니다.

홍은주 괜히 그 돈 돌려받겠다고 재판했다가 엉뚱한 과거 탈세가 다 드러날까 봐 걱정돼서 그랬겠지요(웃음). 정식으로 조사 들어오면 자신들이 탈세한 액수가 다 드러나고 재판해서 되찾는 액수보다 훨씬 크니까 그냥 넘어가는 경우가 있었겠죠.

서영택 그 당시 종합소득세 도입과 관련해서 또 한 가지 중요하게 검토되었던 사항이 합산할 소득의 범위, 즉 무엇 무엇을 종합소득으로 합산할 것이냐는 점이었습니다. 논란 끝에 수많은 소득 가운데 양도소득과 산림소득, 퇴직소득 등은 일반소득과 분리해서 과세하는 것으로 결론 내렸습니다. 이 소득은 사실 장기간에 걸쳐 발생하는 것이지 매년 이루어지는 소득이 아니지 않습니까? 예를 들어 산림소득의 경우 나무 하나 키우는 데 10년 이상 걸려야 경제적 가치가 생기니까 별도로 분리과세 했어요.

홍은주 그렇죠. 퇴직소득 역시 매년 한 달 치의 소득을 평생에 걸쳐 쌓아두었다가 퇴직 시에 한꺼번에 받는 개념이니까, 퇴직금을 어느 해에 받았다고 해서 그해의 종합소득으로 간주하는 것은 논리상 문제가 있죠.

서영택 이자와 배당소득에 대한 분리과세 여부도 주요 검토대상이었습니다.

원래 이자배당 소득은 합산하는 것이 이론상 맞지만 저축을 장려하고 자본시장을 육성하는 차원에서 일반 가계는 분리과세를 하고 액수가 큰 과점주주에 대해서만 종합과세 하자는 쪽으로 가닥을 잡았습니다. 예금의 이자소득과 소액주주가 받는 배당에 대해서는 그냥 15% 선에서 분리과세를 하기로 한 것입니다. 그러다가 나중에 1993년도에 금융실명제가 실시되면서부터 과점주주가 아니라도 금융소득이 일정액 이상이 되면 종합과세에 포함하게 된 것이죠.

결론적으로 종합소득세에 대해 정리하자면 「종합소득세법」 체계의 큰 틀은 그 당시에 이미 만들어져 있었는데 여러 가지 소득을 종합적으로 합산해서 누진구조를 강화시키고 고소득층에는 세 부담을 더 많이 하게 한다는 조세의 응능부담 원칙을 반영한 것입니다. 완전 종합과세를 도입하면서 세수가 늘어나는 만큼 근로소득의 경우는 근로소득공제를 해 줘서 서민층의 세 추가 부담을 덜어 주도록 노력했습니다.

홍은주 제도가 갖춰졌다고 해서 과세실질이 보장되는 것은 아닌 경우가 적지 않습니다. 이런 측면에서 1974년에 이루어진 대대적 종합소득세제 개혁의 효과에 대해 어떻게 평가하십니까?

서영택 당시도 법이 제정되었다고 해서 그해에 당장 종합과세 효과가 나타나기 시작했다고는 볼 수 없습니다. 왜냐하면 이자배당 소득은 정책적으로 분리과세를 했고 재산소득자나 사업소득자 등 상당수의 과표가 양성화되지 않은 상황이었거든요. 부가가치세도 시행하기 전이었고요. 따라서 소득 종류별로 완전한 과세형평이 이루어졌다고는 말하기 어렵지요. 다만 필요한 법과 제도를 1974년에 미리 만들어서 훗날에 대비했다는 것이 중요한 평가요소라고 봅니다. 과세실질 측면에서 실제로 종합과세의 효과가 본격적으로 나타나기 시작한 것은 전산화가 이루어지고 금융실명제와 부가가치세가 실시되어 사업소득자나 재산소득자, 부동산 임대소득자와 같은 사람들의 소득이 제대로 포착되고 난 후부터라고 봐야 할 것입니다.

조세감면 제도의 남용과 정비

조세감면 제도와 부작용

홍은주 1974년 세제개혁 외에 1970년을 관통하는 다른 주요 세제개혁의 내용들을 간략히 정리해 주십시오.

서영택 1974년 세제개혁 외에 1970년대 중반에 도입된 중요 세제 가운데 언급할 만한 내용은 '전략산업에 대한 조세감면 지원'이었습니다. 전략 중화학공업에 대한 세제지원이 그때 굉장히 활발하게 이루어졌습니다. 1979년까지 조세지원을 엄청나게 해 줬는데 그렇게 하다 보니 결국 1980년대 들어와서 여러 가지 부작용이 생기기 시작합니다. 아무튼 1970년대의 세제개혁 주요 내용은 1974년의「국세기본법」과 종합소득세제 도입, 1970년대 중후반부의 '중요 전략산업에 대한 세제지원' 등이었습니다.

그리고 1970년도 후반부에 우리 세제사의 가장 큰 변화라고 할 수 있는 부가가치세가 도입됩니다.

홍은주 당시 '전략사업 세제지원'은 어떻게 이뤄졌나요?

서영택 본격적으로 전략산업 세제지원 제도가 나타나기 시작한 것은 1970년 이후부터입니다. 제2차 경제개발 5개년계획(1967~1971) 기간 동안 정부가 전략산업을 지원해야겠다고 해서 특정산업에 대한 세제상 지원조치가 2차년도 말부터 서서히 나타나기 시작했지요. 그 이전에도 물론 세제지원이 좀 있긴 했어요. 그런데 그때는 체계적으로 과도하게 세제지원을 해 주었던 것이 아니었습니다. 기업지원은커녕 워낙 세수가 부족해서 세금 더 받자는 것이 주목표였고 우리나라에 주요 전략산업도 별로 없었을 때니까.

그런데 1967년도 세법 개정안 이후부터 기업에 대해 세율을 많이 올리지 않았습니까? 전반적으로 세율이 높으니까 조세감면에 대한 요구가 자꾸 나타나기 시작했습니다. 그렇다고 모든 기업이나 산업의 세금을 다 낮춰 줄 수는 없고 우선 중화학공업 육성과 전략산업에 대해 세금감면을 시작한 것이죠.

전략산업이나 중화학공업은 초기에 엄청난 돈을 투자해야 하는 반면 소득은 별로 나지 않으니까 초기에는 세 부담의 중압감을 크게 느끼지 못합니다. 그러다가 전략산업이 좀 커지고 돈을 벌게 되니까 그때부터 세 부담이 자꾸 높아지는 것입니다. 그러니까 자연히 기업들이 "조세감면 좀 해 달라. 세금이 많아서 우리가 못 견디겠다" 자꾸 요구하고 정부차원에서도 경제도약을 위해서는 기간산업 및 전략산업을 육성해야겠다고 해서 2차 5개년계획 말부터, 즉 1970년 초부터 집중적 조세지원이 시작했다고 보면 될 것입니다.

홍은주 기간산업과 중화학공업의 육성 그리고 수출촉진을 위해 선별적으로 세제상 지원을 해 준 셈인데 과세당국 입장에서는 원칙상 예외가 자꾸 많아지면 안 되잖아요? 한 번 양보하면 여기저기 다 해 달라고 하니까.

서영택 그렇지요. 당시 포항제철도 그렇고 현대조선, 자동차 할 것 없이 기간산업 분야에서 대기업이 속속 생기는데 그런 회사들이 전부 조세감면을 요구하니까 문제였습니다. 조세감면에 대해 재무부 세제국은 항상 수동적이었죠. 재정수입 확보가 주목표이자 주임무이니까 어떻게든 조세감면은 안 해 주려고 그러는 것이죠. 반면에 EPB와 상공부는 경제개발 추진하고 수출산업도 지원하고 중화학공업 육성도 해야 하니까 늘 조세감면을 요구했습니다. 산업지원 부서, 즉 EPB와 상공부가 한편이고 우리 재무부는 늘 안 된다고 반대하고.

홍은주 원래 안쪽에서 살림하는 사람들이 힘들어요(웃음).

서영택 네, 그렇죠. 우리는 살림하는 쪽이니까 "최소한의 재정수입은 확보해야 하니 대규모 조세감면은 도저히 안 되겠다", 그래서 만날 부처끼리 싸우는 것이에요. 세제국장은 다른 부처하고 싸우고 나는 재무부에 있다가 EPB나 상공부로 간 선배들과 싸우고. 그렇게 실무자들끼리 의견이 엇갈리다 보면 해당 안건이 경제 차관회의를 거쳐 경제장관회의에 올라갑니다. 올라가면 우리가 항상 밀리는 겁니다. 다른 부서는 다 우리와는 반대쪽에 있어서 항상 세제지원을 요구했으니까 결국 장관회의에 올라가면 우리가 숫자에서 밀려요. 상대방 요구 다 들어주고 그쪽 의견이 많이 반영되고 … 불가피하게 세제지원이 다 이루어졌죠. 그러나 한편으로 보면 당시 여러 가지 금융지원, 조세지원 이런 정책지원 때문에 수출기업이나 중화학공업이 크게 성장하고 경제개발의 속도도 높아졌을 것으로 생각합니다.

그러나 다른 한편으로는 그렇게 되니까 조세제도 자체가 중립성이 저해되고 시장구조나 산업도 왜곡되는 부작용이 나타나기 시작합니다. 과세불공평도 상당히 중요한 문제로 나타나게 된 것이죠. 나는 당시 조세지원(tax incentive)은 수출이라든가 하이테크 산업 등 경제발전에 꼭 필요한 특별한 경우에만 해주고 그것도 아주 필요한 최소한도에 그쳐야지 지나치게 조세지원을 남용해서는 안 된다는 게 기본적 입장이었어요.

조세중립성의 고민

홍은주 시간이 많이 지나서 객관적으로 옛날을 되돌아볼 수 있게 된 지금도 '조세의 중립성'에 대한 소신은 안 변하시고요?

서영택 현직에 있을 때도 마찬가지고 지금도 그렇게 생각합니다. 왜냐하면 기업들이 투자 초창기에는 소득이 안 나니까 자연히 세금이 없지 않아요? 나중에 가서 소득이 발생하면 그때부터는 세금을 좀 내라는 것이지요. 또 대기업들이 금융지원도 따로 많이 받지 않았습니까? 그러니까 그렇게 굳이 많은 조세감면까지 추가로 요구할 필요가 있느냐 이런 생각이었습니다. 물론 많은 조세지원을 받은 만큼 소득이 많이 생겼으니까 그것을 다시 재투자하고 수출, 성장 또는 경제 개발하며 선순환하는 데 도움은 됐겠죠. 그러나 과세공평이나 경제왜곡 이런 측면에서는 적지 않은 문제가 있었다는 것입니다.

홍은주 당시 어떤 기업은 수많은 혜택을 받은 반면에 그렇지 못한 기업은 혜택을 못 받은 것이잖아요. 조세의 중립성이 굉장히 훼손된 셈입니다. 조세감면 특혜, 금융특혜를 받은 기업만 고속성장을 할 수 있으니까요.

서영택 그게 주로 대기업들이죠. 중화학공업, 전략산업 이런 것은 초기투자 비용이 크니까 주로 대기업이 했단 말입니다. 지금 현재 문제가 되는 여러 재벌들이 그때 조세특혜를 받아 성장한 기업들입니다. 지금 생각해 보면 우리나라 재벌들이 성장한 데는 우선 창업주의 노력이 참 크긴 했지만 사실 정부의 아낌없는 지원 덕이 크거든요. 내가 1960년대부터 시작해서 1990년대까지 공직생활을 하면서 재벌총수들 만나면 늘 그랬어요. "내 공직생활은 당신들 도와주는 일로 다 소비했습니다." 사실이 그랬어요. 금융지원, 세제지원, 그렇게 많은 정부지원을 받고 컸으면 이제는 재벌이 개인의 사유물이 아니라 사회적 기업, 국민적 기업이 되어야 하는 것 아닌가, 나는 그렇게 생각해요. 특정기업이 개인의 소유만은 아니고 어느 정도는 사회에 기여도 하고 기부도 하고 세금도 제대로 내고 그래야죠.

홍은주 재벌들의 편법상속이나 대기업-하청업체 간의 잘못된 갑을관계 해소 등이 경제민주화 이슈의 핵심으로 떠오르고 있지요.

서영택 그런 일은 하지 말아야죠. 창립자는 몰라도 2대, 3대까지 이렇게까지 가는 동안 상속세는 제대로 내야지요. 내가 대기업 세제지원과 관련해서 일화를 하나 얘기하면, 당시 내가 과장 때이고 현대그룹 정주영 회장이 현대조선을 처음 시작할 때입니다.

1973년 남덕우 재무장관 시절에, 이분(故 정주영 회장)이 장관실에 와서 "각하께서 나에게 조선사업을 맡아서 하라고 그러시는데 재무부가 100% 조세감면을 해 줘야 되겠습니다" 그래요. 남 장관이 즉답을 못하고 "세정차관보하고 상의해라"고 그래서 세정차관보한테 내려왔어요. 세정차관보도 조세감면에 대해서는 굉장히 강한 반대입장이니까 "안 된다"고 해서 옥신각신 다투다가 결국은 제일 만만한 게 실무과장이니까 세정차관보가 나를 방으로 불러요. 나더러 방패막이를 하라는 것이죠. 나야 그룹회장 눈치 볼 것도 없고 하니까 조목조목 안 되는 이유를 다 설명했죠.

그렇게 했더니 이 양반이 "알았다"고 하면서 그냥 일어서더라고요. 연세 많은 분이 새파란 아들뻘 되는 사람하고 계속 싸우겠습니까? 그냥 일어서서 "잘 알겠다, 그럼 조선공업 못하겠다고 각하한테 보고하겠다" 하며 돌아갔습니다. 그랬는데 결국 청와대 지시가 내려와 5년간 전액 감면을 받았죠. 조선 분야에 조세지원제도가 신설돼서 5년간 100% 세액감면을 다 받은 것이에요.

지금 생각하면 "정 회장께서 조선사업에 대해서 굉장히 의욕을 가지고 추진했기 때문에 그 공은 인정해야 할 것이고 결국 조선입국이 되지 않았느냐?" 하고 평가하고 싶습니다. 그때 그분은 "조선에 대해 우리는 경험도 없고 그 사업 자체가 리스크가 크게 따르니까 처음에는 조세지원을 해 줄 수밖에 없다"는 논리였고, 우리 세제국은 "처음에 적자날 때는 당연히 세금을 안 낸다. 그리고 나중에 돈 벌면 조금씩은 세금을 내야 할 것 아니냐?"고 그런 것이고요. 아무튼 100% 세액감면을 해 줬습니다. 그게 지금 조선산업이 세계 1위로 올라설 정도로 크게 성장하는 하나의 밑거름이 되었겠지요.

조세감면 제도 대폭 정비

홍은주 그러다가 1980년대 초 들면서 기업들에 대한 조세감면 제도를 대폭 정비하지 않았습니까?

서영택 그렇습니다. 1981년도 세제개혁의 핵심 내용은 조세감면의 축소, 감면방식의 변경이었습니다. 예를 들어 조세지원 방법을 과거에는 중요산업에 대한 직접감면에서 기능적 감면으로 바꾸었습니다. 예전에는 철강, 조선, 기계, 석유화학 등 세제지원을 받는 전략산업을 열거했는데 그 제도를 특정기업이 아니라 수출한다든가 또 기술개발 한다든가 인력개발 한다든가 중소기업을 운영한다든가 이런 경우만 지원하는 것으로, 기능적 지원으로 바꾼 것입니다. 또 지원방식도 예를 들어서 5년간 100%, 3년간 50% 감면 그렇게 하던 것을 준비금 제도 또는 특별상각제도로 바꾸었습니다. 수출지원 준비금 제도, 기술개발 준비금제도 그런 식으로 바꾸었지요.

그렇게 기업의 조세감면 제도를 정비하니까 세수가 추가로 들어올 것 아닙니까? 추가로 들어오는 세수로 근로소득세를 좀 감면하는 조치를 취했습니다. 근로소득세를 많이 낮추고 종합소득세율도 낮춰서 근로소득자들의 부담을 확 줄여줬거든요. 당시 전두환 대통령이 들어서고 나서 실시한 첫 세제개편인데 조세감면 제도 정비 때문에 기업들로부터는 좀 욕을 얻어먹었지만 대신 근로소득자의 세 부담을 줄여 준 셈이죠.

홍은주 오랫동안 기업에 대한 조세감면 제도의 제정·개정과 운영상황을 지켜보면서 "여기에는 좀 문제가 있다" 이렇게 생각해서 세제개편을 하신 거죠?

서영택 그렇죠. 내가 1981년 조세감면 제도 정비를 추진하면서 기업들에게 욕은 먹었지만 내 평소 소신이 그랬어요. '기업들에게 조세감면을 너무 해 주다 보니까 경제가 왜곡이 되고 조세중립성이 저해되고 과세불공평이 생기고 그러는 것 아닌가, 내가 반드시 이것만은 시정해야겠다'고 생각했습니다. 기업이 처음에는 정부지원을 받아 시작했더라도 돈을 벌면 세금은 좀 내도록 해야 될 것 아닙니까? 그래서 1981년 세제개편 때 "부득이 감면제도를 제공하더라도 완전 100% 감면은 안 되고 최소한의 세금은 내도록 해야 합니다." 위에다 그렇게 보고하고 '과세최저한제'라는 것을 도입했습니다. 그때 기업들이 중복감면을 받는 경우가 많았어요. 예를 들어 수출기업이 기술개발을 한다든가 하면 수출준비금에 더해서 기술개발 준비금을 받고, 또 특별상각까지 받고 이중, 삼중으로 감면을 받으니까 세금을 단 한 푼도 안 내는 경우가 생깁니다.

"그런 것은 곤란하다, 여러 가지 지원제도로 중복 혜택을 받게 된다고 하더라도 최소한 소득의 5%는 세금으로 내시오." 이렇게 해서 '5% 과세최저한 제도' 조항을 세법에 넣어 버렸습니다. 결국 1980년대 세제개편의 기본 틀은 여러 가지 조세중립성을 바로 세우고 근로소득자도 어느 정도 부담을 완화해 주고 조세지원도 좀 정비한 것으로 요약됩니다.

410

정치적 쓰나미를 불러온 부가가치세

최후의 일반소비세

한국 근대 세제사에서 가장 길고 가장 큰 진통을 겪은 끝에 도입된 세제는 1977년의 부가가치세(VAT: Value Added Tax)라고 할 수 있다.

부가가치세는 조세의 중립성을 확보하기 위해 단계별로 새로 만들어진 가치(부가가치)에 대해서만 과세하고 결과적으로 최종 소비자가 모든 세금을 부담하는 형태로 프랑스에서 처음 실시된 제도였다.[20] 모든 상품과 서비스의 거래에서 단계별 부가가치에 대해 단일 세율을 적용하는 일반세이며, 부가가치세액을 환급받는 과정에서 매입자-매출자 간 이중 점검을 통해 탈세 가능성이 대폭 줄어들고 과세의 투명성이 최대한 확보되는 장점이 있는 간접세이면서 소비세였다. 또 수출과 투자에 유리하고 산업에 중립적이며 세원투명성이 확보된다는 점에서 '인간이 고안해낸 최선의 그리고 아마도 최후 단계의 일반소비세'[21]라고 불리기도 하는 세제였다.

1964년 유럽공동체(EC: European Community)는 '소비세는 소비지에서 과세한다는 원칙'(destination principle)을 확정했다. EC 국가 간 수출에 대한 간접세를 완전히 환급하여 회원국 간 조세중립성이 유지될 수 있도록 한 이 지침을 밝힌 이후 프랑스를 시작으로 속속 부가세가 도입되었고, 1973년에는 이탈리아와 영국도 부가세를 도입했다.

아시아에서는 제2차 세계대전 후 맥아더 사령부가 패전국 일본에 도입을 권고하면서 일본이 몇 년째 도입을 검토중이었고, 대만도 오랫동안 부가세를 연구하고 있었다. 정작 가장 나중에 검토를 시작해서 가장 먼저 전격적으로 부가세를 도입한 나라는 한국이었다.

●

20 1919년 독일의 지멘스(W.V. Simens)가 이론적 모델을 제시하였으나 최초의 실시는 1954년 프랑스에서 먼저 이뤄졌다.

21 제2차 세계대전 후 맥아더 사령부가 패전국 일본에 도입을 권고한 세제가 부가가치세였다. 당시 부가세를 권고했던 미국의 세제 사절단의 위원장인 슈프(Carl S. Shoup)는 '부가세는 소비세의 역사적 발전과정에서 최선의 그리고 아마도 최후 단계의 일반소비세'라고 말했다.

부가세는 그러나 도입과정에서 엄청난 조세저항을 야기하여 정치적 후폭풍이 어느 세제보다도 거셌던 세제이기도 했다. 부가세 실시 다음해인 1978년 말에 치러진 제10대 총선에서 여당인 공화당이 의석에서는 이기고 득표수에서 야당에 지는 사상초유의 정치적 이변으로 이어졌으며, 총선 인책론이 대두되어 내각이 대대적으로 사퇴하는 일이 벌어졌다. 그 이후 발생한 정치격변과 경기부진이 부가가치세 때문이라는 억울한 누명을 쓰고 세 차례나 폐지론이 제기되었으며 부가세 도입을 추진했던 경제관료들이 정치적 책임을 지고 개인적 어려움을 겪어야 했던 말도 많고 탈도 많았던 '풍운의 세제'이기도 하다.

부가가치세가 처음으로 검토된 것은 1971년, 고속질주를 거듭한 한국 경제가 직면하게 된 여러 가지 절박한 경제상황 때문이었다. 복잡하게 얽힌 온갖 문제를 '고르디우스의 매듭'[22]처럼 단칼에 해결할 수 있는 강도 높은 세제개혁의 필요성이 갈수록 커졌던 것이다.

당시 한국 경제가 처한 가장 큰 어려움은 '불균형 성장전략'의 후유증이었다. 다른 부문을 희생하고 공업화와 수출에 전력투구한 결과 1차와 2차 경제개발계획 기간 동안 기대 이상의 고도성장은 이룩했지만,[23] 부문 간의 불균형 발전에 따른 파열음이 들리기 시작한 것이다. 도시와 농촌, 대기업과 중소기업, 수출부문과 내수부문, 소재와 최종생산품 등 각 분야에서 양극화가 심화되었다. 불평등에 대한 시정요구가 커졌고 낙후된 분야에서의 보상 요구가 분출하고 있었다.

정부 입장에서 더 심각한 문제는 국가의 핵심분야 투자에 필요한 거액의 재정자금 수요였다. 1972년부터 시작되는 제3차 경제개발 5개년계획과 1인당 GNP 1천 달러를 목표로 한 중화학공업의 집중육성, 100억 달러 수출목표 달성, 독자적 무기체계 개발을 위한 방위산업 육성, 국군전략 증강계획

---

22 소아시아 지방 프리기아에 있는 고르디우스의 전차에는 매우 복잡하게 얽히고설킨 매듭이 달려 있었다. 그 매듭을 푸는 사람이 아시아의 정복자가 될 수 있다는 신탁이 전해져왔는데, 알렉산더가 그 지역을 지나가다 그 얘기를 듣고 칼로 매듭을 끊어 버렸다고 한다. 훗날 그는 '알렉산더 대왕'이 되었다.
23 1차 경제개발 5년간 연평균 7.8% 성장했고, 2차 경제개발 5년간 연평균 9.6% 성장했다.

등 중요 추진과제 선언이 잇따르면서 이에 드는 엄청난 재원을 조성해야 할 필요성이 커진 것이다.

이 투자재원은 외자가 아닌 내자도 조성해야 한다는 공감대가 정부 내에 형성되었다. 1960년대에 상업차관에 투자재원을 지나치게 의존한 나머지 외채상환 부담이 눈덩이처럼 불어나 국제수지 적자가 만성화되었던 것에 대한 반성 때문이었다. 공장을 설립하고 상품을 생산하면서 수출은 늘었지만 공장설비와 최종생산품의 원자재를 모두 상업차관으로 수입하다 보니 손에 남는 돈, 즉 외화 가득률은 형편없다는 현실적 인식도 내자조달의 필요성을 높였다. 중화학공업 건설, 국방개혁 등에 필요한 자금은 실패 가능성이 높고 당장 돈이 되는 것도 아니어서 외국 차관에 의존하기 어려운 분야이기도 하였다.

이처럼 개발계획에 소요되는 천문학적 재원을 내부에서 조달하기 위해서는 '광범위한 과세대상을 가지면서도 안정적 세수확보가 가능한 혁명적 세제'의 도입이 불가피한 실정이었다.

한편 세제 내적으로도 각 세목별 차별과세 때문에 자원배분 왜곡과 조세중립성의 훼손 우려가 커지고 있었다. 예를 들어 당시 영업세는 모든 거래 단계에 걸쳐 매출외형에 따라 각기 다른 세율이 부과되고 있었다.[24] 그러자 생산 대기업들이 아예 유통회사까지 내부에 만들어 버렸다. 생산자가 도매, 소매상까지 겸하게 되면 3.5%의 중간단계 영업세를 절감할 수 있기 때문이었다. 세제가 기업들에게 수직적 통합(vertical integration)의 인센티브를 주게 된 것이다. 그나마 대기업은 수직적 통합이 가능했지만 분업을 할 수밖에 없는 중소기업에게는 크게 불리하게 작용했다.

당시 대기업들이 영업세 부담을 줄이려 중소기업들을 합병하여 거래단계를 모조리 통합해 버리는 바람에 중소기업 보호와 육성에 대한 문제가 사회적 이슈로까지 대두되었다. 효율적 시장에서 이루어지는 자원배분에 대하여 조세가 중립적이어야 한다는 원칙이 무너진 결과였다. 이 같은 여러 가지

---

24 대체로 일반상품이 생산자에서 소비자까지 가는 유통과정에서 생산자 1.5%, 도매상 1.5%, 소매상 2% 등 약 5% 정도의 세금을 내고 있었다.

문제를 시정하고 복잡한 개별 소비세와 세율을 한꺼번에 종합하면서도 탈루세원을 일거에 잡아낼 수 있는 '특단의 세제개혁'의 필요성이 절박한 상황이었다.[25]

이 같은 배경에서 1971년 남덕우 재무장관의 취임과 함께 재무부는 세제심의회를 거쳐 '장기세제의 방향'을 공표하고 전체적인 종합소득세와 부가가치세의 중장기적 도입 방침을 밝혔다. 1976년까지 저소득층의 세 부담을 경감하고 소득계층 간 부담 배분의 불균형을 시정하기 위해 소득세는 완전한 종합과세로 전환하고, 간접세는 매상세 혹은 부가가치세를 도입하겠다고 발표한 것이다.

1972년 여름, 재무부에서 부가세 도입을 위한 본격회의가 처음으로 개최되었다. 그리고 아일랜드 국세청장 출신이자 IMF 재정 전문가인 제임스 다이그난(James C. Duignan)이 자문을 위해 방한하였다. 이때 그와 함께 부가가치세 도입 타당성을 검토하고 1차 보고서를 낸 사람이 당시 국제조세과에 근무하던 서영택 과장이었다.

서영택 1972년도에 IMF에서 다이그난 씨가 왔어요. 이 양반이 아일랜드 국세청장을 지낸 IMF 자문관입니다. 나이는 많지만 대단한 실력이 있는 분인데 한국을 두 번 방문했어요. 첫 번째 방한이 1972년이었는데 남덕우 장관 요청으로 한국에 와서 1개월 동안 자문했습니다. 그때 내가 국제조세과장을 할 때인데 미국에서 유학하고 돌아와 영어 좀 한다고 이분이 내 방에서 자료를 분석하고 관계자 면담도 해서 보고서를 만들었습니다. 그것이 〈종합소득세 및 부가가치세 도입가능성 보고서〉(Report on the Feasibility of Introducing an Unified Income Tax and Value Added Tax in Korea)였습니다. 종합소득세와 부가가치세를 가급적이면 이른 시일 내에 도입하는 게 좋겠다는 것이 보고서의 주 내용이었습니다.

아일랜드를 포함한 유럽국가들은 당시 이미 대부분 부가세를 도입했을 때니까 이분은 우리나라의 부가세 도입에 아주 적극적이었습니다. 당시 그가

25 재무부, 1990, 《한국부가가치세제사》, 재무부.

414

제출한 부가가치세 도입에 관한 1차 진단 보고서는 한국의 경우 기장(記帳) 미비와 세무행정의 미발달에도 불구하고 나름대로 기초가 잡혀 있어 부가가치세 도입이 가능하다고 진단했습니다. [26]

홍은주 부가세와 관련하여 쓰신 책[27]에 보니까 그 다음해인 1973년 청와대에 파견나가 있던 김재익 박사(후일 청와대 경제수석)가 부가가치세 도입과 관련해 한번 만나자고 그러셨다면서요?

서영택 그 이전에는 중장기 검토과제였던 부가세에 대한 구체적인 이야기가 청와대에서 나온 것이 1973년 무렵입니다. 당시 청와대 경제수석이 김용환 씨였고 김재익 씨가 보좌관이었습니다. 김 박사는 처음에는 경제기획원 장관 보좌관으로 일하다가 김용환 장관 보좌관으로 갔어요.

김재익 씨가 어느 날 나를 보자고 해서 청와대에 들어갔더니 나에게 부가가치세에 대해 쭉 설명합니다. 내가 그때 보니까 김재익 씨는 나를 만나기 전에 이미 부가세에 관한 내용을 청와대의 고위 경제라인, 즉 김용환 경제수석에게 보고하고 김정렴 비서실장에게까지 보고를 마친 상태였더라고요. 최종적으로 박 대통령에게까지도 이미 보고가 된 상황이었습니다. 한마디로 윗분들을 완전히 다 설득한 후에 실무적으로 나에게 접근하기 시작한 것이에요. 재무부에서는 남덕우 장관께도 이미 설명했고요.

---

26 "경제개발계획을 추진하기 위한 재정자금 마련을 위한 세입증가는 장기적 관점에서 볼 때 누적과세 방식의 영업세와 고율의 물품세로는 부적합하며 한계가 있다. 일반소비세 채택이 필요하다. 부가세는 세금계산서에 의한 크로스 체크 기능으로 탈세 방지에 기여할 것이고 영업세가 지니는 누적과세의 문제점을 제거해 조세의 경제에 대한 중립성을 지킬 수 있게 할 것이다. 기장의 미비와 세무행정의 미발달 문제는 부가세 도입에 장애요인이지만 납세대상 기업에 이미 영업감찰 제도가 있고 이미 제조업자와 도매업자에게 원천징수제도와 판매보고서 제출제도 등을 실시하고 있어 세금계산서 제도에 사실상의 경험과 노하우가 쌓여 있다. 따라서 하루빨리 부가세를 신설하는 것이 바람직하다." 다음해인 1973년 UN에서 초청한 슈프(Carl S. Shoup) 박사와 테이트(Alan A. Tait) 등도 한국이 세수를 늘리려면 영업세 세율을 인상하는 대신 부가세를 도입하라고 충고하면서 부가가치세 도입을 위한 연구 속도가 빨라졌다.

27 서영택, 2008, 《신세는 악세인가?》, 모아드림.

나는 지금도 그 점을 높이 삽니다. "만약 완전히 새로운 세금이나 주요 정책을 추진한다면 김재익 비서관이 당시에 취했던 방식이 좋은 설득모델 가운데 하나가 될 수 있겠다" 이런 생각을 지금도 하고 있습니다. 그러니까 윗사람에게만 말해서 윗사람이 "무조건 이런 정책을 시행하라"고 명령하는 것이 아니라 우선은 윗사람부터 납득이 가도록 충분히 설명하고, 그다음에는 실무자와 관련 전문가를 차례로 설득해가는 것입니다. 세무행정 실무 쪽에서는 나와 당시 최진배 세제국장, 배도 차관보 이 세 사람을 설득시켜야 하는데 특히 내가 가장 핵심 실무과장이니까 나부터 설득하기 시작한 것이에요. 실무과장인 내가 'OK'를 해야 그다음에 세제국장에게 갈 수 있으니까 나를 먼저 만나자고 한 것이죠.

그때 내가 그분 방에 가 보니까 조그마한 방인데 큰 종이에다가 부가세 도표를 미리 그려 두었더라고요. 부가가치세를 실시하면 이러이러한 장점이 생기고 어떤 문제가 해결된다는 부가가치세와 관련된 사항을 일목요연하게 큰 종이 한 장에 정리해 둔거예요. 그것을 보고 깜짝 놀랐습니다. 아주 치밀한 분이라는 인상을 받았습니다. 부가세 때문에 나와 토론을 참 많이 하고 의견도 다르고 특별히 좋은 사이는 아니었지만 그런 점이 참 훌륭했다고 지금도 기억하고 있습니다.

이분이 그때 나에게 도표를 보여주면서 부가세에 대해 장점을 4가지를 이야기했는데 그 내용을 들어 보니까 이것이 단순한 세제개편 문제가 아니고 한마디로 사회전반에 대한 그랜드 디자인이었습니다. 그 당시 우리나라 경제, 사회, 질서에 대해 완전히 새롭게 판을 짜기 위한 전반적 개혁플랜이었어요. 내가 그것을 들어 보고 "이 사람 참 대단한 사람이다", 그런 생각을 했습니다. 나도 미국에서 부가세를 공부했지만 세제 측면에서만 봤지 한 나라의 경제와 사회, 유통질서, 조세행정 문제까지 전반적으로 연결시켜서 모든 문제를 한꺼번에 해결하려는 종합적 접근까지는 미처 생각을 못했거든요. 미국에서도 그런 식으로 가르치지는 않았습니다. 그냥 부가세라는 제도가 어떤 것이고 장단점이 뭐고 시행할 때 무엇을 고려해야 하는가, 그런 것만 배웠지요.

서영택 과장을 만난 김재익 보좌관은 차분히 부가가치세의 장점에 대해서 설명하였다.

"우선 과세된 금액에 대해서는 다시 과세하지 않아 세금의 중복부과 문제가 해결되고, 최종소비자가 이중 삼중 부담하는 문제점을 해결할 수 있으며 납세자와 담세자가 달라서 거래과정과 거래액의 투명성이 확보되는 장점이 있습니다. 또 수출상품의 경우 최종소비가 해외에서 이뤄지기 때문에 과세할 필요가 없어 수출경쟁력을 키우는 데도 유리하고, 무엇보다 탈세를 막는 효과가 큽니다. 기존의 영업세는 거래단계마다 중복과세를 하고 이를 빼주지 않기 때문에 최종적으로는 물가를 올리는 누적효과 발생했는데 이 같은 누적효과를 방지할 수 있을 뿐 아니라, 기업의 수직적 통합에 따른 이익을 배제할 수 있어 가격과 산업 경제구조에도 중립적입니다. 수출과 투자에 대해 완전면세를 하기 때문에 성장지향적입니다."

부가세는 역진적 성격의 간접세이고 누진세가 아니기 때문에 불황기에도 감소폭이 상대적으로 적어 세입 측면에서도 안정적이라고 김재익은 덧붙였다. 누진세인 소득세는 경기가 악화될 경우 세율이 큰 폭으로 하락하여 세금이 대폭 줄게 된다. 이에 비해 부가세는 단일세율이고 경기가 나빠져도 소비의 하방경직성 때문에 일정기간은 소비가 비슷하게 유지되는 특징이 있다. 따라서 안정적 세원확보가 가능하기 때문에 재정수입의 안정화에도 기여하게 되는 것이다.[28]

조세투명성 차원에서 부가세의 결정적 장점은 거래쌍방이 합의하지 않으면 탈세가 어렵기 때문에 중간제조 단계, 거래 단계가 많은 제조업 상품에 대한 세원포착이 쉽다는 것이었다. 당시의 인정과세에 대한 폐단과 저항, 기업들의 탈세 온상에 대한 국민적 저항을 해소하고, 재정건전화와 사회정

---

28 실제로 1980년 정치적 혼란과 제2차 석유파동으로 인한 불황으로 평균 30%를 넘던 소득세 증가율이 7.6%에 그치고 매년 15% 이상 증가하던 법인세도 1.6% 감소했으나 부가세는 전년보다 5%포인트 높은 35.2%의 증가세를 보였다. 안정적 세수확보에 부가세가 도움이 된다는 사실이 입증된 것이다.

| 홍은주 한양사이버대 교수

의 확립이라는 두 마리 토끼를 잡을 수 있는 방식이라는 것이 김재익 수석의 설명이었다.

서영택 이분이 그때 나에게 이야기한 부가세의 장점을 4가지로 요약하면 첫째, 부가가치세란 것은 납세자 간의 거래, 즉 제조업자와 도매상, 도매상과 소매상, 소매상과 최종소비자 이들의 매매거래 상호대사를 통해 크로스체크가 가능하다는 점이었습니다. 물건을 판 사람이나 산 사람 서로 크로스 체크를 할 수 있기 때문에 저절로 과세표준이 양성화된다는 것이죠.29 "거래가 투명해지기 때문에 어느 조세보다도 탈세하기 어렵다, 그렇게 되면 고질적 병폐인 인정 과세가 시정이 된다"는 것이 김재익 씨가 첫 번째로 강조한 점이었습니다.

두 번째로 이런 상호대사 기능 때문에 사업자들의 과세표준이 자동으로 양성화되면 세수가 자동적으로 증가됩니다. 세 번째는 국내뿐만 아니라 국제거래에서도 이 세금제도가 중립적이라는 것입니다. 국내적으로는 당시 영업세(turnover tax)였는데 그러다 보니 도매상, 소매상, 제조업자 할 것 없이 다 중복과세였습니다. 한 번 세금 매겼던 것에 또 매기고 그러니까 이중과세, 중복과세인데 부가세는 추가되는 가치에 대해서만 과세하니까 이중과세가 되지 않는 것이죠. 내가 세금을 내지만 기존의 부가가치에 대해서는 매입세액을 공제받으니까. 각 단계별로, 제조단계, 도매단계, 소매단계별로 그렇게 하니까 중복과세가 되지 않는다는 것입니다.

또 수출 측면이나 투자 측면에서도 지원된다는 주장이었습니다. 왜냐하면 영세율(zero-rating system)이라고 해서 수출은 팔고 사는 게 다 영세율이 적용되니까 수출이 증대될 것이고 투자도 활성화된다는 것입니다. 예를 들어

---

29 부가세는 매출세액에서 매입세액을 공제한 뒤 세금을 납부하는 방식이다. 매입세액을 인정받기 위해서는 명확한 세금계산서가 필요하고 거래단계마다 전단계의 세금계산서를 제시해야 한다. 이처럼 거래단계별로 이중의 과세자료 확보가 가능하기 때문에 과세 투명성 확보와 탈루세금 방지에 효과가 있다.

국내에 공장을 세운다든가 기계장치를 설치하려면 외국에서 기계장치를 수입해야 될 것 아닙니까? 수입할 때 해당 국가에서 낸 세금(부가가치에 대한 세금)을 면제해 주면 수입가가 싸져서 투자가 활성화된다는 논리입니다.

| 서영택 前 국세청장

네 번째로 당시 우리나라의 간접세가 13개 종목으로 굉장히 복잡한 체계였습니다. 이분은 "이것을 단순하게 일원화하자, 복잡한 간접세목과 세율을 단순하게 부가가치세 하나로 통합하고 세율도 일원화를 하자"면서, 심지어 "차제에 법인세까지 없애자"고 그래요. 왜냐하면 법인세 내고 또 부가가치세를 내면 이중과세가 되니까 부가가치세를 도입하면 법인세를 없애야 된다는 논리였습니다. 내가 미국 대학에서 배울 때도 교수가 부가가치세를 도입하면 법인세는 없애는 것으로 하고 도입을 검토한다고 그런 적이 있었습니다.

이렇게 4가지를 얘기하는데 이게 이론적으로는 얼마나 완벽하고 환상적인 세제냐 이거죠. 그러니까 남덕우 장관, 김용환 수석, 김정렴 실장 심지어 대통령까지도 김재익 씨 설명을 듣고 "야! 그것 참 신기한 세제구나. 아주 환상적이다"라고 감탄한 것입니다.

홍은주 쓰신 책30에 보니까 실무자 입장에서 강하게 반대하셨다고요? 이론상으로는 좋다고 생각하면서도 반대한 논리는 무엇이었습니까?

서영택 나도 큰 개혁방향으로는 다 좋다고 생각은 했는데 문제는 김재익 씨가 부가세를 당장 도입하자는 것이에요. 1973년도에 얘기를 시작하면서 "당장 내년 초(1974년) 세법개정 때 종합소득세와 부가가치세를 같이 도입하자"는 주장이었습니다. 내가 거기에 대해 실무책임자로서 3가지를 들어서 반대했습니다.

---

30 서영택, 2008, 《신세는 악세인가?》, 모아드림.

"다 좋다, 지금 한 말 다 옳다. 그런데 우선 조세제도의 급격한 개혁은 국민경제와 국민생활에 미치는 영향이 크기 때문에 현실적 여건을 고려해서 실시하는 시기와 방법을 신중히 선택해야 한다. 무엇보다도 납세자들이 혼란을 느낄 것이다. 납세자들이 과격한 두 가지 세제개편에 대해 어떻게 한꺼번에 적응하겠는가, 종합소득세도 바뀌고 또 부가가치세라는 새로운 세금도 또 내야 되고 이러면 납세자들이 치러야 하는 비용이 너무 크다. 그리고 또 부가세는 국민경제에 미치는 영향이 너무 크다. 그러니까 단계적으로 하자."

부가세의 도입방향 자체는 옳다고 생각했으니까 그 대안으로 내가 주장한 것이 영업세의 확대실시였습니다. 당시에 미국에 매상세라는 게 있었습니다. 'sales tax'라고 물건을 팔 때마다 물건 값에 세금을 붙여서 원천징수를 하는 세금인데 우리나라 영업세와 비슷해요. 나중에 영업세 낼 때는 원천징수 당한 세금은 공제해 주고. 그래서 김재익 씨에게 "우리의 영업세 시스템이 부가가치세 제도와 비슷하니까 이 품목을 일단 확대해서 시행해 보자, 그러다가 납세자들이 이를 확실히 이해하고 어느 정도 정착되면 다음에 본격적으로 부가세를 도입하자"고 그랬습니다.

두 번째 내 반대 논거는 당시 영수증 주고받기 질서가 전혀 없었다는 점이었습니다. 부가가치세 제도는 사업자 간, 그리고 사업자와 소비자의 일반 상거래에서 세금계산서를 주고받는 것이 핵심입니다. "세금계산서(tax invoice)를 사업자 간들에 정확히 주고받아야 크로스 체크가 되고 과표가 양성화될 텐데 영수증이 관습화돼 있지 않고 상거래 유통질서가 굳건하지 않은 상태에서 우리가 그렇게 금방 할 수 있겠느냐? 우선 영수증 주고받기부터 실시하고 영수증 수수 상거래 유통질서를 확립한 다음에 시행하자" 이렇게 주장했습니다.

세 번째로, 당시 내 생각으로는 가장 중요하고 실제 집행하면서 극명히 드러난 것인데, 물가 급등의 우려가 있다는 것입니다. 부가가치세 제도는 물건 값에 일정 비율을 붙여서 소비자에게 파는 것 아닙니까? 예를 들어서 10만 원짜리 물건이고 부가세율이 10%라면 가격표는 10만 원인데 팔 때 11만 원을 받아야 할 것 아닙니까? 한마디로 모든 물건 값이 동시에 10%가 고스란히 오르는 셈이 됩니다. 그 당시 1973년도에 석유파동으로 이미 엄청나게 물가가 올랐습니다. "물가가 이렇게 급격히 오를 때 이 제도를 시행하면 물건 값에 10%가 더 플러스되니까 잘못하면 물가가 더 크게 오를 가능성이 있다, 정책이라는 게 타이밍이 중요한데 지금은 부가세 도입 타이밍으로 좋지 않다. 상거래 관행이 오히려 우리보다 더 선진화된 미국, 대만도 선뜻 시행을 못하고 검토만 하는 것이 이 때문에 그렇다"라고 주장했습니다.

홍은주 나중에 부가세 도입 직전 1976년 테이트 박사가 다시 내한해 부가가 치세 도입이 한국 경제에 미칠 영향을 분석했는데 이때 작성된 2차 보고서에 물가상승을 경계하는 대목이 나옵니다.[31] 실제로도 나중에 시행하면서 보니까 물가가 올랐지요. 세율이 오르는 것은 가격에 즉시 반영하는 데 비해서 세율인하가 되는 품목은 상인들이 인하율만큼을 가격에 즉시 반영하지 않는 것이 일반적이지요. 가격의 하방경직 현상이랄까…

서영택 아무튼 그런 식으로 김재익 보좌관과 내가 서로 의견차를 좁히지 못하고 몇 번을 만났어요. 내가 계속 반대하니까 나중에 남덕우 장관이 우리들을 장관실로 불렀습니다. 남 장관이 자신의 주재하에 김 보좌관과 최진배 국장, 나 이렇게 세 사람을 불러서 "내 앞에서 당신들이 찬반양론을 토론해 봐라. 한번 들어 보자"고 그랬습니다.

홍은주 이때도 또 한 차례 끝장토론이 있었겠네요.

서영택 끝장토론을 했죠. 계속 토의하는데 당시 남덕우 장관은 부가세가 이른 바 인정과세 문제를 해결할 수 있다는 논리에 가장 큰 관심을 보였습니다. 인 정과세라는 게 당시 큰 문제였어요. 정부가 일방적으로 내리는 결정과세 제도 인데 사실 근거도 없이 정부가 과세하는 것은 잘못됐지요. 내가 천만 원을 벌

---

31 "구세의 세수를 대체할 목적의 부가세율은 10%면 충분하다. 부가세가 물가에 미칠 영향은 지속적인 인플레이션 상태인 한국에서는 기업이 부가세를 핑계 삼아 내려야 할 물건가격을 내리지 않고 반면 올 릴 요인이 있을 때는 무조건 올릴 가능성이 있으므로 강력한 가격규제와 감시하에 있어야 한다. 그럴 경우 물가변동은 미미할 것이다"라는 내용이 담겨져 있었다.

었는지, 천백만 원을 벌었는지, 아니면 5백만 원밖에 못 벌었는지 정부가 어떻게 알고 마음대로 과세합니까? 납세자가 자기가 번 돈을 정직하게 신고하고 여기에 과세하는 것이 옳은데 정부가 마음대로 소득을 추정해서 과세액을 결정하는 것이니까요. 그래서 당시에 어떻게 하면 이 영업세 제도하에서 인정과세를 없앨 수 있을까 다들 고민하고 있었는데 김재익 박사는 이 내용을 아니까 이걸 단번에 해결할 수 있는 묘책이 바로 부가가치세라고 계속 주장해요.

"부가가치세를 도입하고 영업세 등을 없애 버리면 자동적으로 과세표준이 양성화되고 인정과세는 없어집니다." 그러니까 남덕우 장관이 최 국장하고 나에게 "그런 상호대사 기능, 크로스 체크 기능이 있다는데 실제로는 어떻게 될 것 같으냐?"고 물어요.

"멀리 보면 당연히 그런 잘못된 제도가 시정되겠죠. 그러나 부가가치세 제도의 전제조건이 세금계산서를 주고받는 것인데 그게 잘 안된 상황에서 그렇게 쉽게 해결되겠습니까? 그리고 머리가 좋은 사람들은 어떻게 하든 다 빠져나갑니다. 영수증도 가짜로 만들 것이고 빠져나갈 구멍을 다 만듭니다. 그래서 우리 희망대로 되지는 않을 겁니다. 따라서 우선 영수증 주고받기 운동부터 정착시키고 난 다음에 해야 이게 효과가 있습니다. 지금 해서는 혼란만 가져옵니다." 우리는 이렇게 주장했죠.

그랬더니 남덕우 장관이 또 물어요.

"부가세를 도입하면서 법인세 제도는 없애는 것으로 김재익 박사가 얘기하는데 그것은 어떻게 생각하느냐?"

"예, 그것은 제가 대만에 가 보니까 대만에서도 그 문제 때문에 상당히 검토를 했던 모양인데 결국 말이 안 되는 소리라고 그렇게 얘기하고 있습니다."

남덕우 장관이 나에게 정말 그렇더냐고 재차 확인해요.

그런저런 일이 있고 나서 1974년 9월에 남덕우 장관이 경제부총리로 가고 김용환 장관이 재무부 장관으로 옵니다. 김용환 장관은 그 무렵 부가세를 꼭 도입해야 한다고 아예 마음을 굳힌 상태였는지[32] 부임하고 나서 나에게 자꾸

---

32 김용환, 2006, 《임자, 자네가 사령관 아닌가》, 매일경제신문사, 137쪽을 보면 김 장관은 남덕우 장관으로부터 이 업무를 인계받아 외국 전문가와 자문, 조사단의 보고서 등을 검토한 후 1975년 7월에 도입을 최종 결심한 것으로 되어 있다.

부가세 도입문제를 이야기해요.

"여러 가지 현실적 문제가 있습니다. 그러니까 우선 영업세 제도하에서 영수증 주고받기 관행을 정착시키고 거래 원천징수제도 품목을 더 늘려서 이 방식을 좀더 훈련시키고 난 다음 한 2, 3년 후에 그렇게 시행하는 것이 좋겠습니다" 라고 또다시 설명했습니다.

그러나 재무부 실무라인의 반대에도 불구하고 김용환 장관은 부가가치세를 가까운 시일 내에 도입하기로 결심을 굳히고 곧바로 구체적 절차에 착수했다.[33] 1974년 7월과 8월에는 공무원 및 학계인사로 구성된 부가가치세 시찰단이 영국, 독일, 프랑스 및 부가세를 검토하던 이웃나라 일본과 대만 등의 현황을 돌아보고 귀국해 부가세에 관한 보고서를 냈으며, 1975년 초에는 부가가치세 도입을 위한 태스크포스팀이 만들어졌다. 태스크포스팀은 일단 EC형 부가세를 도입하기로 결정하고[34] 1975년 7월 무렵 '부가가치세 요강'을 확정했다.[35]

같은 해 10월에는 IMF의 재정분석과장인 테이트 박사를 초청하여 과세대상 세목과 과세표준, 세율, 법인세의 부가세통합 여부, 특별소비세의 범위, 대체세목, 과세표준과 세율, 재고품에 대한 구간접세 공제, 물가정책 등에 관해 구체적인 자문을 받았다.[36] 테이트 박사로부터 자문받은 내용을 최종

---

33 재무부, 1990, 《한국부가가치세제사》, 재무부.

34 EC형 부가세는 재화나 용역의 모든 유통단계에서 기업이 부가하는 가치에 대해 과세하는 세금으로 기존의 영업세나 물품세처럼 기업의 매출금액 전액을 과세표준으로 하는 것이 아니라 매출금에서 매입금액을 공제한 나머지 즉 부가가치에 대해서 단계별로 과세하는 것이 영업세와 달랐다. 법규에 따라 특별히 면제되지 않는 한 모든 재화와 용역의 거래단계에서 과세한다는 점에서 특정 거래단계에서만 과세하는 물품세와도 차별화가 되었다.

35 확정된 요강에는 부가가치세에 흡수되는 조세는 영업세 등 8개 세목이며 세율은 단일세율로 하고 투자와 수출은 완전면세, 생필품은 면세 혹은 부분면세, 영세사업자에 대한 배려, 조세중립성의 유지 등이 포함되어 있었다.

36 자문의견서는 부가가치세 도입으로 대체가능한 세목으로 영업세와 물품세, 직물류세 등을 특정하는 한편 세율은 10%로 하는 등의 구체적인 내용을 담고 있었다. 또한 부가세율을 10%로 단일화할 경우 0~300%인 물품세의 세율이 엄청나게 낮아져서 일부 사치성 소비재나 내구재의 가격하락이 발생하고 바람직하지 못한 소비가 발생할 수 있기 때문에 보완책으로 사치품에 대해서는 특별소비세를 부과하라는 내용이 포함되어 있었다.

반영한 후 12월에 〈한국이 도입가능한 부가가치세〉 보고서가 확정되었다.

이 보고서에는 세율의 수준과 면세범위, 구간접세 공제, 특별소비세 과세대상 등에 대한 구체적 내용이 담겨 있었다. 단일세율은 외국 전문가들이 제시한 10%보다 다소 높은 12% 전후로 확정했지만 일부 면세품목에는 5% 미만의 실질부담이 적용되고 TV, 주류, 자동차 등 고가소비재와 호화사치성 상품에는 높은 특별소비세가 부과되어 실질적으로는 3단계 과세체계가 만들어졌다.

과세표준과 적정세율은 테이트 박사의 〈한국이 도입가능한 부가가치세〉에 설명된 개념을 기초로 모델을 만들어 1972~1974년 통계를 사용해 추계했다.[37] 다시 1976년 들어 2차로 1975년 통계를 추가하여 4개년을 기준으로 하자 세율범위는 가중평균으로 최저 9.5%에서 최고 12.2%로 추정되었다. 사라지게 되는 기존의 8개의 간접세를 대체하여 안전하게 세수를 확보할 수 있는 부가세 단일 세율은 12.5% 정도가 적당한 것으로 결론 낸 것이다. 1975년 현재 실효세율이 4.5%인 영업세와 원자재에 대한 간접세만 부가가치세로 대체하고 상당범위의 특별소비세를 부과한다면 10% 선으로 낮추는 것도 가능하다는 실무적 판단도 이때 나왔다.[38]

한편 부가가치세의 역진적 성격을 완화하기 위해 생필품과 농수축산물, 임산물, 수돗물과 연탄, 교통, 교육의료 등은 면세하기로 하였으며, 조세이론상 부가가치를 창출하는 생산요소인 금융보험업 부동산업 근로용역은 과세대상에서 제외하였다. 또한 부가세 시행 전에 생산된 재고품에 대해 이미 부과된 구(舊) 간접세는 완전 공제하는 것으로 되어 있었다.

●

37 당시 추계를 맡은 실무과장은 강만수 과장(후일 기획재정부 장관)이었다. 그의 책 《현장에서 본 한국 경제 30년》(2005, 삼성경제연구소)에 따르면 이 모델은 국민소득 3면 등가의 법칙에 의해 생산국민소득-분배국민소득-지출국민소득을 기준으로 과세대상 부가가치를 계산하여 과세표준으로 하고 대체하는 간접세로 나누어 세율을 추정하는 방법이었다. 추계모델을 만든 다음 1972~1974년 3개년을 기준으로 과세표준과 세율을 추계했다. 특별소비세를 추가한다면 1974년 현재 지출기준으로는 9.2%, 분배기준으로는 11.15%, 생산기준으로 10.55%로 추계. 10% 전후의 세율이 가능한 것으로 추정했다고 한다.

38 이것이 실제 나중에 부가가치세율을 둘러싼 논쟁에서 정부가 최초에 제시한 13%를 10%로 낮추게 된 근거가 된다.

부가세 찬반양론 격돌

구체적 추계까지 모두 끝내고 부가가치세 도입을 위한 준비가 모두 갖춰짐에 따라 1976년 박정희 대통령은 연두 기자회견에서 부가세 도입을 공식발표했다. 김용환 재무장관도 뒤이은 경제부처 합동기자회견에서 "1976년 정기국회에서 법안을 마련한 후 1977년 7월 1일부터 부가세를 실시한다"고 발표했다. 당시 제시된 부가가치세법의 '법안 제안이유'에는 부가세 도입 이유가 자세히 설명되어 있다.[39]

그러나 부가가치세 도입 시기가 임박하면서 재계 및 일부 학계와 정치권의 반대도 점차 거세지기 시작했다. 1976년 열린 세제심의위원회에서도 부가가치세를 심의하는 과정에서 찬반을 둘러싼 첨예한 난상토론이 벌어졌다.

반대론 : 부가가치세가 이론적으로는 하자가 없지만 부가가치라는 개념 자체를 납세자들이 이해하기 어렵다. 납세자가 세금에 대해 정확한 이해를 하고 있어야 기장도 쉽고 납세에 따른 조세저항도 적다.

찬성론 : 부가가치세는 전혀 어려운 세금이 아니다. 매출세액에서 매입세액을 빼고 남은 금액을 정부에 내면 되는 것이다. 매출이나 매입세액 계산도 쉽다. 매출이나 매입에 일정 비율의 세율만 곱해서 산출하니까 어려울 게 없다. 개념상의 혼란은 약간의 교육만 하면 금방 사라질 것이다.

반대론 : 13%나 되는 단일 고세율이 주는 심리적 영향 때문에 시행시기의 경제여건에 따라 부가가치세 도입이 물가자극 요인으로 작용할 것이다.

찬성론 : 부가세 실시는 조세수입 증가가 아니라 복잡다기한 간접세제를 대체하는 것이므로 기존의 8개 세목과 동일한 정도의 세수가 되도록 부가세율을 책

---

39 "간접세 체계를 근대화하고 제4차 경제개발 5개년계획을 효과적으로 지원하기 위한 부가가치세를 도입함으로써 이 세제가 지니고 있는 장점, 즉 세목과 세율의 단순화에 의한 세제 및 세정의 간소화와 간접세의 완전환급에 의한 수출 및 투자촉진을 기하고 누적과세 배제에 의한 물가의 누적적 상승요인을 제거하며 또한 기업의 수직적 통합이익을 배제함으로써 기업의 계열화를 촉진하는 동시에 세금계산서의 수수에 의한 탈세의 원천적 예방으로 근거과세를 구현하기 위해 이 법을 제정한다."

정한 것이다. 따라서 물가변동에 미치는 영향은 제한적이다. 국민생활에 영향을 미칠 정도의 주요품목은 가격고시제를 통해 충분히 조절이 가능하다. 또 물가상승이 있다고 하더라도 첫해에 한정될 뿐 다음해부터는 영향이 없어진다.

반대론 : 부가가치세는 간접세로서 부자나 가난한 사람이나 동일한 세율을 적용받기 때문에 부자에게 유리한 역진성의 문제가 지적된다.

찬성론 : 간접세 자체에 역진성이 있는 것은 사실이지만 부가세가 기존의 간접세를 대체하는 것에 불과하기 때문에 기존의 세제보다 역진성이 더 커지는 것은 아니다. 또 역진성을 보완하기 위해 주요 생필품은 면세하고 특별소비세는 중과한다. 또 소득세 공제액 인상 및 세율의 단계적 조정으로 중산층 이하의 부담을 30% 정도 낮출 예정이다. 40

실제 집행부서인 재무부와 국세청의 실무자들은 어떤 의견이었을까? 재무부의 실무자들 가운데서도 세제의 장점은 충분히 이해하지만 시기상조가 아니냐는 의견이 많았다. 이들은 영수증 수수관행이 별로 없고 기장능력이 미비하며 자진신고 납부제도가 정착되지 않은 우리나라가 부가가치세를 도입할 경우 이를 정착시킬 수 있는 현실적 능력이 있는지에 대해 전혀 확신을 갖지 못하고 있었다. 조세제도의 급격한 변혁이 가져올 국민경제와 국가경제에 미치는 영향에 대해 불안이 컸던 것이다.

이들은 "현재 부가세를 도입한 나라는 유럽 12개국과 유럽의 영향력 하에 있던 중남미 9개국, 중동 1개국밖에 없고 아시아에서는 베트남이 유일하다. 일본은 1950년 미국의 권고에 따라 부가세법까지 제정했다가 실시하지 못했고 대만도 연구만 하다가 실시하지 않고 있다. 한국역시 시기상조이다"라면서 반대의견을 냈다.

여기에 대해 찬성론자들은 "일본의 경우 부가세 도입목적이 우리와 완전히 다르다. 우리는 기존의 복잡한 간접세제를 통합 대체하려는 목적인 반면, 일

---

40 찬반양론의 자세한 내용은 김정렴, 2006, 《최빈국에서 선진국 문턱까지 : 한국 경제정책 30년사》, 랜덤하우스코리아 참조.

본은 총예산의 3분의 1에 달하는 재정적자 누적을 해소하기 위한 차원이므로 노동조합이나 야당이 강하게 반대했다. 당시 오히라 내각이 총선에서 압승을 하지 못해 불안한 정치 때문에 도입할 수 없는 형편이었다.[41] 대만은 지방자치제가 강해서 중앙정부 중심의 세제도입에 한계가 있어 도입을 못하는 것일 뿐 유교권이라는 공통점 때문이 아니다"라고 반론했다.

격렬한 토론 끝에 부가가치세 법안은 국회의결을 거쳐서 1976년 12월 22일 법률 제2934호로 확정되었다. 시행시기는 다음해인 1977년 7월 1일로 발표하였다.

국회에서 어렵게 통과된 부가가치세법에는 단서조항이 하나 붙어 있었다. 워낙 반대가 거세다 보니 반대진영을 무마하기 위해 붙인 조항, "경제여건의 추이에 비춰 필요하다고 인정되는 때에는 대통령령이 정하는 바에 따라 시행이 연기될 수 있다"는 단서조항이었다. 막상 1977년이 되어 시행시기가 다가오자 바로 이 단서조항이 문제가 되었다. 부가세 반대를 주장했던 기업인들이 언론과 정치권을 움직여 경기와 물가 등 여러 이유를 들어가며 다시 시행을 연기하자고 나선 것이다.

가장 결정적인 반대는 정부 내부에서 나왔다. 1977년 5월, EPB 물가담당자들이 물가상승을 우려하며 시행연기를 주장하고 나선 것이다. 이들은 부가세를 그대로 실시할 경우 연간 물가상승 억제선인 10%를 유지하기 힘들어 간신히 유지하고 있는 안정기조를 깰 우려가 있다고 주장했다. 설령 실시를 강행한다고 하더라도 물가에 대한 충격을 줄이기 위해 세율을 기본세율 13%보다 낮게 조정해야 한다는 것이었다.

실제로 당시 물가상황은 상당히 통제하기 어려운 상황이었다. 각종 생필품 가격에 불안요소가 잠복해 있었을 뿐만 아니라[42] 중동건설 붐으로 인한 오일달러의 유입과 과잉유동성 문제가 심각했다. 그동안 수출이 꾸준히 증가하고

---

41 일본에서는 1988년 12월에 10년의 산고 끝에 소비세인 부가세가 입법되어 1989년 4월 1일부터 시행 중이다.

42 육류소비 증가로 육류가격 상승, 원양어업 어획량 감소로 수산품 가격 급등, 이상한파로 인한 채소, 과일 가격상승 등 생필품 물가오름세 요인이 잠복해 있었다.

1976년 중동 특수 때문에 무역외 수지흑자도 계속 늘어나서 경상수지 흑자가 9억 5천만 달러에 달했다. 은행 지급준비율을 인상하고 단기외채 도입과 무역신용의 억제조치, 해외건설용역 수입의 특별계정예치 의무화 등의 조치를 통해 유동성에 대한 직접 규제에 나서야 했을 정도로 심각한 통화팽창이 지속되었다.

이 때문에 꼭 이런 시점에 물가상승 및 정치적 위험이 있는 부가세를 실시해야 하느냐는 회의론이 정부 내에서도 강해졌고 그동안 잠복해 있던 반대론이 한꺼번에 터져 나왔다.[43] 지역 기업인과 상공업자의 민원을 받은 여당의원들까지도 연기를 주장하기 시작했다. 재계의 거센 반대에다가 일부 여당까지 반대입장을 표명하여 상당한 정치적 부담이 가중된 데다 정부 내부의 실무자들이 반대를 하고 나서자 논란이 갈수록 커졌다. 각료들의 의견이 양분되고 경제계의 반대론이 또다시 격화되기 시작했다.

부가세 시행직전인 1977년 6월 13일, 박정희 대통령은 시행여부를 최종 결정하기 위한 당정협의회를 개최했다. 부가가치세 도입을 둘러싼 열띤 대토론회의 장이 된 이 자리에서 박 대통령은 사안의 중대성에 비추어 국무위원들에게 한 사람 한 사람 소신을 개진하도록 했다. 서열상 가장 먼저 발언한 최규하 국무총리가 연기를 주장했다. 6년 전 재무장관 때 장기세제 방향을 발표하면서 부가세 도입을 주장했던 남덕우 부총리는 물가관리 책임자로서 부가세 도입방향은 옳지만 물가에 미치는 영향을 고려해 연기하는 것이 좋겠다는 취지의 발언을 했다. 장예준 상공부 장관은 기업체에 미치는 영향 때문에 당연히 반대의견을 개진했다. 연기론이 대세를 이루는 듯했다.

부가세에 대해 강하게 드라이브를 걸어온 김용환 재무장관으로서는 피가 마르는 입장이었을 것이다. 당시 당정협의회 참석자였던 김용환 장관과 최각규 장관과의 인터뷰를 통해 당시 회의석상의 분위기를 알아본다.

---

43 당시 정부 내에서 발생한 부가세 도입 연기논쟁은 김용환 장관과 김정렴 대통령 비서실장, 강만수 당시 실무과장의 책에 잘 묘사되어 있다(김용환, 2006, 《임자, 자네가 사령관 아닌가》, 매일경제신문사 ; 김정렴, 2006, 《최빈국에서 선진국 문턱까지 : 한국 경제정책 30년사》, 랜덤하우스코리아 ; 강만수, 2005, 《현장에서 본 한국경제 30년》, 삼성경제연구소).

남덕우 부총리가 재무장관으로 계실 때 부가세를 처음 추진하셨는데 경제기획원 부총리 입장에서는 반대하신 건가요?

김용환 : 남덕우 부총리가 부가세 자체를 반대한 건 아니고 시행상의 시기 때문에 주저했어요. 당시 물가가 많이 올랐으니까.

물가상승 우려와 부가가치세의 역진성 우려 때문에 EPB 실무자들이 반대한 것으로 알고 있습니다. 그런데도 당시에 부가세를 연기하지 말고 지금 당장 시행하는 게 좋겠다고 주장했던 이유는 무엇이었습니까?

김용환 : 그때 내 생각으로는 박정희 대통령 때가 아니면 우리나라는 영원히 부가가치세 도입 못한다, 그런 생각을 가졌어요. 세금제도의 변경은 조세저항이 심해서 정치적 추진력이 핵심입니다. 내각제 정치체제에서는 정권 자체가 넘어갈 정도예요. 왜냐? 조세제도의 변경으로 새로 혜택을 받는 사람은 입을 딱 닫고 아무 말 안 하고 그동안 탈세하거나 누수가 됐던 세금이 다 적발되어 손해를 보게 되는 사람들은 목소리를 높여 강하게 반대하니까. 실제로 부가세가 도입된 다음해인 1978년도 12월인가, 그때 총선에서 여당인 공화당이 졌잖아요. 1.1% 정도의 투표율 차이로 야당한테 졌어요. 만약 내각제 정치체제하였으면 정권이 넘어가는 거예요. 그 정도로 거센 (조세) 저항이 있습니다. 그런 걸 다 아니까 내가 '이때 아니면 우리나라에 부가세 도입 영원히 안 된다'고 생각했어요.

김 장관님의 책44을 보면, 국무회의 정책결정 단계에서도 연기론이 강력해지고 있을 때 부가가치세 즉시 실시를 주장한 뜻밖의 원군은 최각규 농수산부 장관 (그해 12월 상공부 장관으로 옮기게 됨)이었던 것으로 나타나 있습니다.

김용환 : 경제계가 세원 노출을 우려하여 격렬하게 연기론을 주장하고 있었는데도 불구하고 최각규 장관은 마지막 결정단계에서 부가가치세의 도입을 예정대로 실시할 것을 적극 주장하여 나의 손을 들어 주었습니다. 최 장관의 지지로

44 김용환, 2006, 《임자, 자네가 사령관 아닌가》, 매일경제신문사.

힘을 얻게 되자 내가 부가가치세의 필요성을 더욱 강도 높게 주장했습니다.

최각규 장관(후일 부총리)이 부가세 도입을 적극 찬성했던 이유는 무엇일까? 최각규 장관은 재무부 시절부터 기존 세제의 문제점에 대해 이미 상당한 문제의식을 느끼고 있던 터에 김재익 박사를 통해 부가세에 대해 자세한 설명을 듣고 찬성을 결심했다고 전한다.

최각규 : 내가 처음 부가가치세에 대해 알게 된 것은 김재익 박사를 통해서였습니다. 내 기억으로 가장 처음에 우리나라에서 부가가치세 이야기를 꺼낸 것은 김재익 씨였지요. 그때 김재익 박사는 스탠퍼드 대학에서 학위를 받고 한국에 들어와서 한국은행 조사역으로 있었는데 남덕우 재무장관에게 간혹 들러서 이런저런 이야기를 하다가 부가세 이야기를 꺼냈습니다. 내가 그걸 관심 있게 들은 이유가 당시 우리나라 조세문제 가운데 제일 심각한 것이 기장이 잘 안 되는 문제였는데 김 박사가 (부가가치세를 도입하면) 매출기록이 안되어 탈세하는 이 문제를 단번에 해결할 수 있다고 그러더라고요. 부가가치세를 도입하면 거래 단계별로 매입과 매출에 대한 크로스 체크를 하게 되거든요.
또 내가 찬성한 이유는 이 세금이 바로 간접세라는 점, 세금으로는 가장 알맞은 제도라는 것입니다. 그전까지는 영업세라고 해서 무조건 외형의 몇 퍼센트를 그냥 부과했습니다. 과세기준이 외형매출이었다가 부가가치가 되니까 개별 품목에 따라서 부담의 차이가 생길 수 있겠지만 탈세가 어려우니까 세금으로서는 우리나라에 가장 좋은 제도인데, 단기적으로 실무적 문제가 있고 해서 주춤주춤하고 있었지요. 그러다가 김용환 씨가 재무부로 오고 나서 본격적으로 추진하기 시작했습니다. 나는 재무차관 시절부터 부가세 얘기를 계속 들었으니까 이 제도는 언제인가는 우리나라에 도입되어야 한다고 확신하고 있었습니다. 그 부분에 내가 항상 긍정적이었죠. 남덕우 부총리도 재무장관 시절 내가 모시고 있을 때 보니까 부가가치세제에 대해서 호의적이었습니다.

그러나 김용환 장관과 최각규 장관의 즉시 시행 주장에도 불구하고 각료 대부분이 현실론을 내세운 연기를 주장해 차츰 연기론 쪽으로 기울어가던 분위기를 막판에 뒤집은 것은 김정렴 비서실장이었다.

"기업들이 연기를 주장하는 것은 앞으로 탈세가 어려워지기 때문이다. 구(舊) 영업세하에서는 세금계산서 수수가 의무화되어 있지 않아 거래액을 정확하게 파악할 수 없어 세무서가 일방적으로 인정과세를 하기 때문에 탈세가 많았다. 영업세의 과세표준은 개인사업소득세 또는 법인세의 과세표준이 되기 때문에 자동적으로 사업소득세와 법인세까지 탈세를 돕는 셈이다. 기업이 탈세를 일삼고 비대해지지 않았나 하는 국민들의 부정적 기업관이 시정되어야 우리 사회에 안정이 온다.

부가세에 대한 반대나 연기주장은 과세대상 83만 명 가운데 법인과 중규모 이상 사업자 16만 명에게서 나오는 일부의 불만과 주장일 따름이다. 또 경제가 커질수록 세수가 늘기 마련인데 이 같은 탈세가 줄어들어야 적정 재원이 확보되어 경제개발 재원이 마련되고 저소득층과 고령자에 대한 사회복지 재원을 확보할 수 있다.

물가불안의 요인은 확실히 있다. 그러나 물가에 미치는 영향이 제한적이고 설령 물가불안의 요인이 있다고 하더라도 중장기적 부가세의 중요성에 비춰보았을 때 시행연기는 납득이 가지 않는다. 만약 연기가 되면 1978년은 연말에 국회의원 선거가 있어 어렵고 1979년에는 선거후 민심수습 때문에 어려우며 1980년 이후에나 시행을 고려할 수 있는데 한 번 연기하면 경제계의 반발이 더욱 거세져 다시 도입하기 어려울 것이다. 6년 반이나 준비했고 충분한 연구검토가 있었으며 백년대계를 생각해 도입하는 것이 좋다고 생각한다."[45]

김정렴 비서실장은 다만 당시의 고물가 우려와 부가세 도입에 따른 물가상승 압력을 고려하여 13%의 세율을 10%로 낮추자고 타협안을 제시하였다. 이 타협안이 제시됨에 따라 분위기는 부가가치세의 도입 쪽으로 극적으로 전환된다.[46]

45 김정렴, 2006, 《최빈국에서 선진국 문턱까지: 한국 경제정책 30년사》, 랜덤하우스코리아.
46 "국회를 통과한 부가가치세법 상으로는 기본세율 13%에 상하 3%포인트를 경기에 따라 조절할 수 있게 되어 있었으나 사실은 세입차질이 생겼을 때를 위한 대비용이었으며 내부적으로는 처음부터 10%를 생각하고 있었다. 거래관행 면에서 10%가 편리할 뿐 아니라 10% 이하로 해도 실거래에서 10%를 붙이기 때문에 물가에도 유리하다는 것이 IMF 전문가의 권유(테이트 박사)였다"(강만수, 2005, 《현장에서 본 한국경제 30년》, 삼성경제연구소, 51~52쪽).

대통령은 세율을 10%로 낮춘 부가가치세를 당초 예정대로 7월 1일 실시하기로 결단을 내렸다. 부가세 시행 쪽으로 위쪽이 결론을 내자 기존에 없던 혁명적인 신생세제 도입에 따른 실질적인 제도정비와 성공을 책임져야 하는 것은 국세청의 몫이었다. 당시 국세청 고재일 청장은 누구에게 이 일을 맡기는 것이 좋을까를 고민하다가 대구청에 근무하던 서영택 국장을 국세청으로 불러 올렸다. 국세청으로 가기 직전까지 세제국에서 부가세 문제를 다룬 핵심 실무과장이었으니 누구보다도 적임자라고 판단한 것이다.

서영택 당시 고재일 청장이 굉장히 스트레스를 많이 받았어요. 왜냐하면 세제사상 이렇게 관심과 주목을 받은 법안이 없었으니까. 대통령부터 시작해서 청와대 비서실장 그리고 부총리, 장관까지 모두 관심을 가지고 지켜보는데 혹시나 잘못되어 "집행 총책임자인 국세청장이 제대로 못했다"는 소리를 듣게 될까 봐 고 청장이 스트레스를 많이 받았어요. 그런데 자신은 부가세의 내용을 잘 모르니까 당시 대구청장을 하는 나를 내려간 지 10개월 만에 본청으로 불러 올렸어요. 날 부르더니 "하여튼 당신만 믿으니까 책임지고 잘 좀 해봐" 합니다. 내가 그때 국세청 간접세국장으로 왔는데 간접세국 부가가치세 1과, 2과 그리고 소비세과 이렇게 그 3개과에서 책임지고 부가세를 시행했습니다.

홍은주 시행하기 전에 몇 차례 예행연습까지 했다면서요?

서영택 그렇죠. 실수하면 안 되니까 완벽을 기하느라고 그때 우리가 예행연습을 했습니다. 1977년 9월이 부가가치세 첫 예정신고 기간이었는데 그전에 'try out exercise'라고 해서 우리가 예행연습을 3번씩이나 했습니다. 3월에 한 번하고 5월, 7월에 각각 한 번씩 하고.

홍은주 구체적으로 예행연습을 어떻게 진행하셨는지요? 예행연습 대상은 누구였습니까?

서영택 대상은 납세자인데 주로 시장상인들이었고 지역은 주로 서울에서 했습니다. 지방의 큰 도시에서도 연습했는데 지금 같으면 생각도 못할 일입니다. 아마 무슨 데모나 촛불시위가 났을 거예요. 세금도 안 내면서 세금 내는 시늉을 해보시오, 세금계산서 작성을 해보시오, 하는 거니까. 물건을 백만 원어치 사고판 것처럼 해서 파는 사람도 쓰고 사가는 사람도 쓰고 그것을 또 세무서에 제출하도록 하고 그렇게 예행연습을 시키는 겁니다. 생업에 바쁜 사람들 붙잡고 세무서 직원들이 총동원돼서 그렇게 했습니다. 납세자들도 세무서 직원들이 직접 나가서 부탁하니까 자기들도 보기에 답답했는지 같이 응해 준 것이죠.

홍은주 그때만 해도 납세자들이 다들 순진했던 시절이라(웃음).

서영택 난 그래서 그때 '우리나라 납세자들이 참 훌륭하구나', 그렇게 생각했습니다. 그렇게 협조를 받아서 세 차례나 예행연습을 하고 9월에 정식으로 부가세 신고를 받은 것입니다. 정말 요새 같으면 촛불시위를 하든가 했을 텐데, 그때 사람들은 뭔지도 모르면서 우리가 요구하는 대로 예행연습에 참가했지요. 부가가치세가 무슨 세금인지도 모르고 또 표준세금계산서라는 것도 난생처음이라 그게 뭔지도 모르면서 그냥 따라한 것인데, 그때 그렇게 도와준 납세자들에게 지금도 고맙다고 생각하고 있습니다. 다만 이 제도를 실시하면 그동안에 속이던 세금이 들통 난다고 하니까 신경들은 많이 썼겠죠.

홍은주 9월에 첫 부가가치세 신고를 받아 보니 예행연습의 효과가 있었나요?

서영택 있었다고 생각합니다. 첫 신고는 성공적이었어요. 그러고 있는데 당시 대만의 담당국장이 우리나라에 시찰하러 왔습니다. '킹웨이신'이라고 우리 한자로 하면 김유신, 옛날 김유신 장군하고 이름이 같아요. 그 킹웨이신 국장은 내가 옛날 사무관 시절 대만에 갔을 때 국장이던 사람이었는데 내가 국장 됐을 때도 아직 국장을 하고 있어요. 대만에서는 본토에서 장개석 총통을 따라 나온 사람들이 그렇게 오래하는데 대만 재무부의 국장 위세가 대단했습니다. 이분은 내 미국 유학시절 선배이기도 하고, 내가 부가세 담당국장이니까 날 찾아와서 지금 어떻게 하는지 설명해 달라고 해서 그 과정을 쭉 설명해 줬더니만 고맙다고 돌아가고 나서 편지가 왔어요. 너희 한 것을 보고 나니 우리는 죽어도 못하겠다고(웃음).

그때만 해도 대만은 우리보다 좀 앞선 나라였는데 "어떻게 납세자 상대로 예행연습을 3번이나 할 수 있느냐? 우리들은 상상도 못할 일이다"라는 것입니다. 자기네들은 도저히 못하겠다, 그래서 연기했다고 그런 편지를 보냈더라고요.

일선 세무서에서 경험한 가장 큰 혼선 가운데 하나가 부가세라는 명칭이 불러온 부정적 이미지였다. 부가가치세는 영어로 value added tax이다. 부가가치에 과세하는 세금이라는 뜻에서 영어를 그대로 번역하여 부가세(附價稅)로 명명한 것이다. 그런데 이 부가가치라는 개념이 일반인들에게는 낯설고 생소했다. 부가세(附加稅)라고 해서 일반 세금 외에 추가적으로 부가된 세금으로 받아들였다. 명칭 때문에 엉뚱한 오해를 지속적으로 받게 된 것이다.

또 시행되자 매출세금 계산서니 매입세금 계산서니 하는 낯선 용어로 납세자들에게 큰 혼란이 빚어졌다. 익숙해지기까지는 적지 않은 시간이 걸렸다. 아무리 설명하고 교육해도 그 개념이 어렵다는 불만이 여기저기서 터져 나왔다.

서영택 그 당시에 학자들인 김재익 박사와 김종인 박사 그리고 재무부 강만수 과장, 이런 분들이 주로 부가세를 추진한 분들인데 다들 "부가세는 간단하다, 매출세액(output tax)에서 매입세액(input tax) 빼고 나머지 차액만 납부하면 된다, 또 세금계산서도 양식에 따라 작성하면 되지 뭐 그렇게 복잡하게 생각하느냐?"고 그래요.

이분들이 자신의 상식과 수준으로만 생각하는 것이에요. 머리 좋은 분들, 대한민국에서 가장 뛰어난 이분들에게는 쉬운 개념이지만 정작 납세자의 입장에서는 그 당시에 부가가치세가 뭔지 아무리 설명해도 개념도 내용도 이해를 못해요. 부가가치세라는 명칭도 낯설어하고. 원래 납세자들이 부가세의 명칭을 이해하기 쉽도록 여러 가지로 바꿔 보려고 했습니다. 매상세로 하느냐? 거래세로 하느냐? 또는 소비세로 하느냐? 그렇게 고민하다가 결국은 쭉 홍보를 그렇게 해왔으니까 부가가치세로 그냥 하자, 그렇게 됐습니다. 그랬더니 역시 예상했던 대로 납세자들은 부가가치에 붙는 세금(附價稅)이 아니라, 물품가격에 세금을 부가해서 과세하는 부가세(附加稅)라고 잘못 이해하는 경우가 많았습니다.

물가폭등 후유증과 '자료상'의 등장

홍은주 용어가 낯설고 개념적으로도 혼란이 있었고 그랬군요. 완전히 새로운 세제관행을 정착시키려면 적지 않은 시간과 시행착오가 있기 마련입니다. 부가세 시행 후 물가 문제는 어떻게 나타났습니까?

서영택 나중에 보니까 역시 물가가 문제였어요. 그 당시 여러 가지 요인으로 한참 물가가 오를 때입니다. 그래서 EPB 이기욱 물가국장이 나를 여러 차례 불러서 상의했어요. 자기는 물가담당이고 나는 세수를 책임지고 했으니까 이분이 나와 의논했어요. "물건 값이 만 원이라면 부가세가 붙게 되면 만천 원이 되어야 하는데 그러면 물가가 오른다, 그러니 주요 품목에 대해서는 가격 고시를 해서 이른바 물가 통제를 하는 것이 어떤가?" 하고요. 가령 주요 품목은 10% 부가세를 붙이더라도 그냥 만 원으로 고시하라고. 물가 통제라는 게 사실 전시(戰時) 혹은 비상시국에서나 하는 일 아닙니까?

나는 반대했어요. "그러면 부가가치세를 도입하는 게 아무 의미가 없다. 원래 10% 가산해야 하니까 10%를 붙여야 한다, 천 원짜리 같으면 천백 원에 팔도록 그렇게 홍보할 수밖에 없다, 그렇게 해야만 부가가치세 원래 목적에도 부합이 되고 효과도 그렇게 나타날 수 있다. 어차피 부가세 도입할 때 우리가 물가 희생을 각오하고 시작한 것 아니냐" 하고요.

홍은주 물가상승 우려는 여러 차례 지적이 되었고 당정회의에서도 그것 때문에 연기론이 나왔으니 사실 각오가 되어 있던 것 아니었나요?

서영택 내 얘기가 바로 그것입니다. "이미 물가 문제는 윗분들이 다 각오하고 그럼에도 불구하고 먼 장래를 내다보고 할 수밖에 없다는 것 아니냐?" 그래도 이기욱 씨는 현실적으로 물가를 책임지고 있는 분이니까 결국 서로 양보할 수밖에 없었습니다. "그럼 중간으로 타협하자. 원칙적으로는 1,000원에서 부가세 붙여서 1,100원으로 파는데 그러면 1,100원이 아니라 1,050원으로 파는 것으로 고시하자" 그렇게 합의가 된 것입니다. 가격을 고시해서 그 이상 값을 올리지 못하게. "그 대신 품목은 주로, 물가에 영향을 미치는 주요 품목에 한해서만 그렇게 합시다" 이렇게 합의하고 고시했지요. 그리고 국세청이 요원을 다 풀어서 물가단속을 했는데 전시나 비상시국도 아니고 평화시에 물가단속이라는 게 됩니까? 결국 나중에 보니까 오히려 거꾸로 됐습니다. 1,050원을 받으라고 가격고시를 했더니만 거꾸로 1,050원에 플러스 10%를 해 놓은 것이에요. 그러니까 오히려 혹 떼려다 혹 붙인 격이 된 것이죠. 그런 사태가 벌어지게 되니까 물가가 엄청나게 올라갔죠.

홍은주 이렇게 물가가 한꺼번에 오르니까 결국 나중에 정치적 책임론이 불거진 계기가 된 거군요.

서영택 그렇죠. 물가 말고도 영수증 주고받기 관행 정착 때문에 우리가 고생을 참 많이 했습니다. 그 당시만 해도 일반 상거래 하는 사람들이 영수증을 주고받지 않았고 국세청에서도 거기에 대해 크게 관여하지 않았습니다. 외국에서는 사업자 간 거래에는 반드시 영수증을 주고받게 돼 있고 또 한국도 요즘은 다 신용카드로 쓰고 영수증을 받는데 그때는 영수증 주고받기 관행이 없으니까 그걸 정착시키느라 단속을 엄청나게 했죠. 최종소비자의 경우는 간이 세금계산서를 받도록 하고요.

부가가치세의 가장 기본적인 게 영수증을 통한 크로스 체크인데 소비자가 영수증을 안 받으면 문제가 크잖아요? 그러니까 소비자가 영수증 받아오면 보상금 인센티브도 주고 그렇게 했어요. 사업자 간에는 세금계산서 4매를 작성하게 했어요. 번거롭고 힘들었지만 초기 정착 단계니까 어쩔 수 없었습니다. 세금계산서는 4매 발행해서 2매는 매입자에게 주고 1부는 본인이 보관하고 1부는 세무서 내면 세무서에서는 그것을 전산실 컴퓨터로 입력 처리합니다. 그래서 가령 갑을 간에 매출이 얼마고 매입이 얼마고 그러면 크로스 체크가 가능하니까.

크로스 체크를 해서 맞지 않는 사람만 골라 조사하도록 했는데 결국은 우리가 예상했던 대로 가짜 영수증을 만들어 파는 '자료상'이라는 게 생겼어요. '자료상'이라는 게 무엇이냐? 물건을 파는 상인이 외형 과표가 다 드러나니까 물건을 10개 팔았는데도 5개만 판 것으로 하고 나머지 5개는 가짜 영수증을 자료상한테 사서 세무서에 보내는 것입니다. 매입자도 마찬가지입니다. 매입세액 공제를 받기 위해서 영수증이 필요한데 실제로 자기가 산 사람으로부터 받은 걸 제출하면 매입 자료가 다 드러나고 과표가 다 양성화되니까 일부분은 '자료상'한테서 가짜 매입 영수증을 사서 제출하는 것이에요. 그런 것들이 횡행하기 시작했습니다. 그것들 단속한다고 우리가 얼마나 행정력을 많이 투입했습니까? 후유증이 많았어요.

홍은주 그래도 이렇게 정착시키는 과정에서 국세청 전산시스템이나 프로세스가 발전한 측면도 있지요?

서영택 내가 국세청장이 된 다음 다시 전산실에 가 보니까 한 200명 되는 여자직원들이 밤을 새가면서 수많은 영수증을 일일이 확인하고 모두 손으로 타자를 쳐서 입력해요. 도저히 이래서는 안 되겠다 싶어서 세금계산서 확인 방법을 바꿨습니다. "앞으로는 계산서를 4매를 발행하지 말고 2매만 발행하도록 해라. 2매만 해서 매출자가 매입자에게 1매만 주고 그 대신 각자 매출자와 매입자들이 매출명세서, 즉 내가 한 달 동안에 누구한테 얼마를 팔았다는 것, 또 매입자는 내가 한 달 동안에 누구로부터 얼마를 샀다는 것을 적은 매입명세서를 국세청에 제출하도록 해라" 그렇게 지시했습니다. 그 명세서를 컴퓨터에 입력하면 그것도 어차피 다 크로스 체크가 되니까.

그런데 그것도 본청 컴퓨터실에서 다 하면 시간이 걸리니까 내가 아예 일선 세무서와 국세청 메인컴퓨터를 연결하는 컴퓨터 전산화를 추진하고 일선 국세청 직원들에게도 전산교육을 시키기 시작한 것입니다.

홍은주 구체적으로 어떻게요?

서영택 일선 세무서 단말기를 국세청 (메인) 컴퓨터에 자동 연결되도록 하고 세무서 담당직원이 자기가 받은 명세서를 직접 단말기에 입력하도록 했습니다. 그러니까 국세청에 전산, 타자 업무를 하는 수많은 여자직원들이 다 있을 필요가 없어요. 대신 그 여직원들을 일선 세무서로 재배치해서 일반 세무 직원들에게 전산, 타자, 컴퓨터 교육을 시키고 그랬어요. 직원들에게 전산업무 관련 상까지 주고 경쟁시키면서 전산화를 추진했습니다. 그때부터 국세 전산화를 강하게 추진하고 교육시키고 그랬습니다.

홍은주 지금은 국세청 전산화가 아주 선진화됐습니다. 그런데 이렇게 전산화가 되니까 크로스 체크가 돼서 세정이 투명해지고 일선 세무담당들의 '현장 재량권'(웃음)이 없어졌잖아요.

서영택 그때 국세청 전산화에 상당히 시행착오도 거치고 고생도 수없이 많이 했는데, 결과적으로 지금 와서 보면 참 잘되었다고 생각합니다. 그래서 나는 부가가치세가 우리나라 정치, 경제, 사회적으로 가장 큰 영향을 미친 제도라고 생각해요. 우리나라의 근대적 세제기반을 굳히는 데 결정적 역할을 한 조세제도다, 이렇게 보는 겁니다. 영수증 주고받기도 마찬가지로 우리나라 상거래 관행을 완전히 바꾼 것이에요. 그때부터 영수증 주고받기를 시작했으니까. 그리고 금전등록기라는 게 그 당시에 생겼습니다. 그게 신용카드가 나오기 전 단계입니다. 간이 세금계산서 발행하기 싫으면 금전등록기를 써라, 그렇게 강제했더니 주로 유흥업소 이런 데서 금전등록기를 썼습니다. 그것도 또 그 방면의 전문가(?)들이 금전등록기를 가짜로 조작하는 일들이 많았지요.

　이러저러한 문제들이 있긴 했지만 그래도 그것 때문에 지금 오늘날의 신용카드 사용, 영수증 주고받기, 그 뿌리가 시작됐다고 생각합니다. 유통거래 질서가 상당히 선진국화된 것도 그것(부가가치세) 때문에 그렇게 된 것이고. 과표도 이제는 웬만한 것은 다 양성화됐다고 봐야죠. 영업소에서 옛날에는 세무서 직원들 조사 나오면 쩔쩔매고 했는데 요즘은 "우리 세금 다 냅니다." 이렇게 큰소리친다고 합니다.

국세청이 현장에서 납세자들에게 설명하고 영수증 주고받기 관행을 정착시키느라 고생하는 동안 재무부 세제국 직원들도 발이 부르트게 뛰어다니고 홍보하고 유권해석을 내리느라 녹초가 될 지경이었다. 다음은 부가가치세의 핵심 실무과장이었던 당시 강만수 과장(후일 기획재정부 장관)의 회고이다.

"부가세가 실시될 때 세제국은 태평로의 옛날 국회별관 자리에 있었다. 장관이 부르면 광화문 지하도를 숨차게 뛰어가서 보고해야 했다. 간접세 담당관실에 사무관 4명, 주사 5명, 여직원 1명 등 과원 11명 전원이 부가세 업무에 총동원되어 입법홍보 교육을 맡았다. 전국에서 수많은 질의가 쏟아졌다. 하루에 100건이 넘는 날도 있었는데 모두가 신속한 회신이 필요한 사안이었다. … (중략) 밀가루처럼 밀을 단순히 분쇄만 하여 가루를 만드는 것은 미가공으로 보아 면세하는데 무를 말려 가루를 내서 '와사비'를 만드는 것이 단순가공인지 아닌지, 지렁이 양식장이 어업인지 목축업인지, 표고버섯 재배가 임업인지 농업인지, 말린 계분을 갈아 만든 비료는 가공비료로 보는지 아닌지 … 판단하기 어려운 질문이 수두룩했다. 일일이 개별사안에 유권해석을 내려줘야 했는데 일단 판단이 나오면 여기에 따라 과세와 면세로 갈리다 보니 이해관계가 첨예했고 판단을 맡은 사람들은 신중할 수밖에 없었다."[47]

본부에서, 현장에서 애쓴 보람은 결과로 나타났다. 시행 후 초기 6개월간 이뤄진 예정신고 2회, 확정신고 1회의 평균 신고비율은 99%로 예상보다 높았고 1978년 최초의 확정신고에서도 99%의 자진신고율을 보였다. 가장 걱정했던 세입문제도 추계치보다 높게 나타나 관련자들은 안도의 한숨을 내쉬었다. 부가세 자체의 세수 외에 경제성장에 따른 상거래 증가와 줄어든 탈세 때문에 1978년 한 해만 8,300억 원이 걷혔고 이후 부가세가 정착되면서 1986년에는 3조 1,300억 원의 징수실적을 나타냈다. 단일세목으로 전체 내국세 수입의 38.7%를 차지할 정도로 부가세의 비중이 커진 것이다.[48]

●
47 강만수, 2005, 《현장에서 본 한국경제 30년》, 삼성경제연구소, 52쪽.

그러나 보람도 잠깐, 다음해 치러진 선거에서 여당의 득표율이 야당보다 낮은 충격적인 결과가 나오자 여당에서 난리가 났다. 선거의 사실상 패배에 대한 희생양을 찾던 정치권은 책임을 부가가치세에 떠넘기고 부가세를 폐지해야 한다고 목소리를 높였다. 재무부 실무자들이 "폐지는 시행보다 더 힘들다"면서 버티는 바람에 그때는 그럭저럭 넘어갔지만 이후에도 정치적 격랑의 와중에서 몇 차례나 사라질 운명에 처하게 되었다.

가장 큰 위기는 10 · 26 이후 정권을 잡은 신군부의 '국가보위비상대책위원회' 상임위원회가 "부가가치세는 박정희 대통령 유신통치의 하나로 국민의 반대를 무시하고 도입했으므로 폐지해야 한다"고 주장할 때였다. 1980년 초여름, 부가세를 추진했던 세제국 실무자들은 국보위 재무분과로부터 부가세의 폐지와 대체 세제에 대해 브리핑하라는 지시를 받았다. 책임지라면 지겠다는 '필사즉생'(必死卽生)의 각오로 실무자들이 '조세란 무엇인가'라는 기초부터 시작해 '부가가치세가 무엇인가'에 대해 자세히 설명하자 국보위 재무분과 위원들이 하나둘씩 수긍하기 시작했다. 이로서 폐지론이 수그러드는 듯했으나 국보위 상임위원회의 지시를 받은 경제과학심의회의가 계속 폐지방안을 검토하여 이를 막느라 최진배 국장과 강만수 과장 등 실무자들의 고생은 더 말할 나위가 없었다. [49]

도입 이후 정치적 격랑이 일 때마다 단골메뉴처럼 등장한 폐지론 때문에 부가세의 운명은 바람 앞의 촛불이었으나 1981년을 마지막으로 다시는 폐지 문제가 제기되지 않은 채 한국세정 근대화의 상징으로 뿌리내렸다.

---

48 국세에서 차지하는 간접세 비율은 1976년 56.2%에서 부가세가 실시된 1978년에는 61.4%, 1979년에는 61.7%, 1980년에는 65.4%로 올라갔다.

49 부가세 실무자였던 강만수는 같은 책(강만수, 2005, 《현장에서 본 한국경제 30년》, 삼성경제연구소) 58쪽과 59쪽에서 부가세 도입 후 겪었던 어려움을 다음과 같이 밝히고 있다. "종합청사 경제과학심의 회의에 가서 겨우 정착되어가는 부가세를 손대는 것은 잠자는 사자의 수염을 뽑는 일이라고 지적했다. 폐지론이 불가함을 비유한 것인데 '내가 잠자는 사자인데 사자의 수염을 뽑지 말라'는 말로 와전되어 어려움을 당하기도 했다. 부가세 때문에 3년여 죽을 고생을 하고 직접세 과장으로 옮겨가서도 재벌세제를 바로잡는다고 밤샘을 밥 먹듯 하는 바람에 몸이 극도로 쇠약해졌다. 10분만 서 있어도 쓰러질 것 같고 오후만 되면 머리가 아파 견딜 수가 없었다. … 죽어라고 부가세를 추진했는데 몸은 망가지고 한 일은 폐지와 문책의 대상이 되어 버렸으니 병원을 나오는 마음이 착잡했다."

부동산 투기와의 전쟁

부동산 투기와 투기자 명단 공개

대한민국의 세정사를 살펴볼 때 1970년대 말에서 1990년대 초반까지 국세청의 역사는 부동산 투기와의 전쟁이었다고 해도 과언이 아닐 것이다.

부동산 투기가 정부의 직접 관심권 안에 들어온 것은 1960년대 말부터였다. 경제가 고속성장을 거듭하면서 일부 부유층에 적지 않은 재산축적이 이루어진 가운데 물가가 폭등하자 부동산 투기의 조짐이 나타난 것이다. 1967년 세제개편 당시 정부는 최초의 부동산 투기억제를 위한 법을 제정한다. 토지를 양도해 발생한 차익(差益)을 과세표준으로 해서 세금을 부과하는 '부동산 투기 억제에 관한 특별조치세'를 만든 것이다. 이 법은 1974년 말 소득세법 개정과 함께 소득세법상의 양도소득세로 흡수된다.

1960년대 말 단초를 보이기 시작한 부동산 투기는 1970년 후반에서 1980년 초반 사이 본격적으로 기승을 부리기 시작했다. 1955년부터 태어나기 시작한 베이비부머로 상징되는 대규모 인구집단이 사회에 쏟아져 나오면서 주택수요가 급격하게 늘어난 데다 고속성장을 거듭한 기업들이 그동안 축적된 돈으로 연구개발 투자보다는 땅투기에 열을 올리기 시작한 시점이었다. 기업들은 공장 및 사업부지를 확보한다는 명분을 내세워 개발이 예상되는 미성숙지의 토지를 마구 사들였다. 특정 기업이 부지를 사들이면 그것을 재료로 해서 주변 땅값은 또 올랐다.

기업들의 투기붐에 개인들도 뛰어들었다. 한 사람이 1년 동안 무려 22회나 주택을 거래하는 사례가 적발되는 등 투기가 극성을 부렸고, 주부들까지 가세해 복덕방에 자주 들락거리는 '복부인'(福婦人)이란 단어가 신문지상에 오르내리기 시작했다. 자고 나면 오르는 집값과 전셋값 때문에 자살하는 가장들이 늘어나기 시작했고 임금인상을 요구하는 노동분규와 파업의 원인이 되기도 했다. 땅값과 임대료가 오르니 서비스 물가도 자연히 따라 올랐다.

1970년대 말부터 국세청은 본격적인 부동산 투기와의 전쟁을 시작했다. 대규모 조직의 투기성 부동산 소개업자들이 국세청의 단속대상에 오르고 전

| 서울 강남 개포지구 아파트 분양 현장(1982.11.5)
1970년대 후반 물가폭등과 함께 유례없는 부동산 가격 급등현상이 일어났는데, 이는 곧
부동산 투기붐으로 이어졌다. 1980년대가 되면서 강남 개발이 본격화되자 이러한 경향은 더욱 거세진다.

국의 토지 가운데 투기가 극심한 지역을 부동산 투기 성행지역으로 지정하여 특별 단속을 하기도 했다. 그러나 한번 시작된 부동산 투기는 한쪽을 단속하면 다른 쪽으로 이동하는 등 풍선효과를 내면서 집요하게 계속되어 부동산 투기와의 전쟁은 1990년대까지 이어진다.

서영택 제가 공직생활을 시작하면서부터 그만둘 때까지 부동산 투기문제로 참 골치를 많이 썩였습니다. 그러다가 나중에 건설부 장관까지 가게 됩니다. 내가 되돌아보니까 참 이상하게도 10년 단위로 부동산 투기가 극성을 부려요. 1967년, 1968년 무렵에 투기가 아주 심했고 또 1977년에서 1979년, 그때도 투기가 엄청 일어났습니다. 그다음 내가 국세청장으로 올 때인 1988년, 1989년에도 아주 심했지요. 내가 보니까 딱 10년 주기에요.

왜 이런 투기가 주기적으로 일어나기 시작했느냐? 한마디로 경제개발 5개년계획 때문에 경제가 성장하고 개발되고 이런 과정에서 국민소득 수준도 높아지니까 우선 기업들의 토지에 대한 수요가 증가하게 됩니다. 공장 지으려

442

면 입지 좋은 곳에 미리미리 땅을 사 놔야 하니까. 또 개인의 경우도 소득수준이 높아지는데 정작 은행예금 이율은 낮고 물가는 계속 올라가고 하니까 부동산에 손대기 시작한 것입니다.

홍은주 인구학적으로 보면 1955년부터 엄청나게 많이 태어난 베이비부머들이 그때 마침 결혼하고 가정을 꾸리면서 주택수요가 늘어났던 것 같습니다. 실제 1980년 전후한 부동산 투기 때는 베이비부머들이 막 결혼해서 그랬는지 소형주택 수요가 많았는데 이들의 자녀들이 어느 정도 성장한 1990년대 전후한 부동산 투기 때는 중대형 위주로 수요가 급증했거든요. 시대 상황적으로는 돈은 좀 벌었는데 물가가 많이 오르니까 인플레 헤지(hedge) 수단으로 부동산을 사려고 한 것이고요.

서영택 그렇죠. 특히 1978년도에서 1979년도 그 무렵은 10·26 사태 나고 나서 전두환 대통령의 5공화국이 들어서기 전후해서 물가가 엄청나게 올랐을 때입니다. 물가가 폭등하니까 돈 가치가 떨어지고 다들 부동산에 투기하는 것이에요. 국민소득 수준이 높아지고 토지와 주택에 대한 수요가 늘어나니까 부동산을 사 두면 이게 장사가 된다는 걸 사람들이 알게 된 것입니다. 물가는 오르는데 은행대출 이자율이 낮으니까 은행 돈 빌려서 주택이나 땅을 사 놓았다가 팔면 대출 갚고도 엄청나게 이득이 생겨요. '복부인'이라는 말도 그때 나왔어요. 하여튼 부동산 투기 때문에 우리가 단속하느라 참 골치를 썩였죠. 내가 나중에 국세청장으로 가서도 제일 에너지를 쏟은 게 부동산 투기 대책입니다.

홍은주 부동산 투기붐에 편승한 치맛바람(?)이 적지 않아 '복부인'이라는 용어까지 생겨났죠. 그다음 10여 년이 지나 또 다른 부동산 투기 사이클이 오지 않았습니까?

서영택 또 다른 사이클인 1988년도의 경우는 강남 개발이 투기의 직접 원인이 되었습니다. 영동지구 개발이 1973년도부터 시작했는데 정작 개발이 시작

된 당시에는 영동지역 땅값이 그다지 오르지 않다가 나중에 1980년대 말이
되면서부터 급격히 올랐어요.

홍은주 예, 쓰신 책50에 보니 개발초기에 누가 영동지역 땅 좀 미리 사 두라
고 그랬는데 안 샀다면서요? 부자 될 기회를 놓치셨네요(웃음).

서영택 정말로 그때 내가 몰래 그 땅을 사 놓았다면 부자가 됐을 겁니다. 신
사동 로터리 부근인데 지금은 평당 1억, 2억 나간다는 소리를 들었습니다.
사뒀다면 땅 부자가 되었겠지만 그 대신 국세청장이나 건설부 장관은 못했겠
죠(웃음). 1988년도에 부동산 투기가 일기 시작한 것은 영동지역을 비롯해
이른바 강남 도시개발이 어느 정도 진행될 때라 오르기 시작한 것이에요. 토
지에 대한 기업수요가 급증하고, 돈 좀 있는 개인이 집을 두세 채씩 사서 보
유하는 일들이 벌어졌지요. 많은 사람은 20채가 넘는 경우도 있었고.

홍은주 그렇게 부동산 투기와의 전쟁을 벌이다가 1988년 국세청장이 되셨지
요? 국세청장 당시 주로 하셨던 일을 말씀해 주십시오.

서영택 1988년도에 내가 국세청장 되자마자 한 일이 일을 잘할 사람을 뽑은
것입니다. 세제국장 때도 그랬고 나는 어떤 일을 시작할 때면 반드시 그 일
을 가장 잘할 수 있는 사람을 골라서 쓰려고 노력했어요. 국세청장 되자마자
황재성 씨라고, 나중에 서울청장까지 했는데, 그 사람을 뽑아서 재산세 관련
일을 맡겼습니다.
　부자들이 주로 부동산 투기를 하니까 부동산 문제가 바로 재산세 문제였거
든요. 당시 나는 평소부터 "우리나라 재산 가진 사람들이 세금을 제대로 내
는지 모르겠다, 재산에 관련된 세금이라는 게 상속세, 증여세, 양도소득세
등이 있는데 이런 세금들을 제대로 내는지 정확히 조사해 봐야 한다"는 소신
이 있었습니다. 그래서 재산가들을 조사하고 부동산 투기도 잡겠다는 생각에

50 서영택, 2008, 《신세는 악세인가?》, 모아드림.

세무조사 대상자를 천 명 정도 선정했습니다. 처음에는 직세국장이 2백 명을 조사하겠다고 명단을 가져왔는데 내가 "힘들더라도 조사대상을 천 명으로 늘려 보시오"하고 지시했습니다. 그리고 실제 천여 명에 대해 대대적인 조사가 이뤄졌습니다.

홍은주 그때 조사해서 부동산 투기상황이 확인된 후 명단공개 논란 때문에 상당히 어려움을 겪으셨죠?

서영택 굉장했죠. 그 당시 천 명이 조사받았으니까. 1988년도 국정감사 때인데 당시 여소야대 상황입니다. 내가 조세 전문가이고 하니까 국회의원들이 함부로 다른 얘기는 못 하고 자꾸 투기자 명단을 공개하라고 그래요. "당신 세금을 내가 공개해도 되겠느냐?" 반문했더니 "그것은 곤란하지" 그래요. "의원님이 공개되는 것이 싫다면 누구나 마찬가지다. 국세청은 납세자들의 사생활 보호가 중요하다", 그렇게 버텼습니다. "탈세한 사실이 있으면 탈세에 대해 추징하고 잘못된 것은 검찰에 고발하고 그렇게 적법하게 처리해야지 투기했으니까 신문에다 이름을 공개한다는 것은 우선 법에 없는 일이고 처벌의 적정성 면에서도 맞지 않는다. 이중처벌이 되어 페널티가 너무 과하고 사생활 보호 원칙에도 어긋나기 때문에 과세정책상 곤란하다" 이런 논리로 반대했죠. 그 당시에 야당의원인 홍영기 의원이라고 있었습니다. 그분이 변호사 출신인데 내 이야기를 듣더니만 "그것은 국세청장 말이 옳다"라고 손을 들어줘서 처음에는 공개를 안 했죠.

그런데 나중에 보니까 내가 봐도 너무 지나친 투기사례들이 계속 나오는 거예요. 1년에 수십 번을 투기한 경우도 있고. 이런 건 정말 그냥 두면 안되겠다 싶어서 내가 미국과 일본의 사례를 쭉 검토를 시켰습니다. 당시 조사국장인 이근영 씨(후일 금융위원장)를 시켜서 외국은 명단공개에 대해 어떻게 하는지를 살펴봤더니 외국은 공개사례가 없었습니다.

홍은주 명단공개 이전에 외국은 그렇게 심한 땅투기 사례가 많지 않았을 테니까요.

서영택 그래서 고민을 좀 했지요. "명단을 공개함으로 해서 얻을 수 있는 공익과 사생활 보호 가운데 어느 것이 더 중요한가?" 하는 고민을 한참 하다가 결국 "투기의 정도가 심한 사람의 경우는 사생활 보호 차원보다도 오히려 이름을 공개함으로써 얻는 공익이 더 크다" 이렇게 판단하고 그런 기준에서 명단공개 기준을 만들어 보라고 지시했습니다. 그 기준도 사실 엄격하게 따지면 정확한 것은 아니었지만 어쩔 수 없었습니다. 횟수 기준으로 1년에 몇 차례 이상 투기한 사람, 금액기준으로 얼마 이상 거래한 사람, 이런 식으로 선정해서 2백 명의 이름을 뽑아서 신문에 내지는 않고 국정감사장에서 국회의원한테 명단만 만들어서 보여줬습니다. 그랬더니 국회의원들이 다 관심 있게 봐요, 혹시 자기 가족이나 친지, 아는 사람 있는가 싶어서. 일단 그해는 그렇게 넘어갔는데 그다음에도 계속 투기가 진정되지 않는 거예요.

그래서 이번에는 나도 마음을 강하게 먹었습니다. "내 재임중에 직을 걸고 부동산 투기만은 반드시 막아야 한다"고 결심하고는 1989년에 정도가 아주 심한 사람을 선별하여 50명인지 100명인지 자세히 숫자는 기억에 없는데, 명단을 아예 언론에 공개해 버렸습니다. 그때 모 대학 총장, 재단 이사장도 걸리고 유명한 산부인과 병원 원장도 걸리고 이름이 신문에 나고 그랬습니다. 투기자 명단이 공개되어 봐야 대부분 좀 창피한 정도였겠지만 좀 안타까운 경우도 있었습니다.

예를 들어 초등학교 학생이 딱 걸렸어요. 어린아이가 뭘 압니까? 다 부모 잘못이지요. 다니던 학교도 그만뒀어요. 이름이 그렇게 신문에 났으니 어떡하겠어요? 이런저런 사정을 봐주기 시작하면 끝이 없으니까 일률적으로 기준을 만들어서 무조건 공개해 버리라고 했지요. 그런데 담당과장이 몇 년 지난 뒤에 나한테 이렇게 이야기합니다. "사실은 그때 부모가 찾아와서 애 이름은 좀 빼 달라고 사정했습니다." 그 이야기를 듣고 내가 두고두고 마음에 걸렸는데 나중에 그 학생이 대학 졸업하고 어느 회사 잘 다닌다고 해서 좀 부담이 줄었지요. 명단공개와 관련해 또 하나 가슴 아픈 것이 부산의 고시출신 사무관 한 사람이 처가 돈을 빌려서 부동산 투기를 했다가 걸려서 결국 그만두게 됐어요. 아무튼 그때부터 부동산 투기가 좀 줄기 시작했습니다. 그렇게까지 엄격하게 극약처방까지 동원하니까.

446

토지초과이득세에 흘린 눈물

1988년의 토지초과이득세 도입

홍은주 그러고 나서 그다음 1989년도에 부동산 투기 억제를 위해 등장한 것이 토지초과이득세(토초세)지요? 토초세가 참 말도 많고 탈도 많았던 세금으로 기억합니다. 땅을 팔지도 않았는데 미실현 이익에 과세한다고 해서 조세 이론으로나 현실적 저항으로나 반발이 많았던 세제였죠.

서영택 토초세 도입에 대해 나는 개인적으로 좀 반대했습니다. 그때 내가 국세청장, 이근영 씨가 승진해서 세제국장 할 때였지요. 당시 이규성 재무장관이 나와는 대학 동기이자 친구니까 내가 만나서 사적으로 이런저런 의견을 전달했어요. 어차피 시행되면 집행은 내가 맡아야 되니까.

토초세를 도입할 때 내가 이근영 국장에게 "토초세가 현실적으로 가능하겠느냐? 전국적인 지가(地價)조사를 해마다 실시하는 것도 너무 힘든 일이고 거기다 작년과 금년의 지가 차액에 대해서, 실제 판 것도 아닌데 미실현 이익(unrealized capital gain)에 대해서 과세한다는 것이 무리가 아니냐? 또 현실적으로 행정집행 능력이 이 법을 도저히 따라가지 못할 것이다, 국세청 전 직원들을 동원해야 될 판인데 그러면 국세청의 일반 세무조사는 누가 하나?" 그랬더니 "땅값 조사는 내무부와 건설부 같이 하면 될 것 아닙니까?"라고 그래요.

"내무부, 건설부 사람들과 그게 잘되겠느냐? 협조가 안 된다," 왜냐? 협조한다 해도 최종책임은 국세청에 있으니까요. 결국 나중에 보니까 협조는 흐지부지해지고 국세청만 지가 조사를 다 했는데, 한번 생각해 보세요, 전국의 지가를 매년 그렇게 조사해야 되는데 한정된 인원으로 그걸 어떻게 다 합니까? 국세청의 모든 행정력이 거의 토초세에 집중될 정도로 엄청난 행정부담이 생겼습니다. 또 조사하는 과정에서 조세저항이 굉장했어요. 불만과 마찰이 생겼습니다. 조사가 끝난 후에도 문제였어요. 다음해 납세예정 통지서가 날아가니까 내용을 확인하느라 일선 국세청 전화가 마비될 정도였습니다. 세금이 너무 엄청나니까 "국세청이 단위를 착각한 것 아니냐?"는 전화도 오고 그랬습니다.

홍은주 토초세에 대해서는 나중에 위헌소송이 제기되었고 불합치 판정이 내려졌습니다.

서영택 내가 "정 토초세를 시행하려면 특정지역, 가령 투기가 만연하는 서울이라든가 이런 곳들을 지정하여 국세청장이 고시하는 것으로 해서 부분 시행을 하는 게 좋겠다" 그렇게 얘기했는데도, 그때 언론이나 사회 분위기가 무조건 부동산 투기를 잡아야 된다는 식이어서 결국 그것(토초세)은 그대로 시행되었습니다.

그러다가 나중에 헌법재판소로 가서 헌법불합치 판결을 받고 결국 1998년도에 폐지되었지요. 헌법불합치 판결 후 토초세가 폐지됐다는 얘기를 듣고 내가 눈물이 다 나옵디다. 이미 국세청을 그만둔 뒤였지만, 너무 억울한 생각이 들었어요. 그 당시 직원들을 그렇게 고생시키고, 전국에 1만 2천 명 국세청 직원들 가운데 거의 80%를 총동원했었습니다.

"그렇게까지 전 직원을 동원해 마찰을 줄이면서 시행하려고 죽도록 노력했는데, 결과적으로 세금을 얼마 받지도 못하고 폐지한다는 것이 말이 되느냐?" 싶었거든요. 내가 그때 재무부 담당자보고 "토초세를 폐지시키지 말고 앞으로도 어떻게 될지 알 수 없는데 그냥 법을 휴면상태로 두자. 정지상태로 뒀다가 나중에 필요할 때 써먹을 수 있을 것 아닌가" 그런 말까지 했습니다. 그동안 들인 공이 하도 아까우니까. 그때의 내 심정이라는 것은 어디에 투자 많이 했다가 부도난 그런 심정이죠. 우리가 그렇게 고생해서 일했는데 … 이게 폐지된다니까 …

홍은주 아무튼 당시에 명단공개나 토초세나 부동산 투기를 잡기 위해서 상당히 극단적인 방법들이 동원된 셈입니다.

서영택 명단공개 같은 극약처방을 쓰고 힘은 들었지만 토초세를 시행하고 했더니 우리나라 국민들의 토지에 대한 인식이 상당히 달라졌습니다. 극약처방의 효과가 분명히 있었다고 나는 생각합니다. 그 이후부터는 돈 있는 사람들이 함부로 주택이나 토지를 재산증식 수단으로 이용하는 인식이 많이 달라졌어요. 돈 있다고 해서 함부로 부동산 사면 안 되겠다는 방향으로 인식을 바꾸게 한 계기였다고 나는 평가하고 싶습니다. 극약처방인 만큼 대가를 너무 많이 치른 측면도 있지만요.

세금, 문명사회의 유지비용

세제개혁의 결단과 지도자의 역할

홍은주 지금 인터뷰하는 목적이 당시의 생생한 경험과 기록을 남기는 한편 한국 경제성장을 모델로 삼는 개발도상 국가들과 지식공유(knowledge sharing)를 하려는 측면도 있습니다. 정책일선과 현장에서 조세행정을 몇십 년간이나 해오신 경험담에 비추어 조세정책의 기본방향에 대해 충고해 주실 말씀이 있으시다면?

서영택 나는 조세정책은 국가존립과 관련되어 있기 때문에 다른 어느 정책보다도 중요하다고 봅니다. 특히 개발도상국의 경우 경제를 발전시키고 개발시키고 성장시키기 위해서는 금융 혹은 세제 측면의 국가지원이 필요한데, 그러려면 국가 최고지도자, 대통령, 총리 이런 분들이 특별한 국정운영 철학을 갖고 조세정책을 무겁게 생각해야 한다, 그렇게 봅니다. 개발도상국들이 기업에 세제 지원할 때는 항상 바른 목표와 큰 방향과 전략을 가지고 가야 합니다. 세금을 어느 정도 규모로 징수하고 징수한 세금을 어떻게 효율적으로 쓸 것인가, 무슨 세금을 어떻게 거두어들일 것인가, 조세정책이 기업이나 개인에 어떤 경제적 영향을 미칠 것인가 등에 대해 대통령이나, 국가 최고지도자가 고민하고 바른 방향을 가져가야 한다는 것입니다.

둘째로는 정부 입장에서 조세정책을 수립하고 결단할 때 조세이론과 경제현실 모두를 충분히 고려해야 하지만 개발도상국가의 경우는 너무 현실에 무게를 두면 곤란하다, 그러면 발전이 없을 것이라는 점입니다.

홍은주 그러니까 다소 현실에 무리가 있더라도 필요하다면 과감하게 세제개혁을 추진하라는 것입니까?

서영택 원칙상 맞다 싶으면 현실적 시행에 다소 무리가 있어도 강하게 추진해야 합니다. 가령 우리나라 부가가치세 제도가 대표적 사례이지요. 물론 쉽지는 않습니다. 급격한 조세정책 변화는 반드시 정치적 부담으로 이어집니다. 실제로 1977년에 부가가치세를 시행하고 다음해에 곧바로 총선이 있었는데 선거결과 여당의 득표율이 야당보다 1∼2% 정도 떨어졌습니다. 사실 이게 부가세 때문만은 아니고 부마항쟁 등 다른 문제들이 있었는데도 여당인 공화당에서 "무리한 부가가치세 시행 때문에 우리가 졌다" 그렇게 주장해서 부가세 담당자들이 정치적으로 모든 책임을 다 뒤집어썼죠.[51]

나는 지금도 그 당시에 박정희 대통령도 그렇고, 김용환 장관 등 여러 분들이 미래를 내다보고 과감하게 결단을 내린 점을 높이 평가해야 한다고 생각해요. 정치적으로 어렵고 경제적으로도 어려웠고 물가가 불안한 상황인데도 불구하고 정치적으로 좌고우면(左顧右眄)하지 않은 채 "이 제도가 우리나라의 향후 장래를 위해서 반드시 필요하다. 언젠가는 세무행정이 달라질 수 있는 하나의 가장 바람직한 제도다"라는 믿음 하나로 미래를 위해 결단을 내린 것입니다. 당시 현실적으로는 정착시키는 데 무리가 따랐지만 어느 정책이든 어차피 선택의 문제 아닙니까? "무엇을 우선하고 무엇을 희생하느냐?" 하는 우선순위를 잘 생각해야 합니다. 현실적으로 무리가 되더라도 성공했을 때 훨씬 더 큰 장점이 생길 수 있으면 미래를 위해 어느 정도 희생은 감수할 수밖에 없어요.

홍은주 부가세 시행이 도입과정에서 말썽이 많았지만 결국 세정 투명화에 큰 기여를 했지요. 안정된 세수확보에도 도움이 되고요.

●

51 여당에서 부가세 폐지와 함께 '세정문란'을 야기한 담당자들을 문책해야 한다는 주장이 제기되었다. 배 도 차관보와 최진배 세제국장, 강만수 과장은 공화당 정책위 관계자들에게 불려가 혼이 나면서도 부가세 도입배경과 함께 잘 정착되고 있는 부가세를 폐지하면 오히려 새로운 문제를 일으킨다고 버텼다 (강만수, 2005, 《현장에서 본 한국경제 30년》, 삼성경제연구소, 58쪽).

서영택 부가가치세가 세수의 3분의 1을 차지할 만큼 재정안정에 기여했습니다. 우여곡절을 거치긴 했지만 나중에 아주 안정적으로 운영되니까 외국에서 우리나라 부가가치세 견학 온 사람들이 참 많아졌습니다. "한국이 어떻게 부가세 도입을 성공시킬 수 있었느냐?" 많이들 물어보는데 나는 그런 면에서 그 당시의 지도자들이 참 훌륭한 결단을 했다고 평가합니다. 당시에 부가가치세가 의도한 대로 잘 안된 것도 물론 있습니다. 시행착오가 적지 않았을 뿐만 아니라 인정과세가 시정되지 않았고 여전히 탈세하는 사람들이 많이 있었어요. 그러나 그런 문제는 인류의 역사가 계속되는 한 완전히 사라질 리 없잖아요? 몇몇 현실적 문제를 제외하고는 확실히 효과를 냈던 분야들이 많이 있었습니다. 특히 당시에 우리가 목표했던 세수확보, 수출, 투자촉진은 다 예상대로 잘됐어요. 인정과세 문제도 나중에 몇 년이 지난 후에는 다 해결했다고 봅니다.

결론적으로 개발도상국이 정책결단을 할 때는 현실을 충분히 감안해야 하겠지만 그렇다고 현실에 너무 무게를 두면 절대로 개혁이 어렵다는 것입니다. 국가지도자가 확고한 비전과 통치철학을 가지고 국민의 잘못된 관행은 변화시키고 개혁시키려는 의지와 추진력, 이런 것이 정부 입장에서 필요하다는 것입니다. 초기에 조세저항이 좀 있다고 너무 거기에 휘말려서는 안 된다는 것이죠.

홍은주 부가세는 도입 이후 여러 차례 폐지위기를 겪게 됩니다. 앞서 말씀하신 대로 1978년 공화당이 선거패배를 이유로 폐지를 주장했고, 1980년 신군부가 들어서고 나서도 국보위에서 폐지론이 나왔습니다. 그 과정에서 배도 차관보와 최진배 세제국장, 강만수 과장 등이 개인적 어려움에도 불구하고 뚝심 있게 잘 버텨서 부가세 폐지론의 정치적 해일을 막아냈지요. 실무진들의 의지도 높이 평가받아야 한다고 봅니다.

서영택 그렇습니다. 여러 가지 정치적 문제가 생기고 현실적 어려움이 있고 개인적 희생이 따르기는 했습니다만 국가경제를 위해 꼭 필요한 일이라면 좌고우면하지 않고 추진해야지요.

홍은주 부가세 도입이나 대규모 세제개혁처럼 힘든 정책을 도입하고 정착시키려면 정책에 대한 대(對) 국민 설득과 홍보, 소통의 문제가 대두됩니다. 이 문제는 어떻게 생각하십니까?

서영택 정책, 특히 어려운 세금의 경우는 국정홍보를 잘해야 합니다. 일반 서민 납세자들의 눈높이에 맞춰서 쉽게 설명해야 합니다. 나는 옛날에 지방청장 때부터 기자들을 가능한 한 많이 만나서 늘 설명을 하고 직원들에게도 "홍보자료는 절대 문어체 쓰지 마라. 구어체로 써서 쉽게 설명해라" 이렇게 요구했어요. 공무원들이 문어체로 딱딱하게 쓰지 않습니까? 그렇게 쓰면 세금은 어려워서 무슨 말인지 아무도 몰라요. 그리고 정말 중요한 일이라면 실무자들에게만 맡기지 말고 대통령이나 장관이 직접 나서서 국민을 설득해야 합니다. 예를 들어 부가가치세는 사실 대통령이 나서서 "이게 앞으로 이렇게 되니 반드시 도입해야 한다. 앞으로 선진국이 되고 더 잘살기 위해서는 이것이 반드시 필요하다" 이런 식으로 진정성을 가지고 국민들을 직접 설득하는 노력이 반드시 필요하다고 생각합니다.

그리고 또 하나 중요한 것은 앞서 부가가치세에 대해 이야기할 때 강조한 것처럼 제도개혁을 할 때는 과정의 합리성과 민주성이 중요하다고 봅니다. 이 점은 개발도상국이나 우리나라나 다 마찬가지입니다. 종부세 등 논란이 예상되는 중요한 세제도입을 결정할 때는 과거 부가가치세 제도가 어떤 토론과정을 거쳐서 어떻게 결정됐는지 그 과정을 참고할 필요가 있습니다. 대학교수나 박사나 전문가들이 정책을 맡으면 스스로는 다 잘 아는 내용이니까 독선적으로 나가기 쉬운데 절대 그러면 안 됩니다. 자기가 아는 것을 쉽게 설명해서 윗사람부터 먼저 다 설득시키고 그다음 아래의 실무자들도 쉽게 이해시켜서 자발적으로 동의하고 따라오도록 해야 해요. 당연히 국민도 설득해야 하고요. 그러자면 우선 신뢰감을 줘야 되겠죠. 개혁이 성공하려면 과정의 합리성과 절차의 중요성이 정말 필수조건입니다.

그다음에는 민주성이 중요해요. 부가세 도입 당시에 직세과장인 나와 최진

452

배 국장 등이 장관과 청와대의 높은 분들을 상대로 심하게 반대의견을 냈는데, 오히려 요즘 같은 시절에 이렇게 강하게 반대했으면 아마 시골 세무서장으로 쫓겨났을 것입니다. 청와대에서 "왜 너희들 말 안 듣느냐?" 하는 식의 압력이 당시에는 별로 없었어요. 오히려 반대하는 사람들을 민주적으로 설득시키고 토론하는 데 시간을 할애하고, 그런 점에서 정책결정 과정이 요즘보다 훨씬 더 민주적이었다는 생각이 듭니다.

한마디로 개혁정책을 입안하고 시행할 때는 우리나라가 부가가치세 도입을 할 때 추진한 방식을 통해 절차의 합리성과 결정의 민주성, 이런 것을 참고하는 게 좋겠다고 생각합니다.

홍은주 실무자들을 설득시킬 때까지의 열린 토론, 결정의 민주성, 절차의 합리성, 이런 내용이 참 울림이 있는 메시지로 들립니다. 요즘에도 꼭 필요하다고 생각합니다.

서영택 예, 그것을 하나의 모델로 하는 게 좋겠다, 그 정도로 말씀드리죠. 마지막으로 세금제도를 도입할 경우는 'compliance cost'를 고려해야 한다고 말씀드리고 싶습니다. 일종의 납세협력비용이라고 번역할 수 있는데, 이는 아무리 좋은 제도라도 납세자들이 그 제도를 따르는 데 드는 심리적, 행정적 비용이 너무 크면 좋지 않다는 것입니다. 심리적 저항에 따른 비용이 너무 커서 문제가 된 대표적인 경우가 토초세이지요. 부가가치세도 비용이 큰 편이었고요. 이 두 가지 세금은 초기에 납세협력비용이 엄청나게 들었습니다. 세금 내도록 하는 데 그렇게 비용이 많이 들면 곤란하지 않습니까?

종합부동산세(종부세)도 마찬가지입니다. 초기 종부세의 경우도 실제 비용보다는 심리적 부담이 문제가 되었다고 봅니다. 종부세에 대해 '야! 이 세금을 내가 어떻게 내느냐?' 하고 심리적으로 저항감을 느끼는 사람들이 많았어요. 특히 은퇴한 분들이 무슨 세금 낼 돈이 있습니까? 새로 버는 돈은 없고 달랑 집 한 채 있는데 종부세 많이 내라고 하니까 저항감이 생기죠. 매년 들어오는 것은 연금뿐이고 먹고살기도 바쁜데 집값이 좀 비싸다고 세금이 5백만 원, 천만 원 나오면 어떻게 세금을 내겠습니까? 부동산 경기가 나빠서 집은 안 팔리고. 당연히 저항이 클 수밖에요. 그게 바로 심리적 협력비용입니다. 새로운 세목을 만들 때는 그런 비용이 적게 드는 방향으로 조심해야 한다고 하는 것이 세금 교과서에도 나옵니다.

그리고 또 하나, 나는 정책의 타이밍이 참 중요하다고 생각해요. 다른 여건이 좋을 때 가령 부가가치세의 경우는 물가가 그렇게 오르지 않을 때 시행했으면 더 좋았지 않았겠나 싶습니다. 하기야 부가가치세의 경우 만일 이런 것 저런 것 다 따졌으면 그때 아마 추진 못 했을 것이에요. 지금까지도 못 했을지도 모르지요

종장: "세금은 문명사회를 위한 대가"

홍은주 과세제도의 기본철학에 대해서는 어떻게 보고 계신가요?

서영택 나는 기본적으로 소득이 있기만 하다면 아무리 낮아도 국민 모두가 세금을 내는 국민개세(國民皆稅) 원칙을 주장하는 사람입니다. "세원(稅源)은 넓게 하고 세율은 낮게 하자"는 주의입니다. 지금 우리나라 국민의 거의 반, 특히 근로소득자, 사업소득자의 한 40%는 세금을 내지 않고 있는 것으로 알고 있어요. 그렇게 하지 말고 영세사업자나 근로자라고 하더라도 소득이 있다면 아무리 적은 액수라도 세금을 내게 하는 게 좋다고 생각합니다. 세금을 내는 것은 일종의 사회적 약속이고 훈련이에요. 그 사람들이 평생 그렇게 낮은 소득에 머물러 있으라는 법은 없으니까 나중에 돈을 많이 벌면 당연히 세금을 내도록 납세의식 혹은 납세문화에 익숙해지는 훈련이 필요합니다. 그러려면 아무리 적은 세금이라도 내도록 하는 게 좋다는 게 나의 일관된 입장입니다. 국민개세 원칙이지요. 고액의 세금을 내는 소수의 사람에게만 높은 세율, 높은 세 부담을 지워봤자 별 의미가 없어요.

예전에 탄지(Vito Tanzi) 박사라고 IMF 재정국장 하던 분인데 그분이 한국에 오셔서 1967년에 만들어진 우리나라 세금구조를 들여다보고 "70%나 되는 높은 세율은 의미가 없다, 다 도망간다" 그래요. 실제로 몇 년 전 프랑스에서도 소득세율을 70%까지 높이니까 다 해외로 도망가잖아요. 그러니까 지나치

게 높은 세율은 별 의미가 없고, 적정세율에 따라 국민개세 원칙을 지키도록 하는 풍토가 정착되어야 한다고 봅니다.

"세금은 문명사회를 위해 우리 모두가 지불해야 하는 대가다"(Taxes are What We Pay for Civilized Society)[52]라는 유명한 말을 다시 한 번 음미해 볼 필요가 있다고 생각해요.

홍은주 오랜 시간 인터뷰에 대해 진심으로 감사드립니다. 혹시 더 하고 싶은 말씀이 있다면 … ?

서영택 내가 여러 사람들과 꼭 나누고 싶은 명언이 있습니다. 하버드 대학 니얼 퍼거슨(Niall Ferguson) 교수의 저서 *Civilization*의 서문에 나오는 글인 데 이걸로 마무리하고 싶습니다.

비록 과거는 지난 일이지만 그것은 오늘날 우리의 경험과 내일 그리고 그 이후에 우리를 기다리고 있는 일들을 이해하는 데 필수적이다. 과거는 우리 앞에 놓인 찰나의 현재와 수많은 미래를 생각할 때 우리가 믿을 수 있는 유일한 지식의 원천이다. 역사는 단순한 과거의 연구가 아니다. 시간 그 자체의 연구다.

---

52 미국의 법률가로 대심원 판사를 지낸 올리버 홈스(Oliver Wendell Holmes)의 말.

6

개방만이 확실한 번영의 길…

'매국노', 소리 든다

'수입자유화의
문을 열다

김기환은 1932년 경북 의성에서 태어나 미국 그린넬대학과 예일대 대학원을 거쳐
캘리포니아대학에서 경제학 박사학위를 받았다. 한국경제의 대전환기이던 1980년대
초 경제정책 사령탑이던 부총리 겸 경제기획원 장관의 수석자문관으로 일했으며,
이후 KDI 원장, 상공부 차관, 해외협력위원회 기획단장, 통상특별대사를 거치며
한국경제의 개방과 시장경제 활성화에 힘을 보탰다. 특히 5공화국 출범 후
KDI 원장으로 있을 때는 당시 전두환 대통령에게 개방과 시장경제에 대한 확신을 심어
주는 데 크게 기여했다. 그의 개방에 대한 신념과 열정은 매우 확고하여
'개방 전도사'라는 별명으로 불리기도 했다.

증언자

김기환

前 대외경제협력담당 특별대사
前 상공부 차관

개방론자들과의 '운명적 만남'

'Three K'의 탄생

1979년, 한국은 정치적으로 박정희 시대를 마감하고 경제적으로 대전환의 길로 들어선다.

그해 세계경제는 제2차 석유파동의 충격 속에서 심각한 위기상황으로 빠져들고 있었다. 대외의존도가 높은 한국 경제는 더더욱 힘들어질 수밖에 없었다. 곳곳에서 경기를 부양하라는 목소리가 커지고 있었다. 그러나 당시 경제정책의 사령탑이었던 EPB는 정반대의 길을 선택했다. 과감한 물가현실화 조치와 긴축정책이 바로 그것이었다. 민간부문은 물론 정부 안에서조차 엄청난 저항을 불러일으켰다. 엎친 데 덮친 격으로 18년 동안 한국 경제발전의 견인차 역할을 했던 박정희 대통령이 세상을 떠나는 10·26 사태가 터짐으로써 정치적으로도 매우 불안한 상황으로 치닫고 있었다. 이런 여건 속에서 긴축정책기조를 선택한 것은 어쩌면 무모한 모험일 정도로 매우 험난하고 고난에 찬 가시밭길의 시작이기도 했다.

1979년 4월 17일 EPB는 '경제안정화 종합시책'을 발표했다. 한국 경제의 대변혁을 예고하는 신호탄이었다.

경제안정화 시책은 '안정·자율·개방'을 핵심 철학으로 하고 있었다. 그것은 경제정책 운용기조의 대변혁을 의미했다. 즉, 지금까지 성장 중심이었던 경제정책 기조를 물가안정 우선으로 바꾸는 것이었다. 또 정부가 주도하던 경제운용을 민간주도로 전환함으로써 자율적 시장경제 체제를 확립하겠다는 것이었다. 국내산업을 일방적으로 보호하던 정책을 버리고, 과감한 시장개방을 통해 경쟁체제를 구축하겠다는 강한 의지를 담고 있었다. 경제안정화 종합시책은 한마디로 경제정책의 기조를 '선 성장, 후 안정'에서 '선 안정, 후 성장'으로 바꾸어 놓는 것이었다. 그것은 새로운 도전이자 큰 모험이었다. 경제안정화 종합시책을 '경제정책의 코페르니쿠스적 대전환'이라고 평가하는 사람이 많았던 것도 바로 이 때문이었다.

안정·자율·개방의 경제안정화 종합시책 정책기조는 1982~1986년의

| 김강정 前 목포 MBC 사장(왼쪽)이 김기환 前 대외경제협력담당 특별대사(오른쪽) 인터뷰를 진행하였다.

제5차 경제사회발전 5개년계획에 그대로 반영되어 10·26 이후 새로 들어선 제5공화국 정부의 경제정책 기조로 확고히 자리 잡았다. 그것은 30년 이상 지속된 한국 경제의 인플레이션 악순환을 단절하는 결정적 전기(轉機)가 되었다.

　김기환 박사는 바로 이런 한국 경제의 대전환기에 당시 경제정책 사령탑이었던 부총리 겸 경제기획원 장관의 수석자문관으로 일하고 있었다. 그는 철저한 개방론자였다. 김기환 박사는 그 후 KDI 원장, 상공부 차관, 해외협력위원회 기획단장, 통상특별대사 등으로 국책 연구기관과 정부 안에서 다양한 활동을 하면서 한국 경제의 개방과 시장경제 활성화에 힘을 보탰다. 특히 5공화국 출범 후 KDI 원장으로 있을 때는 당시 전두환 대통령에게 개방과 시장경제에 대한 확신을 심어 주는데 크게 기여했다.

　그는 학자로서 미국 대학과 국내 연구원을 거쳐 정부로 들어와 일하기 시작했지만, 일찍이 미국 유학시절 역사와 경제를 공부하면서 오로지 개방만이 국가 발전의 가장 확실한 길이라는 신념을 키웠다. 특히 10·26 직후 혼란기에는 부총리 수석자문관으로서 부총리의 영어 연설문 작성을 통해 한국 정부의 새로운 경제정책 기조를 천명하는 기회가 많았다. 그는 이때마다 안정과 자율, 개방이라는 새로운 경제정책 기조를 대외적으로 널리 전파하는 데 크게 기여했다. 이른바 'Policy making through speech writing'이라는 특유의 방식을 통한 그의 역할은 비록 자신이 직접 정책을 입안하고 집행하는 입장은 아니더라도 격변기의 결정적 순간에 정부정책을 대외에 알리고, 그런 과정을 통해 그 정책이 자리 잡도록 하는 데 큰 힘을 발휘한 것이다. 주요 경제정책에 대해 일종의 '보이지 않는 손'과 같은 역할을 한 셈이었다.

따라서 그가 정부에 들어와 일한 기간은 자신의 개방에 대한 강한 신념과 철학을 정부정책에 적극 반영할 수 있는 기회이기도 했다. 언론에서는 그를 '개방 전도사'라고 불렀다. 그의 개방에 대한 신념과 열정은 그 정도로 확고하고 강했다.

안정화 시책으로 요약되는 새로운 경제정책 기조는 1978년 당시 강경식 경제기획원 기획차관보에 의해 시동이 걸리기 시작했다. 그러나 그의 도전은 곳곳에서 크고 작은 견제와 비판에 부딪혀야 했다. 그래도 그는 뚝심 있게 밀고 나갔다. 안정·자율·개방이라는 새로운 정책기조의 필요성에 대한 그의 확고한 신념이 결실을 맺게 된 결정적 계기는 그해 12월 신현확 부총리 겸 경제기획원 장관의 취임이었다. 새 경제정책 기조는 신 부총리의 전폭적 공감과 지원에 힘입어 2차 석유파동 위기 속에서도 1979년 4월 17일 경제안정화 종합시책이란 이름으로 공식 발표됐다. 그 후 안정화 시책은 10·26 사태를 거쳐 제5공화국이 들어서면서 새 정부의 경제정책으로 확실히 자리매김하기에 이른다.

특히 안정화 시책이 5공화국 경제정책으로 확고하게 뿌리내리는 데에는 당시의 신현확 부총리, 강경식 기획차관보 말고도 강경식 차관보와 의기투합했던 경제수석 김재익 박사와 KDI 원장 김기환 박사의 결정적 역할을 빼놓을 수 없다. 이들 세 사람은 철저한 개방론자들이었다.

김기환 박사가 처음 정부로 들어와 일할 때인 1970년대 말은 앞에서 지적한 대로 안정화 시책이 태동하기 시작할 무렵이었다. 당시 EPB는 정부부처 가운데 가장 열린 조직문화와 활발한 토론문화가 정착돼 있었다. 또 확고한 개방론자였던 강경식, 김재익 두 사람이 EPB에서 각각 기획차관보와 기획국장으로 일하고 있었다. 김기환 박사는 바로 그 시점에 EPB에서 부총리의 수

462

석자문관으로 일하기 시작한 것이다. 이들 세 사람은 안정화 시책을 추진하는 데 있어 가장 효율적인 인적 조합이었고 호흡도 척척 맞아떨어졌다. 당시 격변기에 우리나라 경제정책 기조가 대전환을 이루어가는 과정을 지켜본 많은 사람들이 이들 세 사람의 인연을 가리켜 '운명적 만남'이었는지 모른다고 회고하는 이유도 바로 이런 배경 때문이다.

김강정 오랜 미국 생활을 접고 돌아와 연구원에 계시다가 정부로 옮겨 여러 가지 활동을 하셨는데, 어떤 계기가 있었는지요?

김기환 미국에서 돌아와 국제경제연구원에서 일할 때 당시 정재석[1] 원장이 내가 영어를 구사하는 것을 보고, "앞으로 김 박사는 한국어를 잘하려고 그러지 말고, 이미 잘하고 있는 영어에 녹이 안 쓸도록 영어 연설문 작성 등의 일을 많이 하는 게 좋겠다"고 하시더라고요. 그리고 실제로 영어로 연설문을 작성하는 일거리들을 EPB에서 자주 가져와 내게 맡기는 거예요. 그렇게 해서 1977년부터 1978년까지 남덕우[2] 부총리 겸 경제기획원 장관의 영어 연설문 작성을 몇 차례 도운 일이 있었어요.

그 후 1979년 4월 하순쯤 이번에는 신현확 부총리 겸 경제기획원 장관이 파리에서 열리는 IECOK 회의에 참석할 예정이었는데 현지에서 영어로 연설할 일이 많기 때문에 내가 그런 것들을 준비해 드리게 됐어요. 신현확 부총리는 IECOK 회의에 참석하시기 전에 핀란드를 방문할 예정이었는데 거기서도 연설할 일이 많았지요. 그래서 거기서 쓸 영어 연설문도 대여섯 개 준비해 드렸지요. 그런데 문제는 현장에서 사정이 달라지면 연설문을 고쳐야 하는데 멀리 한국에 앉아서 하면 여러 가지로 불편하니까 같이 가는 것이 좋겠

---

1 정재석(丁渽錫, 1930~): 전북 장수 출생. 서울대 법대를 졸업하고 동 대학에서 법학 석사학위를 취득했다. 건설부 차관, 중동문제연구소장, 국제경제연구원장, 경제기획원 차관을 거쳐 상공부 장관, 교통부 장관을 역임했고 1993~1994년 부총리 겸 경제기획원 장관을 지냈다.
2 남덕우(南悳祐, 1924~2013) 경기도 광주(廣州) 출생. 1952~1954년 한국은행을 거쳐 1961년 미국 오클라호마 대학에서 경제학 박사학위를 받고 1963년부터 국민대 교수와 연세대, 서울대 강사, 서강대 교수를 거쳐 1969년 재무부 장관으로 임명됐다. 1974년 부총리 겸 경제기획원 장관, 1980년 국무총리를 역임했다.

다는 것이었어요. 그래서 신현확 부총리를 수행하게 됐지요. 그때 부총리를 모시고 같이 갔던 실무자가 바로 강경식 기획차관보였어요. 신현확 부총리의 영어 연설문은 내가 국제경제연구원에 있을 때도 이미 몇 번 써드린 일이 있었기 때문에 익숙하게 처리할 수 있었어요.

이런 일들이 반복되면서 아예 정부로 들어오라는 요청을 받았어요. 이때는 정재석 원장이 경제기획원 차관으로 자리를 옮긴 후였거든요. 처음에는 못 가겠다고 버텼지요. 그러다가 특별파견 형식을 취하는 조건으로 1979년 9월부터 정부에 들어가서 일하게 되었지요. 직함도 부총리 특별보좌관이니 자문관이니 하다가 결국 수석자문관으로 발령이 났지요. 이것이 각 부처에 자문관 제도가 생긴 최초의 계기가 되었습니다. 출근해 보니 내 방이 부총리실이 가까운 차관실 바로 건너편에 배정돼 있더라고요.

김강정 IECOK 총회에 참석하는 신현확 부총리를 수행하는 동안 정부인사들과 자연스럽게 많은 대화를 나누었겠네요?

김기환 그렇죠. 그때는 내가 밖에서 들어왔기 때문에 관료문화나 한국의 경제정책 내용에 대해 잘 알지 못할 때였어요. 그래서 연설문 작성에 필요한 자료들은 모두 강경식 당시 경제기획원 기획차관보한테 받았어요. 그때 연설문에 들어가야 할 내용에 대해서도 협의를 많이 했지요. 그런 과정에서 우리가 어떤 조건에서 일을 같이 하자고 말로 명확히 한 적은 한 번도 없었지만, 서로 철학이 같고, 믿고, 통할 수 있다고 느끼게 된 것이지요. '한국 경제를 민간주도로 바꾸어야 된다. 개방해야 한다. 시장경제를 활성화해야 된다. 이 모든 것을 위해서는 먼저 물가를 잡아야 된다', 바로 이런 생각들이 나와 아주 일치했어요. 그래서 연설문을 준비하는 데도 별로 어려움을 못 느꼈어요.

강경식 씨는 이보다 앞서 내가 국제경제연구원에 있을 때 내게 매우 강한 인상을 준 일이 있었어요. 당시 정재석 원장이 가끔 외부 인사를 초청해서 특강을 시키거나 세미나 같은 것을 했는데, 어느 날 강경식 차관보를 초청한 적이 있어요. 그때 강 차관보가 신현확 당시 보건사회부 장관을 수행해 소련 알마아타3를 다녀온 경험을 소개하는데, "사회주의, 공산주의라는 것은 경제

효율이고 뭐고 도저히 지탱할 수 없는 체제다. 소련 경제는 아주 형편없고, 따라서 소련의 군사력도 한계에 와 있다"는 식으로 굉장히 과감한 이야기를 하더라고요. 그래서 내가 속으로 '강경식이라는 사람이 다른 데가 많네' 라고 강한 인상을 받았었지요.

김재익 박사와도 해외 출장중에 깊은 대화를 나누면서 동지적 관계로 발전하게 됐어요. 특히, 1980년 5월 파리에서 IECOK 회의를 하고, 이어 런던에서도 회의하고 서울에 들어오는데, 그때만 해도 서울 오는 직항 항공편이 없어서 일본 나리타공항을 거쳐야 했어요. 그때 한국에서 들어오는 소식들이 아주 이상했어요. 우리가 파리로 떠나기 전에 국내 분위기가 이미 험악했거든요. 광주사태가 5월 중순에 일어났고 한 1주일 후에 우리가 나갔는데, 외부 사람들은 광주에서 무슨 일이 벌어졌는지 이미 다 알고 있었거든요. 그렇게 한국에 대한 해외의 인식이 나쁜데 우리는 파리와 런던에 가서 우리 경제가 괜찮다고 설명하고 다닌 것입니다.

그때 제일 돋보이게 일을 잘한 사람이 김재익 씨였어요. 예를 들면, 한국이 석유 수입을 많이 해야 하는데 그 돈을 어디서 구할 것이냐고 외국인들이 물으면 통계숫자를 정확히 대면서 지금 한국은 원자력을 상당히 발전시켜서 석유 수입을 그렇게 많이 안 해도 된다는 식으로, 누구나 다 탄복하며 납득이 되도록 설명했어요.

김강정 설득력이 대단하셨죠. EPB 기획국장 시절에 취재차 찾아가면 모든 질문에 대해 항상 친절한 태도로 매우 진지하고도 쉽게 설명해 주던 모습이 지금도 눈에 선합니다. 조용히 말하면서도 상대방이 납득할 때까지 끈질기게 설명하곤 했지요.

김기환 그랬을 겁니다. 아무튼 일본에서 하루 묵고 비행기를 타고 이튿날 서울로 들어올 예정이었는데, 내가 김재익 씨하고 오후에 호텔 근처에서 잠시

3 카자흐스탄공화국 남동부에 있는 '알마티'(Almaty)의 옛 이름. 카자흐스탄은 18세기 이래 러시아의 지배를 받아오다가 1991년 구소련의 해체와 함께 카자흐스탄공화국으로 독립했다.

산책할 기회가 있었어요. 그때 우리 둘은 우리나라의 경제문제 등 여러 현안들에 대해 대화를 나누었는데 그 요지는 이런 것이었어요. 우리 모두 군사정권이 들어오는 것이 참 못마땅하다, 우리가 바라는 것은 민주주의고 시장경제지 군사정권은 우리 생리에 안 맞는 것 아니냐, 이런 얘기들을 하면서 두 사람이 앞으로 어떻게 행동할 것인가에 대해서도 의견을 나누었어요. 결국 우리 두 사람은 "비록 군사정권이지만 개방경제, 시장경제를 하면 우리가 적극 도와줍시다. 그렇게 하면 우리 경제가 개방돼 잘될 것이고, 민간주도의 시장경제로 가면 결국 권위주의 정권도 오래 못 갈 것이다, 그러니까 우리가 시장경제와 개방을 위한 정책을 적극 건의하고 추진하되, 이것을 받아주면 군사정권이더라도 우리가 협조해 줍시다"라고 다짐하게 됐지요. 개방을 하고 시장경제를 하면 반드시 민주주의가 오게 돼 있다는 생각과 기대에 우리 두 사람의 의견이 너무나 일치했던 기억이 지금도 새롭습니다.

김강정 그때 두 분이 일종의 결의를 하신 셈이네요.

김기환 그렇게 해서 김재익 박사와도 말하자면 동지적 가치관을 갖게 됐지요. 결국 나와 강경식 차관보, 김재익 박사 세 사람은 개방경제와 시장경제에 대해 서로 통했고, 서로가 이러면 '알겠다', 또 저러면 '알겠다'는 정도까지 이르게 된 것입니다. 말하자면 이심전심의 관계를 형성한 것이지요. 그 당시 언론에서 말하는 이른바 'Three K'[4]는 이렇게 해서 자연스럽게 탄생한 것입니다. 말하자면 개방경제, 시장경제를 향한 집념과 뚝심, 끈질김이 공통분모였던 강경식, 김재익, 김기환 이 세 사람을 지칭하는 호칭으로 말입니다.

---

4 'Three K'는 언론이 강경식, 김재익, 김기환 세 사람의 영문 성(姓)인 Kang, Kim의 머리글자를 따서 만든 호칭으로 온갖 반발과 방해에도 개방과 시장경제를 적극적으로 추진하는 사람들의 대명사처럼 불렸다.

토론이 활발했던 EPB의 열린 조직문화

김강정 아무튼 직책이 뭐든 간에 오랜 세월 미국에서 대학교수 생활을 하다 귀국해서 뒤늦게 정부조직 안으로 들어와 관료문화에 적응하는 데 어려움이 컸을 것 같은데요?

김기환 미국 기준으로 보면 모든 것이 부족했습니다. 그야말로 아주 가난한 나라였지요. 그때는 국제사회에서 우리나라를 'underdeveloped country'라고 불렀어요. 그러다가 그 'underdeveloped'라는 단어가 어감이 좋지 않다고 해서 이를 바꾼 것이 'developing country'였습니다. 문자 그대로 'developing country'니까 부족한 것들이 많을 수밖에 없었지요.

　내가 그 당시 정부에서 출세하겠다는 욕망을 가졌다면 관료들과 많이 부딪쳤을지도 모르지요. 그러나 당시 EPB 관료들은 나를 '저 사람은 부총리 연설문이나 써 주는 사람이니 우리하고 직접적 경쟁자는 아니다'라고 받아들였던 것 같았어요. 무엇보다 자기들이 영어 연설문을 직접 쓰려고 해도 도저히 안되었던 것이 가장 큰 이유였겠지요. 그도 그럴 것이 미국에 1, 2년 정도의 단기연수를 다녀와서 영어로 연설문을 잘 쓴다는 것이 얼마나 어려운 일이었겠어요. 20년 넘게 미국에서 대학부터 공부하고 대학교수 생활까지 하다 돌아온 내게 맡기면 매끈하게 처리하는 것을 보면서 나에 대해 개인적 저항감을 가질 이유가 없었던 것이지요. 그러다 보니 나를 직접적으로 견제할 필요도 없다고 생각했던 것 같습니다. 그래서 적응하는 데 큰 불편을 못 느꼈습니다.

　더욱이 당시 내가 몸을 담았던 EPB는 한국적 관료문화와는 매우 거리가 먼 전혀 다른 조직문화를 가지고 있었어요. 그때 EPB에는 여러 국과 과가 있었지만 민간기업들을 직접 상대로 일하는 부서는 한두 군데밖에 없었어요. 그러니까 EPB 관료들은 자기 사익을 챙길 기회도 없었고 실제로 챙기지도 않았던 것이지요. 항상 대국적 입장에서 국가경제 전체를 생각하며 일하는 조직문화와 토론문화를 갖고 있었던 것이지요. 매우 열려 있는 조직이었어요. EPB 사람들은 또 상공부나 건설부 등 다른 부처 사람들보다 훨씬 더 견문이 넓을 수밖에 없었어요. 왜냐하면 1970년대 초까지 우리나라 관료들이 선진국에 단기연수를 꽤 많이 다녀왔는데 그 가운데서도 EPB 국장, 과장들이 가장 많이 다녀왔기 때문이지요. 그때만 해도 다른 정부부처에서는 공무원들이 해외연수를 가면 몇 년씩 공백이 생기고 그러다 보면 자칫 승진이나 보직 배치 등에서 손해를 볼 수 있다는 걱정 때문인지 적극적으로 나가려는 분위기가 아니었던 것 같았어요. EPB는 그 반대였지요. 이런 점에서도 EPB는 항상 앞서 나갔던 것이지요.

그러나 EPB에서 느꼈던 관료문화에 대한 이런 긍정적 인식은 불과 몇 년 후에 큰 변화가 생겼어요. 그것은 상공부 차관으로 자리를 옮겨 일할 때였어요. '같은 관료라도 조직과 업무분야에 따라 이렇게 다를 수 있구나'라고 절실히 느끼게 된 것이었어요.

김강정 그러셨군요. 저도 당시 여러 경제부처들을 상대로 취재활동을 하는 과정에서 EPB를 출입할 때 공무원들이 열심히 일하는 모습을 보면서 '아, 이런 곳도 있구나. 정부조직에!'라며 신선한 충격을 받았던 기억이 지금도 생생합니다. 사실 그전에는 관료집단의 권위주의와 폐쇄적 문화, 각종 부조리와 비리 등의 행태에 대해 매우 비판적이고 부정적인 인식을 갖고 있었거든요. 그야말로 관료집단은 항상 감시의 대상이라는 생각이 앞섰던 것이지요. 그런데 EPB를 출입하며 특히 기획분야에 있는 공직자들의 모습을 보고 그들의 역량이 뛰어난 데다 직무에 대한 강한 열정과 진정성까지 체감하면서 감동을 받을 때가 많았거든요. 그야말로 순수한 열정과 애국심을 피부로 느낄 수 있었지요.

특히 1970년대 말 EPB 기획국장이던 김재익 박사는 제가 뭔가를 취재할 때면 직원들이 결재서류를 갖고 와도 잠시 뒤로 미루어가면서 열정적으로 설명하곤 했어요. "결재는 잠시 뒤에 할 수 있지만, 기자가 취재한 내용은 즉각 국민에게 뉴스로 전달되기 때문에 더 중요한 당장의 문제"라면서 "그렇기 때문에 김 기자가 정확하게 이해하고 납득할 때까지 설명하는 것"이라고 말하곤 했어요. 그럴 때마다 기자라는 직업에 대한 윤리와 책임을 생각하면서 새삼 옷깃을 여미곤 했지요. 30여 년 전의 일이지만 그때 그분의 모습이 아직도 매우 소중하고 아름다운 기억으로 남아 있습니다.

김기환 그런 조직문화가 지위고하를 가리지 않고 열띤 정책토론을 가능케 한 바탕을 이룬 것입니다. 그렇기 때문에 누구나 자신의 다양한 생각과 아이디어들을 거침없이 쏟아낼 수 있었어요. 그리고 그것이 여러 여과과정을 거쳐 하나의 정책으로 발전하는 건전한 풍토의 밑거름이 됐던 것이지요. 당시로서는 정부 안에서는 EPB에서나 볼 수 있는 매우 건강하고 바람직한 풍경들이었어요.

김강정 EPB의 토론문화와 관련해서는 1970년대 말 취재활동 때의 여러 기억들이 떠오릅니다만, 언젠가 당시 강경식 기획차관보 방 앞을 지나다가 우연히 겪은 일은 지금도 잊을 수가 없습니다. 기획차관보 방은 EPB 3층 가운데를 가로지르는 복도에서 5미터 정도 창 쪽으로 떨어져 있었는데 그 방에서 강 차관보에게 뭔가 따지듯 큰 소리로 자기 의견을 개진하는, 귀에 익은 경상도 말씨의 목소리가 복도까지 들렸어요. 큰 목소리의 주인공은 당시 경제기획국의 이석채[5] 과장이었어요. 후에 강 차관보에게 일개 과장이 차관보에게 대들듯이 자신의 의견을 개진하는 것이나 그것을 자연스럽게 받아주는 차관보나 두 사람의 모습이 모두 멋있고 부러웠다고 말했더니 껄껄 웃으며 대수롭지 않다는 듯 "그것이 바로 우리 EPB의 저력"이라고 대답하더라고요.

저는 지금도 한국의 관료문화가 화제에 오를 때마다 그때의 일화를 소개하곤 합니다. EPB와 같은 정부기능은 아직도 더 필요하다는 생각을 떨쳐버릴 수가 없습니다.

---

5 이석채(李錫采, 1945~): 경북 성주 출생. 서울대 경영학과를 졸업하고 미국 보스턴대학에서 경제학 석사 및 박사학위를 취득하였다. EPB 기획 4과장, 예산실장, 농림수산부 차관, 재정경제원 차관, 정보통신부 장관을 거쳐 1996~1997년 대통령 경제수석을 지냈고, 2009~2013년 KT 대표이사 회장을 역임하였다.

연설문 작성을 통한 안정화 시책 굳히기

연설문 메시지가 곧 경제정책

김기환 박사는 앞에서 설명한 것처럼 전혀 예기치 않은 기회에 부총리 겸 경제기획원 장관의 영어 연설문을 작성하는 일을 하기 위해 정부에 들어왔다. 따라서 그는 자신이 직접 정책을 수립하거나 집행하는 위치에 있지는 않았다. 그럼에도 불구하고 그는 '영어 연설문 작성'이라는 그만의 방식으로 정부의 경제안정화 시책을 대외에 널리 알림으로써 그것이 한국 정부의 경제정책으로 확고히 자리매김을 하는 데 매우 중요한 역할을 했다.

그런 기회가 처음으로 찾아온 것은 우리나라가 정치적으로나 경제적으로나 위기상황에 빠졌던 10·26 사태 직후였다. 그때는 무엇보다도 정부의 경제정책 기조를 대외에 정확히 알리는 것이 매우 화급한 일이었다. 혼란기일수록 새로운 정책을 만들기보다는 기존의 정책을 정확히 알려서 대외적으로 한국 경제에 대한 신뢰도를 지키는 일이 무엇보다 중요했기 때문이었다. 한국 경제가 구조적으로 대외의존도가 매우 높았기 때문에 더욱 필요한 일이었다.

당시 신현확[6] 부총리 겸 경제기획원 장관의 영어 연설로 시작된 김기환 박사의 영어 연설문 작성을 통한 안정화 시책 전파는 그 뒤로도 후임 부총리들의 입을 통해 계속되었다. 김기환 박사의 연설문 작성을 통한 안정화 시책 굳히기는 결국 전두환 대통령 취임사의 경제부문에 그대로 반영되는 기회로 이어짐으로써 가장 극적인 효과를 발휘하게 됐다.

김강정 직업 관료와 달리 부총리 겸 경제기획원 장관의 영어 연설문을 쓰는 역할을 통해 경제안정화 시책의 핵심 철학인 개방, 자율, 안정의 메시지를 대내외에 전파하는 데 큰 역할을 하신 것으로 아는데, 언제부터 '개방 전도사'라고 불리셨는가요?

| 신현확 부총리의 안정화 시책 발표(1979.4.17)
신현확 부총리는 성장론자들의 강한 반발과
견제 속에서도 박정희 대통령을 설득하여
경제안정화 시책을 관철시킴으로써 우리나라
경제정책 기조의 극적 전환을 이루어낸다.

김기환 KDI 원장으로 있을 때였어요. 국책연구원인 KDI 원장 자리에 있으니까 대외적으로 자꾸 그런 이야기를 할 기회가 많았지요. 그러나 내가 실제로 개방에 영향을 미쳤던 것은 KDI 원장이 되기 전이었어요. 그것이 공교롭게도 5공화국이라는 권위주의 체제하에서 가능했습니다.

김강정 무슨 말씀인지 구체적으로 설명해 주시지요.

김기환 1979년 10월 27일 아침, 강연하러 가다가 자동차 안에서 10·26 사태, 즉 박정희 대통령 서거 뉴스를 듣고 곧바로 차를 돌려 EPB로 갔어요. 당시 강경식 기획차관보가 이런 비상사태에 부총리가 무슨 공식성명을 발표하는 것

---

6 신현확 (申鉉碻, 1920~2007): 경성제대 법문학부를 졸업한 뒤 일제 강점기에 고등문관시험에 합격, 일본 군수성에서 공직생활을 시작. 1957년 부흥부 차관과 외자청 청장서리를 거쳐 1959년 39세의 젊은 나이에 부흥부 장관으로 발탁됐다. 1960년 4·19 혁명 후에는 3·15 부정선거와 관련, 2년간 옥살이를 했다. 그 후 보건사회부 장관을 거쳐 1978년 부총리 겸 경제기획원 장관으로 임명되어 박정희 대통령을 설득, 경제안정화 시책을 관철시킴으로써 경제정책의 기조를 바꾸는 데 결정적으로 기여했고, 10·26 사태 후에는 국무총리를 역임했다. 제9대와 10대 국회의원도 지냈다. 경제인으로도 활동하며 쌍용양회, 쌍용산업 사장과 삼성물산 회장, 전경련 기업윤리위원회 위원장 등을 역임하였다.

이 좋겠다는 생각에서 예산실 예산정책과장이던 강봉균[7] 씨에게 비상사태에 대한 성명서를 만들도록 했어요. 강 차관보가 당시 비상시국에 매우 중요한 판단과 역할을 한 것이라고 생각해요.

그 성명서는 즉각 언론을 통해 발표됐어요. 그리고 오후에 강 차관보가 부탁했는지, 정재석 차관이 했는지 정확히 기억은 안 나지만 그것을 영문으로 만들어 달라는 것이었어요. 그래서 영문으로 작성했는데 핵심 내용은 바로 1979년 4월 17일 발표된 경제안정화 종합시책이었어요. 안정화 시책은 안정·자율·개방을 기조로 한 민간주도 경제운용을 지향하고 있었지요. 그러니까 그것이 곧 10·26 이후 정부의 경제정책 기조에 대한 확실한 신호가 된 것입니다. 그리고 며칠 후에 글라이스틴[8] 당시 주한 미국대사가 신현확 부총리 겸 경제기획원 장관을 방문했어요. 그때 나는 부총리 자문관으로서 배석했지요. 여기서 글라이스틴 대사가 "한국에 있는 외국 기업인들이 굉장히 불안해하고 있다, 부총리가 한국 정부의 경제정책 방향을 말씀하시는 것이 좋겠다"는 의견을 제시했어요. 이를 받아들여 11월 7일 주한 외국 기업인들을 세종문화회관으로 초청해, 부총리가 스피치를 하기로 했던 것이지요.

김강정 매우 중요한 시점에 정부의 경제정책 기조를 대외적으로 천명하는 것이기에 영어 연설문 작성도 굉장히 신경을 쓸 수밖에 없는 힘든 작업이었을 것 같은데요. 스피치 준비과정을 소개해 주시지요.

김기환 당연하지요. 정재석 차관이 경제부처 차관들을 소집해서 부총리의 스피치에 담을 내용들을 직접 챙겼어요.[9] 영문 스피치는 내가 써야 하기 때문에

●

7 강봉균(康奉均, 1943~): 전북 군산 출생. 서울대 경영학과를 졸업하고 미국 윌리엄스대학에서 경제학 석사학위를, 한양대에서 경제학 박사학위를 취득했다. EPB에서 공직생활을 시작, 노동부, 경제기획원 차관을 거쳐 국무총리 행정조정실장, 정보통신부 장관, 청와대 정책기획수석과 경제수석을 지내고, 다시 재정경제부 장관과 KDI 원장을 역임했다. 제16, 17, 18대 국회의원(민주당)을 지냈다. 현재 건전재정포럼 공동대표로 활동중이다.

8 윌리엄 글라이스틴(William H. Gleysteen, 1926~2002): 예일대 졸업 후 미 국무부 동아시아태평양 담당 차관보, 백악관 국가안보회의 아시아 담당관 등을 거쳐 1978년 7월부터 1981년 6월까지 3년 동안 주한 미국 대사로 재임하면서 10·26 사태, 신군부 등장과 제5공화국 출범 등 한국의 격변기를 지켜보았다.

472

나도 회의에 배석했습니다. 그런데 가만히 회의를 지켜보니까, 이건 사공이 많아 배가 완전히 산으로 가는 형국이지 뭡니까. 회의 참석자들이 각자 자기 입장에서 '이런 내용을 넣어야 한다, 저런 내용을 넣어야 한다'는 식이었어요. 도저히 취합할 수 없겠더라고요. 집에 와서 그 내용들을 연설문으로 정리해 보려고 애를 썼지만 도무지 안 되겠더라고요. 그때만 해도 요새처럼 워드 프로세스가 있는 것도 아니고 컴퓨터가 있는 것도 아니고 말입니다. 새벽 2시인가 3시쯤인가 작업을 끝냈지만 도저히 안 되겠다는 생각이 들어 결국은 다 지워 버리고 말았어요.

할 수 없이 내가 생각해서 다시 만들어야 했어요. 외국 사람들을 대상으로 하는 것이니까, 그들한테 지금 꼭 전달해야 할 메시지가 무엇인지 내 나름대로 정리했지요. 결국 그 메시지는 '한국 정부는 안정화 시책을 반드시 끌고 나간다. 개방화도 계속 추진한다. 외국 사람들이 한국에서 기업활동을 하기 좋도록 환경을 개선한다. 한국 정부는 이런 정책들을 확실히 이행한다'는 것이라고 생각하고, 이를 연설문에 그대로 반영했어요.

다음 날 아침 출근해서 정재석 차관에게 보여드렸어요. 그런데 이것도 빠졌다, 저것도 빠졌다고 지적하시는 거예요. 그분이 완벽주의자시거든요. 그러나 그런 지적사항들을 모두 넣으면 분량도 문제지만 앞뒤 연결도 어려워 결과적으로 말이 안 될 것 같아서 나도 무척 고민할 수밖에 없었지요.

바로 그날 오후 4시인가 5시에 주한 외국 기업인들이 세종문화회관에 모두 모이기로 되어 있어 시간도 매우 촉박했어요. 문제는 연설할 신현확 부총리가 직접 읽어 보고 됐다든지 보강하라든지 해야 하는데 그분이 마침 계엄사령부 등에 회의하러 나가셔서 자리에 안 계셨거든요. 오후 1시가 돼도 부총리가 안 돌아오시고 2시가 돼도 안 오시는 거예요. 더 이상 부총리를 기다릴 시간 여유도 없고, 더구나 누구 의견을 받아 다시 정리할 시간도 없는 상황이 돼 버려 내가 작성한 초안을 우선 인쇄소에 보내 버렸어요. 그때만 해도 일일이 등사판으로 찍어 손으로 만들어야 하기 때문에 연설문 하나 인쇄하는 데도 절차가 번거로웠거든요.

9 당시 차관회의는 수석차관인 경제기획원 차관이 의장이었다.

오후 3시쯤 돼서 부총리가 들어오시더라고요. 내가 부총리께 말씀드렸어요. 지금 이것을 빨리 준비해서 참석자들에게 나눠 줘야 되는데 고칠 시간이 없습니다. 도저히 물리적으로 불가능하다고 말씀드렸지요. 모두 읽어 보시더라고요. 가만히 보시더니 딱 두 가지를 말씀하시더라고요. "여기 통계숫자는 차라리 없는 것이 낫겠다"고 하시더라고요. 그것은 한국 증권시장이 그 전날부터 안정을 찾기 시작했다는 부분에 나오는 상승률인데 "어제 약간 올랐다고만 하면 되지, 영 점 몇 퍼센트 올랐다고 하면 오히려 문장의 뜻을 죽인다"면서 수치를 빼면 좋겠다고 하신 것이지요. 그래서 그렇게 하겠다고 대답했지요. 또 하나는 "'allay'라는 단어가 원고에 들어 있었는데 이것이 무슨 뜻이지?"라고 하셨어요. 그래서 "해소한다, 완화한다"는 뜻이라고 말씀드렸더니 "이대로 하지"라고 바로 말씀하셨어요.

그런데 시간이 촉박하다 보니 현장에서 배포할 원고까지 고칠 생각은 안 하고, 부총리가 읽으실 원고만 손질할 생각이었는데 주가 상승률 부분을 고치는 것을 깜박 잊은 채 원고를 드렸어요. 그렇게 긴장된 순간에 일을 하다 보니까 실수가 생긴 것이지요. 내가 지금 이 이야기를 하는 것은 신현확 부총리가 얼마나 침착하고 예리한 분인가 하는 것을 설명하기 위한 것입니다. 오후 5시쯤 외국인들 몇백 명이 모인 자리에서 영어 연설문을 또박또박 읽어 나가시다가 고치라고 한 바로 그 부분에서 약간 멈칫하시더니 '0. 몇 %'라고 한 부분을 건너뛰시더라고요. 청중들은 전혀 눈치채지 못했겠지만 나는 아찔한 느낌이 들었던 순간이었지요. 그래서 '와, 이분 참 대단하다'고 느꼈어요. 고도로 긴장된 그 순간에도 그것을 정확히 기억하고 즉석에서 침착하게 바로 잡아 읽었으니까요.

김강정 순간적으로 깜박하고 읽어 버리기 쉬운데도 그러셨네요.

김기환 그래서 나는 그분의 영어가 대단하다고 생각했어요. 그래서 그 후에 한번 물어봤어요. 어떻게 부총리께서 영어를 그렇게 잘하시느냐고 그랬더니 "글쎄. 내가 영어 좀 한다면 감옥에 있을 때 영어 책을 좀 많이 읽었기 때문이지"라고 말씀하셨어요. 감옥에 갔을 때 윈스턴 처칠이 쓴 *History of World*

War Ⅱ [10]를 네 번이나 읽으셨다는 것이었어요.

김강정 신현확 부총리가 외신기자들을 상대로 가진 기자회견에서 통역도 없이 영어로 연설하고, 아무 막힘도 없이 일문일답까지 하시는 것을 보고 저를 포함한 EPB 출입기자들이 많이 놀랐던 일이 떠오릅니다.

김기환 아무튼 세종문화회관 연설에 대한 반응이 굉장히 좋았어요. 당시 주한 미상공회의소 회장이 바로 이튿날 내게 전화를 걸어와, "미스터 김, 연설이 아주 훌륭했다. 꼭 할 이야기들을 했다"고 말하더라고요. 내가 지금 이 이야기를 자세히 하는 이유는 당시 한국 정부가 앞으로 경제정책을 어떻게 끌고 가려고 하느냐에 대해 바깥에서 매우 불안하게 생각했는데, 결과적으로 이 연설문에서 제시한 정책방향이 새 정부의 정책기조가 됐다는 점을 강조하기 위해섭니다.

신현확 부총리는 연설문에서 "안정화 시책을 그대로 밀고 나가겠다. 수입 자유화를 포함한 개방정책도 그대로 추진하겠다. 외국인의 기존 이권과 재산도 모두 보호해 주겠다"고 한 것은 물론 끝부분에서 "나는 당신들을 우리의 파트너로 생각한다. 한국은 앞으로도 여러분들과 이루어야 할 일들이 많다"고 강조하셨지요.

사실 당시 신 부총리가 그런 연설 내용에 만족하셨는지, 아니면 불만이 있어도 시간이 너무 없어서 그냥 받아들이셨는지 정확히는 모릅니다. 그렇더라도 아까 말한 그런 경위로 내가 쓴 스피치가 바로 박 대통령 서거 후 새 정부의 정책기조로 확고히 자리 잡는 출발점이 된 것만큼은 분명합니다.

그때 있었던 에피소드를 하나 소개할까 합니다. 오후 2시가 좀 지나 인쇄소에서 5백~6백 부의 연설문을 보내왔는데, '외국 투자가들의 모든 재산을

---

10 윈스턴 처칠(Winston Churchill, 1874~1965) 영국 전 총리가 쓴 제2차 세계대전에 대한 회고록으로 1953년 노벨문학상 수상작이기도 하다. 처칠은 제2차 세계대전 때 영국 총리로서 독일의 영국 침공을 효과적으로 저지했으며 전후에는 스탈린의 소련에 맞서 반소 진영의 선두에 서기도 했고, 제2차 대전 종료 후에도 영국의 총리 겸 국방장관을 지낸 바 있다. 이 책은 처칠이 영국 국정을 책임진 6년 동안의 경험을 바탕으로 쓴 방대한 역사적 저작물이다.

한국 정부는 책임지고 보호한다'는 영문구절에 문제가 생긴 거예요. 내용인즉 오타가 나서 외국인 'property right'를 보장한다는 구절이 'prosperity'로 잘못 인쇄된 것이었어요. 그러니까 '우리 정부가 외국 기업인들의 번영을 보장한다'는 내용으로 돼 버렸지 뭡니까. 그래서 담당사무관에게 "아무리 비용이 많이 들더라도 이것은 고쳐야 된다"고 말했어요. 그랬더니 이 친구가 "이것 좀 지워서, 손으로 고치죠"라고 말하더라고요. 그래서 내가 다시 "아니, 이렇게 중요한 연설문을 손으로 고치면 어떡하느냐. 이것은 우리나라의 체면이나 품격에 관한 문제"라고 말했어요. 그랬더니 그 사무관은 내가 듣고 있는 줄도 모르는지 "아니, 이 사람은 정말 시시한 것을 가지고 이렇게 난리네" 라고 투덜대면서 인쇄소로 가더라고요(웃음).

김강정 결국 안정·자율·개방을 기조로 한 민간주도 경제운용을 지향하는 경제안정화 시책이 새 시대를 여는 경제정책으로 확실한 자리매김을 한 셈이었네요.

김기환 그렇지요. 우리나라 경제정책의 기본 틀이 된 것이지요. 그때만 해도 비상사태였기 때문인지 부총리가 한마디 하면 그것이 곧 우리 정부의 경제정책으로 이어졌어요. 아무런 제동도 걸리지 않았지요. 특히 12·12 사태로 군사정권이 들어선 후로는 모두 겁이 나서 그런지 누가 무엇을 발표해 놓으면 모두 그것을 따라가는 식이었습니다.

김강정 말하자면 군사정부 안에서 검증된 것이니까 이제 안심하고 따라도 괜찮겠지 하는 것이었겠지요.

김기환 그것도 그렇지만, 그때만 해도 정부 각 부처의 영어수준이 요새 같지는 못했기 때문이기도 했어요. 상공부 같으면 장관 스피치를 부총리가 한 내용 그대로 따라하면 되겠지 하는 식이었어요. 그러니까 부총리 스피치 내용 가운데 필요한 부분을 그대로 복사해 표절한 셈이었지요. 그러다 보니 정부의 모든 경제정책 방향이 완전히 그렇게 잡혀 버린 것이지요. 공포 분위기가 없었다면 그렇지는 않았겠지요.

실제로 그 후 이한빈[11] 부총리 스피치도 똑같은 기조였어요. 이듬해 여름에도 국보위의 서슬이 퍼런 때인데, 거기에서 해외 동향이 심상치 않으니 부총리가 그런 내용의 대외 스피치를 하면 좋겠다고 했어요. 그러니까 무슨 일이 있을 때마다 스피치를 하게 됐지요. 그 후임인 김원기[12] 부총리도 여름 내내 밖에 나가서 스피치할 일이 있으면, 내가 적어드리는 대로 그대로 읽었어요. 그러면 다른 부처들이 그것을 또 그대로 되풀이했다고요. 그래서 내가 '경제정책이라는 게 딴 게 아니네, Policy making through speech writing이네'라고 속으로 생각했지요(웃음). 그러다 보니 내심 굉장히 기분도 좋았지요. 내가 한마디 써 놓으면 아무도 안 고치고 그대로 발표되는 식이었으니 말입니다.

그런데 사실 이러한 연설문 작성은 겉으로 드러난 것이지만 10·26 직후의 혼란기 중 단시일 내에 경제정책 방향을 바로 빨리 잡게 된 이유는 또 하나 있습니다. 혹시 *Economic Bulletin*이라고 들어 보신 적 있나요?

김강정 어렴풋이 기억이 납니다만, 혹시 '경제속보' 말씀인가요?

김기환 맞습니다. 말 그대로 '경제속보'였지요. 지금은 기획재정부와 KDI가 공동으로 월간 출판물로 발간하고 있습니다만, 그때는 수시로 나왔습니다. 10·26이 터지고 비상계엄이 선포되면서 외국 기업은 물론 정부까지 과연 한국이란 나라는 어디로 갈 것이며, 경제는 어떻게 될 것인가에 대해 무척 궁금했을 것 아닙니까. 그런데 계엄하에서 정보는 동결되고 갖가지 통제가 뒤따르다보니 더욱 답답할 수밖에 없었지요.

---

11 이한빈(李漢彬, 1926~2004): 함경남도 함주 출생. 서울대 영문과를 졸업하고 미국 하버드 대학에서 대한민국 최초로 경영학 석사학위(MBA)를 취득했고, 서울대에서 철학 박사학위를 받았다. 6·25 전쟁 중에 귀국, 재무부에서 관료생활을 시작하여 재무부 예산국장, 부총리 겸 경제기획원장관 등 관직을 거치는 한편, 서울대 행정대학원장, 숭전대(현 숭실대) 총장, 아주공대 학장을 지내며 많은 후학을 양성했다.

12 김원기(金元基, 1924~): 충남 당진 출생. 고려대 정치학과를 졸업하고, 미국 조지워싱턴대학 정경학부를 수료하였으며, 영국 런던대학 정경학부를 졸업하였고, 고려대 명예 법학박사 학위를 받았다. 재무부 이재국장, 국고국장, 기획관리실장, 세정차관보, 한국산업은행 총재, 재무부 장관, 부총리 겸 경제기획원장관을 지냈다.

| *Economic Bulletin*

*Economic Bulletin*은 외국 기업과 언론에 우리 경제에 대한 소식과 시장경제와 개방경제의 기조를
지켜나갈 것이라는 강력한 메시지를 신속히 전하기 위해서 1979년 11월 2일 처음 발간되었다. 현재는
기획재정부와 KDI가 공동으로 월간 출판물로 발간하고 있다. 왼쪽은 창간호이고 오른쪽은 2014년 1월호이다.

그래서 외국 기업이나 그리고 언론에 우리 경제에 대한 소식을 전해주고 시
장경제와 개방경제의 기조를 지켜나갈 것이라는 강력한 메시지를 전하는 동시
에 정부 정책을 신속히 설명하고자 했습니다. 그런데 그때는 지금처럼 인터넷
시대가 아니었으니까 외국 기업, 정부, 그리고 언론에 항공우편으로 수천 군
데 배포한 것이지요. 어찌 보면 외국기관들에게는 당시로서는 한국 경제에 대
한 믿을 만한 유일한 정보였지요. 이런 소식에 외국 투자가들은 그나마 안심
할 수 있었고, 경제안정을 회복하는 데 큰 기여를 했다고 생각합니다.

김강정 *Economic Bulletin*을 만들게 된 특별한 계기가 있었나요?

김기환 특별한 계기라기보다 앞서 10·26 직후 신현확 부총리가 성명서를 발
표했다고 했지요. 그런데 그 성명서를 영문으로 만들면 어떻겠느냐는 요청을
받았습니다. 당시 정재석 차관이 요청한 것으로 기억합니다만 10·26 이후
혼란기에 경제상황에 대해 외국에서 답답해 하니까 영문으로 번역해 주면 좋
겠다고 해서 시작됐습니다.

김강정 그렇다면 특정한 기간이나 날짜를 정해 정기적으로 발행했나요?

김기환 그건 아니었지요. 그야말로 '속보'답게 알릴 만한 내용이 발생하면 하루 이틀 만에도 또 만들어 배포했습니다. 제 1호는 박 대통령 시해사건 직후 발표된 '부총리 성명서'에 관한 내용이었습니다. 일요일임에도 긴급히 개최됐던 경제장관회의 결과와 국내경제동향 위주의 내용도 포함됐으며, 11월 2일에 발간됐습니다. 그리고 2호는 앞서 이야기한 신현확 부총리의 주한 외국 기업인 초청 강연내용입니다. 그게 11월 7일 세종문화회관에서 있었으니까 5~6일 만에 다시 2호를 낸 셈입니다.

그런데 이러한 *Economic Bulletin*의 위력은 1980년에 들어 이한빈 신임부총리와 함께 미국에 가서 한국경제 설명회를 하는 곳에서 실감했습니다. 외국 경제관료나 기업인들이 한결같이 *Economic Bulletin*이 큰 도움이 되고 있다는 이야기를 했습니다.

한 번은 이런 일도 있었어요. 우리 사절단이 JP 모건 간부들과 회합이 예정돼 있었는데 무슨 질문이 나올지 무척 신경이 쓰였습니다. 그런데 그날 회의장에 가보니까 JP 모건 인사들의 서류철에서 *Economic Bulletin*이 보이는 것이에요. 그래서 속으로 안심했지요. 저기에서 얻은 정보로 질문을 하면 얼마든지 상세하게 답할 수 있다는 자신감을 갖게 된 겁니다. 그 덕으로인지 회의도 성공적으로 잘 마쳤지요.

안정화 시책, 전두환 대통령 취임사에도 반영

김강정 정말 경제적 위기 속에서 그러한 보이지 않은 노력과 고뇌가 우리 경제를 안정시키는 큰 성과로 이어졌다는 생각이 듭니다.

그런데 개방과 자율, 안정이 5공화국 정부의 경제정책 기조로 확고하게 자리매김한 시점은 언제인가요?

김기환 그것을 설명하려면 내가 국보위 상임위원장 경제자문관으로 있을 때로 거슬러 올라가야 합니다. 1980년 5월 말에 IECOK 회의에 참석한 뒤 김포공항에 도착하니까 운전기사가 국보위에서 월요일에 나오라고 했다는 메시지를 전해 주더라고요. 당시 국보위가 나를 전두환 상임위원장 자문관으로 일하라고 했거든요. 그 당시는 국보위가 무시무시한 느낌을 주던 조직이었어요. 나는 기분이 별로 안 좋았지요. 다만 그 전날, 앞서 말한 것처럼 일본 나리타공항에서 김재익 박사와 개방과 시장경제를 하면 당분간 군사독재를 하더라도 내 역할을 하겠다는 다짐을 한 바 있기 때문에 그런 심정으로 자문관을 맡겠다고 마음을 정한 바 있었거든요. 또 우리나라 경제가 너무 걱정돼서 내 나름대로 역할을 할 생각이었죠.

당시 국보위의 운영분과위원장을 맡고 있던 이기백 장군13 (당시 육군 소장)에게 내가 향후 경제정책 기조와 운영에 대한 의견을 제시하기 위해 상임위원장을 만나고 싶다고 요청했어요. 그랬더니 "지금 위원장이 도저히 그런 시간이 안 난다. 그러니 나한테 이야기해 주면 내가 다 전달하겠다"고 하더라고요. 그래서 성사가 안됐어요.

그런데 어느 날 당시 전두환 국보위 상임위원장 특별보좌관이던 허문도14 씨한테 연락이 왔어요. 며칠 뒤에 전두환 위원장이 최규하 대통령에 이어 대통령으로 취임하는 것에 대비해 취임사를 준비하고 있는데 경제부문 초안을 나에게 써달라고 부탁하는 거예요. 그래서 내가 당시 서울역 앞 대우빌딩 안에 있던 국제경제연구원 사무실에서 EPB 과장으로 있던 김태연15 씨를 데리고 같이 일했어요. 김태연 과장이 글씨를 참 잘 썼어요, 요새 같이 쉽게 컴퓨터를 못 쓰니까 직접 손으로 글을 쓰는 일이 많았거든요.

나는 취임사 초안을 거의 완성된 문장형태로 써서 주었어요. 그때는 보고

---

13 이기백(李基百, 1931~): 충남 조치원 출생. 육사 11기 출신으로 10 · 26사태 후 육군 소장 때 국가보위비상대책위원회 운영분과위원장을 지냈고 국보위 후신인 국가보위 입법회의 운영위원장도 역임했다. 육군참모차장 등을 거쳐 합참 의장과 24대 국방장관 등을 지냈다. 합참의장 때인 1983년 10월 9일 당시 버마에서 발생한 아웅산 테러로 인해 중상을 입기도 했다.

14 허문도(許文道, 1940~): 경남 고성 출생. 서울대 농대를 졸업하고 일본 도쿄대학에서 사회학 석사 및 박사학위를 취득했다. 〈조선일보〉 기자 출신으로 10 · 26 이후 중앙정보부 비서실장으로 시작하여 문공부 차관, 대통령 정무수석비서관, 국토통일부 장관 등을 역임하였다. 5공화국 출범 당시 5공실세로 불리던 이른바 'Three 허'의 한 사람이기도 했다.

15 김태연(金泰淵, 1943~): 서울 출생. 서울대 경제학과 졸업. EPB 재직 시 글씨를 매우 잘 써서 주요 문서 작성에 자주 참여했으며, 노동부 차관과 조폐공사 사장 등을 지냈다.

서 등에 개조식[16]을 주로 쓰던 시절이었지만 나는 개조식을 안 믿었어요. 토씨 하나 붙이는 것에 따라서 뜻이 확 달라질 수 있으니까요. 그러니까 정책 보고서를 왜 개조식으로 쓰는가, 그런 보고서에 사인하는 사람이나 사인을 받는 사람도 이상하다고 생각한 것이지요. 그래서 나는 보고서를 쓸 때 항상 그 내용을 거의 완성된 문장으로 작성했었습니다. 이번에도 역시 그렇게 해서 보내 주었지요. 그랬는데도 그쪽에서 별 얘기가 없이 넘어가더라고요.

그 후 나도 초청을 받아 취임식에 참석했어요. 거창하게 인쇄된 취임사가 배포됐어요. 제일 먼저 내가 써 준 부분을 보았어요. 깜짝 놀랐어요. 내가 봐도 믿기지 않을 정도로 내가 쓴 내용이 문구 그대로 모두 반영돼 있었기 때문이었지요.

참, 허문도 씨와 관련해서는 에피소드가 하나 있어요. 그가 대통령 취임사의 경제부문 작성을 부탁하기 전에 다른 일을 하나 먼저 부탁한 적이 있었거든요. 당시 전두환 국보위 상임위원장의 정책 소신을 담을 책을 하나 쓰고자하는데 경제정책에 대해 초안을 써 주면 좋겠다는 것이었어요. 그래서 경제에 대한 개괄적 설명과 함께 경제정책의 방향과 주요 경제정책에 대해 여러가지 내용들을 정리해 보내 주었지요. 그쪽에서 내가 보낸 내용에 대해 의문을 제기하거나 못마땅해 하면 그 내용을 수정해 준 경우도 몇 차례 있었어요. 그런데 무슨 이유 때문이었는지는 몰라도 그 책은 나오지 않았던 것으로기억해요. 바로 그 일이 인연이 돼 허문도 씨가 나에게 대통령 취임사 중에서경제부문을 써 달라고 했던 것 같았어요.

김강정 주로 어떤 내용을 취임사에 반영하셨습니까?

김기환 경제를 민간주도로 운용하면서 시장경제를 활성화하겠으며, 거기에 따라 금리도 자유화하고 수입도 자유화하겠다는 등의 내용이었지요. 경제안정화 시책의 핵심기조였지요. 그래서 내가 마음속으로 '참 재미있다. 정책에 반영되는 것이 이렇게 간단하구나' 라고 느꼈죠. 그래서 내가 함께 일했던 김

---

16 개조식(個條式): 글을 쓸 때 앞에 번호를 붙여가며 짧게 요점이나 단어만 나열하는 방식으로 정부 보고서나 공문서 등에 많이 활용되는 문서작성 형식을 말한다.

태연 과장에게 그 대통령 취임사를 보여줬더니 그 역시 크게 놀라는 것이에요. "이렇게 보람 있게 일해 본 것은 생전 처음"이라는 것이었습니다. 공무원 사회에서는 보통 밑에서 무엇을 기안해 올리면 결재과정에서 고치고 빠지는 것이 보통인데 우리가 보낸 모든 내용이 그대로 다 받아들여졌기 때문이었지요. 그것도 대통령 취임사인데 거의 토씨 하나 안 바뀌고 말입니다. 어쨌든 그것을 취임사에 반영한 사람은 그 내용을 정확히 이해하고 했든지 못하고 했든지 대외적 공문서가 돼 버린 것이지요. 이렇게 해서 안정화 시책의 정책기조가 5공화국 정부의 경제정책 노선(policy line)으로 그 모습을 드러냈고, 공식적으로 자리를 잡게 된 것이지요.

국보위 때 내가 경제정책 면에서 공헌했다고 할 수 있는 것은 그것이 유일한 케이스라고도 할 수 있어요. 그러나 내용 면에서는 결정적인 것이었다고 할 수 있지요.

신현확 부총리와 안정화 시책

김강정 박정희 정부 말기에 채택된 안정화 시책이 결국은 5공화국의 핵심 경제정책 기조로 확고히 자리매김했고 이른바 안정기조 위의 성장과 발전을 이루는 견인차 역할을 했다고 해야겠지요. 이런 점에서 볼 때 안정화 시책이 햇빛을 볼 수 있게 한 신현확 부총리 겸 경제기획원 장관 얘기를 빼놓을 수 없을 것 같습니다. 그도 그럴 것이 박정희 대통령까지도 그 내용을 불만스러워 했던 상황이라 하마터면 사장(死藏)될 수도 있었던 안정화 시책이 그분의 강한 신념과 뚝심에 힘입어 실현되는 결정적 계기가 마련됐으니까 말이죠.[17]

또 10·26을 전후한 국가위기 상황에서도 그분의 역할은 여러 측면에서 두드러졌던 것 같습니다. 비록 그분과 같이 일한 기간이 길지는 않았다 하더라도 그분 재임 중에 안정화 시책이 확정 발표됐다는 점에서 감회도 남다르지 않을까 생각합니다만 ….

17 강경식은 자신의 저서(강경식, 2010, 《국가가 해야 할 일, 하지 말아야 할 일》, 김영사, 362~385쪽)에서 당시 박정희 대통령이 안정화 시책에 대해 불만과 불편한 심기를 가졌음에도 불구하고 신현확 부총리가 집요하게 대통령을 설득, 마침내 정부정책으로 결정, 발표하게 된 과정을 상세히 소개했다.

김기환 물론이지요. 신현확 부총리에 대해서는 정서적으로 믿음이 매우 컸습니다. 결정적 계기는 10·26 이틀 뒤인 28일 오후였어요. 내가 부총리실 앞을 지나가는데 당시 장영철[18] 비서실장이 나를 부르더니 "부총리께서 지금 방에 계시는데 피로해서 기진맥진하니까 어서 들어가서 위로 좀 해 드리라"고 그래요. 그래서 들어갔더니 부총리가 당시 예산실장인 김용한[19] 씨와 둘이 앉아 이야기하고 있더라고요. 나도 자리를 함께했지요. 그날 이분이 밤샘을 이틀이나 해서 하도 고되고 힘들어 기진맥진한 끝에 결재 같은 것을 올리지도 못하게 하고 계셨어요. 그런 상황에서 우리 둘을 앞에 놓고 이런 이야기, 저런 이야기를 하셨는데 그때 참 이런 분이라면 힘 있는 데까지 도와드려야 하겠다는 확신이 생겼지요. 그분이 10·26, 그날 저녁에 무슨 일이 생겼는가를 이야기하시더라고요.

김강정 박정희 대통령 시신 확인에 관한 이야기인가요?

김기환 그래요. 이야기인즉 용산에 있는 국방부에서 비상국무회의가 소집되어가 보니 당시 중앙정보부장인 김재규[20]씨가 "지금 전국에 계엄을 선포해야 된다"고 하더래요. "왜 그러느냐"고 물었더니 "대통령이 유고다", 그래서 "무슨 유고냐"고 물었더니, "돌아가셨다"고 말했답니다. "그렇다면, 돌아가신 것을 국무위원인 우리가 직접 확인해야지"라고 말하고, 그것을 확인하러 왔다갔다

---

18 장영철(張永喆, 1936~): 경북 칠곡 출생. 신현확 부총리 겸 경제기획원 장관의 비서실장을 거쳐 관세청장과 13대 국회의원, 제6대 노동부 장관을 역임한 후 다시 14, 15대 국회의원을 지냈다. 2008년 1월부터 2012년 2월까지는 영진전문대 총장과 영진사이버대 총장을 지냈다.

19 김용한(金容瀚, 1929~1983): 전북 남원 출생. 서울대 상대 졸업. EPB 예산국장, 예산실장을 거쳐 1982년 과학기술처 차관 재임 중 1983년 10월 9일 아웅산 테러로 인해 순직하였다.

20 김재규(金載圭, 1926~1980): 경북 구미 출생. 박정희 대통령과 육사(2기) 동기였으며 1968년 육군 보안사령관 등 군 요직을 거쳐 1973년 제9대 국회의원(유정회)으로 정치에 발을 들여놓았다. 건설부 장관을 거쳐 1976년 중앙정보부장에 임명돼 박정희 대통령을 측근에서 보좌했다. 1979년 YH 무역 여공농성사건, 신민당 총재 김영삼의 의원직 박탈사건, 부마항쟁 등 정국 불안이 계속되는 과정에서 차지철 청와대 경호실장과 심한 갈등을 일으키다가 1979년 10월 26일 청와대 근처 궁정동 중앙정보부 안가에서 열린 만찬 석상에서 박정희 대통령을 살해, 이른바 '10·26 사태'를 일으켰다. 내란목적 살인 및 내란미수죄로 사형선고를 받고, 1980년 사형이 집행됐다.

하는 동안에 대통령 시해가 김재규가 한 짓이라고 생각하게 됐고, 당시 노재현[21] 국방장관을 시켜 김재규를 체포하게 하는 역할을 했다는 것이었습니다.

그런데도 신 부총리는 그런 얘기들을 굉장히 겸손하게 하시더라고요. 그래서 내가 "그렇게 무시무시한 상황에서 김재규가 권총이라도 들고 나올지 모르는데 어떻게 그렇게 현장에 가 보자는 대담한 발언을 하셨습니까?"라고 물었어요. 그랬더니 약간 웃음을 지으시면서 "아, 내가 다 알았다면 그런 용기가 안 났지"라고 하면서 젊을 때 일을 말씀하셨어요.

대학 다닐 때 고시공부 하려고 시골 절에 머물 때인데 어느 날 배탈이 심해 방에 들어가기도 귀찮고 달은 밝고 해서 지쳐서 마루턱에 앉아 있는데 개 한 마리가 옆으로 오더래요. 몸도 괴롭고 해서 그 개를 한 발로 내려 차 버렸데요. 이튿날 아침에 스님들에게 "여기 절간에 웬 개가 있느냐?"고 물었더니 스님들이 하는 말이 "그게 개가 아니라 늑대였다"고 하더래요. 그러면서 이분이 껄껄 웃으며 "내가 그것이 늑대인 줄 알았으면 안 찼지"라고 그러시더라고요. 그러면서 김재규가 장본인인지 확실히 알았더라면 김재규가 거기에 있는데 현장에 가 보자는 소리는 못했을 것이라는 거예요. 나는 그 이야기를 하시는 것을 보면서 '이분이 참 담이 대단하구나'라고 느끼면서 존경심이 생깁디다.

김강정 당시에도 가장 결정적인 순간에 국무위원으로서 제대로 역할을 한 분이 바로 신현확 부총리라고 알려졌었지요.

김기환 그분이 아니었다면 그때 김재규 세상이 됐을 거예요. 신 부총리가 들려준 얘기 가운데 또 하나는 박정희 대통령 때 한국이 세계은행 같은 데서 많은 차관을 들여와 벌인 사업들에 관한 것이었어요. 그때 한국뿐만 아니라 필리핀 등도 그렇게 했는데 한번은 세계은행에서 감사를 나왔대요. 그 감사단이 보니까 한국은 빌려준 돈으로 산림녹화사업을 제대로 해서 나무가 다 심어져 있는 등 조건들을 잘 이행했다고 평가했다는 것입니다.

●
21 노재현(盧載鉉, 1926~): 경남 마산 출생. 육사 3기로 육군참모총장과 합참의장을 거쳐 제21대 국방부 장관을 지냈다. 장관 재임 때 10·26 사태와 12·12 사태를 겪었다.

그런데 이와는 반대로 필리핀 같은 국가에서는 원조한 돈이 마르코스[22] 대통령, 이런 사람 개인 호주머니로 들어간 것 같다고 하더래요.

이런 것을 보면 박 대통령이 참 대단한 분이었다고 하면서 박 대통령이 돌아가신 직후의 경험도 말씀하셨어요. 박 대통령 서거 후 당신하고 누군가가 청와대 2층에 올라가 보았대요. 그 2층은 박 대통령 외에는 아무도 올라가 본적이 없기 때문에 모두 짐작으로만 한 나라 국가원수가 침실로 사용하는 방이니 굉장히 호화롭고 좋은 줄로 생각했대요. 그런데 막상 들어가 보니까 중앙난방도 안 돼 있고 일본식 난방장치인 고다츠가 있더래요, 고다츠는 나무틀에 화로를 넣고 그 위에 이불 포대기 등을 씌워놓고 그 속에 손, 발을 넣어 몸을 녹이는 장치거든요. 이 고다츠와 함께 오래 쓴 이불 한 장이 있더래요. 그 옆에는 봉투가 하나 있었는데 이것은 총무처 장관을 지낸 심의환[23] 씨가 세상을 떠난 후 그 부인께 보내려던 부의금 봉투였는데, 그 액수가 너무 적어서 놀랐다고 합니다. 그때 박 대통령이 큰돈을 그 미망인에게 보냈네, 뭐 하네 소문들이 많았는데 실제 준비된 돈은 얼마 되지 않았다는 겁니다.

그래서 우리 경제가 이 정도 발전한 것은 따지고 보면 박 대통령이 그만큼 청렴하고 검소했기 때문이었다는 이야기를 하시더라고요. 그 순간 한국 경제 발전이 정말 우연히 된 것이 아니라는 확신과 함께 신현확 씨가 모든 일을 소신 있게 하는 분이라는 것을 새삼 느꼈습니다. 그 후로는 신현확 부총리와는 말을 안 해도 통했지요.

김강정 다시 안정화 시책으로 화제를 돌려 보겠습니다. 신현확 부총리는 일본 제국주의 식민통치 시절에 공직에 진출한 분인데도 시장경제에 대한 확신이랄까 철학, 이런 것이 있었는지, 있었다면 어느 정도였는지도 궁금합니다.

---

22 마르코스(Ferdinand E. Marcos, 1917~1989): 태평양 전쟁 때 일본군 포로였다가 탈주해 게릴라를 조직, 대장으로 활약했다. 1949년 하원의원으로 진출한 후 상원의원을 거쳐 1963년 상원 의장을 역임하고 1965년 대통령에 당선돼 연임했으나 1986년 부정선거에 대한 국민들의 저항 속에 국외로 추방됐다.

23 심의환(沈宜煥, 1924~1979): 경북 청송 출생. 경북대 정치학과를 졸업하고 동 대학에서 정치학 석사학위를 취득했다. 상공부에서 상역국장, 상역차관보, 광공업차관보 등을 거쳐 차관으로 5년 5개월 동안 재직함으로써 당시 최장수 차관 기록을 세웠다. 총무처 장관 재임중 10·26 직전인 1979년 10월 22일 지병으로 사망했다.

안정화 시책을 정부정책으로 결정하기까지의 과정에서 보여준 그분의 강한 추진력도 바로 이런 철학이 바탕에 깔려 있었기 때문이 아닐까 해서요.

김기환 물론이지요. 아주 강했어요. 나는 그분이 일제 강점기 일본 정부 군수성에서 요새로 말하면 수습사무관으로 일할 때 그런 신념을 갖게 된 것으로 알고 있어요. 그러다가 해방과 함께 귀국해서 처음에는 지금 영남대의 전신인 대구대에서 강의하셨어요. 그 후 상공부의 과장으로 들어가셨지요. 그때 이분이 워낙 영리하고 실력이 있으니까 이승만 대통령이 39살의 젊은 나이인데도 부흥부 장관에 임명했어요. 4·19 이후에 옥고를 치른 다음 정부에서 나와 그때 근무한 곳이 쌍용그룹이었어요. 그때만 하더라도 정부와 기업에서 두루 일해 본 경험이 있는 분이 내가 보기에는 그분밖에 없었어요. 그래서 시장경제에 대해 많은 것들을 직접 터득하신 것 같아요.

나는 자연스럽게 신현확 부총리와 이심전심이 되었어요. 그때는 국가가 비상사태였으니까 외신기자들이 모두 부총리를 굉장히 만나고 싶어 했어요. 내가 자문관으로 있으니까 그런 것을 모두 주선하고 그때그때 발언요지도 정리해 드렸는데 신현확 부총리를 만난 외신기자들이 하나같이 "이 사람 대단한 분이다. 이 사람은 꿋꿋하기가 바위덩이와 같다"고 말하는 것이었어요. 그 후로도 다른 부총리들을 여러 분 모셔 보았는데 거명하지는 않겠지만, 외신기자들을 만나는 것을 옆에서 지켜보면서 불안한 때가 참 많았어요. 엉뚱한 소리도 하고 말이지요. 비유한다면 어린아이를 화롯가에 내놓은 것 같다고나 할까요.

김강정 그 당시 그런 국가적 위기상황에서 신현확 부총리 같은 분이 중요한 위치에서 일했다는 것이 참 다행이었군요.

김기환 아까 한 이야기의 되풀이지만 그때 신현확 씨가 부총리가 아니었더라면 10·26 그날부터 김재규 세상이 되었다고요. 또 그분의 소신과 배짱은 지금도 입에 많이 오르내리듯이 당시 박정희 대통령이 못마땅해 하는데도 경제안정화 시책을 끝까지 관철시킬 정도로 대단했습니다. 결국 그 안정화 시책이 1980년대 이후 정부의 경제정책 기조로 자리를 잡으면서 한국 경제의 탄탄한 발전기반이 된 것이지요. 바꾸어 말하면 우리 경제가 개발연대의 정부 주도형에서 민간주도형으로 전환하는 과정에서 가장 어려운 시기에 그 초석을 깔아 놓는 역할을 하신 분이 바로 신현확 당시 부총리였던 것이지요.

'대통령 경제 가정교사'로
5공화국 경제정책 기조 구축에 기여

전두환 대통령에게 안정화 시책 확신 심어 줘

김기환 박사는 5공화국 출범과 함께 전두환 대통령의 경제 가정교사 역할을 할 기회를 갖게 됐다. 김재익 당시 청와대 경제수석의 부탁에 따른 것이었다. 이미 대통령 취임사에 안정화 시책을 그대로 반영한 그로서는 그 정책기조를 일관성 있게 정부정책으로 굳힐 수 있는 절호의 기회를 갖게 된 셈이었다.

　부총리의 영어 연설문을 작성하는 일을 돕는 데서 출발한 EPB와의 인연은 이처럼 결정적 순간마다 안정화 시책을 더욱 굳게 자리매김하고 뿌리내리는 역할을 확대 재생산해 주는 촉매제가 됐다.

김강정 전두환 대통령 때 이른바 대통령 경제 가정교사 역할도 하셨는데 구체적인 내용을 듣고 싶습니다. 주로 김재익 박사가 그 역할을 한 것으로 알려져 있었거든요.

김기환 그렇지요. 김 박사가 제일 많이 했어요.

김강정 김 대사께서는 언제 어떤 계기로 가정교사 역할을 하셨는지요? 또 그 방식은요?

김기환 1981년 2월에 전두환 대통령이 워싱턴에서 레이건 대통령과 정상회담

| 김강정 前 목포 MBC 사장

을 가졌는데, 그때 나도 워싱턴을 오가면서 김재익 경제수석과 많은 이야기를 나누었어요. 전두환 대통령을 어떻게 해서라도 민간주도의 시장경제 쪽으로 마음을 정하도록 해야 되겠는데 그 방법에 대한 것이었습니다. 그때 김재익 수석이 "김 박사님이 나를 많이 도와주셔야 되겠다"고 했어요. 그래서 나도 "물론이지요, 그래야지요"라고 대답했어요. 여기서 돕는다는 의미는 그때 제 5차 5개년계획 초안들을 만들고 있었는데, 이것을 전 대통령에게 제대로 이해시키는 것이었어요. 김재익 씨가 "김 박사님이 이 역할을 좀 해 주셔야 된다"고 말한 것입니다. 그래서 내가 그렇게 하겠다고 약속한 것이지요.

그때 김재익 수석이 그랬던 이유는, 전두환 대통령이 제 5차 5개년계획의 테두리를 잘 이해하는 것도 중요하지만, 무엇보다 동남아 순방을 구상하고 있었던 때라 외국원수들을 만날 때 국가원수가 자신의 경제정책에 대해 어떤 철학도 없이 서툴게 이야기한다면 문제라고 판단했기 때문이었지요. 경제수석이 생각할 때 관료적 보고방식으로는 대통령이 쉽게 이해하기 힘들테니까 저에게 개별 가정교사, 가정교사라는 말을 직접 쓰지는 않았지만, 그런 식으로 해야 되겠다고 한 것입니다. 그래서 나도 흔쾌히 동의해 시작한 것입니다.

김강정 그러니까 대통령 가정교사 역할을 경제수석이던 김재익 박사가 요청한 것이군요?

김기환 그렇지요. 그때 핵심은 제 5차 5개년계획안의 기본정신과 접근방법을 대통령에게 최대한 이해시키는 것이었죠. 그래서 그때 아주 정기적으로 했어요. 어떤 때는 거의 매주 했고, 어떤 때는 2주에 한 번씩으로요. 아무래도 대통령의 바쁜 스케줄에 따를 수밖에 없으니까. 강의주제는 제 5차 5개년계획에서 발췌하고 거기에 내 아이디어를 보태서 만들었어요. 예컨대 '우리 재정정책은 어떻게 돼야 한다, 통화정책은 어떻게 돼야 한다, 수입정책은 어떻게 돼야 한다'는 식이었지요. 매번 강의안을 그 전날 오후에 만들고 인쇄해서 그날 오후 4시, 5시까지는 청와대에 보냈지요, 그러면 대통령이 그것을 저녁에 읽고 아침 7시에, 청와대의 대통령 집무실 바로 옆에 있는 작은 방에서 가정교사 식으로 수업을 진행했어요. 모두 여섯 차례인가 했는데 한 번 빼고는 계획대로 다 잘했어요.

| 김기환 前 대외경제협력담당 특별대사

김강정 시간은 어느 정도 됐는가요?

김기환 1시간 반 정도 했어요. 그러니까 청와대의 공식업무가 시작되기 전에 한 것이지요. 그것이 이른바 가정교사의 전부였습니다. 당시 대통령이 참 성실한 학생(?)이었어요(웃음). 대통령은 자료(reading assignments)를 미리 다 읽고, 거기에 자기 나름대로 밑줄도 긋고 물음표 표시도 하면서 사전 준비를 잘해 가지고 나와 단 둘이 마주 앉아서 수업에 참여했어요. 이야기가 그렇게 되다 보니까 굉장히 친밀하고 편한 분위기가 조성되었지요. 말하자면 한 사람은 대통령이고 한 사람은 뭐고 이런 분위기가 아니었어요.

김강정 그분이 아주 소탈했던 것으로 알고 있는데요. 그러니까 수업도 그런 분위기였겠다고 짐작은 됩니다만 어땠는가요?

김기환 소탈하셨죠. 예컨대, "가격을 너무 낮춰 놓으면 그 물건을 모두 낭비해 자원이 낭비된다. 그러니까 가격을 낮춘다고 꼭 좋은 것은 아니다", "가격을 올릴 때는 올리고 이렇게 균형을 맞추려고 해야지, 따라서 개별 물가를 통제하는 것은 좋지 않다"는 식으로 설명하면, 전 대통령이 "맞아 맞아, 그 이야기 맞아. 내가 일선 부대에 있을 때 말이야. 보급물자를 군인들한테 공짜로 줬더니 이놈들이 이것을 다 버리더라"고 하면서 바로 반응을 보이곤 했어요.

김강정 한 번 예정대로 못 했다는 것은 어떤 경우인가요?

김기환 아니, 하긴 했는데 대통령이 예습을 못한 경우가 있었지요.

김강정 그 전날 밤늦게까지 행사가 있었던 모양이지요?

김기환 그랬던가 봐요. 아무튼 그때 내 기분은 미국 대학에서 학생들을 가르칠 때의 느낌이었어요. 내가 있던 학교에서는 대학원생은 개인지도를 많이 했거든요. 미리 준 주제를 갖고 나중에 토론하는 방식 말이에요.

김강정 말하자면 성실한 학생이었네요 한마디로.

김기환 그래요. 나중에는 공부한 내용을 완전히 소화해서 정부회의가 있으면 경제학을 다 아는 것처럼 아예 강의하기도 했지요, 그래서 나중에 사공일 박사랑 얘기하면서 대통령은 무엇을 하나 배우면 그것을 참 잘 활용한다며 웃기도 했습니다.

김강정 전두환 전 대통령이 피교육자로서 깊은 인상을 준 에피소드는 어떤 것들이 있는지요?

김기환 내가 학습효과를 높이기 위해 일부러 비유 같은 것을 사용해서 내용을 굉장히 쉽게 설명할 때가 있었어요. 그래서 내가, 무슨 제목이었는지는 확실히 기억나지 않지만 이런 비유를 한 적이 있어요. "어떤 농부가 땅이 2백 평이 있다고 하자. 2백 평에 작물을 심었는데 여기에는 무엇을 심고 저기에는 무엇을 심고, 어떻든 방법이 이렇게 다르면 결과도 이렇게 달라진다"는 식으로 해서 이야기를 시작했더니, 그 공부를 다 끝내고 나서 "아이고, 여기 청와대에 앉아서 그런 사소한 문제까지 걱정하면 어떻게 하느냐"며 좀 못마땅한 반응을 보이시더라고요. 그래서 내가 "아니, 비유하기 위해서 그런 것이다. 한 정부가 추진하는 투자계획이 어떻게 결정되고 어떻게 관리되어야 투자수익을 가장 높일 수 있는가에 대한 포인트를 이야기하려고 한 것"이라고 설명했지요. 그때 나는 공공투자라는 것도 기회비용이라는 개념을 머리에 두고 추진해야 한다는 아이디어를 설득시키려고 한 것이었거든요.

김강정 결국 쉽게 받아들이던가요?

김기환 기술적으로 깊게 들어가면 이해를 잘 못하지만 평범하게 이야기하면 바로 소화했지요. 그때 내가 제일 강조한 것은 경제안정화 시책이었어요. 무엇보다 인플레를 하면 나라가 망한다는 점이었습니다. 역사적으로 두 나라의 예를 많이 들었어요. 하나는 중국의 국민정부 장개석이 패망하고 대만으로 쫓겨난 결정적 요인이 살인적 인플레를 유발해서 민심을 잃었기 때문이었다는 것이었어요. 즉, 장개석이 모택동에 앞서서 중국을 통일하고도 밀려난 것은 인플레를 못 다스려서 그랬다는 점을 강조한 것이지요. 여기서 내가 전달하고 싶은 메시지는 '지금 군사 쿠데타를 통해서 정권을 잡았지만, 물가 못 잡으면 다 헛일'이라는 것이었습니다. 그 메시지를 강조하기 위해 중국의 장개석 국민정부를 자주 예로 들었던 것입니다. 간혹 바이마르 공화국도 언급했는데 먼 유럽의 얘기라 그런지 그 비유는 별로 전달이 잘 안 되는 것 같았습니다.

김강정 아무튼 개방과 자율을 기조로 한 안정화 시책을 신군부가 새 시대를 열면서 경제정책의 핵심 틀로 받아들여 그것이 결국 경제운용에 획기적 전환을 이루었는데, 그 과정에서 여러 우여곡절도 있지 않았는가요?

김기환 그때는 잘 몰랐는데 나중에 보니까 박봉환24 장관(당시 제4대 동력자원부 장관)도 가정교사 역할 같은 것을 하면서 안정화 정책기조를 반대했다고 하더라고요. 2년, 3년 후에 들어 보니까 그런 사람들이 대통령에게 나와 다른 의견들을 말한 것이지요. 시기적으로도 나와 비슷한 때였어요. 그래서 추

---

24 박봉환(朴鳳煥, 1933~2000): 전남 담양 출생. 서울대 정치학과 졸업. 1958년 고시 행정과에 합격 후 공직에 진출하여 재무부 차관을 거쳐 1980년부터 1982년까지 동력자원부 장관을 지냈다.

측하건대, 아마 김재익 경제수석이 내가 그런 역할을 해 주는 것이 더 좋겠다고 생각했던 것 같아요. 다른 사람이 하니까 자꾸 헷갈리게만 만들더라, 이렇게 된 것 같아요.

김강정 그러니까 김재익 박사 입장에서는 바로 대통령 측근으로 있으면서도 여러 견제를 받고, 부담도 컸겠군요.

김기환 견제받은 것은 대단했지요. 굉장히 견제받았어요. 그래서 내가 KDI 원장을 하고 있을 때, 김재익 경제수석의 건강이 극도로 악화돼서 나와 자리를 맞바꾼다는 이야기도 몇 번 있었어요.

김강정 대통령 가정교사 하신 기간은 어느 정도였는가요?

김기환 한 2개월 정도였어요. 그때 주목적은 우선 대통령으로 하여금 우리 경제정책에 대해 올바른 이해를 갖게 하는 것이었습니다. 또 대외적으로 일관된 이야기를 할 수 있도록 하자는 것이었지요. 시기적으로는 곧 있을 대통령의 동남아 순방에 대비한 준비작업이기도 했습니다.

김강정 대통령과 일대일 가정교사 역할을 할 때 안정화 시책의 핵심기조를 주입시키는 과정에서 대통령이 그것을 받아들이는 속도라든가 또는 확신해 가는 과정이 어땠습니까? 빠르게 착착 진행됐는지요? 중간에 다른 사람들이 반대논리를 주입하니까 대통령이 나름대로 '이것은 아닌 것 같다'는 식의 의문도 제기했을 것 같은데요.

김기환 물론이지요, 있었죠. 한 가지 에피소드를 소개하면 내가 그때 자나깨나 많이 하는 소리가 수입 개방을 해야 우리 경제의 경쟁력이 생기고 품질도 좋아지고 물가 잡는데 도움이 되며 우리 경제의 잠재적 발전에도 도움이 된다는 식의 논리였습니다. 그때는 내가 대외적 신분이 부총리 자문관이다 보니까 한번은 주부 대상의 KBS-TV 아침 프로그램에 출연해 당시 서울대 홍원탁[25] 교수와 토론한 적이 있어요. 홍 교수는 수입개방도 막 해서는 안된다는 식의 신중론자인데, 나는 그렇게 좋은 일을 신중론만으로 하면 안 된다고 말했지요. 예컨대, 유치산업 보호, 이것은 이론적으로도 맞는 이야기지만, 그렇다고 보호만 하다 보면 결국 유치산업을 보호해서 키우는 것이 아니라 그 반대의 결과가 나타나는 것이 문제라는 식으로 이야기했지요.

방청석으로 마이크가 넘어갔을 때 어떤 아주머니가 자기가 이해를 못하는 것이 있다고 그래요. 그러면서 자기 아들이 초등학교를 다니는데 아빠가 해외에서 외국산 연필을 선물로 사다 주었다는 것이에요. 그 당시 우리 국산 연필은 질이 나빠 잘 부러지고 잘 써지지도 않았거든요. 그래서 외국 여행 때 연필 같은 것 사다주면 아이들이 그렇게 좋아했거든요. 그 아주머니가 "김 박사님은 그렇게 수입품이 좋다는데, 왜 우리 아이는 아빠가 사 준 연필을 학교에 가지고 가니까 외제를 쓴다고 선생님한테 벌을 받아야 하는지 이해할 수 없다"는 거예요. 그래서 나는 그랬지요. "아주머니 말이 맞다, 교사가 잘못한 것"이라고 말했지요. 그리고 "그런 외제 학용품을 우리 학생들도 좀 써 봐야 국내 생산자들이 좋은 학용품을 만든다"고 대답했지요. "정부도 앞으로 그런 것은 시정해야 된다"고 말했어요.

그때 TV 프로그램을 대통령이 보고 있었던 모양이에요. 그 후 청와대에 들어가니까 대통령이 나에게 "김 박사, 다 이야기 잘하는데 TV 프로그램을 보니까 학생들 외국산 학용품 쓰는 것을 잘했다고 이야기하던데 그것은 안 그렇다"고 하면서 "내가 맨 이 넥타이 국산이야"라고 하더라고요. 그렇다고 바로 그 자리에서 반박할 수도 없었어요. 그 자리에는 다른 사람도 있었으니까요. 다만, 이분이 한쪽으로는 교육을 받지만 다른 한쪽으로는 아직도 고정관념에서 벗어나지 못하고 있다는 것을 느꼈지요. 그래서 아무리 교육을 잘받아도 그것이 뇌리에 완전히 자리를 잡고 자기 확신으로 굳어지려면 오랜 반복교육이 필요하다는 점을 깊이 느꼈습니다.

25 홍원탁 (1940~2012): 미국 컬럼비아대학 경제학 박사. KDI 수석연구원을 거쳐 서울대 교수를 역임하였다. 경제정의실천시민연합 공동대표로도 활동한 사회운동가이기도 했다.

김강정 대통령 취임사 경제부문을 쓰신 데 이어 가정교사 역할을 통해 대통령에게 개방, 자율, 안정에 대한 확고한 철학을 심어 주신 셈이군요. 그렇더라도 경제정책 기조의 대전환과 일관된 추진은 궁극적으로 최고통치권자의 몫이 아닌가요?

김기환 그렇죠.

김강정 최고 권력자라도 결단을 내릴 때 굉장히 부담이 컸을 것 같은데요. 정치적으로도 그렇고요. 자칫하면 이것이 박정희 대통령이 18년 동안 경제발전을 꾸준하게 이끌어온 정책기조를 일시에 폐기한다는 반발도 일으킬 수도 있을 테니까 말이지요. 이런 관점에 대한 의견은 어떠신지요?

김기환 그렇지요. 박 대통령이 그냥 있었더라면 안정화 시책하고 대외개방, 민간주도가 그렇게 빨리 이루어지기는 어려웠겠지요. 전 대통령이 나중에 퇴임하고 여러 불미스런 일로 고생했지만, 어쨌든 정권 초기에는 굉장히 잘하려고 애썼고 또 나는 전임자와 다르다는 것을 보이려고 했던 것 같아요. 그리고 결단력 있는 분이고요. 후임자들 같이 우물우물하고 그러지 않았습니다.

전두환 대통령에게 정치자금 조언 못 드린 점 지금도 아쉬워

김강정 전두환 대통령의 경제 가정교사 역할을 하실 때 정치자금에 관한 조언도 요청받은 일이 있었다면서요?

김기환 그랬어요. 나는 전 대통령 생애를 보면서 참 아쉬운 것이 있어요. 두 가지가 아쉬운데요. 하나는, 전 대통령 역시 전통적 가족관계, 전통적 가족윤리가 현대 시민사회에서는 안 통한다는 점을 평생 체득 못 한 분이라는 점이지요. 그것이 바로 친인척 관리에서 문제를 낳았지요.

다른 하나는 바로 정치자금 문제이지요. 그분이 저렇게 어려움에 처하게 된 이유이기도 하지요. 정치자금 문제는 우리나라 정치제도에서 아직까지도 해결 못한 과제라고 할 수 있는데, 경제학자로서 이 문제에 대해 전 대통령한테 제대로 조언하지 못하고, 적절한 해법도 제시하지 못한 것이 내 부족함이었다고 느끼고 있지요. 내가 가정교사 역할을 할 때 재정적자 축소의 필요성을 강조하면서 공기업도 물건 값을 제대로 받아야 하며, 공기업 책임자 자리에 아무나 앉히면 안 되고 전문경영인과 같은 사람이 맡아야 된다든가, 또는 국방과 같은 순수 공공재는 결국 세금으로 걷어서 해야 한다는 것 등을 설명했어요.

그때 이분이 "정치하는 데 돈이 드는데 그 돈은 어떻게 거두어야 되는지 모르겠다"면서 이 문제를 고민하더라고요. 그러면서 "김 박사가 이것에 대해서 한번 좀 생각해 보라"는 주문했어요. 그런데 내가 그것에 대해 끝내 아이디어를 제시하지 못했어요. 나만 하더라도 정치하는 데 무슨 돈이 그렇게 많이 드느냐고 생각했거든요. 그런데 그 후에 생각해 보니까 내가 굉장히 순진했던 것이었어요.

김강정 그때 좋은 아이디어를 주셨더라면 좋았을 텐데 그랬군요.

김기환 그러니까 지금까지도 그렇지 못하고 있지만, 그때 이 문제에 대해 내 아이디어가 더 명확했더라면 하는 아쉬움이 있지요. 정치자금을 모으는 방법에 대해 세금으로 안 되면, 공공연하게 합법적으로 정치기부를 받는다든지 하는 것을 잘 디자인해서 제시했더라면 굉장히 좋았을 텐데 하는 아쉬움인 거지요. 그것은 내가 지금까지도 풀지 못한 숙제이기도 합니다.

김강정 그때만 해도 우리나라에서는 정치자금이라는 것이 선진국처럼 제도적 장치로 잘 세팅되어 있지 않았지요. 결국 힘 있는 사람한테 돈이 다 몰리게 됐고, 그 돈을 당연한 정치자금으로 간주하면서 크게 보면 통치활동에 쓴다고 합리화시켰던 것이 아닌가요? 그러다 보니 개인의 부정축재라는 인식도 잘 안되고 말입니다.

김기환 민주주의 체제하의 정치라는 것은 서로 이념과 가치가 같은 사람들이 모인 정치단체 안에서 협조심과 충성심이 나와야 되는데, 우리나라 정치는 리더가 누구한테 시혜를 베풂으로써 그 사람이 충성하게 만드는 일종의 '오야 붕과 꼬붕' 방식이거든요. 그것이 조선왕조부터 이때까지 남아 있다고 할 수 있거든요. 선진국 같으면 예컨대, 자기가 자원봉사자로 나서면 선거 때도 자기 돈으로 자기 밥 사 먹고 일을 하잖아요. 그런데 우리는 심부름하는 사람은 늘 대가를 생각하고 '오늘 저녁은 누가 안 사 주나' 하는 이런 문화란 말이에요. 나는 정치자금이라는 것은 공공정책 차원에서 볼 때, 또는 재정학적 차원에서 볼 때 어떻게 모으는 것이 제일 이상적인가, 그것을 잘해야 정치하는 사람들이 희생물이 안 된다고 생각해요.

김강정 결국 그때 굉장히 중요한 주문을 받으신 것이었네요.

김기환 그런데도 그 중요성을 내가 미처 못 느꼈고, 나중에 모두 사법처리 되는 것을 보니까 '내가 내 책임을 못 했네'라고 오늘까지도 느끼는 것이지요. 사실, 나는 그 당시만 해도 상당히 순진해서 '정치하는 데 무슨 그렇게 많이 돈이 들어. 자기 입장만 바르면 그 가치에 따라서 사람들이 따라오는 것이지'라는 식으로 생각했거든요. 그래서 내가 다시 말하고 싶은 것은 선진국 시민의 행태와 후진국 시민의 행태를 제대로 구별을 못 한 것이지요.

수입자유화와 개방논쟁

관료들의 끈질긴 저항 속에 품목별 개방일정 확정

김기환 박사는 '개방 전도사'라고 불릴 정도로 철저한 개방론자였다. 그가 신현확 부총리 때인 1979년 9월부터 부총리 수석자문관에 특별파견 형식으로 발령을 받음으로써 정부와 인연을 맺기 시작한 시점은 바로 경제안정화 시책의 태동기였다. 그리고 그가 정부로 들어와 일할 때는 안정화 시책이 우여곡절을 거쳐 정부정책으로 확정된 지 불과 다섯 달밖에 안 된 시점이었다. 안정화 시책의 핵심기조 가운데 하나는 개방이었다.

개방정책은 일부의 강한 저항과 견제를 받아야만 했다. 수입자유화 조치는 제자리걸음을 할 수밖에 없었다. 당시 제5차 5개년계획은 1980년대 말까지 우리나라의 수입자유화를 모두 끝내도록 하고 있었지만 제대로 진척이 될 수 없는 형편이었다. 정책만 나와 있지 구체적인 실행조치들이 이루어지지 않는 상황이었다.

상공부 차관으로 부임한 그의 핵심 임무는 품목별 수입자유화 일정을 확정하는 것이었다. 개방이라는 관점에서 보면 김기환 박사의 상공부 차관 부임은 호랑이굴 속으로 뛰어든 꼴이었다. 그런데도 불과 6개월 정도의 짧은 재임 기간에 수입자유화 예시제 대상품목들의 개방 일정표를 모두 작성하고 경제기획원 해외협력위원 기획단 단장으로 자리를 옮겼다.

해외협력위원회가 처음 발족한 것은 한국보다 뒤떨어진 후진국들을 돕겠다는 목적으로 그 업무를 담당하기 위해서였는데 시간이 지나면서 개방업무가 주업무처럼 돼 버렸다. 특히 상공부 장관이 맡아야 할 업무인 우루과이 라운드까지도 그의 일이 돼 버렸다. 김기환 박사는 이처럼 어디를 가나 개방과의 인연을 벗어나지 못했다.

김강정 1983년 10월 KDI 원장에서 상공부 차관으로 자리를 옮겨 1984년 봄까지 재임하셨는데요. 그때가 이른바 개방논쟁이 한창일 때였지 않습니까? 그 인사에 특별한 배경이라도 있었는지요?

김기환 배경은 아주 간단합니다. 1983년 10월 9일 아웅산 테러가 발생해 부총리와 상공부 장관 등 여러 각료들이 희생됐잖아요. 그래서 전두환 대통령이 버마에서 돌아오자마자 개각을 할 수밖에 없었죠. 그때 주변에서는 나에 대해 입각 기대들을 많이 했어요. 그러나 첫 발표에 내가 장관 명단에 빠져 있기에 잘됐다고 생각했습니다. 나는 KDI 원장 자리가 내 취향에 잘 맞는데다 이미 자리도 잘 잡아 KDI 원장직을 굉장히 즐기고 있던 상황이었거든요. 특히 KDI 원장을 할 때 대통령을 웬만한 장관들보다 훨씬 더 자주 뵀거든요. 장관 중에 대통령을 나보다 더 자주 보는 사람은 아마 부총리 정도밖에 없었을 겁니다. 그러니까 KDI 원장 자격으로 대통령을 만나면 그 자리에서 정책 건의할 기회가 많고 해서 정말 아주 좋았습니다.

그런데 불과 몇 시간 후에 상공부 차관으로 간다는 소식이 들어왔지 뭡니까. 너무 놀랐죠. 그래서 '내가 왜 상공부 차관으로 가지?'라고 생각하면서 속으로는 19개월 만에 KDI를 떠나는 것이 섭섭했습니다. 평소 같으면 그 자리에 안 가겠다고 그러겠는데 그런 비상상황에 그럴 수도 없었습니다. 그때 내가 그 상공부 차관으로 임명된 것은, 당시 주요 경제부처 장차관들은 외국을 잘 알고 외국어가 잘 통해야 통상외교를 제대로 할 수 있으니 될 수 있으면 그런 사람을 임명하자는 얘기들이 있었는데 그것과 관련이 있었던 것 같아요. 바로 그런 정책 때문에 당시 상공부 장관으로 있다가 아웅산 테러 때 희생된 김동휘[26] 씨도 외무부 차관에서 상공부 장관으로 발탁됐다고 할 수 있거든요. 특히 상공부는 외국하고 협상할 것도 많고 협의할 것도 많으니까 외국어를 할 수 있는 사람이 맡아야 된다는 것이 전 대통령의 확고한 생각이었어요. 그런 맥락에서 날 거기 갖다 놓은 것이죠. 그래서 어쨌든 나는 바로 비상 실무에 들어갔지요.

김강정 그때는 이미 정부 안팎에서 이른바 개방 전도사로 낙인(?) 찍힌 상태이고, 상공부는 개방에 대해 굉장히 저항이 컸던 부처였잖습니까? 그래서 그런 요소들이 고려된 인사라는 추측들이 많았거든요.

김기환 그렇죠. 아무래도 아무개를 데려다 놓으면 국제협상 같은 것을 더 잘할 것이라고 말이죠. 이래 가지고 날 차관으로⋯.

김강정 상공부 차관으로 부임하셔서 개방관련 업무를 직접 진두지휘할 수밖에 없는 상황이었을 것 같은데, 상공부 관료들의 반응이 어땠습니까?

---

26 김동휘(金東輝, 1932~1983): 경남 양산 출생. 서울대 정치학과 졸업. 외무부에서 구미국장, 경제차관보를 거쳐 1978년 주이란 대사일 때 호메이니 혁명으로 고립된 한국교민을 안전하게 철수시키는 공을 세웠고 1982년 상공부 장관으로 임명됐다. 1983년 10월 9일 버마에서 전두환 대통령 수행 중 아웅산 테러로 순직했다.

김기환 반발이 굉장히 많았죠. 그때가 제5차 5개년계획을 한창 집행하던 시점이었어요. 그 계획에 따르면 우리나라의 수입자유화는 어쨌든 80년대 말까지 다 끝내도록 돼 있었어요. 그런데도 이 작업이 제대로 진척이 안 되고 있는 거예요. 그러니까 제5차 5개년계획에 전체 스케줄만 나와 있을 뿐이고 실제 정책은 안 따라오는 상황이었다는 말이지요. 따라서 그게 전부 다 내 임무가 된 것입니다.

제일 급한 일 가운데 하나가 수입자유화를 제5차 5개년계획에 명시된 대로 상공부가 추진해야 하는 건데 그걸 안 하고 있었으니까요. 나로서는 어쨌든 연도별 수입자유화 계획을 차질 없이 잘 추진해서 1987년이나 1988년까지 가면 개방이 다 완료되도록 해야 했습니다. 처음에는 이런저런 원칙, 예컨대 수입 피해가 적은 것부터 하자거나, 경제 전체에 도움이 되는 것부터 하자는 등의 논의를 했는데 부하직원들은 자기 소관품목을 제외시키는 데만 신경 쓰고 있었어요. 그러다 보니까 수입자유화 기준이 사실상 아무 필요 없게 되는 상황이지 뭡니까. 모두들 자기 소관품목은 절대 개방 대상에 넣지 않으려고 심하게 반발했으니까요.

이러다간 아무것도 안 되겠다 싶더라고요. 그래서 국장, 차관보 등 간부들을 전부 모아 놓고 제5차 5개년계획에 나와 있는 개방목표에 맞추기 위해 개방대상 품목 리스트를 내놓도록 압박했습니다.

김강정 그때만 해도 개방하면 곧 망한다는 식의 피해의식도 매우 컸던 시대였지요.

김기환 내가 여러 번 회의를 주재하면서 몰아붙였습니다. 그런데도 시간만 자꾸 가고… . 도저히 안 되겠다 싶어 이미 만들어 놓은 기준들까지도 전부 옆으로 제쳐 놓고, "내년도 개방 목표를 채우려면 품목 수가 몇 개여야 한다. 그 품목 수를 채우기 전에는 아무도 퇴근 못한다", 이런 식으로 압력을 넣고 몰아붙이면서까지 작업을 강행했습니다.

당시 이런 일도 있었어요. 그 회의를 두 시간, 세 시간 하고 내 방에 돌아오면 잠시 쉴 틈도 없이 업계에서 전화가 오는 거예요, 개방대상 품목을 생산하는 업체지요. "아, 차관님. 그 품목 개방은 너무 이릅니다. 그러면 우리다 망합니다" 이런 식이었습니다. 그런 전화를 받고 나니까 저는 굉장히 화가 났지요. 아니, 어느 품목을 개방하자 말자 하는 것은 우리끼리 한 이야기인데 어떻게 회의가 끝나자마자 그 정보가 밖으로 새나가느냐 말입니다.

김강정 정보가 밖으로 샜다, 이거죠?

김기환 그렇게 볼 수밖에 없지요. 정부 일을 하는 국장들이 어쨌든 업자들에게 알려줬으니까 이런 일이 벌어진 것 아니겠어요. 그래서 내가 그 이튿날 출근해서 "어제 업자로부터 전화 받았는데 다시 그런 일이 생기면 당신들은 정부를 위해서 일하는 사람들이 아니라, 업계를 위해서만 일하는 사람으로 간주할 테니까 그렇게 알아라"고 호통쳤습니다. 그런 과정을 거쳐 수입자유화 예시제 대상품목들의 개방 일정표를 모두 작성한 뒤 그해 4월 다시 EPB로 돌아간 것입니다.

김강정 수입자유화 예시제 조치들을 취하면서 비관세 장벽제거에 대한 내부적 논의도 있었는지요?

김기환 그때도 얘기했죠. 수입자유화라는 것이 첫째로 중요한 것이 비관세 장벽이었어요. 그러니까 우리가 관세로 수입을 막는 것은 자유화가 됐다고 봤어요. 그때 우리가 높은 관세로 수입을 막긴 했지만, 이보다 더 수입을 막은 것은 웬만한 상품은 모두 수입승인 품목에 들어가 있었던 것이었어요. 그런 비관세장벽을 없애는 게 관세율을 낮추는 것보다도 더 시급한 일이었지요.

김강정 그때를 되돌아보면, 시장개방과 관련한 업무를 추진하는 데 정부 안의 벽도 높았겠지만, 미국에서 오래 살았다는 이유로 CIA 첩자라는 모략은 물론 심지어 매국노라는 비난까지 들으셨는데 참 괴로웠겠습니다.

김기환 물론입니다. 매우 심했었다고 생각합니다.

김강정 상공부 차관으로 일하시면서 가장 힘들었던 고비나 가장 큰 보람을 느꼈던 기억은 어떤 것들입니까?

김기환 아까 이야기한 대로 내가 3월 말에 경제기획원 해외협력위원회 기획단장으로 가기 전까지 수입자유화 예시제 계획을 다 마무리한 것과 관련이 있습니다. 사실 내가 상공부에서 유일하게 한 일이 바로 그것이었습니다. 상공부에는 나 같은 적극적 개방주의자가 와서 일한 적이 한 번도 없었는데, 김 아무개가 와서 같이 일해 보니까 생각이 많이 달랐지만 그것도 일리가 있더라는 정도까지 상공부 사람들이 설득된 것 같았다는 것이지요.

김강정 그 자체만으로 큰 변화 아닙니까?

김기환 그래요. 그 후, 심지어 요새도 당시 상공부의 어떤 국장은 "그때 김 차관님 덕택에 우리가 새로운 것을 많이 깨우쳤다"고 말합니다. 그때 상공부 사람들은 완전 개방하면 우리 제조업, 산업이 모두 죽는 걸로만 알았거든요. 그분들은 주로 1970년대에 일을 많이 한 사람들인데, 그때는 우리나라가 중화학공업 발전을 위해 보호주의 정책을 취했던 시기지요. 그러니까 중화학공업 관련 제품은 무조건 수입을 금지시켰거든요. 여기에 해당 업계는 자꾸 "보호해 달라, 우리는 아직 멀었다, 경쟁력이 없어 지금 개방하면 다 죽는다, 풀더라도 장기적으로 해야 한다"고 아우성치는 상황이었거든요.

나는 우리 경제를 위해서도 풀어야 되지만, 그에 더해 미국이 가만히 안 있을 것이라고 설득했습니다. 사실 미국이 그때 외국과 여러 가지로 무역마찰을 일으켰고, 실제로 이와 관련된 사건들이 1983년 가을부터 일어나기 시작했습니다. 결국 개방은 우리 국익을 위해서도 해야 되고, 우리의 가장 큰 수출시장인 미국이 우리한테 계속 압력을 넣고 있으니까 어차피 할 수밖에 없다는 논리로 설명했어요. 그래서 내가 상공부를 떠날 때는 개방에 대한 인식이 상당히 확산된 상태였습니다.

사실 지금 와서 생각해 보면 그게 얼마나 다행스럽고 중요한 일이었는지 새삼 절감하게 됩니다. 1980년대 중반 들어 더욱 거세게 몰아쳤던 미국 등 선진국들의 시장개방 압력의 예봉을 피할 수 있었으니까요.

김강정 어떤 의미인지 조금 자세히 설명해 주시겠습니까?

김기환 그렇지 않습니까. 우리가 수입자유화계획을 미리 만들어 발표해 놓으니까 미국 등 선진국들이 시장개방 압력을 넣으려 해도 명분이 부족한 것이에요. 언제 어떤 품목을 개방하겠다고 구체적으로 적시를 해 놓으니까 '당장 시장을 열어라' 하고 얘기하기 어렵지요.

그런가 하면 우리는 우리대로 이렇게 얘기했지요. "당신들이 관심을 갖고 있는 품목들은 1~3년만 있으면 전부 개방되는데 뭘 걱정하느냐." 도리어 큰소리를 친 셈입니다.

말하자면 시장개방의 예봉을 피하고 합리적 대응이 가능했다는 얘기입니다. 물론 그러다 보니까 미국이나 유럽 국가들은 우리나라 제조업 시장에 대해 개방 여부보다는 불공정거래행위가 많다는, 그리고 서비스와 농산품 시장이 아직 열려 있지 못한 것 아니냐는 식으로 압력을 가해왔습니다. 만약 그 예시계획마저 없었더라면 개방과 무역마찰에서 우리가 더 큰 곤욕을 치렀겠지요.

김강정 그때 개방정책 추진과정에서 EPB와 상공부가 첨예하게 대립했고 산하 연구기관인 KDI와 산업연구원도 심한 대리전을 폈던 것으로 기억합니다. 산업연구원의 뿌리인 국제경제연구원 출신이었기 때문에 입장이 더 난처하시지는 않았는지요?

김기환 물론 그랬습니다. 그때 그 대리전의 최전방 지휘관 역할을 한 사람이 KDI 양수길[27] 박사였습니다. 내가 KDI 원장으로 부임하자마자 양수길 박사에게 개방계획이 제일 중점과제이니 먼저 이 작업을 해 달라고 부탁했습니

---

27 양수길(楊琇吉, 1943~): 서울 출생. 서울대 화공과를 졸업하고, 미국 존스홉킨스대학에서 경제학 박사학위를 취득하였다. KDI 선임연구위원을 거쳐 교통개발연구원(KOTI) 원장, 대외경제정책연구원(KIEP) 원장, 주 OECD 대표부 대사, 한국태평양경제협력위원회(KOPEC) 회장, 국가경영전략연구원(NSI) 원장, 녹색성장위원회 민간위원장 등을 역임했다.

다. 개방에 대해서는 양 박사 자신이 누구보다 더 적극적인 입장이었으니까 굉장히 열심히 준비작업을 했어요. 그래서 양 박사가 누구보다 더 많은 고통을 겪었고 물리적 피해랄까 하는 것도 겪었습니다.

김강정 그때 그런 상황들은 언론에도 보도가 많이 되었고 대통령도 훤히 다 들여다보고 있었을 것 아닙니까? 대통령이 그런 논쟁이나 양 부처 간의 대립 상태가 지속될 때 특별한 언급이 없었는가요?

김기환 직접 개입은 없었어요. 그렇지만 내가 하고 있는 것, 당시 신병현 부총리가 하는 것, 김재익 경제수석이 청와대에서 지휘하는 것, 이런 것들을 모두 다 알고 계셨지요. 그리고 영어로 말하면 'moral support'를 했었죠. 그러니까 나도 믿는 데가 있으니까 더 적극적으로 일할 수 있었지요.

김강정 중대한 정책결정이나 정책기조 변화를 추진할 때는 언론의 역할이 굉장히 중요하다고 생각하는데, 그때 개방관련 정책을 추진하면서 홍보와 관련하여 특별히 기억에 남는 일은 어떤 것입니까?

김기환 개방과 관련해서는 당시 신문을 읽을 때마다 거의 매일 비판이 있었지요. 개방 추진속도가 너무 빠르다느니 등 말입니다. 어떤 사람들은 이런 이야기를 했어요. "원칙은 맞는데 현실이라는 게 있지 않냐, 한국의 특수한 현실이 있지 않느냐", 내가 "한국의 현실을 너무 모른다"는 식이었습니다.

김강정 그러니까 언론을 최대한 우군으로 활용하는 게 매우 중요하다는 생각이 들거든요. 어차피 정부가 하는 일은 언론을 통해 국민에게 그 메시지가 전달될 수밖에 없지 않습니까?

김기환 그런 점을 항상 느꼈지요. 그러나 처음에는 언론을 부분적으로만 접근했어요. 그러다가 이래서는 안 되겠다는 생각이 들어 정부가 경제교육이라는 프로그램을 시작했던 것입니다. 아예 청와대가 직접 경제 프로그램에 큰 관심을 갖고 추진했습니다. 예를 들면 이계익[28] 씨 같은 분은 KBS에서 경제교육 프로그램을 직접 전담했지요. 누구나 쉽게 이해할 수 있게 경제교육 프로그램을 방송함으로써 개방에 대한 이해와 호응도를 높였습니다. 그런 것이 크게 기여했어요. 나는 그때 '정말 언론의 힘이 세구나'라고 느꼈습니다. 그래서 언제라도 언론과 협조해서 일해야겠다고 다짐했습니다. KDI 원장 때도 중요한 일 가운데 하나가 바로 그것이기도 했고요. 언론인들을 초청해서 주말에 서울을 벗어나 한 이틀씩 열띤 토론을 하고, 또 오후에는 운동도 좀 하고 돌아오는 그런 토론모임을 굉장히 자주 했었어요.

김강정 아까 말씀하신 대로 1980년대 들어 미국의 개방압력이 높아지기 시작했습니다. 당시 우리의 개방 노력이 미국의 그런 움직임과 직접적 관련이 있는 것인지, 아니면 우리의 독자적 판단에 의한 건지 궁금합니다.

김기환 그것은 상당히 독자적인 판단에 따라한 것이었습니다. 그때 미국이 우리한테 압력을 가하기 시작한 배경은 이랬습니다. 레이건 대통령이 1981년에 취임하면서 시장을 더 존중해야 하고 그것을 위해서는 인플레를 잡아야 한다고 했거든요. 그런데 그때 한국도 이미 같은 기조의 정책을 채택하고 있었단 말입니다. 오히려 우리가 미국보다 한 해 먼저 1980년부터 강력히 시행한 것이지요. 그것이 바로 1979년에 발표된 안정화 시책이었습니다. 그래서 우리는 물가를 아주 빨리 잡아 버렸지요. 그때도 물가와 환율 사이에 밀접한 관계가 있었습니다. 무슨 얘기냐 하면 우리가 물가를 먼저 빨리 잡다 보니까 결과적으로 우리 원화가 달러에 대해 사실상 저평가되어 있었습니다. 그때부터 우리 수출은 자꾸 늘기 시작했는데, 미국은 아직도 달러 가치가 높다 보니까 수입이 늘어 죽겠다는 것이었지요.

미국이 처음에는 대미무역 흑자가 큰 일본을 상대로 압력을 가하기 시작했습니다. 일본이 개방을 안 하면서 오히려 엔화가치를 떨어뜨려 놓고 있으니

---

28 이계익 (李啓謐, 1937~): 〈동아일보〉 기자를 거쳐 KBS 해설주간 (1981~1984)으로 일할 때 경제교육 프로그램을 제작, 방송했다. 그 후 한국관광공사 사장, 제 37대 교통부 장관, 〈문화일보〉 부사장, 〈디지털타임스〉 사장 등을 지냈다.

까 말이지요. 그러다 이번에는 한국이 또 일본 같이 할 거라고 생각하기 시작했지요. 말하자면, 한국을 "Another Japan"으로 보는 시각이 굉장히 강했습니다. 그러나 일본의 경험에서 보니까 그냥 말로는 해결이 안 되니까 행동해야겠다고 판단한 것입니다. 그래서 「슈퍼 301조」(Super 301) 같은 것을 전부 발동하기 시작한 것입니다.

김강정 개방과 관련하여 궁금한 게 있는데요. 다름이 아니라 철저한 개방론자가 된 것과 미국 유학시절 공부와 어떤 상관관계가 있는가 하는 것입니다. 미국 유학시절 처음에는 역사를 공부하시다가 나중에 경제학으로 전공을 바꾸신 것으로 알고 있는데, 혹시 그런 과정에서 특별히 개방의 중요성을 깨달았거나 그런 신념을 확고하게 다지게 된 계기가 있었던 것은 아닌지요?

김기환 그랬습니다. 그때 우리 세대만 하더라도, 왜 한국이 이렇게 지지리 못살고 국제사회에서 대우를 못 받는가에 대해서 늘 굉장히 마음 아프게 생각을 했었죠. 그리고 내가 미국에서 유학생활을 할 때도 어떤 때는 한국 사람이라는 것이 창피한 경우가 많았다고요. 왜냐하면 〈뉴욕타임스〉에 한국에 대한 기사가 나오면 항상 어둡고 고약한 내용들이었거든요. 6·25 전쟁을 겪은 직후라 당시 한국에 대한 관심이 다른 개발도상국들에 비해 높았기 때문인지 한국에서 무슨 사건이 일어나면 〈뉴욕타임스〉를 비롯한 미국 신문들이 너도나도 다루었거든요. 문제는 그 보도 내용들이 한국을 늘 대표적 후진국으로 묘사했다는 것이지요.

　나는 어쨌든 6·25 전쟁에 참전하고 미국으로 갔으니까 우리 조국을 발전시키는 사람이 되어야겠다는 꿈과 욕망이 굉장히 강했지요. 그러다 미국 역사라든지 유럽 역사 같은 것을 배우면서 내 나름대로 '아, 한국이 이렇게 후진국으로 처진 것, 국제사회에서 지위가 떨어진 것, 이것이 결국 개방을 안했기 때문'이라고 인식하게 됐지요. 그전에는 나도 다른 사람처럼 막연하게 '한국이 이렇게 뒤처진 것은 한국 역사나 문화 자체에 문제가 있다'는 식의 생각을 했었지요. 또는 '한국 사람은 선천적으로 DNA가 좀 다르기 때문인가 보다'라는 생각이 들기도 했고요

김강정 툭하면 '엽전'29이니 하는 식의 자조적 표현을 쓰던 시절도 있었지요.

김기환 그런데 나중에 역사를 더 공부하고 경제학을 더 공부하면서 한국이 망한 것이 개방사회가 아니었기 때문이라는 인식을 확실히 하게 됐고 그때부터 그것이 하나의 신념이 되었지요. 신라문화가 왜 그렇게 찬란했는가. 신라가 개방된 사회였기 때문에 지금의 중앙아시아까지 그 영향력을 떨친 것이 아닌가. 그리고 고려가 고려자기 같은 것을 만들어낸 것도 역시 개방의 힘이 아닐까 생각했어요. 특히 고려를 세운 왕건이 우리 역사에 등장하는 역대 왕 가운데 처음으로 상인(商人) 출신이었다는 점도 고려의 개방정책과 연관이 있을 것이라고 생각하게 됐지요.

그런데도 우리 역사가들은 그 당시 지배세력의 생각이 대외 지향적이어서 그렇게 됐다는 점을 별로 강조하지 않았거든요. 조선왕조가 왜 그렇게 당파 싸움으로 국력을 쇠퇴시켰나, 이것도 따지고 보면 개방하지 않았기 때문이라고 봅니다. 개방을 안 하니까 경제가 발전할 수 없었던 것이지요. 개방을 안 하니까 특화도 안 되고 또 이른바 경제규모도 활용 못하고, 그리고 개방이 안 되니까 기술도 발전이 안 된 겁니다. 그러니까 경제가 침체되고, 자연스럽게 모든 사람들과의 게임이 경제학적으로 말하면 제로섬으로 되는 것이요. 여기서 나는 우리가 안고 있는 가장 큰 문제가 개방이 안 된 것이라고 확신하게 되었지요.

그래서 나는 한국으로 돌아와서 이런 생각들을 신문에 기고한 적도 있어요. 또 1980년 언제인가 국내 정치학자들이 회의하는 자리에서도 "우리가 개방을 안 해서 경제발전이 안 되고 있다. 앞으로 한국이 발전하려면 아시아에서 일종의 무역 중심지가 되어야 되겠다. 우리가 장보고 같은 스타일로 했다면 지금쯤 엄청나게 달라져 있을 것이다. 옛날에 신라가 한참 번성할 때에는 지금으로 말하면 황해 그 일대, 중국으로 보면 동쪽, 그쪽에 여기저기 신라방30이

---

29 엽전(葉錢): 우리나라 사람이 스스로 자신을 경멸하는 투로 이르는 말. 우리나라 사람들이 쓰기 편리한 지폐가 나왔는데도 옛날에 쓰던 엽전 사용을 계속 고집했다는 이야기에서 유래한 말로 아직 봉건적 인습에서 탈피하지 못했음을 빗대어 표현한 것이다. 일제 강점기 때 일본인과 친일파들이 우리 민족이 열등함을 강조함으로써 일제의 지배가 정당한 것처럼 꾸미기 위해 의도적으로 퍼뜨린 말이라는 설도 있다.

있었다. 이것이 다 그 시대에 이미 굉장히 국제화를 이루었기 때문이었고 그래서 문화가 발전할 수 있었다. 그러나 조선왕조는 그러지 않았기 때문에 국력을 키울 수 없었다"는 요지의 주장을 한 바 있지요.

해외협력기획단의 개방창구 역할과 우루과이 라운드

김강정 상공부 차관을 6개월 정도 짧게 하시면서 수입자유화를 위해 애쓰시다가 경제기획원 해외협력위원회 기획단 단장으로 자리를 옮기셨는데 특별한 배경이 있는지요?

김기환 역시 개방과 관련된 것이라고 할 수 있지요. 해외협력위원회 기획단이 처음에는 개방에 앞장서라고 만들어진 조직이 아니었습니다. 아프리카 국가들과 정상회담을 하다 보니까 우리도 이제 후진국들의 경제발전에 조금이라도 도움을 줘야겠다는 생각을 하게 됐고, 그런 업무를 담당하는 부서로 해외협력위원회를 만든 것이었습니다.

그런데 1983년부터 미국의 통상개방 압력이 시작되면서 해외협력위원회에 이런 문제들에 대한 해결책을 요구하는 요청이나 압력이 밀려온 거예요. 이렇게 된 이유는 간단하지요. 해외협력위원회가 생기기 전에는 경제관련 대외업무가 경제기획원 경제협력국 소관이었는데 이 업무들이 모두 재무부로 넘어가니까 곳곳에서 문제가 생기기 시작한 것입니다. 외국 기업인들의 애로나 고충이 잘 해결되지 않았던 것이죠. 외국 기업인들이 재무부를 찾아가 한국이 시장을 개방했다고는 하지만 실제 현장에서는 해당 품목의 통관이 잘 안 된다는 식의 불평이나 하소연을 해도 EPB 때와는 달리 문제가 빨리 풀리지 않더라는 것입니다. 당시 재무부는 개방에 대한 마인드가 EPB보다는 부족했기 때문에 외국 기업인들의 말이 잘 먹혀들지 않았던 것이지요.

이렇게 되니까 외국 기업들이 전에 하던 대로 다시 EPB를 자꾸 찾아오기 시작했던 것입니다. 마침 해외협력위원회라는 이름의 부서가 새로 생겼으니

30 신라방(新羅坊): 통일신라 때 당나라에 설치한 신라인의 거주지로 중국을 왕래하는 상인과 유학승 등이 모여 자치적 성격의 동네를 이룬 것이다.

까 자연스럽게 여기로 찾아온 것이지요. EPB가 외국인 투자와 관련된 문제에 대한 업무는 이미 모두 재무부로 넘겼다고 설명하면, 해외협력기획단장이 있지 않느냐며 도움을 요청하는 식이었습니다. 그러면서 자꾸 문제를 해결해 달라고 EPB에 매달리는 것이었습니다. 특히 1983년 가을부터 외국 기업들이 EPB를 찾아와 진정하고 탄원하는 경우가 많았습니다.

청와대가 생각하기에 이런 상황에 적극 대처하기 위해서는 내가 그 일을 맡는 것이 좋겠다는 판단을 한 것 같았습니다. 그러니까 상공부에서 상품 수입자유화 일을 하는 것도 중요하지만 이제 그 과제가 웬만큼 마무리됐으니까 이런 문제들을 해결하려면 내가 자리를 옮기는 것이 좋겠다고 생각하게 되었다는 얘기입니다. 그래서 EPB로 자리를 옮겨 해외협력기획단장을 맡으라고 한 것입니다. 다시 말하면 상공부 때는 공산품 수입개방만 하면 됐는데, 투자개방, 농산물시장 개방, 서비스시장 개방 등의 더 복잡한 업무가 제대로 진행이 안 되니까 나를 그쪽으로 옮긴 거라고 할 수 있지요.

김강정 실제로 무역마찰 등에 대응하는 개방정책 추진 과정에서 어떤 역할을 어느 정도 하셨습니까?

김기환 미국의 시장개방 압력이 무척 거셌습니다. 당시에 미국은 무역적자가 늘어나고 세계경기도 부진을 면치 못하는 상황이 지속됐지요. 그러다 보니까 미국 등 선진국들의 신보호주의가 기승을 부리기 시작했어요. 무역 상대국들에 대해 덤핑판정이나 불공정거래행위 등으로 무역보복을 하는 등 시장개방 압력을 거칠게 구사했지요. 우리라고 예외일 수는 없었습니다. 미국은 컬러 TV에서부터 담배, 보험, 농산물, 지적재산권 등 갖가지 분야에서 시장개방과 불공정행위 근절을 요구했습니다.

그러다 보니 본 업무가 아닌데도 해외협력위원회도 그러한 개방압력의 여파에 어떻게 대처할지 고민할 수밖에 없었지요.

당시의 여러 가지 일 중에 한 가지 생각나는 것은 담배시장 개방과 관련된 것인데, 정부조직의 일부인 전매청을 공사(公社) 체제로 바꾸고 궁극적으로는 민영화를 하자는 합의를 이끌어냈던 것입니다. 1985년 봄으로 기억됩니다만

| 양담배 시판(1986.9.1)
미국의 시장개방 압력에 따라 수입된 양담배가
1986년 9월 1일부터 국내에서 지정 소매소를 통해 시판을 시작했다.

당시 미국의 담배시장 개방압력이 거셌어요. 미국 행정부 관리뿐만 아니라 국회의원들도 집단적으로 한국에 오는 정도였습니다. 특히 '양담배'를 피우는 게 한국에서는 범죄행위로 처벌받게 돼 있었는데 그런 나라는 지구상에 한국밖에 없다는 미국의 지적에 대해서는 마땅히 할 말이 없었습니다.

따라서 어떤 식으로든 대처해야 하겠는데 나는 근본적으로 민영화시키는 것이 좋겠다는 생각을 가졌지요.

우선 공무원들이 담배를 제조해서 판다는 것 자체가 비정상적인 일일 뿐만 아니라 공무원들이 만들고 있으니 그 품질이나 서비스 같은 것들이 엉망일 것은 물어보나 마나였지요.

그래서 1985년 4월쯤으로 기억됩니다만 내가 당시 신병현 부총리를 모시고 효자동에 소재한 안가에 가서 사공일 경제수석과 만나 전매청을 우선 공사화시키고 종국에는 민영화시키자고 제안하고 이에 대해 합의를 이끌어냈습니다.

당시에 주무부처인 재무부나 전매청 당사자들은 기를 쓰고 반대했지요. 심지어 그런 정책을 내가 제안한 것으로 알고 있는 사람들은 어떻게 하려고 그런 일을 벌이느냐고 걱정해 주는 정도였습니다.

물론 그 후에 대통령의 재가를 얻어 관련부처에서 추진했습니다만 이것이 공기업 민영화의 모범적 사례가 됐지 않았나 싶어 전환기 경제정책으로서 큰 의미가 있다고 생각했습니다.

결국 1987년 10월에 한국담배인삼공사로 바뀌었고, 그 후 10년 뒤인 1997년 10월에 KT&G 주식회사로 바뀌어 주식을 민간에 매각하기 시작했습니다. 그래서 완전히 민영화된 것은 2001년이지요.

우리 집안은 5대째 대대로 담배를 전혀 피우지 않고 있습니다만 담배회사 민영화 인연 때문인지 나는 1997년 처음으로 민영화가 되던 KT&G의 초대 이사장을 맡기도 했습니다.

어쨌든 미국에 대해서는 1985년 5월 워싱턴에서 열린 한미경제협의회에서 담배시장 개방을 약속했는데 사전에 이런 민영화 방침과 정책대안을 확정했기 때문에 자신 있게 대응할 수 있었던 것입니다.

사실 해외협력위원회는 앞서 얘기했지만 대통령의 아프리카 순방에 따른 후속조치를 추진하기 위해 설립된 조직이었는데 어찌하다 이런 업무까지 다루게 됐지요.

김강정 우루과이 라운드가 출범한 시기와 맞아떨어져서 그와 관련한 역할도 하셨을 것 같은데요?

김기환 물론이지요. 아예 우루과이 라운드가 해외협력위원회의 주업무 가운데 하나가 돼 버렸습니다. 그 배경을 좀 설명하지요. 사실 우루과이 라운드는 전통적으로 말하면 해외협력위원회 기획단장 일이 아니었습니다. 상공부 장관의 일이지요. 그런데 왜 그게 내 일이 되었느냐 하면, 두 가지 이유가 있었습니다. 우선, 우루과이 라운드에서 취급된 시장개방이 공산품 교역에 한정된 것이 아니었지요. 농산물 시장개방도 포함되었고, 상공부와 상관이 없는 여러 서비스 분야도 협상 대상이겠지요. 그러니까 모든 경제부처에 정책을 조율하는 것은 기획원 일이 될 수밖에 없었지요.

또 하나는 저 개인의 배경과 관련이 있습니다. 내가 KDI 원장을 하고 있을 때의 일과 관련이 있어요. 그 당시 우루과이 라운드를 출범시키려고 비정부단체로서 전 세계적으로 역할을 많이 한 게 영국무역정책연구소(TPRC: Trade Policy Research Center)라는 순수 민간단체였어요. 내가 KDI 원장으로 있을 때, 그게 아마 1983년 여름쯤 됐을 건데 그 연구소의 코벳(Hugh Corbet) 소장이 날 찾아왔어요. 그 사람 말이 지금 세계무역기구와 제도를 이렇게 놔두면 보호주의가 심각해질 것이고 그렇게 되면 결국 제일 희생되는 게 대외경제 발전을 지향하는 한국이 아니겠느냐는 것이었죠. 그러니까 이런 새로운 라운드를 출범시키는 데 한국이 역할을 좀 해 달라는 것이었습니다.

그때 난 그렇지 않아도 그런 것을 한국이 해야 한다고 많이 이야기하던 사람이었으니까, 당연히 크게 환영했지요. 내가 해야 할 역할이 뭔가를 물었어요. 그랬더니 지금 비공식 국제통상장관회의를 여러 곳에서 개최하는데, 거기에 아예 직접 나오라는 거예요. 그래서 내가 장관도 아닌데 장관회의에 참석할 수 없다고 하자, 전문가로 회의에 나오면 된다는 것이었습니다. 그러니까 이런 과정을 거치면서 국제사회에서 미국과 유럽이 우루과이 라운드를 시작하려는 것에 대해 국내에서는 내가 가장 먼저 정확히 이해했다고 할 수 있지요. 그 후 그 비공식 장관회의에 한두 번 가 보았어요. 가서 보니까 국제사회에 이런 여론을 일으키기 위해서는 여러 나라가 돌아가면서 회의해야 하는데, 그 회의비용은 주최하는 나라가 부담해야 된다는 것이었어요. 그래서 한국도 한번 회의를 주최하겠다고 제안했습니다. 당시 내가 판단하기에 한국에서 회의를 주최하는 것 그 자체도 의미가 있지만, 선진국 무역담당 장관들이 한꺼번에 10여 명씩 한국에 오면 이 사람들과 대화할 수 있고, 그러면 우리 입장을 이해시키는 데도 도움이 될 수 있어 좋겠다고 생각한 것입니다.

KDI를 떠나기 전에 당시 부총리에게 이런 회의를 한국에서 한번 하는 게 좋겠다고 건의했어요. 예산만 주면 KDI가 다 알아서 하겠다고 했더니 기꺼이 예산을 배정해 주었지요. 그래서 1984년에 KDI와 TPRC 회의가 이 회의를 주관하였고, 회의는 신라호텔에서 했어요. 그때는 내가 KDI를 떠나 상공부에 가 있었지만 그 행사가 빛이 났지요. 그때만 해도 요새와 달라서 한국에 외국 장관 10여 명이 동시에 찾아오는 일이 별로 없었거든요. 그렇지 않아도 USTR과는 이야기하고 싶어도 못 만나서 탈인데 서울까지 직접 찾아와 주니까 그 사람들과 직접 얘기할 수 있어 좋았지요. 그러다 보니까 자연스럽게 우루과이 라운드에 대해 정부 내에서 내가 제일 먼저 알게 된 것이었지요.

　그리고 또 초기에 비공식회의가 영국이나 독일에서 열릴 때 내가 나갔고요. 그 회의에 참석한 것은 내가 그 일을 하겠다고 나선 게 아니라 KDI를 떠난 후 정부에서 일하면서 마침 해외협력기획단장으로 있으니까 내 앞으로 회의 참석 통보가 왔던 것이고, 한국에서도 꼭 참석하면 좋겠는데 기왕이면 당신이 오면 어떠냐고 해서 그렇게 돼 버린 것이었습니다. 우루과이 라운드 출범을 위한 회의가 여러 번 열렸는데 그 중에 내가 몇 번을 한국 정부 대표로 갔다 왔어요. 그러다 보니 그게 또 문제가 됐어요. 해외협력기획단장이 뭔데 상공부 소관업무인 무역자유화 국제회의에 참석하느냐는 것이었지요.

김강정　말하자면 왜 남의 업무영역을 침범하느냐는 거군요.

김기환　그러다 보니까 미국으로서는 한국이 우루과이 라운드 회의에 적극적으로 참여하는 것을 보고 놀랄 수밖에 없었지요. 그도 그럴 것이 한국은 1970년대에 보호주의 정책을 많이 취했기 때문이지요. 그러니까 한국이 개방한다, 무역 자유화한다고 말해도 긴가민가했는데 새로운 다자간 무역협상 개시를 위해 국제여론을 형성하는 과정에서 나나 다른 한국 대표가 비공식회의에 참석해 이야기하는 것을 보니까 한국이 아주 신기하게 협조를 잘해준다는 것이었지요.

　그러면서 한번은 독일에서 회의가 있을 때인데, 그때 미국에서는 USTR 대표와 부대표가 왔더라고요. 그 사람들이 저녁식사 자리에서 나에게 한국이 이렇게 적극적으로 새로운 라운드 준비에 참여해 주니 고맙다면서 미국이 풀어줄 양국 간 현안이 뭐 없느냐고 먼저 묻기까지 했지요(웃음).

김강정　1986년 우루과이 라운드 출범과 관련해서 일부 전문가는 미국이 국제적으로 여러 가지로 몰리는 상황에서 자기들의 경쟁력이 강한 농업과 서비스 부문을 내세워 세계경제 주도권을 잡으려는 술책이라는 비판이 있었는데 실제로 그런가요?

512

김기환 어느 정도 맞는 얘기예요. 사실은 그때까지 GATT,[31] 이것은 나중에 WTO[32]로 명명됐지만, 케네디라운드, 딜런라운드, 도쿄라운드 등 모두 다 미국이 앞장서서 한 것이었습니다. 냉전이 진행되는 동안은 미국의 말발이 먹혔거든요. 그러니까 그때는 라운드 같은 것 한번 합의해서 시작하면 1년 반, 2년이면 쉽게 끝나 버렸거든요. 그런데 우루과이 라운드는 냉전이 끝날 무렵이니까 상황이 많이 달라진 것이지요.

김강정 우리는 농업이 매우 취약했지요. 그런 면에서 부담이 크지 않았습니까?

김기환 그렇지요. 그렇지만 그때 부총리나 나나 우리가 더 발전하려면 희생할 것은 좀 해야 된다는 각오는 되어 있었어요.

김강정 그런데 막바지에 우리 수석대표를 농림수산부 장관으로 교체했는데, 이렇게 농업시장 개방을 전적으로 반대하는 사람이 수석대표를 맡았다는 것은 한국이 기존 입장을 확 바꾸겠다는 선언이나 마찬가지 아니었나요?

김기환 그래요. 많이 바뀌어 버렸죠. 여러 차례의 회의를 거듭하다가 1985년쯤 새로운 GATT 라운드를 출범시켜도 되겠다고 판단해 언제 어디서 출범할 거냐는 논의가 있었어요. 그때 내가 한국에서 하자고 제안하면서 이름도 '서울라운드'로 하자고 말한 적이 있었어요. 대외적으로 우리가 무역자유화에 적극적이라는 것을 알리는 효과도 크고, 국민도 무역자유화에 대해 인식이

---

31 관세와 무역에 관한 일반협정(GATT: General Agreement on Tariffs and Trade): 관세장벽과 수출입 제한을 제거하고, 국제무역과 물자교류를 증진시키기 위해 1947년 제네바에서 미국 등 23개국이 조인한 국제무역협정으로 1948년부터 발효됐다. 1964~1967년 케네디라운드를 통해 평균 35%의 관세 인하, 1973~1979년 도쿄라운드에서 평균 33%의 관세 인하 등의 성과를 이뤘다. 1994년 12월 6일 막을 내린 GATT는 창설 이래 제네바라운드 · 안시라운드 · 토키라운드 · 딜런라운드 · 케네디라운드 · 도쿄라운드 · 우루과이 라운드 등 지속적으로 다자간 무역협상을 이끌어냈다.

32 세계무역기구(WTO: World Trade Organization): 1994년 4월 우루과이 라운드 협상을 마무리하면서 우루과이 라운드 협상결과의 준수여부를 감시할 장치로 1995년 1월 출범한 국제기구로 1947년 이래 국제무역 질서를 규율해 오던 GATT 체제를 대신하게 됐다. WTO는 무역분쟁 조정, 관세인하 요구, 반덤핑 규제 등 막강한 법적 권한과 구속력을 갖고 있다.

달라질 것이라고 판단했던 것이지요.

내가 이런 의견을 사공일 경제수석이 합석한 자리에서 대통령께 말씀을 드려 구두 승인을 받았어요. 이런 것을 하면 "앞으로 국제사회에서 한국의 지위가 훨씬 좋아질 것입니다, 서울에서 하면 이름도 서울라운드가 됩니다"라고 설명했어요. 그래서 좋다는 승낙을 받아 놓은 것이지요. 그래서 난 속으로 잘됐다고 생각했던 것입니다.

그 후 문제가 된 것은 이런 것들을 서류로 작성해서 대통령 결재를 받아 놨어야 하는데 그렇지 못하고 구두로만 한 것이었어요. 어느 날 해외출장을 갔다 오니까 사공 수석이 내가 국내에 없는 동안에 그 결정이 번복됐다고 하는 거예요. 이유를 물어보니까 자기도 몰랐는데, 어느 날 당시 노신영[33] 국무총리가 한국에서 무역자유화 라운드 같은 것이 출범되면 "정치적으로 대통령께 너무 큰 부담이 된다. 잘못하면 민란(民亂)이 일어날 수도 있다"고 말했다는 거예요. 이 말에 전두환 대통령이 번의(飜意)해 버렸다는 것입니다. 나는 속으로 굉장히 안타까웠지요.

김강정 입장이 매우 난처하셨겠네요?

김기환 물론이지요. 서울 신라호텔에서 1986년 초여름에 비공식 통상장관회의를 가졌을 때 미국이 우리한테 기대한 것은 우리가 그전에 이야기한 대로 그해 가을에 서울에서 정식으로 통상장관회의를 하는 것이었어요. 통상장관회의가 라운드를 출범시키는 것이었거든요. 그런데 어느 날 여행을 다녀오니까 모든 것이 뒤집어져 버렸으니 안타까울 수밖에 없었죠, 그렇다고 그것을 가지고 내가 시끄럽게 할 수도 없고 말이지 … . 그냥 속으로만 굉장히 아쉬웠지요. 서울라운드는 이렇게 해서 마지막 순간에 모두 물거품이 되고 말았던 것입니다.

---

33 노신영(盧信永, 1930~): 평남 강서 출생. 서울대 법학과 졸업. 외무부에서 공직생활을 시작해 기획관리실장, 주제네바대표부 대사 등을 거쳐 1980년 외무부 장관에 이어 12대 국가안전기획부 부장, 18대 국무총리(1985~1987)를 역임했다.

514

김강정 그러면 서울에서 열릴 예정이던 통상장관회의는 어떻게 됐습니까?

김기환 서울에서는 1986년 5월 말에서 6월 초에 비공식 통상장관회의가 열렸는데 나는 그때 정부를 떠난 지 수개월 되었어요. 그런데 서울에서 중요한 통상장관회의가 열리기 때문에 주최국인 한국이 회의의 의장역할을 맡아야 하는데, 청와대에서는 이를 제대로 해낼 수 있는 사람은 김기환뿐이라고 생각해서 그런 역할을 하도록 회의기간 동안 내게 대사직을 부여했어요. 그때 제 개인적 입장은 매우 어려웠습니다. 현직 상공부 장관이 있는 마당에 그런 역할을 공동으로 한다는 게 부담스러웠지요. 게다가 다른 나라들은 그 회의에서 한국이 다음 뉴라운드를 선포할 것으로 기대했는데, 그러지도 못하는 상황에서 공동의장으로 사회를 본다는 것이 매우 어려웠습니다. 그러나 어차피 할 수밖에 없는 책무라 생각하고 무난하게 공동으로 사회를 보고 회의를 마쳤습니다.

  이때 한국이 다음 라운드를 출범시키는 역할을 할 수 없게 된 것을 먼저 알아차린 우루과이 외무장관이 자기 나라가 그런 역할을 하겠다고 제안했지요. 그래서 서울라운드가 될 뻔한 뉴라운드가 우루과이 라운드가 돼 버린 것입니다. 그 후 노태우 대통령 정부가 들어왔는데, 그때부터 우리 정부 대표들이 브뤼셀 같은 데서 열린 우루과이 라운드 회의에서 이상한 발언과 입장을 많이 취했지요. 그러다가 우루과이 라운드가 마지막 타결된 것은 결국 김영삼 대통령 때였어요.

김강정 1994년인가 모로코에서 됐더군요.

김기환 예, 그게 마지막으로 마무리하는 공식회의였어요. 그 무렵 우스운 상황이 또 벌어졌는데, 상공부 장관도 아닌 허신행[34] 농수산부 장관이 우리나라 대표로 우루과이 라운드 회의에 간 것입니다. 정부도 농업개방이 정치적으로 부담이 되니까 당신이 다 책임지고 다녀와라. 이렇게 돼 버린 것이지요.

---

34 허신행(許信行, 1942~): 전남 순천 출생. 서울대 농대를 졸업하고, 미국 웨스턴일리노이 대학과 미네소타 대학에서 경제학 석사학위와 응용경제학 박사학위를 취득했다. 한국농촌경제연구원 원장을 거쳐 김영삼 정부 때 제44대 농림수산부 장관으로 재임하면서 우루과이 라운드 정부대표로 참석했다.

김강정 그때 정말 굉장히 시끄러웠죠. 농민들이 연일 데모하고 난리였었죠.

김기환 그래서 김영삼 대통령이 후보일 때, 내가 아는 그쪽 진영 몇몇 사람에게 대통령 후보가 우루과이 라운드에 대해서 대외적으로 책임 못 질 발언은 절대 하면 안 된다고 몇 번씩 메시지를 보냈지요. 그랬더니 그쪽에서 "우리도 김 박사님과 의견이 같습니다만…"이라는 대답이 왔습니다. 그 후 김영삼 대통령 정부가 마지막 단계에서 허신행 농수산부 장관을 정부대표로 보냈고 거기서 한국은 쌀 수입을 절대 못 한다고 선언해 버렸던 것이죠. 그것이 결국 오늘날까지도 우리 한국만이 미니멈 액세스[35]라는 조건으로 국내 수요와는 상관없이 해마다 일정량의 외국산 쌀을 수입해야 하는 방식을 따라갈 수밖에 없도록 만든 것입니다. 그러니까 쌀 수입문제를 시장원리에 따라 해결할 수 없게 하는 족쇄가 돼 버린 것입니다. 다른 나라들은 다 관세화시켰는데 말이지요.

김강정 요즘 다시 쌀 수입과 관련해서 관세화 이야기가 나오는 것 같던데요?

김기환 당연히 관세화해야죠. 이제는 미니멈 액세스 시한이 더 연장할 수도 없을 테니까 말입니다. 미니멈 액세스가 지금 우리 정부에 굉장히 큰 부담을 주고 있어요. 미니멈 액세스는 1년에 일정한 양의 쌀을 국내 수요와 상관없이 의무적으로 사들여야 하는 제도거든요. 그런데 정작 수입한 쌀은 국내 쌀하고 시장에서 경쟁이 되니까, 사료로 쓰거나 과자 만드는 데 쓰는 상황이지요. 결론을 말하자면, 처음 우루과이 라운드 출범 과정에서는 그렇게 협조를 잘하던 한국이 막판에 가서 극하게 반대해 버리니까 미국 등이 당황할 수밖에 없었지요. "코리안들이 왜 이 꼴이 됐느냐", 이렇게 돼 버린 거죠. 이 때문에 국제적으로도 한국의 신뢰도가 큰 손상을 입었습니다.

---

35 미니멈액세스(Minimum Access): 수입금지 조치를 일절 허용하지 않고 일정량의 수입을 의무화하는 것으로 다른 나라의 수출업자에 대한 '최소한의 시장참여 기회'를 의미한다. 1991년 12월 당시 둔켈 GATT 사무총장이 제시한 UR 포괄합의안에 포함된 '미니멈 액세스'는 어떠한 농산물의 일정량을 수입해야 한다는 내용이 핵심이다. 한국처럼 농산물 시장 개방을 거부하는 나라들에 대한 압력장치로 활용됐다.

김강정 해외협력기획단장 때인 1985년부터 통상특별대사도 겸하셨던데 특별한 이유가 있었는가요?

김기환 제가 대사 직함을 갖기는 모두 세 번이었는데, 처음에는 그야말로 대외용 대사였습니다. 1984년 내가 해외협력위원회 기획단장을 할 때였어요. 우루과이 라운드를 출범시키기 위한 비공식 국제회의에 여러 번 참석했는데 영문으로 된 내 직함을 외국 사람들이 이해를 못하는 것이었어요. 해외협력위원회를 그대로 직역하면 'Overseas Economic Cooperation Council'이고 나는 그 조직의 'Secretary General'이 되는데, 이것을 상대방이 이해하는 데는 어려움이 있었죠. 이런 문제 때문에 외국의 경우도 회의에 참석하는 장관들에게 대사라는 직함을 주는 경우도 있었고, 장관이 아니라도 대사직함을 갖고 있더라고요.

  그래서 그 회의를 몇 번 다녀와 청와대에 건의했어요. "해외협력기획단장이라는 직함이 너무 불편해 도저히 못 쓰겠다", "상대방에게 나를 소개하기 편하도록 하기 위해서라도 아예 대사라는 직함을 달라"고 말입니다. 그러니까 청와대도 좋다고 판단해서 국무회의 의결을 거쳐 제게 대사직함을 주었습니다. 그런데 외무부가 기를 쓰고 반대하는 것이에요. 외무부 직원이나 공무원이 아닌 사람에게 대사라는 타이틀을 주어서는 안 된다는 것이었지요. 그러면서 처음 대사직명을 줄 때는 일부러 외무부 차관까지 나를 찾아와 "이것은 대외직명이니까 그렇게 알아주세요"라고 말했어요. 대외직명이니까 김포공항을 나가면 대사이고, 들어오면 대사가 아니라는 설명이었지요.

대내외 직접투자

김강정 1970년대 중화학공업화 과정에서 외국인 직접투자를 다시 규제했다가 허용하는 쪽으로 정책이 전환되는 과정은 어땠는가요?

김기환 초기에는 지금처럼 우리 기업이 외국에 나가 직접 투자한다는 것은 상상도 못했어요. 그리고 해외투자가 국내로 들어오는 것도 크게 환영하지 않았지요. 그런데 국내에 외국 투자가 들어오면 고용도 생기고 새로운 기술도 늘고 여러 가지 좋은 점이 많은데, 왜 이것까지 안 하느냐는 것이 나의 입장이었지요. 그래서 10·26 이전부터 여론을 그런 방향으로 돌리려고 EPB 안에서는 여러 가지 궁리를 했어요. 그런데 10·26 사태가 나고 기회가 온 것입니다. 박 대통령 장례식을 끝내고 나니까 글라이스틴 주한 미국대사가 부총리를 찾아와 주한 외국 기업인들을 모두 초청해서 리셉션을 갖고 정부 입장을 설명하는 것이 좋겠다고 제안했습니다. 신현확 당시 부총리가 이를 받아들여 그해 11월 7일 우리가 대외 지향적으로 간다는 메시지를 발표했는데 그 반향이 매우 좋았었거든요. 그 후 신현확 부총리는 바로 국무총리로 자리를 옮겼고요.

그런데 12·12 사태가 나니까 한국에 와 있는 외국 투자가들은 또 걱정이 커진 것입니다. 군사정권이 들어오는데 이 정권이 무슨 일을 하려는지 좀 불안하다는 것이었지요. 그래서 그해 1979년 12월 27일 당시 이한빈 부총리가 다시 리셉션을 하게 됐어요. 그때도 스피치를 제가 썼는데 그 스피치를 어떻게 프레임할 거냐에 대해 협의해야겠는데, EPB 안에서 이야기가 잘 통하는 사람이 결국 김재익, 강경식 두 사람이었으니까 그분들과 상의할 생각이었어요. 부총리는 이제 막 들어와 이런저런 내용을 잘 모를 때니까 말입니다.

그래서 먼저 김재익 씨 사무실로 찾아갔더니 과로로 감기가 들어 집에 가고 없더라고요. 집까지 찾아가 며칠 후에 신임 부총리가 외국인들 상대로 연설하려고 하는데 거기에 새로운 아이디어 하나 넣어 정책을 좀 발전시켜야 하지 않겠느냐고 말하니까 김재익 씨도 정말 좋은 생각이라고 그랬어요.

그래서 그 스피치의 핵심이 바로 '한국은 외국인 투자도 환영한다'는 것이었지요. 그것이 당시로서는 투자개방에 대한 정부의 최초의 적극적인 입장 표명이었습니다. 여기에 '한국에 투자하면 과실송금도 쉽게 해 준다'는 내용도 그 스피치에 담았지요. 그때 아마 이한빈 부총리는 읽으면서도 그게 무슨 이야기인지 정확히 아신 것 같지는 않았어요. 그렇지만 어쨌든 대외적으로는 그게 굉장한 선언이 되어 버렸지요. 그리고 그때 상황이 12·12 사태가 난 직후니까, 그런 발표를 해도 어느 누구도 이의도 제기하지 않고 다 따라왔어요. 그렇게 해서 외국인의 국내투자에 대한 문이 열리기 시작한 것이지요.

김강정 그랬군요. 이번에도 역시 'Policy making through speech writing'이었네요. 그러니까 1980년부터 해외 기업인들의 직접투자에 대한 문호가 다시 열리기 시작했다고 봐야겠네요.

김기환 그렇지요. 우리나라 역사를 보면 1964년에 해외투자유치 조치를 취해서 일시적으로 문호를 상당히 열었어요. 그런데 1970년대 중화학공업을 추진하면서 다시 막았지요. 그 이유는 외국인이 여기 와서 투자하면 한국 산업을 지배한다는 공포심 때문이었어요. 그러니까 아주 정통 마르크스주의적 생각이었지요. 말하자면 외국 기업은 제국주의 앞잡이고 결국 우리 산업을 다 잡아먹는다는 식의 생각이었지요. 그래서 그때까지만 해도 외국자본은 주로 차관형태로 들어왔지, 투자로는 극히 제한적으로만 들어왔지요. 그리고 아무리 작은 규모의 외국인 투자라도 반드시 정부승인을 받아야 되었어요. 그때는 또 외국인이 우리나라 회사의 대주주가 될 수도 없게 돼 있었지요. 외국인 주식 보유율을 50% 이하로 제한한 것이었어요. 이런 정책이 바뀌기 시작한 것은 1979년 12월 27일이었습니다.

김강정 어느 기록에서 보니까 외국인 직접투자에 대한 본격적인 자유화정책은 1990년대 이후에 이루어졌다고 돼 있던데요.

김기환 그래요. 1979년에는 일단 길을 열어 놓았다고는 하지만 좁은 문이었지요. 오히려 내가 해외협력기획단장에서 나온 후에 거기서 일하던 사람들 공이 컸어요. 그 사람들이 수입자유화가 됐으니까 이제 우리도 외국인 투자를 좀 허용하자는 생각에서 문호를 많이 열었어요. 그러니까 그 실무자들의 공이 매우 컸지요.

김강정 결국 1979년 말 당시 이한빈 부총리가 공개적으로 천명하기는 했지만 외국인 투자가 실질적으로 활성화되기까지는 상당한 시간이 걸렸네요.

김기환 1986년 이후라고 보아야지요. 그리고 외국인 투자에 대한 더 완전한 개방은 1997~1998년 외환위기 이후이고요.

김강정 외환위기 이후라고 하시니까 생각나는 것이 있습니다. 그것은 당시 정부가 1998년부터 적대적인 M&A[36]를 허용하자 국내에서 찬반논란이 심하게 벌어졌던 일입니다. 적대적 M&A까지도 푼 것에 대한 의견은 어떤지요?

김기환 그것은 잘한 일이었지요.

김강정 이번에는 반대로 우리 기업의 해외 직접투자로 화제를 바꾸어 보지요. 우리 기업들이 해외에 나가 우리 돈으로 직접 투자하는 것을 허용하는 것은 어떻습니까?

김기환 당연히 그렇게 해야 합니다. 방법은 아주 간단해요. 우리 외환시장을 확 풀어 버리는 것입니다. 그 중에 제일 중요한 게 우리 원화의 해외반출에 대한 규제를 없애는 것입니다. 예컨대, 내가 기업을 하면서 파키스탄에 투자하고 싶다면, 우리 원화를 직접 가지고 나가 쓸 수 있도록 하라는 것이지요. 미국이나 일본과 같은 다른 선진국들은 자기 나라 돈을 직접 가지고 나가서 투자하지 않습니까?

지금 우리는 해외에 투자하려면 직간접으로 재무부나 한국은행에서 절차를 밟은 후 원화를 달러 등 외화로 바꿔서 그 돈을 가지고 나가 투자합니다. 그러니까 해외에 투자하는 우리 기업인들이 우리 돈을 못 가지고 간다고요. 원화를 얼마 이상 포켓에 넣고 나가려고 해도 공항에서 걸리잖아요. 그러니까 우리는 우리 스스로 우리 돈을 업신여기는 거예요. 선진국들은 자기네 돈을 직접 가지고 외국에 투자하는데 말이지요. 우리도 이제는 외국에 투자하고 싶다면 우리 돈을 가지고 나가 직접 투자할 수 있게 허용해야 해요.

김강정 그렇지만 지금 우리 원화를 가지고 밖에 나가본들 현실적으로 그게 국

---

36 M&A (Merges and Acquisitions): 기업을 인수하거나 합병하는 것으로 주식인수와 기업합병, 기업분할, 영업양수도 등의 방법으로 이루어진다. 주식인수는 매수대상 회사의 주식을 인수하여 지배권을 획득하는 것, 기업인수는 대상기업의 자산이나 주식을 취득하여 경영권을 획득하는 것, 기업합병은 두개 이상의 기업이 결합하여 법률적으로 하나의 기업이 되는 것을 각각 의미한다. 최근에는 금융적 관련을 맺는 합작관계 또는 전략적 제휴까지도 M&A의 개념으로 본다.

제사회에서 통용될 수 있겠느냐는 의문을 갖는 사람들이 많은 것 같은데요.

김기환 아니지요. 우리 돈을 해외에서 안 받아들이는 것은 우리가 그 돈을 해외에서 못 쓰게 해놨기 때문이지요. 우리 스스로가 말입니다. 지금은 내가 1천만 달러에 해당하는 원화를 가지고 나가본들 받을 사람이 없는 것이죠. 뭐 동남아의 불법 외환시장 같은 곳에서나 받겠지요. 내가 외국에 공장을 짓거나 외국 기업을 하나 인수하고 싶다면 우리 돈으로 직접 주면 되는데 우리 정부는 지금 그것을 못하게 막는 것이지요. 그 이유는 그렇게 많은 원화자금이 해외에서 유통되면 언젠가는 조지 소로스[37] 같은 사람들이 원화를 몽땅 모아서 원화에 대해 투기하고 그래서 원화가치를 뒤흔들면 우리 정책당국에 큰 골칫거리가 될까 염려하기 때문이지요. 그렇지만 국내외 원화시장 규모가 워낙 커져 버리면 어떤 한 개인이 그런 투기를 하는 것은 불가능한 일이지요. 그렇지 않습니까?

우리 스스로 국내 외환시장을 작게 만들어 놓고 거기에 약간의 외화자금 유출입으로 환율이 크게 변한다고 걱정하는 것은, 조그만 호수를 만들어 놓고 물이 약간 들어오거나 나갈 때 수위가 크게 변한다고 불평하는 것이나 같습니다. 물론 어느 나라나 전쟁이 나든가 하면 외환을 통제하지요. 그렇지만 전시나 비상사태가 선언된 것도 아닌데 왜 우리 돈을 우리 스스로 통제하느냐는 말이에요. 외국인에게 우리 원화는 인천공항만 나가면 아무 관심도, 쓸모도 없는 돈일 수밖에 없도록 우리 스스로 만들고 있다는 것이지요. 그런데 반대로 우리는 예컨대, 해외여행에서 내가 쓰다 남은 달러나 일본 돈, 영국 돈들을 언제라도 갖고 있을 수 있잖아요. 그리고 그것 가지고 거래도 하고 그런단 말이에요.

나는 우리가 우리 돈을 제대로 대접해 줘야 다른 나라 사람도 우리 돈을 대접해 준다고 생각해요. 한마디로 말하면 이제는 한국도 돈다운 돈을 좀 찍어낼 때라고 주장하고 싶어요. 우리 국민은 왜 바보 같이 외국 갈 때 있는

---

37 조지 소로스(George Soros, 1930~): 헝가리 출생으로 20세기 최고의 펀드 매니저로 꼽히는 인물. 1947년 동유럽이 공산화되면서 영국으로, 1956년에 다시 미국으로 이민을 가 월스트리트에서 최고 소득을 올리는 펀드매니저로 성공하였고 투자회사 퀀텀펀드를 설립, 수백억 달러가 넘는 펀드를 운영한다.

돈, 없는 돈 모아가지고 은행에서 외국 돈으로 바꿔 가지고만 나가야 하느냐는 것이지요.

외환시장, 개방이냐 규제냐

김강정 이른바 IMF 체제하에서 자본시장이 개방된 후 계속 제기되고 있는 투기성 자금인 핫머니에 대한 우려를 어떻게 생각하십니까?

김기환 사람들이 아직도 헛다리를 짚고 있는 것 같아요. 핵심을 못 잡고 있다는 얘깁니다. 우리 시장은 1997~1998년 위기, 2008년 위기, 또 최근에도 위기라고까지 할 건 없지만 그럴 때마다 크게 출렁거리잖아요. 그런데 이 출렁거림이 우리나라가 제일 심해요. 세계 어느 나라보다도 우리가 제일 심해요. 그러면 왜 출렁거리느냐? 일반적 해석은 경제가 개방되어 있으니까 그렇다는 것이지요. 대외 의존도가 높다 보니까 그런다는 것인데, 정작 우리보다 의존도가 더 높은 홍콩, 싱가포르 외환시장은 우리 같이 크게 출렁거리지 않거든요. 그런데도 우리는 출렁거리는 것을 자꾸 규제로만 막으려고 해서 그래요.

지금 외환에 3대 규제가 있잖아요, 그 중의 하나는 은행들의 포지션에 한도를 두는 것이거든요. 포지션이라는 게 내가 선물(先物)을 얼마나 거래할까? 덜 할까? 현물거래는 얼마 할까? 이런 것을 재량에 따라서 하는 것을 다 포지션이라고 하는데, 그것에 대해 우리 정부가 규제를 하고 있다고요. 선물시장에서 거래하는 것은 좋은데 얼마 이상은 못한다고 해놨거든요. 그리고 단기외화자금에 대해서도 외부에서 단기자금이 들어오는 것도 자본금에 비해서 얼마 이상 못가지고 오도록 규제하고 있거든요. 그리고 또 외국인이 국내채권에 투자해 수익을 내면 그것에 대해서 또 세금을 받고 있거든요.

앞서 해외 직접투자를 얘기할 때도 잠깐 언급한 바 있지만, 내가 보기에 이런 식으로 자꾸 규제하는 것은 참 부질없는 짓이지요. 왜 그런가 하면 외환시장이 안정되려면 시장 자체가 커야 하기 때문이지요. 시장이 커지려면 규제를 안 해야 되지요. 그러니까 우리 외환시장을 연못에 비유하면 조그만

연못이고, 그러다 보니까 비가 조금만 내려도 물이 넘치고, 또 물이 조금만 빠지면 바닥이 나서 야단인 식이지요. 그러나 외환시장이 큰 호수라고 생각하면 상황이 전혀 달라집니다. 더 좋은 것은 바다와 연결된 큰 호수라고 한다면 웬만한 물의 유입이나 유출에도 느낄 수 있는 변화가 없는 것이지요. 우리와 싱가포르, 홍콩, 호주 등과 근본적 차이가 바로 이 점입니다. 그런데도 우리는 위기 때마다 자꾸 시장을 축소할 조치를 취하고 있거든요.

김강정 우리의 역사적 배경과도 관련이 있는지 모르죠.

김기환 그런 면이 있지요. 아무튼 이것은 합리적으로 설명이 안 되는 건데, 한국은행 사람들이나 재경부 사람들 보면 늘 하는 게 외국인 투기 걱정을 하거든요. 그런데 투기라는 것은 시장이 매우 커지면 아무도 할 수 없다고요. 시장이 커버리면 그 시장을 누구도 조종하지 못하는 것이죠. 안 그렇습니까? 천하의 소로스라도 자기 돈 아무리 갖다 넣더라도 시장이 쉽게 출렁거리지 않죠. 그래서 그런 자본규제를 빨리 풀어야 하는데 안 하는 거지요. 난 지금 우리 정부가 제일 잘못하는 게 바로 이 부분이라고 봅니다. 더 나아가 MB 정부에 대해 우리나라를 금융 중심지로 만들자고 우리 서울파이낸셜포럼38이 많이 얘기했는데 대통령 당선되기 전까지는 그것에 대해 그렇게도 열성적이었는데, 대통령이 되고 나니까 전혀 달라지더라고요.

김강정 무슨 배경이 있는가요?

김기환 난 그거 추리밖에 못해요.

---

38 서울파이낸셜포럼 (Seoul Financial Forum): 2001년 10월 금융경영인, 학자, 관료, 법률전문가들이 설립한 비영리 사단법인. 한국 금융산업의 경쟁력을 강화해 한국을 동북아시아의 새로운 국제금융 중심지로 발전시키는 것이 목표이다. 포럼은 2002년 11월 한국을 국제금융 중심지로 발전시키는 데 필요한 마스터플랜 보고서 〈아시아 국제금융 중심지로서의 한국: 비전과 전략〉을 완성해 정부와 주요 정당 등에 제출하는 등 한국을 동북아 국제금융 중심지로 발전시키기 위한 여러 정책개혁을 제안해 왔다.

김강정 내부 참모들 가운데 누가 그렇게 조언한 것 아닐까요?

김기환 그렇겠지요. 서울시장 때는 우리 서울파이낸셜포럼이 무슨 일을 하면 스폰서도 좀 해 줄 정도로 관심을 가졌거든요. 2008년 초에는 서울파이낸셜 포럼이 보고서를 만들어 보고도 했어요. 우리 외환시장을 잘 키우면 우리나라가 국제금융의 중심 네트워크가 될 것이라고 설명했어요. 그런데 그날 보니까 완전히 대통령 되기 전의 이명박 씨가 아니었어요.

김강정 누가 그런 영향을 끼쳤을까요?

김기환 그 금융분야를 어드바이스하는 사람이 누구라는 건 다 알지요. 그러니까 '외환은 완전히 손 놓는 것 아닙니다. 우리는 수출해야 먹고사는 것 아닙니까? 그러니까 원화는 가치를 높이면 안 됩니다' 이런 식으로 말이지요. 실제로 요새 미국 정부가 한국이 외환시장을 조작한다는 비난을 가끔 하거든요. 그러니까 안 한다는 소리는 못하고 정부가 시장 고르기를 하는 것, 즉 약간 좀 완화시켜 주고 있다는 식으로 말하고 있지요.

김강정 이번에는 외환위기 당시 우리 한국의 대응과 말레이시아 마하티르39 정부의 대응이 상당히 대조적이었던 것에 대해 해외언론들도 관심을 많이 가졌었는데, 거기에 대한 견해도 말씀해 주시죠.

김기환 나는 우리가 잘했다고 봐요. 우리가 어쨌든 외환위기를 막고, 즉각 강경식 장관이 마련한 13개 법안이든가, 17개 법안을 그해 1997년 12월에 다 통과시켜 버렸잖아요. 말레이시아는 트긴 텄는데 IMF는 들어오지 마라, 우리는 필요 없다는 식으로 하면서 자기네가 독자적으로 상당히 한 거예요.

---

39 마하티르(Mahathir bin Mohamad, 1925~): 말레이시아 총리 재임 시(1981. 7. 16~2003. 10. 31) 성공적 경제정책을 폄으로써 말레이시아를 신흥 중진국의 반열에 올려놓았다는 긍정적 평가와 정치적 반대파를 억압했다는 부정적 평가를 동시에 받는다.

김강정 결국 우리는 IMF가 밀어서 한 형식이 됐고, 마하티르 정부는 자주적으로 했다고 볼 수 있네요.

김기환 그러니까 우리는 우리가 하는 대로 해도 안 되기 때문에 손을 들어 버린 것 아닙니까? 그런 바람에 문이 확 열린 거지요. 그런데 그 후에 다시 문을 자꾸 닫고 있는 것이지요.

양자주의 협상이냐, 다자주의 협상이냐

김강정 이번에는 통상정책과 관련한 질문입니다. 우루과이 라운드라든가 도하라운드,[40] WTO 등의 다자주의협상, 그런 통상정책을 우리가 쭉 유지를 하다가 IMF 이후에 특히 최근에는 FTA[41]로 전환된 것 같습니다. 다자주의[42]에서 양자주의[43]로 말이죠. 국익을 최대화하는 방안은 어떤 것일까요?

김기환 지금 국제정세로 봐서 도하라운드는 현실성이 좀 없죠. 그러나 우리는 도하라운드를 계속 주장할 뿐만 아니라 그렇게 되기를 바라야죠. 왜냐하면 다자주의 협상이기 때문이니까요.

●

40 도하라운드(Doha Round): 2001년 11월 14일에 카타르 수도 도하 각료회의에서 합의된 WTO 제4차 다자간 무역협상.

41 자유무역협정(FTA: Free Trade Agreement): 양국 간 또는 지역 간의 무역장벽을 제거하기 위해 체결하는 특혜무역 협정으로 회원국들이 고유의 관세와 수출입제도를 완전히 철폐하고 역내에 단일관세 및 수출입제도를 적용하는 방식과 회원국들이 고유의 관세 및 수출입제도를 유지하면서 무역장벽을 완화하는 방식의 두 가지 형태가 있다. 유럽연합(EU)이 전자, 북미자유무역협정(NAFTA)이 후자에 속한다. 한국의 최초 FTA는 2004년 4월에 발효한 한·칠레 FTA였으며 한·싱가포르 FTA, 한·유럽자유무역연합(EFTA) FTA, 한·ASEAN FTA에 이어 2012년 3월 한·미 FTA가 발효됐고 현재 중국과 협상이 진행중이다.

42 다자주의(多者主義, multilateralism): 국가 간 협력 촉진을 위해 범세계적 협의체를 두고 규범·절차를 만들어 이를 준수하도록 하는 접근방식으로 지역적·공간적 한계를 넘어서는 포괄적 상호주의에 해당된다. WTO나 UR, 도하개발아젠다(DDA: Doha Development Agenda) 등이 그 대표적 예이다.

43 양자주의(兩者主義, bilateralism): 이해 당사국이 직접 협상을 통해 관세를 낮추거나 없애 무역장벽을 낮추는 통상협상 방식. 두 나라 간의 자유무역협정(FTA)이 그 경우다. 양자주의는 원하는 결과를 쉽게 얻어낼 수는 있지만, 일반적으로는 강대국에 유리하고 약소국에 불리한 방식으로 평가된다.

양자주의 협상방식인 FTA는 쌍무적이기 때문에 결과적으로 협상력이 약한 쪽이 손해를 볼 수밖에 없지요. 비유하자면, 세상에 일률적인 법이 있어서 그 법을 잘 지키는 게 보통 평민한테는 제일 좋은 것과 같은 이치죠. 법의 보호를 받으니까요. 그리고 그 법은 만인에게 똑같이 적용된단 말이죠. 그런데 그렇지 않고 그때그때 힘 있는 사람과 협상해서 내 이익을 지키려면 내가 아주 힘 있는 두목 아니고서는 언제든 지게 돼 있잖아요. 물론 협상을 안 한 것보다는 낫지만 언제나 협상이 마이너스가 되기 쉽거든요. 그리고 양자 간 협상해서 FTA마다 여러 룰을 많이 만들어 놓으면 이 룰이 서로 상충되는 거예요. 그리고 룰이 하도 복잡해서 이게 룰인지 뭔지도 모르게 되고 말이죠.

그래서 결국 국제 경제학자들은 그런 것을 배제하는 게 다자간 협상이며, 나라가 크지 않고 무역을 많이 할수록 다자간 협상을 하는 게 제일 낫다고 말하는 것이죠. 그런데 우루과이 라운드 이후는 다자간 협상을 끌고 나갈 그런 세력이 없어요. 과거의 다자간이라는 것도 전 세계를 대상으로 한 것은 아니었거든요. 서방진영이었고 그 서방세계의 우두머리가 미국이었지요.

김강정 그러면 WTO의 향후 전망을 어떻게 보십니까?

김기환 그래서 나는 WTO를 계속 키워나가는 게 우리 국익에 도움이 된다고 생각해요. 그것과 관련해 흥미 있는 얘기를 하나 소개하지요. 앞에서 말한 바 있는 TPRC를 다년간 운영하면서 우루과이 라운드 출범에 기여한 휴 코벳이 지금은 미국 워싱턴에서 코델헐연구소(Cordell Hull Institute)를 운영하고 있어요. 이 사람에게 다자간 무역체제 강화는 완전히 종교예요. 코델 헐(Cordell Hull)은 미국의 루즈벨트 대통령 정부에서 제2차 세계대전 발발 전까지 재무장관을 지낸 사람의 이름이지요. 그 사람이 미국에서 1930년대에 미국을 포함한 전 세계가 보호주의를 하니까 득 되는 게 하나도 없다는 판단 아래 아예 미국도 다시 다자간 협상에 앞장서야 된다고 주장한 사람이에요.

지난주 워싱턴에 있는 코델헐연구소의 이사장과 코벳이 나한테 이메일을 보내왔는데 연구소 이사장이 서울에서 나를 좀 만나고 싶다는 내용이었어요. 용건은 세계가 다자주의로 가야 되는데 요새 지역주의와 양자주의로 가는 것이 못마땅하다며, 이래서는 해결이 안 된다는 것이었어요. 그러니까 다자주의 무역협상을 다시 제창하자는 것이지요. 이를 위한 회의가 2년 전에는 예일 대학에서 열렸고, 다음 회의는 서울에서 회의를 하기로 예정돼 있어요.

김강정 그런데 우리 상황을 보면 현실적으로 힘을 받기가 좀 어렵지 않을까 생각되는데요.

김기환 그 사람들 생각은 다릅니다. 어느 나라 장관도 장관 자격으로 공식회의에 참석하여 발언할 때는 말을 조심하고 아끼지만, 비공식 회의에서는 정부의 공식의견을 말하는 것이 아니고 개인의 생각과 느낌을 이야기하는 것이기 때문에 큰 부담 없이 솔직한 견해들을 털어놓을 수 있다는 것입니다. 이렇게 해서 회의 참석자들이 하나하나 공감대를 넓혀나가면, 결국 그것이 모아져 또 하나의 우루과이 라운드로 발전할 수 있다는 것이지요.

김강정 우리는 어차피 아주 강자도 아니고 그렇다고 아주 약자도 아니니까, 다자주의와 양자주의 두 가지 입장을 적절하게 병행하면서 우리에게 유리하게 이끌어가는 것이 더 현명하겠군요.

김기환 그렇죠. 내가 내일 모레 시작하는 다자주의에 대한 새로운 무슨 라운드에 기대하는 것은 비현실적이지만 그래도 계속 꾸준히 밀고 나가야 한다고 생각합니다.

김강정 FTA 관련해서 정부가 물가가 싸진다는 식의 홍보를 많이 했는데도 일부 품목은 오히려 독점수입으로 묶여 가지고 값이 더 올라 버리는 현상이 나타나니까, 이게 뭐야 하는 비판이 나옵니다. 그런 문제에 대해 정부가 할 수 있는 역할이 없는가요?

김기환 정부가 FTA를 해도 가격이 안 내리면 국내시장을 더 경쟁적인 것으로 만들어야 한다고 생각해요. 그게 정부가 할 일이지요. 정부의 역할이라는 게 민주주의하에서 또 시장경제하에서 시장경제가 작동되도록 모든 제도적 뒷받침을 하는 것이지요.

김강정 ASEAN[44]하고 ASEAN + 3 [45]가 동남아권 자유무역지대[46]로 확대 발전될 수는 있는 가능성에 대해서는 어떻게 전망하십니까?

김기환 한계가 있지요. 그것도 두 가지 그룹이 있지 않아요. 하나는 중국 중심으로 ASEAN과 같이 하자는 게 있고, 하나는 미국이 중심이 돼 ASEAN과 FTA를 하자는 게 있지요. 미국 입장에서도 ASEAN 시장이 매력적이기 때문이지요. 미국은 자신이 말하는 FTA는 예외가 없는 질 높은 FTA라고 주장하지요. 이것이 바로 TPP[47]이거든요. 이에 대해 중국은 미국이 ASEAN을 자기 이익권으로 묶으려는 전략이라는 반응을 보이고 있지요.

김강정 FTA에서 상대적으로 부진한 일본이 TPP 쪽으로 가는 모양인데요?

김기환 TPP로 가려고 하는데 일본 국내정치가 안 따라오니까 잘 안되고 있죠.

---

44 동남아시아국가연합(ASEAN: Association of South-East Asian Nations): 1967년 8월 8일 동남아시아 지역의 경제적·사회적 기반 확립과 평화적이고 진보적인 생활수준의 향상을 목적으로 필리핀·말레이시아·싱가포르·인도네시아·타이 5개국을 회원국으로 창설됐으며 브루나이, 베트남에 이어 라오스·미얀마·캄보디아가 잇달아 가입해 회원국이 10개국으로 늘었다.

45 ASEAN + 3: ASEAN 10개국과 한국, 중국, 일본을 포함한 개념. 1997년 12월 ASEAN이 창설 30주년 기념 정상회의에 한국과 중국, 일본 3개국 정상을 동시 초청해 제1차 ASEAN +3 정상회의를 개최하면서 시작됐다. 세계화와 지역협력이 강화되는 추세 속에 동아시아 국가들은 공동 협력해야 한다는 인식이 반영된 것이다.

46 자유무역지대(Free Trade Area): 특정 국가나 특정 지역 간에 관세 또는 비관세 장벽을 철폐하고 통일된 시장을 형성하는 것을 말한다. 유럽공동체(EC)와 유럽자유무역연합(EFTA), 북미자유무역협정(NAFTA)의 모체가 된 1988년 미국과 캐나다 간의 자유무역협정이 대표적인 예이다.

47 환태평양경제동반자협정(TPP: Trans-Pacific Partnership): 아시아·태평양 지역 경제의 통합을 목표로 2005년 6월 뉴질랜드, 싱가포르, 칠레, 브루나이 4개국 체제로 출범한 다자간 자유무역협정으로 2008년 미국이 적극적 참여 의사를 보이자 호주, 베트남, 페루가 참여 의사를 밝혔고 2010년 10월 말레이시아가 참여를 선언했다. 이 밖에 캐나다, 일본, 필리핀, 대만, 한국 등도 협정 참여에 관심을 표명하고 있다. 오바마 미국 대통령은 TPP가 아시아·태평양 지역 경제 통합에 가장 강력한 수단이라고 평가한 바 있으나 미국이 중국을 견제하려는 의도라고 보는 견해도 있다.

김강정 일본이 만약 그렇게 할 경우, 우리가 지금 추진하는 일본과의 FTA, 중국과의 FTA가 부정적 영향을 받을 가능성은 없는지 궁금합니다.

김기환 나는 이상적으로는 다자주의를 하는 것이 좋다는 입장입니다. 그래서 FTA를 한다면 하고, 다음에 TPP에도 들어가면 좋다고 생각하죠. 우리가 들어가는 데 큰 부담이 없거든요.

김강정 그렇겠네요. 우리는 미국과도 했지, ASEAN과도 했으니까요.

김기환 그런데 ASEAN과의 FTA는 그 내용을 들여다보면 시시한 거예요. 하도 예외가 많아서. 그것은 이름만 자유무역이지 사실은 아니란 말이지요. 그러니까 우리가 TPP에 들어가는 데 새로 개방해야 될 게 굉장히 많으면 그것이 다 부담이 되는데, 우린 미국하고 FTA 하느라고 웬만한 건 다 내놨기 때문에 유리하지요. 비유하자면 시험도 안 치르고 편입하는 거지요.

김강정 일본이 전에 AMF,[48] 아시아판 IMF를 추진하려다가 결국은 제동이 걸렸잖아요. 아직도 이를 포기하지 않고 있는 모양인데 그 가능성을 어떻게 보십니까?

김기환 가능성이 없죠. 왜냐하면 이것은 일본이 그 아이디어를 가질 때만 해도 세계 제2의 경제대국이었는데 지금은 제3국이 됐기 때문이지요.

김강정 또 미국의 입김도 만만치 않겠죠.

김기환 그렇지요. 미국은 당연히 그것을 싫어하죠. 미국은 태평양 전체가 미국과 하는 것을 원하지, 일본 위주로 되는 것은 원하지 않죠.

●
48 아시아통화기금(AMF: Asian Monetary Fund): 일본이 1998년 9월 홍콩에서 열린 IMF 총회에서 외환위기 발생 시 IMF에 의한 긴급 금융지원에는 한계가 있다며 아시아 국가 간 상호 부조를 위해서라도 AMF가 필요하다고 제안했으나 일본의 주도권 확보를 우려한 중국의 반대와 미국이 주도하는 IMF측의 반대로 흐지부지됐다. 그러나 IMF의 한계를 체험한 일부 동남아 국가는 AMF의 필요성에 공감했다.

김강정 우리는 헌법에서까지 자유민주주의와 시장경제를 표방하고 있습니다. 그런데도 한국 사람이 더 사회주의적이고, 중국 사람이 더 시장경제적이라고 말하는 사람들이 적지 않습니다. 무조건적 평등에 집착하는 국민정서를 꼬집는 얘기라고도 할 수 있겠지만, 한국 사람들의 그런 기질이 개방에 큰 걸림돌로 작용한다고 느끼신 경우는 없는지요?

김기환 많이 느꼈었죠. 특히 조선왕조 500년은 은둔의 시대였으니까요. 철저한 은둔국이었지요. 그리고 옛날 유교 체제에서는 상인이 사회계급의 제일 밑바닥이었단 말이지요. 장사한다는 것 자체를 천하게 보고 치사하다고 여겼단 말입니다. 어떻게 점잖은 집안의 자식이 장사하느냐, 글이나 읽고 벼슬이나 하면 그만이지라고 생각한 것이지요. 이게 바로 시장을 완전히 깔아뭉개는 문화이지요. 더구나 나라까지 한번 잃고 나니까 생리적으로 대외개방에 대해서 피해의식과 공포가 많았죠. 그러니까 자신감이 없었던 것이지요. 난 1980년대, 90년대만 해도 한국이 참 희망이 없다는 느낌마저 가졌다고요.

  그러나 최근 10년 동안은 한국이 일본, 중국의 동양 3국 중에서 가장 개방적이라고 생각해요. 그래서 나는 굉장히 희망적이라고 보고 있어요. 싸이의 〈강남스타일〉도 나오고 말이지. 지금은 저런 예술이라고 할까, 춤추는 것을 중국 사람도 못하고, 일본 사람도 못하고. 한국인이니까 하거든요. 그런 것을 보면 한국이 이제는 1980년대와 같이 그렇게 은둔의 나라가 아니고, 오히려 제일 앞서는 나라인 것이지요. 한국 사람이 어쨌든 지금 보면 동양 3국 중 대외진출을 가장 많이 활발하게 하지 않습니까.

김강정 듣고 보니 그렇군요. 최근 30여 년을 미국서 살고 있는 친구가 와서 하는 얘기가 요즘은 미국에서도 한국인이라는 게 굉장히 자랑스럽고 옛날과 다르다는 얘기를 하더라고요. 이 친구는 얼마 전까지만 해도 한국에 대해 항상 비판적이었는데 말입니다.

김기환 요새 나는 특히 우리 젊은 세대들, 젊은 세대들은 개방주의자인데 그것이 무슨 이론적으로 개방주의자가 아니라 몸에 배어 버린 거라고 생각합니다. 그리고 우리 어머니들이 대단한 역할을 했다고 보는데. 어쨌든 아이 낳으면 영어 가르치겠다고 극성이잖아요, 우리 영어 수준이 여기까지 온 것, 정부의 교육 지침대로 따라했으면 아직도 안됐을 거예요.

김강정 지금까지 살아오신 80 평생을 보면, 3분의 1 정도는 한국에서 태어나 6·25 때 군대까지 다녀온 뒤 미국으로 건너가 3분의 1 정도를 대학과 대학원에서 공부해 교수로 자리를 잡아 오랜 기간 활동하셨고, 또 3분의 1 정도는 그런 축적된 경험을 가지고 조국으로 돌아와 연구원을 거쳐 정부 안에서 여러 가지 활동을 하셨습니다. 그리고 지금도 다양한 활동을 하시고 계시는데 이런 경험들을 통해 느끼신 것들, 또는 체험하신 것들을 돌이켜 보면서 지금 정부에서 일하는 사람들에게 특별히 당부하고 싶은 말씀이 있다면 소개해 주시지요.

김기환 내 기준으로 볼 때 정부 안에도 과거에 비해 개명된 사람, 개방된 사람이 참 많아요. 요새 해외연수를 나온 공무원들을 현지에서 만나보면 상당히 열려 있고, 그래서 희망이 있다고요.

해외연수 얘기를 하다 보니 문득 60년 전 미국에 유학가던 일이 생각납니다. 내가 6·25 전쟁 중에 통역장교로 복무하고 있을 때였는데 1952년 가을 내 형님이 진지하게 미국유학을 권하셨어요. 형님은 광복 직후 미군정청에서 통역으로 근무하다가 6·25 전쟁 때는 일본 오키나와에 나와 있는 미 국무성 산하기관에서 근무했는데 마침 휴가 나오셨다가 나를 보고 나무라듯이 미국 유학을 가라고 하시더라고요. 왜냐하면 내가 통역장교랍시고 건방지게 으스대는 것처럼 비쳤던가 봐요. 그러나 당시 나는 미국 유학을 꿈도 꾸지 못할 형편이었어요. 왜냐하면 무엇보다 고등학교 재학중에 군에 들어가 통역장교가 됐기 때문에 고등학교도 졸업하지 못한 주제에 미국 유학을 간다는 것은 상상도 할 수 없었던 것이지요.

그런데 형님 말씀이 "꼭 그렇게만 생각할 게 아니다. 고등학교 졸업을 못했

더라도 군대 경험도 있고 하니 가능할 수도 있다" 면서 한번 알아보라고 합니
다. 그래서 알아보니 매우 흥미 있는 제도가 있더라고요. 미국 유학을 갈 수
있는 자격을 획득한 사람, 그러니까 미국 대학에서 입학허가(admission)를 받
은 사람에 대해서는 일종의 특혜제도가 있더라고요. 즉, 스칼라십 자격증 등
을 딴 사람에 대해서는 군복무 중이더라도 즉각 제대시켜 줬고, 군대에 안 간
사람도 바로 유학을 갈 수 있는 제도가 있더라고요. 이승만 박사가 미국에서
공부하며 독립운동 한 매우 개명한 대통령이었으니까 그런 제도가 있었다고
생각해요. 그런 정책이 전쟁 와중에도 우리나라가 인재를 키우는 데 큰 몫을
했다고 봅니다. 나 역시 그런 제도 덕택에 열심히 준비해 1953년 말에 미국으
로 유학을 떠날 수 있었던 것이지요.

　나는 이제 우리 개방물결을 아무도 못 막는다고 봐요. 우리가 개방을 안 하
면 북한식으로 가는데, 북한식으로 가면 경제고 뭐고 하나도 옳게 되는 게 없
잖아요. 나는 조선왕조가 근대로 넘어와 쇠망의 길로 들어선 이유가 딱 하나
즉, 고립주의, 배타주의 때문이었다고 생각해요. 열어 놓으면 다 좋아지는데
도 처음 열 때의 두려움을 극복 못했기 때문이지요. 지금도 나이 든 세대는
개방주의와 고립주의가 섞여 있다고 할 수 있어요. 그러나 요새 우리 젊은이
들은 고립으로 가라고 해도 못 갈 사람들이지요. 세상이 그렇게 변했어요.

김강정 개방과 관련하여 방금 북한을 언급하셨는데 오늘날 남북한 간의 현격
한 경제발전 차이를 어떻게 설명할 수 있을까요?

김기환 대한민국이 북한에 비해서 오늘날 이 정도로 크게 앞선 배경은 간단
히 한마디로 압축할 수 있지요. 북한은 이른바 공산주의, 자기네는 공산주의
라고 안 그러고 사회주의라고 말하지만, 아무튼 그들은 사회주의 경제체제를
도입한 것이고 우리는 자본주의, 시장경제를 도입했기 때문이지요.

　즉, 우리는 시장경제를 지향하다 보니까 자연스럽게 수출에 중점을 둔 대
외개방 전략을 선택했던 것이지요. 이에 반해 북한은 대외개방이 아니라 자
주니 주체사상이니 하면서 철저히 폐쇄경제를 운영하면서 모든 것을 우리끼
리 한다는 식으로 나갔지요. 그러니까 북한은 나일론 공장, 비료 공장 같은

것을 우리보다 먼저 시작하고도 우리끼리 우리 기술로 한다는 식으로 하다 보니까 자꾸만 한계를 느낄 수밖에 없고 안으로만 움츠러들고 만 것입니다.

그래서 나는 이런 얘기를 많이 해요. 그것은 뭐냐 하면 개방을 두려워한 조선왕조 전통을 아주 충실히 일관되게 지켜오는 것이 북한이고, 그러다 보니까 경제가 지금처럼 낙후돼 버렸단 말입니다. 요약한다면 대한민국은 북한과 정반대의 노선을 선택했는데 그것이 바로 자본주의 시장경제와 대외개방 정책입니다. 이것이 오늘날 남북한 엄청난 경제발전 격차를 초래한 결정적 배경입니다.

김강정 이 대담의 목적 가운데 하나가 한국의 성공을 배우고 싶어 하는 개발도상국들에게 우리의 경험을 알려주고자 하는 것인데, 이런 점에서 그 메시지를 한마디로 압축한다면 어떤 것일까요?

김기환 '개방'이죠. 그러니까 경제발전은 무역개방에서 시작된다는 것이죠.

김강정 그러나 당장 경쟁력이 너무 취약한 후진국 입장에서는 개방 자체가 부자나라에 모든 것을 예속시키는 것이나 아닌가 하는 불안감을 떨치기 어렵다고 봅니다. 이런 점에서 볼 때, 후진국 입장에서는 개방과 보호라는 두 가지 상반된 입장의 조화랄까 이런 부분에 대한 지혜가 상당히 필요하지 않을까요?

김기환 경제학에서 보호주의 정책이 괜찮다고 하는 것이 논리적으로 딱 맞는 것은 하나밖에 없습니다. 그것은 이른바 유치산업 보호라는 것입니다. 그런데 문제는 유치산업을 보호하기 시작하면 보호가 끝이 안 난다는 것이지요. 그러니까 어린아이를 한번 부모가 보호하기 시작하면 그 아이는 평생 보호만 받는 아이가 돼 버린다는 것이지요. 이것은 강경식 전 부총리가 늘 하는 얘기였어요. 전적으로 맞는 얘깁니다. 그러니까 경쟁 없이 어떻게 그 경쟁력이 생기며 경쟁력 없이 어떻게 생산성이 개선되며 경쟁 없이 어떻게 기술이 발전하느냐 이 말입니다. 그러니까 경쟁을 부인하면 안 된다는 것이지요.

유치산업 보호주의도 똑같은 이치로 설명할 수 있습니다. 유치산업 보호도 보호하기 시작하면 끝이 안 난다는 것이지요. 그러니까 유치산업을 보호하려면 반드시 사전에 언제부터 보호조치를 하지 않는다는 시한을 정해 놓아야 합니다. 예컨대, 아이들을 보호해 주다가도 네가 성인이 되면 네 책임이니 스스로 알아서 독립해야 한다는 것과 마찬가지이지요. 이래야 그 아이가 홀로 설 수 있듯이 산업도 마찬가지입니다.

김강정　이제 대담을 마무리할 시간이 되었습니다. 우리 대한민국의 힘을 한마디로 요약한다면 뭐라고 생각하십니까?

김기환　'개방'이죠.

김강정　오랜 시간 좋은 말씀 잘 들었습니다. 수고하셨습니다. 감사합니다.

주요 경제일지

1979 —

4. 17 경제안정화 종합시책 발표

5. 25 중화학투자 조정방안 발표: 발전설비 및 디젤엔진

10. 26 박정희 대통령 시해사건 발생

12. 12 신군부 권력 장악

12. 21 제 10대 최규하 대통령 취임

1980 —

1. 12 종합경제조치 발표:

　　　환율 19. 8%, 은행대출금리 25% 인상조치 발표

5. 31 국가보위비상대책위원회(국보위) 설치

8. 20 국보위, 중화학투자 조정방안 확정(1979. 5. 25 조정 보완):

　　　발전설비, 자동차, 건설중장비

9. 1 제 11대 전두환 대통령 취임

10. 28 국보위가 국회 대신 입법기능을 가진 국가보위입법회로 전환됨

12. 31 「독점규제 및 공정거래에 관한 법률」(「공정거래법」) 제정

12. 31 「근로기준법」 및 단체교섭권 승인제 등 법 개정

1981 —

3. 3 제 12대 전두환 대통령 취임, 5공 출범

4. 1 「독점규제 및 공정거래에 관한 법률」 시행

4. 10 국보위 입법회의 해체

4. 11 제11대 국회 개원
8. 21 제5차 경제사회발전 5개년계획 발표

1982 ―

5. 4 대검찰청, 「외국환관리법」 위반으로 이철희-장영자 부부 구속
6. 28 경기활성화 종합대책 발표:
    금리 대폭인하, 예금금리 연 12.6% → 8.0%
7. 3 금융실명거래제 실시 및 금융소득종합과세 발표(7·3 조치)
12. 31 금융실명거래에 관한 법률 제정, 단 시행시기 대통령령에 위임

1983 ―

2. 16 부동산투기억제대책:
    아파트 분양 채권입찰제 도입
2. 25 3단계 수입자유화방안 발표
4. 27 시멘트 공판제 폐지(첫 카르텔 해체 조치)
8. 29 명성그룹으로부터 거액의 뇌물을 받은 교통부 장관 등 16명 구속
9. 27 영동진흥개발 등 13개 계열사에 대해 전면적 특별세무조사 착수
10. 9 미얀마 아웅산 테러
12. 22 제5차 경제사회발전 5개년계획(1982~1986) 수정계획 발표:
    GNP 디플레이터 연평균 9.7% → 1.7%
    경상수지 6억 달러 적자 → 4억 달러 흑자
12. 24 해운산업 합리화계획 발표
12. 31 「정부투자기관관리 기본법」 제정

1984 ―

2. 20 재무부, 단기금융시장 활성화 조치(금융자유화 조치) 발표:
    신종기업어음 발행한도 확대, CMA 제도 도입 등
3. 15 주택건설 종합계획 발표
5. 9 전국은행협회가 전국은행연합회로 개편
5. 14 해운산업 합리화계획 산업정책심의회 통과:
    63개 해운사를 17개 그룹으로 통폐합

5. 30 상공부, 수입자유화계획 발표:

「약사법」 등에 의해 수입 금지된 344개 품목 자유화

7. 1 외국인투자제도 개편방안 발표:

외국인투자 가능업종 네거티브 시스템 도입

7. 19 대한금융단, 금융단협정 일괄폐지 발표(7. 23 실시) :

금융자율화 및 금융기관 책임경영체제 조기 정착 도모

10. 23 노동부, 최저임금제 시안 발표(1987년부터 최저임금제 단계적 시행)

12. 31 「하도급 공정화에 관한 법률」 제정

1985 ―

2. 21 국제그룹 전면해체 발표

5. 20 경제기획원, 부동산 종합대책 발표:

1986년 하반기부터 종합토지세제 실시

양도소득세를 정률제에서 누진세제로 개편

공한지세 부과 기준 강화

10. 8 IMF · IBRD 연차총회 서울 개최(10. 8~10. 11)

1986 ―

1. 8 「공업발전법」 제정(7. 1 시행) :

세부업종별 육성법 폐지, 합리화업종의 지정 및 합리화계획 수립

7. 12 산업정책심의회, 합리화업종 지정:

건설 중장비. 자동차, 디젤엔진, 중전기기, 직물, 합금철 등 6개 업종

7. 21 정부, 미국 「통상법 301조」 관련 한미 통상협상 일괄타결 내용 발표:

미국 생명보험사 국내진출 및 화재보험 풀 참여

저작권 소프트웨어 및 물질특허 보호

1986년 9월부터 국내소비 1% 범위 내 외국산 담배 수입시판 허용

9. 1 정부, 국민복지증진 대책 발표:

의료보험 수혜대상 전 국민으로 확대(농어촌 1988년, 도시저소득층 및 자영

업자 1989년), 국민연금제도 및 최저임금제 도입(1988년 시행)

9. 16 경제기획원, 제6차 경제사회발전 5개년(1987~1991) 계획 발표:

연평균 성장률 7. 2%, 소비자물가 상승률 3%

12. 31 국회 주요법안 개정:

「대외무역법」(대외개방 촉진)

「독점규제 및 공정거래법」 개정 (경제력집중 억제 위해 상호출자금지 도입)

「최저임금법」 제정 (1988. 1. 1 시행)

「노동조합법」 개정 (산별노조 등 상급노조단체를 제 3자에서 제외)

12. 31 국제수지 흑자 전환:

1977년 (1,230만 달러) 이후 처음 46억 달러 흑자

1987 —

2. 13 재무부, 기업공개 및 유상증자 확충방안 확정:

공개유도 대상법인을 선정 공개유도, 직접금융촉진 협의회 설치

시가발행 비율 20% → 100%

3. 16 코리아 유럽펀드 설립

3. 27 재무부, 주식 장외시장 개설 (4. 1 시행)

4. 1 재무부, 외국인투자 자유업종 확대 시행:

26개 제조업 추가 개방

4. 23 재무부, 미국 LINA 생명 국내보험사업 인가:

최초의 외국생보사 국내 진출

6. 29 노태우 민주정의당 대표, 대통령중심 직선제 개헌 · 김대중 사면복권 ·

구속자 석방 등 시국수습을 위한 8개항 선언 (6 · 29 선언)

7~8 노사분규 급증: 7월 하순 이후 전국적 노사분규 확산

(대우중공업, 현대중공업, 한일합섬 등)

9. 11 재무부, 생명보험시장 개방방침 발표:

합작생보사 설립 허용, 지방생보사 단계적 설립 허용

경제기획원, 불공정거래행위 금지유형을 지정 고시

10. 27 대통령 직선제 개헌 국민투표 실시

11. 28 「근로기준법」, 「노동조합법」, 「노동쟁의조정법」 개정:

노동조합 설립 자유화 및 노동3권 강화

12. 16 제 13대 대통령 선거, 노태우 후보 당선

12. 30 부산 · 대구 · 대전 · 광주 4개 지방생보사 설립인가

12. 31 노동부, 1988년 최저임금 고시:

최저임금제 도입에 따른 최초의 고시

12. 31 경상수지 흑자 확대:

1986년 46억 달러 → 1987년 99억 달러

1988 —

1. 1 국민연금제도 시행
2. 3 증권관리위원회, 증시안정대책 발표:

위탁증거금률 인상 40% → 80%, 증권회사의 신용공여 중단
2. 16 정부, 국제수지 흑자관리대책 발표:

수입개방 확대 및 수출지원제도 축소, 관세율 인하, 외환자유화 확대
2. 25 제13대 노태우 대통령 취임
7. 20 정부, 부동산 대책 발표:

종합토지세제 도입(1990년 시행), 지가체계 일원화,

개발이익 환수제 실시(1989년 시범도입)
8. 10 부동산투기 억제대책:

1가구1주택 비과세 요건 강화(1년 거주 3년 소유 → 3년 거주 5년 소유)
9. 13 재무부, 해외부동산 투자제도 개정:

해외투자 신고수리 간소화, 해외지사의 해외부동산 취득 허용
10. 14 경제기획원, 경제의 안정성장과 선진화합경제 추진대책 발표:

1991년부터 금융실명제 실시, 경제력집중 완화와 정부규제 축소

IMF 8조국 이행 및 경제개방 확대 추진

북방경제협력 추진 및 지역 간 계층 간 불균형 축소
10. 20 재무부, 외국환관리규정 개정:

외환집중제 완화, 5천 달러 이내의 외환 제한 없이 보유 허용

개인송금 한도 2천 달러에서 5천 달러로 인상,

원화표시 수출입계약 허용
11. 1 정부, IMF 8조국 이행:

IMF 8조국 의무(경상거래 지급제한 금지, 차별적 통화협약 체결 금지 등)
12. 1 금리자유화 실시 발표(1988. 12. 5 시행)
12. 2 재무부, 자본시장 국제화의 단계적 확대 추진계획 발표:

외국인 투자펀드 확대(1989) → 해외증권 발행 규제완화(1990) → 외국인의

국내증권 직접투자 제한적 허용 및 외국증권회사의 국내지점 설치 허용(1991)

→ 외국인의 국내주식 투자 허용 및 내국인의 해외증권 투자 허용(1992)

12.31 상공부, 수입감시제도 폐지: 34개 수입감시대상 품목을 수입자유화(22개)
      및 수입제한승인 대상(12개)으로 전환
      대미 달러환율 절상: 684.10원으로 전년 말(792.30원)보다 15.8% 절상
      경상수지 흑자 확대: 1987년 99억 달러 → 1988년 142억 달러

1989 ——

 4.11 금융실명제실시 준비단 발족
 4.27 주택 2백만 호 건설계획 발표:
      분당, 평촌, 일산, 산본, 중동 등 5개 신도시 건설
 5.19 한미 통상현안 타결:
      외국인투자 인가제를 1993년까지 단계적으로 신고제로 전환
      의약품등 외국인투자업종 확대
      농산물 수입개방 예시품목은 계획보다 6개월 앞당겨 실시
      → 미국의「슈퍼 301조」에 의한 우선협상 대상국 지정에서 제외
 6.16 내무부, 종합토지세제 도입(「지방세법」개정, 1990.1.1 시행):
      토지분 재산세와 토지과다 보유세를 통합
      소유자별로 전국에 소재하는 모든 토지를 합산하여 누진과세
 9. 5 동화은행 영업개시(이북 5도민 출자은행)
11. 1 동남은행 영업개시(부산본점, 5개 지점 개설)
11. 7 대동은행 영업개시(대구 기반)
11.16 재무부, 5개 지방투자신탁회사 설립인가:
      한일(인천), 중앙(대전), 한남(광주), 동양(대구), 제일(부산)
12.30 토지공개념 관련 4개 법안 입법(1990.3.1 시행):
      「택지소유상한에 관한 법률」(6대도시택지 200평으로 제한)
      「개발이익 환수에 관한 법률」(지가상승액의 일정액을 환수)
      「토지초과이득세법」(토지가격이 정상 지가상승률이상으로 상승할 경우
      미실현 자본이득에 과세),「토지관리 및 지역균형개발 특별회계법」
      (토지관리를 원활하게 하고 지역균형개발을 효율적으로 추진)
12.31 경상수지 흑자 축소:
      1988년 142억 달러 → 1989년 51억 달러

1990 —

4. 4 경제활성화 종합대책 발표:

금융실명제 전면보류,

비실명금융소득 중과세 40% → 소득세 최고세율 적용(63.75%)

상속세 증여세 시효연장 5년 → 7년, 산업구조조정과 기술개발

부동산투기억제 강화(부동산 투기행위 정보관리센터 설치)

5. 4 증시안정기금 설치:

주식수요기반 확충을 위해 4조원의 기금 조성

기금존속 3년으로 하되 필요시 연장 가능

증권회사, 상장회사, 은행, 보험회사 등이 공동출자

5. 8 재무부, 증시안정대책 발표:

증안기금 2조 원 → 4조 원, 증권거래세 인하 0.5% → 0.2%,

외국인전용 수익증권 추가설정 허용

(코리아 아시아펀드 설립 추진, 수요확대 기여)

9.18 재무부, 투신사의 수익률보장 주식형 수익증권 발매 허용:

발매규모 2조 6천억 원, 만기 3년(중도환매 불가)

보장수익률 1년 만기 정기예금금리(연 10%), 주식편입 비율 80%

10.29 우루과이 라운드 무역협상관련 수입제한품목 관세를 수용하는

오퍼리스트를 GATT에 제출

12. 9 포항제철, 현대중공업 등 전국 16개 대기업노조들이 참여한

'연대를 위한 대기업노동조합회의' 공식출범

12.31 경상수지 적자(22억 달러)로 전환

1991 —

7.26 경제행정규제완화 종합대책 발표

8.31 대외거래 원활화를 위한 외환관리제도 개선

9.18 UN 총회, 남북한 UN 동시가입 만장일치 통과

11.12 제7차 경제사회발전 5개년계획(1992~1996) 발표

12. 9 정부, 국제노동기구(ILO: International Labour Organization) 가입

1992 —

1. 15 정부, 경제안정 및 산업경쟁력 제고대책 방안 발표:
   과열된 내수 진정 및 무역수지 개선 도모,
   제조업 경쟁력 강화, 금리의 하향 안정화 및 자금흐름 개선
   정부투자기관 및 대기업 임금 5% 내 인상
   기술개발 및 설비투자 확대 지원 확대

3. 27 재무부, 제1단계 금융자율화 및 개방계획 발표:
   외국은행 국내지점의 금융결제원 가입 허용
   환율 변동폭 확대, 외환거래 실수요증명 제출 의무 완화

6. 29 외국인 증가 자유화 등 외국인투자 사후관리 간소화 방안 마련:
   10만 달러 이하 수출입거래의 원화표시 계약 및 원화 결제 허용
   선물환거래 실수요범위 확대
   기관투자가의 해외증권투자 한도 확대

8. 24 중국과 국교 수립
   재무부, 증시안정종합대책 발표:
   증안기금 추가출자 5천억 원
   은행신탁계정 및 보험회사 및 연기금 주식 매수유도 3조 4천억 원
   금융기관의 주식 순매수 유지, 실세금리의 하향안정화

11. 2 평화은행 영업개시

12. 18 제14대 대통령 선거, 김영삼 후보 당선

1993 —

3. 22 신경제 100일 계획 발표:
   투자진작을 통한 경기활성화, 행정규제 완화
   농어촌구조 개선사업 획기적 개선

6. 30 재무부, 제3단계 금융자율화 및 시장개방안 확정:
   금리자유화, 통화관리방식 개선,
   여신관리제도는 폐지한다는 방침아래 완화 개편,
   단기금융시장 발전, 외환 및 자본거래 자유화
   → 1997년 말까지 단계적으로 추진

7. 2 정부, 신경제 5개년계획(1993~1997) 시행

8. 12 금융실명제 실시 발표:

금융거래실명거래 및 비밀보장에 관한 대통령 긴급재정경제명령 공포

금융자산소득 종합과세는 1996년부터 단계적으로 시행

10. 27 상공자원부, 업종전문화시책 발표:

자산총액기준 30대기업집단 각 3개 이내(상위 10위까지) 주력기업 선정

농수산, 금융보험, 기타서비스업은 선정대상에서 제외

주력 기업에 대해 여신한도관리 제외, 공정거래법상 출자총액제한 완화,

공업입지 관련규제 완화 등 혜택

12. 27 「고용보험법」 제정(1995. 7. 1 시행)

12. 29 경제기획원, 공기업 민영화 및 기능조정 계획 발표:

총 133개 공기업 중 68개 기업 민영화나 통폐합 등으로 정리

1994 ——

1. 14 재무부, 증시안정화 대책 발표:

은행 등 기관투자가 주식 자제 요청

증안기금 보유주식 매각 8천억 원

기관투자가에 위탁증거금 부과(20%)

1. 28 재무부, 증시안정화 대책 추가발표:

기업공개 및 증자를 통한 신주 공급 5조 원 → 6조 원

기관투자가 보유주식 매각 2조 원 → 3조 원

외환은행, 한국통신 등 공기업민영화 대상기업 정부주식 매각 1조 2천억 원

2. 2 재무부, 증시안정대책 추가 발표:

위탁증거금률 인상, 고객예탁금 금리 인하, 신용융자한도 축소

2. 18 증권거래세율 인상

3. 3 재무부, 증권시장 활성화대책:

자사주식 매입한도 확대

3. 24 「농어촌특별세법」 제정(7. 1 시행, 2004년까지 한시법):

WTO 체제 출범으로 농어촌지원 재원 확보

소득세 법인세 등의 감면액의 20%, 이자·배당소득세 감면액의 10%,

취득세액의 10%, 마권세액의 20% 등 부과

7. 8 북한 김일성 주석 사망

11. 17 김영삼 대통령 세계화 선언
12. 23 「정부조직법」 개정, 재정경제원 발족

1995 —

 1. 9 정부, 부동산실명제 실시방안 발표:

　　　　1995년 이후 부동산 명의신탁 금지

　　　　기존 명의 신탁은 1996. 6. 30까지 실소유자 명의로 변경

 7. 1 정부, 고용보험제도 시행

10. 11 재정경제원, 자본시장 자유화 방안 발표:

　　　　외국 기업의 국내주식 발행 및 상장 허용

　　　　국제금융기구의 원화채권 발행 확대

11. 21 재정경제원, 외환시장 선진화 방안 발표:

　　　　환율의 일일변동폭 확대 기준환율대비 상하 1. 5%에서 상하 2. 25%

　　　　국내 원-엔 현물환 및 선물환시장 개설(96. 10. 1 시행)

1996 —

10. 11 OECD, 전체 이사회에서 한국 가입 만장일치 승인

12. 26 여당, 노동 3법 단독처리,

　　　　「근로기준법」 개정, 「노동조합법」 및 「노동관계조정법」 제정:

　　　　복수노조 허용, 제 3자 개입금지규정 삭제, 노조의 정치활동 허용

　　　　쟁의기간 중 대체근로 허용파업기간에 대한 임금지급 금지(무노동 무임금)

　　　　구「노동조합법」 및 「노동쟁의조정법」 폐지

　　　　「근로기준법」 개정, 정리해고제 즉시 시행

1997 —

 3. 13 「근로기준법」 재개정, 「노동조합 및 노동관계조정법」 재제정

　　　　(1996. 12. 26 국회에서 통과된 「근로기준법」 개정법률,

　　　　「노동조합 및 노동쟁의조정법」을 폐지하고 새로 개정하거나 제정):

　　　　상급단체 복수노조 즉시 허용, 쟁의기간 중 신규하도급에 의한 대체근로 금지

　　　　파업기간에 대한 임금지급 금지 완화(사용자는 지급의무 없음)

　　　　「근로기준법」 재개정, 정리해고제 시행 2년 유예

3~7 기업연쇄 부도

       3. 19 삼미특수강

       5. 28 대농

       5. 31 한신공영

       7. 15 기아그룹: 제일은행, 부도방지협약 적용대상으로 지정

8.22 「행정규제 기본법」 제정(1998. 2. 24 1차 개정):
규제개혁위원회 설치
규제일몰제 도입(규제 신설 강화 시 5년 이내 기한 설정)

10.29 재정경제원, 금융시장 안정대책 발표:
채권시장 개방, 현금차관 허용대상 확대
금융기관 및 공기업의 해외차입 확대
부실기업 인수시 출자총액제한 예외 인정

11.21 정부, IMF에 긴급 구제금융 지원 요청

12. 3 정부 및 IMF, 긴급자금지원을 위한 이행각서 합의

12.18 제15대 대통령 선거, 김대중 후보 당선

12.24 정부, IMF와 추가 합의사항 발표

이 계 민

한국산업개발연구원 고문

경희대 경제학 박사

한국경제신문 편집국장 · 주필 역임

저서 :《시장경제를 읽는 눈》

이 현 락

세종대 석좌교수

서울대 경제학 학사

동아일보 편집국장 · 주필, 경기일보 사장 역임

김 강 정

(사단법인) 선진사회만들기연대 공동대표

한양대 언론학 석사

문화방송(MBC) 경영본부장 · 정책기획실장, 목포 MBC 사장 역임

저서 :《더 좋은 사회를 위하여》(공저)

홍 은 주

한양사이버대 경제금융학과 교수

미국 오하이오주립대 경제학 박사

문화방송(MBC) 경제부장 · 논설실장, iMBC 대표이사 역임

저서 :《경제를 보는 눈》,《초국적시대의 미국기업》등 다수

육성으로 듣는 경제기적 II

코리안 미러클 2

도전과 비상

2014년 3월 31일 발행
2014년 3월 31일 1쇄

기획 및 집필_ 육성으로 듣는 경제기적 편찬위원회
발행자_ 趙相浩
발행처_ (주) 나남
주소_ 413-120 경기도 파주시 회동길 193
전화_ 031) 955-4601 (代)
FAX_ 031) 955-4555
등록_ 제 1-71호(1979. 5. 12)
홈페이지_ www.nanam.net
전자우편_ post@nanam.net

ISBN 978-89-300-8741-4
ISBN 978-89-300-8001-9 (세트)

책값은 뒤표지에 있습니다.

박정희 시대 '경제기적'을 만든 사람들을 만나다!
경제난 어떻게 풀어 '창조경제' 이룰 것인가?
전설적인 경제의 고수들에게 배우라!

코리안 미러클

육성으로 듣는 경제기적 편찬위원회(위원장 진념) 지음

박근혜 정부에 거는 기대와 열망의
본질은 다름 아닌 '경제'다.
다시 한 번 경제기적의 시대를 재현할 수 있을까?

이 책은 화려했던 경제기적의 역사에서 그 해답을 제시한다.
실력파 엘리트 경제관료들을 기용하여 계획적이고 치밀한 경제 리더십을 펼친
카리스마 **경제대통령 박정희.**
'부채도 자산'이라며 외자를 도입해서라도 한국경제를 팽창시키고 도약시키고자 했던
뚝심 있는 불도저 **장기영 부총리.**
긴축과 물가안정을 중시하고 경제발전 기반인 고속도로, 제철, 댐 건설을 주도했던
원칙주의자 **김학렬 부총리.**

홍은주 전 iMBC 대표이사와 조원동 전 조세연구원장(현 청와대 경제수석)이 '그 시대'
쟁쟁한 경제거물들인 최각규, 강경식, 조경식, 양윤세, 김용환, 황병태, 김호식, 전응진을 만났다.
그들의 생생한 육성으로 통화개혁, 8·3조치, 수출정책, 과학기술정책 추진과정을 둘러싼
007작전과 비화들을 듣는다. 크라운판 I 568쪽 I 값 35,000원

Tel:031)955-4601
www.nanam.net

나남 nanam